Schulze / Berghahn / Wolf (Hrsg.)
Rechtsstaat statt Revolution 1

# StaR ★ P
## Neue Analysen zu Staat, Recht und Politik

herausgegeben von
Detlef Georgia Schulze/Sabine Berghahn/Frieder Otto Wolf

Serie A: Sammelbände und Monographien. Bd. 2.1

*Sabine Berghahn*, Dr. iur., habilitierte Politikwissenschaftlerin, Vertretungsprofessuren in Bremen und Cottbus, seit 2002 Inhaberin einer C2-Stelle am Fachbereich Politik- und Sozialwissenschaften der FU Berlin, Leiterin des Forschungsprojektes „Ehegatenunterhalt und Ehegattensubsidiarität als Gleichstellungshindernisse"; stellvertretende Leiterin des internet-Portals http://www. gender-politik-online.de; homepage: http://userpage.fu-berlin.de/~bergbahn/;

*Detlef Georgia Schulze*, PolitikwissenschaftlerIn; Dissertation zum Thema „Geschlechternormen-inkonforme Körperinszenierungen – Demokratisierung, De-Konstruktion oder Reproduktion des sexistischen Geschlechterverhältnisse?", zzt. wiss. MitarbeiterIn im DFG-Projekt „Der Rechtstaat in Deutschland und Spanien";

*Frieder Otto Wolf*, geb 1943, Dr. phil., PD an der FU Berlin, Philosoph und Politologe, 1994–1999 MdEP für Bündnis 90/Die Grünen, veröffentlichte u.a. *Radikale Philosophie. Aufklärung und Befreiung in der neuen Zeit*, Münster 2002, www.friederottowolf. de.

Detlef Georgia Schulze/Sabine Berghahn/
Frieder Otto Wolf (Hrsg.)

# Rechtsstaat statt Revolution, Verrechtlichung statt Demokratie?

Transdisziplinäre Analysen zum deutschen und
spanischen Weg in die Moderne

Die historischen Voraussetzungen

WESTFÄLISCHES DAMPFBOOT

gedruckt mit Unterstützung der Deutschen Forschungsgemeinschaft

**Bibliografische Information der Deutschen Nationalbibliothek**
Die Deutsche Nationalbibliothek verzeichnet diese Publikation in der Deutschen
Nationalbibliografie; detaillierte bibliografische Daten sind im Internet über
http://dnb.d-nb.de abrufbar.

*Rechtsstaat statt Revolution, Verrechtlichung statt Demokratie?*
Transdisziplinäre Analysen zum deutschen und spanischen Weg in die Moderne.
hrsg. von Detlef Georgia Schulze/Sabine Berghahn/Frieder Otto Wolf
(**StaR ★ P.** Neue Analysen zu Staat, Recht und Politik.
Serie A: Sammelbände und Monographien. Bd. 2)
1. Auflage Münster 2010
© 2010 Verlag Westfälisches Dampfboot
Alle Rechte vorbehalten
Umschlag: Lütke Fahle Seifert AGD, Münster
Druck: Rosch-Buch Druckerei GmbH, Scheßlitz
Gedruckt auf säurefreiem, alterungsbeständigem Papier
Teil-Bd. 1.: Die historischen Voraussetzungen
ISBN 978-3-89691-672-3
Teil-Bd. 2: Die juristischen Konsequenzen
ISBN 978-3-89691-784-3

# Inhalt

I. Vorwort

*Detlef Georgia Schulze/Sabine Berghahn/Frieder Otto Wolf*
Vorwort: Rechtsstaatlichkeit – Minima Moralia oder Maximus Horror?          9


II. Einleitung

*Detlef Georgia Schulze/Frieder Otto Wolf*
Rechtsstaat und Verrechtlichung – Ein deutsch-spanischer Sonderweg
der Ent-Politisierung und Demokratie-Vermeidung?          53


III.  Bestandsaufnahme: Was bleibt von der Sonderwegs-These?
      Was können andere Disziplinen von der Debatte
      der Geschichtswissenschaft lernen?

*Ellen Meiksins Wood*
Britain vs. France: How Many Sonderwegs?          83

*Julia Macher*
Der Sonderweg – ein Analyseinstrument
für den deutsch-spanischen Ländervergleich?          98

*Carsten Zorn*
Duell der Bielefelder Sonderwege: Systemtheorie vs. Gesellschaftsgeschichte
Theoretisch-konzeptuelle Probleme in 'historischen Erklärungen'
von Faschismus und Nationalsozialismus – Eine Art Lehrstück          142

*Georg Fülberth*
Nach dem Sonderweg – Posttotalitärer Konsens?          173

*Iris Wachsmuth*
Die Entpolitisierung des „Privaten" – eine soziologische Untersuchung
zu ost- und westdeutschen Familien mit NS-Vergangenheit          178

*Göran Therborn*
Roads to Modernity and Their National Nodes:
A World Map and European Variations          187

*Detlef Georgia Schulze*
Die Norm (in) der Geschichte
Die Struktur des Strukturfunktionalismus und die Struktur des Strukturalismus          206

IV. Vom Vater Staat zum rechten Staat? Nationale und
    geschlechtliche Indentitäten seit den anti-napoleonischen Kriegen

*Gabriele Kämper*
Einleitung: Imaginationen, Rhetorik, Bilder der Macht:
Nationale Diskurse und die Rede vom Geschlecht                                  255

*Teresa Sanislo*
Gender, Gymnastics, and Middle Class Identity Formation 1770-1800
Evidence for a German *Sonderweg*?                                             270

*Christiane Eifert*
Der Landrat. Männlichkeit und Herrschaft                                        286

*Carolyn P. Boyd*
History, Identity and Citizenship: History Teaching and Textbooks
in Nineteenth-Century Spain                                                     293

*Teresa Orozco*
Der katholische Ordnungsgedanke und der Preis seiner Säkularisierung:
Carl Schmitt als Leser Donoso Cortés                                           302


V. Der Liberalismus zwischen Monarchie und parlamentarischer Republik
   Erkunden einer Umgebung

*Jörn Leonhard*
Zur Semantik gleichzeitiger Ungleichzeitigkeit:
Europäische Liberalismen im Vergleich                                          313

*Christiana Brennecke*
Liberale und Republikaner. Zwei getrennte politische Lager in Spanien
und das kurze Leben der ersten spanischen Republik                             325

*Walther L. Bernecker*
1868-1931-1975: drei spanische Anläufe zur Durchsetzung der Demokratie         337

*Oded Heilbronner*
Ein (süd)deutscher Sonderweg?
Populärer Liberalismus in Süddeutschland von der zweiten Hälfte
des 19. Jahrhunderts bis zu den dreißiger Jahren des 20. Jahrhunderts          349

*Volker Berghahn*
Industrial Capitalism and Universal Suffrage: German, American,
and British Paths into the Twentieth Century                                    361

*Ralf Ptak/Frieder Otto Wolf*
Autoritärer und libertärer Neoliberalismus                                      381

VI. Sprach- und Philosophiegeschichtliches zu den Wegen
    nordatlantischer Entwicklung

*Isabel Aguirre Siemer*
Die Entgegensetzung von Recht und Gesetz – ein „Sonderweg"
der deutschen Sprachgeschichte?                                        395

*Frieder Otto Wolf*
Vision, Idee, Projekt, Entwurf, Initiative und Planung
Versuch einer radikalen Intervention in laufende Orientierungsprozesse   420

*Sabine Ribka*
José Ortega y Gasset und die „Konservative Revolution"                  435

*Dietrich Briesemeister*
Marginalien zum Vergleich Spanien – Deutschland                         464


Abkürzungsverzeichnis                                                   472

# I. Vorwort

*Detlef Georgia Schulze/Sabine Berghahn/Frieder Otto Wolf*

## Vorwort: Rechtsstaatlichkeit – *Minima Moralia* oder *Maximus Horror*?

> „In der Ordnung dieses [Parteienverbots-]Verfahrens wird ein anderer, dem Grundgesetz eigentümlicher Zug, der *es auch aus dem Kreise der liberaldemokratischen Verfassungen charakteristisch heraushebt*, deutlich sichtbar: Die starke Betonung der 'dritten', der richterlichen Gewalt, das Bestreben, auch Vorgänge des politischen Bereichs, Handlungen politischer Organe in ungewöhnlich weitem Maße der Kontrolle durch unabhängige Gerichte zu unterwerfen und damit die Postulate des Rechtsstaates auch verfahrensmäßig zu realisieren."
>
> *KPD-Urteil des Bundesverfassungsgerichtes*
> *BVerfGE 5, 85-393 (139)*

Demokratie und Rechtsstaatlichkeit gelten als die Prinzipien der westlichen Welt, die nach 1989 ihren Siegeszug auch Richtung Osten antraten. Wo dieses Duo fehlt, herrschen Terror und Gewalt – das legen die täglichen Nachrichten nahe.

Die Grundlagen dieser Auffassung lassen sich in mehrfacher Weise in Frage stellen. Ist der Rechtsstaat überhaupt Ausdruck von Demokratie? Sind Rechtsstaaten (wie Deutschland und Spanien) überhaupt gleichzusetzen mit Staaten, in denen schlichtweg das parlamentarische Gesetz gilt? Dieser Band, aus Umfanggründen in Gestalt von zwei Bänden, diskutiert das Verhältnis von Recht, Gesetz und Politik in unterschiedlichen Rechts- und Politiktraditionen in Europa, insbesondere im Hinblick auf die Frage, ob und wie in ihnen ein 'höheres', über Gesetzen und Politik stehendes Recht 'abgeleitet' und legitimiert wird. Vor diesem Hintergrund geht er der Frage nach, ob es einen deutschen und einen spanischen „Sonderweg" in die Moderne – überhaupt und zumal im Umgang mit dem spezifischen Verhältnis von Recht, Staat und Politik – gegeben hat. Dabei geht es vor allem darum, ob ein derartiger Sonderweg heute noch von Bedeutung ist und inwiefern ein solcher Weg in Verbindung mit Ursachen für Nationalsozialismus und Franquismus steht.

Es wird also gefragt, ob die deutsch-spanische Tradition der Ableitung von Rechtssätzen aus Naturrecht und überpositiven Rechten und Werten als Gegenmodell zu 'westlichen' Staaten aufzufassen ist, die in der Tradition einer strikteren positiven Rechtssetzung bzw. der rule of law stehen und die daher den demokratisch-parlamentarischen „Gesetzesstaat" verkörpern. Daraus ergibt sich die weitere Frage, ob die deutsche und spanische Präferenz für den „Rechtsstaat" im überpositiven Sinne auch mit dem Mangel an erfolgreichen bürgerlichen politischen Revolutionen zusammenhängt – und zwar in dem Sinne, daß das Parlament dort nicht zur zentralen Instanz des politischen Systems[1] wurde. Und so gehen die Beiträge in dieser Veröffentlichung nicht nur der Frage nach dem Zusammenhang zwischen den unterschiedlichen Traditionen der Rechtssetzung und -ableitung und dem historischen Pfad jeweiliger Staaten in die Moderne nach, sondern reflektieren auch die Auswirkungen, die bürgerliche Revolutionen bzw. deren Scheitern und Ausbleiben bis heute für die Fragen von Volkssouveränität, Rechtsverständnis und Demokratieverbundenheit haben.

## 1. Ist die Überhöhung des Rechtsstaats ein Sonderweg in die Moderne?

Die vorliegende Publikation ist ein Arbeitsergebnis eines von der DFG geförderten Forschungsprojekts, das am Otto-Suhr-Institut der Freien Universität Berlin durchgeführt wurde. Die Aufsatzsammlung arbeitet die Parallelen des deutschen und des spanischen Verständnisses von „Rechtsstaat" und „Rechtsstaatlichkeit" heraus und problematisiert zugleich diese Rechts- und Politiktradition. In einigen Beiträgen ist die Frage aufgeworfen, ob es sich bei dem in beiden Ländern gebräuchlichen, ideologisch instrumentalisierten Verständnis von „Rechtsstaat" (sowie dem einhergehenden Prozeß der „Verrechtlichung") um eine deutsch-spanische Konzeption als Grundlage einer Strategie der Demokratie-Vermeidung und Ent-Politisierung handelt. Untersucht wird diese Hypothese im Bezug auf die geschichtliche Entwicklung der beiden Länder – sowohl auf die Zeit seit dem Ende des Nationalsozialismus und des Franquismus, als auch auf die historischen Prozesse hin, in denen sich diese diktatorischen Extremformen staatlicher Politik durchgesetzt haben. Entgegen der geläufigen Rede vom nationalsozialistischen „Unrechtsstaat" lassen sich aus dieser Perspektive NS und Franquismus sogar in ihren Gesellschaften als jeweilige „Trend-gipfel" anti-demokratischer Rechtsstaatlichkeit betrachten.[2] Die beiden diktatorischen Entwicklungen moderner Staatlichkeit wären somit als historische Momente und Phasen anzusehen, in denen die Demokratie-Vermeidung am radikalsten und folgenreichsten stattfand – und zwar gerade im Namen eines substantialistisch verstandenen Rechts[3].

Die Hypothese von der Überhöhung des Rechtsstaats im Dienste der Vermeidung von Demokratie, ja der Erzeugung ihres politischen Gegenteils, geht von der Überlegung aus, daß sich die Entwicklung der Rechtstraditionen anderer Staaten im 'Westen' in entscheidenden

---

1  Hier ist „des politischen Systems" zu betonen; dabei ist von vornherein die Frage im Auge zu behalten, in welchem Ausmaß auch westliche Demokratien – und nicht nur mittel- und südeuropäische Rechtsstaaten – im Verhältnis von politischem und ökonomischem System das Ideal gemeinsamer, demokratischer Entscheidung über nicht nur Einzelne betreffende Fragen verfehlen. D.h. also, es sind zwei Fragen zu unterscheiden: 1. die nach dem Dominanzverhältnis zwischen politischem und ökonomischem System und 2. die Frage, welche Instanz innerhalb des politischen Systems dominiert (ein Verfassungsgericht oder das Parlament?).

2  So hinsichtlich des NS die These von Bäumlin/Ridder 1984, 1310, RN 26.

3  S. zu dieser Parallele am Beispiel von Carl Schmitt in Deutschland und Luis Legaz Lacambra in Spanien: Schulze 2006a.

Punkten von denjenigen Deutschlands und Spaniens abhebt. Läßt sich also das deutsche Rechtsstaats-Konzept (und dessen Erfolg in Spanien) als ein Bestandteil eines deutsch-spanischen „Sonderwegs" charakterisieren, der sich von demokratischen Rechtstraditionen eindeutig und konsistent unterscheidet – von Rechtstraditionen, die „Recht" weniger als etwas substantiell Gegebenes betrachten als vielmehr als etwas, das im politischen Prozeß durch demokratische Mehrheitsentscheidung hergestellt wird?[4] Um zu klären, ob es einen deutsch-spanischen Weg in Sachen Rechtstradition gegeben hat, wird also untersucht, in-wieweit das Rechtsstaats-Konzept mit der starken Stellung, das es 'dem Recht' und den (Verfassungs-)Gerichten gegenüber der Politik einräumt, historisch mit den Schwierigkeiten korrespondiert, die Volkssouveränität und Parlamentarismus hatten (und haben), sich in Deutschland und Spanien durchzusetzen.

## 2. Zwei Bedeutungen des Begriffs „Rechtsstaat"

Im alltäglichen Gebrauch wird der Rechtsstaats-Begriff mit mindestens zwei unterschied-lichen Bedeutungen verwendet. Rechtsstaat beinhaltet zum einen die Wahrung liberaler Prinzipien und dient somit der Begrenzung des Staates und seiner Eingriffe. Als Beispiel darf hier die Debatte am Anfang des Jahres 2007 über die Freilassung der vorletzten Ge-fangenen aus der „Roten Armee Fraktion" dienen, in der teilweise die besondere Härte des bundesdeutschen Staates im Rückblick auf den „Deutschen Herbst" kritisch herausgestellt wurde, etwa in der *Neuen Zürcher Zeitung*: Der „Staat wehrte sich damals mit aller Härte.

---

4　Das Englische kennt gar nicht erst einen Gegensatz zwischen einem „Recht" (mit der Teil-Bedeutung „Rechtsordnung") und den „Gesetzen", sondern das law und die individuellen rights. Für das Fran-zösische postulierte Helmut Ridder (1975, 145), daß „le droit" (oder „Le Droit") eindeutig mit dem Kollektivsingular „la loi" (oder „La Loi") (= die Gesamtheit der Gesetze) synonym sei (sofern nicht ohnehin von einem bestimmten individuellen Recht gesprochen wird).
Inzwischen ist die Entwicklung vom État légal zum État de Droit dort weit vorgeschritten. Vgl. dazu im Grundsatz affirmativ Grewe 2002, 212: „Die Unterschiede zwischen Deutschland und Frank-reich bleiben demnach groß [vgl. dazu auch Grewe 2001, 463 und 465 bei FN 20-25, d. Vf.Innen]. Trotzdem kann man behaupten, daß die Gesamtlinien der Entwicklung ähnlicher als früher ver-laufen und daß vor allem die französische Lehre den Anschluß an die europäische [sic!] Diskussion wieder gefunden hat." (Hv. d. Vf.Innen) Libertés publiques werden in droits fondamentaux transfor-miert (spez. dazu auch Grewe, 2005, 112 unten, 114 oben), und der Gesetzgeber einem verfassungs-gerichts-ähnlichem Verfassungsrat unterworfen, der das materielle Verfassungsrecht (Grewe 2002, 209) nicht nur anwendet, sondern 'erweitert' – und so seine Rechtsprechung „immer umfangreicher" werden lassen kann (211; vgl. a. Grewe 2001, 468 und allgemeiner 471: „erstaunlich, wie parallel hier die [europäischen] Entwicklungen verlaufen"). – Die Auswirkungen, die dies auf Rechtssicherheit (ebd., 210: „von Fall zu Fall"; 211: „kaum vorhersehbar"; Grewe 2002, 463: „stetiges Schwanken", 465: „subjektives richterliches Moment", „Pendeln") und Interpretationsmethoden (Grewe 2001, 211) hat sind schwerwiegend (gegen Grewes [2001, 461, 466, 470] Zuordnung der systematischen Auslegung zu den „evolutiven" oder anti-positivistischen Methoden s. aber Röhl [1995, 644], woraus sich evtl. eine Relativierung auch der empirischen Befunde Grewes ergeben könnte). –
S. zur Aufnahme des „deutschen Modells" in Frankreich auch den Beitrag von Brigitte Kerchner in der vorliegenden Veröffentlichung, allerdings ohne Akzentuierung der 'materiellen' [substantialisti-schen] Aspekte des deutschen Rechtsstaats-Konzeptes.

In weniger als einer Woche peitschte eine Allparteien-Koalition im September 1977 das sogenannte Kontaktsperregesetz durch den Bundestag, das nicht nur jeden Kontakt der Häftlinge zur Außenwelt unterband, sondern zugleich die Rechte der Verteidiger – in einem für einen Rechtsstaat eigentlich undenkbaren Ausmaß – beschnitt." Im selben Artikel wird der Bundesrepublik aber auch bescheinigt: „Dabei zeigt der Umgang mit dem Kapitel RAF, wie eine Demokratie trotz temporären Übertreibungen durch ihre Fähigkeit zur Selbstkritik insgesamt die Verhältnismäßigkeit der Mittel zu wahren vermag".[5]

Hier erscheint der Rechtsstaat also als etwas, das die Staatsmacht beschränkt, wobei die politische Beurteilung dieses Umstandes für die Beobachter nicht selten ambivalent ist und sie zwischen einer Bekräftigung der Notwendigkeit von Machtbeschränkung und dem Bedauern darüber schwanken.[6]

In der gleichen Debatte finden wir aber auch einen ganz anderen Rechtsstaats-Begriff – einen Rechtsstaats-Begriff, der dem Einsatz der Staatsgewalt „mit aller Härte" nicht entgegensteht, sondern der diese Härte geradezu erfordert. *Dieser* Rechtsstaats-Begriff fand in jener Debatte etwa durch CSU-Generalsekretär Markus Söder Verwendung, als er davor warnte „das Vertrauen der Menschen in den Rechtsstaat durch die Freilassung von RAF-Terroristen zu enttäuschen"[7].

Die zwei unterschiedlichen Verwendungsweisen des Wortes „Rechtsstaats" machen deutlich, daß der Begriff der „Rechtsstaatlichkeit" keineswegs selbstverständlich und selbsterklärend ist, sondern als *essentially contested concept* i.S.v. Walter Bryce Gallie kann seine jeweilige konkrete Bedeutung nur durch nur durch Analysen des Zusammenhangs, in den er jeweils historisch und politisch eingebunden ist, herausgearbeitet und bewertet werden. Das gilt nicht nur für Deutschland und Spanien, sondern auch für die hier als Kontrastfolie gebrauchten Entwicklungen in anderen 'westlichen' Staaten, die sich stärker auf Traditionen der Volkssouveränität, des Parlamentarismus und der demokratischen Erzeugung von 'Gesetzen' beziehen als auf die Entgegensetzung von Recht und Gesetz sowie die Dominanz des Ersteren gegenüber dem Letzteren.

## 3. Welche Rolle spielen bürgerliche Revolutionen für die Verankerung von Demokratie?

In den beiden Bänden wird aber auch anders herum gefragt: Wenn wir uns heute Frankreich, das Vereinigte Königreich und die USA (s. dazu bspw. den Beitrag von Judith Butler zu den Folterbildern aus Abu Ghraib) anschauen, ist dann deren Demokratisierungsvor-

---

5   http://www.nzz.ch/2007/02/03/al/articleEW1WB.html.

6   So heißt es bspw. im selben Artikel auch noch: „Die Selbstbeschränkung des Rechtsstaats hatte ihren Preis: Die meisten Morde, welche die 'dritte Generation' nach der Verhaftung der Führungsfiguren wie Mohnhaupt und Klar in den achtziger und neunziger Jahren verübte, sind bis heute nicht aufgeklärt."

7   http://www.focus.de/politik/deutschland/raf_nid_43235.html (Zitat in indirekter Rede); vgl. dazu: o. Verf., *Der Staat heiligt die Mittel*, in: ak. analyse & kritik – Zeitung für linke Debatte und Praxis, Nr. 514, 16.2.2007, S. 1 (im internet unter der Adresse: http://www.linksnet.de/artikel.php?id=2860).

sprung, den diese im Kontext und in der Nachwirkung ihrer erfolgreichen „bürgerlichen (ein Begriff, dessen Berechtigung ebenfalls in dieser Veröffentlichung diskutiert wird; vgl. den Beitrag von Ellen Wood) im 17. und 18. Jh. erlangten, wirklich so groß und noch heute so bemerkbar, etwa durch eine „politischere" Haltung des Volkes, durch ein Hervorkehren von Volkssouveränität, von Republikanismus oder Demokratiebetonung[8], wie dies die Hypothese von einem deutsch-spanischen Sonderweg nahelegt?

Zwar mag das objektive *outcome* einer vor zweihundert oder mehr Jahren erfolgreich durchgeführten Revolution allenfalls noch graduell meßbar sein, wenn es darum geht, ob dieses historische Erfolgserlebnis das Volk des entsprechenden Landes zu irgendetwas Heutigem *positiv* befähigt. Aber es scheint Sinn zu haben, umgekehrt zu vermuten, daß das Verpassen, das Nicht-Anzetteln oder Scheitern einer Revolution erkennbare Spuren des Defätismus, der Depression und des Untertanengeistes zurücklassen kann. Das gilt umso mehr, wenn nicht nur keine bürgerliche Revolution mit einer Auflehnung gegen Monarchen, Repression und Feudalismus im Sinne der Ziele „Freiheit, Gleichheit, Brüderlichkeit" und zugunsten der Entfaltung wirtschaftlicher kapitalistischer Betätigung geglückt ist, sondern die gleichwohl erfolgte Entfaltung des Industriekapitalismus mit einem Arrangement mit den traditionell Herrschenden als weiterhin Mächtigen und mit einer Diktatur einherging. Schlimmer noch, im deutschen Falle wurde das Arrangement sogar noch mit Eroberungskrieg und Völkermorden kombiniert, die in der historischen Singularität der Shoah ihre letzte Zuspitzung fanden. In Bezug auf Spanien interessieren hier nicht die Modalitäten und Akteure bei der Schaffung der kolonialen Voraussetzungen und bei der Durchsetzung des frühneuzeitlichen Agrarkapitalismus, wie er in England zum Durchbruch kam, sondern betrachtet wird Spaniens Rolle an der Peripherie der industriekapitalistischen Revolutionen des 19. Jh.

Trotzdem bleibt die Frage: In welchem Verhältnis stehen bürgerliche Revolution und Rechtsstaatlichkeit? Funktioniert Rechtsstaatlichkeit – im Sinne von *Minima Moralia* – historisch als ein Revolutions- und Demokratie-*Substitut*? Oder entwickelte sie irgendwann ein Eigenleben, das sie von einem Demokratie-Substitut in eine Demokratie-*Feindin* verwandelte[9]? Und wie ist dieses Verhältnis heute zeitgeschichtlich zu bestimmen und politisch zu beurteilen? Müßten wir nicht dennoch froh sein, daß es *immerhin* (als Revolutions- und Demokratie-*Substitut*) Rechtsstaatlichkeit gibt? Oder ist Rechtsstaatlichkeit doch (mittlerweile) Teil des *größeren Übels* (geworden)?

---

8   S. explizit zur Annäherung Pereira Menaut 2003, 108 f., vgl. 112 oben, 113 f. sowie (ohne Vergleich) zur Ent-Proceduralisierung und Ent-Positivierung des us-amerikanischen Rechts Butler 2004, 53, 54, 56, 61, 69 (vgl. dazu Schulze 2006c, 206 f., 209; differenzierend: Schulze 2008a, Abschnitt II.).

9   „Die Not der frühen deutschen Rechtsstaatstheorie, die Souveränität des Rechts zu proklamieren, ohne die Souveränität des Parlaments zu besitzen, wird am Ende zur Tugend der autoritären Verhinderung vermeintlichen Parlamentsabsolutismus pervertiert." (Maus 1978a, 19 = b, 17).

## 4. Materiell versus formell – ein Zugang zum Verständnis der deutsch-spanischen Rechtsstaatsauffassung?

In teilweiser Parallele zu den beiden in Abschnitt 2. angesprochenen Bedeutungen des „Rechtsstaats" (der liberaleren und der autoritäreren) – und außerdem sehr wichtig zur Erklärung der Suggestionskraft der in Deutschland und Spanien vorherrschenden Auffassung – ist die rechtstheoretische Unterscheidung zwischen einem *materiellen* und einem *formellen* Rechtsstaatsverständnis zu begreifen: Nicht nur der Rechtsstaat im allgemeinen, sondern der „materielle Rechtsstaat" im besonderen wird von unterschiedlichen politischen Lagern in Anspruch genommen, während der 'bloß formelle' Rechtsstaat lagerübergreifend von fast allen geringschätzig betrachtet wird. So dient der materielle Rechtsstaats-Begriff zur (Selbst-)Legitimation der Bundesrepublik und ist in diesem Sinne kanonisiert worden, beispielsweise vom *Brockhaus*:

> „Negativ fiel [...] die Formalisierung und die damit einhergehende Verengung des Rechtsstaats-Verständnisses ins Gewicht, [...]." „Da die Verfassung [der Weimarer Republik] nicht über der Legislative, sondern zu deren Disposition stand, galt die Maxime, daß der selbstherrliche Gesetzgeber bei Beachtung der erforderlichen Mehrheiten jedes Vorhaben ohne Unterschied des Inhalts und der politischen Tragweite beschließen konnte, auch die Aufhebung der Verfassung selbst." Schließlich habe das „nationalsozialistische Regime [...] den Rechtsstaat in Deutschland" zerstört; nach dem NS sei der Staat dann durch das GG „unter den Primat des Rechts und der sittlichen Idee der Gerechtigkeit gestellt" worden. „Die Entscheidung für den Rechtsstaat als elementares Verfassungsprinzip ergibt sich aus der Gesamtschau der Normen" des Grundgesetzes (Brockhaus 1998, s.v. *Rechtsstaat*, S. 132).

Aber auch Linke, Grüne und viele Linksliberale sind schnell dabei, ihre politischen Wünsche (z.B. bzgl. Umweltschutz und soziale Rechte [vgl. dazu Schulze 2008b]), die nur allzu gerechtfertigt sein mögen, aber (als politische *Wünsche*) gerade noch *nicht* Gesetz sind, als Recht zu postulieren und dieses 'wahre Recht' über die wirklichen Gesetze zu stellen. Der deutsche „materielle" Rechtsstaats-Begriff hat also nichts mit philosophischem Materialismus, und schon gar nichts mit Historischem Materialismus im Sinne des Marxismus zu tun – auch wenn einige, geisteswissenschaftlich geprägte und in ihrer philosophischen Position idealistische sozialdemokratische Juristen seit Hermann Hellers Prägung des Begriffs des „sozialen Rechtsstaats" an der weiteren Begriffsentwicklung mitgewirkt haben und dabei eine Zeitlang einige sozialstaatliche Brosamen abfielen.

Gegen-Begriff zum „materiellen Rechtsstaat" ist nicht der 'ideelle' oder 'idealistische Rechtsstaat' (wie dies im Falle einer Begriffsverwendung i.S.v. philosophischem Materialismus der Fall wäre), sondern – wie wir schon gesehen haben – der *„formelle* Rechtsstaat". „Materieller" und „formeller Rechtsstaat"[10] werden von der deutschen Rechtswissenschaft im Rahmen eines essentialistischen Diskurses gegenübergestellt wie

---

10  Für Nachweise zur Debatte über diese Konzepte s. bspw. Kunig 1986, 24-27.

Wesen und Erscheinung,
Substanz und Form,
und tiefgründig und oberflächlich,
und wertvoll (hoch) und überflüssig (oder: zumindest zu vernachlässigen) (niedrig).

Und so läßt sich die dichotome Verwendung des Begriffspaares materieller und formeller Rechtsstaat wieder einmal als ein zentrales Symptom deutscher Tiefensehnsucht (Tiefe = Substanz) – verbunden mit idealistischen Höhenflügen (das ideale Wesen) – verstehen. Wo deutsche JuristInnen von „materiell" sprechen, würden PhilosophInnen also von „substantiell" sprechen.

*Terminologisch* knüpft die Unterscheidung zwischen materiellem und formellem Rechtsstaat an der – ebenfalls juristischen – Unterscheidung zwischen materiellem (Zivil-, Straf- etc.) Recht und formellem (Zivil-, Straf- etc.) Recht an. Als materielles Recht werden bspw. das BGB und das StGB bezeichnet, welche die sog. materielle Rechtslage (d.h.: die 'Sache selbst') regeln; als formelles Recht werden bspw. die Zivilprozeßordnung und die Strafprozeßordnung bezeichnet, die regeln, nach welchem *Verfahren* die Gerichte über Anwendung und Auslegung des sog. materiellen Rechts entscheiden bzw. in welchem *Verfahren* die 'Sache selbst' beurteilt wird.

Bei dieser Analogie darf freilich nicht vergessen werden, daß es sich bei der Unterscheidung zwischen einerseits BGB, StGB etc. und andererseits ZPO, StPO etc. um eine Unterscheidung *innerhalb* des geschriebenen Rechts handelt. Demgegenüber konnotiert die übliche Unterscheidung zwischen materiellem und formellem Rechtsstaat, zwischen materiellem Recht in *diesem* Sinne und formellen Gesetzen, in wichtigen Kontexten gerade den Unterschied zwischen geschriebenem und ungeschriebenem Recht.[11] So erläutert die Bundeszentrale für politische Bildung, und das Bundesverwaltungsamt übernahm das bis vor kurzem[12] auf seine *homepage*:

> „Die bloß formale Bindung der Staatsgewalt an das Gesetz reicht offensichtlich nicht aus, um den Rechtsstaat zu bewahren. Hinzutreten muß die inhaltliche Bindung an eine höherrangige Wertordnung, zum Beispiel an das Naturrecht. Das formale Prinzip des Gesetzesstaates muß ergänzt werden durch das inhaltliche, materielle Rechtsstaatsprinzip." (Pötzsch 1999, 26).

---

11  Dem entspricht in methodischer Hinsicht einer anti-positivistischen Haltung. Das heißt wir haben eine Trinität von materiellem Rechtsstaat (Staatskonzeption), (nicht immer, aber im Zweifelsfall) von ungeschriebenem Recht (Gegenstand) und anti-positivistischer Methode (zur Erkenntnis/ Schöpfung dieses Rechts).

12  Am 01.11.2008 befand sich ein Abbild der Seite http://www.bund.de/nn_5916/Microsites/Deutsche-Demokratie/Grundlagen/Rechtsstaat/Rechtsstaat-knoten.html__nnntrue vom 08.09.2008 im *google-cache*. Dort befindet sich der im folgenden zitierte Text mit Ausnahme des Wortes „offensichtlich". – Die *homepage* des Bundesverwaltungsamtes wurde kürzlich grundlegend umgestellt bzw. existiert z.Z. nur in provisorischer Form; die Beta-Version eines weiteren *relaunch* ist bereits *online*. Seit der Umstellung ist der gesamte Text zur Vorstellung der „deutschen Demokratie", aus dem das oben angeführte Zitat stammt, nicht mehr zugänglich. – Von der Veröffentlichung der Bundeszentrale für politische Bildung ist für den Jahresbeginn 2009 eine dritte Auflage angekündigt (http://www.bpb.de/publikationen/065 07612547503627894011954925246,0,0,Die_deutsche_Demokratie.html).

Im Extremfall bedeuten die Wörter „materiell" und „formell" im juristischen Sprachgebrauch geradezu das Gegenteil ihrer üblichen philosophischen Bedeutung: Was viele deutsche JuristInnen in Bezug auf den Rechtsstaat als „materiell" bezeichnen, ist tatsächlich *im*materiell – nämlich *idealistisch* im philosophischen Sinne. Während sie die geschriebenen, *vor* der Rechtsanwendung in Gesetzesblättern *existierenden* (veröffentlichten) Gesetze „formell" nennen, bezeichnen sie *das* (wesenhafte, ideale/idealisierte) *Recht*, das der schnöden Materialisierung im Gesetzesblatt und der Affizierung durch politische Konflikte und parlamentarisches Verfahren entgeht, als „materiell". An dieser Stelle soll es vorerst genügen, ein weiteres Beispiel für diesen Sprachgebrauch anzuführen – eine Entscheidung des Bundesverfassungsgerichts, nach der es Aufgabe der Justiz ist, „Wertvorstellungen, die der verfassungsmäßigen **Rechtsordnung** immanent, aber in den Texten der geschriebenen **Gesetze** nicht oder nur unvollkommen zum **Ausdruck** gelangt sind, in einem Akt bewertenden Erkennens, dem auch willenhafte Elemente nicht fehlen, ans Licht zu bringen" (BVerfGE 34, 269 [287] – Soraya; Hv. d. Vf.Innen).[13]

Dieser Diskurs läßt sich als essentialistisch bezeichnen, weil er das Verhältnis zwischen den formellen Gesetzen des parlamentarischen Gesetzgebers und dem Recht des materiellen Rechtsstaats nach dem hegelianischen Modell von Wesen und Erscheinung begreift. Die Gesetze werden nicht in ihrer schlichten Materialität oder Positivität (was hier nicht im wertenden Sinne [als ‚gut'], sondern im wissenschaftstheoretischen Sinne [als ‚gegeben'] zu verstehen ist) zum Gegenstand der Rechtswissenschaft oder zum Mittel der Rechtsprechung der Gerichte gemacht. Vielmehr werden die Gesetze als „Ausdruck" des wesenhaften Rechts betrachtet, und zugleich am Maßstab dieses ‚eigentlichen, wahren' Rechts ‚korrigiert':

$$\text{Wesen} - \text{Ausdruck} - \text{Erscheinung}$$
$$\text{Recht} - \text{Ausdruck} - \text{Gesetz.}$$

---

13　Der Satz besagt *nicht*, daß diese „Wertvorstellungen" nicht in den (einfachen) Gesetzen, *aber* in der geschriebenen Verfassung zu finden sind. Auch der „verfassungsmäßigen Rechtsordnung" sind diese „Wertvorstellungen" *nur auf irgendeine nicht präzisierte Weise „immanent" – d.h. sie sind nicht explizit; sie sind nicht geschrieben!* Sie stehen weder in den einfachen Gesetzen noch in der Verfassung geschrieben! Ähnlich vage argumentiert das spanische Verfassungsgericht an der von Miguel Revenga in seinem Beitrag zu diesem Band zustimmend zitierten Stelle, wenn es die Verfassung als eine Norm charakterisiert, die „incorpora el sistema de valores esenciales que ha de constituir el orden de convivencia política y de informar todo el ordenamiento jurídico"//die „ein System von essentiellen Werten inkorporiert, welches die Ordnung des politischen Lebens konstituieren und die gesamte Rechtsordnung anleiten muß". Eine Verfassung ist aber kein Subjekt, das aktiv etwas inkorporieren kann; ihr kann nur etwas – entweder durch die VerfassungsgeberInnen oder aber, nachträglich, durch Rechtsprechung und Lehre – inkorporiert *werden*. – Dabei hätte sich das spanische Verfassungsgericht immerhin darauf berufen können, daß die spanischen VerfassungsgeberInnen in Art. 1 CE von „valores superiores" sprechen. Allerdings fungiert Art. 1 CE als eine Art zweiter Präambel und steht *vor* dem *Título I*, der gem. Art. 53 CE die Staatsgewalt (unmittelbar) bindet. Eine Rechtfertigung, die Werte gegen die verbindlich statuierten Rechte der BürgerInnen zu mobilisieren, dürfte sich daraus kaum ergeben.

Gleichwohl sind auch im materiellen deutschen Rechtsstaat die formellen Gesetze nicht völlig bedeutungslos[14] – dies zu behaupten wäre offensichtlich absurd. Solange sich die parlamentarischen Gesetze in Übereinstimmung mit dem idealen Recht[15] befinden, akzeptieren auch die AnhängerInnen des überpositiv konzipierten „materiellen Rechtsstaats" die parlamentarischen Gesetze. Eine permanente Schöpfung von ungeschriebenem Recht in jedem Einzelfall wäre allzu unpraktisch. Insofern wollen auch die VerfechterInnen des materiellen Rechtsstaats nicht auf den Effektivitätsgewinn, den die Existenz formeller Gesetze bedeutet, verzichten. Allerdings eröffnet das Konzept des materiellen Rechtsstaats im Notfall, im Ausnahmefall, im Notstandsfall einen 'Notausgang', nämlich den Rückgriff auf ein (Notstands)*recht*, das nicht in den geschriebenen Gesetzen steht – so die Figur des „übergesetzlichen Notstandes", die u.a. herangezogen wurde, um *gesetzwidrige* Abhörmaßnahmen (etwa im Fall Traube oder im Falle von Gesprächen zwischen Stammheimer Gefangenen aus der RAF und ihren Anwälten) dennoch als *gerecht*fertigt darstellen zu können (s. dazu bspw. Böckenförde 1978, 1882 f.). Jüngst wurde die Figur vom „übergesetzlichen Notstand" wieder aufgegriffen, um den Abschuß von entführten Zivilflugzeugen auch ohne gesetzliche Grundlage zu rechtfertigen.

Derartige Notstandsmaßnahmen sind nun sicherlich weder ein deutsches Spezifikum, noch bedarf es zu ihrer Legitimation notwendigerweise der hegelianischen Philosophie. Dies können wir zur Zeit an dem US-amerikanischen „Krieg gegen den Terror" sehen: Nicht zufällig werden dessen Notstandsmaßnahmen aber exterritorialisiert – nach Guantánamo und in europäische Geheim-Gefängnisse – also nach *außerhalb* des Geltungsbereichs der US-amerikanischen Gesetze (*laws*) verlagert; dagegen erscheint es der US-Regierung (noch) nicht opportun, die Geltung der *rule of law* im Staatsgebiet der USA offen in Frage zu stellen[16].

---

14 Nichts liegt der herrschenden Lehre ferner als der revolutionäre Gesetzesbruch, als die „eigenmächtige Durchsetzung subjektiven Wertempfindens" (Schmidt-Aßmann 2004, 553, RN 19) ('von unten', so ist hinzuzufügen) (das Recht, das „bessere Recht" an die Stelle des Gesetzes zu stellen, ist „kein Recht auf Revolution" sagt Gottfried Dietze [1966, 46, FN 102]). Vielmehr geht es der h.L. um eine zusätzliche Legitimierung des bestehenden Staats durch den Anspruch auf 'materielle' Rechtsstaatlichkeit; es geht ihr darum zu zeigen, daß der bestehende Staat „im Recht" steht (Schmidt-Aßmann 2004, 551, RN 16).

15 Auch diese Fragen werden zu beantworten sein: Um welche Ideale geht es? Um wessen Wertvorstellungen geht es?

16 Daß dies so bleibt ist in Anbetracht des Bedeutungsgewinns, den eine Haltung 'tatkräftiger Männer' erlangt, die mit (weibischen) 'Paragraphenkram' nichts zu tun haben wollen, allerdings nicht garantiert: „The action is autonomous, outside the law, looking to the law, considering it, consulting it, even perhaps, on occasion, acting consistently with it. But the action is itself extra-legal, and understands itself to be justified as such. In fact, the law seemed to bother him [Rumsfeld]. In responding to all these questions about legal rights and responsibilities, he remarked that he would leave these questions to others who did not *drop out of law school*, as he had. And then he laughed, as if some praiseworthy evidence of his own American *manhood* was suddenly made public. The show of strength indifferent to the law was early on encapsulated by Bush's 'Dead or Alive' slogan applied to Osama bin Laden, and Rumsfeld seems to continue this cowboy tradition of vigilante justice in the current situation." (Butler 2004, 84 – Hv. d. Vf.Innen), was die Frage nach einer aktuell stattfindenden Verrechtsstaatlichung der USA aufwirft (vgl. Schulze 2006c, 210).

Der US *Supreme Court* hat seinerseits versucht, die extra-legalen Handlungsmöglichkeiten der Exekutive zu begrenzen, indem er sich – statt auf die kubanische Souveränität – auf die faktische, von Kuba geliehene Kontrolle, die die USA über Guantánamo ausüben, bezog und die Geltung der *rule of law* auch dort bejahte[17]. Ob die dafür gegebene Begründung vollständig überzeugt, kann hier genauso wenig diskutiert werden, wie die Entwicklung der Guantánamo-Rechtsprechung in den letzten vier Jahren und die komplizierten Fraktionierungen innerhalb des *Supreme Courts* sowie die (begrenzte) praktische Reichweite auch der jüngsten Entscheidung, da sie jedenfalls und wohl kaum kritisierbar die *rule* des US *law* nicht auf Gebiete erstreckt, die der Gerichtsbarkeit anderer Staaten als der der USA unterliegen.

Das Rechtsstaatsspezifische ist also jedenfalls nicht die Existenz solcher Notstandsmaßnahmen, sondern deren spezifische Art der *Verrechtlichung*. Das Rechtsstaatsspezifische ist der legitimatorische Mehrwert, den die Berufung auf ein höheres Recht bedeutet: Notstandsmaßnahmen werden nicht als Durchbrechung von Recht = Gesetz (bspw. durch Exterritorialisierung), sondern als Anwendung von Recht dargestellt. Aber wo kommt dieses Recht her – wenn nicht aus den real-existierenden Gesetzblättern?! Die Schaffung von *ad hoc*-Recht, das erst im Anwendungsfall (ins Urteil oder in eine rechtfertigende Presseerklärung) geschrieben wird, diese Rechtsschöpfung *ex nihilo*, macht den philosophischen Idealismus des juristischen Konzeptes des materiellen Rechtsstaats aus.

## 5. Eine streitbare These eines/r Herausgebers/in

In dieses begriffliche Chaos (Rechtsstaat – *rule of law*; starker Rechtsstaat – rechtsstaatliche Begrenzung des Staates; materieller Rechtsstaat – formeller Rechtsstaat) greifen die beiden vorliegenden Bände ein: Sie versuchen zum einen den historischen (v.a. politik- und geistesgeschichtlichen) Kontext der Entstehung des deutschen Rechtsstaats-Begriffs (bzw. der -Begriffe) und dessen (oder: deren) Transfer nach Spanien zu analysieren. Zum anderen steht am Ende ein – *um der politischen und analytischen Klarheit willen* – *radikaler* begrifflicher Vorschlag, der in der vorliegenden Veröffentlichung kontrovers diskutiert wird und der sicherlich – in postmodernen Zeiten wie diesen – auch außerhalb dieses Buches weder auf ungeteilte Zustimmung noch auf ungeteilte Ablehnung stoßen wird: Es ist der Vorschlag von Detlef Georgia Schulze, den Rechtsstaat den Söder & Co.[18] zu überlassen

---

17  *Hamdan v. Rumsfeld* vom 29.06.2006 (http://www.supremecourtus.gov/opinions/05pdf/05-184. pdf) und *Boumediene et al. v. Bush* vom 12.06.2008 (http://www.supremecourtus.gov/opinions/ 07pdf/06-1195.pdf). Die Entscheidungen werden in den Bänden 548 und 553 der Entscheidungssammlung des *Supreme Courts* gedruckt erscheinen. Soweit die zuletzt genannte Entscheidung ein Kongreß-Gesetz für verfassungswidrig erklärt, verbleibt dem Kongreß die Suspendierungsmöglichkeit aus Art. I, § 9, cl. 2 US-Verfassung (der *Court* insistiert, daß eine solche Suspendierung förmlich und nicht unter der Hand erfolgen muß, um wirksam zu sein [S. 42]) und dem US-Verfassungsgesetzgeber darüber hinaus die Möglichkeit zur Verfassungsänderung. US-Verfassung im internet unter: http://www.servat.unibe.ch/law/icl/us00000_.html (engl.); http://verfassungen.de/us/verf87-i. htm (dt. Übersetzung).

18  Vgl. im Haupttext bei FN 7.

und für eine liberale Staatskonzeption – analog zur angelsächsischen *rule of law* und dem französischen *État légal* – den Begriff des demokratischen Gesetzesstaates zu verwenden. Der Rechtsstaat, der *Estado de Derecho*, wäre danach also der rechte[19] Staat, der Staat der Rechten, der *Estado justo-derecho y justificado*[20], der *Estado de derechas*.

Ein wahrhaft provozierender, damit aber auch diskussionsanregender Vorschlag, über den auch unter uns HerausgeberInnen kein Konsens besteht und über den die Diskussion noch längst nicht beendet ist.

## 6. Vorstellung der Beiträge

Der erste der beiden Bände umfaßt unter der Überschrift „Die historischen Vorausset-zungen" hauptsächlich solche Beiträge, die sich mit Aspekten der „Sonderwegsthese", also mit den geschichtlichen Fragen unterschiedlicher und gleichartiger Entwicklungen ver-schiedener Länder in die Moderne auseinandersetzen. Der zweite Band „Die juristischen Konsequenzen" beschäftigt sich mit Unterschieden und Gemeinsamkeiten im Rechts- und Gesetzesverständnis im Vergleich Deutschland-Spanien sowie anderer 'westlicher' Länder.

### Kapitel II: Einleitung

Nach diesem Vorwort (Kapitel I) schließt sich eine Einführung von Detlef Georgia Schulze und Frieder Otto Wolf (Kapitel II) in die Debatte über die historische Sonderwegsthese in Bezug auf Deutschland und Spanien an. Dabei wird die Sonderwegsthese auch als eine Ver-knüpfung des A- und Anti-Parlamentarismus mit dem Konzept des (materiellen) Rechts-staats begriffen. Die Autoren formulieren einen Fragerahmen für die folgenden Beiträge; damit soll diskutiert werden, ob eine postmodern-(post)strukturalistische Reformulierung des bisher v.a. system- und modernisierungstheoretisch geprägten Sonderwegs-Konzeptes notwendig und möglich ist, um dessen bisherigen Schwachpunkten abzuhelfen.

### Kapitel III: Was bleibt von der Sonderwegsthese? Was können andere Disziplinen von der Debatte der Geschichtswissenschaft lernen?

Nach Vorwort (Kapitel I) und Einleitung (Kapitel II) geht es zunächst um eine Bestands-aufnahme dessen, was von der Sonderwegsthese noch bleibt, wenn alle Einwände berück-sichtigt wurden (Kapitel III): Hier vertritt *Ellen Wood* die These, daß die Unterschiede zwischen Frankreich und England nicht geringer seien als die zwischen Deutschland und Spanien auf der einen und England und Frankreich auf der anderen Seite. So habe es z.B. in England zwar eine kapitalistische, aber keine bürgerliche und in Frankreich zwar eine bürgerliche, aber keine kapitalistische Revolution gegeben.

---

19  Hier verwendet i.S.d. Doppelbedeutung von 1. rechts vs. links und 2. 'Es jemandem/r recht machen' = 'Ihm/ihr gerecht werden' = gerecht sein; 'recht und billig' = 'gerecht' etc.

20  = der rechte, gerechte und gerechtfertigte Staat.

Während Ellen Wood britisch-französische Gemeinsamkeiten in Frage stellt, bezweifelt *Julia Macher* deutsch-spanische Gemeinsamkeiten oder doch zumindest deren Analysierbarkeit mittels des Sonderwegs-Konzeptes. Dazu gibt sie – unter Fokussierung des theoretischen bzw. historiographiegeschichtlichen Teils und der Schlußfolgerungen – eine Zusammenfassung der von ihr und *Katrin Stranz* verfaßten Literaturstudie, die Anlaß der Konferenzen war, aus denen die vorliegende Veröffentlichung hervorgegangen ist.

Im Unterschied zu Julia Macher, die den heuristischen Nutzen des Sonderwegs-Ansatzes für gering oder verbraucht hält und statt dessen anders konzeptionierte Teilbereichs-Untersuchungen vorschlägt, möchte *Carsten Zorn* der Sonderwegs-These mit neuen konzeptuellen Ansätzen und Theoriegrundlagen wieder auf die Beine zu helfen. Er verweist auf fundamentale Fragen für jede historische Untersuchung, nämlich bei welchen historischen Situationen angesetzt werden kann, wenn nach historischen 'Ursachen' von bestimmten Ereignissen oder Entwicklungen gefragt wird. Dazu bedient er sich des Vergleichs der Theorieschulen der Wehlerschen Gesellschaftsgeschichte und der Luhmannschen Systemtheorie, beide bekanntlich in Bielefeld beheimatet.

Anschließend beschäftigt sich *Georg Fülberth* mit den Nachwirkungen und der totalitarismustheoretischen 'Umbiegung' der Sonderwegs-These, genauer mit der aktuellen Debatte um Luciano Canforas Buch *Kurze Geschichte der Demokratie*. Es sollte – als Bestandteil der vom *Annales*-Historiker Jacques Le Goff herausgegebenen Reihe „Europa bauen" im deutschen Beck-Verlag herauskommen, nachdem es im englischen Sprachraum bei Blackwell und in Frankreich bei Seuil erschienen war. Der Beck-Verlag stieg jedoch aus dem bereits geschlossenen Veröffentlichungsvertrag aus – gestützt auf ein Gutachten von Hans-Ulrich Wehler. Fülberth legt nahe, daß sich der Sonderwegs-Theoretiker damit nun selbst auf einem „deutschen Sonderweg" befindet – denn im 'Westen' werde ein jakobinisches oder kommunistisches Demokratie-Verständnis, wie es Canfora vertrete, auch vom liberalen *mainstream* immerhin als diskussionswürdig angesehen, in Deutschland dagegen nicht.

Im Gegensatz zu den vorangegangenen Beiträgen, die danach fragen, was in der Geschichts*schreibung* bzw. in der politischen Theorie von der Sonderwegs-*These* bleibt, läßt sich der Aufsatz von *Iris Wachsmuth* als Antwort auf die Frage verstehen, was im Nachkriegs-Deutschland noch vom 'deutschen Weg', falls es ihn denn gegeben hat, übrig geblieben ist. Während sich der *mainstream* der Bundesrepublik bescheinigt, zwar spät, aber doch immerhin zu einem angemessenen Verhältnis zur nationalsozialistischen Vergangenheit gekommen zu sein, macht der Beitrag von Iris Wachsmuth deutlich, daß bei dieser These alles von der Bedeutung, die dem Wort „angemessen" gegeben wird, abhängt: Sie kommt in ihrer Drei-Generationen-Studie über ost- und westdeutschen Familien mit NS-Vergangenheit zu dem Ergebnis, daß familiäre Bindungen oft so mächtig sind, daß entlastende Rekonstruktionen zur Familiengeschichte von den nachfolgenden Generationen übernommen bzw. sogar verstärkt werden. Diese Prozesse der Entpolitisierung von Familiengeschichte seien aber kontraproduktiv für eine lebendige Demokratie, so Wachsmuths These.

*Göran Therborn* behandelt anschließend ein Thema, das in der bisherigen Sonderwegs-Diskussion kaum Beachtung gefunden hat, nämlich Hauptstadt-Architekturen. Hierzu vertritt er die These, daß es auf diesem Felde keinen „deutschen Sonderweg" gegeben hat (und auch keine spezielle deutsch-spanische Familienähnlichkeit). Er unterscheidet verschiedene Modernisierungspfade, die er weiter differenziert. Es sind unterschiedliche Konstellationen von Volk und Monarch, Nation und Fürst oder Fürsten, mehreren Nationen und einem Monarch usw. Therborn zeigt, daß diese unterschiedlichen Konstellationen und Wege auch in verschiedenen Hauptstadt-Architekturen repräsentiert sind.

Am Ende dieses Kapitels steht ein Beitrag von *Detlef Georgia Schulze*, der noch einmal auf theoretische Probleme des Sonderwegs-Konzeptes zurückkommt. Wie der Beitrag von Julia Macher zeigt, wird der Bielefelder Variante der Sonderwegs-These vorgeworfen, 'zu strukturalistisch' zu sein und Aspekte wie Handlung, Subjekt und Ereignis zu vernachlässigen. Schulze geht der Frage nach: Was wird im Rahmen dieser Kritik eigentlich als „strukturalistisch" bezeichnet? Der französische Strukturalismus oder der us-amerikanische Strukturfunktionalismus? Während sich vielleicht sagen läßt, daß die Bielefelder Variante in einer Traditionslinie Weber – Lukács – Parsons steht (also Verstehende Soziologie + Hegelianischer Marxismus, leicht 'westernisiert' mittels us-amerikanischer Modernisierungstheorie) schlägt Schulze ein theoretisches Konzept zur Analyse nationaler Spezifitäten und Ähnlichkeiten vor, das in einer Traditionslinie Marx – Lenin – Mao – Althusser steht, also den Marxismus vom französischen Strukturalismus aus reformuliert. Es wird ein „Konzept des Widerspruchs" entwickelt, das den Gegensatz von Struktur und Handlung als Schein-Problem erkennen lasse. Darüber hinaus identifiziert Schulze auf einer beschreibenden Ebene eine Serie von Ereignissen, die eine Familienähnlichkeit zwischen Deutschland, Spanien und anderen – u.a. osteuropäischen – Rechtsstaaten (im Unterschied zu nordwesteuropäischen und nordamerikanischen Gesetzesstaaten) konstituieren könnte. Um darüber hinaus nationale historische Spezifitäten nicht nur zu beschreiben, sondern auch zu erklären, benennt Schulze Ansätze, mit denen z.B. „die Regelhaftigkeit der Phänomene" und „die Wahrscheinlichkeitswerte ihres Auftretens" – wie Foucault in dem Text zitiert wird – bestimmt und wie „die Bedingungen [...], von denen sie abhängen", die „Variationen" und „Wendungen", analysiert werden können.

## Kapitel IV: Vom Vater Staat zum rechten Staat? Nationale und Geschlechtliche Identitäten seit den anti-napoleonischen Kriegen

Im vierten Kapitel geht es nun vornehmlich um nationale und geschlechtliche Identitäten im Zuge der Herausbildung moderner Staaten seit den anti-napoleonischen Kriegen. Hier finden sich fünf Beiträge. *Gabriele Kämper* macht in ihrem Einleitungsbeitrag zu dem Kapitel deutlich, worin der Erkenntnisnutzen liegen kann, Strategien der Ent-Politisierung und Demokratie-Vermeidung gerade unter den Aspekten von Nation und Geschlecht zu untersuchen: „Das Geschlechterverhältnis wie das Nationale werden in politischen und gesellschaftlichen Diskursen immer wieder der Dimension des Gesellschaftlichen entzogen und einer Sphäre des Vorgängigen, Natürlichen oder Göttlichen übergeben." Darüber hinaus indiziert und symbolisiert Geschlecht Macht, „es ordnet semantische Felder und reguliert den Austausch zwischen ihnen nach der Logik analog zu setzender Machtpositionen." So wird der antidemokratische Impetus nationaler Rhetoriken von einer reichhaltigen Geschlechtermetaphorik artikuliert, wie Kämper in ihrer Monographie über die *Politische Rhetorik der neuen intellektuellen Rechten* der 1990er Jahre gezeigt hat; für Ernst Jünger war die Demokratie das Weibliche. Entsprechendes kann von der Entgegensetzung von Recht und Gesetz, von 'materiellem' und 'formellen' Rechtsstaat, vermutet werden – wobei dann das Gesetz und das 'Formal-Juristische' auf Seiten des Bläßlichen, Schwächlichen und Weiblichen sowie der Gesetzesbruch im Namen substantieller Ziele (z.B. 'Terrorismus-Bekämpfung') auf Seiten des Lebens, der Tatkraft und Männlichkeit steht (vgl. hier das Rumsfeld-Zitat in FN 16).

*Teresa Sanislo* beschäftigt sich in ihrem Text mit der Frage, ob die deutschen philanthropischen Erziehungsreformer vom Ende des 18. Jh. ein Beweisbaustein für die These vom „deutschen Sonderweg" sind. Die Philanthropen gelten als „Gründungsväter der Reformpädagogik", schreibt Gabriele Kämper in ihrer Einleitung. Wenn wir bspw. in die deutsche Ausgabe von Wikipedia schauen, erscheint Basedow, einer von ihnen, als *nice guy*, der das Schulleben netter machte, ähnliches gilt für Johann Christoph Friedrich Gutsmuths, nach dem die DDR einen Preis auf dem Gebiet der Sportwissenschaft und Sportmedizin benannte.[21] Die Analyse von Teresa Sanislo vermittelt einen etwas anderen Eindruck: Statt Spiel und Spaß hört es sich eher nach Drill und Disziplin an, und nicht nur das. Entfaltet wird der ganze Zusammenhang von Körperbetonung, Sportbegeisterung, geschlechtlicher Konnotation, z.B. Förderung der Gebärfähigkeit usw. Andererseits stellten diese Autoren auch nicht die Verbindung von Männlichkeit und Rationalität in Frage; worauf sie mit ihrer Aufwertung von männlicher Körperlichkeit zielten, war ein Ganzheitlichkeitsideal. Trotz allem bleibt Teresa Sanislo selbst skeptisch, ob ihre Befunde überhaupt etwas für die These vom „deutschen Sonderweg" bedeuten: „Do my research findings provide new evidence of a German *Sonderweg*? Here I pose the question of what this means. If it means that there are unique or particular elements to the history of physical education, gender, and middle class identity formation in Germany that are not found in other European contexts in this period? I would agree with this statement but also call for further comparative work to substantiate it. [...]. Does the idea of a German *Sonderweg* imply that Germany took a problematic path to modernity, one that led into the Nazi story? Does it mean that there was something wrong with the German middle class and/or German ideas of the public good, of citizenship, or manliness? Here I would caution against reading the developments in my period through the lens of the old *Sonderweg* model."

Im folgenden Beitrag beschäftigt sich *Christiane Eifert* mit preußischen Landräten im 19. Jh. unter dem Titel: „Der Landrat, Männlichkeit und Herrschaft". Wenn wir ihren Beitrag als eine Antwort auf die Gesamtfragestellung der vorliegenden Veröffentlichung lesen, so ließe diese sich vielleicht wie folgt akzentuieren: Die Tätigkeit der Landräte folgte nicht dem Paradigma der strikten, positivistisch-formalistischen Exekution des Gesetzes, in der Praxis der Landräte gaben „nicht formale Qualifikationen wie etwa eine Staatsprüfung und ein Offizierspatent den Ausschlag [...], sondern [gewannen] kommunikative und mediatisierende Fähigkeiten zentrale Bedeutung". Dies zeigt Eifert anhand dreier Verhältnisse auf,

---

21  http://de.wikipedia.org/wiki/Johann_Christoph_Friedrich_Guts_Muths (26.8.08).

in denen sich die Landräte zu bewegen hatten: dem Verhältnis zur Ministerialverwaltung; dem Verhältnis zu den anderen Rittergutsbesitzer im Landkreis und dem zur dortigen städtisch-bürgerlichen sowie ländlich-agrarischen Bevölkerung.

Der nächste Aufsatz, von *Carolyn Boyd* verfaßt, analysiert das Verhältnis von „History, Identity and Citizenship" im Spanien des 19. Jh. anhand von Geschichtsunterricht und schulischen -Lehrwerken. Als Antwort auf die Frage rezipiert, inwieweit sich die spanische Geschichte des 19. Jh. von der des 'Westens' unterscheidet, läßt sich dem Beitrag folgende Antwort entnehmen: Bis zur erneuten Restaurationsperiode ab 1874 war Spanien ziemlich 'westlich' oder doch zumindest von dem *Versuch* starker gesellschaftlicher Kräfte, eine dem 'westlichen Weg' ähnliche Richtung einzuschlagen, gekennzeichnet. Mit dem Scheitern der Revolution von 1868-74 verlor Spanien freilich den Anschluß, und die spanische Geschichte nahm für mindestens 100 Jahre einen anderen Weg als im Westen – mit Nachwirkungen bis heute. Der undemokratische Charakter des spanischen Restaurations-Liberalismus artikulierte sich auch in den Geschichtsbüchern der Restaurationszeit, denen jegliche Sympathie für ein 'voluntaristisches' oder durch die Mehrheit des Volkes definiertes Verständnis von nationaler Souveränität fehlte. Für den wahren, organisch gewachsenen Geist und die wahre Identität Spaniens wurden Werte in Anspruch genommen, die nicht nur als anders, sondern auch als höherwertig gegenüber französischem Atheismus und britischem Materialismus angesehen wurden; es waren aristokratische, maskuline und prä-moderne Werte.

Hieran knüpft *Teresa Orozco* mit ihrem Aufsatz über Carl Schmitt und dessen Bezugnahme auf Donoso Cortés, der die Notwendigkeit der Diktatur rechtfertigt, an. Carl Schmitt greift Cortés' katholischen Ordnungsgedanken auf und lobt, „daß die theologische Art des Spaniers ganz in der Linie des mittelalterlichen Denkens" verbleibe. Schmitt schlägt sich auf die Seite der Restauration eines mittelalterlichen Herrschaftsmodus, der im Zeitalter der Revolutionen seine Legitimität verloren hat. Gegen die neuere politische Tradition, die die Volkssouveränität als Bedingung für die Legitimität des Staates behauptet, stellt Schmitt den Willen des Volkes zur Disposition. Dieser wird zur Scheidelinie, deren Übertretung wahre Männlichkeit in Gestalt des zur Dezision, zur Entscheidung fähigen Diktators auszeichnet. Hier finden wir die uralte patriarchale Figur wieder, die im Zusammenhang mit dem Kampf gegen den *liberalen* Rechtsstaat und mit der Idee des Ausnahmezustands eine spezifisch protofaschistische Wendung bekommt. Deutlich wird, daß Schmitt sein Projekt auf Donoso Cortés rückprojiziert. Cortés' Konstruktion von Familie, christlicher Gemeinschaft und Liebe, die er gegen die säkularen Forderungen der damaligen Liberalen und Sozialisten einsetzt, bleiben in Carl Schmitts Lektüre auf symptomatische Weise unterbelichtet, statt dessen setzt Schmitt auf die Kraft des säkularisierten politischen Mythos.

## Kapitel V: Der Liberalismus zwischen Monarchie und parlamentarischer Republik. Erkundungen einer Umgebung

Im fünften Kapitel befinden sich sechs Beiträge, die sich mit dem Verhältnis verschiedener Liberalismen zu Parlamentarismus und Monarchie beschäftigen. Zunächst vergleicht *Jörn Leonhard* die Entwicklung liberaler Ideen und liberalistischer Bewegungen in Europa. Er geht zunächst einem ideengeschichtlichen Mythos nach – der Vorstellung von einem gemeineuropäischen Liberalismus. Nach diesem Mythos wäre der europäische Liberalismus eine Art Durchschnitt der Ideen von Hobbes, Montesquieu, Locke, Rousseau und Kant. Allerdings sprachen diese Geistesgrößen selbst noch gar nicht von Liberalismus. Dennoch von einem solchen europäischen Durchschnitts-Liberalismus zu sprechen – so die These von Leonhard –, produzierte zugleich einen Maßstab, an dem die verschiedenen nationalen europäischen Liberalismen gemessen werden: Pioniere und Helden im Westen Europas sowie Nachzügler und Verlierer der Geschichte in Mittel- und Osteuropa. Statt einen solchen Liberalismus *avant la lettre* zu konstruieren, schlägt Leonhard vor, die reale Bedeutungsentwicklung der scheinbar äquivalenten Begriffe in den europäischen Sprachen zu untersuchen, also die verschiedenen europäischen Liberalismen in ihrer Positivität ernstzunehmen: „Was Zeitgenossen in Frankreich um 1815 unter den *idées libérales* verstanden, unterschied sich erheblich von *liberalen Ideen* in Deutschland und *idee liberali* in Italien." Leonhard endet wie folgt: „Wer weniger von vermeintlichen westeuropäischen Pionieren des Liberalismus ausgeht, wird auch auf vorschnelle Urteile über liberale Niedergangs- und Defizitgeschichten in Mittel- und Osteuropa verzichten. Das bedeutet keinesfalls den Verzicht auf die Erkenntnis von Unterschieden [...]. Aber über das, was Liberale konkret bewirken konnten, sagt das allein wenig aus. Vom Bild eines machtvollen Liberalismus, eines selbstbewußten Bürgertums in Westeuropa sowie einem schwachen Bürgertum und einem niedergehenden Liberalismus in Deutschland wird man Abschied nehmen müssen. [...] Die erfolgreiche Revolution des liberalen Bürgertums mußte kein politischer Umsturz sein, sondern konzentrierte sich auf die wirtschaftliche und kulturelle Fortentwicklung Deutschlands zu einem Laboratorium der Moderne." – Aber ist es nicht gerade der Unterschied zwischen der politisch-umstürzlerischen Form und der ausschließlich ökonomisch-juridisch-evolutionären *Form*, der – metaphorisch gesprochen – 'die Musik macht' und davor warnen sollte, *beide* Formen unter dem *einen* Wort „Revolution" zu denken?

Im Anschluß an Leonhards internationalen Vergleich beschäftigt sich *Christiana Brennecke* in ihrem Beitrag mit dem Verhältnis von Liberalen und Republikanern in Spanien und den Auswirkungen dieser Lagerbildung auf das „kurze Leben" der ersten spanischen Republik. Brennecke betont zunächst einmal, daß es in Spanien im 19. Jh. weder zu einer durchgreifenden Parlamentarisierung noch zu einer – zumindest schrittweisen – Demokratisierung des politischen Systems kam. Der Beitrag von Brennecke erlaubt die Schlußfolgerung, daß das Ausbleiben einer Demokratisierung und Republikanisierung Spaniens im 19. Jh. nicht einfach dem Fehlen eines ausreichend radikalen *Willens* maßgeblicher Akteure geschuldet war, sondern es die *Verhältnisse* waren, die auch einem radikaleren Willen kaum Durchsetzungschancen geboten hätten.

Im nächsten Beitrag: „1868-1931-1975: drei spanische Anläufe zur Durchsetzung der Demokratie" führt *Walther L. Bernecker* den Blick vom Scheitern der ersten zum Scheitern der zweiten Republik sowie zur Transition nach Francos Tod weiter. Er rückt die *Form*frage der Durchsetzung von Volkssouveränität in das Feld der Betrachtung: „In manchen Fällen stand am Anfang dieses Prozesses die physische Eliminierung des Monarchen und seiner Familie (England, Frankreich, Rußland), zumeist gefolgt von einem Bürgerkrieg. Erst am

Ende dieses Rituals führte die dergestalt gegen den Monarchen errungene Volkssouveränität zur Herausbildung des modernen Nationalstaats." In Spanien erfuhr diese „idealtypische Sequenz" im 19. Jh. „vielfältige Abweichungen, die letzten Endes das Scheitern der Demokratie erklären", so Berneckers These. Zum Königsmord kam es dort nie, und unter den abweichenden sozialen und politischen Bedingungen endeten „die zahlreichen 'Revolutionen' [...] alle mit der Wiederherstellung der königlichen (Teil-) Souveränität." Bis zum *zweiten* Versuch, eine Republik zu schaffen, hatten sich die sozialen Bedingungen dann allerdings erheblich gewandelt: „Die Arbeiterschaft war zu einer kräftigen Bewegung angewachsen; die neuen Mittelschichten waren viel zu zahlreich, um in das oligarchische Kazikensystem kooptiert und damit 'neutralisiert' werden zu können; die urbane Bevölkerung hatte quantitativ deutlich zugenommen und damit eine ganz andere politische Bedeutung erlangt als im 19. Jahrhundert". Wiederum blieben aber „die gesellschaftlichen Machtpositionen, vor allem auch die Sozialstrukturen auf dem Land, [...] unangetastet", was sich bald rächen sollte, da dadurch die Unterstützung der Republik durch die ländliche und städtische Arbeiterschaft allenfalls halbherzig blieb, so der *eine* Aspekt von Berneckers Erklärung für das Scheitern der zweiten Republik. Ein weiterer Faktor, den Bernecker anspricht, und der die These vom Etatismus als Kontinuitätselement des rechtsstaatlichen Weg zumindest relativieren würde, ist die Stärke bzw. Schwäche des Staatsapparates: „Die republikanische Demokratie übernahm [...] einen schwachen Staatsapparat; sie unternahm nichts gegen die Möglichkeit, die den Reformgegnern offen stand, sich gegen die Reformen stark zu machen." Danach wäre also die zweite spanische Republik nicht wegen eines 'Zuviels' an Etatismus, sondern wegen eines 'Zuwenig' an Staatlichkeit gescheitert.

Der Transition der 1970er Jahre nun stellt Bernecker ein – im Ergebnis – positives Zeugnis aus: Sie „scheint in den Jahren nach 1975 endgültig und erfolgreich die Demokratie in Spanien verankert zu haben." Bernecker vergleicht die zweite Republik und die *transición*: So sei es nach dem Tod Francos „zum Übergang in eine wahrhaft 'nationale Demokratie'" gekommen. Die „Führer der oppositionellen Parteien, der Sozialist Felipe González, der Kommunist Santiago Carrillo [...] erwarben sich Verdienste bei der Einbindung ihrer jeweiligen politischen Formationen in das entstehende demokratische Gefüge." „Die Perspektive einer (wie auch immer gearteten) Arbeiterrevolution und eines Übergangs zum Sozialismus wurde aufgegeben, an ihre Stelle trat der Kampf um Arbeiterrechte, um politische Demokratie und um Mitbestimmung."

Müssen wir daraus schlußfolgern, daß Demokratie unter Dominanz der kapitalistischen Produktionsweise nur funktionieren kann, wenn die ArbeiterInnenklasse diese Produktionsweise nicht zum Thema macht, sich folglich nicht als Klasse, sondern als Teil der Nation begreift?

Mit dem Aufsatz von *Oded Heilbronner* wechseln wir zu *Deutschland* als Thema der weiteren Beiträge in diesem Kapitel. Heilbronner beschäftigt sich mit dem südwestdeutschen Liberalismus. Er begreift ihn als – wie er sagt – „populären Liberalismus" (eine Parallelbildung zu dem engl. Ausdruck *popular liberalism*). Darunter versteht er einen Liberalismus, der in einer bestimmten „radikal-liberale[n] Subkultur" (Bauerorganisationen und -vereine) verankert war und der sich bspw. in der Parole „Freiheit, Gleichheit, Brüderlichkeit und Dynamit" ausdrückte. Zugleich möchte Heilbronner einen neuen Erklärungsansatz für den Erfolg des Nationalsozialismus vor 1933 in bestimmten süddeutschen Regionen vorschlagen, der auf der Tatsache beruht, daß der populäre Liberalismus zwischen der zweiten Hälfte des 19. Jh. und dem ersten Drittel des 20. Jh. eine weitgehende Kontinuität aufwies. Diese Hypothese hat zugleich einen Einsatz in der Sonderwegs-Debatte: Bisher tendierten insbesondere Sonderwegs-Historiker dahin, den (staatstragenden, 'angepaßten') Nationalliberalismus zu einem Proto-Nationalsozialismus zu erklären. Tatsächlich hat der Nationalsozialismus aber gerade die Bastionen des radikalen oder populären Liberalismus übernommen. Damit will Heilbronner nun nicht letzteren zum Protofaschismus erklären. Vielmehr soll der Langfrist-Erklärung des Nationalsozialismus aus den Bedingungen des 19. Jh. durch die Sonderwegs-Historiker eine Erklärung aus den konkreten Bedingungen Ende der zwanziger/Anfang der dreißiger Jahre des 20. Jh. entgegengesetzt werden. Erst in diesem Moment wurde der eklektizistische ideologische Pluralismus der NSDAP völkisch-rassistisch vereinheitlicht, so die These von Heilbronner.

Auch der Beitrag von *Volker Berghahn* beschäftigt sich – u.a. – mit Deutschland in der Zeit der Wende vom 19. zum 20. Jh. Er analysiert im deutsch-britisch-us-amerikanischen Vergleich das Verhältnis von Wirtschaftsstruktur und allgemeinem Wahlrecht. Er versteht dies zugleich als Beitrag zur Debatte über das Kaiserreich, über dessen Entwicklung und dessen Auswirkungen auf die deutsche Geschichte bis 1945 sowie als Beitrag zur Debatte, ob es einen „deutschen Sonderweg", der in den NS führte, gab oder nicht. Die Verbindung zwischen den beiden von ihm untersuchten Bereichen (Wahlrecht und Wirtschaftsstruktur) stellt er dadurch her, daß er beide als „sites in which divergent parties compete for politi-cal market-shares in the first case and for commercial ones in the second" sieht. Berghahn beginnt mit dem Fall USA: Volkssouveränität, ausgeübt durch Wahl der Legislative und des Präsidenten. Auch wenn das Wahlrecht dort zunächst aufgrund rassischer, Eigentums- und *gender*-Kriterien beschränkt gewesen sei, so habe sich doch ein Schneeball-Effekt entwickelt: Jede Ausweitung des Wahlrechts stärkte die demokratische Partizipation und zugleich kamen neue Forderungen auf, die Beteiligung 'inklusiver' zu gestalten – also Beschränkungen des Zugangs zu den Wahlurnen aufzuheben. Ganz anders die Situation in Deutschland: Auf Bundes- bzw. Reichsebene wurde das Wahlrecht nicht sukzessive ausgeweitet, sondern das allgemeine Männer-Wahlrecht auf einen Schlag 1866 bei Gründung des Norddeutschen Bundes eingeführt und bei dessen Transformation in das Deutsche Reich beibehalten – also lange bevor es in den Südstaaten der USA *faktisch* durchgesetzt wurde (s. den Beitrag von Therborn). Bismarcks Kalkül: Er wollte sich auf bäuerliche Wähler gegen städtische Liberale stützen. Die Liberalen hatten dagegen, so Berghahns These, zwar ein Interesse an einer Stärkung des Par-laments gegenüber dem Monarchen, aber in ihrer großen Mehrheit kein Interesse daran, daß jene konservativen bäuerlichen Massen dort zur Geltung kommen. Folgen wir nun Berghahns Blick ins Vereinigte Königreich: Auch hier wurde das Wahlrecht schrittweise ausgeweitet, das Regierungsbildungs- und das Gesetzgebungsrecht gingen früh auf das Parlament über; einen Unterschied zur amerikanischen Situation bedeutete freilich die Existenz des *House of Lords,* dessen Vetorecht erst kurz vor dem Ersten Weltkrieg zu einem nur noch aufschiebenden Veto entschärft wurde. Diese Mittelposition zwischen Deutschland und den USA hinsichtlich des politischen Systems korrespondiert auch mit einer mittleren, oder – wie Berghahn Hans Pohl (1985) zitiert – „relaxed" Haltung gegenüber wirtschaftlichen Monopolen, die weder der monopol-freundlichen deutschen Haltung noch der strikten Monopolgegnerschaft in den USA folgt. Daß politische und wirtschaftliche Entwicklungen miteinander verflochten sind, ist eine weithin geteilte Einsicht und wird auch hier deutlich gemacht, aber wie haben wir uns das *Verhältnis* zwischen den von Berghahn dargestellten politischen und den Wirtschaftskulturen genau vorzustellen? Handelt es sich um eine Determination der einen Kultur durch die andere? Oder sind beide jeweils Ausdruck einer übergreifenden nationalen Mentalität? Oder handelt es sich um bloße Koinzidenzen? Ähnliche Fragen spricht Berghahn selbst am Ende seines Aufsatzes an. Und wie weit trägt die ökonomische Metaphorik von „Marktplatz", „Wettbewerb" und „Kartellen", um politische Systeme zu analysieren? Ist die faktische Souveränität des Volkes wirklich nur von Kartellen und Monopolen gefährdet, wie die von Berghahn referierte, hegemoniale us-amerikanische Selbstwahrnehmung meint (Konkurrenzkapitalismus = *industrial democracy*)? Oder restringiert auch Konkurrenzkapitalismus die politische Entscheidungsfreiheit demokratischer Mehrheiten?

Genau diese Frage wirft der Beitrag von *Ralf Ptak* und *Frieder Otto Wolf* auf. Die Autoren vergleichen autoritären und libertären Neoliberalismus. Sie gehen von der Beobachtung aus, daß der Neo-Liberalismus von der Ambivalenz gekennzeichnet ist, daß mal der marktradikale Appell an die Selbstregulierung der Märkte und mal der Rückgriff auf die Staatsmacht als Garant der Marktverhältnisse in den Vordergrund treten kann. Diese Ambivalenz läßt sich daher bis zur Unterscheidung zwischen einem eher autoritären und einem eher libertären Neoliberalismus zuspitzen. Hat dieser Unterschied etwas mit der Frage nach dem deutschen Sonderweg zu tun? Schwer zu sagen.

Die Autoren überprüfen, inwieweit sich in bestimmten Epochen in den zu vergleichenden Ländern und Regionen eher libertäre und marktradikale oder eben autoritäre Tendenzen durchgesetzt haben. Andererseits können beide Extrempositionen, so die These von Wolf und Ptak, nicht als solche zur Grundlage konkreter neoliberaler Strömungen werden, da der Neo-liberalismus stets beide Optionen in sich trägt – mit unterschiedlichen, z.T. auch wechselnden Akzentsetzungen. Ist auch diese Ambivalenz ein Charakteristikum des Neo-Liberalismus als solchem, so ist doch die regionale Verteilung der unterschiedlichen Akzentuierungen dieser Ambivalenz kein Zufall: „Wenn die deutschen Varianten des Neoliberalismus immer wieder stärker staatsbetont ausgefallen sind, als dies zumindest in den Hauptlinien der angloamerikanischen Diskussionsentwicklung der Fall war, so sagt dies mehr über unterschiedliche Entwicklungspfade verschiedener historischer Gesellschaften als über den Neoliberalismus selbst aus, der sich beiden historischen Pfaden erfolgreich hat anpassen können."

## Kapitel VI: Sprach- und Philosophiegeschichtliches zu den Wegen nordatlantischer Entwicklung

Das nächste Kapitel wechselt vom Feld der Politik und Ökonomie zum Feld der Kultur, und dort vor allem der Sprach- und Philosophiegeschichte, wobei es insbesondere um folgende Fragen geht: Zeigt nicht schon ein Blick auf die Sprachgeschichte einen Unterschied zwischen den westeuropäischen und nordamerikanischen demokratischen Gesetzesstaaten und den mittel- und südeuropäischen Rechtsstaaten, wie er insbesondere im Bedeutungs- unterschied zwischen dem englischen *right* (ausschließlich = individueller Rechtsanspruch) und dem deutschen und kastilischen ('spanischen') *Recht, derecho* (auch = Rechtsordnung) augenfällig ist? Lassen sich nicht in der deutschen Philosophiegeschichte Wurzeln eines idealistisch-metaphysischen Rechtsverständnisses finden, die mit analytischer englischer, pragmatischer us-amerikanischer und materialistischer französischer Philosophie unver- einbar waren und sind? Und ist es wirklich ein Zufall, daß ausgerechnet die Rechtsstaaten am Anfang des 20. Jh. elitäre Philosophien der Furcht vor der 'Massengesellschaft' hervor- bringen?

Der ersten Frage geht *Isabel Aguirre-Siemer* nach, die bis auf die indoeuropäischen Wurzeln der modernen Sprachen zurückblickt. Sie arbeitet in ihrer linguistischen Studie folgende Auffälligkeiten heraus: Die Zugehörigkeit des deutschen Wortes *Gerechtigkeit* zur Wortfamilie um *Recht*, während die anderen untersuchten Sprachen (Frz., Engl., Kast.) Derivate des lateinischen Wortes *iüs* bevorzugen (*justice, justice, justicia*). *Iüs* hat, indem es von göttlichem Recht unterschieden ist, bereits eine protomoderne Bedeutung (Recht im juristisch-technischen Sinne), während die Wortfamilie um *Recht, Gerechtigkeit* von ihrer Etymologie her eine quasi 'natur-rechtliche' Konnotation hat (gerade [vs. krumm] als natürliche Richtigkeit). Diese zuletzt genannte Etymologie teilen nun auch kast. *derecho*, frz. *droit* und engl. *right*, wobei freilich im Feld der vier untersuchten modernen Sprachen folgendes auffällt: Im Engl. ist die ehemals vorhandene Bedeutung *right* = *Rechtsordnung* (*standard of permitted and forbidden action; law, a rule o canon*) am Anfang des 17. Jh. weg- gefallen (Simpson/Weiner 1989, s.v. *right*). *Right* ist seither nur noch das individuelle Recht gegen den Staat (oder andere Private), aber nicht mehr die (normale) Rechtsordnung oder das (Ausnahme)Recht des Staates, dem Gehorsam zu leisten ist (auch wenn die Verletzung eines *rights* eines anderen Privaten eine staatliche Sanktion nach sich ziehen kann). Die vorstehend angesprochene naturrechtliche Konnotation von *right* mag in diesem Sinne die individuellen Rechte verstärken, vor allem aber bietet sie dem Staatsapparat keine Basis im Namen einer Natur-Rechts-Ordnung von der *rule of law* abzuweichen. Im Deutschen und Kastilischen kann dagegen *das Recht* (*el derecho*) mehr und sogar anderes als *die Gesetze* (*las leyes*) bedeuten. Die Bedeutung *Recht, derecho* = *Rechtsordnung* ermöglicht ein manipulatives Hin- und Hergleiten: Das *Recht* kann als überpositives Recht den *Gesetzen* entgegengestellt werden und trotzdem kann es als Recht = Rechtsordnung als geltendes ausgegeben werden – statt es klar als politische Forderung *de lege ferenda*[22], als erst noch zu machendes (zu erlassendes) Gesetz, auszuweisen.

Aguirre-Siemer befaßt sich in ihrer Studie darüber hinaus mit den Auswirkungen, die die differenten Bedeutungen von *Recht, derecho, droit* = *Rechtsordnung* im Gegensatz zum individualistisch angelsächsischen Rechtsverständnis (*right* = *claim, title*) auf abgeleitete Begriffe wie *sozialer Rechtsstaat* bzw. *Estado social de Derecho* im Gegensatz zum englischen

---

22 *ferenda* = Gerundivum (= adjektivische Verbform, die eine Notwendigkeit, ein Müssen oder Sollen ausdrückt) feminin zu lat. *ferre* = *tragen, bringen, herbeiführen*, gar *anbieten, vorschlagen* etc.

Ausdruck *welfare state* (der seinerseits als Entgegensetzung zum – von britischer Seite in Deutschland ausgemachten – *warfare state* geprägt wurde) haben und bringt sie in Zusammenhang mit der sozialwissenschaftlichen Unterscheidung zwischen unterschiedlichen Sozial- bzw. Wohlfahrtsstaatsregimen.

*Frieder Otto Wolfs* Untersuchung zu „Vision, Idee, Projekt, Entwurf, Initiative und Planung" behandelt nicht nur die Frage, ob sich diese Konzepte bestimmten nationalen Kulturen des Philosophierens zuordnen lassen – also nicht nur die Frage, ob sich anhand dieser Konzepte national spezifische Wege der Philosophiegeschichte ausmachen lassen. Darüber hinaus stellt er in allgemeiner Weise eine Frage, die für die „Sonderwegs"-Debatte in folgender Weise fruchtbar wäre: Er stellt die Frage nach Handlungsfähigkeit und Handlungswillen: „Wissen wir überhaupt, wohin wir gehen? Und haben wir greifbare Vorstellungen darüber, wohin wir überhaupt gehen wollen? Oder wo wir selber historisch stehen, in einem Hier und Jetzt, dessen Zustandekommen umstritten, vergessen und verdrängt ist?" Und radikaler noch: Ihm geht es darum, zu dem Konzept des 'Projektes' im Pragmatismus, der die erfolgreichste Leitphilosophie des 20. Jh. gewesen ist, im Ausgang von einer 'Umfunktionierung' des Konzeptes der Initiative eine Alternative zu gewinnen, die den im Pragmatismus verstellten Horizont *strukturell verändernden Handelns* wieder freilegen kann. Damit wird im Kontext der Fragestellung dieses Buches folgende Frage greifbar:

Wenn es national spezifische Wege gegeben hat, was wäre dann nötig, um zu einem Pfadwechsel zu gelangen, um die Spur zu wechseln? Um vom rechtsstaatlich-ademokratischen zum gesetzesstaatlich-demokratischen Weg zu wechseln?

Mit etwas, was wir vielleicht existentialistischen Voluntarismus 'von rechts' nennen können, beschäftigt sich der Beitrag von *Sabine Ribka* – nämlich mit der deutschen 'konservativen Revolution' und dem spanischen Philosophen Ortega y Gasset. Als grundsätzliches Charakteristikum der 'Konservativen Revolution' sieht Ribka an: „Zahlreiche Motive ihrer Reden und Diskurse, die antithetisch verknüpften Wortpaare wie die Gegenüberstellungen von Elite und Masse, Kultur und Zivilisation, Vitalität und Dekadenz, die Kulturkritik am Kapitalismus und am städtischen Leben oder die Verklärung der Heimat und des Volkstums als Quellen alles Eigentümlichen und Echten weisen auf diese Verwurzelung im Kulturpessimismus hin. [...]. Während der stete Blick in die Zukunft diesem konservativen Denken seinen revolutionären Charakter verlieh, standen die angestrebten Werte doch im krassen Gegensatz zu den revolutionären 'Ideen von 1789'."

Die Vertreter der 'Konservativen Revolution', so Sabine Ribka, verteidigten einen Freiheitsbegriff, der die zwangslose und unaufgeforderte Ein- und Unterordnung in die organische Gemeinschaft verlangte.

Nach der Charakterisierung der grundlegenden Position der 'Konservativen Revolution' geht Sabine Ribka zu Ortegas Verhältnis zu dieser und Deutschland im allgemeinen über. D.h. sie bettet seine zuvor dargelegten Positionen in seine Lebensgeschichte und die enthaltenen Begegnungen, politischen Funktionen und Erlebnisse sowie geistesgeschichtlichen Beeinflussungen ein. Ortega war früh zu einem Studienaufenthalt in Deutschland und wurde dort durch die Opposition Nicolai Hartmanns gegen den Marburger Neukantianismus geprägt. Außerdem ist auf Ribkas Analyse von Ortegas mit Geschlechtermetaphern aufgeladener Staats'theorie' hinzuweisen. Im Kontext seines Wunsches nach dem starken, 'sportlichen' Staat ist auch Ortegas – in seiner kurzen Zeit als Abgeordneter des Parlaments der zweiten spanischen Republik explizit ausgeprägter – Anti-Parlamentarismus zu sehen. Die Reden seiner Abgeordneten-Kollegen sind ihm nur „leere Worte" und statt dessen wünscht er sich ein arbeitsfähiges, „nüchternes", aus technisch kompetenten Kommissionen bestehendes Parlament. Als er nach dem Zweiten Weltkrieg Deutschland wieder bereist, bedient er die auch dort beliebte Vorstellung, daß nicht etwa die elitären Warnungen von ihm, der 'Konservativen Revolution' und ähnlichen Autoren den Weg in die mittel- und südeuropäischen Diktaturen bereiteten, sondern vielmehr gerade 'zuviel' Masseneinfluß die Ursache der Diktaturen sei – ein Denken, das in Deutschland mit der Schaffung des Bundesverfassungsgerichts institutionellen Ausdruck fand und in Spanien 1978 mit der Schaffung des *Tribunal Constitucional* nachgeahmt wurde.

Nach dem „gemeinsame[n] Nenner" für die Beiträge in diesem Buchkapitel bzw. der zugrundeliegenden Tagungssektion fragt schließlich *Dietrich Briesemeister*. „Nordatlantische" (ein Begriff aus der Kapitel-Überschrift) *Gemeinsamkeiten* kann er jedenfalls nicht ausmachen. Er weist darauf hin, daß Karl Friedrich Krause, der deutsche „Erfolgsautor" in der iberoamerikanischen Welt (den Astrid Gacitúa in ihrem Tagungsreferat untersuchte[23]), und Ortega y Gasset, der spanische „Erfolgsautor" in Deutschland, „für nordatlantische Entwicklungen keine Bedeutung" haben. Dies heißt freilich nicht, daß die Beiträge von Gacitúa und Ribka den Titel der Tagungssektion verfehlten, sondern verweist darauf, daß sich das, was sich nach 1945 unter dem Namen *Nordatlantische Vertragsorganisation* (NATO) als 'der Westen' – dem Spanien schon vor dem förmlichen NATO-Beitritt in den 1980er Jahren durch Stützpunktabkommen mit den USA und 1961 durch die Gründungsmitgliedschaft in der OECD angegliedert war – imaginierte, keine gemeinsame Vergangenheit hat. Und das Fehlen einer solchen gemeinsamen Vergangenheit wird in diesem Buch darüber hinaus als Anregung verstanden, zu fragen, ob denn *rule of law-/État légal*-Systeme einerseits und Rechtsstaats-Systeme andererseits *heute* dem gleichen politisch-geographischen 'Lager' angehören oder ob die Vergangenheit (der Rechtsstaaten) immer noch „wie ein Alp" (Marx 1851/52, 115) auf der Gegenwart lastet.

Das Kapitel, das Briesemeister resümiert, und auch der Beitrag von Teresa Orozco (in dem Kapital zur nationalen und geschlechtlichen Identität) über Carl Schmitt, den Briesemeister ebenfalls berücksichtigt, blicken freilich vorrangig in die Vergangenheit zurück. Schmitt nahm dabei, so Briesemeister, eine „Mittlerstellung" im deutsch-spanischen Kulturaustausch ein: Er sorgte für die Rezeption des spanischen Metternich-Freundes Juan Donoso Cortés in Deutschland und wurde seinerseits – nicht nur in Franco-Spanien – breit rezipiert. Briesemeister zeigt auf, daß dieser deutsch-spanische Austausch staats-, rechts- und rechtsstaatstheoretischer Vorstellungen nicht vom Himmel fiel, sondern Vorläufer hatte und weist damit auf weiteres Material hin, das Gegenstand der von Julia Macher in ihrem Aufsatz vorgeschlagenen konkreten transfergeschichtlichen Studien sein könnte.

---

23  Die Autorin war leider verhindert, den Beitrag rechtzeitig für die Buchpublikation zu überarbeiten. Wir hoffen, ihn demnächst in eine folgende *online*-Publikation aufnehmen zu können.

Sodann problematisiert Dietrich Briesemeister den Ausdruck „nationale Kulturen des Philosophierens" aus Frieder Otto Wolfs Aufsatz und bedauert, daß die Philosophie des spanischen Kulturbereichs – über die genannten Beispiele hinaus – in ihrer geschichtlichen Entwicklung bis heute hierzulande, aber auch in Frankreich, kaum zur Kenntnis genommen wird, und die Forschung ihr nur eine geringe Bedeutung beimißt. Wolfs Anliegen war es jedoch ebenfalls nicht, derartige Rezeptionssperren zu naturalisieren, sondern auf die im 19. Jh. durchgesetzte 'Nationalisie*rung*' der bis dahin europäischen – aufklärerischen und gegenaufklärerischen – 'Einbettungen philosophischer Tätigkeit' hinzuweisen. Die von Briesemeister angesprochene „innerspanische Identitätskonstruktion" ist ein Beispiel für diesen Prozeß der Nationalisierung.

## Kapitel VII. Zur Einleitung in Band 2: Die juristischen Konsequenzen

Als Einleitung in die Problematiken des zweiten Bandes dient der Beitrag von *Arnd Bauerkämper* zum Thema „Liberalismus, Demokratie und Staat. Deutschland und Großbritannien im 19. und 20. Jahrhundert" (Kapitel VII). Der Aufsatz läßt sich einerseits als eine Art Bilanz der eher historischen Beiträge aus dem ersten Band lesen, gibt aber auch einen Einstieg in die eher juristischen bzw. das jeweilige Rechtsdenken analysierenden Beiträge des zweiten Bandes und reicht gegenständlich teilweise bis in die Gegenwart. Was Christiana Brennecke in Band 1 für den spanischen Fall als Spaltung zwischen Liberalen und Republikanern analysiert, betrachtet Bauerkämper für den deutschen Fall als „Trennung von Liberalismus und Demokratie". „Im Gegensatz zu Großbritannien, wo das Parlament schon im 17. Jahrhundert die monarchische Vorherrschaft gebrochen hatte, unterblieb im Deutschen Kaiserreich [auch Ende des 19./Anfang des 20. Jh.] eine Parlamentarisierung." Die ausgebliebene Parlamentarisierung, so Bauerkämper, steigerte den ausgeprägten Etatismus, den schon die Reichsgründung „von oben" prägte. „Ein autoritäres und deshalb vorgeblich effektives obrigkeitsstaatliches Regiment entsprach aber vor allem dem Selbstbild der weiterhin vorherrschenden konservativ-monarchischen Eliten im Reich und in den Ländern. Insgesamt wurde das Verhältnis von Staat, Demokratie und Liberalismus im Kaiserreich zu einem dauerhaften Strukturproblem der neueren deutschen Geschichte, die sich damit deutlich von der Reformpolitik liberaler Kabinette in Großbritannien unterschied." Liegt es wirklich fern, diesen deutschen Etatismus im Zusammenhang mit einem anderen deutschen Etatismus, dem Etatismus des deutschen Rechtsstaats, der von durchaus unterschiedlichen Autoren festgestellt wurde, zu sehen?

Bauerkämper unternimmt es, seine Thesen von der ausgebliebenen Parlamentarisierung in Deutschland, von der Überhöhung des obrigkeitlichen Staates und der Geringschätzung von Demokratie und Liberalismus anhand von „vier zentrale[n] Problemfeldern der Geschichte Großbritanniens und Deutschlands im 19. und frühen 20. Jahrhundert" zu untermauern: „die traditionalen Eliten und die Monarchie (1), die Parlamentarisierung und die Integrationskraft des Liberalismus (2), die Ausweitung der politischen Partizipation und die Herausbildung der Demokratie (3) und der Aufstieg des Interventionsstaates (4)." Innerhalb des historischen Vergleichs kommen auch die Differenzen im Rechtsverständnis zur Sprache. Das zieht sich bis fast in die Gegenwart. Bauerkämper verdeutlicht dies am Beispiel der Wiederetablierung von Politikwissenschaft in der jungen Bundesrepublik, als Remigranten wie Ernst Fraenkel und Richard Löwenthal auf erhebliche Vorbehalte bei konservativeren Sozialwissenschaftlern wie etwa Arnold Bergstraesser stießen, der zwar ebenfalls aus der Emigration zurückkehrte, jedoch weit weniger die angloamerikanischen Impulse von Pluralismus und Demokratie als offene, konfliktaustragende Lebensform aufgegriffen hatte.

## Kapitel VIII: Rechtsstaat – ein Mythos kritisch befragt

### Kapitel VIII.1. Begriffsgeschichten:
### Rechtsstaat – Verfassungsstaat – Gesetzesstaat – Demokratie

Mit dem Beitrag von *Ingeborg Maus* kommen wir zu den Beiträgen, die sich im engeren Sinne mit dem Rechtsstaat-Konzept beschäftigen. Maus tut dies unter der Überschrift „Vom Rechtsstaat zum Verfassungsstaat" und interpretiert diese Entwicklung als „steigende Demokratieverhinderung". Sie schließt mit dem, was sie über ein sogenanntes „materielles" Rechtsstaats-Verständnis sagt, an Bauerkämpers Etatismus-Diagnose im vorhergehenden Beitrag bzgl. des Deutschen Kaiserreichs und selbst noch des Demokratie-Verständnisses des Grundgesetzes an: „Materialisierungen des Rechtsstaats" bringen „diesen in ein Entsprechungsverhältnis zum 'Staatsrecht' [...], das eine Identifikation von Recht und Staat auf dem Niveau des Staates und der von ihm vertretenen Interessen impliziert". Diesem 'materiellen', staats-orientierten Rechtsstaats-Verständnis stellt sie ein formelles Rechtsstaats-Verständnis gegenüber, in dessen Rahmen die Gesetze der Rechtssicherheit der BürgerInnen *gegenüber* dem Staat dienen. Dieses Konzept macht sie bei Autoren wie Locke, Rousseau und Kant aus, die das *Wort* „Rechtsstaat" freilich noch nicht kannten. Das heutige, materielle Rechtsstaatsverständnis stehe dagegen mit seiner etatistischen Schlagseite (immer noch) in der Kontinuität des Rechtsstaates des 19. Jh., der eine bloße „Konstitutionalisierung des monarchischen Prinzips", d.h. eine bloße Verrechtlichung des bestehenden monarchischen Staatsapparates, aber nicht dessen Ablösung durch eine auf Volkssouveränität gegründete Staats-Neugründung war. Wenn Maus nun die Entwicklung vom Rechtsstaat zum Verfassungsstaat als „steigende Demokratieverhinderung" beschreibt, so ist folgendes gemeint: War zwar der konstitutionelle Rechtsstaat im vorgenannten Sinne *a*-demokratisch, so zielte er doch immerhin auf eine Begrenzung des fortbestehenden exekutiven Staatsapparates. Das heutige Verständnis des Rechtsstaats als Verfassungsstaats, zielt dagegen auf die Begrenzung des demokratischen Gesetzgebers. „Gegenüber den positiven Setzungen der Staatsgewalt" könne „unter Umständen ein Mehr an Recht bestehen", so zitiert Maus das Bundesverfassungsgericht. Das Bundesverfassungsgericht betreibt in dieser Weise „willenhafte" Verfassungsrechts*schöpfung* und usurpiert dadurch die verfassungsgebende Gewalt des Volkes.

    Eine ähnliche, aber doch etwas andere Argumentationsstrategie verfolgt *Erhard Denninger* im anschließenden Aufsatz: *„Rechtsstaat" oder „Rule of law" – was ist das heute?* Während Ingeborg Maus ein 'materielles' Rechtsstaats-Verständnis ablehnt und statt dessen ein formelles präferiert, übergeht Erhard Denninger das etatistische Rechtsstaats-Verständnis großzügig mit Schweigen. Er interpretiert den Rechtsstaat als weitgehend 'gleichsinnig' mit der *rule of law* und gelangt dann folglich zu einem weitgehend formalen Rechtsstaats-Verständnis – also zu dem, das auch Ingeborg Maus verteidigt hat. Ein solches Rechtsstaats-Verständnis sieht Denninger vor allem durch folgende Bedingungen charakterisiert: erstens Rechtssicherheit: Publizierung der Gesetze vor ihrer Anwendung. Zweitens: Gesetzgebung aufgrund demokratischer Willensbildung. Drittens: Normenklarheit und -bestimmtheit. Viertens: Justizgrundrechte/Rechtsschutz. Fünftens: Rationale *Verfahren* auf allen Stufen der Normerzeugung und -anwendung. Denninger untersucht schließlich verschiedene Gefährdungen, denen diese Bedingungen durch aktuelle Entwicklungen ausgesetzt sind.

*Detlef Georgia Schulze* schlägt dann mit seinem Beitrag „Rechtsstaat versus Demokratie. Ein diskursanalytischer Angriff auf das Heiligste der Deutschen Staatsrechtslehre" genau die umgekehrte Argumentationsrichtung ein. Der Vorschlag lautet – wie bereits erwähnt – ernst zu nehmen, daß der Rechtsstaat (schon seinem Wortlaut und auch der dominierenden Auslegung nach) *nicht* der Gesetzesstaat, also auch nicht die *rule of law* ist. Statt zu versuchen, denen, die den Rechtsstaat in einen Gegensatz zur Demokratie bringen, das Wort „Rechtsstaat" zu entreißen und es demokratisch umzudeuten, solle lieber mutig der demokratische Gesetzesstaat dem deutschen Rechtsstaat entgegengesetzt werden.

Sodann wendet sich *Sabine Berghahn* gegen eine solche Vereinfachung der Schlachtlinie: Weder sei das Gesetz immer demokratisch, noch seien das Recht und der Rechtsstaat immer undemokratisch. Sie versucht dies an der 'Kopftuch-Frage' in Deutschland zu zeigen: Das Bundesverfassungsgericht hat diesbezüglich den Bundesländern einen Spielraum für landesgesetzliche Verbote religiöser, weltanschaulicher oder politischer Kleidung und Symbole verschafft, die ihn ihrerseits nutzen, um die Religionsfreiheit einzuschränken und das Tragen islamischer Kopftücher für Lehrerinnen und partiell darüber hinaus im Öffentlichen Dienst zu verbieten. Teilweise (in fünf deutschen Bundesländern) sollen jedoch „christlich-okzidentale Werte und Traditionen" vom Verbot ausgenommen sein, und auch im streng säkularen Regelungsregime (in drei Bundesländern) wird die individuelle Dimension des Menschenrechts der Religionsfreiheit von Staats wegen ignoriert. Insgesamt läßt sich das Vorgehen vor allem als symbolische Abgrenzung gegenüber muslimischen MigrantInnen interpretieren. Berghahn arbeitet heraus, daß so oder so, d.h. gesetzgeberisch oder (verfassungs)gerichtlich eine rechtliche Doppelmoral im Spiel sei, die nur durch eine klare Stellungnahme zugunsten von materiell-rechtlichen, konkret liberalen und universellen Rechtsprinzipien bekämpft werden könne.

Umstritten bleibt unter uns HerausgeberInnen, wie weit das Beispiel trägt: So wendet Detlef Georgia Schulze zum einen ein, daß es zwar in der Tat auch undemokratische Gesetze geben könne, daß aber ein inhaltlich *falsches* Gesetz – wie bspw. in der Kopftuch-Frage – nicht zwangsläufig ein undemokratisches sein müsse. Vielmehr seien die Begriffe „demokratisch" und „undemokratisch" – um der Klarheit willen – auf das Verfahren des Zustandekommens von Gesetzen und nicht auf den Inhalt zu beziehen. Zum anderen: Wenn es stimmt, daß eine gesetzesstaatliche Konzeption mit einer Präferenz für positivistische, v.a. am Wortlaut der Normen orientierte, Auslegungsmethoden verbunden ist, eine materiell-rechtsstaatliche Konzeption dagegen mit einer Präferenz für antipositivistisch-teleologische Auslegungsme-

thoden, dann sei auch die Entscheidung des BVerfG zur Kopftuchfrage keine gesetzesstaatliche, sich an den Wortlaut des Grundgesetzes haltende Entscheidung, sondern eine auf
übergesetzliche Aspekte rekurrierende materiell-rechtsstaatliche, denn nach dem Text des
Grundgesetzes unterliegt die Religionsfreiheit gerade *keinem* Gesetzesvorbehalt.

Trotz dieser Differenzen sind sich Berghahn und Schulze einig darin, daß auch ein demokratischer Gesetzgeber falsche Entscheidungen treffen kann und daß die umstrittene
Kernfrage ist, wie mit der – nicht gerade selten auftretenden – Fehlbarkeit des Gesetzgebers
in einer Demokratie umgangen werden soll. Berghahns Antwort darauf lautet: Der liberale
und die individuellen Menschenrechte achtende Rechtsstaat hat eine zentrale und nicht
verzichtbare Funktion, die sich notfalls auch gegenüber der Herrschaft der – parlamentarisch
organisierten – Mehrheit durchsetzen können muß. Insofern ist sie gerade nicht bereit, den
'Rechtsstaat den Rechten' zu überlassen.

*Gabriele Wilde* beschäftigt sich in ihrem Aufsatz mit dem Schicksal von Demokratie und
Rechtsstaatlichkeit im Prozeß der Europäisierung. Dabei ist ihr Ziel eine kritische Neuver-
messung des Verhältnisses von Recht und Politik am Beispiel der EU-Geschlechterpolitik.
Der Titel ihres Beitrages lautet: „Europäisierung des deutschen demokratischen Rechtsstaats".
Dieser Titel kann wohl in mindestens zweierlei Richtungen verstanden werden. Erstens: Das
bisher spezifische deutsche Rechtsstaats-Konzept wird nun durch EU-Einflüsse europäischer
als zuvor. Zweitens: Das deutsche Rechtsstaat-Verständnis wird in Europa verbreitet.

Den Schwerpunkt legt Wilde eher auf die zweite Bedeutung. „Mit der Europäisierung
von Rechtsstaatlichkeit" bezeichnet sie den Prozeß, mit dem „die Souveränität nationaler
Rechtsstaaten durch supranationales Recht ein[ge]schränkt [wird], das von europäischen
Institutionen und Gerichtsinstanzen hervorgebracht und überwacht wird". Hier scheint in
den Wörtern „Rechtsstaat" und „Rechtsstaatlichkeit" der Akzent auf der Silbe „-staat-" zu
liegen: Es ist in erster Linie die *staatliche Souveränität*, die eingeschränkt wird. Daß diese
Staatlichkeit eine rechtsstaatliche Form hat und um welches Verständnis von Rechtsstaat
es sich handelt, steht auf dieser Ebene der Argumentation zunächst nicht im Vordergrund.
Erst im zweiten Schritt der Argumentation wird der Akzent auf die Silbe „Rechts-" gelegt
und damit die Frage des genauen Rechtsstaats-Verständnisses angesprochen: Auffällig ist
nämlich, daß es auf EU-Ebene *auch Gerichts*instanzen sind, die Recht hervorbringen – und es
nicht nur anwenden. Damit erweist sich die EU-Rechtsstaatlichkeit – wie die deutsche – als
*materielle* Rechtsstaatlichkeit: Es ist eine „auf einem materiellen Recht(staats)verständnis
beruhende Rechtsprechung", die sich „vom nationalstaatlichen Gewaltmonopol [ablöst]", so
Wilde. Dies hat auch Rückwirkungen auf die Demokratie in den Mitgliedstaaten. Denn es
ist das „nationale Recht, das auf der Grundlage demokratischer, politischer Entscheidungen
zustande gekommen ist", das vom EU-Recht verdrängt wird.

Welche Prozesse sich in der Europäisierung ereignen und wie hier Demokratie und Rechtsstaatlichkeit zueinander stehen, untersucht Wilde in drei Schritten. Erstens vollzieht sie die
Supranationalisierung nach, die zweitens in Form von materialisierender Rechtsprechung
stattfindet, und drittens diagnostiziert sie dabei eine ent-parlamentarisierende weitgehende
Reduzierung der Nationalstaaten auf exekutive Apparate, was sie am Beispiel der *Geschlech-
terpolitik* demonstriert.

Im letzten Beitrag dieses Kapitels beschäftigt sich *Brigitte Kerchner*, inspiriert von Michel „Foucaults Kritik des Rechtsstaats", mit dem Verhältnis von *juridischem Diskurs und ökonomischem Kalkül*. Sie verortet die Frage nach dem „Rechtsstaat" im Feld der *Governmentality Studies*. „Gouvernementalität" in der Begrifflichkeit von Foucault bezeichnet ein konkret-historisches Ensemble von Elementen (Wissensgegenstände, Regierungstechniken, Verfahren und Felder der Machtausübung), die der Bildung des modernen abendländischen Staates implizit unterlegt seien. In seinen Vorlesungen über die *Geschichte der Gouvernementalität* unterscheide Foucault zwei Typen von Gouvernementalität: Teil I beschäftigt sich mit dem im 16. Jh. entstandenen Konzept der Staatsräson, das von Foucault als historisch-juridisch charakterisiert wird. Es bestehe aus der Trias: Merkantilismus, *polizey*-Staat und europäisches Mächtegleichgewicht, und in ihm fungiere „Recht" als „externe" Begrenzung des Staates. Teil II behandelt den Liberalismus, den Foucault als „intern" und „ökonomisch" charakterisiert: Die als Naturgesetzlichkeit vorgestellten Marktmechanismen bewirkten eine als „notwendig" betrachtete „faktische" „Selbstbegrenzung" des Regierens. Wie ordnet Foucault nun die im 19. Jh. in Deutschland formulierten Theorien des Rechtsstaats historisch ein? Im Ergebnis zeichnet sich eine unerwartete Pointe ab: Im Zuge der transnationalen Verbreitung habe sich, so die These Foucaults, in die zunächst juridisch formulierten Rechtsstaatstheorien im Laufe des 20. Jh. zunehmend ein ökonomisches Kalkül eingeschrieben.

*Kapitel VIII.2.* Estado de Derecho: *Vom positivistischen Franquismus zur antipositivistischen Demokratie? Oder von der charismatischen zur stillschweigenden Begrenzung der Demokratie?*

Im zweiten Unterkapitel des zweiten Bandes kommen die Spezifika des spanischen Rechtsstaatsverständnisses zur Sprache. Mit dem Verhältnis von Formalisierung und 'Materialisierung', mit dem Verhältnis eines positivistischen und eines überpositiven Rechtsstaats-Verständnisses, beschäftigen sich auch die folgenden Beiträge – und zwar am Beispiel des franquistischen Rechtssystems in Spanien.

Die These von *Emilia Girón Reguera* lautet: Im Sinne eines Staates, der als Ziel die Einhaltung der Gesetze hat, existierte im Franquismus ein Rechtsstaat. So seien durch Schaffung einer im streitigen (adversatorischen) Verfahren entscheidenden Verwaltungsgerichtsbarkeit die unantastbaren Privilegien der Macht (innerhalb der Verwaltung) im höchsten Ausmaß reduziert worden. In anderen – wenn auch nicht allen Bereichen – sei das Gesetz von Richtern, die bei der Gesetzesauslegung tatsächlich richterliche Unabhängigkeit besessen hätten, durchaus mit großer Genauigkeit angewendet worden. Genau ein solches, formelles Rechtsstaats-Verständnis (Rechtsstaat = Staat der Einhaltung der Gesetze) erweise sich damit allerdings als inakzeptabel. Für ihr 'materielles' Rechtsstaats-Verständnis beruft sich Girón auf die Internationale Juristenkommission, die für die Existenz der *rule of law* nicht nur die Einhaltung der Gesetze, sondern auch ein repräsentatives Regierungssystem erforderlich halte, das aufgrund demokratischer Verfahrensweisen und im Einvernehmen mit dem Volkswillen zustande gekommen ist. Zu beachten ist dabei allerdings, daß in dieser Definition zwar Aspekte der *Einhaltung* und des *Zustandekommens* der Gesetze unter einem Begriff zusammengefaßt werden; aber die Definition ist dennoch durch und durch prozedural. Die Gesetze, die in einem demokratischen Verfahren zustande kommen, gelten und sollen eingehalten werden.[24]

Auch Emilia Girón Reguera selbst betreibt keine verfassungsgerichtliche Missionierung nach dem Motto 'ohne Verfassungsgericht keine *rule of law*'. Staaten, deren „Entwicklung zur Demokratie ohne größere Störungen" verlaufen ist, bräuchten nicht unbedingt ein Verfassungsgericht. Für die anderen Staaten sei die Schaffung eines Verfassungsgerichts allerdings ein geeigneter „Ausweg" (*expediente*) aus der Bedrohtheit von Demokratie. Zu fragen ist allerdings, ob Teufel Beelzebub vertreiben kann, d.h. ob die Schaffung eines Verfassungsgerichts tatsächlich ein Ausweg oder vielmehr die Fortsetzung der Bedrohung und Einschränkung der Demokratie ist.

Und wie war es um die „große Genauigkeit" der Auslegung der Gesetze und die richterliche Unabhängigkeit in der Franco-Zeit tatsächlich bestellt? Girón gießt selbst etwas Wasser in den Wein (oder müßten wir aus der Perspektive des 'materiellen', antipositivistischen Rechtsstaats sagen: etwas Wein in das Wasser?!): „Während der franquistischen Periode wurde die spanische Richterschaft von der Exekutive gesteuert und dabei über den Kanal des Justizministeriums in den inneren Kern des franquistischen Staatsapparats eingegliedert. [...]. Eine strenge Regierungskontrolle betraf alle Anwärter für Laufbahnen in der Justiz, die ihre bedingungslose Ergebenheit gegenüber dem Caudillo schwören mussten, [...]." Kann von solchen RichterInnen erwartet werden, daß sie das Gesetz mit „großer Genauigkeit" angewendet haben? Oder werden sie auch mal fünfe haben gerade sein lassen, wenn eine Abweichung von den (eigenen) Gesetzen den aktuellen Regimeinteressen entsprach?

Wie dem auch sei – nach Auffassung von Girón kann erst seit Annahme der Verfassung von 1978 „von der wirklichen Existenz eines *konstitutionellen Rechtsstaates* in Spanien" gesprochen werden – „wenn man begreift, dass dieser Begriff nicht bloß auf einen bloßen Zustand formeller Legalität Bezug nimmt" (Hv. i.O.). Freilich ist sich Emilia Girón sehr bewußt über den demokratischen Preis, der für die Existenz eines solchen konstitutionellen Rechtsstaats, in dem der Schutz dieser Konstitutionalität der Justiz, zuvörderst einem Verfassungsgericht, überantwortet wird, zu zahlen ist: Das spanische Verfassungsrecht ist „gegenwärtig vor allem ein *Recht der Rechtsprechung*", und für die spanische Verfassungsordnung ist „ihr hoher Grad an [...] *Justizialisierung* kennzeichnend".

Ihre Kritik an dieser Entwicklung orientiert sich dabei u.a. an dem theoretischen Ansatz von Habermas. Zu fragen ist, ob dessen konsensorientierter Ansatz (vgl. krit.: Kertscher 2006, der Habermas mit Rancière [1995] vergleicht) geeignet ist, die Demokratie vor ihrer Absorption durch den juristischen Staatsapparat zu retten.

Anders als der Aufsatz von Emilia Girón setzt der folgende Aufsatz von *Steffen Bruendel* die Akzente hinsichtlich der franquistischen Zeit, wobei er zugleich einen Vergleich mit dem NS-System vornimmt. Als theoretische Grundlage dient ihm Max Webers Herrschaftssoziologie: Er charakterisiert Nationalsozialismus und Franquismus als „charismatische

---

24  Die Internationale Juristenkommission sagt (laut Girón) nicht, daß die *rule of law* nur existiert, wenn ein Verfassungsgericht existiert, das befugt ist, die Gesetze *inhaltlich* (und sei es am Maßstab von Grundrechten) zu kontrollieren.

Herrschaft" im Sinne Webers, die durch die Auflösung formaler Entscheidungsprozesse mittels Führerbindung von Staatsverwaltung und Parteiorganisation gekennzeichnet ist. Der informelle Charakter der Veränderung des Verfassungssystems im nationalsozialistischen Deutschland wird bspw. an einem Zitat zweier zeitgenössischer Autoren (Stuckart/ Schiedermair[25]), die Bruendel zitiert, deutlich: Die Bestimmungen der Weimarer Verfassung wurden „Stück für Stück durch den Erlaß verfassungsändernder Gesetze *und* durch die staatsrechtliche Entwicklung außer Kraft gesetzt und durch neue, der nationalsozialistischen Gedankenwelt entsprechende Verfassungsgrundsätze und Verfassungseinrichtungen ersetzt" (Hv. d. Vf.Innen).

Es waren allerdings nicht immer „verfassungsändernde Gesetze", sondern – wie in dem Zitat deutlich wurde – viel diffusere Normquellen, etwa 'Grundsätze' und 'Einrichtungen', die an die Stelle der Weimarer Verfassung traten, die ihrerseits einer „Gedankenwelt", nämlich der nationalsozialistischen, entsprachen. Ein Unterschied zwischen (nationalsozialistischer) „Gedankenwelt" und (Verfassungs-)Grundsätzen ist kaum zu erkennen, wenn die „Nationalsozialistische Weltanschauung" (wohl ein Bestandteil der nationalsozialistischen Gedankenwelt!) selbst ein „Verfassungsgrundsatz" *ist*. Ist das Entsprechungsverhältnis also vielmehr ein Identitätsverhältnis?!

Dies unterscheidet sich hinsichtlich der *sprachlichen Konfusion*, dies sei Bruendel hinzugefügt, kaum davon, wie später, d.h. zu bundesrepublikanischer Zeit, das Bundesverfassungsgericht das „Rechtsstaatsprinzip" zu einem jener „Grundsätze und Leitideen, die der Verfassungsgesetzgeber [...] nicht in einem besonderen Rechtssatz konkretisiert hat", die aber dennoch geltendes „Verfassungsrecht" seien, erklärt (BVerfGE 2, 380 [381]). Von Normen- bzw. Argumentationsklarheit keine Spur: Das „Rechtsstaatsprinzip" ist ein 'Grundsatz' oder eine 'Idee' oder beides, aber kein Rechtssatz. Und wie werden Grundsätze und Leitideen des Verfassungsrechts, die keine Rechtssätze sind festgestellt?! Genauso wie „Verfassungsgrundsätze", die einer „Gedankenwelt" entsprechen, aber keine Normen sind.

Doch zurück zur Verfassungsentwicklung im Nationalsozialismus: Verfassungsänderungen wurden durch das – selbst auf verfassungswidrige Weise (s. den Beitrag von Schulze in Bd. 2) zustande gekommene – Ermächtigungsgesetz fernerhin durch Regierungs'gesetze' möglich. Es wurden Sonderverwaltungen geschaffen, deren Aufgaben Hitler unmittelbar festsetzte und deren Posten er mit Gefolgsleuten besetzte. Es entstanden Kompetenzüberschneidungen; fragmentierte Zuständigkeiten und mangelnde Koordination wurden zu Kennzeichen des Hitlerschen Führerstaates. Mit dieser Entformalisierung kommt die charismatische Herrschaft zur Ausprägung; für den charismatischen Führer gibt es „kein Reglement, keine abstrakten Rechtssätze, keine an ihnen orientierte rationale Rechtsfindung". Ganz ähnlich könne die franquistische Diktatur gedeutet werden, so Bruendel. Es wurden

---

25  Wilhelm Stuckart, trat 1922 in die NSDAP ein, 1928 Promotion zum Dr. iur., seit Juni 1934 verschiedene Staatssekretärsposten, ab 1935 im Reichsinnenministerium, seit Himmler 1943 das Ministeramt von Frick übernahm, wurde Stuckart die *de facto*-Leitung des Ministeriums von Himmler überlassen (http://de.wikipedia.org/wiki/Stuckart); Rolf Schiedermair (1909-1991), nationalsozialistischer Beamter und Verwaltungsjurist (http://de.wikipedia.org/wiki/Schiedermair).

Parallelinstitutionen aufgebaut; der *Caudillo* balancierte rivalisierenden Gruppen, wie Heer, Einheitspartei und Kirche; diese suchten mangels formalisierter Entscheidungswege die Nähe des Diktators. Eine nur im formalisierten Verfahren änderbare Verfassung gab es genauso wenig wie im nationalsozialistischen Deutschland; Franco selbst konnte neues Verfassungsrecht schaffen. Ein materialisierend-werthaftes Rechtsverständnis äußerte sich in der Festlegung der „Grundsätze der Nationalen Bewegung" in Gesetzesform. Und schließlich hat auch das kitschige Pathos, mit dem Franco gefeiert wurde, nichts mit dem nüchternen Formalismus des positivistischen 'Gesetz ist Gesetz' zu tun – zwei Kostproben: „ein Caudillo ist ein Geschenk, das Gott den Völkern macht, die es verdienen, und sie nehmen ihn an als Gesandten, der Gottes Plan zur Erlösung des Volkes umsetzt", und „der Caudillo ist [...] der von der Vorsehung zur Rettung des Volkes gesandte Mann".

*Miguel Revenga* tendiert im folgenden Beitrag eher zur Sichtweise von Emilia Girón. Zwar sagt Revenga, daß die richterliche Unabhängigkeit in der Franco-Zeit nur akzeptiert wurde, solange sie den politischen Vorrang Francos, der bis zu dessen Tode währte, nicht gefährdete. Und darin lag, so können wir ihn wohl verstehen, auch die Grenze der richterlichen Kontrolle der Gesetzmäßigkeit des Verwaltungshandelns.[26] Wenn er dann zur in der Franco-Zeit herrschenden Lehre kommt, dann erscheint doch auf einmal eine positivistische Rechtstheorie (statt Gesetzesauslegung nach Maßgabe der Politik): In der damaligen Rechtslehre erschienen die Normen, „vor allem wenn sie in einem Gesetzbuch enthalten waren, wie das Gerüst eines nicht nur kohärenten, systematischen und vollständigen – wie die Enthusiasten der Auslegung zu sagen pflegten –, sondern auch noch vernünftigen und sicheren Systems [...]. [...]. Und *sicher*, nicht weil es die Bürger gegen die Willkür der Staatsgewalt schützen könnte, sondern weil es sich um ein im Gesetzesblatt veröffentlichtes und *bestimmtes* Recht handelte. Alles in allem ein Recht, das unbekümmert über die Frage der Legitimität war, das das gesetzliche Recht pries [...], und weiterhin (wahrscheinlich guten Glaubens) an den Wert des Syllogismus als logische Stütze der korrekten Anwendung des Gesetzes glaubte."

Revengas Kritik richtet sich nicht nur gegen die herrschende Lehre in der Franco-Zeit, sondern auch gegen den Oppositions-Vertreter Elías Díaz, dessen Buch „Rechtsstaat und demokratische Gesellschaft" – nach Schwierigkeiten mit der Zensur – 1966 im Verlag „Hefte für den Dialog" erscheinen konnte. Auch in diesem Buch kommt nach der Überzeugung von Revenga noch nicht hinreichend deutlich zum Ausdruck, daß die Gesetze in einem Rechtsstaat einer Verfassung unterworfen sein müssen.

Gegenüber diesem Panaroma (sowohl der herrschenden als auch der oppositionellen Theoriebildung) bedeutete, so Revenga, das Inkrafttreten der spanischen Verfassung von 1978, die ihre eigene Verbindlichkeit auch gegenüber dem Gesetzgeber statuierte und durch Schaffung

---

26  Revenga: Für die Zeit der technokratischen Modernisierung des Regimes „beruhte der angemaßte 'rechtliche' Charakter [*carácter pretendidamente 'de Derecho'*] des Franco-Regimes auf der Existenz einer Gewalteinteilung zwischen denjenigen, die die Gesetze machten und denen, die sie anwandten, und vor allem auf der Selbstständigkeit von Richtern, die die Handlungen der Verwaltung kontrollierten. Es handelte sich offensichtlich um eine Gewalteinteilung, die reine Fassade war, und um eine richterliche Unabhängigkeit, die nur akzeptiert wurde, solange sie den politischen Vorrang Francos, der bis zu dessen Tode währte, nicht gefährdete."

eines Verfassungsgerichts institutionalisierte, eine kopernikanische Wende. Darüber hinaus betont Revenga, daß mit der Verfassung nicht nur einfach eine zusätzliche Normebene geschaffen wurde, sondern daß durch Inkorporierung von Werten in das Verfassungsrecht sich auch der Charakter des Rechts änderte: Das positive Recht selbst wurde dem Naturrecht angenähert. Es verliert – so möchten wir sagen – die Klarheit und Bestimmtheit klassischer Normen. Die Funktion dieses biegsamen Rechts wird von Revenga klar analysiert. Es dient der Integration; es stabilisiert den *status quo*: „Ein ungeordnetes, in vielen seiner Erscheinungen sogar chaotisches Recht stellt sich als funktional für eine komplexe Gesellschaft wie unsere (sogenannte) fortgeschrittene Demokratie dar, weil es genau seine *mitezza* [Sanftheit, Milde], das heißt seine Elastizität, seine essentielle Biegsamkeit ist, die die Zustimmung einer großen Mehrheit zu einigen grundlegenden Prinzipien ermöglicht, welche im Laufe der Zeit fortdauern und sich verstärken."

Ein ähnliches Argument hatte Emilia Girón in ihrer Studie referiert: Um „Stabilität und Konsens zu generieren [...] müssen [...] die Gerichte [...] unter Verwendung eines besonderen Typs von Argumenten operieren, welche [...] als 'nicht erschöpfend ausgeführte theoretische Gesichtspunkte' (*Incompletely Theorized Arguments*)" charakterisiert werden. „Derartige Argumente erlauben es nämlich, seine Überlegungen auf einem hinreichend hohen Abstraktionsniveau zu entfalten, um so eine allgemeine Übereinstimmung in Prinzipienfragen erreichen zu können, welche dann aber durchaus zerbrechen könnte, sobald die argumentative Logik sich zu den kleinteiligen Einzelheiten des konkreten Falls hinab lässt."

Ist dies nicht ein ziemlich hoher Preis, den die Wissenschaft (Verzicht auf erschöpfend ausgeführte theoretische Argumente) als auch die BürgerInnen (die mit Rhetorik abgespeist werden, statt zumindest Rechtssicherheit zu erhalten) zahlen müssen, um „Stabilität und Konsens" zu erzeugen? Alle AutorInnen und HerausgeberInnen dieses Buches haben ihre eigene Antwort auf diese Frage gefunden, und auch die LeserInnen werden ihre eigene Antwort finden. – Für Revenga ist dieser rechtsstaatliche Konstitutionalismus mit seinem biegsamen Recht der gebotene Mittelweg zwischen subjektivistischem Naturrecht und objektivistischem Positivismus.

Im letzten Beitrag dieses Kapitels zum spanischen Rechtsstaatsverständnis geht *Juan-Ramón Capella* den Demokratie-Defiziten des post-franquistischen Transitionsprozesses nach. Nach Capella wurde selbst noch dieser Übergangsprozeß von Franco zur Legitimation des Putsches von 1936 und der Diktatur genutzt. Da Franco selbst Juan Carlos unter Bruch der dynastischen Erbfolge als seinen künftigen Nachfolger und König einsetzte[27], läuft jede Anerkennung der Regentschaft Juan Carlos' letztlich auf eine Anerkennung von Francos Ernennungsaktes und der Umstände, die ihm einen solchen Akt ermöglichten (d.h. des Putsches von 1936 und der Ergebnisse des anschließenden Bürgerkrieges), hinaus.

Bleibt die Frage, warum diese Strategie funktionierte. Capellas Antwort: Die Macht der Medien, der Einfluß der sozialdemokratischen *Sozialistischen Internationale*, der Pragmatis-

---

27　Auch später gab es eine demokratische Legitimation der Monarchie nur im Rahmen der Paketabstimmung über die neue Verfassung. Es gab aber weder eine separate Volksabstimmung über die Wiedereinführung der Monarchie im allgemeinen noch über Juan Carlos persönlich.

mus der KP, die bereit war, einen Teil der Identität zu opfern, und ein eher psychologisches Problem: „Der *rupturismo* [die Bewegung für den politischen Bruch] entstand aber zu einem ziemlich ungünstigen Zeitpunkt: Einem beträchtlichen Teil der spanischen Gesellschaft steckte der tragische Bürgerkrieg und die fortdauernde Repression noch in den Knochen. Große Teile der Arbeiterschaft hatten unter dem Trauma der inneren und äußeren Migration und den Problemen der Akkulturation gelitten. [...]. Es herrschte eine Stimmung der diffusen Angst. Die Menschen waren im allgemeinen argwöhnisch: Sie hatten die ersten Schritte hin zum Konsumismus gemacht, aber gerade in diesem Augenblick trafen sie die Konsequenzen einer tiefgreifenden Wirtschaftskrise, mit der niemand gerechnet hatte und die schließlich mit der dritten Industriellen Revolution überwunden wurde."

Die demokratischen Defizite setzten sich bei den ersten freien *Cortes*-Wahlen fort: Die Zahl der Abgeordneten war relativ zur EinwohnerInnenzahl ziemlich gering, die Mandatsverteilung erfolgte nicht strikt proportional (ländliche Gebiete und Parteien mit regionalen Schwerpunkten wurden bevorzugt; kleine Parteien mit landesweit in etwa gleichem Stimmanteil erhielten *unter*proportional Mandate); ein Teil der Senatsmitglieder wurde vom König ernannt, die anderen nach Mehrheitswahlrecht gewählt; die Zeit für den Wahlkampf war knapp bemessen. Insofern, so Capella, lasse sich sagen, daß die *transición* dem Motto der spanischen Aufklärung folgte: „Alles für das Volk, aber ohne das Volk." Das Volk profitierte vom Abbau der Repression der Franco-Zeit, aber es war doch nicht aktiver Träger des Prozesses, und einige Optionen, wie die Wahl einer republikanischen Staatsform, waren von vornherein ausgeschlossen.

Ganz i.S. dieser Kritik am paternalistischen Charakter des Transitionsprozesses endet der Aufsatz mit einem Plädoyer für ein Rechtsstaats-Verständnis, das nicht vom „demokratischen Kampf gegen [...] die Distanzierung, gegen die Abkehr der Macht von den bestehenden Gesetzen" losgelöst ist.

### Kapitel VIII.3. Politische Repression – Im Namen des Rechts? Im Namen der rule of law?

Am Anfang dieses Vorwortes sind wir darauf eingegangen, daß der Rechtsstaat für ganz gegensätzliche politische Intentionen in Anspruch genommen wird: Für den starken *Staat*, der das Recht schützt, und der das Recht *hat*, *sich* zu schützen (das 'Modell Söder': 'Keine Gnade für Ex-TerroristInnen') einerseits und für ein *Recht*, das BürgerInnen gerade *gegen* den Staat schützt (sagen wir das 'Modell Gerhard Baum/Sabine Leutheusser-Schnarrenberger' oder das 'Modell *Humanistische Union, Republikanischer Anwältinnen- und Anwälteverein* etc.') andererseits. Außerdem haben wir den Unterschied zwischen einem formellen und einem 'materiellen' Rechtsstaats-Verständnis angesprochen. In diesem letzten Kapitel geht es um die Frage: Wie wird die politische Repression in der *realen Staatspraxis* der Bundesrepublik, des post-franquistischen Spanien und in den post 9/11-USA gerechtfertigt? Im Namen der formellen *rule of law*? Oder eines 'materiellen' (substantiellen) Rechts? Zugleich gehen die Beiträge damit teilweise auf die Frage ein: Falls es denn einen deutschen und/oder spanischen „Sonderweg" gab, endete dieser dann irgendwann nach 1945 oder 1975? Oder sind Deutschland und Spanien weiterhin *diferente* (vgl. den – in Julia Machers Aufsatz zitierten – touristischen Werbeslogan des franquistischen Spaniens: *España es diferente*)?

Diese Frage ist der titelgebende Gesichtspunkt des ersten Aufsatzes in diesem Kapitel. *Ulrich Thiele* geht der Rezeptionsgeschichte des Slogans „Keine Freiheit den Feinden der Freiheit!" nach. Der Slogan wurde von dem Jakobiner Louis Antoine Saint-Just in der *terreur*-Phase der Französischen Revolution geprägt. 1950 warnte FDP-Bundesinnenminister Thomas Dehler: „zu weit gehende Toleranz gegenüber den Feinden der Demokratie", könne „zum Freitod der Freiheit führen". Entdeckte Westdeutschland damit also die Ideale der Französischen Revolution?, so fragt Ulrich Thiele. Haben die deutschen Liberalen damit spät, aber doch Anschluß an die französischen RepublikanerInnen gefunden?

Ulrich Thiele gelangt unter Erörterung von zwei bis drei Gesichtspunkten zu einer verneinenden Antwort: Zum einen sei der jakobinische Terror nicht der westliche Normalzustand, vielmehr handelte es sich um einen Ausnahmezustand in einer „dramatischen Bedrohungslage". Demgegenüber sind die Art. 18 (Grundrechtsverwirkung) und 21 (Parteienverbot) des Grundgesetzes keine Notstandsvorschriften; vielmehr ermöglichen sie Freiheitsbeschränkungen bereits im Normalzustand, so sei Thiele hingefügt, und auch die neuen Gesinnungsstrafrechtsnormen[28], deren Einführung Dehler 1950 begründete, waren nicht als Notstandsrecht, sondern als 'ganz normale' Strafrechtsvorschriften konzipiert. Im übrigen, so Thiele, habe die junge Bundesrepublik ihre Bedrohtheit durch die KPD und aus 'dem Osten' maßlos überschätzt. Zum Dritten ist unter analytischen Gesichtspunkten die unterschiedliche gesellschaftlich-politische Funktion der Repression zu berücksichtigen, auch wenn der Zweck nicht die Mittel heiligen soll: Der jakobinische 'Terror' richtete sich in einer post-revolutionären Situation gegen Anhänger des *Ancien Régime*, es war ein Despotismus gegen den „Despotismus der Könige", wie Jean Paul Marat, ein anderer Jakobiner, sagte; Dehler plädierte 1950 nicht für ein Sonderrecht gegen (Ex)-Nazis o.ä., sondern begründete das vor allem gegen die KPD gerichtete 1. Strafrechtsänderungsgesetz der BRD – ein relevanter Unterschied, wie uns scheint; was auch immer wir von der konkreten theoretischen und politischen Praxis der KPD halten.

Dehlers Saint-Just-Rezeption reiht sich, so Thiele weiter, ein in die verbreite Diagnose, die Weimarer Republik sei an 'zuviel Demokratie' gescheitert. Das Resultat davon ist ein bundesrepublikanisches Demokratie-Verständnis, auf das sich – das von Capella auf den spanischen Transitionsprozeß gemünzte – Motto „Alles für das Volk, aber ohne das Volk" ebenfalls münzen ließe. In Thieles Worten: „Das gesamte rechtstheoretische Design des politischen Institutionensystems war von der Obsession durchherrscht, öffentliche Artikulationen des empirischen Willens der Bürger, insbesondere insofern es sich um Minderheitenpositionen handelte, zu kontrollieren und gegebenenfalls mit Sanktionen zu belegen. Statt dessen sollte der ideelle Wille des (ganzen) Volkes ausschließlich durch Repräsentation 'ermittelt' werden, so daß die Rolle des 'Aktivvolkes' (im Idealfall) auf die Teilnahme an Wahlgängen beschränkt

---

28　Jene Verfassungsvorschriften rechtfertigten – außer i.S. Karlsruher 'Prinzipien'-Bildung, vorliegend der Bildung eines 'Prinzips' der 'streitbaren Demokratie' – nicht diese neuen Strafnormen. Denn sowohl die Grundrechtsentziehung als auch das Parteienverbot setzen ein Verfassungsgerichtsverfahren voraus, während die neuen Strafrechtsnormen *neben* und teilweise auch bereits *vor* dem Verbots-Urteil zur Anwendung kommen sollten. Das 1. Strafrechtsänderungsgesetz führte ein politisches Strafrecht (wieder) ein, das die Grundgesetzgeber durch Art. 18, 21 GG *substituieren* wollten (s. dazu: Ridder 1965).

wäre, während sich die demokratische Legitimation im Wesentlichen daraus herleitete, daß Entscheidungen der politischen Akteure mehr oder minder projektiv einerseits dem hypothetischen ‚Gemeinwillen' des ideellen 'Zurechnungsvolkes' zugeschrieben werden konnten, was durch das in den 50er und frühen 60er Jahren durchweg als Zustimmung gedeutete konkludente Verhalten des 'Adressatenvolkes' vollauf gerechtfertigt schien." Zustimmung durch konkludentes Verhalten – das war auch die Art der Legitimation der Restauration der Monarchie in Spanien.

Das politische Strafrecht und der bloß „hypothetische 'Gemeinwillen'" verweisen zugleich auf ein materielles Rechtsstaats-Verständnis. Thiele: „*der* Rechtsstaat, der gegen seine vermeintlichen Feinde verteidigt werden sollte, war [...] der Rechtsstaat im Sinne einer transzendentalen Werteordnung, die – normativ betrachtet – als deren ideeller Einheitsgrund hinter und über den einzelnen verfassungsrechtlichen Bestimmungen stehen sollte."

Abschließend zeigt Thiele, daß das, was die Staatsschutzkonzeption der (frühen) Bundesrepublik verwirklicht(e), also weniger die Ideale der Französischen Revolution waren als vielmehr das Verfassungsverständnis Carl Schmitts, der eine sehr instrumentelle (im vorliegenden Falle: Normal- und Ausnahmezustand vertauschende), aber meinungsbildende Lesart französischer Klassiker betrieb (vgl. dazu auch Thiele 2004).

Der bundesdeutschen Staatsschutzkonzeption geht auch *Dominik Rigoll* nach – und zwar am Beispiel der Berufsverbote und der französischen Reaktionen darauf. Für eine realistische Einschätzung des Westens ist zu betonen: Auch Frankreich ist ein Staat, und auch der französische Staat schützt sich – gegen verfassungs*widrige Handlungen* seiner Beamten. In der Bundesrepublik ist dagegen bereits der Verdacht einer verfassungs*feindlichen Einstellung* ausreichend, um den Zugang zum Öffentlichen Dienst, insbesondere ins BeamtInnenverhältnis zu versperren. In der Tat korrespondieren die vier von uns hervorgehobenen Adjektivbestandteile und Subjekte: Handlungen werden nach dem von Denninger erwähnten „binären" Code gesetzmäßig – gesetzwidrig beurteilt, und in Sonderheit kann eine *gesetz*widrige Handlung *verfassungs*widrig sein. Nun können zwar auch Handlungen feindlich sein (ein kriegerischer Akt ist eine feindliche Handlung), aber der Übergang von „-widrig" zu „-feindlich" macht nicht nur das Feld der Handlungen, sondern auch das Feld der Einstellungen (Haltungen, Gesinnungen) zum Gegenstand der (staatlichen) Bewertungen: Eine Haltung mag verfassungs*feindlich* sein, aber eine verfassungsfeindliche *Haltung* ist in einer Demokratie – wenn demokratische Entscheidungsverfahren politische Freiheitsrechte voraussetzen – nicht verfassungs- und auch nicht gesetz*widrig*.

Die Gedanken sind – selbst im deutschen Proto-Rechtsstaat Immanuel Kants und des sonstigen deutschen Idealismus – frei[29]; und im Westen ist selbst die *speech*, die nicht im *forum internum* verbleibt, sondern zur Diskussion der MitbürgerInnen gestellt wird *free*, denn

---

29  Der „Gedanke, daß es auf die innere Freiheit ankomme und daß diese mit äußerer Knechtschaft womöglich sogar vereinbar sei, war schon von Luther entwickelt worden – und er hatte weitreichende Folgen im deutschen Geistesleben: Selbst in der deutschen Arbeiterbewegung konnte das Lied populär werden von den 'Gedanken', die 'frei' sind und auch durch Kerkermauern nicht unterdrückt werden können." (Kühnl 1996, 19).

nur dann gibt es Demokratie. Ohne Diskussion, ohne Konflikt, ohne Streit der Meinungen keine Demokratie.

Der deutsche Spät-Rechtsstaat schafft dagegen selbst die Freiheit des Gewissens wieder ab (s. dazu auch Aschke/Breitbach 1978): Deutsche Beamte müssen „jederzeit für die freiheitliche demokratische Grundordnung im Sinne des Grundgesetzes eintreten". *Jederzeit* – d.h. im Dienst und außerhalb des Dienstes (vgl. § 36 BRRG). Sie müssen aktiv *eintreten*, eine Haltung der Indifferenz reicht nicht. Bloße Zweifel hinsichtlich der Jederzeitigkeit des Eintretens begründen bereits die Nicht-Einstellung. Ein zweifelsfreies *Bekenntnis* zur Verfassung oder gar zum Staat ist demgegenüber in Frankreich nicht gefordert. Kein Wunder, daß – wie Rigoll schreibt – der französische Politologe Alfred Grosser den Eindruck bekam, daß im deutschen Wort „Rechtsstaat" der Akzent auf Staat liege. Dies trifft jedenfalls in *dem* Maße zu, wie in der „freiheitlich-demokratischen Grundordnung" der Akzent auf „Ordnung" liegt, was Grosser gleichzeitig feststellte. Denn mit einer Akzentverschiebung von „Staat" auf „Recht" wäre solange nichts für die Demokratie gewonnen, wie 'das Recht' weiterhin nicht in freien und gleichen Verfahren erzeugt, sondern aus einer „transzendentalen Werteordnung" (vgl. noch einmal Thiele) abgeleitet wird.

> „Zwar ist in allen bürgerlichen Demokratien die berufliche Benachteiligung von Oppositionellen im Rahmen des politisch Durchsetzbaren an der Tagesordnung. [...]. Ein auffälliger Unterschied besteht [...] in der Begründung. Während etwa in Frankreich, in den USA oder Großbritannien Berufsverbote mit nationalen Sicherheitsinteressen, also politisch begründet worden sind, gibt sich die Berufsverbotepraxis in unserem Land als Anwendung von Recht. Während die französische Rechtsprechung die einschlägige Praxis der Exekutive niemals gebilligt hat, während der Supreme Court in den USA entsprechendes Verhalten als Ausnahme von der Anwendung des Verfassungsrechts darstellt, soll nach der Auffassung des Bundesverfassungsgerichts gerade diese Praxis vom Grundgesetz geboten sein." (Geil 1978, 380 m.w.N. – Hv. i.O.).

Eine Analyse zum Umgang des spanischen Staates nach dem Ende von Francos Herrschaft mit einer als „terroristisch" klassifizierten Herausforderung – ähnlich der durch die „Rote Armee Fraktion" in der Bundesrepublik Deutschland erzeugten – bietet der Beitrag von Horacio Roldán Barbero und Annaïck Fernández Le Gal. Es geht um die GRAPO („Grupos de Resistencia Antifascista Primero de Octubre"), eine der PCE(r), der – wie sie sich selber nennt „wiedererrichteten" oder „wiedergegründeten" (*reconstituido*) – Kommunistischen Partei Spaniens, nahestehende Gruppierung, die seit Mitte der 70er Jahre bewaffnete Aktionen durchführt. Der Aufsatz befaßt sich mit den staatlichen Reaktionen auf den „bewaffneten Kampf" dieser Gruppe. In dem Aufsatz analysieren und reflektieren der Autor und die Autorin – ähnlich wie dies in vorangehenden Beiträgen der Fall ist – die Methoden, das Selbstverständnis und die Widersprüche des sich überpositiv verstehenden Rechtsstaates im Umgang mit seinen Gegnern und deren politisch motivierter Gewalt. Die Untersuchung teilt sich in drei Bereiche: Gesetzgebung, Justiz und Polizei. Der Autor und die Autorin kommen zu dem Schluß, daß die Anti-Terrorpolitik des spanischen Staates gegenüber der GRAPO die Prinzipien des Rechtsstaats, verstanden im liberalen Sinne, oft verletzt hat.

Analoges läßt sich über die us-amerikanische Terrorbekämpfung sagen. Schon in ihrem Buch *Precarious Life* hat Judith Butler (2004) den 'Guantánamo-Komplex' analysiert. Ihre damalige Feststellung, daß im *war on terror* die Berufung auf substantielle Ziele an die Stelle der „üblichen verfahrensrechtlichen Forderungen" (*usual legal demands*) trete (69 f.); daß der *war on terror* die Suspendierung der *rule of law*, der Herrschaft des Gesetzes, ist (60), bekräftigt sie jetzt mit ihrem Beitrag „Torture and the Ethics of Photography". Die Folter-Bilder aus Abu Ghraib bringen ihres Erachtens die Extra-Legalität des ganzen Krieges auf den Punkt: „we can see, I believe, a recourse to extra-legal grounds for legitimating this war from the beginning [...], something which has strong implications, as we will see, for how the war is now conducted and whether war crimes can and will be prosecuted. The photographs might be said, then, to depict the extra-legality of the war itself."

An anderen Stellen hinterließ *Precarious Life* allerdings den Eindruck einer gewissen theoretischen Krise oder Schwierigkeit, sich in der veränderten politischen Konjunktur zurechtzufinden. Das poststrukturalistisch-dekonstruktivistische Denken war zunächst – soviel dürfte sich sagen lassen, ohne irgendwem zu nahe zu treten – Teil eines anti- oder post-fordistischen Zeitgeistes und blieb dadurch (und aufgrund der Verschiebungen, die von Strukturalismus zu Poststrukturalismus eintraten) – ungeachtet unterschiedlicher politischer Positionen einzelner AutorInnen – *anschlußfähig* an den neoliberalen *mainstream*. Im Zuge der Verschärfung des politischen Klimas nach dem 11. September 2001 (v.a. in den USA) befinden sich VertreterInnen eines link(s)liberal)en Poststrukturalismus/ Dekonstruktivismus nun in einer weitaus weniger komfortablen Situation als vorher (was hieß: 'kritisch', aber doch nicht '*out*' zu sein) – auch dies dürfte sich sagen lassen, ohne daß uns, die wir diesem theoretischen Ansatz selbst teilweise nahestehen, unziemliche Häme vorgeworfen wird. In Butlers Buch drückte sich für unsere Wahrnehmung diese theoretische Krise oder Verunsicherung in folgender Klage aus:

> „Bezichtigt man diejenigen, die kritische Ansichten äußern, des Verrats, des Sympathisantentums mit Terroristen, des Antisemitismus, des moralischen Relativismus, des Postmodernismus, des unreifen Verhaltens, der Kollaboration, der anachronistischen linken Gesinnung, dann will man damit nicht die Glaubwürdigkeit der betreffenden Ansichten zerstören, sondern die der betreffenden Person. Solche Vorwürfe erzeugen ein Klima der Angst, in dem es ein Wagnis ist, eine bestimmte Ansicht auszusprechen, da man mit einer verabscheuungswürdigen Benennung gebrandmarkt und beschämt werden kann." (Butler 2005, 15).

Ist das nicht genau der Opfer-Diskurs, der – teils zu Recht – dem identitätspolitischen Flügel der sog. Neuen sozialen Bewegungen lange Zeit zum Vorwurf gemacht wurde?!

In theoretischer Hinsicht tauchen – in dieser Situation der Defensive – auf einmal wieder Argumentationsfiguren auf, die seit Foucaults Kritik der Repressionshypothese und der Analyse der Produktivität der Macht, seit Althussers Kritik eines manipulationstheoretischen Ideologie-Begriffs, seit der Verkündung des Todes des Autors und des Subjekts tot geglaubt waren.[30]

---

30  Butler 2005, 8 et passim („Zensur"), 20 („Weigerung, [...] zu bringen"), 12 („Versuch, die öffentliche Kritik und intellektuelle Debatte zu unterdrücken"), 32 („Unterdrückung von Dissens"); 18 („wie die Medien auf das Publikum einwirken"), 9 („gezielt herabsetzen"), 20 („Der derbe Spott"; „Konsens der öffentlichen Meinung herstellen"). Auf S. 124 *kritisiert* Butler, sich etwas vorzustellen, das „gewisse Sprechakte betrifft [...], selbst wenn e[s] nicht Teil der bewussten Absicht derer ist, von denen die Äußerung stammt"; und auf S. 125 hält sie Havard-Präsident Summers Rede vom 'effektiven Antise-

Der vorliegende Aufsatz von Judith Butler „Torture and the Ethics of Photography"
kommt nun ohne den Rückgriff auf solche Argumentationsfiguren aus. Es wird auch für den
*war on terror* deutlich, daß das Problem weniger ist, daß 'uns' etwas zu sehen *vorenthalten*
wird, als vielmehr *wie* uns etwas zu sehen gegeben wird; die *Perspektive*, mit der 'uns' etwas
zu sehen gegeben wird. Das 'Problem' ist nicht, daß das Zentrum des Rahmens *leer* wäre,
sondern der *Rahmen* ist das 'Problem'.

> „In the case of the recent and current war, it is action established by the perspective that the
> Department of Defense orchestrates and permits – so we see something of the performative
> power of the state to orchestrate and ratify what will be called reality or, more philosophically,
> the reach and extent of the ontological field. [...]. We can even say that the political consciousness
> that moves the photographer to accept those restrictions and yield the compliant photograph is
> embedded in the frame itself."

Der 'Aufstand' (*insurrection*), der Widerstand, gegen diese Zustände, hieße den *Rahmen*
selbst zum Thema zu machen: „The operation of the frame, where state power exercises its
forcible dramaturgy, is not precisely representable or, when it is, it risks becoming insurrec-
tionary and becomes subject to state punishment and control." Es reiche aber nicht, nur den
Rahmen zum Thema zu machen; vielmehr müsse das „framing of the frame" zum Thema
gemacht werden: Wir haben es nicht nur mit einem „problem internal to the life of the
media", sondern mit „certain larger norms, often racializing and civilizational" zu tun.

Berücksichtigen wir dieses „framing of the frame", dann wird deutlich, daß 'die Menschheit' und 'Menschlichkeit' nicht einfach naturgegeben sind, daß sie nicht die 'natürliche'
Evidenz sind, die anzurufen jede politische Argumentation überflüssig macht: „there are
*norms* – explicit or tacit – that govern which human lives count as human and as living,
and which do not; these norms also determine when and where a life can be said to be lost"
(Hv. i.O.).

Ein anderer Aspekt betrifft das poststrukturalistisch-dekonstruktivistische Verständnis
des Verhältnisses von diskursiver[31] und außer-diskursiver Realität. Gegen Susan Sontag, die
zu etwas tendiert – was wir nach Butlers Darstellung zu urteilen – vielleicht als empiristisches
Verständnis des 'Funktionierens' von Fotografien nennen können, wendet Butler ein, daß
Fotos nicht nur „light waves reflected by objects", sondern auch interpretativ seien. Gleichzeitig betont sie aber: „Establishing the referentiality of the photographs was, however, not
enough." D.h.: Daß die Fakten nicht für sich selbst sprechen, daß es nicht die Transparenz
der reinen Evidenz gibt, *heißt nicht, daß die Fakten nicht existieren. Es gibt* Referentialität
– aber sie ist nicht genug.

Vorliegend sind Fotos aus Abu Ghraib zwar Beweise oder Indizien, daß es Folter gab.
Aber die Fotos sind nicht einfach eine neutrale Dokumentation dieses Faktums: „The photos

---

mitismus' karikierend *entgegen*: „Die Absicht einer Rede gehört also nicht dem, der spricht, sondern
wird dem Sprecher von dem, der zuhört, später zugeschrieben. Die Intention des Sprechaktes wird
demzufolge nachträglich durch den Zuhörer festgelegt."

31  Uns scheint es legitim zu sein, von einem fotographischen Diskurs zu sprechen (von einem Diskurs
der aus Fotographien besteht) und deshalb von Fotos als diskursiver Realität zu sprechen.

depict or represent a scene, the visual image that is preserved within the photographic frame. But the frame also belongs to a camera that is situated spatially in the field of vision, thus not shown within the image, but the technological precondition of an image that indicates that camera through indirect reference." Und dasselbe gilt für die FotographInnen: „who were the people who took these photos, and what can we infer from their occluded spatial relation to the image itself? Did they take them to expose abuse or to gloat in the spirit of U.S. triumphalism? Is the taking of the photo a way to participate in the event and, if so, in what way?" Butler betont zunächst, daß sich diese Fragen zu stellen, nicht bedeutet, psychologische Fragen zu stellen.[32] Damit ist auch klargestellt, daß es nicht darum geht, juristische Fragen nach individueller Schuld oder Unschuld der FotographInnen zu stellen.

Für den vermutlich doch eher alltäglichen als außergewöhnlichen soldatischen Sadismus in Abu Ghraib gilt – so wollen wir Butler hinzufügen – damit eher mehr als weniger das, was Hosfeld/Kreutzer (1981) über die 'juristische Bewältigung' der wirklich exzeptionellen nationalsozialistischen 'Taten' schrieben: Politische Verantwortung, gesellschaftliche Strukturen lassen sich mittels der juristischen Schuld-Frage nicht erfassen, sie werden durch die juristische Form dethematisiert; es werden individuelle 'Taten' als 'abweichendes Verhalten' erfaßt; die Normalität liegt *außerhalb* des juristischen Schuldbegriffs.

Was heißt es also nach der *politischen* Verantwortlichkeit für diese Fotos zu fragen? Butlers Antwort:

> „The relation between the photographer and the photographed takes place by virtue of the frame. The frame permits, orchestrates, and mediates that relation. And though the photographers at Abu Ghraib had no Defense department authorization for the pictures they took, perhaps their perspective can also be rightly considered a form of embedded reporting. After all, the perspective on the so-called enemy was not idiosyncratic, but shared, so widely shared, it seems, that there was hardly a thought that something might be amiss here. Can we see these photographers not only as reiterating and confirming a certain practice of decimating Islamic cultural practice and norms, but as conforming to – and articulating – the widely shared social norms of the war?"

Im weiteren setzt sich Butler mit der Charakterisierung der Fotos als pornographisch auseinander. Ihr Gegenargument lautet:

> „My fear is that the old slippage between pornography and rape reappears here in unexamined form. In case you don't remember it, the view was that pornography motivates or incites rape, [...]." Und: „the problem with the photos is not that someone is exulting in another person's genitals. Let's assume that we all do that on occasion and that there is nothing particularly objectionable in that exultation, [...]."

---

32  „I don't dispute the importance of psychology to understanding what goes on here, but psychology should not be used reduce the torture to exclusively individual acts of pathology. [...]. We're in a group scene with these photographs, [...]. We're also in a specific political situation, so any effort to reduce these acts to individual psychologies alone would return us to a familiar consideration of the individual along with the concept of personality as the causal matrix for the understanding of events. Understanding the structural and spatial dynamics of the photograph can offer an alternative point of departure for our understanding of these events."

Hier scheint allerdings die darin implizierte Definition von Pornographie als „exulting in another person's genitals" die Frage aufzuwerfen, ob eine solche weite Definition von Pornographie nicht entscheidende Unterschiede verwischt. Ist Pornographie überhaupt das „exulting" (Feiern, Bejubeln) der Genitalien einer anderen Person? Und falls ja, sollte dann der Begriff nicht trotzdem für *bestimmte* Arten des „exulting" von Genitalien reserviert werden? Würde es nicht vielleicht doch der Klarheit der Begriffe dienen, den Begriff „Pornographie" für jene Arten des „exulting" von Genitalien zu reservieren, die sexuelle Gewalt und Ausbeutung propagieren? Und sind dann die Abu Ghraib-Bilder, die sexuelle Folter darstellen, nicht doch Pornographie?

*However*, was diese Fotos 'registrieren', wenn auch nicht verurteilen, ist „a certain lawlessness". Sie 'registrieren' nicht, was passieren kann, wenn ein Staatsapparat der formalistischen Logik 'Gesetz ist Gesetz' folgt, sondern was passieren kann, wenn ein Staatsapparat meint im Namen der höchsten moralischen Werte – des Kampfes der Zivilisation (des Nordens) gegen die (terroristische) Barbarei – das *law*, vorliegend das *international law*, u.a. das der von den USA mit unterzeichneten Genfer Konvention, verletzen[33] zu sollen.

In Bezug auf die Frage des vorliegenden Bandes nach einem formellen oder 'materiellen', nach einem positivistischen oder antipositivistischen Rechtsverständnis läßt sich aus Butlers Überlegungen folgern: Die 'Materialisierung' des Rechts steht nicht beliebigen Interessen offen; die Rechts*form* steht einem beliebigen politischen Instrumentalismus/Voluntarismus entgegen. Wer von der Rechtsform mehr verlangt, als sie im optimalen Fall geben kann (vgl. oben unseren Bezug auf Hosfeld/Kreutzer), wird am Ende mit einer gewissen Wahrscheinlichkeit ganz mit leeren Händen dastehen.

### Kapitel IX und X Nachwort, Abstracts und Hinweise zu den AutorInnen

Auf das Kapitel VIII folgen noch ein Nachwort von *Detlef Georgia Schulze* (Kapitel IX) sowie *abstracts* der Beiträge und Hinweise zu den AutorInnen (Kapitel X). Einige der Konferenz-Beiträge sowie Aufsätze, die zusätzlich in die Buchveröffentlichung aufgenommen werden sollten, konnten aus Platzgründen, oder da deren Überarbeitung nicht rechtzeitig fertig wurde, nicht berücksichtigt werden. Wir hoffen der Buchpublikation bald eine *online*-Veröffentlichung dieser Aufsätze folgen lassen zu können.

---

33  Das Dritter Genfer Abkommen von 1949 gewährt eindeutig gefangenen irakischen Regierungssoldaten (Art. 4 A Nr. 1: „Mitglieder von Streitkräften einer am Konflikt beteiligten Partei") und auch afghanischen Regierungssoldaten (Art. 4 A Nr. 3: „Mitglieder regulärer Streitkräfte, die sich zu einer von der Gewahrsamsmacht nicht anerkannten Regierung oder Autorität bekennen") Kriegsgefangenenstatus und den damit verbundenen Schutz. Ob gefangengenommene *al-Qaida*-Mitglieder unter Art. 3 oder 4 A Nr. 2 des III. Genfer Abkommens oder Art. 1 IV i.V.m. Art. 43, 44 II oder IV, 45 des I. Zusatzprotokolls von 1977 oder Art. 1 I i.V.m. Art. 4 des II. Zusatzprotokolls fallen und dadurch geschützt sind, kann hier nicht diskutiert werden. Des weiteren wäre der genaue Umfang der Verpflichtungen, die sich aus der Allgemeinen Menschenrechtserklärung (s. dort die Präambel) und aus dem Internationalen Pakt über bürgerliche und politische Rechte (s. dort Art. 2 II) ergeben, zu bestimmen.

## 7. Danksagungen

Detlef Georgia Schulze dankt

➢ Sabine Berghahn und Frieder Otto Wolf, daß sie als Mit-HerausgeberInnen nicht nur die Last der wissenschaftlichen Verantwortung für das vorliegende Löcken wider den Stachel des akademischen und politischen *mainstreams* mittragen und sich an den inhaltlichen Diskussionen rund um die Herausgabe dieser zwei Bände beteiligt, sondern – insbesondere in der Schlußphase – auch durch Übernahme von technisch-organisatorischen Arbeiten das Buch seinem Druck zugeführt haben.

➢ den AutorInnen, daß sie all die *muchas – demasiadas – e incisivas*, all die *trenchant* und auch die *agudísimos* Anmerkungen *todo el rato* zu ihren Texten nicht nur ertragen, sondern auch beantwortet haben.

➢ África Osuna für erstklassigen Übersetzungsunterricht. (Alles andere, was zu leninistischer Disziplin, protestantischer Arbeitsethik, katholischem Ablaßhandel und damit zusammenhängenden Fragen zu sagen war, wurde an dafür gebotener Stelle gesagt.)

➢ dem Internationalen Forschungszentrum Kulturwissenschaften Wien dafür, die letzten Arbeiten an dem Buch zu Beginn des im Wintersemester 2008/09 gewährten *fellowships* abschließen zu dürfen.

➢ Andreas Komrowski, Iris Wachsmuth und Petra Schaper-Rinkel für stete (wissenschaftliche, politische, stilistische) Kritik sowie für Rat und Tat in anderen Lebenslagen – auch wenn sie gelegentlich an Dickköpfigkeit abprallen.

➢ Diana Steffens für einige Wörterbuchrecherchen und eine Literaturrecherche in der spanischen Nationalbibliothek in Madrid.

Sabine Berghahn, Frieder Otto Wolf und Detlef Georgia Schulze gemeinsam danken

➢ den AutorInnen, die ihre überarbeiteten Aufsätze kurzfristig nach den Konferenzen Ende 2006 geschickt und sich geduldet haben, bis fast zwei Jahre später auch der letzte fertige Aufsatz einging.

➢ den AutorInnen, die ihre – nicht weniger anregenden – Aufsätze zum Teil zwar spät, auf Fristsetzung dann aber doch geliefert haben.

➢ dem Verlag für die Geduld hinsichtlich der Ablieferung der Dateien und das Akzeptieren der Expansion des Umfangs des Buches.

➢ Pia Paust-Lassen, die die Typoskripte der Beiträge auf ihre Übereinstimmung mit dem *style sheet* des Verlages kontrolliert hat und dabei in letzter Minute auch noch eine ganze Reihe unansehnlicher Tippfehler und Stilblüten getilgt hat.

➢ – wie schon bei dem vorhergehenden Band – der Deutschen Forschungsgemeinschaft für die Finanzierung des gesamten, den Büchern zugrundeliegenden Forschungsprojektes.

➢ Dorothee Wein für die exzellente organisatorische Vorbereitung und Beteiligung an der inhaltlichen Planung der Tagungen, aus denen diese Veröffentlichung hervorgegangen ist; Aura Cumita für die Übernahme der Tagungsorganisation unmittelbar vor und nach sowie während der Tagungen sowie für einige andere Arbeiten für das Forschungsprojekt.

- ➢ Barbara Schmidt (Lenting), Sandra Stelter (Köln) und Bettina Reschka (Cádiz/Bonn) für die Beteiligung an der Übersetzung des Aufsatzes von Horacio Roldán Barbero und Annaïck Fernández Le Gal.
- ➢ Julia Macher und Katrin Stranz, deren Literaturstudie (http://userpage.fu-berlin. de/~dgsch/docs/StaR-P_w_3b_Sonderweg.pdf) den Anstoß gab, dem Problem des 'deutschen Sonderwegs' noch einmal grundsätzlich nachzugehen.
- ➢ Heide Gerstenberger und Ulrich K. Preuß für ihre Kommentare bei der Tagung „Rechtsstaatlichkeit als Ersatz bürgerlicher Revolutionen", Susanne Lettow und Petra Schaper-Rinkel für das Moderieren zweier Tagungs-Sektionen sowie Georg Fülberth, Dominik Rigoll und Iris Wachsmuth, die zusätzlich zu ihren eigenen Beiträgen bei den Tagungen Kommentar- bzw. Moderationsfunktionen übernommen haben.
- ➢ Suzanne de Brunhoff, Astrid Gacitúa und Reinhard Kühnl, für deren Beiträge zum Tagungs-Reader, die wir hoffen, demnächst (in teilweise überarbeiteter Form) *online* veröffentlichen zu können.
- ➢ den Restaurants *Alter Krug* und *Aux Délices Normands* für die Bewirtung nach den Tagungen; dem Buchladen *Schwarze Risse* (http://www.schwarzerisse.de/) für die Bestückung der Büchertische während der Tagungen; dem Harnack-Haus für die Unterbringung der auswärtigen Gäste und die zur-Verfügung-Stellung eines Konferenz-Raumes.
- ➢ Jan Plamper für den Aufsatz *Danke, danke, danke* (http://www.zeit.de/2008/31/PS-Danksagung) und Petra Schaper-Rinkel für den Hinweis auf selbigen.

## Technische Hinweise, insb. zur Zitierweise

Diese Veröffentlichung folgt im Grundsatz den Regeln der sog. amerikanischen Zitierweise, das heißt: Jede zitierte Veröffentlichung wird im Text mit einer Abkürzung, bestehend aus Namen, Jahr und etwaigem Buchstaben-Zusatz (um mehrere Werke des/r gleichen Autors/in aus ein- und demselben Jahr zu unterscheiden), zitiert. Die vollständigen Literaturangaben sind im Literaturverzeichnis am Ende des jeweiligen Aufsatzes unter dem jeweiligen Namen zu finden.

Um es den LeserInnen zu erleichtern, die angeführten Zitate historisch einzuordnen (sie bspw. unterschiedlichen Werkphasen ein und des/derselben Autors/in zuzuordnen), wird hier Literatur in der Regel nach dem Jahr des Verfassens oder (soweit nur kurze Zeit danach erfolgt) nach dem Jahr der Erstveröffentlichung zitiert. Nachträgliche Bearbeitungen oder Wiederveröffentlichungen zu Lebzeiten des Autors/der Autorin werden i.d.R. durch eine zweite Jahreszahl gekennzeichnet. Soweit die benutzte Ausgabe von der Erstveröffentlichung abweicht, wird die Erst*veröffentlichung*, insbesondere bei fremdsprachigen Originalveröffentlichungen, in Klammern der Literaturangabe im hiesigen Literaturverzeichnis nachgestellt. Das Jahr des *Verfassens* wird, soweit bekannt und vom Jahr der Erstveröffentlichung abweichend, dem jeweiligen Titel und ggf. Untertitel in Klammern nachgestellt. Diese Angaben wurden i.d.R. nicht nachgeprüft, sondern der jeweils benutzten Ausgabe entnommen.

In den Verweisen auf die zitierte Literatur wird der Einfachheit halber nicht danach unterschieden, ob der fragliche Text Fuß- und/oder Endnoten enthält. Statt dessen wird einheitlich die Abkürzung „FN" verwendet, um eine Fuß- oder Endnote zu zitieren, auch wenn die fragliche Anmerkung am Ende des zitierten Textes steht.

Juristische Normen werden hier (außerhalb von Zitaten) in der Form „§ [od. Art.] 5 II 2 [Gesetzesabkürzung]" zitiert. Die erste arabische Ziffer steht dabei für den jeweiligen Paragraphen oder Artikel, die römische Ziffer für den Absatz und die zweite arabische Ziffer für den Satz des jeweiligen Absatzes. Enthält die fragliche Norm eine Aufzählung, so wird auch die einschlägige Nummer (Nr.) bzw. der einschlägiger Buchstaben (lit. = lat. *littera* = Buchstabe) der Aufzählung genannt.

Der Freiheit der AutorInnen blieb es überlassen, die neue oder die alte deutsche Rechtschreibung zu wählen und für die Kennzeichnung von wörtlichen Zitaten und distanzierendem oder ironischem Sprachgebrauch zwischen doppelten und einfachen Anführungszeichen zu differenzieren oder einheitlich doppelte zu verwenden.

## Literatur

Aschke, Manfred/Michael Breitbach: *Über Kontaktschuld und das konstitutionelle Gebot des rechten Feindbildes*. Zugleich Anmerkung zum Häberlein-Urteil des VG Ansbach und Nieß-Urteil Bay. VGH, in: *Demokratie und Recht* 1978, 3-14.

Bäumlin, Richard/Helmut Ridder: [Kommentierung zu] Art. 20 Abs. 1-3 *III. Rechtsstaat*, in: Richard Bäumlin et al., *Kommentar zum Grundgesetz für die Bundesrepublik Deutschland*. Band 1. Art. 1-20 (Reihe Alternativkommentare hrsg. von Rudolf Wassermann), Luchterhand: Neuwied/Darmstadt, 19841, 1288-1337 = 19892. überarb., 1340-1389.

Böckenförde, Ernst-Wolfgang: *Der verdrängte Ausnahmezustand*. Zum Handeln der Staatsgewalt in außergewöhnlichen Lagen, in: *Neue Juristische Wochenschrift* 1978, 1881-1890.

*Brockhaus*. Die Enzyklopädie. Bd. 18, Brockhaus: Leipzig/Mannheim,199820, 130-134 (Stichwort „Rechtsstaat").

Butler, Judith: *Precarious Life*. The powers of mourning and violence, Verso: London/New York, 2004 (dt. Ausgabe, in teilweise problematischer Übersetzung: *Gefährdetes Leben*. Politische Essays, Suhrkamp: Frankfurt am Main, 2005).

Dietze, Gottfried: *Rechtsstaat und Staatsrecht*, in: Karl Dietrich Bracher/Christopher Dawson/ Willi Geiger/Rudolf Smend (Hg.), *Die moderne Demokratie und ihr Recht*. Modern Constitutionalism and Democracy. Zweiter Band. Festschrift für Gerhard Leibholz zum 65. Geburtstag, Mohr: Tübingen, 1966, 17-48.

Geil, Hartmut: *Berufsverbote und Staatsschutz*. oder: Wie das Bundesverfassungsgericht das Grundgesetz mit Leben erfüllt und die freiheitliche Ordnung aufrichtet, in: *Das Argument* H. 109, Mai/Juni 1978, 380-393.

Grewe, Constance: *Vergleich zwischen den Interpretationsmethoden europäischer Verfassungsgerichte und des Europäischen Gerichtshofes für Menschenrechte*, in: *Zeitschrift für ausländisches öffentliches Recht und Völkerrecht* 2001, 459-473.

dies.: *Grundrechte und ihre Kontrolle in Frankreich. – Grundlagen und aktuelle Entwicklungen –*, in: *Europäische Grundrechtszeitschrift* 2002, 209-212.

dies.: *Die Rezeption der ERMK in Frankreich*, in: dies./Christoph Gusy (Hg.), *Menschenrechte in der Bewährung*. Die Rezeption der Europäischen Menschenrechtskonvention in Frankreich und Deutschland im Vergleich, Nomos: Baden-Baden, 2005, 106-128.

Hosfeld, Rolf/Michael Kreutzer: *Eine einsame Provokation*. Die West-Berliner Inszenierung der „Ermittlung" von Peter Weiss und die Probleme juristischer Faschismus-Bewältigung, in: *Das Argument* H. 125, Jan./Feb. 1981, 61-69.

Kertscher, Jens: *Sprache und Anerkennung.* Zur Rationalität des Politischen im Anschluß an Jürgen Habermas' Diskurstheorie des demokratischen Rechtsstaats und Jacques Rancières *Unvernehmen*, in: Reinhard Heil/Andreas Hetzel, *Die unendliche Aufgabe.* Kritik und Perspektiven der Demokratietheorie, transcript: Bielefeld, 2006, 57-76.

Kühnl, Reinhard: *Deutschland seit der Französische Revolution.* Untersuchungen zum deutschen Sonderweg, Distel: Heilbronn, 1996.

Kunig, Philip: *Das Rechtsstaatsprinzip.* Überlegungen zu seiner Bedeutung für das Verfassungsrecht der Bundesrepublik Deutschland, Mohr: Tübingen, 1986 (zugl.: Habil. Univ. Hamburg, 1985).

Macher, Julia/Katrin Stranz: *Spanien und Deutschland – Zwei konvergierende Sonderwege?*, in: StaR★P 2006, 15-160 (im internet unter: http://userpage.fu-berlin.de/~dgsch/docs/StaR-P_w_3b_Sonderweg.pdf).

Marx, Karl: *Der achtzehnte Brumaire des Louis Bonaparte* (1851/52), in: ders./Friedrich Engels, *Werke.* Bd. 8, Dietz: Berlin/DDR, 1982⁷, 111-207 (im internet unter: http://marxists.org/deutsch/archiv/marx-engels/1852/brumaire/index.htm; engl. Fassung: http://marxists.org/archive/marx/works/1852/18th-brumaire/index.htm).

Maus, Ingeborg: *Entwicklung und Funktionswandel der Theorie des bürgerlichen Rechtsstaats*, in: Mehdi Tohidipur (Hg.), *Der bürgerliche Rechtsstaat.* 2 Bände, Suhrkamp: Frankfurt am Main, 1978, 13-81 (= a) = Ingeborg Maus, *Rechtstheorie und Politische Theorie im Industriekapitalismus*, Fink: München, 1986, 11-82 (= b).

Pereira Menaut, Antonio-Carlos: *Rule of law o Estado de Derecho*, Marcial Pons: Madrid, 2003.

Pohl, Hans (Hg.): *Kartelle und Kartellgesetzgebung in Praxis und Rechtsprechung vom 19. Jahrhundert bis zur Gegenwart*, Stuttgart, 1985.

Pötzsch, Horst: *Die deutsche Demokratie.* Bundeszentrale für politische Bildung: Bonn, 1999² (1995¹).

Rancière, Jacques: *Das Unvernehmen.* Politik und Philosophie, Suhrkamp: Frankfurt am Main, 2002 (frz. Originalausgabe: Éditions Galilée: Paris, 1995).

Ridder, Helmut: *Grundgesetz, Notstand und politisches Strafrecht.* Bemerkungen über die Eliminierung des Ausnahmezustandes und der politischen Strafjustiz durch das Grundgesetz für die Bundesrepublik Deutschland (Sammlung „res novae". Veröffentlichungen zu Wirtschaft, Soziologie und Politik Bd. 37), EVA: Frankfurt am Main, 1965.

ders.: *Die soziale Ordnung des Grundgesetzes*, Westdeutscher Verlag: Opladen, 1975.

Röhl, Klaus F.: *Allgemeine Rechtslehre.* Ein Lehrbuch, Heymanns: Köln/Berlin/Bonn/München, 1995.

Schmidt-Aßmann, Eberhard: *Der Rechtsstaat*, in: Josef Isensee/Paul Kirchhof (Hg.), *Handbuch des Staatsrecht* für die Bundesrepublik Deutschland. Bd. 2, Heidelberg, 2004, 541-612.

Schulze, Detlef Georgia: *Der Rechtsstaat in Deutschland und Spanien.* Überlegungen zum Forschungsstand (StaR★P. Neue Analysen zu Staat, Recht und Politik. Serie W. Bd. 2), Freie Universität: Berlin, 2006 (= a), 150-166 (Anhang B. und C.).

der/dies., *Lehren und Lehrstellen*, in: StaR★P 2006 (= b), 211-275 (im internet unter der Adresse: http://userpage.fu-berlin.de/~dgsch/docs/StaR-P_w_3d-Lehren.pdf).

ders./dies.: *Gefährdetes Leben – Gefährliches Recht. Vom Nutzen und Schaden poststrukturalistischer Rechts- und Politikanalysen*, in: *Neue Politische Literatur* 2006 (= c), 203-213.

der/dies.: *Beschränkung oder Expansion des Rechtsstaats?* Überlegungen zum Niedergang der Volkssouveränität, Ms., Cádiz, 2008 (= a).

der/dies.: *Warum Globale Soziale Rechte nicht antikapitalistisch sind, aber linke Politik trotzdem Rechtsforderungen braucht*, Ms., Cádiz, 2008 (= b).

Simpson, John Andrew/Edmund S.C. Weiner: *The Oxford English Dictionary*. Bd. XIII, Clarendon Press: Oxford, 19892.

Thiele, Ulrich: *Carl Schmitts Klassiker-Interpretation und ihre verfassungsdogmatische Funktion*, in: *Rechtstheorie* 2004, 232-246.

internet-links, soweit nicht anders angegeben: Stand 18.11.2008

# II. Einleitung

*Detlef Georgia Schulze/Frieder Otto Wolf*

## Rechtsstaat und Verrechtlichung – Ein deutsch-spanischer Sonderweg der Ent-Politisierung und Demokratie-Vermeidung?[1]

## I. Stand der Forschung

### 1. Der „deutsche Sonderweg"[2] und das „Problema de España"[3]

Die nationalsozialistische Herrschaft in Deutschland unterscheidet sich grundlegend von der gleichzeitigen politischen Entwicklung in den west- und nordeuropäischen sowie nordamerikanischen Ländern. Aber wie kann diese deutsche Besonderheit *gedacht*, analysiert, werden? Kann sie beispielsweise mit der franquistischen Diktatur in Spanien auf eine Erkenntnisse versprechende Weise verglichen werden? Und handelt es sich nur um zwei 'Sonderepochen' (1933 bis 1945 bzw. 1936 bis 1975) oder gab es auch einen oder zwei „Sonderwege", die zu diesen 'Sonderepochen' führten?

In der Tat ist die deutsche Geschichte, die zum Nationalsozialismus führte, fast ein Vierteljahrhundert lang (von Fritz Fischers *Der Griff nach der Weltmacht* bis Eley/Blackbourns *Peculiarities of German Histories*) mit dem Topos vom „deutschen Sonderweg" untersucht worden.

Dabei verschmolzen in der dominierenden, von der Bielefelder Gesellschaftsgeschichte formulierten Version der These vom „deutschen Sonderweg" (grundlegend: Wehler 1973) deskriptive und normative Aussagen:

---

1    Wir danken Julia Macher und Katrin Stranz (2006), auf deren Literaturstudie wir aufbauen durften, und die es uns ermöglichte, uns als Philosoph und als RechtstheoretikerIn in die Debatte einzumischen.

2    Aus der neueren Diskussion s. bspw. Faulenbach 1998; Welskopp 1999; Geiss 2001; Plumpe 2001; Schönberger 2001; 2002; Bauerkämper 2003; Spenkuch 2003; Hellmann 2004; Kühne 2005; R. Evans 2005, 5-9 sowie die einschlägigen Beiträge in den Jahrgängen 2002 ff. der *German History* und der *Central European History* (s. Literaturverzeichnis) sowie zuletzt: Ptak 2008.

3    Aus der älteren Literatur s. bspw.: Schmidt 1975. In der neueren Literatur wird das „problema de España" im Kontext des Gegensatzes zwischen den 'zwei Spanien', die sich schließlich im Bürgerkrieg gegenüberstanden, diskutiert: Juliá 2004. Für ähnliche Begriffe s.: Brenan 1950 (*The Spanish Labyrinth*); Sanchez-Albornoz 1956 (*España Enigma histórico/Spanien – ein geschichtliches Rätsel*); Marichal 1995 (*El secreto de España/Das spanische Geheimnis*). Für den Stand der aktuellen Diskussion s. Macher/Stranz 2006, 26-36.

Die geringe oder fehlende Parlamentarisierung und Demokratisierung des deutschen Kaiserreichs wird als Vorgeschichte des Nationalsozialismus interpretiert. Trotz aller Relativierung, die neuere Studien zum Parteiensystem des Kaiserreichs (M. L. Anderson 2000; Kreuzer 2003a; 2004; Thompson 2000) vornehmen, sieht die Forschung in diesem Bereich auch noch heute deutliche Unterschiede zum damaligen West- und Nordeuropa sowie Nordamerika: Der „Bundesrath" des Kaiserreichs, in dem die Fürsten der deutschen Einzelstaaten vertreten waren und dem der Reichskanzler vorsaß (Art. 6 und 15 Verf. 1871[4]; vgl. auch Art. 8), sowie der Kanzler selbst und die Staatssekretäre der Reichsämter[5] wurden nicht parlamentarisch gewählt (ebd., 361 bei FN 8; vgl. auch Bauerkämper 2003, 426 unten; Berghahn 2002, 78 f.). Der Bundesrath hatte aber seinerseits ein Vetorecht im Gesetzgebungsprozeß (Art. 5 Verf. 1871; s. dazu: Ullrich 1997, 29 f.). Dies war zweifelsohne eine deutsche Besonderheit; „the elephant" – um eine Metapher aus der Anderson (2000, 429; 2002, 88)/Berghahn (2002, 79) Kontoverse aufzugreifen – kann nicht übersehen werden.

Auch Martin Kirsch (1999), der nachweisen möchte, dass ein breit (bes. 45 f.)[6] verstandener *monarchischer* Konstitutionalismus der (kontinental)-europäische Normal-Typus des 19. Jahrhunderts gewesen sei (24, 386), kommt nicht umhin anzuerkennen,

➢ dass Großbritannien 1835/41 „als erstes europäisches Land dauerhaft zum parlamentarischen System" überging (177, s.a. 54 f.)
➢ dass es vorher schon in Frankreich, den Niederlanden und der Schweiz unterschiedliche Formen des *nicht*-monarchischen Konstitutionalismus gab (413)
➢ in den USA sogar bereits 1787 ein nicht monarchischer, sondern präsidial-republikanischer Konstitutionalismus *dauerhaft* etabliert wurde (413)
➢ während die in Deutschland „zwischen 1818/19 und 1871" erlassenen Verfassungen (322; Ausnahme Baden von 1860-1865, s. S. 413) zum monarchischen Konstitutionalismus *mit dominierendem Monarchen* gehörten, soweit sie nicht wie Preußen bis 1848 noch im Absolutismus steckten (412)[7]

---

4  http://www.verfassungen.de/de/de67-18/verfassung71-i.htm.

5  Berghahn 2003, 291; vgl. Art. 18; Minister gab es nicht (Sperber 2003, 360).

6  Vgl. zurückhaltend („auf den ersten Blick recht konstruiert") dazu Schönberger (2002, 824) und Manca (2003, 325) (Kirschs Monarchie-Definition, die auch republikanische Perioden umfasse, werde auf Widerstand stoßen). Mit dem gleichem (Un)recht, mit dem Kirsch den französischen Präsidenten MacMahon als Ersatz-König bezeichnet, könnte auch Hindenburg als Ersatz-König bezeichnet werden, so dass Deutschland selbst zu diesem Zeitpunkt – nach den Kriterien Kirschs – kein parlamentarischer Konstitutionalismus, sondern weiterhin eine konstitutionelle Monarchie (mit nun allerdings vielleicht dominierenden Parlament) gewesen wäre (E. L. Evans 2000, 994). – Kraus (2004, 597, 620) lobt in seinem langen Referat des Buches von Kirsch diesen dagegen dafür, mit der „Legende" vom „deutschen Sonderweg" und der ‚Verzerrung von historischen Tatsachen' aufgeräumt zu haben. Langewiesche (2002) erkennt, dass das Werk bei seinem „funktionalistischen Verständnis der Monarchie" angreifbar ist, findet es aber trotzdem schwer zu übertreffen.

7  ‚Rückschläge' zum Absolutismus macht Kirsch im 19. Jh. im Übrigen auch in Spanien, Italien und Österreich aus (387) – alles heutige Rechtsstaaten, wobei hinsichtlich des österreichischen Rechtsstaats-Verständnisses zu differenzieren ist (s. dazu Abschnitt V. des Beitrages von Schulze im vorliegenden Band).

➢ während schließlich in den anderen europäischen Ländern am Anfang des 19. Jh. napoleonische Herrschaftsformen, die Kirsch als Unterformen des monarchischen Konstitutionalismus behandelt, (412) und in späterer Zeit Formen des monarchischen
Konstitutionalismus *mit dominierendem Parlament* (413) bedeutsam waren. –

Monarchischer Konstitutionalismus *mit dominierendem Monarchen* und monarchischer
Konstitutionalismus *mit dominierendem Parlament* ist also der Minimalunterschied, der
die verschiedenen Wege durch das 19. Jh. charakterisiert – vom Unterschied zwischen
preußischem und spanischen Absolutismus noch bis weit ins 19. Jh. einerseits und französischen oder us-amerikanischen Republikanismen andererseits ganz zu schweigen.

E. L. Evans (2000, 994 f.) schlussfolgert: „Whether he [Kirsch] has succeeded in proving
that the German states were 'normal' is less clear. His only example of constitutional monarchy 'with dominant monarch' besides the German states and Denmark is the short-lived
Bourbon Restoration in France." Die restaurierte Bourbonen-Herrschaft in Frankreich
endete 1830 – 88 Jahre bevor in Deutschland der monarchische Konstitutionalismus mit
dominierendem Monarchen endete. Und der – im 20. Jahrhundert nur noch von der Zeit der
deutschen Besatzung unterbrochene – dauerhafte Übergang zu einem *nicht*-monarchischen
(sei es parlamentarischen, sei es präsidialen) Konstitutionalismus erfolgte in Frankreich 1879;
39 Jahre bevor in Deutschland auch nur die November-Revolution erfolgte[8].

Kirschs Unterscheidung zwischen dem britischen Parlamentarismus, in dem der König
oder die Königin nur noch eine „Staatspuppe" (Bülau) sei (55), und einem kontinentaleuropäischen monarchischen Konstitutionalismus *mit dominierendem Parlament* (54 f.,
65, 379) mag überzeugen oder nicht[9]. Der Unterschied zwischen letzterem und der v.a. in
Deutschland vertretenen Variante des monarchischen Konstitutionalismus *mit dominierendem Monarchen* ist jedenfalls nicht weniger auffällig, mag auch Kirsch diesbzgl. nur von
„unterschiedlichen Grautönen" (401) sprechen.

Allerdings wurde dieser Tatbestand, der den deutschen Monarchen eine nicht-parla-
mentarische Regierungsbildung ermöglichte, von den Sonderwegs-Theoretikern mit einer
normativen Wertung versehen: Dieser Mangel an Parlamentarisierung wurde als defizitär
angesehen, der deutsche Weg war nicht nur *besonders*, sondern auch *schlechter* (vgl. Bauerkämper 2003, 417) – was gemessen an einer Verurteilung des Nationalsozialismus *und seiner
Vorgeschichte* nur allzu verständlich ist.

Aber was war der wissenschaftliche Maßstab für diese Defizit-These? Dieser wurde
einer bestimmten Lesart der Modernisierungstheorie entnommen: Die 'modernen' ökonomischen und technologischen Verhältnisse in Deutschland hätten 'eigentlich' auch ein
'modernes' politisches System erfordert bzw. erwarten lassen (s. krit. Macher/Stranz 2006,
39, 40; Uhl 2001, zw. FN 21 und 22; vgl. auch Lorenz 2001, 77, 84). Der Übergang von

---

8    Zu den Schwierigkeiten, die Weimarer Republik in Kirschs Schema einzuordnen s. FN 6. – Im Üb-
     rigen konnte noch das Weimarer Parlament den Kanzler nicht wählen, sondern allenfalls einem vom
     Reichspräsidenten ernannten Kanzler das Mißtrauen aussprechen (Schönberger 2001, 640).

9    Kirsch möchte Länder, in denen die Regierung nicht *ausschließlich* das Vertrauen des Parlaments,
     sondern *auch* das des Monarchen benötigt, noch nicht als parlamentarisch klassifizieren.

'parlamentarisch-demokratisch' zu 'modern' organisiert den Übergang von einem allemal anerkennenswerten politischen Wunsch zu einer wissenschaftlich hochgradig fragwürdigen historischen Norm.

Diese Verschmelzung von Normativem (Bauerkämper 2003, 385, 416; Schönberger 2001, 650 f.) und Deskriptivem produziert denn auch eine bezeichnende analytische Leerstelle: *Warum* verfehlte Deutschland die Norm der Synchronität von technisch-ökonomischer und politischer Moderne? *Warum* war Deutschland 'nicht normal'?

Wegen dieser Leerstellen stand das modernisierungstheoretische Erbe der Bielefelder Gesellschaftsgeschichte nicht ohne Grund im Zentrum der Kritik der letzten 20 Jahre an der Sonderwegs-These[10]: Dabei wurden vor allem fünf Schwachpunkte der Modernisierungstheorie herausgearbeitet:

1) Die Gesellschaft der USA oder 'der Westen' im Allgemeinen würden implizit als ein Norm-Modell behandelt, das ermöglichen soll, normale Wege und Sonderwege zu unterscheiden. Damit gehe tendenziell eine Idealisierung des westlichen Weges einher (Eley 2004, 12; Bauerkämper 2003, 425, s.a. 387 f.; Lorenz 2001, 76; Jarausch 2001, letzter Abs.; Uhl 2001, nach FN 8).

2) Mit dieser Unterscheidung von Norm und Sonderfall werde eine unilineare Entwicklungsnorm des gleichzeitigen ('synchronen') Fortschrittes von Industrialisierung und Demokratisierung postuliert (Lorenz 2001, 76), die aber hinsichtlich ihrer empirischen Validität fragwürdig sei (Bauerkämper 2003, 416 f., 423).

3) Darüber hinaus nähmen jene Ansätze einen Gleichgewichtszustand gesellschaftlicher Systeme an, was eine deterministische Fokussierung auf Strukturen anstatt auf Prozesse mit sich bringe (Lorenz 2001, 77). Als Gegengewicht werden nunmehr das Ereignis[11] und das Subjekt (Eley 2004, 10; weitere Nachweise bei Macher/Stranz 2006, 42) rehabilitiert; zur Analyse von Kultur und der Erfahrung der Subjekte soll die Hermeneutik wiederbelebt werden (Daniel 1994; vgl. Macher/Stranz 2006, 41 f. sowie krit. Sarasin 2003, S. 14, FN 22, S. 20 f., 27 f.).

---

10  Aus den letzten Jahren seien nur genannt: Lorenz 2001, 76 f., 79-85, 89 (mit der These, dass die Infragestellung der Modernisierungstheorie nicht nur das Fundament der Sonderwegs-These angreife, sondern die gesamte Bielefelder Gesellschaftsgeschichte in einen krisenhaften Zustand bringe); Uhl 2001, nach FN 8 („normative Setzung der amerikanischen bzw. der westlichen Industriegesellschaft als Ideal [...] und die 'Exotisierung' von abweichenden 'Sonderwegen'"); Berghahn 2002, 76 („Eley's challenge to the tenability of modernization theory and the notion of a German Sonderweg that underlay the work of the 'Bielefelders'"); Eley 2004 („Zwischen Strukturgeschichte und klassischer Modernisierung"); zusammenfassend: Macher/Stranz 2006, 38 f., 49 (auch mit Nachweisen aus der älteren Literatur).

11  Eley (2004, 10) fordert ein „playing with the contingencies and in-determinacies (and unrealized possibilities)"; Kreuzer 2003a, 357: „This renewed interest in history is partly a reaction against the bland and ahistorical grand theorizing of many sociologists and political scientists". Die alten historizistischen Vorbehalte gegen Theorie (vgl. Wallerstein et al. 1996, 49) werden wiederbelebt. Den gesellschaftlichen Strukturen werden die „komplexe Wirklichkeit" und die „Kontingenz von Geschichte" (Macher/Stranz 2006, 43, 42) gegenübergestellt.

4) Implizit werde das „soziale System", auf dessen Strukturen fokussiert werde, meistens mit einer nationalen Gesellschaft gleichgesetzt (Lorenz 2001, 77). Diese Gleichsetzung wird einerseits angesichts der Erfahrung der Globalisierung, andererseits angesichts der Einsicht, dass Nationen „Erfindungen" (B. Anderson 1988) oder 'Konstruktionen' sind, dass sie mit der Schaffung einer „fiktiven Ethnizität" (Balibar 1987/88, 63 – Hv. i.O.) einhergehen, in Frage gestellt (vgl. Macher/Stranz 2006, 47, 48).

5) Herrschaft, Konflikt und Interesse würden von soziologischen und politischen Modernisierungstheorien meistens nicht oder nicht adäquat thematisiert (Lorenz 2001, 77). Über die Kritik an der Modernisierungstheorie hinausgehend wird die Vernachlässigung oder Nicht-Integration der Kultur-, Geschlechter- und Rechtsgeschichte in das Theoriegebäude, das die Sonderwegs-These stützen soll, bemängelt (Lorenz 2001, 89; Eley 2004, 7 f.; Macher/Stranz 2006, 47, FN 126).

*„Problema de España"*[12] ist, im Unterschied zum „deutschen Sonderweg", der die Entwicklung hin zum Nationalsozialismus erklären soll, kein Konzept, das speziell zur Analyse des Weges in die franquistische Diktatur entwickelt wurde, sondern auf allgemeine Phänomene der spanischen Geschichte zielt (Macher/Stranz 2005, 36) und auf ältere Bilder zur Beschreibung dieser Geschichte zurückgreift.

Mit dem „Sonderweg" teilt dieses Konzept aber das gleiche modernisierungstheoretische Erbe: Was Spanien zu einem 'Problemfall' macht(e), war, dass es nicht den Erwartungen eines bestimmten Verständnisses von Modernität entsprach.[13] Mit der Kritik an der Modernisierungstheorie wird diese Sichtweise heute auch in Spanien in Frage gestellt: Was Spanien vom Rest Europas unterscheide seien nicht die „großen, langfristigen Ursachen", sondern „kleinere Weichenstellungen" gewesen (Fusi/Palafox 1997, 77 ff. zit. n. Macher/Stranz 2005, 35).

Aber ist damit die Frage „'Sonderweg' oder nur 'Sonderepoche'?" beantwortet? Haben sich, Dank der Kritik an der Modernisierungstheorie, Deutschland und Spanien nun doch noch als 'normal' erwiesen (vgl. ebd. und Bernecker 2004b, 707 für Spanien sowie für Deutschland: Langewiesche 2002; Ledford 2003, 373)?

---

12  „Das 'problema de España' wird, auch wenn die genauen Begrifflichkeiten variieren, von spanischer Seite erstmals im Zeitalter der Aufklärung beschrieben: Politiker und Intellektuelle wie Campomanes, Jovellanos, Capmany, Feijoo oder Cabarrús kritisieren die Verteilung des Bodenbesitzes und den geringen durchschnittlichen Bildungsgrad der Bevölkerung, also die 'Rückschrittlichkeit' Spaniens im Vergleich zu 'Europa', v. a. Frankreich, Holland und England. In Grundzügen korrespondiert diese Selbstwahrnehmung mit der zur Zeit der Aufklärung verbreiteten 'Leyenda negra', jenem unter anderem von Montesquieu mitgestalteten und durch Nicolas Masson verbreiteten Bild eines dekadenten, irrationalistischen Landes mit phlegmatischen Bewohnern, dem 'Europa nichts schulde'." (Macher/Stranz 2006, 27).

13  S. bspw. Vives 1969, 17, laut dem sich Spanien als unfähig erwiesen hat, „dem Kurs der abendländischen Zivilisation in Richtung Kapitalismus, Liberalismus und Rationalismus [...] zu folgen". Vgl. Macher/Stranz 2006, 33 und Bernecker 2004a, 2-4.

Zumindest in dieser Hinsicht sind sich BefürworterInnen und GegnerInnen der These vom „deutschen Sonderwegs" einig: Nein, die Frage nach „Sonderweg oder Sonderepoche?" ist nicht beantwortet; die Debatte geht weiter: „The important point is that this controversy is still rumbling on, [...]." (Berghahn 2002, 76)/„the issue [... is] far from resolved" (Grunwald 2004, 1077). Das Scheitern der Weimarer Republik und die daran anschließende Etablierung der nationalsozialistischen Herrschaft harren weiterhin einer Erklärung (Bauerkämper 2003, 430, s.a. 420).

Die vorliegende Veröffentlichung soll einen Beitrag zu dieser Debatte leisten, indem sie mit einem neuen theoretischen Fokus in die Diskussion eingreift (s. sogleich II.1.). Denn in der Tat sind es weniger neue empirische Befunde[14], die die Spezifität der deutschen Geschichte in Frage stellen (vgl. Bauerkämper 2003, 421, 422, 426 – selbst Eley spricht von national „spezifische[n] Logik[en]"), als vielmehr, die unzureichenden theoretischen Konzepte (s. den Beitrag von Carsten Zorn in dieser Veröffentlichung), mit denen sie bisher interpretiert wurden. Bauerkämper (2003, 424 oben, 430, 431) geht so weit, zu sagen, das Sonderwegs-Konzept sei im „Kern" „nicht nachhaltig erschüttert"; und Schönberger (2002, 826) spricht zwar nicht von einem „deutschen Sonderweg", aber doch von einem „besonderen deutschen Weg", den es zu verstehen gelte.

Dasselbe gilt für Spanien: Bernecker (2004b, 707) weist auf das hinter der These von der spanischen Normalität stehende geschichtspolitische Interesse hin: Es galt dem post-franquistischen politischen System eine „historische Ableitung" zu verschaffen und damit lag es nahe, Spanien als eine bloße „Variante des gemeineuropäischen Modernisierungsprozesses" aufzufassen. Damit kann die Normalitäts-These selbst als Bestandteil des Transitionspro-zesses, der – wie Bernecker darstellt – einen Pakt des Schweigens über den Bürgerkrieg und den Franquismus beinhaltete (695, 699-703), betrachtet werden. Genau dieser Pakt des Schweigens zeigt aber in den letzten Jahren deutliche Risse[15] (703-707). Und wenn Bernecker prognostiziert, „das gesellschaftliche Bedürfnis nach Aufarbeitung der dunklen Phasen des Franquismus" stehe „erst an seinem Anfang" (710), so kann – über Bernecker hinaus – gefragt werden, ob dann nicht auch die spanische Geschichtswissenschaft vor einer Revision der Revision der Sonderwegs-These steht. Das Bedürfnis nach Aufarbeitung des Franquismus dürfte dann wohl auch die Frage nach den *Ursachen* des Franquismus und damit die Frage nach „jene(n) Faktoren, die einzigartig für die spanische Geschichte sind" (708), aufwerfen. Aber sind die Faktoren, die in dem Zusammenhang genannt werden (die Schwäche des Liberalismus, die Dominanz des Militärs, die Fortdauer des Absolutismus im

---

14    Kreuzer (2004, 22), selbst ein Kritiker der Sonderwegs-These, konstatiert, bspw. eine „Einstellung der empirischen Forschung zum Reichstag Ende der 70er Jahre": „Since Manfred Rauh's two volumes in the 1970s, little has been published." (Kreuzer 2003a, 327). Genauso diagnostiziert Schönberger (2001, 623) einen „Stillstand" der „Diskussion über die Parlamentarisierung des Kaiserreichs". Eine tatsächlich komparative, empirische Forschung zum Ausmaß der Demokratisierung in Deutschland sowie im Westen gilt als Desiderat der Forschung, obwohl sie schon 1984 von Kritikern der Sonder-wegs-These gefordert wurde (ebd., FN 10; Ledford 2003, 368-370).

15    Ausführlich dazu: Bernecker/Brinkmann 2006, Kap. VII „Die Rückkehr der Vergangenheit, 1996-2004", bes. 292-302.

19. Jh. [vgl. in Preußen bis 1848!; s.o.], das schwache *nation building*) wirklich so einzigartig oder legen sie nicht den Vergleich mit Deutschland nahe?

An dieser Stelle (empirische Befunde vs. theoretische Interpretation) könnte es weiterführen, vor allem die Bielefelder Variante der Sonderwegs-These mithilfe einer epistemologischen Unterscheidung zu untersuchen, wie sie aus Louis Althussers Vorlesungen über das Verhältnis von Philosophie und Wissenschaften (Althusser 1967) gewonnen werden kann – nämlich der Unterscheidung zwischen

➤ den – als 'materialistisch' zu begreifenden und in weiteren Untersuchungen aufzugreifenden – Befunden, die sich aus wirklichen Untersuchungen über die auch langfristig historisch zurückzuverfolgenden Gründe für die tatsächlich existierenden Spezifika der deutschen (und der spanischen) Geschichte ergeben haben, auf der einen,

und

➤ der geschichtsphilosophischen Konstruktion (vgl. Wolf 2005) auf der anderen Seite, welche diese wirklichen Spezifika zum Material einer – als 'idealistisch' zu begreifenden und zu überwindenden – Ideologie der Modernisierung macht, welche die westliche Entwicklung der kapitalistischen Moderne zu einem 'Normalmodell' der neueren Geschichte erhebt und damit in eine normativistisch interpretierte 'Modernisierungstheorie' einbettet, wie sie nach dem Ende des 'Kalten Krieges' in einer tendenziell multipolaren Welt immer mehr an Glaubwürdigkeit verliert.

Damit wird insbesondere zwei Herangehensweisen der historischen Analyse der Weg geöffnet: *Erstens* einer offenen Auseinandersetzung mit der 'Ungleichheit und Ungleichzeitigkeit' der historischen Prozesse in unterschiedlichen geographischen und sozialen Bereichen der epochalen Gesellschaftskonstellation in planetarer Perspektive; *zweitens* einer ernsthaften Untersuchung der historischen Bifurkationen, in denen sich innerhalb der historischen Prozesse bestimmte Alternativen irreversibel durchsetzen, so dass im Ergebnis alle älteren politischen Alternativkonzepte obsolet werden und auch alle Fragen von Emanzipation oder Befreiung grundlegend neu konzipiert werden müssen. Das macht auch den Blick frei für eine Untersuchung der epistemologisch wichtigen Differenz zwischen der theoretischen Rekonstruktion von Produktionsweisen und Herrschaftsstrukturen in ihrer allgemein darstellbaren Form und einer dichten Beschreibung und Untersuchung der besonderen Konstellationen[16], in denen sie in bestimmten historischen Gesellschaftsformationen Gestalt annehmen.[17]

Zugleich macht die analytische Durchführung dieser Unterscheidungen den Weg frei für eine offene politische Auseinandersetzung über grundlegende gesellschaftspolitische, staatspolitische und rechtspolitische Optionen, die zwar dazu bereit ist, aus historischen

---

16 Vgl. auch die Aufnahme des programmatischen Konzeptes der Konstellationsanalyse (Ohlhorst et al. 2007) durch Bauernkämper in der vorliegenden Veröffentlichung.

17 Geschichte ist also nicht als lineare, evolutionäre Abfolge von homogenen Produktionsweisen zu verstehen, vielmehr existieren in konkreten Gesellschaftsformationen Elemente unterschiedlicher Produktionsweisen, von denen eine dominiert (Abeles 1985, bes. 1064).

Untersuchung zu lernen, die aber die argumentativ auszutragenden Deliberationen nicht hinter angeblichen 'Lektionen aus der Geschichte' zu verstecken versucht.

Auf dieser Grundlage kann es grundsätzlich als realisierbar angesehen werden, was Carsten Zorn in seinem Beitrag als Anforderungen an eine Neuaufnahme der Sonderwegsdebatte formulierte hat: „Die Problemstellungen der Sonderwegsthese sollen als eine gemeinsame Herausforderung für die Geschichtswissenschaften, für Entwicklungs- und Evolutionstheorien, für soziologische und kulturwissenschaftliche, kulturgeschichtliche und sozialgeschichtliche Theoriebildung wiedergewonnen – respektive allererst als eine lohnenswerte Herausforderung für sie alle erwiesen, reformuliert und attraktiv gemacht werden."

## 2. Der Rechtsstaat

Der Rechtsstaat interessiert vorliegend nicht im Allgemeinen, also im Verhältnis zu den Grundlagen von Rechts- und Staatspolitik, sondern ganz spezifisch im Hinblick auf die These vom deutschen Sonderweg. Sind das deutsche Rechtsstaats-Konzept und seine reibungslose Rezeption in Spanien[18] selbst ein Element oder Produkt deutscher und spanischer Sonderentwicklungen? Neben ökonomiegeschichtlichen (unterschiedliche Wege der Durchsetzung der Dominanz der kapitalistischen Produktionsweise) und politikgeschichtlichen (Erfolg oder Scheitern der politischen Revolutionen des 16. – 19. Jh.) wären dabei auch theoriegeschichtliche Faktoren zu berücksichtigen. Zu denken wäre in letzterer Hinsicht an den tendenziellen Unterschied zwischen der Dominanz empiristisch-natur*wissenschaftlichen* Theoriebildungen 'im Westen' und idealistisch-*philosophischen* in Deutschland und Spanien, von denen letztere einem idealisierend-idealistischem (i. Ggs. zu einem prozedural-positivistischem) Rechts- und Rechtsstaats-Verständnis ('*das Recht*' statt die Gesetze) vor- und zuarbeiteten.

Für den deutschen Rechtsstaats-Begriff des 19. Jahrhunderts kann die Abgrenzung sowohl von dem angelsächsischen Konzept der *pursuit of happiness* (Maus 1978a, 19 = b, 17) als auch von dem französischen, in Deutschland als „exzessiv" wahrgenommenen Konzept der Volkssouveränität (Gneist 1879, 33) als konstitutiv gelten.[19] Anstelle des Bruchs, den die

---

18   „Übersetzungen wie [...] Estado de Derecho im Spanischen sind von der deutschen Staatsrechtslehre (insbes. über G. Jellinek und C. Schmitt) inspiriert und verbinden sich z.T. (etwa in Italien, Spanien und Lateinamerika) mit der Forderung nach vor allem ökonomischen Rest-Freiheiten *unter* autoritären Regierungsformen" (Bäumlin 1987, Sp. 2806 – Hv. d. Vf.); „unter" bedeutet in diesem Zusammenhang nicht als Alternative *zu* diesen autoritären Regierungsformen, sondern als Kompromiss *mit* diesen.

19   Die Spezifik des deutschen Rechtsstaats-Begriffs wird – mit z.T. unterschiedlicher Akzentsetzung – auch von Freisler 1937, 567, Scheuner 1960, 461 f.; Böckenförde 1969a, 54 = b, 144 = c, 18; 1992, Sp. 332; Herzog 1980; Benda 1989, 837; Schulze-Fielitz-Dreier 1998, Art. 20, 134 = 2004, Art. 20, 179 – jew. RN 10 f., aber relativierend: S. 132 bzw. 177 – jew. RN 5; Wilde 2001, 11 und Góralski 2003, 488 konstatiert. Zentral für den deutschen Rechtsstaatsbegriff ist die Überordnung 'des Rechts' über das parlamentarische, 'formelle' Gesetz (sog. materieller Rechtsstaatsbegriff). Dies bleibt ab einem bestimmten Moment der Entwicklung nicht mehr nur eine rechtsphilosophische Konstruktion, sondern wird gerichtlich durchsetzbar gemacht. – Für die Entwicklung in der zweiten Hälfte des 19. Jh.

Französische Revolution mit dem überkommenen politischen System bedeutete, wurde für Deutschland die Konzeption eines 'gemäßigten' Übergangs von der ständischen zur staatsbürgerlichen Gesellschaft, vom Feudalismus zum Kapitalismus, in Anspruch genommen (7, 26). (Mäßigung bedeutet dabei, dass der [potentiell demokratische] Gesetzgeber – im Gegensatz zum 'allmächtigen' britischen Parlament – nicht souverän ist, sondern an 'materielle' Gerechtigkeitswerte gebunden wird [vgl. den Beitrag von Schulze in Bd. 2].)

Der Nationalsozialismus wurde lange Zeit und wird vielfach auch heute noch als Zerstörung und die Bundesrepublik als Wiederherstellung des Rechtsstaats angesehen. Diese Sichtweise wird auch noch in der aktuellen, 20. Auflage des *Brockhaus* von 1998 kanonisiert („Das nationalsozialistische Regime zerstörte den Rechtsstaat in Deutschland, [...]. Nach dem Sieg der Alliierten über das Deutsche Reich wurde in den westlichen Besatzungszonen der Rechtsstaat wieder aufgebaut." [Bd. 18, 132]). Auch in der Rechtswissenschaft ist sie weiterhin verbreitet: Explizit finden sich beide Komponenten (Zerstörungs- und Wiederherstellungs-These) bspw. bei Michael Sachs: „Nach der Erfahrung des NS-Unrechtsstaates wurde Rechtsstaatlichkeit (wieder) auch materiell verstanden." (Sachs-Sachs, 2003, Art. 20, 829, RN 74 – Hv. getilgt). Und andere Autoren sagen Ähnliches.[20]

Empirische Forschung[21] zeigt freilich (wie mittlerweile auch von Vertretern der herrschenden rechtswissenschaftlichen Lehre [z.B.: Roellecke-MAK, 2002, Art. 20, 1282, 1283, RN 47, 52] anerkannt, wenn auch nur teilweise theoretisch verarbeitet wird), dass es vor und nach 1933[22], vor und nach 1945 eine *Kontinuität* materieller Rechtsstaatlichkeit gab. Irritierend ist insbesondere der im Diagnostischen steckenbleibende Umgang mit den empirischen

---

sollte demnach (statt von einer Formalisierung eher – weniger missverständlich –) von einer Institutionalisierung des Rechtsstaats gesprochen werden.

20  Bei Benda (1994, 721, RN 4) findet sich explizit die Zerstörungs-These („Dem Nationalsozialismus fielen bald alle rechtsstaatlichen Einrichtungen zum Opfer.") und implizit im Folgenden auch die Wiederherstellungs-These. Ähnlich äußert sich des weiteren Grimm 1980, 704: „Der formale Rechtsstaat, der die Exekutive ans Gesetz band, ohne dieses selbst anderen als formellen Bedingungen zu unterwerfen, war machtlos gegenüber Unrecht in Gesetzesform gewesen. Der materielle Rechtsstaat traf daher auch Sicherungsvorkehrungen gegen die Legislative. Seine Materialität besteht im Einbau eines Qualitätsmaßstabes in den Gesetzesbegriff."

21  Als frühe Gegenstimme vgl. Kübler 1963, 1970; aus neuerer Zeit: Maus 1989; Walther 1989; Meuter 2000, 8 f., 16; vgl. auch Behrends 1989; s. außerdem die Literaturhinweise bei Günther (2004, 51, FN 95). Dieser fasst die neueste Literatur im Haupttext wie folgt zusammen: „Das nationalsozialistische Regime war [...] an einer systematischen juristischen Erfassung des unberechenbaren dynamischen Führerstaates schlichtweg nicht interessiert."

22  Stolleis 1999, 333 ff. scheint die Weiterverwendung des Rechtsstaats-Begriffs für taktischer Natur zu halten (332 et passim); aber auch bei ihm wird deutlich, dass sich die nationalsozialistische Polemik – im Namen von „Substanz" (338, s.a. 334) – *gegen ein formelles*, liberales Rechtsstaats-Verständnis richtete (331 oben, 333-335, 338). Die Macht, das höhere Recht zu definieren, verschiebt sich freilich von der Justiz auf die Exekutive (336-338); an dem traditionellen Vorbehalt gegenüber dem demokratischen Gesetz änderte sich dadurch aber nichts. Diese Kontinuität gibt auch der von Dreier (2001, 71) festgestellten Abkehr von der Gewaltenteilung ihren – nämlich anti-parlamentarischen – Stellenwert: „[...] überwiegend schon aus Weimarer Zeiten stammende[r] Negativkonsens [...], der Antiliberalismus, Antiparlamentarismus und Antiföderalismus umfasst. Formelle rechtsstaatliche Garantien und gewaltenteilende Sicherungen werden Opfer einer diffusen Einheitsmetaphorik." S. schließlich

Befunden durch Schulze-Fielitz-Dreier (1998, Art. 20, 136 f. = 2004, Art. 20, 180 – jew. RN 15). Er nimmt (anders als andere Autoren) die „z.T. gegen den parlamentarischen Gesetzgeber gerichtete", bereits in der Weimarer Zeit einsetzende „(Re-)Materialisierung der Rechtsstaats-Dogmatik und -theorie" zur Kenntnis – und verbindet dies dennoch mit der unkritischen Feststellung einer erhöhten Wertschätzung für „zentrale materielle Gerechtigkeitsgehalte" *in der Bundesrepublik*. Das, was der Demokratie schon in Weimar das Leben schwermachte, wird weiterhin geringgeschätzt: „Gegen die formale Tradition hat sich das heute völlig herrschende materielle Rechtsstaatsverständnis durchgesetzt."[23]

(Mit dieser die Zeit von 1933 bis 1945 einschließenden Kontinuität hat das Konzept des 'gemäßigten', Kontinuität im Wandel wahrenden Übergangs also in Deutschland auch im 20. Jahrhundert, 1933 und 1945, Schule gemacht. Auch Spanien, das die *transición* des franquistischen System im *consenso* vollzogen hat [vgl. Bernecker 1998, 115; 2002, 196, 197; Macher 2002, 15, 27-43 <bes. 27 f., 37-39, 43>, 49-51], spricht in seiner geltenden Verfassung von 1978 von der 'Konsolidierung' [! – nicht Wiedererrichtung] des Rechtsstaats[24].)

Dabei spitzte die nationalsozialistische Sicht des liberalen Rechtsstaates die schon im 19. Jahrhundert zu verzeichnende nationalistische Frontstellung gegen den Westen zu. Für den deutschen Nationalliberalismus des 19. Jahrhunderts, für den „Pflichtgefühl und Gemeinschaftsempfinden [...] noch nicht leere Redensarten" gewesen seien, findet Heinrich Lange 1934 durchaus wohlwollende Worte; seine Polemik gegen den (formellen) Gesetzesstaat und *für den (substantiellen) Rechtsstaat* richtet sich statt dessen speziell gegen den „hemmungslosen Liberalismus manchesterlicher Prägung" (17)[25], hatte also eine anti-westliche

---

auch Pauly 2001, 104: „Parallel zur Apotheose des 'Führers' verlief [...] der Verfall des Gesetzesbegriffs, der weitgehend seiner formalen Kriterien [...] entkleidet wurde."

23  Im übrigen spricht Schulze-Fielitz (ebd.) in traditioneller Weise von der „formell rechtsstaatlichen Abschaffung der Gewaltenteilung durch das Ermächtigungsgesetz von 1933". Dazu, dass das Ermächtigungsgesetz vielmehr gerade unter *Verletzung* von Form- und Verfahrensvorschriften zustande gekommen s. Abschnitt II.4. des Beitrages von Schulze in Bd. 2 der vorliegenden Veröffentlichung; zur anti-parlamentarischen Stoßrichtung auch der Abschaffung der Gewaltenteilung (damit der Kontinuität des Rechtsstaatsdiskurses vor und nach 1933) s. die vorstehende FN.

24  Dass sich diese 'Konsolidierung des Rechtsstaats' – zumindest für maßgebliche Akteure – nicht nur auf die Zeit seit Francos Tod beziehen kann, sondern den franquistischen Rechtsstaat mit einbezieht, wird deutlich, wenn wir berücksichtigen, dass Ministerpräsident Suárez in einer Rede am Vorabend des Referendums über das *Ley para la Reforma Política* erklärte, „dass er das Erbe der unmittelbaren Vergangenheit annehme, um es zu 'perfektionieren und an die aktuellen Bedürfnisse anzupassen'" (zit. n. Macher 2002, 32). Dass der vorletzte Generalsekretär der franquistischen Bewegung (*Movimiento Nacional*) wider die eigene Überzeugung so redete, um die *hardliner* in den eigenen Reihen zu beruhigen, ist wenig wahrscheinlich, da er gleichzeitig vor der Aufgabe stand, der Opposition eine Reformperspektive statt eines Bruchs mit dem franquistischen System schmackhaft zu machen. Das von Suárez Formulierte scheint uns daher dessen authentische Position zwischen den Lagern der *hardliner* und der Opposition auszudrücken.

25  Eine Kritik, die Scheuner (1979, 23) weiterhin „bemerkenswert" erscheint, an Adam Smith, der das „Konkurrenzsystem [...] zu einseitig entwickelt habe", formulierte im 19. Jh. bereits Robert Mohl – ohne freilich den „Boden des Privateigentums und einer darauf begründeten Wirtschaftsordnung" zu verlassen. Dass eine solche Art – bei Mohl teilweise rückwärtsgewandt-romantische („Rückführung der Industriearbeiter zu ländlichem Eigentum" [ebd.]) – Kapitalismus-Kritik bei Mohl Zwangsmaß-

(„Manchester") und antisemitische („artfremd") Stoßrichtung: „Je mehr [...] Individualismus und Materialismus im Bürgertum vordrangen, je mehr an die Stelle der Bildung der Besitz, an Stelle des deutschen Geistes der artfremde trat, um so mehr verblaßte das Recht als selbstverständliche Grundlage des Gesetzes, um so mehr wurden Rechtsstaat und Gesetzesstaat Gegensätze. [...] Der leere Positivismus begnügte sich mit der formellen Rechtskraft des Gesetzes, er kümmerte sich nicht um das Recht." (18, 20). Auch für Carl Schmitt ist es im gleichen Jahr eine „fremde Denkweise" (715), wenn sich „[v]or die offenkundige substantielle Gerechtigkeit [...] eine Reihe von formalen Methoden, Grundsätzen, Normen und Einrichtungen [schiebt ...], die aus dem Rechtsstaat einen bloßen Gesetzesstaat machen" (714). Die Weimarer Verfassung ist für ihn der „Schluß[punkt]" (718) der Unterwerfung Deutschlands unter die „liberal-demokratischen Staats- und Rechtsideale des Westens" (717) gewesen, während der NS „uns zu uns selbst zurückgeführt" habe (718).

Wegen dieser Kontinuität anti-westlichen Rechsstaats-Denkens (bspw. *von Mohl* [s. FN 25] *zu Lange* [gegen Smith und Manchester] und von *Gneist zu Schmitt* [für den 'starken Staat' und die Stillegung gesellschaftlicher Widersprüche[26]), die von der Weimarer Verfassung nur schwach unterbrochen wurde, sind Bäumlin/Ridder (AK-GG, 1984, Art. 20 Abs. 1-3 III, 1310, RN 26) zu der These gelangt, der Nationalsozialismus sei nicht Zerstörung[27], sondern „Trendgipfel" entformalisierender, anti-demokratischer Rechtsstaatlichkeit gewesen.

Ausgehend von dieser These befaßt sich die vorliegende Veröffentlichung mit folgenden Fragen: Lässt sich also die Geschichte des Rechtsstaats als Geschichte eines deutschen Sonderwegs interpretieren? Und was besagt die Kontinuität eines materiellen Rechtsstaats-Verständnisses für die Frage nach einem etwaigen Ende des „deutschen Sonderweges"? Und schließlich: Lässt sich ausgehend von der Adaption des Rechtsstaats-Konzeptes in Spanien und dessen sozial- und kulturgeschichtlichen Kontext eine deutsch-spanische Familienähnlichkeit behaupten, die sich durch die Abgrenzung von französischer Volks- und britischer Parlamentssouveränität auszeichnet?

---

nahmen (Arbeitshäuser, Eheverbote, Zwangsauswanderung etc.) gegen die 'Klasse der Proletarier und Dürftigen' einschloß, zeigte Ingeborg Maus auf (1978a, 27 f. = b, 25 f.; vgl. dazu auch Scheuner 1979, 19: „nicht vor Eingriffen in die Vermehrung und einer Förderung der Auswanderung zurückschreckte").

26 Schmitt 1935, 191: „Große Denker und Gelehrte wie *Lorenz von Stein* und *Rudolf Gneist* versuchten unter ungeheuren Anstrengungen, mit Hilfe eines 'deutschen', auf die Harmonie von Staat und Gesellschaft hinzielenden Rechtsstaatsbegriffes die Unterordnung des Staates unter die bürgerliche Gesellschaft aufzuhalten." (Hv. i.O.).

27 Von einer 'Zerstörung des Rechtsstaats durch den NS' wäre nur dann zu sprechen, wenn in diesem Zusammenhang (im Ggs. zur sonstigen Präferenz der herrschenden Lehre für den 'materiellen' Rechtsstaat) auf einmal der 'formelle Rechtsstaat' gemeint wäre (vgl. Ridder 1990, 374).

## II. Zielsetzung der vorliegenden Veröffentlichung bzw. der zugrundeliegenden Tagungen

### 1. Der theoretische Fokus

Wie in Abschnitt I. dargelegt, sollten sich die Tagungen, aus denen die vorliegenden beiden Bände hervorgegangen sind, unter dem besonderen Gesichtspunkt des Staats- und Rechtsverständnisses mit dem Problem beschäftigen, ob die Frage „'Sonderweg' oder 'Sonderepoche'?" erledigt ist, ob sich also Deutschland und Spanien, Dank der Kritik an der Modernisierungstheorie, als 'normal' erwiesen haben.

Da einerseits viele der gemachten Einwände gegen die Modernisierungstheorie nicht von der Hand zu weisen sind, andererseits die genannte Frage nicht 'ganz allgemein' diskutiert werden kann, bedarf eine solche Diskussion eines besonderen theoretischen Fokus:

Was kommt nach der Modernisierungstheorie? Die Postmoderne?

Zwar werden von den KritikerInnen der Sonderwegs-These in der Tat Foucault und auch die Postmoderne im allgemeinen für Ökonomismus-, Teleologie- und Moderne-Kritik in Anspruch genommen (Lorenz 2001, 95, 108, 113, 114 f.; Jarausch 2001, erster und letzter Abs.; vgl. Macher/Stranz 2005, 47-49); und obwohl der französische (Post)strukturalismus seinerseits die angelsächsischen *cultural studies* stark beeinflusst hat und von einer kulturwissenschaftlichen Öffnung auch der deutschen Geschichtswissenschaft gesprochen wird, scheinen aber bspw.

➢ Foucaults (1975, 238, 247; 1976, 78) und Althussers (1969/70, 148, s.a. 140 ff.) De-Konstruktion des modernen Subjekts-Begriffs und Foucaults (1970, 35, 36) Insistieren darauf, Ereignisse nicht zu isolieren, sondern innerhalb einer „Serie" von Ereignissen zu analysieren;

➢ Butlers (1990, 60) Einsicht, dass auch das, was konstruiert ist, nicht scheinhaft ist, sondern *als Ergebnis* dieses Produktionsprozesses tatsächlich existiert;

➢ die postmoderne De-Konstruktion von „Erfahrung" und „Authentizität" (Scott 1992, 26, 38; vgl. 2001, 74 f.);

und

➢ die postmoderne Hermeneutik-Kritik (s. bspw. Sarasin 2003, 27 f.; Schöttler 1988, 162, 176, 180; Welsch 1987, 32);

selbst über den Umweg USA nur schwer die „intellektuelle Rheingrenze" (vgl. Schöttler 2002 und dort insb. 289 die Gegenüberstellung 'deutscher' und 'französischer' Argumentationsfiguren) überwinden zu können.

Stattdessen verbleibt auch die Kritik an der Modernisierungstheorie gewissermaßen in einem Weberianischen Paradigma: Statt Weber als Strukturtheoretiker soll nunmehr Weber als Handlungstheoretiker gelesen werden (vgl. Bauerkämper 2003, 417, FN 46; Lorenz 2001, 94, 101, 106, 113; Uhl 2001 bei FN 40 u.a. unter Hinweis auf Daniel 1993). Oder noch skeptischer formuliert: Die modernisierungs-affirmative[28] 'Westernisierung'

---

28   Erst ein „durch dessen [des Strukturfunktionalismus] Brille" gelesener Weber (Welskopp 1999, 196) konnte als „Strukturtheoretiker" die Rolle in der Bielefelder Gesellschaftsgeschichte spielen, die er

Webers durch Parsons soll rückgängig gemacht werden, und Webers *Verstehende* (statt erklärende) *Soziologie* wieder in den deutsch-hermeneutischen Gegensatz von 'verstehenden' Geistes- und 'erklärenden' Naturwissenschaften (vgl. Stedman Jones 1971, 29, 37-42 oben) eingeschlossen werden.

Demgegenüber versuchen einige Aufsätze im vorliegenden Band dazu beizutragen, die o.g. „intellektuelle Rheingrenze" durchlässiger zu machen. *Ist also eine poststrukturalistische Reformulierung der Sonderwegs-These möglich, die ohne modernisierungstheoretisch-geschichtsphilosophische Grundierung auskommt?*, so wird gefragt. Statt Kultur gegen Ökonomie und Geschlecht gegen Klasse auszuspielen und gegen die Sonderwegs-These in Stellung zu bringen, soll gefragt werden, ob sich nicht gerade in der Kultur- und Geschlechtergeschichte Argumente *für* die These vom deutschen bzw. spanischen Sonderweg oder eine theoretisch reformulierte These von einen spezifischen deutschen und spanischen Wegen auffinden lassen.

Vor dem Hintergrund der Verbindung von Sonderwegs- und Rechtsstaats-Thema soll gefragt werden, ob sich insbesondere nach der Französischen Revolution in Deutschland, Spanien (und Italien, so könnte ergänzt werden) eine Mentalität sowie politische und Rechtskultur (Etatismus, Paternalismus, substantialistisches Denken)[29] herausbildete, die die diktatorische Antwort auf die kapitalistische Krise Ende der 20er/Anfang de 30er Jahre zu einer möglichen und tatsächlich wahrgenommenen Option machte. Müsste nicht sogar – in einem neuen theoretischen Kontext – Barrington Moores alte These (vgl. Lorenz 2001, 84), die ihrerseits auf Engels' Überlegungen zu den historischen Ursachen der 'deutschen Misere' zurückgegriffen hat, wiederum aufgenommen werden: Nämlich, dass überall dort, wo bürgerliche Revolutionen 'vermisst' wurden oder misslangen, wie beispielsweise in Deutschland 1848, es statt dessen zu 'Revolutionen von oben' kam? In Überwindung des modernisierungstheoretischen Normativismus wäre dabei aber zu reflektieren, dass derartige 'Revolutionen von oben' nicht nur defizitär, sondern – gemessen an den mit ihnen

---

dort tatsächlich gespielt hat. Zu Webers eigener eher von Fatalismus als von Affirmation geprägter Haltung gegenüber der 'modernen', 'entzauberten' Welt s. Stedman Jones 1971, 40 oben; 1977, 63 unten; Vollrath 1993, 224; Neuenhaus 1998, 81, 83 unten und 88 oben. Weber selbst wäre danach also eher als Symptom denn als Kritiker des 'deutschen Weges' zu verstehen. – Dies korrespondiert in gewisser Weise mit dem, was Welskopp (2002, 300 f.) seinerseits über die Historische Sozialwissenschaft (v.a. Bielefelder Provenienz) sagt: „Allen Plädoyers zugunsten von Interdisziplinarität, internationaler Orientierung und Theoriegebrauch zum Trotz erscheint die Historische Sozialwissenschaft aus der Rückschau somit 'historischer' – im Sinne des Historismus – und 'deutscher', als man ihrem Selbstverständnis und ihren Programmen zufolge hätte erwarten können." Selbst in Bielefeld wurde die deutsche Geschichtswissenschaft also nur insoweit 'westernisiert', wie dies – via Parsons – gerade noch an Weber und die deutsche Geisteswissenschaft anzuschließen war.

29  Vgl. dazu (wenn auch nicht hinsichtlich des substantialistischen Denkens) Schönberger 2001, 559, 664, der auf den Korporativismus der deutschen Sozialverfassung hinweist und eine „besondere deutsche Kombination von bürokratischer Staatsleitung und konkordanzdemokratischer Konsensbildung" ausmacht und damit das Kaiserreich nicht nur von dem konkurrenzdemokratischen, britischen Westminster-Modell (660) und der französischen „parlamentarischen Kultur" (652), sondern auch von den – nicht von der Initiativrolle eines Verwaltungsstaates geprägten – Konkordanzdemokratien der Niederlande und der Schweiz (661) abgrenzt.

verbundenen Zielen – durchaus 'passend' waren; genauso wie das Rechtsstaats-Konzept für eine etatistische Mentalität und politische Kultur 'passend' war (und ist). Demgegenüber ist das Konzept *rule of law* im Kontext anderer historischer Bedingungen zu analysieren: nämlich im Kontext der deliberativen angelsächsischen politischen Kultur, die auf einer vorhergehenden erfolgreichen 'Revolution von unten' gründet.

Und schließlich: Welche dieser beiden Rechtskulturen setzt sich im laufenden Globalisierungsprozess durch: Kommt es zu einer (weiteren) Westernisierung (vgl. zum deutschen Konzept: Angster 2003; Doering-Manteuffel 1999) Mittel- und Südeuropas? Oder kommt des nach der Verrechtsstaatlichung Südeuropas nunmehr im Zuge von Globalisierung und Europäisierung auch zu einer 'Germanisierung' des Westens (vgl. Schulze 2006, 209-211; 2008b, Abschnitt II.; 2008c)?[30] Ist die *rule of law* in der Tat dem deutschen Rechtsstaat „mittlerweile [...] weithin deckungsgleich" geworden (Schulze-Fielitz-Dreier 1998, Art. 20, 132 = 2004, Art. 20, 177 – jew. RN 5)? – Funktioniert das zunehmend wichtiger werdende supra-staatliche Recht als eine in diesem Sinne 'rechtsstaatliche' Begrenzung von Demokratie? Haben wir es etwa in den von den US-Neocons wiederbelebten Argumentationsmustern der 'konservativen Revolution' (vgl. den Beitrag von Sabine Ribka), insbesondere in dem 'konkreten Ordnungsdenken' Carl Schmitts oder dem selektiven 'Realismus' der Straussianer, mit einer 'Wiederholung' des konterrevolutionären theoretischen Gegenfeuers zu tun, wie es zu Anfang des 19. Jahrhunderts entwickelt und in der 'Heiligen Allianz' umgesetzt worden ist? Und inwieweit handelt es dabei ggf. zugleich um eine erneute Konstruktion einer herrschaftlich verkörperten Männlichkeit (vgl. den Beitrag Teresa Sanislo)? Oder bestehen noch einmal Chancen für eine gesetzesstaatlich-demokratische Rechtserzeugung auf internationaler Ebene?

## 2. Die einzelnen Tagungssektionen

Gemäß der in Abschnitt II.1. dargestellten, im weitesten Sinne vom (Post)strukturalismus beeinflussten Herangehensweise und gemäß der Ausweitung des üblichen Sonderwegs-Vergleichsfeldes auf Spanien sollten auf den Tagungen[31] im Einzelnen folgende Fragen aufgeworfen werden:

---

30  Das gilt sowohl für die etwa von Foucault konstatierte internationale 'Ausbreitung' des ordo-liberalen „deutschen Modells" des Rechtsstaats im 20. Jahrhundert (vgl. den Beitrag von Brigitte Kerchner), wie es insbesondere in der US-amerikanischen Rezeption deutscher Staatsrechtslehrer seit den 1950er Jahren greifbar wird, als auch für die zu untersuchende Frage, ob es in der Europäischen Union mit ihren neuartigen Strategien der Rechtssetzung und Rechtsanwendung (vgl. den Beitrag von Gabriele Wilde) gerade in dieser Hinsicht zu einer 'Germanisierung Europas' kommt.

31  Die Tagungen „Dekonstruktion und Reformulierung der 'Sonderwegs'-These: Deutsche und spanische 'Sonder'entwicklungen im europäischen Vergleich" und „Rechtsstaatlichkeit als Ersatz bürgerlicher Revolutionen: Rechtsstaat/*Estado de Derecho* vs. *Rule of Law*/*État légal* im sozialgeschichtlichen Kontext" fanden am 11./12.11.2006 und 09.12.2006 an der FU Berlin statt. Sektionen der ersten Tagung sind im folgenden durch den Buchstaben „S", die der zweiten durch den Buchstaben „R" gekennzeichnet.

➢ Statt zum erneuten Male den Gegensatz von Struktur und Handlung, Struktur und Subjekt, durchzuspielen, wurde anknüpfend an Deleuze (1967, 277, 280 f.)[32] gefragt werden, ob nicht ein Strukturbegriff denkbar – und für die Sonderwegs-Debatte erhellend – ist, der gleichermaßen anti-teleologisch (dynamisch) wie anti-subjektivistisch ist, da er die determinierende Struktur als *widersprüchliche* (und die Geschichte deshalb gerade *nicht* als *prä*-determiniert denkt). Lässt sich also dem der Sonderwegs-These vorgeworfenen Geschichtsdeterminismus abhelfen, ohne einen starken, modernen Subjekt-Begriff zu restaurieren? Im Kontext dieser Überlegungen sollte in Tagungssektion S 1 u.a. versucht werden, die Kritik an dem deterministischen Struktur-Begriff der Modernisierungstheorie (s. oben S. 66, Nr. 3) mit der (post)strukturalistischen Kritik am voluntaristischen Subjekt-Begriff der Moderne zu verbinden. Die Beiträge aus dieser Sektion befinden sich nun, ergänzt um zwei weitere Aufsätze, in Kap. III des Buches.

➢ Gegen die normative Idealisierung des westlichen Weges (s. oben S. 66, Nr. 1) sollte gefragt werden, ob es nicht auch in dessen Rahmen verschiedene bürgerlich-feudalistische Kompromiss-Bildungen gab und welche Rolle liberale politische Kräfte dabei spielten – und ob es nicht dennoch spezifische Charakteristika des deutschen Nationalliberalismus und ähnlich des spanischen *liberalismo de orden* einerseits und des i.w.S. zum (Um)feld des Liberalismus gehörenden französischen Republikanismus andererseits gab. Und wo ist in diesem Feld der anti-etatistische britische Liberalismus einzuordnen? Beim deutsch-spanischen Ordnungs- und Nationalliberalismus? Oder doch eher beim französischen Republikanismus? Das heißt: Sektion S 3 sollte ernstnehmen, dass auch 'konstruierte', historisch hergestellte, nationale Unterschiede im Ergebnis *reale* Unterschiede sind – vorliegend Unterschiede zwischen verschiedenen Liberalismus-Verständnissen, die auch unterschiedliche Verhältnisse zu parlamentarischer Regierungsbildung und Gesetzgebung (vs. Verteidigung sog. „wohlerworbener", mittelalterlicher oder vernunftrechtlich begründeter Rechte gegen eine im Grundsatz *akzeptierte* monarchische Exekutive) beinhalten. Diese Tagungsbeiträge bilden Kap. V des Buches.

➢ In Sektion S 2 und S 4 (jetzt Kap. IV und VI) sollte gefragt werden, ob die Geschlechter- und Kulturgeschichte wirklich die Sonderwegs-These widerlegen (vgl. oben S. 67). Lassen sich nicht gerade hier – mit einem 'materiellen' (substantialistischen) Rechtsstaats-Verständnis korrespondierende – deutsche und spanische Vorlieben für Metaphysik (vgl. S. 348 in dem Beitrag von Orozco) und Paternalismus (vgl. den Beitrag von Eifert) nachweisen?[33] Ist nicht schon der *sprachliche* Befund auffällig, dass sich im Englischen

---

32 „[...] der Strukturalismus [ist] von einem neuen Materialismus, einem neuen Atheismus, einem neuen Antihumanismus nicht zu trennen. Denn wenn der Platz den Vorrang hat vor dem, der ihn einnimmt, so genügt es gewiss nicht, den Menschen an den Platz Gottes zu stellen, um die Struktur zu ändern. [...] Das wahre Subjekt ist die Struktur selbst: [...] die *differentiellen* Verhältnisse." (Deleuze 1967, 277, 280 f. – Hv. d. Vf.).

33 Als theoretisch-methodologische Anregung, wie die Überlagerung und wechselseitige Beeinflussung geschlechtlicher und nationaler Identitäten analysiert werden kann, war geplant, eine dt. Übersetzung des Aufsatzes von Peterson (1999), die sich ihrerseits mit der Überlagerung von Heterosexismus und Nationalismus beschäftigt (allerdings ohne Fokussierung auf einen deutsch-spanischen Vergleich), in

*right* und *law* nicht so gegeneinander ausspielen lassen, wie im Deutschen und Kastilischen Recht/*derecho* und Gesetz/*ley* (vgl. den Beitrag von Isabel Aguirre Siemer)? Weisen nicht die deutsche, philosophische Vorliebe für die idealistische Kategorie der *Idee*
und die us-amerikanische Vorliebe für die Kategorie des *Projektes* signifikante geistesgeschichtliche Unterschiede auf (vgl. den Beitrag von Frieder Otto Wolf), die mit dem
Unterschied zwischen einem substantialistisch-überpositivem und einem positivistisch-
parlamentarischen Rechtsverständnis korrespondieren?

➢ Entgegen der Ausblendung von Herrschaft und Konflikt durch die Modernisierungstheorie (s. oben S. 67, Nr. 5) sollte in Sektion R 1 gefragt werden, ob der Fokus der
Sonderwegs-These gewissermaßen 'vorverlegt' werden kann: Statt mit bestimmten
normativen Annahmen hinsichtlich der 'normalen' Parallelität von ökonomischer und
politischer Modernität zu arbeiten und deren Fehlen im Deutschen Kaiserreich zu diagnostizieren, sollte nach der Bedeutung des Ausgangs bestimmter sozialer Kämpfe in
den politischen Revolutionen vom Ende des 17. bis zur Mitte 19. Jahrhunderts für den
Fortgang der Geschichte in den untersuchten Ländern und des dort jeweils vorherrschenden Rechtsverständnisses gefragt werden. In Sektion R 1 sollte sich also konkret
der Vorteil zeigen, die gesellschaftliche Struktur nicht als einen Gleichgewichtszustand,
sondern als eine widersprüchliche und daher dynamische Prozessstruktur zu denken.
Die Beiträge aus dieser Sektion wurden nun teils in Kap. III (so der Beitrag von Ellen
Wood) verschoben; auch der Beitrag von Walther L. Bernecker in Kap. V war nach der
ursprünglichen Planung dieser Tagungssektion (R 1) zugeordnet (wurde aber schon für
die Tagung aus Termingründen umgruppiert); außerdem lag der Diskussion auf der
Konferenz in dieser Sektion ein Auszug aus dem Buch von Reinhard Kühnl „*Deutschland seit der Französische Revolution*. Untersuchungen zum deutschen Sonderweg"
(Distel: Heilbronn, 1996) zugrunde.[34]

➢ Sektion R 2 sollte eine weitere Tendenz der Bielefelder Version der Sonderwegs-These
zur Idealisierung[35] auf den Prüfstand stellen: Vorausgesetzt, es gab – entgegen der neu-

---

das Buch aufzunehmen. Davon mußte aus Platzgründen Abstand genommen werden, wir hoffen die
Veröffentlichung der Übersetzung demnächst *online* nachholen zu können.

34  Aus Platzgründen mußten wir hier auf die ursprünglich geplante erneute Veröffentlichung dieses
Auszugs (S. 7 und 9-40) verzichten. Wir danken Autor und Verlag für die bereits erteilte Nachdruck-
genehmigung. Wir hoffen, die Passagen demnächst in die schon in FN 33 erwähnte online-Veröffent-
lichung einbeziehen zu dürfen.

35  Auf Seiten der KritikerInnen der Sonderwegs-These wird diese optimistische Sicht der Nachkriegs-
geschichte bspw. von M. L. Anderson (2002, 90) geteilt, wenn sie die diesbzgl. „achievements" der
Bundesrepublik lobt. Demgegenüber sei daran erinnert, dass es in den 70er Jahren im Kontext der
damaligen politischen Repression nicht unüblich war, die Frage nach einer Kontinuität des „deutschen Sonderwegs" aufzuwerfen (vgl. z.B. Negt 1976; Ridder 1977, 511 f.; Geil 1978, 380 m.w.N.
und Cobler 1978, 116 [et passim: 17, 25, 55, 71] sowie – die bundesdeutsche Regierungspolitik ver-
teidigend – Enseling 1978, 307 und Boventer 1985). Statt diese These einfach ungeprüft *ad acta* zu
legen, scheint es angebracht zu sein, diese Frage noch einmal im zeitlichen Abstand zum damaligen
politischen Handgemenge einer wissenschaftlichen Überprüfung zu unterziehen. – Auch Jarausch
2001 lässt Vorbehalte gegenüber Winklers (2000) optimistischer Lesart der Geschichte der Bundes-

ren Kritik an der Sonderwegs-These – doch charakteristische Unterschiede zwischen
der deutschen und spanischen Entwicklung einerseits und der westeuropäischen und
nordamerikanischen Entwicklung andererseits, sind dann die Bundesrepublik und
Spanien irgendwann nach 1945 bzw. nach 1975 wirklich voll und ganz im Westen angekommen? Oder lastet die 'nicht-westliche' Vergangenheit weiterhin auf diesen Gesellschaften und begrenzt deren demokratischen Entwicklungsmöglichkeiten? Stellt also
der Erfolg bzw. das Scheitern der politischen Revolutionen des 17. – 19. Jh.s eine Weggabelung i.S.d. Bifurkationen-Konzeptes (s. oben S. 69) dar – eine Weggabelung, die
zwar nicht *einen* westlich-gesetzesstaatlichen und *einen* mittel- und südeuropäischen,
rechtsstaatlichen Weg oder 'Strom' trennte, aber – angesichts weiterer Weggabelungen
(präsidial vs. parlamentarisch; monarchisch vs. republikanisch) – zu einem ausdifferen-
zierten und unterscheidbaren 'Mündungsgebiet'[36] führte (vgl. dazu die Graphik „Vom
theologischen zum juridischen Weltbild")? – Auch diese Beiträge wurden für die Buchveröffentlichung umgruppiert: Der Beitrag von Iris Wachsmuth zu dieser Sektion befindet sich jetzt in Kap. III; der Beitrag von Arnd Bauerkämper bildet jetzt die Einleitung
zu Band 2 (= Kap. VII) und die anderen Beiträge wurden in Kap. IIX verschoben, das
um neue Beiträge ergänzt und seinerseits in Unter-Kapitel gegliedert wurde.

➤ Die Tagungssektion R 3 sollte schließlich Bilanz ziehen: Falls die Sonderwegs-These in
der vorstehend skizzierten Weise revidiert und reformuliert werden kann, lässt sie sich
dann aus der politischen Geschichte der Staaten auf die Rechtsgeschichte übertragen?
Stehen die Spezifika des deutschen und spanischen Rechtsstaats-Begriffs mit anderen
Spezifika der deutschen und spanischen Geschichte in Verbindung? Würde also eine
nachholende Behandlung der Rechtsgeschichte – anders als von Lorenz (vgl. oben S. 67)
wohl vermutet – vielleicht eher eine Bestätigung als eine Widerlegung der Sonderwegs-
These bzw. einer in theoretischer Hinsicht reformulierten These von einem spezifischen
deutschen und spanischen Weg ergeben?

---

republik erkennen (Winkler „betont jedoch das Ende der diversen Sonderwege und die 'Ankunft
im Westen' etwas zu apodiktisch"), und Bauerkämper wendet sich explizit gegen eine „Idealisierung
der westdeutschen Geschichte nach dem Zweiten Weltkrieg" (435, s.a. 412 oben), wobei er das Problem allerdings vorrangig in einer „außenpolitische[n] Passivität" (435) sieht (für eine insoweit abweichende Auffassung s. Hellmann 2004).

36 Der Ausdruck „Bifurkation" bezeichnet in der Geographie die Gabelung eines Wasserlaufs und Verteilung des Wassers auf zwei getrennte Flußgebiete.

*Vom theologischen zum juridischen Weltbild – 'Bäume ohne Wald' oder ein 'System von Bifurkationen und Fusionen'?*

| Frankreich | GB | USA | Rußland/SU | Osteuropa | Spanien | Italien | Deutschland |
|---|---|---|---|---|---|---|---|
| | | **2001 ff.** Auseinandersetzungen um die Geltung der *rule of law* im *war on terror* | | | | | |
| | | | | | | | |
| | | UN-Sondertribunale zu Ruanda und Jugoslawien | | | | | |
| | | Schaffung des Internationalen Strafgerichtshofes (u.a. von den USA und Israel nicht ratifiziert) | | | | | |
| | | | **1990er** | | | | |
| **ab 1971 und insb. ab 1982** zunehmender Aktivismus des Verfassungsrates | **1973:** EWG-Beitritt | **ca. 1970** Abschluß der faktischen Durchsetzung des 15. Verfassungszusatzes in den Südstaaten | | **1989 ff.** Schaffung von rechtsstaatlichen Verfassungen mit VerfG | **1978** post-franquistische Verfassung: rechtsstaatlich-monarchisch-verfassungs-gerichtlich | | |
| | Pfadwechsel? | | | | | | |
| **1958** de Gaullesche Verfassung: Übergang zum Präsidialsystem | | | | | | republikanisch-rechtsstaatlich | |
| **01.01.1958** Inkrafttreten des EWG-Vertrages: Dominanz der Exekutive (Kommission und Ministerrat) im Gesetzgebungsprozeß; Schaffung des EuGH | | | | Einführung von VerfG in Polen (1985), Ungarn (1984) und Jugoslawien (1963) | | **01.01.1958** Inkrafttreten des EWG-Vertrages: Dominanz der Exekutive (Kommission und Ministerrat) im Gesetzgebungsprozeß; Schaffung des EuGH | |

| Frankreich | GB | USA | Rußland/SU | Osteuropa | Spanien | Italien | Deutschland |
|---|---|---|---|---|---|---|---|
| Pfadwechsel? | | | um 1936 neue Verfassung + Moskauer Prozesse | 1945 ff. Einführung des Realsozialismus 'von oben' | 1936/39-1975/78 franquistischer *verdadero Estado de Derecho* | 1947 Verfassung: Schaffung des ital. VerfG | 1949 Grundgesetz: Schaffung des BVerfG |
| 1946 allgemeines Wahlrecht | **Keynes** (1883-1946) | **New Deal** | Pfadwechsel | 1941-1944 Kroatien Ustascha-Regime; 1926-1939 Polen Pilsudski-Regime; 1920-1945 Ungarn Horthy- und Pfeilkreuzer-Regime | | 1922/29-1945 faschistischer *Stato giuridico politico ed etico* | 1927: Ludwig Mises bescheinigt im Namen des frühen **Neo-Liberalismus** dem „Faszismus und alle[n] ähnlichen Diktaturbestrebungen [...] die[] besten Absichten [...] und daß ihr Eingreifen für den Augenblick die europäische Gesittung geret[et]t" habe (17, 45). |
| | 1928 allgemeines Wahlrecht; 1918 allgemeines Männerwahlrecht | Pragmatismus: 1859-1952 John Dewey; 1839-1914 Charles S. Peirce; 1842-1910 William James | 1917 Oktober-Revolution: semi-postkapi-talistische, semi-postjuridische Verhältnisse | | 1931-1936/39 2. span. Republik/ Schaffung eines VerfG | | 1918 rechtsstaatlich-semi-parlamentarisch-semi-präsidial; Ende des 3-Klassen-Wahlrechts in Preußen |
| 1793/1884 allgemeines Männerwahlrecht | | 1870 15. Verfassungszusatz: Wahlrecht für Schwarze | | | 1873 Scheitern der ersten span. Republik | | 1833-1911 Wilhelm Dilthey: Geisteswissenschaften/ Lebensphilosophie |
| Positivismus: 1858-1917 Durkheim; 1798-1857 Auguste Comte | Positivismus, Utilitarismus; 1806-1873 Mill; 1748-1832 Bentham; 1832 Reform Bill: Wahlrechtsreform | 1803 Supreme Court Marbury vs. Madison justizstaatliche Relativierung der *rule of law* in Richtung einer *rule of judges* | | | | | 1848/50 Preußische Verf.: rechtsstaatlich-konstitutionell-monarchisch; 1838 Welcker plädiert für Sittlichkeit und gegen Materialismus |

| Frankreich | GB | USA | Rußland/SU | Osteuropa | Spanien | Italien | Deutschland |
|---|---|---|---|---|---|---|---|
| 1792 Sturz der Monarchie gesetzesstaatlich-republikanisch-parlamentarisch | | 1787 US Verfassung gesetzesstaatlich-republikanisch-präsidial | | | 1814 Scheitern der Verfassung von 1812/ Restaurierung des Absolutismus | | 1807 ff. Stein-Hardenbergsche Reformen: rechtsstaatlich-absolutistisch |
| 1789/91 Frz. Revolution schafft gesetzesstaatlich-parlamentarisch-monarchische Verhältnisse | 1689 Glorious Revolution: gesetzesstaatlich-parlamentarisch-monarchisch | 1775-1783 Unabhängigkeitskrieg | | | | | |
| 1712-1778 Rousseau | Empirismus: 1643-1727 Newton 1632-1704 Locke | | | | | | 1724-1804 Kant: Idealismus |
| 1596-1650 Descartes (und die cartesianischen Physiker): Rationalismus | um 1600 Thomas Hobbes: Auctoritas non veritas facit legem | um 1600 Beginn der Kolonialisierung | | | | | 1672 Pufendorfs Acht Bücher vom Natur- und Völkerrecht |

*monarchisch-feudalistisch-theologische Verhältnisse*

*Anmerkung*:

Der Plural „monarchisch-feudalistisch-theologische Verhältni*sse*" ist im starken Sinne zu verstehen: Nur im Interesse der Vereinfachung der graphischen Darstellung sind hier die „monarchisch-feudalistisch-theologischen Verhältnisse" als ein Ausgangspunkt dargestellt. In Wirklichkeit waren auch diese Verhältnisse keine homogene Hegelsche Totalität, sondern ein strukturiert-differenziertes Ganzes (Althusser). Die Differenziertheit der „monarchisch-feudalistisch-theologischen Verhältnisse" war eine Bedingung der Vielfalt der Wege aus ihnen heraus.

Bei den Rechtsstaaten wird auf die Angabe der Demokratisierung des Wahlrechts weitgehend verzichtet, da diese von begrenzter Bedeutung bleibt, wenn das Volk bzw. das Parlament ohnehin nicht souverän, sondern paternalistischer Kontrolle eines Monarchen, Reichspräsidenten oder Verfassungsgerichts unterworfen ist. Zu den Wahlrechts-Daten vgl. Therborn 1977, 11, 14, 16 f.

Zur Entwicklung in der Sowjetunion in aller Kürze: Es ist keineswegs ein Zufall, dass die Verabschiedung der Verfassung der Sowjetunion von 1936, die zahlreiche 'bürgerliche' Menschenrechte versprach, ausgerechnet mit dem Höhepunkt der Moskauer Prozesse zusammenfiel. Im Maße der Unfähigkeit oder des Unwillens die Probleme der Zeit in Begriffen von Strukturen und Prozessen, z.B. in Klassenbegriff, zu diskutieren, feiert das Subjekt und sein freier Wille, der sozialdemokratische „Volksstaat" als stalinscher 'Staat des ganzen Volkes'

Wiederauferstehung auf den Trümmern des Historischen Materialismus: Gefeiert (Staat und Subjekt) in dem prunkvollen Menschenrechtskatalog der Verfassung von 1936; verantwortlich gemacht (schlechte Subjekte mit bösem Willen: „Agenten" und „Verräter") in den Moskauer Prozessen für objektive historische Probleme (Schulze 2008, 48, FN 81 – mit Literaturhinweisen).

Zu den Verfassungsgerichten in Polen, Ungarn und Jugoslawien s. Favoreu 1990, 106.

Zur Zwischenstellung der USA zwischen Rechts- und Gesetzesstaaten aufgrund ihres *souveränitäts*teilenden Systems von *checks and balances* sowie der vom *Supreme Court* seit der Entscheidung Marbury vs. Madison, 1 Cranch 137 (vgl. jew. mit ausführlicher, unterschiedlicher Bibliographie: http://de.wikipedia.org/wiki/Marbury_v._Madison; http://en.wikipedia.org/wiki/Marbury_v._Madison; http://fr.wikipedia.org/wiki/Marbury_v._Madison) beanspruchten Kompetenz zur Normenkontrolle s. den Beitrag von Ingeborg Maus in Bd. 2 der vorliegenden Veröffentlichung.

Zur gesamten Graphik vgl. Abschnitt V. des Beitrages von Schulze im vorliegenden Band.

## 3. gemeinsamen Leitfragen

Die Diskussionen in den Sektionen beider Tagungen sollten unter folgenden gemeinsamen Leitfragen stehen:

Mit welchen performativen Mitteln wurden in den (in den verschiedenen Sektionen behandelten) Konflikten und Praxen nationale Identitäten hervorgebracht? Welche Familienähnlichkeiten und -differenzen ergeben dadurch zwischen den untersuchten Ländern? Welche Bedeutung spielen rechtliche Argumente und die Berufung auf Recht und/oder Gesetz dabei? Bzw. umgekehrt: Welche Funktion und welcher Stellenwert wird Recht und Gesetz dabei zugewiesen? Wie wird mit dem Gegensatz von Recht und Gesetz, Rechtsstaat und Demokratie, Materialität (ideeller [!] Substanz) und Form(alität) operiert?

Mit diesem Vorschlag der Orientierung auf die performative Hervorbringung nationaler Identitäten (statt essentialistischen Voraussetzung) steht die vorliegende Veröffentlichung in einem *theoretischen* Zusammenhang mit unserer vorhergehenden Veröffentlichung zum Thema „Politisierung und Ent-Politisierung als performative Praxis" (Schulze/Berghahn/Wolf 2006b).

*Übersicht: Einwände gegen die Modernisierungstheorie – Poststrukturalismus – Tagungssektionen*

| Gängige *Einwände* gegen die Modernisierungstheorie | Aus diesen Einwänden häufig gezogene, ihrerseits nicht unproblematische *Konsequenzen* | *Alternative Hypothesen* | *Tagungssektion* S = Sonderweg R = Rechtsstaat Buch-Kap.* |
|---|---|---|---|
| Kritik an der Idealisierung des westlichen Weges | Normalisierung der deutschen und spanischen Geschichte | Auch ohne Idealisierung des westlichen Weges verbleiben analysierbare Unterschiede zwischen dem mittel- und südeuropäischen und dem westeuropäisch-nordamerikanischen Weg | Sektion S 2 Kap. III (Iris Wachsmuth) Kap. VII (Arnd Bauerkämper) Kap. IIX.2 (Revenga & Capella) Kap. IIX.3 (Ulrich Thiele) |
| Kritik an der Synchronitäts-Norm (an der These vom parallelen 'Fortschritt' von Ökonomie und Politik) | Ummünzung der Kritik an dem defizit-theoretischen Verständnis der Synchronitäts-Norm in eine Kritik an der Sonderwegs-These im allgemeinen | Auch wenn (oder vielmehr: gerade *weil*), die Synchronität keine universell gültige Norm ist, lassen sich Unterschiede zwischen den synchronen und den asynchronen Fällen analysieren; entgegen der Annahme, Nicht-Synchronität sei in einem funktionalistischen Sinne defizitär, kann politische 'A-Modernität' gerade ein Mittel sein, um technisch-ökonomische Modernisierung durchzusetzen. | Sektion R 1 Kap. III. (Ellen Wood) Kap. V. (Walther L. Bernecker) |
| Kritik am deterministischen Struktur-Begriff | Historizistisch-hermeneutische Rehabilitierung von Subjekt, Erfahrung und Ereignis | Überwindung des Gegensatzes von Struktur und Subjekt durch einen Struktur-Begriff, der die Struktur als widersprüchliche und die historische Entwicklung deshalb als offene denkt; Ernstnehmen der (post)strukturalistischen Hermeneutik-, Historizismus- und Subjekt-Kritik | Sektion S 1 Kap. III |
| Kritik an der Gleichsetzung von sozialem System und Nationalstaat | Die Analyse nationaler Unterschiede wird als irrelevant oder unmöglich angesehen | Globale Strukturen schließen nationale Unterschiede nicht aus**; auch wenn nationale Unterschiede in sozialen Praxen konstruiert werden, haben sie eine analysierbare, reale Wirkungsmächtigkeit | Sektion S 3 und R 1 Kap. III (Ellen Wood) Kap. V |
| Vorwurf der Vernachlässigung der Geschlechtergeschichte | Annahme, die Geschlechtergeschichte ergibt eine Widerlegung der Sonderwegs-These | Annahme, die Geschlechtergeschichte ergibt eine Bestätigung der Sonderwegs-These | Sektion S 3 Kap. IV |
| Vorwurf der Vernachlässigung der Kulturgeschichte | Annahme, die Kulturgeschichte ergibt eine Widerlegung der Sonderwegs-These | Annahme, die Kulturgeschichte ergibt eine Bestätigung der Sonderwegs-These | Sektion S 4 Kap. VI |
| Vorwurf der Vernachlässigung der Rechtsgeschichte | Annahme, die Rechtsgeschichte ergibt eine Widerlegung der Sonderwegs-These | Annahme, die Rechtsgeschichte ergibt – zumindest hinsichtlich des Gegensatzes Rechtsstaat/*rule of law* – eine Bestätigung der Sonderwegs-These | Sektion R 2 und R 3 Kap. IIX |

*Anmerkungen*

\*  Wie sich aus den Verschiebungen von den Tagungssektionen zu den Buchkapiteln ergibt, wurde das im Vorfeld vorgeschlagene Fragen-Programm bei den Tagungen nur teilweise abgearbeitet.

\*\*  Vgl. oben in und bei FN 17.

## Literatur

Abeles, Marc: Artikel „*Produktionsweise*", in: Gérard Bensussan/Georges Labica (Hg.), *Kritisches Wörterbuch des Marxismus*. Bd. 6. Dt. Fassung hrsg. von Wolfgang Fritz Haug, Argument-Verlag: [West]berlin, 1987, 1058-1064 (frz. Originalausgabe: PUF: Paris, 1982[1], 1985[2]).

Althusser, Louis: *Philosophie und spontane Philosophie der Wissenschaftler* (1967), in: ders., *Schriften*, Bd. 4 hrsg. von Peter Schöttler/Frieder Otto Wolf, Argument: [West]berlin, 1985, 11-150 (engl. Fassung im internet unter: http://www.marx2mao.com/Other/PSPS90ii.html).

ders.: *Ideologie und Ideologische Staatsapparate* (Anmerkungen für eine Untersuchung) (1969/70), in: ders., *Ideologie und Ideologische Staatsapparate. Aufsätze zur marxistischen Theorie* (Reihe Positionen Bd. 3 hrsg. von Peter Schöttler), VSA: Hamburg/Westberlin, 1977, 108-153 (im internet unter: http://www.bbooks.de/texte/althusser/; engl. Fassung: http://www.marx2mao.com/Other/LPOE70ii.html#s5)

ders.: *Machiavelli – Montesquieu – Rousseau. Zur politischen Philosophie der Neuzeit* (*Schriften*. Bd. 2 hrsg. von Peter Schöttler/Frieder Otto Wolf), Argument: [West]berlin, 1987.

Anderson, Benedict: *Die Erfindung der Nation. Zur Karriere eines folgenreichen Konzepts*, Campus: Frankfurt am Main, 1988[1], 1993[2], Ullstein: Berlin, 1998.

Anderson, Margaret Lavinia: *Practicing Democracy*. Elections and Political Culture in Imperial Germany, Princeton University Press: Princeton, 2000.

dies.: *Reply to Volker Berghahn*, in: *Central European History* 2002, 83-90.

Angster, Julia: *Konsenskapitalismus und Sozialdemokratie. Die Westernisierung von SPD und DGB*, Oldenbourg: München 2003.

Balibar, Etienne: *Rassismus und Nationalismus* (1987/88), in: ders./Immanuel Wallerstein, *Rasse. Klasse. Nation. Ambivalente Identitäten*, Argument: [West]berlin, 1990, 49-84.

Bauerkämper, Arnd: *Geschichtsschreibung als Projektion*. Die Revision der „Whig Interpretation of History" und die Kritik am Paradigma vom „deutschen Sonderweg" seit 1970er Jahren, in: Stefan Berger/Peter Lambert/Peter Schumann (Hg.), *Historikerdialoge. Geschichte, Mythos und Gedächtnis im deutsch-britischen Austausch 1750-2000*, Vandenhoeck & Ruprecht: Göttingen, 2003, 383-438.

Bäumlin, Richard: Stichwort „*Rechtsstaat*", in: Roman Herzog/Hermann Kunst/Klaus Schlaich/Wilhelm Schneemelcher (Hg.), *Evangelisches Staatslexikon*, Kreuz: Stuttgart, 1987[3], Sp. 2806-2818.

ders./Helmut Ridder: [Kommentierung zu] Art. 20 Abs. 1-3 *III. Rechtsstaat*, in: Richard Bäumlin et al., *Kommentar zum Grundgesetz für die Bundesrepublik Deutschland*. Bd. 1. Art. 1-20 (Reihe Alternativkommentare hrsg. von Rudolf Wassermann), Luchterhand: Neuwied/Darmstadt, 1984[1] (1989[2. überarb.]), 1288-1337.

Behrends, Okko: *Von der Freirechtsbewegung zum konkreten Ordnungs- und Gestaltungsdenken*, in: Dreier/Sellert 1989, 34-79.

Benda, Ernst: Artikel „*Rechtsstaat*", in: Dieter Nohlen, *Wörterbuch zur Politik*, Piper: München/Zürich, 1985[1], 1989[3], 837-840.

ders.: *Der soziale Rechtsstaat*, in: ders./Werner Maihofer/Hans-Joachim Vogel (Hg.), *Handbuch des Verfassungsrechts der Bundesrepublik Deutschland*, de Gruyter: Berlin/New York, 1994[2], 720-797.

Berghahn, Volker R.: *The German Empire, 1871–1914*: Reflections on the Direction of Recent Research, in: *Central European History* 2002, 75-81.

ders.: *Das Kaiserreich 1871 – 1914*. Industriegesellschaft, bürgerliche Kultur und autoritärer Staat (Gebhard Handbuch der deutschen Geschichte Bd. 16), Kletta-Cotta: Stuttgart, 2003[10] (Nachdruck von 2006).

Bernecker, Walther L.: *Zum Umgang mit der ungeliebten Vergangenheit – Die Spanische Gesellschaft und die Erinnerung an den Bürgerkrieg von 1936*, in: Jürgen Weber/Michael Piazolo (Hg.), *Justiz im Zwielicht.* Ihre Rolle in Diktaturen und die Antwort des Rechtsstaates, Olzog: München, 1998, 111-130.

ders.: *Spanische Geschichte.* Von der Reconquista bis heute (Grundzüge hrsg. von Michael Fröhlich), Wissenschaftliche Buchgesellschaft: Darmstadt, 2002.

ders.: *„Spanien ist anders".* Der Mythos vom hispanischen Sonderweg, in: Helmut Altrichter/Klaus Herbers/Helmut Neuhaus, *Mythen in der Geschichte.* Rombach: Freiburg, 2004 (= a), 453 ff.; hier zitiert nach der internet-Version unter: http://www.awro.wiso.uni-erlangen.de.

ders.: *Spaniens Übergang von der Diktatur zur Demokratie.* Deutungen, Revisionen, Vergangenheits-aufarbeitung, in: *Vierteljahrshefte für Zeitgeschichte* 2004 (= b), 693-710.

ders./Sören Brinkmann: *Kampf der Erinnerungen.* Der Spanische Bürgerkrieg in Politik und Ge-sellschaft 1936-2006, Graswurzelrevolution: Nettersheim, 2006.

Böckenförde, Ernst-Wolfgang: *Entstehung und Wandel des Rechtsstaatsbegriffs*, in: Horst Ehmke/Carlo Schmid/Hans Scharoun (Hg.), *Festschrift für Adolf Arndt* zum 65. Geburtstag, EVA: Frankfurt am Main, 1969 (= a), 53-76 ≈ Ernst-Wolfgang Böckenförde, *Recht, Staat, Freiheit.* Studien zur Rechtsphilosophie, Staatstheorie und Verfassungsgeschichte, Suhrkamp: Frankfurt am Main, 1991, 143-169 ≈ [ergänzt um Passagen aus Böckenförde 1992] ders., *Estudios sobre el Estado de Derecho y la democracia*, Trotta: Madrid, 2000, 17-45.

ders., Artikel *„Rechtsstaat"*, in: Joachim Ritter/Karlfried Gründer (Hg.), *Historisches Wörterbuch der Philosophie.* Bd. 8, Schwabe: Basel, 1992, Sp. 332-342.

Bösch, Frank/Eckart Conze/Manfred Kittel/Stephan Malinowski/Heinz Reif/Hartwin Spenkuch: *The German Right: Has it Changed?* A Reply to Oded Heilbronner's Review Article, in: *German History* 2004, 613-618.

Boventer, Gregor: *Das Konzept der streitbaren Demokratie im internationalen Vergleich*, in: *aus politik und zeitgeschichte* B 16/1985, 33-45.

Brenan, Gerald: *The Spanish Labyrinth*, University Press: Cambridge, 1950 (dt. u.d.T.: *Die Ge-schichte Spaniens*, Kramer: [West]berlin, 1978).

*Brockhaus.* Die Enzyklopädie. Bd. 18, Brockhaus: Leipzig/Mannheim, 1998[20], 130-134 (Stichwort „Rechtsstaat").

Butler, Judith: *Das Unbehagen der Geschlechter*, Suhrkamp: Frankfurt am Main, 1991 (us-amerik. Originalausgabe: Routledge: New York, 1990).

Cobler, Sebastian: *Die Gefahr geht von den Menschen aus.* Der vorverlegte Staatsschutz, Rotbuch: [West]berlin, 1978[2].

Conrad, Christoph/Sebastian Conrad (Hg.): *Die Nation schreiben.* Geschichtswissenschaft im in-ternationalen Vergleich, Vandenhoeck & Ruprecht: Göttingen, 2002.

Daniel, Ute: *„Kultur" und „Gesellschaft".* Überlegungen zum Gegenstandsbereich der Sozialge-schichte, in: *Geschichte und Gesellschaft* 1993, 69-99.

dies.: *Quo vadis, Sozialgeschichte?* Kleines Plädoyer für eine hermeneutische Wende; in: Winfried Schulze (Hg.): *Sozialgeschichte, Alltagsgeschichte, Mikro-Historie.* Eine Diskussion, Vandenhoeck & Ruprecht: Göttingen, 1994, 54-64.

Deleuze, Gilles: *Woran erkennt man Strukturalismus?* (1967), in: François Châtelet (Hg.), *Geschichte der Philosophie.* Bd. VIII: Das XX. Jahrhundert, Ullstein: Frankfurt am Main/[West]berlin/Wien, 1975, 269-309.

Doering-Manteuffel, Anselm: *Wie westlich sind die Deutschen?* Amerikanisierung und Westernisie-rung im 20. Jahrhundert, Vandenhoeck & Ruprecht: Göttingen, 1999.

Dreier, Horst: *Die deutsche Staatsrechtslehre in der Zeit des Nationalsozialismus*, in: *Veröffentlichun-gen der Vereinigung der Deutschen Staatsrechtslehrer* Bd. 60, 2001, 9-72.

Dreier, Ralf/Wolfgang Sellert (Hg.), *Recht und Justiz im „Dritten Reich"*, Suhrkamp: Frankfurt am Main, 1989.

Eley, Geoff: *Der neue Gebhardt: Zwischen Strukturgeschichte und klassischer Modernisierung*, in: *Neue Politische Literatur* 2004, 5-14.

ders./David Blackbourn: *The Peculiarities of German History*. Bourgeois Society and Politics in Nineteenth-Century Germany, Oxford University Press: Oxford/New York, 1984.

Enseling, Alf: *Das Ausland zur Extremismus- und Terrorismus-Diskussion in der Bundesrepublik*, in: Manfred Funke (Hg.), *Extremismus im demokratischen Rechtsstaat*. Ausgewählte Texte und Materialien zur aktuellen Diskussion, Bundeszentrale für politische Bildung: Bonn, 1978, 302-323.

Evans, Ellen L.: [Rezension zu Kirsch 1999], in: *Journal of Modern History* 2000, 993-995.

Evans, Richard: *Zwei deutsche Diktaturen im 20. Jahrhundert?*, in: *Aus Politik und Zeitgeschichte* 1-2/2005, 3-9 (im internet unter: http://www.bpb.de/files/53Q6NO.pdf).

Faulenbach, Bernd: *Die Reichsgründungsepoche als formative Phase des deutschen „Sonderwegs"?* Zu Hans-Ulrich Wehlers „Deutscher Gesellschaftsgeschichte"; in: *Archiv für Sozialgeschichte* 1998, 368-384.

Favoreu, Louis: *American and European Models of Constitutional Justice*, in: David S. Clark (Hg.), *Comparative and Private International Law*. Essays in Honor of John Henry Merryman on his Seventieth Birthday, Duncker & Humblot: Berlin, 1990, 105-120.

Fischer, Fritz: *Griff nach der Weltmacht*. Die Kriegszielpolitik des kaiserlichen Deutschland 1914/18, Droste: Düsseldorf, 1961.

Foucault, Michel: *Die Ordnung des Diskurses*. Inauguralvorlesung am Collège de France, 2. Dezember 1970, in: ders., *Die Ordnung des Diskurses*, Fischer: Frankfurt am Main, 1991, 9-49.

ders.: *Überwachen und Strafen*. Die Geburt des Gefängnisses. Suhrkamp: Frankfurt am Main, 1994[1] (frz. Originalausgabe: Editions Gallimard, 1975).

ders.: *Sexualität und Wahrheit*. Erster Band: Der Wille zum Wissen, Suhrkamp: Frankfurt am Main, 1995[8] (frz. Originalausgabe: Editions Gallimard, 1976).

Freisler, Roland: Stichwort *„Rechtsstaat"*, in: Erich Volkmar/Alexander Elster/Günther Küchehof (Hg.), *Die Rechtsentwicklung der Jahre 1933 bis 1935/36*. Zugleich Handwörterbuch der Rechtswissenschaft. Bd. VIII: Der Umbruch 1933/36, de Gruyter: Berlin/Leipzig, 1937, 568-577.

Fusi, Juan Pablo/Jordi Palafox: *España: 1808-1996*. El desafío de la modernidad, Espasa: Madrid, 1997.

Geil, Hartmut: *Berufsverbote und Staatsschutz*. oder: Wie das Bundesverfassungsgericht das Grundgesetz mit Leben erfüllt und die freiheitliche Ordnung aufrichtet, in: *Das Argument* H. 109, Mai/Juni 1978, 380-393.

Geiss, Immanuel: *Die Deutsche Geschichte aus der Feder von Heinrich August Winkler*. Thesengeschichte ohne Synthese – „Westen" und „deutscher Sonderweg" als historische Leerformeln, in: *Neue Politische Literatur* 3/2001, 365-370.

Gneist, Rudolf: *Der Rechtsstaat und die Verwaltungsgerichte*, Wissenschaftliche Buchgesellschaft: Darmstadt, 1966[3] (fotomechanischer Nachdruck der zweiten umgearbeiteten und erweiterten Auflage von 1879).

Góralski, Witold M.: *Rechtsstaat, Rechtsbewusstsein, Gerechtigkeitsempfinden*, in: Andreas Lawaty/ Hubert Orlowski (Hg.), *Deutsche und Polen*. Geschichte – Kultur – Politik, Beck: München, 2003, 486-495.

Grebing, Helga: *Der „deutsche Sonderweg" in Europa 1806 – 1945*. Eine Kritik, Urban: Stuttgart, 1986.

Grimm, Dieter: *Reformalisierung des Rechtsstaats als Demokratiepostulat?*, in: *Juristische Schulung* 1980, 704-709.

Grunwald, Henning: [Rezension zu Alastair Thompson, *Left Liberals, the state and popular politics in Wilhelmine Germany*, Oxford University Press: Oxford, 2000], in: *Historical Journal* 2004, 1077-1079.

Günther, Frieder: *Denken vom Staat her*. Die bundesdeutsche Staatsrechtslehre zwischen Dezision und Integration, Oldenbourg: München, 2004.

Heilbronner, Oded: *The German Right: Has it Changed?*, in: *German History* 2003, 541-561.

Heinrich, Thomas/Heike Weinbach/Frieder Otto Wolf (Hg.): *Die Tätigkeit der Philosophen*. Beiträge zur radikalen Philosophie, Westfälisches Dampfboot: Münster, 2003.

Hellmann, Günter: *Von Gipfelstürmern und Gratwanderern: „Deutsche Wege" in der Außenpolitik*, in: *Aus Politik und Zeitgeschichte* B 11/2004, 32-39; im internet unter: http://www.bpb.de/files/YP0IPR.pdf; ausführlichere Fassung: http://web.uni-frankfurt.de/fb3/hellmann/mat/APUZ_2004_mit_Anm.pdf.

Herzog, Roman: ([Kommentierung zu] *Art. 20*, Abschnitt VII, RN 2, S. 257, in: Theodor Maunz et al., *Grundgesetz*. Kommentar, Beck: München, 18. Lfg., Sept. 1980.

Jarausch, Konrad: [Rezension zu Heinrich August Winkler, *Der lange Weg nach Westen*. Beck: München, 2000], im internet am 04.04.2001 veröffentlicht unter der Adresse: http://hsozkult.geschichte.hu-berlin.de/rezensionen/1085.pdf.

Julià, Santos: *Historias de las dos Españas*, Taurus: Madrid, 2004.

Kirsch, Martin: *Monarch und Parlament im 19. Jahrhundert*. Der monarchische Konstitutionalismus als europäischer Verfassungstypus – Frankreich im Vergleich, Vandenhoeck & Ruprecht: Göttingen, 1999.

Kraus, Hans-Christof: *Monarchischer Konstitutionalismus*. Zu einer neuen Deutung der deutschen und europäischen Verfassungsentwicklung im 19. Jh., in: *Der Staat* 2004, 595-620.

Kreuzer, Marcus: *Parliamentarization and the Question of German Exceptionalism: 1867–1918*, in: *Central European History* 2003, 327- 357 (überarbeite [!] Fassung von Kreuzer 2004!).

ders.: *Response to Ledford and Sperber*, in: *Central European History* 2003, 375-381.

ders.: *Und sie parlamentarisiert sich doch: Die Verfassungsordnung des Kaiserreichs in vergleichender Perspektive*, in: Marie-Louise Recker (Hg.), *Parlamentarismus in Europa*. Deutschland, England, Frankreich im Vergleich, Oldenbourg: München, 2004, 18-40; im internet unter: http://www41.homepage.villanova.edu/markus.kreuzer/PDFFiles/Kreuzer_Parlamentarisierung_2004.pdf; engl. Fassung: http://www41.homepage.villanova.edu/markus.kreuzer/Word%20Files/Parliamentarization%20(German%20Version).doc.

Kübler, Friedrich Karl: *Der deutsche Richter und das demokratische Gesetz*, in: *Archiv für die civilistische Praxis* Bd. 162, 1963, 104-128.

ders.: *Die nationalsozialistische „Rechtsordnung" im Spiegel neuer juristischer Literatur*, in: *Neue Politische Literatur* 1970, 291-299.

Kühne, Thomas: *Demokratisierung und Parlamentarisierung*. Neue Forschungen zur politischen Entwicklungsfähigkeit Deutschlands vor dem Ersten Weltkrieg, in: *Geschichte und Gesellschaft* 2005, 293-316.

Kühnl, Reinhard: *Deutschland seit der Französische Revolution*. Untersuchungen zum deutschen Sonderweg, Distel: Heilbronn, 1996.

Lange, Heinrich: *Vom Gesetzesstaat zum Rechtsstaat*. Ein Vortrag, Mohr: Tübingen, 1934.

Langewiesche, Dieter: [Rezension zu Kirsch 1999], in: *Archiv für Sozialgeschichte online* 2002; im internet unter: http://library.fes.de/fulltext/afs/htmrez/80302.htm.

Ledford, Kenneth F.: *Comparing Comparisons: Disciplines and the Sonderweg*, in: *Central European History* 2003, 367-374.

Lorenz, Chris: *Wozu noch Theorie der Geschichte?* Über das ambivalente Verhältnis zwischen Gesellschaftsgeschichte und Modernisierungstheorie, in: Wolfgang Schluchter (Hg.), Kolloquien des

Max-Weber-Kollegs XV – XXIII (2001), Universität Erfurt: Erfurt, 2001, 75-115; im Internet (TARGET. Textarchiv Gotha-Erfurt – Archiv- und Publikationsserver der Universität Erfurt) unter: http://www.db-thueringen.de/servlets/DerivateServlet/Derivate-1345/lorenz.pdf.

Macher, Julia: *Verdrängung um der Versöhnung willen?* Die geschichtspolitische Auseinandersetzung mit Bürgerkrieg und Franco-Diktatur in den ersten Jahren des friedlichen Übergangs von der Diktatur zur Demokratie in Spanien (1975-1978) (Gesprächskreis Geschichte, H. 48, hrsg. von Dieter Dowe), Historisches Forschungszentrum der Friedrich-Ebert-Stiftung: Bonn, 2002; im internet unter: http://library.fes.de/pdf-files/historiker/01441.pdf.

dies.: *Historische „Meistererzählungen" über Bürgerkrieg und Franco-Diktatur in Parlament und Printmedien Spaniens (1975-1978)*, in: Krzysztof Ruchniewicz/Stefan Troebst (Hg.): *Diktaturbewältigung und nationale Selbstvergewisserung.* Geschichtskulturen in Polen und Spanien im Vergleich. Willy-Brandt-Zentrum für Deutschland- und Europastudien der Universität Wroclaw: Warschau, 2004, 139-147.

dies./Katrin Stranz: *Spanien und Deutschland – Zwei konvergierende Sonderwege?*, in: Schulze/Berghahn/Wolf 2006a, 15-160.

Manca, Anna Gianna: [Rezension zu Kirsch 1999], in: *Zeitschrift für Neuere Rechtsgeschichte* 2003, 325-326.

Marichal, Juan: *El secreto de España*, Taurus: Madrid, 1995[4].

Maus, Ingeborg: *Entwicklung und Funktionswandel der Theorie des bürgerlichen Rechtsstaats*, in: Mehdi Tohidipur (Hg.), *Der bürgerliche Rechtsstaat.* 2 Bände, Suhrkamp: Frankfurt am Main, 1978, 13-81 (= a) = Ingeborg Maus, *Rechtstheorie und Politische Theorie im Industriekapitalismus*, Fink: München, 1986, 11-82 (= b).

dies.: *„Gesetzesbindung" der Justiz und die Struktur der nationalsozialistischen Rechtsnormen*, in: Dreier/Sellert 1989, 80-103.

Meuter, Günter: *Carl Schmitts „nomos basileus" oder: Der Wille des Führers ist Gesetz.* Über den Versuch, die konkrete Ordnung als Erlösung vom Übel des Positivismus zu denken (IfS-Werkstatt Nr. 5 hrsg. von Rüdiger Voigt) Institut für Staatswissenschaften Fakultät für Sozialwissenschaften Universität der Bundeswehr München: Neubiberg, 2000, im internet unter der Adresse: http://www.rz.unibw-muenchen.de/~s11bsowi/pdf/IfSWerkstatt5.pdf.

Mises, Ludwig: *Liberalismus*, Fischer: Jena, 1927; im internet unter: http://www.grasruck.org/Mises/Mises_Liberalismus.pdf.

Negt, Oskar: *Warum die Deutschen keine 'Marseillaise' haben*, in: Mehdi Tohidipur (Hg.), *Verfassung, Verfassungsgerichtsbarkeit, Politik.* Zur verfassungsrechtlichen und politischen Stellung und Funktion des Bundesverfassungsgerichts, Suhrkamp: Frankfurt am Main, 1976, 18-29.

Neuenhausen, Petra: *Max Weber: Amorphe Macht und Herrschaftsgehäuse*, in: Peter Imbusch (Hg.), *Macht und Herrschaft.* Sozialwissenschaftliche Konzeptionen und Theorien, Leske + Budrich: Opladen, 1998, 77-93.

Ohlhorst, Dörte/Benjamin Nölting/Martin Meister/Sylvia Kruse/Susanne Schön: *Handbuch Konstellationsanalyse.* Ein interdisziplinäres Brückenkonzept für die Nachhaltigkeits-, Technik- und Innovationsforschung. ökom-Verlag: München, 2007.

Pauly, Walter: *Die deutsche Staatsrechtslehre in der Zeit des Nationalsozialismus*, in: *Veröffentlichungen der Vereinigung der Deutschen Staatsrechtslehrer* Bd. 60, 2001, 73-105.

Peterson, V. Spike: *An Archaeology of Domination.* Historicizing of Class and Gender in Early Western State Formation, Washington, 1988.

dies.: *Gendered Nationalism*, in: *Peace Review* 1994, 77-83.

dies.: *Sexing political identities/nationalism as heterosexism*, in: *International Feminist Journal of Politics* 1999, 34-65 ≈ (gekürzt) Sita Ranchod-Nilsson/Mary Ann Tétreault (Hg.), *Women, States, and Nationalism.* At Home in the Nation?, Routledge: London/New York, 2000, 54-80.

Plumpe, Werner: *Kapital und Arbeit*. Konzept und Praxis industrieller Beziehung im 20. Jahrhundert, in: Reinhard Spree (Hg.), *Geschichte der deutschen Wirtschaft im 20. Jahrhundert*, Beck: München, 2001, 178-199 und 226.

Ptak, Ralf: *Soziale Marktwirtschaft und Neoliberalismus: ein deutscher Sonderweg*, in: Christoph Butterwegge/Bettina Lösch/Ralf Ptak (Hg.), *Neoliberalismus und Alternativen*, Verlag für Sozialwissenschaften: Wiesbaden, 2008, 69-89.

Ridder, Helmut: *Vom Wendekreis der Grundrechte*, in: *Leviathan* 1977, 467-521.

Roellecke, Gerd: [Kommentierung zu] *Art. 20*, in: Dieter C. Umbach/Thomas Clemens (Hg.), *Grundgesetz*. Mitarbeiterkommentar und Handbuch. Bd. I, Müller: Heidelberg, 2002, 1271-1316.

Sachs, Michael: *[Kommentar zu] Art. 20*, in: ders., *Grundgesetz*. Kommentar, Beck: München, 2003, 802-868.

Sanchez-Albornoz, Claudio: *España, Enigma histórico*, Edición Sudamericana: Buenos Aires, 1956.

Sarasin, Philipp: *Geschichtswissenschaft und Diskursanalyse*, in: ders., *Geschichtswissenschaft und Diskursanalyse*, Suhrkamp: Frankfurt am Main, 2003, 10-60 (überarbeitet aus: Reiner Keller/Werner Schneider/Willy Viehöver [Hg.], *Handbuch Sozialwissenschaftliche Diskursanalyse*. Bd. 1: Methoden und Theorien, Leske + Budrich: Opladen, 2001, 29-52).

Scheuner, Ulrich: *Die neuere Entwicklung des Rechtsstaats in Deutschland*, in: Ernst Forsthoff, *Rechtsstaatlichkeit und Sozialstaatlichkeit*. Aufsätze und Essays, Wissenschaftliche Buchgesellschaft: Darmstadt, 1968, 461-508 (Nachdruck aus: *Hundert Jahre deutsches Rechtsleben*. Festschrift zum hundertjährigen Bestehen des Deutschen Juristentages 1860 – 1960. Bd. II, Müller: Karlsruhe, 1960, 229-262).

ders.: *Rechtsstaat und soziale Verantwortung des Staates*. Das wissenschaftliche Lebenswerk von Robert von Mohl, in: *Der Staat* 1979, 1-30.

Schmidt, Bernhard: *Spanien im Urteil spanischer Autoren*. Kritische Untersuchungen zum sogenannten Spanienproblem 1609 – 1936, Schmidt: [West]berlin, 1975.

Schmitt, Carl: *Nationalsozialismus und Rechtsstaat*, in: *Juristische Wochenschrift* 1934, 713-718.

Schönberger, Christoph: *Die überholte Parlamentarisierung*. Einflußgewinn und fehlende Herrschaftsfähigkeit des Reichstags im sich demokratisierenden Kaiserreich, in: *Historischen Zeitschrift* 2001, 623-666.

ders.: *Nicht ganz treffsicherer Todesstoß gegen Sonderwegshistorie*, in: *Zeitschrift für Parlamentsfragen* 2002, 824-826.

Schöttler, Peter: *Sozialgeschichtliches Paradigma und historische Diskursanalyse*, in: Jürgen Fohrmann/Harro Müller (Hg.), *Diskurstheorien und Literaturwissenschaft*, Suhrkamp: Frankfurt am Main, 1988, 159-199.

ders.: *Die intellektuelle Rheingrenze*. Wie lassen sich die französischen „Annales" und die NS-„Volksgeschichte" vergleichen?, in: Conrad/Conrad 2002, 271-295.

Schulze, Detlef [damals noch nicht: Georgia]: *Pluralismus und Antagonismus*. Eine Rekonstruktion der postmodernen Lesweisen, unveröff. Diplomarbeit FU Berlin, 1996.

Schulze, Detlef [nunmehr auch:] Georgia: Kleiner Katechismus zur Beantwortung der Frage: *Was ist die linksleninistische Postmoderne?*, in: Heinrichs/Weinbach/Wolf 2003, 83-121.

der/dies.: *Verrechtlichung – Deformation oder Performation?*, in: Martin Morlok/Stefan Machura/Michael Pfadenhauer (Hg.), *Die Jurisprudenz zwischen Verrechtlichung und Rechtsferne der Alltagspraxis*, Düsseldorf, 2005, im internet unter: http://www.professionssoziologie.de/reader_rechts_tagung.pdf, S. 124-160 (leicht korrigierte Fassung unter: http://userpage.fu-berlin.de/~dgsch/Ddorf%20Vers%2013-10.pdf).

der/dies.: *Gefährdetes Leben – Gefährliches Recht*. Vom Nutzen und Schaden poststrukturalistischer Rechts- und Politikanalysen, in: *Neue Politische Literatur* 2006, 203-213.

der/dies.: Schiefe Antworten auf eine schiefe Frage gerade gerückt – oder: *Warum Globale Soziale Rechte nicht antikapitalistisch sind, aber linke Politik trotzdem Rechtsforderungen braucht*, unveröff. Ms.: Cádiz, 2008a; Kurzfassung im internet unter: http://www.buko.info/kongress/buko31/deutsch/texte/gsr_debatte_k.pdf und http://www.trend.infopartisan.net/trd0508/Buko%20GSR-Debatte_KURZ-FIN.pdf.

der/dies.: *Beschränkung oder Expansion des Rechtsstaats?* Überlegungen zum Niedergang der Volkssouveränität, Ms.: Cádiz, 2008b.

der/dies.: *Ist der Rechtsstaat in Gefahr?*, Vortrag am 15.12.2008 (= c) am Internationalen Forschungszentrum Kulturwissenschaft in Wien.

ders/dies./Sabine Berghahn/Frieder Otto Wolf (Hg.): *StaR★P*. Neue Analysen zu Staat, Recht und Politik. Serie W. Bd. 3, Freie Universität: Berlin, 2006 (= a).

dies. (Hg.): *Politisierung und Ent-Politisierung als performative Praxis* (StaR★P. Neue Analyen zu Staat, Recht und Politik. Serie A: Sammelbände und Monographien. Bd. 1), Westfälisches Dampfboot: Münster, 2006 (= b).

Schulze-Fielitz, Helmuth: *[Kommentierung zu] Art. 20 (Rechtsstaat)*, in: Horst Dreier (Hg.), *Grundgesetz*. Kommentar. Bd. 2: Art. 20-82, Mohr Siebeck: Tübingen, 1998, 128-209 = 2004², 170-277.

Scott, Joan W.: *„Experience"*, in: Judith Butler/Joan W. Scott (Hg.), *Feminists Theorize The Political*, Routledge: New York, 1992, 22-40.

dies.: *Phantasie und Erfahrung*, in: *Feministische Studien* 2/2001, 74-88.

Spenkuch, Hartwin: *Vergleichsweise besonders?* Politisches System und Strukturen Preussens als Kern des „deutschen Sonderwegs", in: *Geschichte und Gesellschaft* 2003, 262-293.

Sperber, Jonathan: *Comments on Marcus Kreuzer's Article*, in: *Central European History* 2003, 359-366.

Stedman Jones, Gareth: *The Marxism of the Early Lukács: an Evaluation*, in: *New Left Review* H. 70, Nov./Dec. 1971, 27-64 (wiederabgedruckt in: Stedman Jones et al. 1977, 11-60).

ders.: *„Klassenbewusstsein" oder „soziale Kontrolle"? Zur Kritik neuerer Trends in der Sozialgeschichte der „Freizeit"*, in: Gareth Stedman Jones, *Klassen, Politik und Sprache*. Für theorieorientierte Sozialgeschichte hrsg. von Peter Schöttler, Westfälisches Dampfboot: Münster, 1988, 61-76 (engl. Erstveröff. in: *History Workshop Journal* 4/1977, 163-170).

ders. et al.: *Western Marxism. A Critical Reader*, NLB: London, 1977.

Stolleis, Michael: *Die Geschichte des öffentlichen Rechts in Deutschland*. Dritter Bd.: Staats- und Verwaltungsrechtswissenschaft in Republik und Diktatur 1914 – 1945, Beck: München, 1999.

Stranz, Katrin: *Das Aufkommen der Warenhäuser in Berlin vor dem Ersten Weltkrieg*, Magistraarbeit: FU Berlin, 2002.

Therborn, Göran: *The Rule of Capital and the Rise of Democracy*, in: *New Left Review* H. 103, May-June 1977, 3-41.

Thompson, Alastair: *Left Liberals, the State and Popular Politics in Wilhelmine Germany*, Oxford University Press: Oxford, 2000.

Uhl, Heidemarie: *Modernisierungstheorie und Geschichtswissenschaft*, in: *Newsletter Moderne*. Zeitschrift des Spezialforschungsbereichs Moderne – Wien und Zentraleuropa um 1900, Sonderheft 1: Moderne – Modernisierung – Globalisierung, März 2001; im internet unter: http://www-gewi.kfunigraz.ac.at/moderne/sheft1u.htm.

Ullrich, Volker: *Die nervöse Großmacht*. Aufstieg und Untergang des deutschen Kaiserreichs 1871 – 1918. Fischer: Frankfurt am Main, 1997.

Vives, Jaime Vicens: *Geschichte Spaniens*, Kohlhammer: Stuttgart, 1969.

Vollrath, Ernst: *„Macht" und „Herrschaft" als Kategorie der Soziologie Max Webers*, in: Jürgen Gebhardt/Herfried Münkler (Hg.), *Bürgerschaft und Herrschaft*. Zum Verhältnis von Macht und

Demokratie im antiken und neuzeitlichen politischen Denken, Nomos: Baden-Baden, 1993, 211-226.

Wallerstein, Immanuel/Calestous Juma/Evelyn Fox Keller/Jürgen Kocka/Dominique Lecourt/Valentin Y. Mudimbe/Kinhide Mushakoji/Ilya Prigogine/Peter J. Tylor/Michel-Rolph Trouillot: *Die Sozialwissenschaften öffnen*. Ein Bericht der Gulbenkian-Kommission zur Neustrukturierung der Sozialwissenschaften, Campus: Frankfurt am Main/New York, 1996 (engl. Originalausgabe: Stanford University Press, 1996).

Walther, Manfred: *Hat der juristische Positivismus die deutschen Juristen im „Dritten Reich" wehrlos gemacht?*, in: Dreier/Sellert 1989, 323-354.

Wehler, Hans-Ulrich: *Das deutsche Kaiserreich 1871 – 1918*, Vandenhoeck & Ruprecht: Göttingen, 1973.

Welsch, Wolfgang: *Unsere postmoderne Moderne*, Akademie-Verlag: Berlin, 1987[1], 1993[4].

Welskopp, Thomas: *Westbindung auf dem „Sonderweg"*. Die deutsche Sozialgeschichte vom Appendix der Wirtschaftsgeschichte zur historischen Sozialwissenschaft, in: Wolfgang Küttler/Jörn Rüsen/Ernst Schulin (Hg.), *Geschichtsdiskurs*, Bd. 5: Globale Konflikte, Erinnerungsarbeit und Neuorientierungen seit 1945, Frankfurt am Main, 1999, 191-238.

ders.: *Grenzüberschreitungen*. Deutsche Sozialgeschichte zwischen den dreißiger und den siebziger Jahren des 20. Jahrhunderts, in: Conrad/Conrad 2002, 296-332.

Wienfort, Monika: [Rezension zu Kirsch 1999], in: *Germany History* 2001, 90-91.

Wilde, Gabriele: *Das Geschlecht des Rechtsstaats*. Herrschaftsstrukturen und Grundrechtspolitik in der deutschen Verfassungstradition (Politik der Geschlechterverhältnisse Bd. 17 hrsg. von Cornelia Klinger/Eva Kreisky/Andrea Maihofer/Birgit Sauer), Campus: Frankfurt/New York, 2001.

Winkler, Heinrich August: *Der lange Weg nach Westen*. Bd. 1: Deutsche Geschichte von 1806-1933, Beck: München, 2000.

ders.: *Der lange Weg nach Westen*. Bd. 2: Deutsche Geschichte von 1933-1990, Beck: München, 2000.

Wolf, Frieder Otto: *Die neue Wissenschaft des Thomas Hobbes*, Frommann: Stuttgart-Bad Cannstatt, 1969.

ders.: *Nachwort*, in: Althusser 1987, 185-204.

ders.: *The international significance of the Levellers*, in: Tony Benn, *The Levellers and the English democratic tradition*/F.O. Wolf, *The international significance of the Levellers* (Spokesman Pamphlet, No. 92), Spokesman: Nottingham, 2000, 16-23.

ders.: Artikel *„Geschichtsphilosophie"*, in: Wolfgang Fritz Haug (Hg.), *Historisch-kritisches Wörterbuch des Marxismus*. Bd. 5, Argument: Hamburg, 2005, 460-470.

## III. Bestandsaufnahme: Was bleibt von der Sonderwegs-These? Was können andere Disziplinen von der Debatte der Geschichtswissenschaft lernen?

*Ellen Meiksins Wood*

### Britain vs. France: How Many *Sonderwegs*?[1][2]

When I started thinking about the theme of this conference and what I had been asked to do for it, I was struck by one small irony: many years ago, my first excursion into debates about the history of the English state took issue with what was then a fairly influential argument on the British left, the so-called Nairn-Anderson thesis. Perry Anderson and Tom Nairn had argued that Britain was going through an economic crisis because it was a fundamentally backward economy with an essentially premodern state, and this was because it had never gone through a proper bourgeois revolution.[3] The model revolution was, of course, the French; but Anderson and Nairn were contrasting Britain unfavourably to most major Western European states, not excluding Germany, which was enjoying precisely the kind of economic success that Britain somehow could not achieve. My argument against the Nairn-Anderson thesis was, in a nutshell, that Britain, far from being the most backward of the major European states, was the most thoroughly capitalist culture in Europe (Wood 1992).

Now, at this conference, we are being told that it is Germany, and also Spain, that never had a proper bourgeois revolution, while both France and Britain did have one and therefore have more properly developed democratic states. I am beginning to think that this is a favourite ploy among European progressive intellectuals: it is always their own country that did not have a proper bourgeois revolution, while every other major country did. Until very recently, I would have said that France is the most notable exception, and that you would never catch a French intellectual denying the special revolutionary status of France. But now, even the French seem to be distancing themselves from their revolutionary past. So, we are still looking for the elusive bourgeois revolution, apparently the revolution that never was.

---

1   I'm particularly grateful to George Comninel for his comments and suggestions. My thanks also to Heide Gerstenberger and Detlef Georgia Schulze for their comments on an earlier version.

2   Ellen Wood geht in ihrer Argumentation auf einen Kommentar von Heide Gerstenberger zu einer früheren Fassung ihres Beitrages ein. Dieser Kommentar basiert auf einer veröffentlichten Arbeit von H. Gerstenberger. (*Die subjektlose Gewalt*. Theorie der Entstehung bürgerlicher Staatsgewalt. Westfälisches Dampfboot; Münster, 2006[2]). Anm. d. Hg.Innen

3   The Nairn-Anderson thesis was launched in 1964 in the *New Left Review*. It was developed in later issues and famously challenged by E.P. Thompson. (Anderson 1964; Nairn 1964; Thompson 1965).

I think it is no accident that the bourgeois revolution keeps eluding us, because it has never been a very helpful concept. It has never been clear what it is meant to represent. The identification of bourgeois with capitalist – which has always been problematic – suggests that the revolution has something to do with the advancement of capitalism.[4] In its earlier forms, it suggested a class struggle between backward feudal aristocracies and forward-looking capitalist classes. More recently, we have had to adapt ourselves to all the historical evidence that no straightforward class struggle between landed aristocracy and capitalist classes occurred anywhere, not even in France.[5] It might be reasonable to describe the French Revolution as bourgeois – that is, as a conflict between bourgeoisie and aristocracy – but it was not about capitalism. The typical revolutionary bourgeois was not a capitalist or even a precapitalist merchant but an officeholder or professional, and their opposition to the aristocracy was not about promoting capitalism but about challenging aristocratic privilege and access to the highest state offices. The English Revolution, on the other hand, could reasonably be described as capitalist, because it was rooted in capitalist property, and it was even led by a class that was essentially capitalist. But it was not particularly bourgeois. Not only was there no class struggle between bourgeoisie and aristocracy, but the dominant capitalist class *was* the landed aristocracy.

By now, the old idea of bourgeois revolution has been replaced, at least among Marxist historians who still employ it, by a much vaguer notion.[6] It describes any kind of revolutionary transformation that somehow advances the development of capitalism or sweeps away obstacles to its advancement, whatever the class composition or intentions of the revolutionary agents. In fact, even the outcome of the revolution or its role in removing obstacles to capitalism is pretty ambiguous. The concept of bourgeois revolution, to the extent that it survives at all, now covers a very broad and diverse historical spectrum, from the triumph of a capitalist landed aristocracy in England, for instance, to the entrenchment of peasant property in France and freer access to state careers for bourgeois officeholders. In other words,

---

4    There was nothing in the French conception of the 'bourgeois' to suggest an identification with 'capitalist', nor was it even synonymous with merchant or trader. While it originally referred to towndwellers, it came to refer to a social status between aristocracy and peasantry, not of noble birth but with more or less 'respectable', non-menial sources of income. In pre-Revolutionary France, the 'bourgeoisie' would have included everything from merchants to professionals and officeholders, and great confusion has resulted from the identification of bourgeois and capitalist, in our understanding not only of the Revolution but of capitalism in general and its historical processes of development.

5    The classic Marxist interpretation of the French Revolution as a class struggle between a backward feudal aristocracy and a forward looking bourgeoisie has been subject to serious challenge at least since Alfred Cobban argued in the 1950s that France was no longer feudal by 1789 and that the contending forces in the Revolution could not be distinguished by class or economic interests (1964), followed by a school of French 'revisionists', notably François Furet (1978). While few historians today would seek to restore the old conception, there have been serious Marxist alternatives, which take into account the empirical evidence cited by the 'revisionists' but offer a different explanation of the material interests that divided aristocracy and bourgeoisie, in particular over access to the lucrative resource of state office (notably Comninel, 1987).

6    Perhaps the most significant landmark here was Christopher Hill's explicit repudiation of his own earlier account of the English Revolution in the old Marxist terms (*cf.* Hill 1940 and, e.g., 1980).

the concept now hardly refers to anything specific at all. I really think that socialists who still cling to bourgeois revolution do so less because it illuminates history than because of its symbolic political meaning. Maybe one could call it a normative, or even a performative, concept, designating not what is or has been but what ought to be. But I find it unhelpful even as a programmatic idea, both in itself and as a model for socialist revolution or any other emancipatory struggle – but that is another question. What I am suggesting is that the concept of bourgeois revolution not only fails to illuminate the issues we are dealing with here but even obscures them. To say that both England and France experienced such a revolution disguises the fundamental differences between these two cases and their very different patterns of state-formation. I suppose I am questioning the basic premise of this conference by arguing that the differences between England and France are no less significant than the differences between either one of them and Germany or Spain. If we are looking for a German – or Spanish – *Sonderweg* we have to find it somewhere else, but then we could just as easily talk about a British one.

## State-formation in England and France

So let me begin with a sketch of the divergences between English and French state-formation. The story begins at least as early as the middle ages, at a time when the Frankish empire was disintegrating while the Anglo-Saxon state was the most effective centralized administration in the Western world (see, e.g., Geary 1988). England never really succumbed to what has been called the parcellized sovereignty of feudalism, while France never completely overcame it, even under the absolutist monarchy; and the centralizing project of the state was still on the agenda to be completed by the Revolution and Napoleon.

There was a major difference between England and France in the relations between state and dominant classes – and this, I think, is the really central point here. In England, even at a time when English law was at its most ostensibly feudal, and the manorial system was at its height, there was never a 'parcellization of sovereignty', and the monarchy continued to carry forward the Anglo-Saxon experience of state centralization. Even the Norman Conquest, when it brought feudal institutions with it from the Continent, also, and above all, brought its military organization, which vested power in a central authority. The Normans established themselves in England as a more or less unified ruling class, and the central state was always its instrument. Thereafter, the centralization of the post-feudal state would long remain a cooperative project between monarchy and landed aristocracy. (Brenner 1976; 1982).

This was true not only in the sense that the central state would develop as a unity of monarchy and the landed class in Parliament – nicely summed up in the old formula, 'the Crown in Parliament'. The cooperative project also took the form of a division of labour between the central state and private property. While legislation and jurisdiction were increasingly centralized, the aristocracy would increasingly depend for its wealth on control of the best land and on modes of purely *economic* exploitation. In this, the English landed class was markedly different from those Continental aristocracies whose wealth derived from what

Robert Brenner has called politically constituted property of one kind or another, various forms of privilege, seigneurial rights, the fruits of jurisdiction or state office. The result of England's distinctive economic development was agrarian capitalism, which was 'capitalist' in the sense that appropriators and producers were dependent on the market for their own self-reproduction and hence subject to the imperatives of competition, profit-maximization and the need constantly to improve labour productivity. In the separation of economic from extra-economic powers, the processes of state-centralization and capitalist development, while sometimes in tension, were closely intertwined.

If the central state controlled political and judicial power to an extent unparalleled elsewhere in Western Europe, it was not in direct competition with the aristocracy for access to peasant-produced surpluses. The state evolved not primarily as a means of direct exploitation but as an external guarantor of social order, which enabled exploitation in the private sphere by economic means. There were obviously tensions between the landed class and the monarchy, which would come to a head in the Civil War. But those tensions had a particular character precisely because of the underlying partnership between dominant class and monarchical state.

I'll come back to what this implies for the rule of law and representative institutions. But first, let me sketch out the process of state-formation in France. Here, the monarchy emerged out of feudal rivalry, as one patrimonial power established itself over others in a context of parcellized sovereignty. This meant that the monarchical state continued to confront the challenge of feudal parcellization, the independent powers and privileges of aristocracy and various corporate entities. The monarchy certainly did pursue a centralizing strategy with some success, and royal courts did emerge, which, among other things, could be used to protect peasants from lords (not least, in order to preserve the peasantry as a source of state taxes). But the dominant class continued to depend to a great extent on politically constituted property – that is, on powers of appropriation dependent on political, military and judicial powers, or 'extra-economic' status and privilege; and the state developed as a competing form of politically constituted property, a primary resource, a mode of direct appropriation for state officeholders by means of taxation, which some historians have called a kind of centralized rent. If the absolutist state was able to undermine the independent powers of the aristocracy, it did so in large part by replacing those powers with the lucrative resource of state office for a segment of the aristocracy. The elaborate bureaucracy, which distinguished France from England, developed not just for political and administrative purposes but as an economic resource, proliferating offices as a means of private appropriation through taxation.

So relations between monarchy and landed aristocracy were very different than in England. In contrast to the close English partnership between the aristocracy and monarchy, in France the tensions between aristocratic privilege and monarchical power, between different modes of extra-economic exploitation, persisted until the Revolution. Although the aristocracy itself was divided between those with power in the central state and the many who remained dependent on their privileges and local powers, this division was fluid; and the centralizing project of the state can be characterized as in large part an attempt to overcome that division by replacing autonomous aristocratic powers with perquisites and privileges deriving from the state – for instance, by granting privileged exemption from royal taxation in place of seigneurial jurisdiction.

The bourgeoisie, meanwhile, was keenly interested in access to state office, and office-holding was the highest bourgeois aspiration. The slogan 'careers open to talent' tells us much about bourgeois class interests, the preoccupation of the bourgeoisie with expanding its access to office. In fact, it was a threat to the access they already enjoyed that probably more than anything else provoked the bourgeoisie into revolution and a confrontation between bourgeoisie and aristocracy. Even after the Revolution, even after Napoleon, the state continued to serve this economic function for the bourgeoisie. One only has to read Marx's account of 19th century France in the *18th Brumaire* to see how persistent this formation was. He talks about this immense bureaucratic and military apparatus, as a 'parasitic body', in which the bourgeoisie 'finds posts for its surplus population and makes up in the form of state salaries for what it cannot pocket in the form of profit, interest, rents, and honorariums'. For this reason, he goes on to argue, the bourgeoisie itself destroyed 'the vital conditions of all parliamentary power'.[7] (I am not sure, by the way, that this bourgeois tradition is dead even now, in a culture where state office is the highest career, with a tradition of mandarinism, dominated by a hereditary elite of officeholders and their exclusive academies.) The development of capitalism in post-Napoleonic France was less a product of internal social property relations – as it had been in England – than a state-led response to external geopolitical, military and commercial pressures. It was not capitalist imperatives generated by existing property relations but rather the stimulus of war that encouraged the particular course of French industrial development, and capitalist class relations were more result than cause of that industrialization.

## Rule of Law and État légal

These different patterns of state-formation make it very problematic to lump together the English 'rule of law' and the French 'état légal', not only because the two legal systems were quite different but also because they played very different roles in the constitution of the state. It is not only a question of the difference between English common law and Continental Roman or civil law. In England, a national system of law, in the form of the common law, established itself very early as the preferred system of law for all free men, while in France, there were still approximately 360 different law codes on the eve of the Revolution, with various seigneurial, local and corporate powers contesting jurisdiction with the monarchy, and customary law challenging the supremacy of state legislation. While the absolutist state succeeded to a considerable degree in limiting seigneurial and local jurisdiction, jurisdictional conflicts remained a constant feature of the ancien régime and a major preoccupation of French courts. The aristocracy and corporate bodies clung to their autonomy and independence from the national state, while the monarchy continued its efforts to co-opt and integrate them.

---

7    http://www.marxists.org/archive/marx/works/1852/18th-brumaire/ch04.htm.

When monarchical absolutism gave way to Revolution, the centralizing project of the state continued; and the French 'état légal' evolved as a means of asserting the power of the central state against fragmented jurisdictions and independent local powers. This meant, among other things, *limiting* the independence of the judiciary and effectively absorbing it into the civil service. It remained for Napoleon to complete the project begun by the Revolution. While the judiciary would regain some of its autonomy in the Fifth Republic of 1958, the historic function of the law in asserting state sovereignty against autonomous jurisdictions remains a powerful legacy.

The English 'rule of law', by contrast, did not represent the assertion of state power against fragmented jurisdictions. It is certainly true that there were long-standing tensions between aristocracy and monarchy; and, at least in the first instance, the common law was the king's law. But jurisdictional conflicts between king and barons ended quite early. The common law became the favoured legal system for the aristocracy as well as for peasants who could seek protection from the Crown; and the rule of law was understood to mean that the monarchy itself was subject to the law.

The common law eventually came to represent parliamentary power *against* the Crown, with Parliament asserting its supremacy as the interpreter of common law. In the Civil War in the 17th century, the conflict between monarch and Parliament, common lawyers tended to side with Parliament, against the prerogative courts allied with the king. But this was not a case of parcellized jurisdictions asserting themselves against the central state. On the contrary, it was an assertion of the aristocracy's essential role in the partnership that constituted the central state. At the same time, it was a consolidation of the division of labour between state and property, with the ruling class not only claiming its share in the public sphere of the central state but also asserting its power in the private sphere of property. From this point of view, the issue was less an assertion of public jurisdiction than of private rights.

Despite the role of Parliament in the constitution of the central state, then, the English 'rule of law' can be understood as a means of protecting individual rights against the state. In this respect, it was directly opposed to the French état légal as an assertion of state power. But the English defence of rights against the state meant, in the first instance, protecting the ruling class against violation by the Crown of its partnership and its division of labour with the landed class. The rule of law understood as an assertion of rights against the state was first summed up in Magna Carta, which issued from the dispute between monarchy and barons: 'No freeman shall be taken and imprisoned or disseised or exiled or in any way destroyed, nor shall we go upon him nor send upon him, except by the lawful judgment of his peers and by the law of the land.' Magna Carta also began the process of separating the judiciary from the legislative and executive functions of the state.

This does not mean that the English rule of law, because of its challenge to monarchical absolutism, was unambiguously more democratic than the French pattern of legal development. The assertion of state power against fragmented jurisdictions is not necessarily undemocratic. It can, for instance, represent a challenge by the legal state to aristocratic privilege. Even in the case of French absolutism, the Third Estate, including the peasantry, appealed to the monarchical state in defence against the aristocracy. By contrast, the English rule of law, in its ostensibly most democratic aspect as an assertion of individual rights, served to sustain ruling class power and property.

English and French parliamentary traditions were as different as their legal systems. Or, to be more precise, England had a long parliamentary tradition, which preceded the revolution, while in France no such tradition existed before the revolution. There is, of course, a stark historical contrast between the unitary national Parliament in England, with its early legislative role, and the fragmented estates in France, divided by locality as well as corporate hierarchy, without a legislative function – even on the rare occasions when they met on the national plane of the Estates-General. The emergence of a representative legislative body in France had to await the Revolution.

The most striking difference between England and France is that the interests of the English ruling classes were deeply invested in Parliament from very early on, while in France, even when estates were replaced by a national assembly, important sectors of the dominant classes remained opposed to the Republic, and this continued well into the 20ᵗʰ century. The revolutionary transformation created both a new parliamentary tradition and a dangerously anti-parliamentary, anti-republican formation.

There are, then, significant differences between the English case, in which ruling class interests were invested in a national system of law and a unitary parliament, and those cases, such as France, in which the interests of the aristocracy, as well as various corporate entities, were historically associated with particular jurisdictions and opposition to a unified system of national law. These historical differences left political legacies with long-lasting consequences.

In France, the Revolution and the establishment of a republic created new tensions to replace the old oppositions between monarchy and aristocracy, as well as new divisions within the dominant classes. Reactionary opposition now took the form of devotion to monarchy and empire, against the republic. But if opposition to the monarchy on behalf of parcellized jurisdictions was replaced by support for a monarchical state, the new oppositions still bore the marks of the ancien régime. The anti-republican forces reflected the long-standing weakness of the ruling class commitment to parliamentary sovereignty.

When the alternation between republic and empire finally ended with the foundation of the Third Republic, it was only because the monarchist majority remained so divided in its dynastic loyalties that a republican minority just managed to prevail. But even then the anti-republican challenge persisted, culminating in the Dreyfus affair; and the threat of an even more anti-democratic state, perhaps even some kind of military dictatorship, remained alive well into the 20ᵗʰ century. It would be fair enough to suggest that the French republican tradition was more radically democratic than English parliamentarism; but the other side of that coin was a dangerously anti-democratic tendency, with a left supporting the republic and a powerful strand on the right imbued with clerical and militarist anti-republican sentiment. The instability of the republic, its lack of legitimacy within a segment of the ruling class, to say nothing of the Church, is as important a fact of French political history as is the revolutionary republican tradition. At the same time, the revolutionary tradition, as it was absorbed into the new republicanism, entered the mainstream of historical memory and political culture.

In Britain, the long history of partnership between aristocracy and central state, and the role of Parliament as the public face of private property, has meant that the ruling class has, on the whole, been consistently committed to parliamentarism. This helps to explain the relative weakness of anti-parliamentary reaction in modern times. But the other side of the coin is that the dominant historical narrative and mainstream political culture have marginalized the truly revolutionary and democratic traditions that emerged during the English revolution, the tradition of the Levellers, Diggers and other radical movements. Democratic popular forces were defeated by the parliamentary oligarchy; and, though their legacy has never completely disappeared from the British labour movement, the dominant parliamentary tradition owes more to the victorious propertied classes, and, at least in its conventional rhetoric, is less radical than French republicanism.

## Which Democratic Tradition?

This brings us to the question of individual rights and popular sovereignty and whether, or in what ways, the specific processes of English and French state-formation can be described as democratic. The evidence here is ambiguous and even contradictory, and the only conclusion I can draw from it is that both cases, in their different ways, contain both democratic and anti-democratic potentialities (as is, in the final analysis, also true of Germany). Let me sketch out a series of paradoxes:

The French Estates in the ancien régime were elected by a universal manhood suffrage, at a time when the Parliamentary electorate in England was still restricted. Yet Britain granted a substantial degree of suffrage to women in 1918 (the year German women acquired the vote) and suffrage equal to men in 1928, while French women would have to wait till 1944.

The French estates in the ancien régime had no legislative power and presented no serious challenge to monarchical legislative sovereignty, while the English 'people' (however narrowly defined) in Parliament were increasingly sovereign. This was true even before the final consolidation of Parliamentary supremacy in 1689, while the contest over sovereignty between the state and the 'people' remained unresolved in France until the Revolution – and even then precariously.

To complicate matters, the French invoked popular sovereignty long before the English even allowed themselves to think explicitly in those terms. During the Wars of Religion in the 16th century, the so-called French constitutionalists insisted on the people's rights of resistance to the monarchy. Yet here, the people who had that right were not individual citizens but corporate entities, provincial aristocrats and local magistrates, who claimed a right of resistance in their capacity as officeholders. When they invoked some kind of popular sovereignty, they did so not as representatives claiming the state on behalf of the people but as officers asserting their jurisdictional rights against the state. When the absolutist monarchy professed to represent a general interest, as opposed to the particularities of these fragmented jurisdictions, it invoked the concept of state sovereignty against them. It claimed to be acting on behalf of a more universal corporation than the particularistic corporate bodies that were challenging its sovereignty.

Privilege in France would continue to be challenged in the name of a larger corporate community asserting its interests and sovereignty against particular powers and privilege. There is, in this respect, a continuity between the absolutist monarchy and the revolutionary 'Nation', and successive republics would continue to assert the sovereignty of the national corporate body. The Rights of Man were declared, by the Revolution and later republics, more powerfully than had ever been done in England. But the corporate conception of the nation has tended to mean that the constitutional status of individual rights in France has never been unambiguously clear. Because the national assembly claims absolute sovereignty on behalf of that corporate body, there is a certain lack of clarity about the rights reserved to individuals. There is also another interesting residue of the ancien régime's conception of office and corporate representation, in the distinctive French practice of permitting local officeholders to sit in the national assembly while maintaining their offices. This suggests that their function is to represent not the interests of citizens so much as those of officeholders.

By contrast, in England the particular formation of the state, the distinctive relation between aristocracy and monarchy, the unity of Parliament and Crown, the evolution of a unified system of law on which the ruling class depended to sustain its property and power, created a system in which corporate principles were weak. This meant that, from early on, the relation between state and individual was not mediated by corporate entities, and rights were vested in the individual rather than in corporate bodies. It is true that Parliament claimed to represent all individuals – as free men – and to act on their behalf, protecting their liberties from incursions by the Crown and exercising a right of resistance on their behalf. Nevertheless, although Parliament for all practical purposes remained supreme, at least in conception that supremacy was not a claim to sovereignty against the 'people' but rather an expression of Parliament's position as the highest court and ultimate defender of the people's rights.

In fact, the English have tended to avoid the issue of sovereignty altogether (a thinker like Thomas Hobbes, who, during the 17th century conflict between monarchy and Parliament, sought to elaborate a conception of absolute sovereignty for English conditions, has been a striking exception). The partnership between Crown and Parliament created a delicate balance which neither side was anxious to upset by claiming ultimate authority; and even when the conflicts between them came to a head, as the king threatened the partnership with Parliament, parliamentarians were very slow to invoke their own sovereignty as representatives of the people. To assert the sovereignty of Parliament against the king and on behalf of the people threatened to unleash more dangerous claims to popular sovereignty from the truly radical forces mobilized by the revolution, without the protection of intermediate bodies between Parliament and people. A degree of vagueness seemed prudent even among republican elements in Parliament.

The notion of sovereignty remains unclear in Britain to this day. At the same time, there are no obvious constitutional checks against the sovereignty of Parliament. Some commentators have even suggested that Parliament, and indeed the executive in the shape of the Prime Minister, have assumed an absolute sovereignty derived from the monarchy. The sovereignty of Parliament must also raise questions about the inviolability of the citizen's rights. Yet, if only because corporate principles have been historically so weak, the individuality of rights is more deeply embedded in the political culture and the judicial system.

It might be possible to argue that in Britain both democratic and anti-democratic elements have to do with the conjoined formation of the state and capitalism. The division of labour between property and state, between political and economic power, has permitted, and even encouraged, the development of formal democracy, while permitting and strengthening class domination. To put it another way, the state can more easily retain the appearance of neutrality, even while serving the interests of the dominant class. The effect has also been to separate political and economic struggles more decisively than elsewhere in Europe and to direct popular resistance away from the state, to the point of production. This may help to explain why today the British government, more than either the French or the German, is able to attack the structure of civil liberties and rights, in pursuit of the so-called 'war on terror', and why the Blair government can undermine the most democratic aspects of Britain's legal traditions, without any significant popular protest.

In France, by contrast, both democratic and anti-democratic elements derive from the legacy of absolutism. We have already noted some of the anti-democratic consequences. Yet the same historical conditions have produced a tradition of popular resistance directed at the state, which is still making itself felt today with some effect.

## Britain and France vs. Germany?

Let us, then, return to the opposition between Britain and France, on the one hand, and Germany and Spain on the other. If what is at stake is principally the German (and, *mutatis mutandis*, the Spanish) *Sonderweg* as an explanation for the rise of fascism in the latter cases and its absence in the former, it seems to me that this opposition is problematic. It presupposes that fascism was not a significant force or a real possibility in either of the other two cases. I am, to begin with, sceptical about the neat connection between legislative sovereignty and immunity to fascism; nor am I convinced that European political revolutions, whether or not we call them bourgeois, erected insurmountable barriers against fascist incursions.[8] I've already suggested that we should not underestimate the strong potential for some kind of fascism in France, well into the 20th century, so let me pursue that point here. Heide Gerstenberger argued in the discussion at the conference that, while certain historical conditions were present that made National Socialism a real possibility in Germany, the possibility was not a necessity and the outcome could have been different until very late,

---

8    Detlef has suggested to me, in his trenchant comments on my paper, that in England, contrary to Germany and Spain, there is no state apparatus, specifically a constitutional court, which stands above parliament and can declare legislation to be illegal or unconstitutional. The absence of the 'supremacy of state legislation' seems to figure very prominently in his account of Germany's dangerous *Sonderweg*. My argument here will in a sense bypass this question by suggesting that such institutional differences may not be the decisive ones, and that even if we accept that France is closer to Britain than to Germany on this score, there are certain fundamental differences between France and Britain in the historic role of the state which may be more important for the purposes of our discussion here.

even as late as the Nazi seizure of power. To be sure, a fascist triumph was among the possible alternatives, but it was not a necessary outcome of a specifically German historical process. If we apply the same principle to France, it seems reasonable to say that, while the outcome in France was indeed very different, the possibilities of an indigenous fascism were certainly present.[9]

Many factors can no doubt be cited to explain why, where fascism was a real possibility in various European countries, it triumphed in some and not in others. We could, for instance, point out that the economic crisis of the 1920s was less serious in France than in Germany, or that the German state, like the Italian, was relatively new and correspondingly weak and that dominant classes in both these cases felt compelled to look elsewhere for protection against perceived threats from oppositional forces. But maybe the question should be whether there was any major European power in which fascism was not within the likely range of possible alternatives. I'm inclined to answer that, if there was any such case, it was Britain – not because of any moral superiority, nor indeed because of any formal peculiarities in its political and legal institutions, but because its social property relations, and its particular relation between state and society, was different in essential ways not only from Germany but also from France.

The fact that both Britain and France had some kind of political revolution while Germany did not may not be as significant in explaining these later developments as the *Sonderweg* argument suggests. Before we reach any judgment about this, we need to look more closely at what these revolutions accomplished and what they did not. Neither one produced a transformation of social property relations, and in both cases the revolutionary changes were, to a greater or lesser extent, in the nature of the state. But even if we set aside any formal or institutional differences between the two political formations, we have to consider the very different roles of the British and French states in the constitution of social property relations.

In Britain, social property relations were essentially capitalist, in the sense I have already explained, before the English Revolution of the 17th century. Britain was, in fact, arguably the only case in which a capitalist transformation of social property relations occurred so

---

9    Historians of France were once reluctant to confront the problem of French fascism, but especially in the last two or three decades, there has been open and heated discussion. There are historians who argue that fascism remained marginal in France (e.g. René Rémond 1982). Others insist that it was a major phenomenon and even that the French invented fascism, though it was a tendency of a disaffected left rather than of right-wing radicalism (notably Zeev Sternhell, e.g. 1983). Robert Soucy (1986, 1995) in particular has made a powerful argument insisting on the importance of French fascism and locating it on the radical right. Much of the debate concerns the meaning of the word 'fascist', and whether rightwing authoritarian, nationalist and militarist groups or para-military organizations in France should be called fascist. But that such political forces existed in substantial numbers is hardly in question. It may be that, while Germany, Italy and Spain have not, since World War II, had the luxury of denying the connection between their conservative traditions and fascism, the fact that fascism in France never governed means that the French right today can, simply by definition, refuse any such association. This should not, however obscure the importance of radical right forces in France, whatever we choose to call them.

to speak spontaneously and organically, by means of an internal transformation in relations between appropriators and producers. This meant that the role of the state, even before the revolution, was already substantially different from Britain's European neighbours. The state did not play the same role for the ruling class as a direct instrument of surplus extraction. It was not, to use Gerstenberger's phrase, central to British strategies of appropriation and advancement in the way that it was for the French. Instead, as has already been suggested, it had increasingly developed as an external guarantor of social order to ensure the conditions of private accumulation.

The English Revolution – the whole period from the Civil War in the 1640s to the so-called Glorious Revolution of 1688-89 – had no significant effect in transforming capitalist forces. Even if we attach great importance to the settlement of 1689 in establishing parliamentary supremacy, it did little more than consolidate what was already on the table before the revolution, when the Stuart monarchy attempted to establish a Continental-style absolutism in a society where there was little political support and even less social foundation for any such project. If the old cooperative project between monarchy and Parliament was increasingly giving way to parliamentary supremacy (and we should not exaggerate the extent to which this was true even in the 18th century), what remained was the characteristic division of labour between state and property, the separation of economic and extra-economic powers, which had marked out Britain from its neighbours.

As for the French Revolution, there were strong continuities between the ancien régime and the post-revolutionary state. In both cases, as Gerstenberger also emphasizes, the French economy was dominated by small-scale agrarian production; and in both cases strategies of appropriation were focussed on the state, and advancement through office was the key to social status. What the Revolution achieved, she argues, was an end to proprietary offices and the emergence of a 'bourgeois' state, in which, office-holders having been expropriated, offices could become elements of state administration and office-holders function as instruments of government. Now, I can certainly agree that the French Revolution put an end to the proprietary state of the ancien régime, to state-office as private property; but, for our purposes here, the important point is that it did not put an end to politically constituted relations of appropriation and the centrality of state office as an appropriating strategy.

What is so striking about the post-Revolutionary period, throughout much of the 19th century in France, is the persistence of the tax/office structure, in which appropriation took the form of direct surplus extraction by the state as taxation of peasant producers. Not only did the economy continue to be based on small scale agricultural production, but the state continued to relate to that production as a primary extractor of surpluses and an exploiter of direct producers, for the benefit of officeholders. The revolutionary change in the form of the state, even though it put an end to proprietary office, did not fundamentally transform relations of appropriation between the state and producing classes. France was certainly unlike Germany in that it had a revolution; but, as Gerstenberger suggests, in the persistence of strategies of appropriation and advancement focussed on the state, the similarities between France and Germany are striking; and in Germany, too, we have to see this not only as a political fact but as a proposition about fundamental social property relations.

The transformation of social property relations in a capitalist direction took a different form in both Germany and France than it had in Britain. It was not the same kind of internal, 'spontaneous' and organic process. The primary pressures for capitalist development in France, as in Germany, came from outside – commercial, geopolitical and military pressures. The situation of the German principalities was nicely summed up by Hegel, when he observed that they were in no position to confront a massive military power like Napoleon's, and that what Germany needed was a synthesis of Napoleon and Adam Smith, a French state and a British economy. That thereafter German economic development, especially in Prussia and later in a united Germany, was in large part a military enterprise is hardly surprising. French economic development, too, had been largely driven by military pressures, and the defeat of Napoleon not only made clear the military advantage which a victorious Britain had derived from the economic growth and wealth created by capitalism but also opened the former Napoleonic empire to the purely economic pressures of British capitalism in unprecedented ways. In both cases, an 'administrative' state responded to those external imperatives to bring about a state-led development of their economies in a capitalist direction. In a sense, then, the development of capitalism preceded the transformation of social property relations.

This raises the question of what effects the intrusion of capitalism had on essentially non-capitalist elements in France and Germany. That, of course, is a a very large question, and I certainly don't intend to tackle it here. My purpose is simply to suggest that looking at social property relations and the state in France and Germany in the way I'm proposing will affect how we understand such developments as the rise of National Socialism. This doesn't contradict what Gerstenberger says about the possibility of alternative outcomes in Germany, but it might help to characterize the parameters of the available alternatives and the forces at work in selecting them.

If, as I'm suggesting, the pressures for capitalist development in Germany were essentially external, and not determined by the dominant social property relations at home, we can look at how the intrusion of capitalism, mediated by the 'administrative' state, had a socially destabilizing effect, especially on elements whose strategies of appropriation and social advancement were undermined by it. When capitalism undermined the old strategies of appropriation and created a new relation between the political and economic spheres, this had very specific effects on social layers still dependent on those strategies and on the old unity between those spheres. It is in this respect, above all, that Britain differed from its Continental neighbours.

It is true that German capitalism, even more than French, may have been well on its way by the second half of the 19th century, and historians now argue that German agriculture was capitalist well before that.[10] I have no intention of disputing that point here, but I do

---

10  What they seem to mean is that German agriculture began to use wage-labour and became quite productive; but it is still unclear to me how, or even whether, German social property relations on the land subjected landowners to capitalist imperatives, which allowed them no choice but to maximize profit and constantly to increase labour productivity. My argument here, however, does not depend on the claim that German commercial agriculture was not in essence capitalist.

think it is fairly safe to say that the social transformations required to stabilize capitalist social property relations – transformations that, in Britain, had occurred organically and over a long period – were far from complete in Germany. This is true not only in the sense that significant sections of German society were not fully absorbed into a capitalist economy. The development of capitalism was destablilizing also for another reason. In a society which had not yet transformed but had marginalized non-capitalist sectors, and where at the same time the growth of a restive proletariat seemed to pose an immediate threat, the relatively new and imperfectly consolidated state seemed far too weak.[11]

This perspective might also help us to draw connections between the divergent developments of European states before the 20th century, and their more recent convergences. What we may be seeing (apart from the *Amerikanisierung Europas*) is, for the first time, the real separation of political and economic spheres, which represents the development of capitalism and the possibility of a 'liberal democracy' on the political plane that poses little threat to the economic power of capital.

I have argued here that the English rule of law is, in its origins and evolution, more different from the French état légal than the theme of this conference allows; that the French case may in some important respects have more in common with the German Rechtsstaat; and that these differences and similarities have had important legacies. Yet for all these historical divergences, the convergence of Western European states in the age of 'late' capitalism and 'liberal democracy' is probably more striking than the legacies of difference. This alone might lead us to question the lasting significance of one or another *Sonderweg*. It would, for instance, be hard to sustain an argument that democracy or civil liberties in Germany are today more at risk than in Britain or France.

It is probably enough to say that the economic and political development of Europe especially since World War II has propelled all these states in a similar direction, with or against the currents of their past. Or one might say that the horrors of the past, especially in the case of Germany, have strengthened the national resolve never to repeat them. The important thing is that, today, all these states have in common the power of capital and the need for new forms of resistance to that very particular form of domination. They also have in common the need to resist the attacks, by states acting in the name of democracy, on even the most limited of democratic forms.

---

11  It is worth considering that the threat of proletarian revolution always seemed less serious in Britain in part because, in contrast to the state-led development of Germany, the state did not present a unified and very visible target to oppositional forces, and oppositional struggles were more directed 'at the point of production', in industrial rather than political struggles. Capital presents a rather diffuse target, and industrial struggles without a point of concentration in the state tend to be fragmented. This may help to explain the differences between British 'labourism' and Continental socialism.

## References

Anderson, Perry: *The Origins of the Present Crisis*, in: *New Left Review* 23, Jan./Feb. 1964, 26-53 (http://newleftreview.org/?getpdf=NLR02203).

Aston, T.H./C.H.E. Philpin (eds.), *The Brenner Debate: agrarian class structure and economic development in pre-industrial Europe*, Cambridge, 1985.

Brenner, Robert: *Agrarian Class Structure and Economic Development in Preindustrial Europe*, in: *Past and Present* 70, Feb. 1976, 30-75 (http://links.jstor.org/sici?sici=0031-2746%28197602%290%3A70%3C30%3AACSAED%3E2.0.CO%3B2-J) (reprinted in: Aston/Philpin 1985, 10-63).

Brenner, Robert: *Agrarian Roots of European Capitalism*, in: *Past and Present*, No. 97, Nov, 1982, 16-113 (http://links.jstor.org/sici?sici=0031-2746%28198211%290%3A97%3C16%3ATAROEC%3E2.0.CO%3B2-I) (reprinted in: Aston/Philpin 1985, 213-327).

Cobban, Alfred: *The Social Interpretation of the French Revolution*, Cambridge, 1964.

Comninel, George: *Rethinking the French Revolution: Marxism and the Revisionist Challenge*, London/New York, 1987.

Furet, François: *Penser la révolution française*, Paris, 1978.

Geary, Patrick J.: *Before France and Germany: the creation and transformation of the Merovingian world,* Oxford/New York, 1988.

Hill, Christopher: *The English Revolution*, London, 1940.

idem: *A Bourgeois Revolution?*, in J.G.A. Pocock (ed.), *Three British Revolutions: 1641, 1688, 1776*, Princeton, 1980.

Nairn, Tom: *The British Political Elite*, in: *New Left Review* 23, Jan./Feb. 1964, 19-25 (http://newleftreview.org/?getpdf=NLR02202).

Rémond, Réne: *Les droites en France*, Paris, 1982.

Soucy, Robert: *French Fascism: the first wave, 1924-1933*, New Haven, 1986.

Soucy, Robert: *French Fascism: the second wave, 1933-1039*, New Haven, 1995.

Sternhell, Zeev: *Ni droite ni gauche: l'idéologie fasciste en France*, Paris, 1983.

Thompson, E.P.: *The Peculiarities of the English*, in: *Socialist Register* 2 1965, 311-362 (http://socialistregister.com/socialistregister.com/files/SR_1965_Thompson.pdf) (reprinted in: idem, *The Poverty of Theory*, London, 1978).

Wood, Ellen Meiksins: *The Pristine Culture of Capitalism: A Historical Essay on Old Regimes and Modern States*, London, 1992.

Internet links last visited: 18/01/2007. – Some links work only if you have subscribed to the relevant journal or if you belong to a (university) network that has subscribed to it.

*Julia Macher*

## Der Sonderweg – ein Analyseinstrument für den deutsch-spanischen Ländervergleich?

Der vorliegende Aufsatz beruht auf einer gekürzten Fassung der von Katrin Stranz und mir verfassten Literaturstudie „Deutschland und Spanien – Zwei konvergierende Sonderwege".[1] Im Rahmen der Studie wurde die auf modernisierungstheoretische Überlegungen fußende Theorie des Sonderwegs historisch und methodologisch analysiert und auf ihre Tragfähigkeit als Analyseinstrument eines deutsch-spanischen Ländervergleichs untersucht. Dass wir den Sonderweg als Analyseinstrument ablehnen, hatte zum einen, wie Katrin Stranz herausgearbeitet hat, methodologische Gründe; zum andere forschungspraktische Gründe: Während der Sonderweg in der auf Deutschland und seine Vorgängerstaaten bezogenen Forschung einen theoretischen Ansatz umreißt, der zudem vom konkreten deutschen Fall abgeleitet ist, fehlt ein solches Konzept für die auf Spanien bezogene Forschung. Zwar existieren modernisierungstheoretische Überlegungen, mit denen die autoritäre Herrschaft in Spanien zu erklärt werden versucht wird, sie beruhen allerdings nicht auf den gleichen – und so unmittelbar vergleichbaren – Strukturmerkmalen. Nach einer Darstellung der Entstehung des Begriffs „Sonderweg"/„Sonderentwicklung" in der deutschen und spanischen Historiographie wird auf die methodologischen Probleme dieses Konzepts und anderer theoretischer Deutungsmuster eingegangen. Anschließend wird versucht, Alternativen für einen Ländervergleich aufzuzeigen.

## 2   Der „Sonderweg" in der deutschen und spanischen Historiographie

### 2.1  Die Verwendung des Sonderwegskonzept in der wissenschaftlichen und politischen Diskussion in Deutschland vom Kaiserreich bis heute

Die Vorstellung eines deutschen Sonderweges in die „Moderne", d.h. die industriekapitalistische, bürgerliche Gesellschaft des späten 19. und 20. Jahrhunderts[2], der sich von anderen

---

1   Macher, Julia/Stranz, Katrin: Deutschland und Spanien – Zwei konvergierende Sonderwege? Veröffentlicht in: StaR ★ P: Neue Analysen zu Staat, Recht und Politik, Band 3, 2006.

2   Vgl. Lothar Gall: Von der ständischen zur bürgerlichen Gesellschaft, EDG 25, München 1993, S. 51-54. (Zukünftig abgekürzt: Gall, EDG) Das Verständnis von der europäischen Moderne als Epoche, das sich in diesem Kontext durchgesetzt hat, betrachtet die Modernisierung als Prozess, der sich zwischen 1750 und 1850 herausbildete und mit den politischen Revolutionen in Frankreich und den USA einerseits, andererseits mit der industriellen Revolution in England verbunden ist. Trotz vieler Einwände gegen die Dichotomisierung von „modern" und „traditionell", unscharfer Periodisierungen sowie einer unkritischen Betrachtung negativer Folgewirkungen von Modernisierungsprozessen setzte sich in der Geschichtswissenschaft – insbesondere der modernisierungstheoretisch gebunde-

Staaten unterscheidet, lässt sich in ihrer Entstehung weniger als Begriff, denn als historisch-politisches Konzept erfassen.[3] Als solches war es von seiner Entstehung im 19. Jahrhundert an mit einer politisch-gesellschaftlichen Standortbestimmung der Geschichtswissenschaft verbunden und erreichte insbesondere nach der Gründung des Kaiserreiches 1871 eine enorme Deutungsmacht. Während sich die erste Phase der Verwendung des Konzeptes als eine positiv besetzte Abgrenzung nationaler Identität des Kaiserreiches von Frankreich und England darstellt und bis nach 1945 reicht, entwickelte sich in Abgrenzung dazu Ende der sechziger bzw. Anfang der siebziger Jahre des 20. Jahrhunderts eine kritische bzw. negative Auslegung, die die Abweichung des Kaiserreiches von dem als normativ begriffenen Weg der westlichen Demokratien in die Moderne kritisiert und als Grundlage für die Durchsetzung des deutschen Faschismus analysiert. In diesem Kontext wurden verwandte Begriffe wie „Sonderbewusstsein", „Eigenweg" oder „Eigenentwicklung" eingeführt, die sich gegenüber der populären Bezeichnung Sonderweg jedoch nicht vollends durchsetzten konnten. Beide Auffassungen spiegeln die nationale Identifizierung und wissenschaftliche Standortbestimmung in ihren jeweiligen historischen Kontexten wider und sind als dominante Leitbilder anzusehen. Im Folgenden wird die Entstehung des Konzepts innerhalb seiner positiven und negativen Auslegung skizziert.

Bereits der Widerstand großer Teile des liberalen wie konservativen deutschen Bürgertums gegen die napoleonische Besatzung und die Ablehnung der Entwicklung der Französischen

---

nen Gesellschaftsgeschichte – folgendes Verständnis von Moderne durch: Demnach findet in der Moderne die prozesshafte Ausweitung von Freiheitsspielräumen gesellschaftlicher Individuen bei gleichzeitiger Bindung politischer Herrschaft an Legitimationskriterien der bürgerlichen Öffentlichkeit, der Bindung an Verfassungssysteme und naturrechtlich begründete Menschenrechtskataloge und der Ausweitung des wirtschaftlichen Wachstums in der Entwicklung des Industriekapitalismus statt. Dabei werden die unterschiedlichen Wege verschiedener Gesellschaften zur Kenntnis genommen; vgl. auch: Jörn Rüsen; Historische Methode; in: Richard Dülmen (Hg.): Fischer Lexikon Geschichte; S. 29. Je nach Forschungsschwerpunkt und Perspektive variieren die Bewertungen der Modernisierungsprozesse. Zur Kritik an der unilinearen Metatheorie der Moderne vgl. Kap. 1.3.

3    Eine eigenständige erste Begriffsverwendung ist in den gängigen und fachspezifischen Nachschlagewerken nicht nachzuweisen. Die Recherche bei der Redaktion des Duden ergab keine eigenständigen Eintragungen in den Editionen bis 1901. Ebenso konnte über die Gesellschaft für deutsche Sprache keine Verwendung vor 1983 nachgewiesen werden. Die Begriffsprägung „Sonderweg" scheint also nicht aus dem 19. Jahrhundert übernommen zu sein. Grebing zufolge kann Ralf Dahrendorf (Gesellschaft und Demokratie in Deutschland; München 1965) als einer der ersten Vertreter der klassischen Sonderwegsthese bezeichnet werden, ohne dass sich allerdings der explizite Begriff erkennen lässt. Vgl. Helga Grebing, Der „deutsche Sonderweg" in Europa 1806-1945. Eine Kritik; Stuttgart 1986; S. 193. Eindeutig belegen lässt sich der Begriff bei Wehler: Das deutsche Kaiserreich 1871-1918. Göttingen 1973, S. 11 f. (Wehler schreibt vom „verhängnisvollen Sonderweg der Deutschen"). Kocka zufolge handelt es sich bei dem Begriff deutscher Sonderweg um eine Eindeutschung der über die nach dem Zweiten Weltkrieg remigrierten Wissenschaftler festgehaltenen „German divergence from the west"; vgl. Jürgen Kocka: Sozialgeschichte seit 1945: Aufstieg, Krise, Perspektiven; Vortrag auf der Festveranstaltung zum 40-jährigen Bestehen des Instituts für Sozialgeschichte am 25. Oktober 2002 in Braunschweig; Bonn 2002; Friedrich-Ebert-Stiftung, Historisches Forschungszentrum, (Gesprächskreis Geschichte; 47), S. 13. (zukünftig abgekürzt: Kocka, Sozialgeschichte)

Revolution – ebenso wie die Ablehnung des naturrechtlich begründeten *code civil*[4] – wurden zum richtungweisenden Zeichen für eine deutsche nationale Identität in Abgrenzung von Frankreich und als solche in die späteren Erinnerungskulturen aufgenommen.[5] Über die Betonung kultureller Unterschiede zu Frankreich wurde auf Vorstellungen zurückgegriffen, die in der deutschen Romantik formuliert wurden. Gleichermaßen konnte angesichts eines ungewissen künftigen Staatsaufbaus die Vorstellung einer deutschen Nation vor 1815 nur zögernd auf das Gebiet des ehemaligen Alten Reiches projiziert werden, was als (nach politischem Standpunkt positiv oder negativ bewerteter) Unterschied gegenüber Frankreich betont wurde.[6]

Die Frage einer deutschen politischen nationalen Identität erhielt jedoch während der Restaurationsperiode und im Vormärz eine zunehmende Bedeutung innerhalb der liberalen Bewegung. In der Restaurationsperiode nach 1815 und im Vormärz waren demokratische und liberale Meinungen eng mit der Frage nach nationaler Einigung und Einführung von Verfassungen verbunden und es zeigte sich ein ausgeprägtes Interesse an den revolutionären oder nationalstaatlichen Bewegungen der Nachbarländer.[7]

Seit den 1830er Jahren zeigten sich – beeinflusst von der Julirevolution in Frankreich – zunächst innerhalb der liberalen Bewegung Tendenzen der Ausdifferenzierung und ein Erstarken gesellschaftskritischer und radikaler Verfechter, die in Anlehnung an die in Frankreich erkämpften Freiheitsrechte, Volkssouveränität und demokratische Rechte zunehmend einforderten. Aufgrund der Erfahrung der anhaltenden Restaurationspolitik und einer zunehmenden Enttäuschung über den konstitutionellen Liberalismus wurden seit der Juli-Revolution 1830 demokratische Ideen verstärkt ernst genommen. Die intellektuelle Kritik am deutschen Idealismus wandelte sich angesichts der spürbaren Transformation der Gesellschaft in ökonomischer und sozialer Hinsicht. Das Bild vom politischen Deutschland während der Restaurationszeit wurde hier als Negativfolie in Bezug auf das französischen Leitbild gesehen, während sich ein positives Bild der Kulturnation durch die philosophischen und literarischen Leistungen zwischen den 1790er und 1830er Jahren herausbildete.[8] In diesem

---

4   Vgl. auch Asendorf, Aufklärung, S. 20. Der *code civil* gründete sich zwar auf naturrechtliche Grundsätze, stellte aber eben doch positives Gesetz dar. Damit stand er der Historischen Rechtsschule von Friedrich Carl von Savigny (vgl. in diesem Band den Beitrag von Isabel Aguirre Siemer, S. 415) entgegen, die Recht als organisch aus dem Volksgeist (historisch) gewachsen auffasste und nicht als vom Gesetzgeber erzeugt betrachtete vgl. http://de.wikipedia.org/wiki/Historische_Rechtsschule. In diesem „Schulenstreit" wurde eine erbitterte Auseinandersetzung zwischen der romanistischen und der germanistischen Rechtsschule geführt.

5   Dabei ist der Widerstand in der sogenannten „Franzosenzeit" selbst noch nicht als nationaler Widerstand zu werten. Hier wirkten auf die Zeitgenossen regionale und/oder kulturelle Identifikationsmuster (Volker Middel und Karen Hagemann auf der Tagung: The Revolutionary and Napoleonic Wars: New Approaches and Future Questions of Research, die am 01.11.2004 in Potsdam stattfand).

6   Vgl. Heinrich-August Winkler: Der lange Weg nach Westen. Deutsche Geschichte 1806-1933. Bonn 2002, S. 41 ff.

7   Vgl. Grebing, Sonderweg, S. 96.

8   Vgl. Art. „Deutsche Bewegung"; in: Wörterbuch Geschichte; Konrad Fuchs; Heribert Raab (Hg.); München 1998[11] (1. Auflage 1972); S. 166 ff.

Kontext sind auch die Junghegelianer – unter ihnen auch Karl Marx und Friedlich Engels – als Vertreter des intellektuellen Radikalismus innerhalb des Liberalismus einzuordnen.[9] Sie bewerteten die deutsche gesellschaftliche Entwicklung hauptsächlich über das Fehlen einer erfolgreichen bürgerlichen Revolution. Somit entsprach ihre Sicht unter negativen Vorzeichen den konservativen und national-liberalen Vorstellungen von der Überlegenheit der konstitutionellen Monarchie gegenüber den revolutionär erkämpften Staatsformen in England und Frankreich. Dabei orientierte sich Marx am englischen Beispiel des Übergangs vom der feudal-agrarischen Gesellschaft zur bürgerlich-kapitalistischen Marktwirtschaft. Grebing betont, dass ein zwangsläufiger ursächlicher Zusammenhang zwischen der Durchsetzung der kapitalistischen Produktionsweise, bürgerlicher Revolution und staatlicher nationaler Einheit, die bei Marx noch als – je nach nationalen Bedingungen auszufüllende – Entwicklung gesehen wurde, allerdings erst von seinen Nachfolgern konstruiert wurde.[10]

Auch wenn die Einheit von nationaler und liberaler Idee mit der Niederschlagung der Revolution von 1848/49 zerfiel und der Nationalismus in der zweiten Hälfte des 19. Jahrhunderts verstärkt von der antiliberalen Obrigkeit für machtpolitische Zwecke instrumentalisiert wurde, behielten die antifeudalen, sozialreformerischen und national-pädagogischen Diskurse, die ein negatives Bild vom politischen Deutschland zeichneten, weiterhin ein großes Gewicht in der bürgerlichen Öffentlichkeit.[11]

Eine systematische Ausformulierung des konkreten Gedankens eines deutschen Sonderweges zur Begründung einer Systemkonkurrenz zu Frankreich und England bildete sich im Kontext der Diskussionen um eine nationalstaatliche Lösung für den Zusammenschluss der deutschen Länder unter der Hegemonie der preußischen Monarchie von preußischen (borussischen) national-liberalen Historikern seit den 1850er Jahren aus.[12] In der methodisch durch Leopold von Ranke befestigten staatstragenden Ausrichtung der Geschichtswissenschaft, die sich in dieser Zeit methodisch als eigene Wissenschaft von den Rechtswissenschaften

---

9  Vgl. Wehler, Gesellschaftsgeschichte, Bd. 2, Von der Reformära bis zur industriellen und politischen „Deutschen Doppelrevolution" 1815-1845/49; S. 431-441. Marx entfernte sich jedoch zunehmend von der als „theoretische[r] Aktivismus" verspotteten Gesellschaftskritik der Linkshegelianer. Entscheidend für den Zusammenhang eines deutschen Sonderwegs ist, dass sich im Kontext der radikalen Gesellschaftskritik eine Grundlage für das Bild eines negativen Sonderwegs im Vergleich zu den Errungenschaften der Französischen Revolution verbreitete. Einer möglichen begrifflichen Urheberschaft von „Sonderweg" bei den Linkhegelianern oder Frühsozialisten konnte im Rahmen der Literaturauswertung nicht weiter nachgegangen werden.

10  Für die Diskussion im 20. Jahrhundert besonders prägend: Georg Lukács: Die Zerstörung der Vernunft. Der Weg des Irrationalismus von Schelling zu Hitler; Berlin 1955, S. 12: „Denn der normale Weg der modernen bürgerlichen Entwicklung setzt den Sieg über die feudalen Lebensformen voraus, und simultan damit gibt sie der nationalen Einheit, die ebenfalls in diesem Prozess entsteht, eine realen Fundamentierung in der staatlichen Einheit der Nation."; zit. n. Grebing, Sonderweg, S. 14 ff. Zur Offenheit der marxschen Vorstellungen vom „wirklich revolutionären Weg" vgl. Regine Robin; Michel Grenon: Zur Polemik über das Ancien Régime und die Revolution: für eine Problematik des Übergangs; in: Institut für Marxistische Studien und Forschung (IMSF), Bürgerliche Revolutionen; Probleme des Übergangs vom Feudalismus zum Kapitalismus, Frankfurt a.M. 1979; S. 177 ff.

11  Vgl. Grebing, Sonderweg, S. 96 ff.

12  Vgl. Ullmann, Kaiserreich, Frankfurt am Main, 1995. S. 53.

und der Ökonomie wegentwickelte und als Vordenkerin gesellschaftlicher Entwicklung begriff, wurde unter der Dominanz national-liberaler und konservativer Haltungen unter den Historikern die Gegnerschaft zu den als „übersteigert" empfundenen Freiheitsvorstellungen der Französischen Revolution herausgestellt.[13]

Mit der Durchsetzung der „kleindeutschen Lösung" durch die Reichsgründung 1871 erhielt das Bild der konstitutionellen Monarchie weiterhin positive Verbreitung. In dieser Interpretation wurde die deutsche Entwicklung seit der gescheiterten Revolution von 1848 als direkt auf die Reichsgründung bzw. Nationalstaatsgründung zulaufend interpretiert und die Durchsetzung der konstitutionellen Monarchie als Zeichen der Überlegenheit sowohl gegenüber den revolutionären Idealen Frankreichs als auch dem englischen Parlamentarismus propagiert. Ebenso wurde die Entfesselung der industriellen Revolution innerhalb des klein-deutschen Obrigkeitsstaates als positive Leistung hervorgehoben.[14] Die Vorstellungen einer politischen Systemüberlegenheit, die durch kulturelle Topoi[15] untermalt wurden, verstärkten sich in der imperialistischen Epoche ab 1890 und verbreiteten sich bis zum Ersten Weltkrieg als dominante Diskurse durch alle Gesellschaftsschichten. Schließlich wurde mit den „Ideen von 1914" im Sinne von „Pflicht, Ordnung, Gerechtigkeit"[16], die den Idealen der franzö-sischen Revolution (Ideen von 1789: Freiheit, Gleichheit, Brüderlichkeit) entgegengestellt wurden, der Erste Weltkrieg als ein Kampf gegensätzlicher Systeme ideologisiert.[17]

Der Niedergang des Kaiserreiches als Sinn- und Kristallisationspunkt der ideologi-schen Überlegenheitsvorstellungen eines deutschen Sonderwegs und die Etablierung der Weimarer Republik – mit der kurzen revolutionären Zwischenphase – bewirkten in den mehrheitlich national-liberalen Historikerkreisen keine Modifizierung des hegemonialen Sonderwegstopos. In den durch die personelle und methodische Kontinuität gekennzeich-neten Historikerkreisen wurde das Bild des überlegenen deutschen Weges als Trotzreaktion auf die Durchsetzung einer Republik im eigenen Land und die Niederlage im „Kampf der Systeme" hochgehalten, um Zweifel am Normen- und Wertesystem des Siegers zu säen. Als ideologischer Fluchtpunkt in einer als Kopie des institutionellen Rahmens der liberalen Demokratien empfundenen Republik stieg die Bedeutung des Kaiserreiches als der für überlegen erachtete Weg in die Moderne eher an und seine Wiederherstellung wurde als Zukunftsaufgabe interpretiert.[18]

---

13  Vgl. Manfred Asendorf: Aus der Aufklärung in die permanente Restauration. Geschichtswissen-schaft in Deutschland; Hamburg 1974, S. 23-25. Vgl. auch Hans Schleier: Epochen der deutschen Geschichtsschreibung seit der Mitte des 18. Jahrhunderts; in: Wolfgang Küttler; Jörn Rüsen; Ernst Schulin (Hg.): Geschichtsdiskurs (Bd. 1). Grundlagen und Methoden der Historiographiegeschichte; Frankfurt a.M. 1993; in: S. 133-156; hier S. 141 ff.

14  Vgl. Ullmann, Kaiserreich, S. 54.

15  Siehe hierzu insbesondere den Reichsmythos und 'Missionsgedanken', Kapitel 2.2.1.

16  Vgl. Asendorf, Aufklärung, S. 20 mit Verweis auf Heinrich von Treitschkes „deutsche Sendung".

17  Vgl. Ullman, Kaiserreich, S. 55.

18  Vgl. Grebing, Sonderweg, S. 12; Vgl. auch Faulenbach, Die Reichsgründungsepoche als formative Phase des deutschen „Sonderwegs"? Zu Hans-Ulrich Wehlers „Deutscher Gesellschaftsgeschichte"; in: Archiv für Sozialgeschichte 1998, 368-384, hier S. 383, der in der Orientierung an deutschen

Allerdings entstanden in der Weimarer Zeit auch Forschungen, die sich mehr oder weniger kritisch mit dem Sonderwegsverständnis des Deutschen Reiches bis 1918 auseinandersetzten, indem sie den Vergleich des Kaiserreiches zur französischen und englischen Gesellschaft aufnahmen. Mit den Schriften von Friedrich Meinecke und Hermann Oncken, wurden vorsichtig kritische Aspekte des Kaiserreiches erwähnt und das positive Bild des Sonderweges relativiert. Als liberale pro-republikanische Außenseiter ihrer Zunft sind jedoch insbesondere Eckhardt Kehr und Hans Rosenberg hervorzuheben, die begannen, durch die Abweichung des Kaiserreiches von der französischen und englischen Entwicklung gegen die positive Deutung des Konzeptes zu argumentieren.[19]

Das Vorhandensein einer Ideologie deutscher Sonderentwicklung in die Moderne konnte durch den Nationalsozialismus aufgegriffen werden. Zum einen bildete die Vorstellung von der Einmaligkeit deutscher Geschichte einen Anknüpfungspunkt für die rassistische Auslegung dieses Sonderbewusstseins im Sinne der nationalsozialistischen Ideologie. Zum anderen ist auch hier wieder die personelle und ideologische Kontinuität innerhalb der historischen Zunft hervorzuheben. Das Kaiserreich mit seiner autoritären Struktur wurde als Vorlage für den neuen autoritären Status des Führerprinzips gedeutet. Dem Dritten Reich oblag in dieser Argumentation die Vollendung dessen, was das Kaiserreich unvollendet gelassen hatte.[20]

Eine methodische Weiterentwicklung – außerhalb marxistischer Forschungen –, in der die Überlegenheit der monarchisch-konstitutionellen Staatsform gegenüber den westlichen Demokratien kritisch bewertet wurde, erfolgte in der Bundesrepublik erst gegen Ende der 1960er Jahre, wobei eine positive Deutung eines deutschen Sonderweges – als Weg, der in ein überlegenes System geführt habe – durch Nationalsozialismus, Zweiten Weltkrieg und Völkermord endgültig diskreditiert war. In der Geschichtswissenschaft und der politischen bürgerlichen Öffentlichkeit betonte man in den Jahren nach 1945 eher den politischen Bruch zwischen Preußen und dem Nationalsozialismus, um an eine vermeintlich unbelastete Vergangenheit des Kaiserreiches anzuknüpfen und einen positiven Bezug zur deutschen Geschichte herzustellen – ohne auf die Erwähnung der „besonderen und unersetzlichen Mission" des „deutschen Geistes" zu verzichten.[21] Ein wichtiger Impuls in Richtung Sonderwegs-Konzeption ging von den Re-education Konzepten der USA aus, die die vorhandenen demokratischen Potentiale in Deutschland stärken sollten und unter dem Einfluss von Talcott Parsons' soziologischer Systemtheorie entwickelt wurden.[22] Hier zeigte

---

Traditionen in der Weimarer Zeit allerdings einen qualitativ veränderten „deutschen Weg" erkennt. Siehe auch Kap. 1.3.2.

19 Vgl. Ullmann, Kaiserreich, S. 54. Vgl. auch Faulenbach, Reichsgründungsepoche, S. 371.

20 Ullmann, S. 55. Die Dominanz traditioneller Geschichtsauffassungen – bei Unterstützung und Verstrickung vieler konservativer Historiker in das nationalsozialistische System – sieht auch Schleier, Epochen, S. 147 gegeben.

21 Friedrich Meinecke zit. n. Asendorf, Aufklärung, S. 46. Vgl. auch Grebing, Sonderweg, S. 20 und Ullmann, Kaiserreich, S. 55 ff.

22 Vgl. Uta Gerhardt, Institut für Soziologie Heidelberg, die den Einfluss Parsons' auf die Pläne des us-amerikanischen Kriegsministerium herausarbeitet: Die Geburt Europas aus dem Geist der Soziologie; http://www.uni-heidelberg.de/uni/presse/RuCa2_96/gerhardt.htm.

sich auch der Einfluss wissenschaftlicher Re-MigrantInnen wie Helmuth Plessner, die sich in der Emigration intensiv mit den Ursachen einer negativen deutschen Sonderentwicklung auseinandergesetzt hatten, auf die historische Nachkriegswissenschaft.[23]

Erst mit der kritischen Auslegung der These vom deutschen Sonderweg im Kontext der Entstehung der Historischen Sozialwissenschaft wurde ein historisch-politisches Konzept geschaffen, das sowohl eine Erklärung für die Genese des Nationalsozialismus als auch eine kritische Distanzierung von diesem ermöglichte und somit auch eine positive – weil in Bezug auf ihre Vergangenheit kritisch-reflektierte – Identifikation mit der deutschen Gesellschaft bot.[24] Dabei betrachtet die kritische bzw. negative Sonderwegsthese die deutsche Entwicklung – in Umkehrung der älteren kulturellen und politischen Überlegenheitsvorstellungen aus dem 19. Jahrhundert – rückblickend von der nationalsozialistischen Machtergreifung 1933 aus in der Abgrenzung zu den „normalen" Entwicklungswegen der westlichen Demokratien in die Moderne.[25]

Im Kern beinhaltet die negative Sonderwegsdeutung der deutschen Geschichte – auch bei argumentativen Unterschieden im einzelnen –, dass Deutschland als einziges hochindustrielles Land den Weg in eine zerstörerische singuläre Diktatur beschritt und somit nicht – wie dies den parlamentarisch-demokratischen Verfassungen der westlichen Gesellschaften zugeschrieben wurde – die fundamentalen politischen Herausforderungen[26] der Modernisierung zu bewältigen vermochte, die sich mit der krisenhaften Ausbreitung des Industriekapitalismus und seiner Klassenstrukturen für alle Gesellschaften stellten. Durch die normative Bindung dieser Deutung an Modernisierungstheorien wird impliziert, dass gesellschaftlich tief verwurzelte Demokratien in jedem Fall besser in der Lage seien, Modernisierung sowie die Bewältigung ihrer Krisen zu verarbeiten. Da Deutschland eine nur geringe demokratische Tradition aufweisen konnte und somit gesellschaftlich defizitär war, in dem Sinne, dass universelle Modernisierungsaufgaben (Konstitutionalisierung, Ausweitung demokratischer Rechte, Auffangen sozialer Folgen der Industrialisierung) gesellschaftlich blockiert wurden, wurde der Weg für autoritäre Ausbruchsversuche freigemacht. Die gesellschaftlichen Defizite werden in dieser Betrachtungsweise vor allem aus der Zeitgleichheit moderner (Wirtschaft) und traditioneller (gesellschaftlicher) Strukturen erklärt, durch die das Bürgertum politisch schwach gehalten wurde und die die politische Realisierung liberaler politischer Reformen

---

23  Helmuth Plessner: Die verspätete Nation. Über die politische Verführbarkeit bürgerlichen Geistes; Frankfurt/Main 1992 (ursprünglich 1935).

24  Vgl. Thomas Welskopp: Westbindung auf dem „Sonderweg". Die deutsche Sozialgeschichte vom Appendix der Wirtschaftsgeschichte zur historischen Sozialwissenschaft, in: Wolfgang Küttler, Jörn Rüsen, Ernst Schulin (Hg.): Geschichtsdiskurs, Bd. 5: Globale Konflikte, Erinnerungsarbeit und Neuorientierungen seit 1945; Frankfurt a.M. 1999; S. 191.

25  Die reine Umkehrung des Sonderweg-Bildes implizierte jedoch eine formale Affirmation der vormals als positiv gesehenen Werte, wodurch z.B. der nationale politikgeschichtliche Rahmen weiterhin der Bezugspunkt der Historischen Sozialwissenschaft (zumindest in der Ausprägung bei Wehler) blieb. In diesem Sinne wurden weniger die Betrachtungsinhalte des deutschen Sonderweges problematisiert, als vielmehr die Bewertung seiner Merkmale.

26  Zur Bewältigung der Herausforderungen siehe Kapitel 2 der Literaturstudie.

(Realisierung bürgerliche Zivilgesellschaft) scheitern ließ.[27] Die fortgeschrittene Organisierung der Arbeiterschaft habe als Gegenbewegung eine freiwillige Unterordnung des Bürgertums unter ein weiterhin autokratisches Herrschaftssystem vorangetrieben. Auch bei einer
modernen Effizienz der Bürokratie konnten somit vorindustrielle Eliten langfristig notwendige
Demokratisierungsprozesse blockieren. Die Gewöhnung an gesellschaftlich autoritäre Pro-
blemlösungen und klassengesellschaftlich bedingte Aversion gegen Demokratisierungsten-
denzen (im Zusammenhang mit imperialistischer außenpolitischer Aggression) hätten die
Weichen dafür gestellt, dass unter dem wirtschaftlichen Krisendruck der späten 1920er Jahre
die Verheißung der nationalsozialistischen Diktatur attraktiv werden konnten.[28] Erst mit dem
von außen gewaltsam herbeigeführten Niedergang des nationalsozialistischen Regimes wurde/
wird der Sonderweg von den Vertretern der Sonderwegsthese als beendet und der Anschluss
Deutschlands an die moderne gesellschaftlich-politische Entwicklung des Westens als ermöglicht angesehen. Diese Umkehrung in der Bewertung der deutschen Geschichte entsprach
dem politischen Kontext der Bundesrepublik und ihrer politischen Westbindung, die in der
Sonderwegsthese eine historiographische Entsprechung fand, wiewohl den Vertretern der
Sonderwegs-These nicht unbedingt eine politische Nähe zu denjenigen nachgesagt werden
kann, die diese Westbindung in den 1950er und 1960er Jahren durchsetzten.[29]

Die Konzentration auf die langfristigen Ursachen des Nationalsozialismus innerhalb der
Geschichtswissenschaft entsprach dem Zeitgeist einer Kriegs- und Nachkriegsgeneration,
welche Gesellschaftskritik, Reform- und Fortschrittsoptimismus auch in das universitäre Feld
einbrachte und mit diesem Blickwinkel eine Neuorientierung der Wissenschaft vorantrieb.[30]
Begünstigt wurde der Erfolg auch durch wissenschaftsinterne Aufbruchprozesse und einen
Generationenwechsel (Ausbau der Hochschulen, Reformuniversitäten Bochum, Bielefeld
und Konstanz). Somit konnte die Historische Sozialwissenschaft der Bielefelder Schule um
Hans Ulrich Wehler und Jürgen Kocka als Träger der Sonderwegsthese sich institutionell
relativ schnell behaupten, ohne in direkte Konkurrenz mit der älteren Politikgeschichte
treten zu müssen. Somit konnte durch die Neuschaffung von Institutionen ein direkter
Verdrängungswettbewerb umgangen werden; sich die Historische Sozialwissenschaft parallel
zur Politikgeschichte etablieren. Mit der Historisierung von Gesellschaftskritik gelang der
Historischen Sozialwissenschaft/Sozialgeschichte ein radikaler Aufbruch des konservativen Fachs in politischer wie methodischer Hinsicht. Kritische Geschichtswissenschaft
konnte Traditionskritik in eigenem Feld zum wissenschaftlichen Programm erheben und
professionalisieren, was auch Kritik an der personellen und politischen Ausrichtung der
Fachhistoriker im Nationalsozialismus beinhaltete.[31] In der innerdeutschen historischen

---

27  Zur vermeintlichen Schwäche des Bürgertums siehe Kapitel 2 der Literaturstudie.

28  Welskopp, Westbindung, S. 212 ff.

29  Vgl. Grebing, Sonderweg, S. 198. Vgl. auch Welskopp, Westbindung, S. 214.

30  Den Reform- und Fortschrittsoptimismus als Motor betonen sowohl Kocka, Sozialgeschichte, S. 14,
    als auch Faulenbach, Reichsgründungsepoche, S. 369.

31  Vgl. Welskopp, Westbindung, S. 194 ff. Vgl. auch Schleier, Epochen, S.150. In diesem Aufbruch ist in
    der Tat ein Verdienst zu sehen, da die Vorherrschaft national-liberaler und konservativer Historiker

und politischen Diskussion erreichte die Theorie vom deutschen Sonderweg in die Moderne in ihrer kritischen Ausformung eine große Verbreitung und kann als dominanter Diskurs angesehen werden, der sich durch alle historischen Debatten nach 1945 zieht (Kontroverse um Fritz-Fischer 1961; Historikerstreit 1986, Goldhagen-Debatte).

Entscheidend ist neben der Dominanz der Sonderwegsthese als historisches Konzept aber vor allem die politische Rezeption als Ausdruck kritischer Distanz zur nationalsozialistischen deutschen Vergangenheit als Ganzer und eine gesellschaftlich-pädagogisch verantwortungsvolle Handhabung derselben.[32] Die Vorstellung eines deutschen Sonderweges ist mit der gesellschaftlichen Verantwortung für den Nationalsozialismus verbunden und erhärtet ebenso die Singularität des Holocausts. In dieser Sichtweise kann die deutsche gesellschaftliche Entwicklung nur über die Fixpunkte 1933 (Höhepunkt, Perversion des Sonderweges) und 1945 (Ende des Sonderweges und Beginn der Integration in die westliche demokratische Moderne) interpretiert werden.

Mit diesen Bewertungen wird einerseits eine Inanspruchnahme der deutschen Geschichte durch konservative, revisionistische Positionen entgegengetreten, die eine politische Verantwortung für die durch Völkermord und nationalsozialistische Vernichtungspolitik diskreditierte deutsche Entwicklung minimieren oder den Nationalsozialismus als zufälliges Produkt einer Krisenentwicklung interpretieren. Andererseits erschwert das Postulat der Beendigung des Sonderweges durch die Integration in der Bundesrepublik in die westliche Staatengemeinschaft eine Betrachtung tatsächlicher Kontinuitäten gesellschaftlicher Strukturen aus dem Nationalsozialismus in der BRD, die von Seiten marxistisch orientierter Gesellschaftskritiker herausgearbeitet wurden. Daher wurde die Sonderwegsthese sowohl von Konservativen wie auch von Linken zumeist nur in Teilaussagen akzeptiert, wiewohl auch die partielle Verwendung dazu beitrug, den Begriff weithin zu popularisieren.[33]

Im Unterschied zur Debatte um das historische Konzept impliziert in der politischen Diskussion der Begriff „Sonderweg" nicht zwingend auch eine vermeintlich verfehlte Entwicklung des Kaiserreiches. Vielmehr wird vorwiegend auf die Einzigartigkeit des Nationalsozialismus und auf die daraus herrührende Verantwortung abgehoben (bzw. Kritik an der Forderung nach dem Ende derselben formuliert). In der Diskussion um den Sonderweg Deutschlands im Kontext der Wiedervereinigung ('Ende vom Ende des Sonderweges') ließ sich allerdings eine Verschiebung der Argumente beobachten: Während bis dato aus linken Positionen heraus die Beendigung einer gesellschaftlichen Fehlentwicklung in der Bundes-

---

ebenso wie die daraus resultierende methodische Abgeschlossenheit und Einheitlichkeit der deutschen Geschichtsschreibung eigentlich ein Sonderweg für sich ist, der Methodenpluralität verhinderte (vgl. Schleier, Epochen, S. 148). Allerdings erfolgte diese Kritik an den nationalsozialistisch verstrickten Historikern nicht sehr umfassend; auch Kocka, Sozialgeschichte, S. 7 hebt die wissenschaftlichen Leistungen von Brunner und Conze noch separat hervor. Zur verspäteten Auseinandersetzung der Geschichtswissenschaft über die nationalsozialistische Verflechtung führender Fachhistoriker und deren wissenschaftliche Karrieren in der BRD, vgl. Peter Schöttler (Hg.): Geschichtsschreibung als Legitimationswissenschaft 1918-1945; Frankfurt a.M., 1997.

32   Vgl. Grebing, Sonderweg, S. 198 ff sowie S. 20.

33   Vgl. Faulenbach, Reichsgründungsepoche, S. 384.

republik nicht als verwirklicht gesehen wurde und mit Verweis auf die Kontinuitäten der innerstaatlichen Institutionen gegen die These von einer Beendigung dieses Sonderweges argumentiert wurde (siehe u.a. die Diskussionen um Berufsverbote[34]), wurde nach 1989 verstärkt auf das politische Rahmenkonzept des Sonderweges und die damit verbundene Betonung einer gelungenen Integration in die westlichen Demokratien zurückgegriffen, um gegen die Gefahr eines neuen Sonderweges in den Faschismus durch das Wiedererstarken des Nationalismus und der zunehmenden deutschen kapitalistischen Expansion zu argumentieren. Neben der politischen Verwendung des Sonderwegskonzeptes lässt sich mittlerweile ein fast inflationärer allgemeiner Gebrauch des Sonderweges-Terminus auch in der historischen Fachliteratur beobachten, in der der Begriff Sonderweg auch für Länder wie England, Polen oder Russland verwandt wird.[35] Für Deutschland stellt sich in den publizistischen und populären Diskussionen heraus, dass alle nationalen Entwicklungen als Sonderwege interpretiert werden, die in Deutschland anders verlaufen als im westlichen Ausland. Eine Verbindung zum Kaiserreich wird außerhalb historischer Diskussionen nicht mehr zwingend hergestellt und in manchen Artikeln verschwindet die Bezugnahme auf den Nationalsozialismus gänzlich.[36] Für eine differenzierte Betrachtung oder Vergleiche gesellschaftlicher Entwicklungen sinkt der Wert des Konzeptes mit dieser inflationären Popularisierung folglich beträchtlich.

Weiterhin muss beachtet werden, dass sich anderthalb Jahrzehnte nach der deutschen Wiedervereinigung der Umgang mit der deutschen Geschichte entscheidend gewandelt hat. Parallel zur Suche nach einem 'neuen' politischen Selbstverständnis (die u.a. zur Forderung nach einem Sitz im Sicherheitsrat der UNO führt) zeichnet sich in der Erinnerungskultur ein relativierender Umgang mit der nationalsozialistischen Vergangenheit ab. Der selbstverpflichtende Duktus des selbstkritischen Sprechens über und Erklärens der Vergangenheit, in dessen Fokus die Fragen nach dem Aufstieg der NSDAP standen, werden in der Geschichtswissenschaft wie der bürgerlichen Öffentlichkeit mehr und mehr durch einen Perspektivwechsel auf die „Deutschen als Opfer" verdrängt.[37]

Um die politischen und die wissenschaftlich-analytischen Gründe klarer trennen und die Anwendung des Sonderwegskonzeptes für die Projektfragestellung prüfen zu können, wird im folgenden zunächst der Gebrauch des Sonderwegsbegriffes in der spanischen Historiographie vergleichend untersucht. Im Anschluss daran geht es darum, die wissenschaftliche Kritik und die grundlegenden methodischen Implikationen des Konzeptes darzulegen.

---

34  Vgl. hierzu Ridder, Helmut: Vom Wendekreis der Grundrechte, S. 467-521. In: Leviathan 1977; Geil, Hartmut: Berufsverbote und Staatsschutz. Oder: Wie das Bundesverfassungsgericht das Grundgesetz mit Leben erfüllt und die freiheitliche Ordnung aufrichtet. In: Das Argument. Zeitschrift für Philosophie und Sozialwissenschaften, Heft 109, Mai/Juni 1978, S. 380-393; Cobler, Sebastian: Die Gefahr geht vom Menschen aus. Der vorverlegte Staatsschutz, Berlin 1978.

35  Vgl. Faulenbach, Reichsgründungepoche, S. 384.

36  Die Ergebnisse der Google-Suche sowie der Suche im Wortschatz der Universität Leipzig ergaben u.a. Bezüge zu Essen, Fußball und insbesondere zu Erziehungsfragen.

37  Vgl. Norbert Frei: Gefühlte Geschichte, in: „Die Zeit", Nr. 44 vom 21.10.2004, S. 3.

## 2.2 Auf der Suche nach dem spanischen Sonderweg

Ähnlich wie für Deutschland wird auch für Spanien von einer abweichenden Entwicklung in die Moderne gesprochen. Dabei wird die Entwicklung Spaniens weniger vom französischen und britischen „Normalweg" abgegrenzt, als vielmehr vom gesamten europäischen Kontext, also einschließlich Deutschlands. Das Ergebnis dieser divergenten Entwicklung sei, so sowohl Wissenschaftler wie auch zeitgenössische Publizisten, das Phänomen der spanischen „Dekadenz" im Gegensatz zum (zentral-)europäischen Aufstieg im wirtschaftlichen und wissenschaftlichen Bereich in der Neuzeit bzw. eine relative Isolation des ehemaligen Weltreiches Spanien im (zentral-) europäischen Kontext. Als „Sonderweg"[38] bezeichnen diese Entwicklung vor allem deutsche und angelsächsische Autoren, die den Begriff auf Grund seiner Eingängigkeit aus dem Deutschen übernehmen – ungeachtet der inhaltlichen Differenzen. Eine spanische Übersetzung des Begriffs „Sonderweg" existiert nicht; im spanischsprachigen Kontext wird die abweichende Entwicklung wahlweise als „problema de España", bzw., so beispielsweise auf Buchtiteln, als „secreto de España" oder „enigma de España" bezeichnet.[39] Das „problema de España" wird, auch wenn die genauen Begrifflichkeiten variieren, von spanischer Seite erstmals im Zeitalter der Aufklärung beschrieben: Politiker und Intellektuelle wie Campomanes, Jovellanos, Capmany, Feijoo oder Cabarrús kritisieren die Verteilung des Bodenbesitzes und den geringen durchschnittlichen Bildungsgrad der Bevölkerung, also den „Rückschritt" Spaniens im Vergleich zu „Europa", v.a. Frankreich, Holland und England. In Grundzügen korrespondiert diese Selbstwahrnehmung mit dem zur Zeit der Aufklärung verbreiteten, von Spanien als „Leyenda negra" bezeichneten, Stereotyp, jenem unter anderem von Montesquieu mitgestalteten und durch Nicolas Masson verbreiteten Bild eines dekadenten, irrationalistischen Landes mit phlegmatischen Bewohnern, dem „Europa nichts schulde."[40]

Als Reaktion auf diese Kritik an der spanischen Gegenwart und unter Weiterentwicklung älterer, aus Zeit der Katholischen Könige und der Reconquista stammenden Geschichtsbilder (wie der Vorstellung einer „Mission des spanischen Reiches") entwickelt sich parallel dazu

---

38  Der Begriff „Sonderweg" wird meines Wissens als Übertragung aus dem Deutschen verwendet von Walther L. Bernecker, Ludger Mees und Stanley Payne. S. Walther L. Bernecker: „Spanien ist anders". Der Mythos vom hispanischen Sonderweg, Manuskript einer Ringvorlesung der Universität Erlangen im Sommersemester 2001 zum Thema Mythen, veröffentlicht im Internet unter http://www.awro.wiso.uni-erlangen.de/artikel/bernecker01.pdf sowie Ludger Mees: Der spanische »Sonderweg«. Staat und Nation(en) im Spanien des 19. und 20. Jahrhunderts. In: Archiv für Sozialgeschichte. Bd. 40/2000 sowie Stanley Payne: Bookreview: Gentlemen Bourgeois and Revolutionaries: Political Change and Cultural Persistence among the Spanish Dominant Groups, 1750-1859. In: Journal of Social History, Frühjahr 1997.

39  Juan Marichal: El secreto de España, Madrid 1995. Sanchez-Albornoz, Claudio: España, Enigma histórico, Buenos Aires 1957.

40  Zur „leyenda negra" vgl. auch José Alvarez Junco: Mater dolorosa. La idea de España en el siglo XIX, Madrid 2002, S. 50 ff. (zukünftig abgekürzt: Junco, Mater dolorosa). Dass weder die Reformen Fernando VI noch Karl III. etwas an diesem Bild ändern konnten, beweist laut Alvarez Junco nur die Rigidität nationaler Stereotypen.

eine affirmative, positive Konzeption des „spanischen Wesens", bei der der Katholizismus eine tragende Rolle spielt.

Die politischen Diskurse des 19. und 20. Jahrhunderts werden – ebenso wie die historiographischen Debatten – von der Dialektik dieser Selbstbilder beherrscht: Sie spielen bei der Schaffung eines „nationalen Bewusstseins" im frühen 19. Jahrhundert ebenso eine tragende Rolle wie beim traumatisch empfundenen Verlust der letzten spanischen Kolonien 1898 sowie während des Bürgerkrieges 1936/39 bzw. während der Franco-Diktatur. Der „spanische Sonderweg" (im Sinne einer sich vom Rest Europas unterscheidenden Entwicklung) ist also mehr als eine historiographische Interpretation, er ist immer auch eine Beschreibung des „spanischen Wesens".

Ein Abriss der Begriffsgeschichte des spanischen Sonderweges muss also zwei Aspekte berücksichtigen: Die Konstruktion einer spanischen nationalen Identität, die – so jüngste Studien[41] – ihre wesentlichen Impulse während des Krieges gegen das napoleonische Frankreich fand. In diesem Zusammenhang war die Debatte um das „besondere spanische Wesen" in erster Linie ein geschichtspolitisches Instrument zur Schaffung eines „nationalen Bewusstseins", einer „nationalen Einheit" in Abgrenzung gegenüber Frankreich.

Der andere, für die Studie weitaus wichtigere Gesichtspunkt, kreist um die historiographische Verwendung des „Sonderweges/problema de España". In diesem Zusammenhang ist der Sonderweg ein Erklärungsversuch, wie und warum aus dem von Karl V. geschaffenen „Reich, in dem die Sonne nie unterging", ein Staat werden konnte, der im europäischen Kontext nur eine untergeordnete Rolle spielt. Der Sonderweg soll den Machtverlust/die Dekadenz/ die europäische außenpolitische Isolation Spaniens (als deren Kulminationspunkt auch die Franco-Diktatur gesehen werden kann) sowie in diesem Zusammenhang die innere Spaltung erklären, die schließlich zur Konfrontation der 'beiden Spanien' im Bürgerkrieg führte.

Die kritische historiographische Verwendung des Begriffes „Sonderweges" ist jedoch, insofern ebenso wie die oben dargestellte affirmative Betonung spanischer 'Besonderheit', nicht frei von geschichtspolitischen Intentionen. Da der „Sonderweg" immer in „Krisenzeiten" Konjunktur hatte, verfolg(t)en seine Vertreter immer auch politische Interessen: Sie forderten unter Berufung auf den Sonderweg entweder Neu-Orientierung oder Rückbesinnung. Dies erklärt auch die relativ simple Dichotomie zur Charakterisierung dessen, was als Differenz der Entwicklung Spaniens im Vergleich zu Rest-Europa begriffen wurde: „Rückschritt vs. Fortschritt", „Isolation vs. Integration", „Säkularisierung vs. (National-) Katholizismus", „Kapitalismus vs. Feudalismus plus Kolonien", bzw. unter positivem Vorzeichen „Idealismus vs. Materialismus" oder „geistig-moralische Stärke vs. modernem Verfall", der sich vor allem in der Säkularisierung, also einer „Verweltlichung des Wertesystems" niederschlägt.[42]

---

41  Zur Entstehung des spanischen Nationalismus s. Junco, Mater dolorosa. Die spanische Nationalismusforschung ist ein Recht junges Forschungsgebiet. Bislang konzentrierten sich die meisten Studien auf den katalanischen, baskischen oder galizischen Nationalismus.

42  S. hierzu unter anderem Bernecker, Walther L.: Ende der Extratour. Im Aufbruch: Spaniens Weg nach Europa. In: ifa, Zeitschrift für Kulturaustausch, Heft 4, 2001 (über die Online-Fassung www. ifa.de) sowie Juliá, Santos, Santos Juliá: Historias de las dos Españas, Madrid 2004, S. 34-46.

Gleiches gilt für diejenigen, denen die Interpretation der spanischen Geschichte als fundamentale Abweichung vom europäischen Weg wenig überzeugend scheint. Auch diesen, überwiegend in den 90er Jahren veröffentlichen Studien kann ein geschichtspolitisches Interesse unterstellt werden. Sie betonen aus der Warte von 1978/86[43] das „Normale" an der spanischen Geschichte – auch um u.a. die Rolle Spaniens als gleichwertiges Mitglied im Rahmen der Europäischen Union zu legitimieren bzw. die neue spanische Identität als „normale Demokratie" zu untermauern. Auf Grund dieser Verflechtungen wird im Folgenden versucht, zuerst die Bedeutung des „Sonderweges/Sonderwesens" (in seiner positiven und negativen Lesart) für die Identitätskonstruktion zu umreißen. Anschließend wird kurz auf die wissenschaftliche Auseinandersetzung damit eingegangen.

Alvarez Junco bezeichnet in seiner Monographie zur Entstehung des spanischen Nationalismus den Krieg gegen Napoleon als dessen Geburtsstunde.[44] Schon wenige Jahre nach dem Konflikt sprach die Historiographie von einem „Unabhängigkeitskrieg", schon während des Konflikts wurde die kriegerische Auseinandersetzung als „heiliger spanischer Aufstand", als „unser heiliger Kampf" bezeichnet.[45] Es wurden also Begriffe verwandt, die explizit auf die Kreuzzüge verwiesen, auf das Element des Katholischen. Dieser Rückgriff auf historische Erfahrungen lässt sich auch als Schaffung einer Nationalgeschichte interpretieren, die auch dazu dienen sollte, einen Nationalcharakter mitzuformen – mit durchaus missionarischem Charakter: Der „heilige Kampf" weist Spanien eine Sonderrolle, eine historische Mission zu. Bei der Konstruktion dieses nationalen Bewusstseins wurde auf altbekannte Stereotypen zurückgegriffen, die im Rahmen des Krieges gegen Napoleon eine neue, positive Bewertung erhielten. Mit positiver Konnotation versetzt waren diese „typischen spanischen Wesenszüge" in gewisser Weise eine Entgegnung auf das europäische/französische negative Spanienbild. Die „leyenda negra", die im 18. Jahrhundert das Bild von Spanien prägte, wurde umgedeutet. Sie umriss jetzt das, was es im Kampf gegen Frankreich zu verteidigen galt. Anders ausgedrückt: aus der zivilisatorischen Unterlegenheit Spaniens gegenüber der wissenschaftlich-rationalen Überlegenheit der übrigen Europäer wurde die geistig moralische Stärke der Spanier gegenüber materialistischem Fortschrittsfetisch der Mittel- und Nordeuropäer.[46] Die Personifizierung

---

43  Also aus der Warte des gelungenen Systemwandels (Verabschiedung der Verfassung von 1978) bzw. der abgeschlossenen europäischen Integration (1986 Aufnahme Spaniens in die EG).

44  Vgl. José Alvarez Junco: Mater dolorosa. La idea de España en el siglo XIX, Madrid 2002, S. 32 ff. Auf den ambivalenten Charakter der „revolutionären" Bewegung von 1808-1814, während der es auch zu Revolten gegen das spanische Ancien Regime kam, wird im Folgenden nicht weiter eingegangen. Vgl. hierzu Walther L. Bernecker: Sozialgeschichte Spaniens im 19. und 20. Jahrhundert, Frankfurt am Main 1990: Marx, Karl: Das revolutionäre Spanien, In: MEW, Bd. 10, Berlin 1970.

45  „Santa insurrección espanola" und „nuestra sagrada lucha", s. ebd. Dabei muss berücksichtigt werden, dass es während des Krieges gegen Frankreich auch zu Revolten gegen das Ancien Regime kam, ausgelöst durch die Unfähigkeit des Staates zum schnellen Handeln (keine Kriegserklärung an Frankreich). Vgl. Walther L. Bernecker: Sozialgeschichte Spaniens im 19. und 20. Jahrhundert, Frankfurt am Main 1990, S. 25 ff.

46  Frei nach Bernecker, „Spanien ist anders", S. 2.

Napoleons als „Antichrist" durch die spanische katholische Kirche ist ebenfalls in diesen Kontext einzuordnen.[47]

Ebenso wie im deutschen Fall konstituierte sich das „nationale Bewusstsein" als Abgrenzung gegenüber Frankreich. Diese zeitliche und inhaltliche Parallelität führte zu einer „spanisch-deutschen" Annäherung, die für die Geistesgeschichte weitreichende Konsequenzen haben sollte. Nicht nur, dass in der Deutschen Legion auf Seiten der Spanier Freiwillige gegen das napoleonische Heer kämpften, nach Auffassung des Romanisten Dietrich Briesemeister rührt auch die Spanienbegeisterung der deutschen Romantiker/Biedermeierzeit sowie die spanische Begeisterung für deutsche Philosophie, Dichtung und Kunst aus der Ablehnung des gemeinsamen Nachbars.[48]

Auf der Grundlage des postnapoleonischen „spanischen Bewusstseins" konnten in der zweiten Hälfte des 19. Jahrhunderts konservative Denker wie der antiliberale katholische Traditionalist Juan Donoso Cortés (Spanien als „Bollwerk gegen Säkularisierung und modernistischen Ungeist")[49] und Scholastiker wie Jaime Balmes (die kulturmissionarische Sonderstellung Spaniens) ihre Thesen entwickeln. Politischer Hintergrund dafür waren das mehrmalige Scheitern bürgerlich-liberaler Verfassungsgebungsversuche und *pronunciamientos* in der ersten Jahrzehnten des 19. Jahrhunderts, auf die stets eine Restauration folgte[50] und der Bürgerkrieg zwischen Isabellisten und Karlisten, von denen letztere die Verbindung von „Thron und Altar" zu ihrem politischen Programm erhoben hatten. Nach den zahlreichen Regierungswechseln zwischen *moderados* und *progresistas* während der isabellinischen Ära (1840-68) und dem demokratischen Sexenium 1868-1874 (Erste Republik)[51] sowie der dar-

---

47  S. Bernecker, Sozialgeschichte, S. 29 sowie S. 127 ff.

48  Laut Briesemeister kam der deutschen Philosophie in Spanien eine fast „mythische Funktion" zu: Mit ihr könne die französische „Verstandeskultur" überwunden werden. Vgl. hierzu Briesemeister, Dietrich: Spanien. In: Deutschlandbilder – im Spiegel anderer Nationen, hrsg. von Burghard König, Hamburg 2003, S. 229-253. Die philosophischen und geistesgeschichtlichen Wechselbeziehungen zwischen Deutschland und Spanien werden im zweiten Kapitel genauer untersucht.

49  Donoso plädierte vehement für einen autoritären Regierungsstil, die er mit der Formel „Diktatur des Aufruhrs" vs. „Diktatur der Regierung" begründete. Vgl. Juan Goytisolo: Spanien und die Spanier, Frankfurt am Main 1992, S. 215. Herausragende Bedeutung hatten Donosos Theorien für das römisch-katholische Unfehlbarkeitsdogma. U.a. Juan Donoso Cortés: Der Staat Gottes, übersetzt von Ludwig Fischer, Darmstadt 1966 oder Juan Donoso Cortés: Antología de Juan Donoso Cortés, hrsg. von Francisco Elías de Tejada, Madrid 1953.

50  Auf das Wechselspiel zwischen konstitutionellen Bewegungen, in die sich auch einige der militärischen *pronunciamientos* einordnen lassen, und reaktionären Entgegnungen, also auf den Kampf zwischen Absolutismus und Konstitutionalismus wird in Kapitel 2 der Literaturstudie eingegangen. Die Bedeutung des liberalen Konstitutionalismus in Spanien ist nicht zu unterschätzen, wird er doch als Ausgangspunkt für den europäischen liberalen Konstitutionalismus gesehen. Vgl. Bernecker, Sozialgeschichte, S. 51.

51  Ideologisch war die erste Republik in den Jahren 1873/74 stark vom liberalen Krausismus geprägt, der sich auf den deutschen Philosophen (Idealismus) und Freimaurer Karl Christian Friedrich Krause (1781-1832) stützt. Will man nach personell-ideologischen Verflechtungen zwischen Deutschland und Spanien zur Zeit des Liberalismus suchen, bietet sich hier ein Anknüpfungspunkt. Dabei bleibt jedoch zu bedenken, dass Krauses Einfluss in Spanien ungleich höher als in Deutschland ist (J.M.).

auffolgenden Restauration erschütterte 1898 der Verlust der letzten spanischen Kolonien die Selbstwahrnehmung Spaniens. Das Jahr 1898 ist für die „nationale Identitätskonstruktion" und in diesem Zusammenhang auch für die Debatte um den „Sonderweg" als wesentlich anzusehen. Das Ende Spaniens als Kolonialmacht wurde von Zeitgenossen als Beweis für die Unfähigkeit der Restaurationsmonarchie gesehen, von einigen sogar als „finis Hispaniae" gedeutet. Die sogenannte spanische „Dekadenz" und der „Verlust der Größe Spaniens" erhielten in der Kriegsniederlage ihren symbolhaften Ausdruck.[52] Infolgedessen begann in Spanien eine intensive politisch-gesellschaftliche Debatte über eine notwendige geistig-moralische Erneuerung bzw. Veränderung. Der Buchmarkt wurde überschwemmt von einer Reihe von Publikationen, die sich mit dem „spanischen Problem", dem „spanischen Sonderweg", auseinander setzten.[53] Unter dem Oberbegriff „Generation von 1898"[54] wird eine Vielzahl von unterschiedlichen Strömungen und Ansätzen zusammengefasst, die alle auf unterschiedliche Weise versuchten, das „spanische Problem" zu lösen: Die Bandbreite reicht von sozialistisch-anarchistischen Ideen über liberale Reformvorschläge bis hin zu Forderungen nach einer Reform von oben.[55] Stellvertretend sei hier auf den vom Krausismus geprägten Joaquín Costa[56] (1846-1911) verwiesen, der als Vertreter der kritischen Regenerationsbewegung „praktische Realisierungen" wie technische Schulen, Produktionsgenossenschaften, Wiederaufforstungs- und Bewässerungsprojekte, Zerschlagung des korrupten Kazikentums, eine allgemeine Grundschulausbildung und das Ende imperialistischer Bestrebungen in Afrika forderte. Nur so könne Spanien den Anschluss an Europa wiederfinden und seinen Sonderweg beenden.[57] Als konservativer Vertreter der Generation von 1898 kann Antonio Maura (1835-1925) gelten, der eine „echte Revolution von oben" forderte, verknüpft mit der Forderung nach einer „Re-Moralisierung" Spaniens. Die angestrebten Reformen konnte er als Regierungschef unter Alfons XIII. weder 1903/4 noch 1907/1909 durchsetzen. Auch José Ortega y Gasset (1883-1955) gilt als Erbe der 98er Generation. Er verknüpft, ähnlich

---

52  S. Bernecker, Sozialgeschichte, S. 218.

53  Stellvertretend für die Vielzahl der Publikationen sei hier genannt: Macías Picavea: El Problema nacional; Vidal Fité: Las desdichas de la Patria; Damian Isern: Del desastre nacional y sus causas; Rodriguez Martinez: Los desastres y la regeneracion de España. In ihren Texten nahmen die Autoren bereits ältere Argumente auf, bspw. aus Fernando Garrido: La regeneración de España, 1860 oder Lucas Mallada: Los Males de la Patria, 1890. (Nach Alvarez Junco, Mater dolorosa, S. 571 ff.)

54  Der Begriff „Generación del 98" findet sich als Sammelbegriff auch in der Literaturwissenschaft. Zu dieser literarischen Bewegung, geboren aus dem Geist der „nationalen Verunsicherung", zählen u.a. Ramón Valle-Inclan und Miguel de Unamuno, der zwischen der „Europäisierung Spaniens" und der „Hispanisierung Europas" schwankte.

55  Vgl. hierzu u.a.: Martin Franzbach: Die Hinwendung Spaniens zu Europa. Die „generación del 98", Darmstadt 1988 sowie Alvarez Junco, Mater dolorosa, S. 584-593.

56  Zur Heilung der spanischen Krankheiten forderte Joaquin Costa einen „eisernen Chirurgen" und wurde deshalb mitunter als Vorläufer faschistischer Gedanken bezeichnet. Nach Bernecker, Sozialgeschichte, S. 222.

57  Joaquin Costa: Reconstitución y europeización de España. Programa para un partido nacional, 1900. Zitiert nach Hans Hinterhäuser (Hg.): Spanien und Europa. Texte zu ihrem Verhältnis von der Aufklärung bis zur Gegenwart, München 1979.

wie Costa, das Plädoyer für eine Orientierung in Richtung Europa mit der Forderung nach einer moralischen Erneuerung. Europa steht für Ortega y Gasset für Rationalismus, Industrialisierung und eine Demokratie liberalen Zuschnitts (orientiert am angelsächsischen Modell). Die europäische Identität ist seiner Auffassung nach älter als die nationalen Identitäten und insofern der nationalen übergeordnet.[58] Ortega y Gasset interpretiert die frühe Nationalstaatsbildung als Zeichen der politischen Schwäche, die in Spanien – im Gegensatz zu Frankreich und England – die Entstehung und Weiterentwicklung von Eliten verhinderte und so zum spanischen „Modernitätsdefizit" führte.[59] Ortega y Gasset kritisiert weniger die „Aversion" Spaniens den politischen Ideen der Moderne gegenüber als vielmehr den (im europäischen Vergleich) Rückschritt in Wissenschaft und Technik.[60] Die moralische Erneuerung, die Ortega y Gasset fordert, setzt einen Bruch mit den „alten Traditionen" voraus und erfordere eine Rückbesinnung auf eine nicht näher ausgeführte ganzheitliche „Essenz des menschlichen Daseins". Dies würde ein „vitales, aufrichtiges, rechtschaffenes" Spanien ermöglichen.[61] Mit der Krise von 1898 erhielt die Debatte um den spanischen Sonderweg explizit ihre europäische Ausrichtung, während zu Beginn des 19. Jahrhunderts ihre Stoßrichtung als anti-französisch bezeichnet werden kann.

Mit dem Scheitern der 2. Republik und dem Ende des Bürgerkrieges endete definitiv diese Phase der Außenorientierung und Europa-Zugewandtheit. Nach dem Sieg im Bürgerkrieg bezeichnete Franco sein Regime als eine „Rückkehr zu den ureigensten Elementen des spanischen Wesens", die in den Jahrzehnten des großen weltpolitischen Aufbruchs Spaniens unter den Katholischen Königen die Geschichte bestimmten,[62] insbesondere im religiösen Bereich.[63] Francos touristischer Slogan „Spain is different"/„España es diferente" kann im symbolisch-ideologischen Bereich als ein Ausdruck der Erhebung des spanischen Sonderwegs zur Staatsdoktrin gesehen werden, der allerdings zu einer Zeit populär wurde, in der die Entmachtung der Falange de las JONS, das Ende der autarken Wirtschaftspolitik und der Beginn der internationalen Anerkennung zumindest in Teilbereichen auf eine Annäherung an Europa hindeutet.

Während die oben angeführten Autoren sich mit dem „spanischen Sonderweg" unter dem Vorzeichen der Identitätskonstruktion bzw. Tagespolitik beschäftigten, kreist die historiographische Erklärung der spanischen Sonderentwicklung in die Moderne hauptsächlich

---

58  Gewisse Grundähnlichkeiten zur Abendlandideologie scheinen gegeben zu sein, allerdings müsste noch einmal genauer untersucht werden, inwieweit sich Ortega y Gassets Konzeption von europäischer Identität in diese Konzeption fügt.

59  Die Essenz des „spanischen Sonderweges" ist für ihn also genau das Gegenteil dessen, was Helmut Plessner mit seiner These von der „verspäteten Nation" als Essenz des „deutschen Sonderweges" bezeichnet.

60  Vgl. Raley, Harold C.: Ortega y Gasset, filósofo de la unidad europea, Madrid 1977, Kapitel 6 und 7.

61  S. José Ortega y Gasset: Obras completas, Band 1, Madrid 1943, S. 90.

62  Nach Bernecker, Sonderweg, S. 8.

63  Die von Franco propagierte 'Rückkehr zum Religiösen' fügte sich in das politische Konzept der 'Auslöschung der Zweiten Republik', die als laizistischer Staat alle religiösen Bekenntnisse gleichstellte und Kirchen als Vereine betrachtete. Die liberalen Verfassungen des 19. Jahrhunderts dagegen hatten dem Katholizismus zumeist eine gesonderte Stellung eingeräumt.

um die Themengebiete Wirtschafts-, Religions- und Politikgeschichte. Sie versucht den Machtverlust des ehemaligen spanischen Reiches durch eine strukturell bedingte wirtschaftliche Unterlegenheit bzw. Unfähigkeit, sich dem modernen Kapitalismus anzupassen, zu erklären.[64] Durch die *reconquista* sowie durch die Vertreibungen des 15. und 16. Jahrhunderts habe sich Spanien dem Einfluss von außen verschlossen, sich quasi – unter „katholischem" Vorzeichen – von der Entwicklung des restlichen Europas abgekoppelt und sich tradierten, und bald von der Entwicklung Resteuropas überholten „feudalen" Werten wie Ehre (honra) und Stolz verschrieben[65] – die Suche nach den Gründen für diese „Fehlentwicklung" ist also eng verknüpft mit dem, was als „typisch spanisch" gesehen wird bzw. mit jenen Elementen, die auch im Rahmen der Identitätskonstruktion eine wesentliche Rolle spielen. Aus dieser Abkopplung resultiert auch jenes „Bewusstseinsproblem", das der katalanische Wirtschaftshistoriker Jaime Vicens Vives konstatiert, wenn er in Anlehnung an den von Max Weber hergestellten Zusammenhang zwischen der protestantischen Ethik/Arbeitsmoral und dem Aufstieg des Frühkapitalismus im 16. Jahrhundert davon spricht, dass es Spanien (bis in die 50er Jahre des 20. Jahrhundert) unmöglich gewesen ist, dem Kurs der abendländischen Zivilisation in Richtung Kapitalismus, Liberalismus und Rationalismus zu folgen.[66]

Wurde lange Zeit in der Geschichtswissenschaft die spanische Geschichte als „Geschichte des Scheiterns/der Misserfolge" interpretiert (u.a. Pierre Vilar, Manuel Tuñon de Lara), zeichnet sich in jüngster Zeit ein Paradigmenwechsel ab:[67] Der zentrale Bestandteil der Sonderwegsthese, nämlich die (im europäischen Vergleich) wirtschaftliche Rückständigkeit, wird zunehmend angegriffen bzw. hinterfragt. So sprechen die Autoren Albert Carreras[68]

---

64  Einen anderen Fokus auf den „spanischen Sonderweg" hat Ludger Mees. Er versucht, den Konflikt zwischen Nationalstaat und dem peripheren Nationalismus über die spanische Sonderentwicklung zu erklären. Während sich in Westeuropa im 19. Jahrhundert der moderne Nationalstaat mit den klassischen Weberschen Attributen durchgesetzt habe, sei in Spanien das liberale Gewaltmonopol durch absolutistische Restauration, durch drei Bürgerkriege und zahlreiche Militärputsche permanent herausgefordert worden. Als weitere Gründe für die Schwäche und die Gespaltenheit der bürgerlich-liberalen Trägerschichten benennt Mees die starke Verwurzelung des Katholizismus sowie (am Beispiel des Baskenlandes) die Persistenz einer traditionellen baskischen Agraristokratie. Vgl. hierzu auch Mees, Ludger: Between votes and bullets. Conflicting ethnic Identies in the Basque Country. In: Ethnic and Racial Studies, Volumen 24, Nr. 5, September 2001, S. 808 ff. sowie Ludger Mees: Der spanische „Sonderweg". Staat und Nation(en) im Spanien des 19. und 20. Jahrhunderts. In: Archiv für Sozialgeschichte, Band 40/2000.

65  Am Rande sei an dieser Stelle auf die Kontroverse über die Bedeutung der Begegnung von Judentum/ Islam/Christentum auf der iberischen Halbinsel bzw. die Definition des Spanischen zwischen den Historikern Americo Castro und Claudio Sanchez Albornoz verwiesen. Siehe hierzu auch Kapitel 2.4.2. (Americo Castro: La realidad histórica de España sowie Claudio Sanchez Albornoz: España – und Enigma historico.)

66  S. Jaime Vicens Vives: Geschichte Spaniens, Stuttgart 1969.

67  Zu diesem Paradigmenwechsel vgl. auch Santos Juliá: Anomalía, dolor y fracaso de España. Notas sobre la representación de nuestro pasado. In: Bulletin of the Society for Spanish and Portuguese Historical Studies, Bd. 21, 1996, S. 6-27. Als Grund für diesen Paradigmenwechsel sieht Bernecker die europäische Integration Spaniens. S. Bernecker, Sonderweg, S.12.

68  Vgl. Jordi Nadal/Albert Carreras/Carles Sudrià (Hg.): La economía espanola en el siglo XX, Barcelona 1987.

und Leandro Prados[69] von einem kontinuierlichen Wachstumsprozess der Industrie in den 30er bis 50er Jahren des 19. Jahrhunderts. Wenn das Niveau der westeuropäischen Staaten auch nicht erreicht werden konnte, so verlief die Entwicklung doch nicht grundsätzlich verschieden von anderen Mittelmeerländern. Aus regionalgeschichtlichen Überlegungen vergleicht Prados dabei Italien und Spanien ohne näher auf politische bzw. geistesgeschichtliche Entwicklungslinien einzugehen. Prados betont die langfristigen Wirkungen, die – aus der Perspektive des 20. Jahrhunderts – ein wirtschaftliches Scheitern im 19. Jahrhundert fragwürdig erscheinen lassen.[70] José Ignacio Jiménez Blanco konstatiert für das erste Drittel des 20. Jahrhunderts einen enormen Expansionsprozess im landwirtschaftlichen Bereich.[71]

Diese Änderungen der Interpretation der Wirtschaftsgeschichte haben Implikationen auf den Fokus der Politik- und Sozialgeschichte, die die wirtschaftliche und politische Verfasstheit und Durchsetzungsfähigkeit des Bürgertums neu zu deuten sucht. Dabei sind vor allem zwei, sich auf sehr unterschiedliche Epochen beziehende Thesen interessant: Zum einen versucht Jesus Cruz[72] die vor allem von der marxistischen und liberalen Geschichtsschreibung hervorgebrachte These von der politischen Schwäche des liberalen Bürgertums im 19. Jahrhundert (1810-1850) zu entwerten, in dem er am Beispiel Madrid nachweist, dass die dortige „bürgerliche" Elite keine bürgerliche war, sondern sich überwiegend aus dem Adel rekrutierte und als solche eher traditionelle ökonomische denn moderne kapitalistische Interessen verfolgte. Eine moderne „Bourgeoisie" bildete sich laut Cruz nur in Barcelona und Bilbao heraus. Eine andere Argumentationsstrategie schlagen Francisco Comín und Pablo Martín Acena ein, wenn sie die These vom unterentwickelten, ländlichen Spanien in den 30er Jahren des 20. Jahrhunderts zu widerlegen versuchen, die in engem Zusammenhang mit dem bürgerkriegsauslösenden Topos von den „zwei Spanien" steht. Sie verweisen darauf, dass Spanien über eine weit entwickelte Unternehmerschicht im Bankenwesen, Bergbau, Eisenbahnen und Lebensmittelindustrie verfügte, ohne jedoch – und das relativiert ihre These – die Existenz einer fortgeschrittenen kapitalistischen Gesellschaft zu postulieren.[73]

---

69  Vgl. Leandros Prados de la Escosura: De Imperio a Nacion. Crecimiento y atraso económico en España (1780-1930), Madrid 1988 sowie Leandro Prados de la Escosura: El desarollo económico en la Europa del Sur. España e Italia en perpectiva histórica, Madrid 1992. Der Vergleich mit Italien ist regionalwissenschaftlichen Grundannahmen geschuldet, nicht Überlegungen zu möglichen soziopolitischen oder systeminhärenten Parallelen.

70  Dabei fasst Prados die Zeiträume allerdings ziemlich weit. In einem jüngst veröffentlichten Arbeitspapier unterteilt er die zu untersuchenden Wirtschaftszeiträume in 1850-1950, 1951-1974 ('goldenes Zeitalter'), 1975-2000. Vgl. hierzu: Prados de la Ecosura, Leandro: Assesing growth, inequality, and poverty in the long-run: The case of Spain. Working Paper 05-42 (05), Economic History and Institutions Series 05, Univerisad Carlos III de Madrid, Juni 2005.

71  José Ignacio Jiménez Blanco: Historia agraria de la España contemporánea. Bd. 3: El fin de la agricultura tradicional, Barcelona 1986.

72  Vgl. Jesus Cruz: Gentlemen Bourgeois and Revolutionaries: Political Change and Cultural Persistence among the Spanish Dominant Groups, 1750-1850, Cambridge 1992.

73  Vgl. Francisco Comín/Pablo Martín Acena: La empresa en la historia de España, Madrid 1996.

Durch die Einbettung dieser Einzelaspekte in einen gesamthistorischen Kontext im Rahmen von Gesamtdarstellungen jüngeren Datums ist die Sonderwegsthese in Teilaspekten revidiert und zunehmend in Kritik geraten (auch, weil sie als identitätsstiftendes Moment an Bedeutung verloren hat, J.M.). Das erklärte Ziel, die Geschichte Spaniens als „Geschichte des Scheiterns" (von der Warte 1898, 1936, 1939 aus) zu widerlegen und vielmehr die Normalität seiner Geschichte zu beweisen, haben Juan Pablo Fusi und Jordi Palafox.[74] Die unterschiedliche ökonomische Entwicklung Spaniens im Vergleich zum Rest Europas sehen sie nicht als von „großen, langfristigen Ursachen" bedingt (wie bspw. Sánchez-Albornoz, Castro etc.), sondern ausgelöst durch „kleinere Weichenstellungen" wie bspw. einen rechtlich bedingten geringen Anreiz zu ökonomischen Investitionen oder einer im Vergleich zu Mitteleuropa 'unfruchtbaren Erde'. Im Sinne einer „Normalisierung Spaniens" richten die Autoren ihr Augenmerk auf liberale Kontinuitäten. Der Revolution von 1868 hätte, so die Autoren, durchaus erfolgreich sein und zu einer Konsolidierung der Demokratie führen können, wenn die außenpolitischen Weichenstellungen (Kolonialkrieg in Kuba) günstiger gewesen wären.[75] Bei diesem 'kontrafaktischen Frage-Antwort-Spiel' stützen sich Fusi und Palafox im wesentlichen nicht auf neue Archivmaterialien, sondern verändern nur den Fokus der Fragestellungen und insofern die Interpretationsmuster. Ein ähnliches Ziel verfolgt die Gesamtdarstellung von Joseph Pérez, der zu beweisen versucht, dass „die historische Entwicklung Spaniens nicht von der allgemeinen Linie abweicht, die die übrigen europäischen Nationen eingeschlagen haben."[76]

Die Relativierung der spanischen Besonderheiten lässt sich unserer Ansicht nach auf zwei Gründe zurückführen: Zum einen verlor durch die wirtschaftliche (und zivilgesellschaftliche) Entwicklung seit den 50er Jahren, so betont die Historikerin Carolyn Boyd, die Hauptlegitimationsstrategie des Regimes „Spain is different" zunehmend an Glaubwürdigkeit. Insofern wurde die These von der Sonderentwicklung quasi realpolitisch ausgehöhlt.[77] Der andere Grund liegt im spezifischen geschichtspolitischen Diskurs nach Franco. Dadurch, dass in Spanien nach 1978 die (im Rahmen der Legalität des Franco-Regimes stattfindende) friedliche Überwindung der Diktatur zum *„positiven* Gründungsmythos" erhoben wurde, ergab sich keine Notwendigkeit einen Bruch zu erklären – im Gegensatz zur Bundesrepublik Deutschland, wo Auschwitz zum *„negativen* Gründungsmythos" erhoben wurde und der aus einer militärischen Niederlage resultierende Bruch mit dem Nationalsozialismus sehr viel radikaler und tiefgreifender war als die Auseinandersetzung mit Franco.

Auch die nichtspanische Spanienhistoriographie reiht sich in den Trend zur Relativierung der vorgeblichen spanischen Besonderheiten ein. So schreibt Adrian Shubert in seiner „Social History of modern Spain":

---

74  Vgl. Juan Pablo Fusi/Jordi Palafox: El desafío de la modernidad, Madrid 1997.

75  Vgl. Juan Pablo Fusi/Jordi Palafox: El desafío de la modernidad, Madrid 1997, S. 77 ff.

76  Vgl. Joseph Pérez: Historia de España, Madrid 1999.

77  Vgl. hierzu auch Carolyn Boyd, Historia Patria. Política, historia e identidad nacional en España: 1875-1975, Barcelona 2000, S. 237-259.

„Economically, socially and even politically Spain has been fully a part of the European mainstream over the last two centuries. The Spanisch experience has been as different from those of
Britain, France, Germany and Italy as they have been from each other but the family resemblance
is undeniable."[78]

Ein Vergleich Deutschland-Spanien unter dem Begriff „Sonderweg" erscheint mir schwierig. Das „problema de España", der „spanische Sonderweg" steht für eine historische Mak-
rointerpretation der Geschichte, die – im Gegensatz zum „deutschen Sonderweg" – nicht
in erster Linie die Entstehung eines autoritären Regimes erklären will, sondern im Laufe
des 18., 19. und 20. Jahrhunderts immer wieder zur Erklärung von spanischen „Krisen-
phänomenen" (Machtverlust, Nationalismen) herangezogen wurde. Die Erstellung von
Kriterien für einen möglichen Vergleich von Deutschland und Spanien (in Bezug auf die
Entstehung des Rechtsstaates) sollte deswegen losgelöst von der ideologischen und historiographischen Verwendung dieses Begriffes/bzw. unter klarer Abgrenzung von der jetzigen
Bedeutung dieses Begriffes erfolgen.

## 3 Methodische Implikationen und Kritik des Sonderwegkonzepts

Aufgrund der Bedeutung des deutschen Sonderwegskonzepts für die bereits beschriebene
politische Standortbestimmung der Sozialgeschichte und insbesondere der Historischen
Sozialwissenschaft in kritischer Distanz zur nationalsozialistischen Vergangenheit erlangte die Sonderwegs-These im gesellschaftskritischen Klima der ausgehenden 1960er und
1970er Jahre eine große Prägkraft für die historiographischen und politischen Diskurse
sowie Anerkennung im nationalen wie internationalen Raum. Während bis zum Ende
der 1980er Jahre z.T. heftige Debatten um die Anwendbarkeit und methodische Haltbarkeit des Konzepts geführt wurden, nehmen neuere Forschungen aufgrund methodischer
Entwicklungen zunehmend Abstand von der leitenden Fragestellung des Sonderwegskonzeptes. Zunächst geht es im Folgenden darum, die wissenschaftliche Herausbildung der
Historischen Sozialwissenschaft (die sich später zur umfassenden Gesellschaftsgeschichte
entwickelte) sowie die methodischen Implikationen des von ihr entfalteten Sonderwegskonzeptes zu skizzieren, um dann auf die einzelnen Phasen der Kritik am Sonderwegskonzept einzugehen Zusammenfassend wird herausgearbeitet, welche Konsequenzen sich
daraus für eine Anwendung für die vorliegende Fragestellung ergeben. Die Analyse bezieht
sich vorwiegend auf die fachlichen Diskussionen innerhalb der Geschichtswissenschaft.

---

78 S. Shubert, Adrian: A Social History of Modern Spain, London 1990, S. 2 (zukünftig abgekürzt:
Shubert, Social History)

### 3.1 Entstehung der Historischen Sozialwissenschaften – Methodische Grundlagen des Sonderweges

Das Sonderwegskonzept kann gewissermaßen als das materielle Geschichtsbild[79] der Historischen Sozialwissenschaft verstanden werden, das sich innerhalb einer neu entstehenden disziplinären Matrix bzw. wissenschaftlichen Neuorientierung in Theorie und Methoden der Geschichtswissenschaften herausbildete. Dieser Prozess erweiterte die Vorgängerschulen der historischen Wissenschaft beträchtlich und ist insbesondere durch eine ausgeprägte Einheit von Methodologie und politischem Geschichtsbild (Identifikation mit der Nachkriegsgesellschaft der BRD und deren fortschreitender Westbindung) gekennzeichnet.[80] In der Proklamation der Sozialgeschichte bzw. der Historischen Sozialwissenschaft zu einer alternativen und durch ihre eindeutige Methodenexplikation sowie ihre theoretische Fundierung überlegenen Zugangsweise zur Geschichte lag eine sehr offensive Stoßrichtung, die durch die zusätzliche Integration von Gesellschaftskritik ihre Fortschrittlichkeit gegenüber den älteren geschichtswissenschaftlichen Ansätzen bewies. Mit der Entlehnung theoretischer und methodischer Ansätze aus den sozialwissenschaftlichen Nachbardisziplinen englischer und amerikanischer Prägung wurde – parallel zur Einbindung des französischen Strukturalismus in die dortige Geschichtswissenschaften – sowohl eine wissenschaftliche Westbindung vollzogen als auch das eigene politische Geschichtsbild untermauert.[81] Gleichermaßen erreichte die deutsche Historische Wissenschaft durch die Anpassung historischer Forschung an die zeitgenössischen internationalen Diskussionen in den Sozialwissenschaften einen hohen Verbreitungsgrad (sowie große Anerkennung). Bis zum Beginn der 1990er Jahre entwickelte sie sich von einer Oppositionswissenschaft zur „traditionellen" Politikgeschichtsschreibung zur dominanten Strömung in der deutschen universitären Geschichtswissenschaft.[82]

Die drei Traditionsstränge, die sich als entscheidend für die neue disziplinäre Matrix der Historischen Sozialwissenschaft erwiesen, liegen zum Einen in der Strukturgeschichte der 1950er Jahre, durch welche inhaltlich Themen wie Arbeitergeschichte oder der sozialgeschichtliche historische Vergleich erstmals in den Kanon etablierter Forschungsfelder aufrücken konnten. Methodisch war insbesondere der Zugriff auf langlebige Kollektivphänomene der Gesellschaft, der dem historistischen Begriff der handelnden Persönlichkeit gegenübergestellt werden konnte, prägend.[83] Hierbei stand als Vorläuferin auch die Volksgeschichte Pate, die sich ab den 1920er herausbildete. Sie entwickelte mit ihrem Begriff vom „Volk" zwar eine methodisch innovative Kategorie zur Erfassung gesellschaftlicher Phänomen, jedoch waren völkisch ausgerichtete Vertreter der Volksgeschichte im Nationalsozialismus an der Planung der „ethnischen Säuberungen" beteiligt.[84] Weiterhin übernahm die Histori-

---

79   Vgl. Welskopp, Westbindung, S. 191.

80   Vgl. Welskopp, Westbindung, S. 211.

81   Vgl. Welskopp, Westbindung, S. 193 und 201.

82   Vgl. Jürgen Kocka, Sozialgeschichte, S. 17 ff.

83   Vgl. Welskopp, Westbindung, S. 192-194.

84   Vgl. Kocka, Sozialgeschichte, S. 7 ff. Personell waren insbesondere Werner Conze, Otto Brunner und Theodor Schieder, die später als die Gründerväter der deutschen Sozialgeschichte galten, in die völ-

sche Sozialwissenschaft den strukturfunktionalistischen Systembegriff der amerikanischen
Soziologie (s. sogleich), um die funktionalen Zusammenhänge der Gesellschaft erfassen zu
können und kombinierte diesen mit einem funktionalen Strukturbegriff der Strukturgeschichte (Conze). Dabei wurden Strukturen zwar noch als Handlungsspielräume der Akteure
verstanden; ein strukturbrechendes Potential, das bei Conze noch mitgedacht war, sollte
aber so weit wie möglich ausgeschlossen werden. Somit etablierte sich eine Terminologie, die
Institutionengefüge und Kollektive als handlungsferne, entpersonalisierte Totalitäten, die
als Kollektivakteure den historischen Prozess aus sich heraus vorantrieben, verstand.[85]

Zum anderen erfuhr die Historische Sozialwissenschaft wichtige Anregungen aus den
Arbeiten von Hans Rosenberg und Eckardt Kehr. Über die Anlehnung an die marxistisch
inspirierten Arbeiten der beiden nach 1933 emigrierten Historiker und persönliche Kontakte zu Rosenberg, der in der Nachkriegszeit an der Freien Universität ebenso wie Ernst
Fraenkel lehrte[86], erhielt hier die thematische Konzentration auf die langfristigen Ursachen
des Nationalsozialismus ihre entscheidende Prägung.

Als dritter Traditionsstrang wurde die Modernisierungstheorie der amerikanischen Soziologie zur Metaerzählung der Historischen Sozialwissenschaft und zu deren theoretischem
Bezugsrahmen, in den andere Theoreme eingepasst wurden.[87] In Anlehnung an die historischen Entwicklungsstufen, die Barrington Moore 1966 entwickelt hatte[88], wurden die Wege
in die Moderne von Ländern mit einer erfolgreichen bürgerlichen Revolution (England,
Frankreich, USA) dezidiert von jenen Wegen mit einer konservativen Revolution „von oben"
(Deutschland, Japan) oder Bauernrevolutionen (China, Russland) getrennt. Demnach setzten
sich konservative (reaktionär-kapitalistische) Staats- und Regierungsformen in jenen Ländern
durch, in denen keine parallele Entwicklung von ökonomischer (Industrialisierung), staatlicher
(Bürokratie und Verwaltung) und politischer Modernisierung (Ausweitung der politischen
Partizipationsrechte) stattfand, weil eine erfolgreiche bürgerliche Revolution fehlte.[89]

Aufbauend auf diesen theoretischen Grundlagen entwickelte die Historische Sozialwissenschaft der Bielefelder Schule als Kernstück ihrer Forschungen jenes Sonderwegskonzept,
das davon ausgeht, dass die gesellschaftlichen Entwicklungen und die Unfähigkeit der Eliten
des Kaiserreichs zu wirksamen demokratisierenden Reformen des politischen Systems für

---

kisch-nationalen Forschungen verstrickt; siehe auch: Willi Oberkrome, Volksgeschichte. Methodische Innovation und völkische Ideologisierung in der deutschen Geschichtswissenschaft 1918-1945,
Göttingen 1993; sowie: Winfried Schulze, Von der „Politischen Volksgeschichte" zur „Neuen Sozialgeschichte", in: ders., Deutsche Geschichtswissenschaft nach 1945, München 1989, S. 281-301.

85  Vgl. Welskopp, Westbindung, S. 198 ff.

86  Vgl. Kocka, Sozialgeschichte, S. 13.

87  Vgl. Welskopp, Westbindung, S. 196 und 214 ff. Vgl. zum Einfluss von Hans Rosenberg Kocka, Sozialgeschichte, S. 13 ff.

88  Barrington Moore Jr.: Social Origins of Dicatorship and Democracy. Lord and Peasant in the Making of the Modern World; Boston 1966.

89  Vgl. Lorenz, Theorie, S. 83-85. Lorenz weist darauf hin, dass Wehler trotz der inhaltlichen Nähe
zu Moore dessen Werk in seiner „Modernisierungstheorie und Geschichte", Göttingen 1975 nicht
explizit berücksichtigte.

den Aufstieg des Nationalsozialismus grundlegend waren. Die Entstehung des Nationalsozialismus wird in dieser Betrachtung[90] als fehlende Synchronisation wirtschaftlicher,
sozialer und politischer Entwicklung beschrieben. Nach Wehler folgte den sozioökonomischen Fortschritten keine Demokratisierung und eine nur geringe Parlamentarisierung des
politischen Systems. Ebenso bedeuteten eine gescheiterte bürgerliche Revolution von 1848
sowie die Niederlage der Liberalen im preußischen Verfassungskonflikt (1866) und die
Reichsgründung „von oben" (1871) eine Schwächung des Bürgertums und des Liberalismus.
Sie verhinderten so, dass das Bürgertum eine Vormachtstellung in Gesellschaft und Politik
erlangen konnte. Stattdessen konnten die alten preußischen Eliten (Bürokratie, Militär und
Adel) das Bürgertum feudalisieren und sich repressiver Herrschaftstechniken bedienen,
um politische Reformen zu verhindern und ihre Machtposition im Kaiserreich ausbauen.
Es gelang ihnen, diese über 1918 hinaus zu verteidigen. Die entstehende Mischung aus
vormodernen und modernen Elementen in der Gesellschaft wirkte nach 1919 fort, belastete
die Weimarer Republik und ermöglichte den Aufstieg des Nationalsozialismus.[91]

Die Anziehungskraft der Modernisierungstheorien bestand für die Historische Sozialwissenschaft auch darin, dass diese ein Schema boten, die oben beschriebene gesellschaftstheoretische Konstellations- und Prozessanalysen in eine übergreifende Perspektive
einzubauen. Anders als der historische Materialismus bot das evolutionistische Modell der
Modernisierungstheorien eine unspezifischere und offenere Formulierung der kausalen
Hierarchie von Ökonomie, Gesellschaft und Politik.[92] Ebenso ermöglichte die Rezeption
der strukturalistischen Anteile von Weber und die Konzentration auf dessen Idealtypus, den
Vertretern der Historischen Sozialwissenschaft die Abgrenzung von marxistischen Theoremen, obwohl sie der marxistischen Geschichtsbetrachtung durch ihr systemisches Denken
und ihre strukturalistische Perspektive sowie die Privilegierung der sozioökonomischen
Dimensionen von Geschichte verwandt blieben.[93] Die teilweise eklektizistische Rezeption
unterschiedlicher – sich normativ widersprechender – theoretischer Ansätze wie von Weber
und Marx ermöglichte es den Vertretern der Historischen Sozialwissenschaft somit einerseits,
sich gegenüber den eher konservativen Fachkreisen der älteren Geschichte zu etablieren;
andererseits marxistische Theoreme in die historische Forschung mit einzubringen.[94]

Um das Sonderwegsbild zu begründen und aufrecht zu erhalten, mussten sich dessen
Vertreter jedoch sehr eng an die modernisierungstheoretischen Wirkungszusammenhänge

---

90 Nach Wehler, Kaiserreich 1871-1918, 4. Aufl. Göttingen 1980. Erste Auflage 1973.

91 Vgl. Ullmann, Kaiserreich, S. 57.

92 Vgl. Welskopp, Westbindung, S. 199, 204-218. Wobei die Modernisierungstheorie in der Interpretation der Historischen Sozialwissenschaften dadurch, dass sie sich nach 1945 in den westeuropäischen
Ländern bereits an einem Endpunkt der Entwicklung (liberale Demokratie) angekommen sieht,
letztlich selbst sehr abgeschlossen bleibt.

93 Vgl. Welskopp, Westbindung, S. 209.

94 Vgl. Welskopp, Westbindung, S. 196 ff., 205-209. Wobei von Weber allerdings nur in seinen strukturfunktionalistischen Anteilen rezipiert wurde. Die handlungstheoretischen Aspekte wurden weniger zur Kenntnis genommen.

anlehnen.[95] Marktwirtschaftliche Industrialisierung und die Herausbildung eines liberal-demokratischen Regierungssystems wurden als modellhafte Entsprechungen verstanden, die normativ zusammenhingen. Wie Lorenz leicht polemisch herausgearbeitet hat, ist es jedoch auffällig, dass zumindest Wehler bereits 1975 in „Modernisierungstheorie und Geschichte" durchaus die aus historischer Sicht problematischen Theorieimplikationen der Modernisierungstheorie erkannte. Wehler listet hier die unlineare Entwicklungslogik, die Anlehnung an ein US-amerikanisches Gesellschaftsmodell, die implizite Überlegenheit des Westens, die Dichotomisierung der Geschichte in Modernität und Tradition, wobei die Transformation allein auf die Frage nach der Modernisierung eingeengt werde, die lückenhafte Operationalisierung, die Fokussierung auf Strukturen statt auf gesellschaftliche Prozesse, die mangelnde analytische Berücksichtigung von Herrschaft, Konflikten sowie die künstliche Synchronisierung von Industrialisierung und Demokratisierung auf.[96] Wehlers Akzeptanz der Modernisierungstheorien als Grundlage angewandter historischer Forschungen begründete sich vorrangig aus forschungspragmatischen Gründen (überprüfbares Instrumentarium, Synthetisierung langfristiger vergleichbarer Entwicklungsprozesse), wobei er allerdings keine Gewichtung seiner Pro- und Kontra-Argumentation ausführte, sondern sich vielmehr darauf zurückzog, dass es „keine überlegene Gegenposition" zur Anwendung von Modernisierungstheorien in der Geschichtswissenschaft gebe.[97]

Die Historische Sozialwissenschaft erhob somit den Weg westlicher Modernisierung zum idealtypischen Normalverlauf, an dem abweichende historische Entwicklungen vergleichend gemessen werden sollten. Hier beeinflusste auch das politische Standortbekenntnis die Wahl der theoretischen Fundamente und bestimmte die Ausrichtung der Forschungen. Die Historische Sozialwissenschaft machte es sich zum Ziel, den Nationalsozialismus zu erklären, seine Tiefenstruktur, seine langfristigen Ursachen zu analysieren und machte Distanz der deutschen historischen Entwicklung zum Modell der westlichen Demokratien zum zentralen Fluchtpunkt ihrer Arbeit.[98] Aus heutiger Sicht ist jedoch zu fragen, inwieweit Nationalsozialismus und Shoa durch historische Forschungen, die sich inhaltlich auf den Sonderweg fokussieren und sich des skizzierten methodischen Instrumentariums bedienen, angemessen analysiert werden können.

Eine weitere problematische Grundstellung, die sich aus den theoretischen Fundierungen der Sonderwegsthese ergab, liegt in der Anlehnung an den Strukturfunktionalismus US-amerikanischer Prägung. Die Historische Sozialwissenschaft bildete sich in bewusster Abgrenzung von der subjektiven Sinndimension des Historismus heraus, dessen historische Methode als individualistisch und auf Intentionen von Individuen beschränkt gesehen wurde. Stattdessen fokussierte sie auf die strukturellen und prozesshaften Grundbedingungen gesellschaftlicher Entwicklung, auf die sogenannten „harten" und dauerhaften Phänomene.

---

95  Vgl. Welskopp, Westbindung, S. 211.

96  Vgl. Wehler, Modernisierungstheorie, S. 18-30; nach Lorenz, Theorie, S. 76 ff.

97  Vgl. Wehler, Modernisierungstheorie, S. 59; nach Lorenz, Theorie, S. 78. Wehler ordnet den Marxismus hier als Variante der Modernisierungstheorien ein.

98  Vgl. Welskopp, Westbindung, S. 211

Durch die Abgrenzung von einem historistisch hermeneutischen Sinnverstehens geriet die erklärbare Struktur in den Gegensatz zu Ereignis und Person; wurden nicht mehr die Ideen und Intentionen (zumeist von Staatsmännern) als geschichtsmächtig eingestuft, sondern die ökonomischen und sozialen Strukturen.[99] Die Betrachtung der Möglichkeiten und Grenzen des menschlichen Handelns in der Geschichte und die Analyse der Entstehung von Motivationen und Entscheidungen innerhalb der Strukturen und im Wechselspiel mit ihnen gerieten dabei aus dem Blickfeld. Vielmehr wurde menschliches Handeln allein als durch die Tiefenebenen der Strukturphänomene determiniert interpretiert, sodass oft die Systeme selbst die eigentlich Handelnden zu sein schienen.[100] Die Überlegenheit der strukturellen Perspektive bestand demnach darin, dass sie sich möglichst unabhängig von der Perspektive der Zeitgenossen machte. Die analytische Erfassung der objektiven Strukturen durch den Historiker sei somit in der Lage, die Interessen zu erklären. Da Intentionalität und Handlungsorientierung nicht strukturiert erfasst werden können, wurde sie aus dem Forschungsfokus der Gesellschaftsgeschichte ausgeblendet. Vor allem Ute Daniel hat kritisch darauf hingewiesen, dass das Handeln der (meist kollektiven) Akteure der Historischen Sozialwissenschaft nur in seiner systemkonformen Determiniertheit als relevant gesehen wurde.[101] Kulturelle Deutungsmuster, die als Interpretationsansatz die subjektive Verarbeitung der objektiven Bedingungen analysieren, können in jener Lesart nicht adäquat berücksichtigt werden.[102] Auch bleibt ausgeblendet, dass der Erklärungsvorsprung, den der Historiker gegenüber den Akteuren durch den Zugriff auf die Strukturrealität hat, bestimmte Strukturen in ihrer Bedeutung auch durch die Analyse der (nicht nur quantitativen) Quellen gewinnen muss.[103]

Auch Welskopp weist auf die Annahme der Systemkausalität des Handelns hin, die sich in vielen praktischen Forschungen zeige und die den Determinismus der Historischen Sozialwissenschaft verdeutliche, deren Anspruch es gewesen sei, – anders als in der marxistischen Geschichtswissenschaft – gerade keine strukturelle Kausalität zu begründen. Akteure treten in der Gesellschaft nicht als handelnde Subjekte, sondern als systemkonforme Exekutoren struktureller Handlungszwänge auf.[104] In dieser Betrachtungsweise ist es nach Welskopp schwierig „die Art und Weise zu berücksichtigen, in der Ereignisse selber ein strukturbildende Ergebnis zeitigen, anstatt nur der Effekt von Strukturen zu sein".[105]

---

99   Vgl. Kocka, Sozialgeschichte, S. 17-19. Vgl. auch Lorenz, Theorie, S .100 ff.

100  Vgl. Lorenz, S. 101 ff. Vgl. auch Welskopp, Westbindung, S. 215.

101  Vgl. Welskopp, Westbindung, S. 198 ff.

102  Vgl. Ute Daniel: Clio unter Kulturschock. Zu den aktuellen Debatten der Geschichtswissenschaft; in: Geschichte in Wissenschaft und Unterricht 48, 1997; S. 195-218 und 259-278. Vgl. auch Lorenz, Theorie, S. 110.

103  Vgl. Welskopp, Westbindung, S. 203.

104  Vgl. Welskopp, Westbindung, S. 200, 215.

105  John Breuilly: „Wo bleibt die Handlung?" Die Rolle von Ereignissen in der Gesellschaftsgeschichte; in: Paul Nolte; Manfred Hettling, Frank Michael Kuhlemann, Hans-Walter Schmuhl (Hg.): Perspektiven der Gesellschaftsgeschichte; München 2000; S. 38 zit. n. Lorenz, Theorie, S. 103.

Problematisch an der Marginalisierung der Bedeutungen von Handlungen und Ereignissen ist also, dass Handlungen nur als Reflex von Strukturen gesehen werden, wodurch jedoch die Kontingenz von Geschichte tendenziell verschwindet, wenn die Strukturen nicht selbst auch als kontingent behandelt werden.[106] Die Bielefelder Anlehnung an den amerikanischen Strukturfunktionalismus wirkte sich hier als theoretischer Hemmschuh aus. Der Strukturfunktionalismus der US-amerikanischen Soziologie steht nämlich im Gegensatz zum philosophischen Strukturalismus europäischer Prägung, welcher durchaus die Widersprüchlichkeit von Strukturen verarbeitet und daher zur Reflexion des komplexen Verhältnisses von historischer Struktur und historischem Ereignis geeigneter ist.

## 3.2 Die historische Kritik am Sonderwegskonzept

Die Kritik des von der Bielefelder Schule (u.a. Hans Ulrich Wehler, Jürgen Kocka, Reinhard Koselleck) entworfenen Sonderwegskonzeptes lässt sich in zwei unterschiedliche Phasen teilen, die gleichzeitig auch den Werdegang der Historischen Sozialwissenschaft bzw. Gesellschaftsgeschichte und die methodischen Weiterentwicklung des Faches insgesamt widerspiegeln.

Erste Kritik am Konzept setzte bereits in den 1970er Jahren ein und konzentrierte sich zunächst auf die Entstehung der bürgerlichen Gesellschaft seit dem Ende des 18. Jahrhunderts. Die damals formulierten Argumente richteten sich gegen die schlichte Reduzierung des Kaiserreiches auf eine Vorgeschichte des Nationalsozialismus. Kulturelle und wirtschaftliche oder auch sozialstaatliche Entwicklungen wurden nur im Hinblick auf 1933 gesehen. Die parteinehmende Perspektive und der strukturanalytisch funktionale Ansatz verfehlen demnach sowohl die komplexe Wirklichkeit gesellschaftlicher Entwicklungen im Kaiserreich und leugne die Kontingenz von Geschichte. Denn weder sei die Kontinuität, die vom Kaiserreich auf 1933 zulaufe, die einzige Kontinuität in der deutschen Geschichte, noch diejenige, die zu betrachten allein legitim sei.[107] Ebenso wurde die einseitig nationalstaatliche Perspektive insbesondere in Wehlers „Kaiserreich" angegriffen und bemerkt, dass Wehlers Deutung nur aus der Perspektive manipulativer Herrschaftstechniken im staatlich-politischen Blickwinkel operiere (er also Gesellschaftsgeschichte als Geschichte „von oben" betreibe).[108] Ferner wurde kritisch angemerkt, dass das Interpretationsschema

---

106 Vgl. Lorenz, S. 103 ff.

107 Vgl. Thomas Nipperdey: Wehlers «Kaiserreich". Eine kritische Auseinandersetzung; in: Gesellschaft, Kultur, Theorie. Gesammelte Aufsätze zur neueren Geschichte. Göttingen 1976; S. 360-389. Vgl. auch Thomas Nipperdey: Nachdenken über deutsche Geschichte; Essays; München 1986, S. 225-248.

108 Vgl. J.J. Sheehan: What is German History? Reflections on the Role of the Nation in German History and Historiography; in: JMH 53 (1981); S. 1-23, der auch die Konzentration auf die politischen Verhältnisse in Preußen kritisierte. In gleicher Richtung wurde auch Wehlers Analyse Bismarcks Stellung in der Politik des Kaiserreiches kritisiert, die vor allem die „napoleonische" Herrschaftstechnik hervorgehoben hatte, vgl. Ullmann, Kaiserreich, S. 10 ff.

„Sonderweg" die ehemals positive nationale Sinngebung schlechterdings einfach umdrehe und somit zur Negation werde, die das ältere Bild dennoch bestätige.[109]

Vor allem durch die Publikationen der englischen Sozialhistoriker Geoff Eley und David Blackbourn seit 1979 verschärften sich die Debatten erheblich, in denen die Vertreter des Sonderwegs ihre These und die methodische Herangehensweise der Historischen Sozialwissenschaft verteidigten, und führten bis zum Ende der 1980er Jahre zu Auseinandersetzungen, die nicht beiderseitiger Polemik entbehrten.[110] Eley und Blackbourn kritisierten – auf theoretischer Ebene durch Gramsci und Poulantzas angeregt – insbesondere die rigide Anlehnung des Sonderwegkonzeptes an die Modernisierungstheorie und argumentierten kritisch gegen die Festlegung einer spezifisch deutschen Sonderentwicklung, die eine historische Normalentwicklung voraussetzen würde. Der präzise Vergleich mit dem englischen – als Normalweg gesetzten – Fall würde keinen Sonderweg bestätigen, der dem Verlauf des wissenschaftlich überholten angloamerikanischen Modernisierungskonzeptes, welches der Sonderwegkonzeption der Historischen Sozialwissenschaft zugrunde liege, entsprechen würde.[111] Vielmehr sei die normative Annahme eines parallelen Verlaufs von Parlamentarisierung, Demokratisierung und Industrialisierung, in dem das Bürgertum automatisch zur herrschenden Klasse aufsteige, generell in Frage zu stellen.[112] Denn diesem liege ein verfehlter Revolutionsbegriff zugrunde, in welchem die Konzentration auf das Scheitern der 1848er Revolution die Sicht auf die Erfolge des Bürgertums und die soziokulturelle Verbürgerlichung des Kaiserreiches übersehen werde.[113] Sie wiesen dezidiert darauf hin, dass in den Diskussionen über den Sonderweg zumeist die Frage nach den Reproduktionsbedingungen für eine erfolgreiche bürgerlich-kapitalistische Gesellschaft einerseits mit der Frage nach der Schaffung eines liberalen politischen System vermengt würden. Dementsprechend herrsche die Ansicht vor, dass die konservativen Kräfte und Praktiken im Kaiserreich nicht den eigentlichen Interessen der Bourgeoisie entsprochen hätten. Würde diese doppelte Fragestellung berücksichtigt, so würde auch das Vokabular von Fehlentwicklungen und Diskrepanzen zwischen ökonomischer Entwicklung und politischer Rückständigkeit obsolet.[114]

---

109 Vgl. Ullmann, Kaiserreich, S. 58.

110 Vgl. Grebing, Sonderweg, S. 19.

111 Eley kritisiert die Annahme eines deutschen Sonderweges, der den Faschismus hervorgebracht habe, auf (neo-)marxistischer Grundlage: da die Moderne selbst grundsätzliche Ambivalenzen enthalte, liege in ihr auch die Möglichkeit ihrer Perversion; vgl. Geoff Eley: Deutscher Sonderweg und englisches Vorbild; in: David Blackbourn; Geoff Eley: Mythen deutscher Geschichtsschreibung. Die gescheiterte bürgerliche Revolution von 1848; Frankfurt a.M. 1980; S. 7-70.

112 Vgl. Eley, Deutscher Sonderweg und englisches Vorbild, in: Eley; Blackbourn, Mythen, S. 35.

113 Vgl. Blackbourn, David: Wie es eigentlich nicht gewesen?; in Eley; Blackbourn, Mythen, S. 71-130; hier S. 124 ff.; vgl. auch Eley, Sonderweg, S. 54, der hier auch die These bestätigt, dass legitime bürgerliche Interessen im Kaiserreich durchgesetzt wurden (nämlich in Hinblick auf die bürgerlich-kapitalistischen Interessen).

114 Vgl. Eley, Sonderweg, S. 55.

Helga Grebing, die den Forschungsstand 1986 überblicksartig zusammenfasste, kam zu dem Ergebnis, dass eine enge – den u.a. bei Wehler aufgestellten kausalen Zusammenhängen folgende – Auslegung des Sonderweges deterministisch und nicht zu halten sei.

Die Legitimität der Sonderwegsthese leitet sich für Grebing sowie für z.B. Kurt Sontheimer jedoch auch aus ihrer politisch-pädagogischen Funktion ab und von dem Erkenntnisinteresse an der „Katastrophe von 1933-1945" her.[115] Die Vorbehalte gegen die methodischen Implikationen und die inhaltliche Kritik am Sonderwegskonzept einerseits und das Interesse, dennoch die Entstehung des Nationalsozialismus und der Shoa erklären zu können andererseits, führten auch zu Versuchen, den Sonderweg begrifflich neu zu fassen. Neben der Auslegung von Karl Dietrich Bracher, der einen deutschen Sonderweg auf die Zeitspanne von 1933-1945 begrenzen wollte, in der sich ein bereits vorhandenes „deutsches Sonderbewusstsein" Bahn gebrochen habe, setzte Grebing die Definition einer „deutschen Eigenproblematik", die im Gegensatz zu Bracher längerfristige gesellschaftliche Entwicklungen erfassen kann – ohne jedoch der engen Verknüpfung modernisierungstheoretischer Zusammenhänge zu folgen. Sie sieht die verschiedenen Faktoren, die den Aufstieg des Nationalsozialismus begünstigten (Entstehung faschistischer Bewegungen aus dem Ersten Weltkrieg, Belastungen der Weimarer Demokratie, langfristige Strukturprobleme und autoritäre Orientierungen, ein starker „Organisierter Kapitalismus") allerdings nicht kausal eindeutig miteinander verknüpft. Ein deutscher Sonderweg aus dem 19. Jahrhundert war demnach nicht vorprogrammiert. Vielmehr konnte sich das faschistische Protestpotential erst durch die tiefgreifende Staats- und Wirtschaftskrise voll entfalten. Gegenüber den Sonderwegsformulierungen birgt diese begriffliche Definition eine Offenheit gegenüber den historischen Situationen im Kaiserreich, die deterministische Annahmen eher vermeiden hilft und sich der Bedeutung der Analyse gemeineuropäische Problemlagen (Imperialismus u.a.) öffnet.[116] Die Kriterien der Sonderwegsthese (gescheiterte Revolution 1848/49, „versagendes" Bürgertum, Übermächtigkeit konservativer Traditionen) sind für Grebing fragwürdig geworden, ebenso wie die Definition „normaler" und „besonderer" Wege.

In Anbetracht der umfassenden Kritik aus verschiedenen Richtungen zeigten sich die Vertreter der Sonderwegsthese in der Praxis lern- und integrationsfähig. Einige ihrer eigenen Forschungen trugen selbst dazu bei, die Kernthese des Sonderwegs erheblich zu relativieren. Die Ergebnisse konkreter Forschungsarbeiten führten zu einer Neubeurteilung der Geschichte des Kaiserreiches sowie seiner Vorgeschichte und seiner gesellschaftlichen Folgen. In der Beurteilung der Revolution von 1848 verlegte sich der Fokus stärker auf deren zukunfts-

---

115 Vgl. Grebing, Sonderweg, S. 196 ff. Zur politisch-pädagogischen Funktion siehe Kurt Sontheimer: in: Deutscher Sonderweg – Mythos oder Realität? Kolloquium des Instituts für Zeitgeschichte; München 1982; S. 30 ff.

116 Vgl. Grebing, Sonderweg, S. 193-195 und 197. Bracher prägte auch den Begriff „Eigenweg" in Karl Dietrich Bracher: Die Auflösung der Weimarer Republik; Königstein[5] 1971; vgl. Klaus Hildebrand: Der deutsche Eigenweg. Über das Problem der Normalität der modernen Geschichte Deutschlands und Europas; in: Manfred Funke; Hans-Adolf Jacobsen; Hans Helmuth Knütter u.a. (Hg.): Demokratie und Diktatur. Geist und Gestalt politischer Herrschaft in Deutschland und Europa; Düsseldorf 1987, S. 15-34

weisende Ergebnisse als auf den Aspekt des Scheiterns.[117] Wehler selbst arbeitete im dritten Band seiner Gesellschaftsgeschichte die fünfziger und sechziger Jahre des 19. Jahrhunderts als gesellschaftliche Aufbruchsphase und „eine der wichtigsten Epochen der neueren deutschen Geschichte" heraus.[118] Das international vergleichende Projekt zum Bürgertum im 19. Jahrhundert unter der Regie von Jürgen Kocka zeigte viele parallele Entwicklungen des Bürgertums im deutschen Kaiserreich und seiner westeuropäischen Nachbarn auf und unterstrich so die Thesen von Eley und Blackbourn (s.o.) sowie auch die Kritik Nipperdeys an der Überbetonung der Einheitlichkeit der herrschenden Adelseliten.[119] In der Beurteilung des Kaiserreichs in seiner Bedeutung für die Entstehung des Nationalsozialismus zeigten sich in den neueren Publikationen seit Mitte der 1990er Jahre Modifizierungen in den vom Sonderwegskonzept geprägten kausalen Annahmen und sich annähernde Positionen ehemalige Kontrahenten. Konsens besteht darüber, dass die gesellschaftlichen Modernisierungsprozesse im Kaiserreich das Potenzial hatten, verschiedene und teils gegenläufige historisch wirksame Entwicklungen zu begünstigen.

Während Nipperdey weiterhin die These einer Fehlentwicklung des Kaiserreiches zurückweist, da auch in den anderen westeuropäischen Ländern gesellschaftliche Modernisierungsprozesse widersprüchlich bzw. zwiespältig verlaufen seien und die deutsche Geschichte somit stärker diese Entwicklung eingebettet sei als der nationale Blickwinkel der Sonderwegsthese glauben machen wolle, erkennt er dennoch an, dass ein spezifisch deutscher Problemdruck der Verspätung auf der Geschichte des Kaiserreichs gelastet habe. Dieser sei in einer Häufung der Aufgaben, die es gleichzeitig zu bewältigen galt, gemündet. Dadurch habe sich der Obrigkeitsstaat bis 1918 behaupten können. Der weitere Fortgang der Geschichte sei durch das ambivalente Erbe des Kaiserreiches jedoch offen gewesen.[120] Mommsen hingegen behält die Vorstellung eines deutschen Sonderweges bei, da der entscheidende Schritt, nämlich die fehlende „rechtzeitige Anpassung des politischen Systems an die Erfordernisse einer fortgeschrittenen Industriegesellschaft" nicht erfolgt sei und wichtige gesellschaftliche Probleme so als historische Vorbelastungen in die Weimarer Republik hineingewirkt hätten. Dennoch hebt auch er die fortschrittlichen Züge des Kaiserreiches in wirtschaftlicher und kultureller

---

117 Vgl. Fehrenbach: Verfassungsstaat und Nationenbildung 1815-1871. Vgl. auch Wehler: Gesellschaftsgeschichte, Bd. 2; S. 769; Wehler sieht das Scheitern der Revolution nicht mehr als Beginn des Sonderweges an; zumal 1848 die Revolution überall in Europa gescheitert sei (S. 482); die Revolution sei „nicht der irreversible Rückschlag, den man sooft behauptet hat." Einen Grundstein für diese Interpretation legten bereits Eley; Blackbourn, Mythen.

118 Wehler, Gesellschaftsgeschichte, 3. Bd, 449, lit949

119 Vgl. Jürgen Kocka: Bürgertum im 19. Jahrhundert, Bd.1, 1995, S. 9-34. Vgl. auch Nipperdey, Nachdenken, S. 208-224. Dieter Langewiesche betonte, dass man eher von einem „Doppelgesicht" des Kaiserreiches ausgehen müssen, welches nicht auf klare Linien vereinfacht werden dürfe; vgl. D. Langewiesche (Hg.): Ploetz. Das Deutsche Kaiserreich; 1867 – 1918; Bilanz einer Epoche; Freiburg 1984.

120 Thomas Nipperdey: Deutsche Geschichte 1866-1918; Bd. 2: Machtstaat vor der Demokratie; München 1992; S. 878 und S. 891-893.

Hinsicht hervor.[121] Wehler – als wichtigster Agent des Sonderwegskonzeptes – hält mit
Verweis auf die Notwendigkeit des historischen Vergleichs, der sowohl gemeineuropäische,
wie auch spezifisch deutsche Entwicklungen einschließen solle, um die Sonderbedingungen
in der deutschen Entwicklung hervortreten zu lassen – an der Interpretation von 1933 als
Fluchtpunkt der historischen Perspektive, an der Modernisierung nach westlichen Maßstäben als Alternative sowie am Maßstab der Herausbildung einer Zivilgesellschaft und des
parlamentarisch-liberalen Systems fest.[122] Allerdings spricht auch er nur noch von Sonderbedingungen und bestimmt diese anders als in seinen früheren Interpretationen. Demnach
liegen die „wichtigsten Bedingungen eines deutschen Sonderweges in die Moderne, den es
so vorher nicht gegeben hat" in den sechziger und siebziger Jahren des 19. Jahrhunderts, in
denen sich aufgrund überlappender Aufgaben der Modernisierung und einer fehlenden politischen Verfassung, eine liberale demokratischen Lösung nicht durchsetzen konnte.[123] Trotz
dieser Modifizierungen bleibt Wehler jedoch seinen alten Argumentationslinien weitgehend
verhaftet und sieht in den Sonderbedingungen, die sich in den 1860er Jahren herausbildeten,
eine gesellschaftliche Entwicklung begründet, die in den Nationalsozialismus führte.

Mit Faulenbach und Peukert ist hier allerdings zu fragen, ob damit nicht das Gewicht des
Ersten Weltkrieges und der historischen Umwälzungsprozesse in der Weimarer Republik
sowie der Zeit des Nationalsozialismus unterschätzt werden, in denen die „Krise der Moderne" und somit mehr als die Fortsetzung eines im Kaiserreich begonnenen Sonderweges
sichtbar wurden.[124] Peukert argumentiert in seinem 1987 erschienen Buch „Die Weimarer
Republik. Krisenjahre der Klassischen Moderne" gegen die These vom Sonderweg, indem
er die grundsätzliche Ambivalenz, die auch die Möglichkeit ihrer Perversion in sich berge,
ähnlich wie Eley, betont. Durch die extrem beschleunigte Weise, in der die beispiellosen
Möglichkeiten der industriewirtschaftlich geprägten Existenz durchlaufen wurden, habe
sich ein Paradigma der fundamentalen Ambivalenz der modernen Zivilisation gebildet,
durch dessen krisenhafte Verschärfung Anfang der dreißiger Jahre der Aufstieg des Nationalsozialismus begünstigt wurde.[125]

Auch angesichts der erfolgten Modifizierungen innerhalb der Reihen der Befürworter
der Sonderwegs-These folgen neuere internationale wie nationale Forschungen jedoch nicht

---

121 Wolfgang J. Mommsen: Das Ringen um den nationalen Staat. Die Gründung und der innere Ausbau
   des Deutschen Reiches unter Otto von Bismarck 1850-1890; Berlin 1993; S. 31.

122 Wehler, Gesellschaftsgeschichte, 1995, S. 470. Wobei er allerdings von der Vielfalt westlicher Moder-
   nisierungswege ausgeht, diese aber nicht näher beleuchtet. Die Wege Italiens oder Spaniens werden
   nicht erörtert.

123 Wehler, Gesellschaftsgeschichte, 1995, S. 1241, 1295. Im dritten Band der Gesellschaftsgeschichte
   zeigt sich auch, dass Wehler zwar um die Integration von Kultur als weiterer Säule (neben Ökonomie, Politik und Sozialem) der Gesellschaft bemüht, dies jedoch nur in additiver Form passiert. Eine
   methodische Integration gelingt ihm nicht ausreichend, vgl. Faulenbach, Reichsgründungsepoche,
   S. 370.

124 Vgl. Faulenbach, Reichsgründungepoche, S. 382 ff.

125 Vgl. Detlef J. K. Peukert: Die Weimarer Republik. Krisenjahre der Klassischen Moderne; Frankfurt
   a.M. 1987; S. 10-12 und S. 266.

mehr der Vorstellung eines besonderen deutschen Weges, da sie den heuristischen Wert der leitenden Fragestellung für erschöpft halten.[126] Dadurch, dass zwar thematische Kritiken integriert wurden, aber die theoretischen Grundlagen des Konzeptes nicht ebenso angepasst wurden, gerieten die Vertreter der Sonderwegsthese angesichts der methodischen Weiterentwicklung des Fachs während der 1990er Jahre immer stärker in die Defensive gegenüber der Kritik, die durch die Alltags- und Mentalitätsgeschichte sowie die Geschlechtergeschichte oder postmoderne historische Ansätze und die Kulturgeschichte formuliert wurden, die somit eine zweite Phase der Kritik am Sonderwegskonzept markieren.

Bis in die späten 1980er Jahre bot die modernisierungstheoretische Synthese der Historischen Sozialwissenschaft im Sonderwegskonzept ein breites Dach für Einzelforschungen und die Integration von erweiternden theoretischen Ansätzen. Die Kritik der Alltagsgeschichte und der Geschlechtergeschichte ließen sich – nach teilweise erbitterten Auseinandersetzungen – bis zu einem gewissen Grad in einen weit gefassten Rahmen der Gesellschaftsgeschichte integrieren.[127] Aber zwischen der Historischen Sozialwissenschaft und neueren historischen Ansätzen, in denen die sozioökonomischen Kategorien (Modernität, Struktur, Prozess) als anpassungsbedürftig erkannt werden, lässt sich eine methodische Unvereinbarkeit ausmachen, die sich in der Abgrenzungsbewegung z.B. der Kulturgeschichte und insgesamt in der methodischen Pluralisierung des Fachs erkennen lässt. Auch wird in neueren Ansätzen, angesichts globaler Forschungsperspektiven sowohl die eigene Standortgebundenheit zunehmend reflektiert und auch der „westlichen Sonderweg" insgesamt nicht als Normalweg anerkannt.[128] Die Integrationskraft aufgrund der Einheit von Methodologie und Geschichtsbild, die zuvor als Stärke der Historischen Sozialwissenschaft bzw. der deutschen Sozialgeschichte wahrgenommen wurde, erweist sich daher mittlerweile eher als Schwäche. Während die Frage nach dem Sonderweg aufgrund ihrer Bindung an die Grundlagen der Modernisierungstheorie (kausaler Zusammenhang von Industrialisierung und Demokratisierung) vor allem die Frage nach den demokratischen oder nicht-demokratischen gesellschaftlichen Strukturen oder Formen der Politik untersucht, kann durch Fragestellungen, die die Handlungsoptionen der Menschen innerhalb gesellschaftlicher Strukturen miteinbeziehen und die Ambivalenz

---

126 Vgl. R. Chickering: Drei Gesichter des Kaiserreiches, in: NPL 41 (1996), S. 364-375. Chickering fragt, ob die o.g. umfassenden Werke von Wehler, Mommsen und Nipperdey nicht als Abschlussberichte des wissenschaftlichen Diskurses über den deutschen Sonderweg zu sehen sind.

127 Die Auseinandersetzung kulminierte auf dem Historikertag 1984; vgl. Kocka, Sozialgeschichte, S. 22. Vgl. auch Georg G. Iggers: Geschichtswissenschaft im 20. Jahrhundert. Ein kritischer Überblick im internationalen Zusammenhang, Göttingen 1993; S. 73 ff.

128 Vgl. Lorenz, S. 95-99, 112. Sowie zur verspäteten Rezeption von Weber als Handlungstheoretiker durch die Historische Sozialwissenschaft, um auf die Kritik der Alltagsgeschichte reagieren zu können, ebd., S. 94. Zum Verlust der vormaligen Integrationskraft auch Welskopp, Westbindung, S. 230 ff. Ute Daniel: Quo vadis, Sozialgeschichte? Kleines Plädoyer für eine hermeneutische Wende; in: Winfried Schulze (Hg.): Sozialgeschichte, Alltagsgeschichte, Mikro-Historie. eine Diskussion; Göttingen 1994; S. 54-64. Zu globalen Perspektive historischer Forschung vgl. Thomas Mergel; Thomas Welskopp (Hg.): Geschichte zwischen Kultur und Gesellschaft, München 1997.

moderner Gesellschaften betonen, wesentlich stärker auf die Entstehung und Wirkweise konkreter Politikinhalte fokussiert werden.[129]

Die Positionierung führender Vertreter der Historischen Sozialwissenschaft gegenüber der „zweiten" Phase der Kritik weist – anders als in den Auseinandersetzungen z.B. mit Eley und Blackbourn – eine defensive Ausrichtung auf. Die Relevanz der Kritikpunkte wird inhaltlich wie methodisch anerkannt und die eigenen methodischen Ansprüche werden teilweise auch zurückgenommen[130]; eine grundlegende Anpassung der eigenen theoretischen Grundlagen findet aber nicht statt.[131]

## 3.3 Bedeutungen für die Anwendung des Sonderwegkonzept im Rahmen eines Ländervergleichs

Die Debatten um die Haltbarkeit der Sonderwegsthese haben gezeigt, dass vom einem „Ende des Sonderweges" eher in forschungspraktischer Hinsicht die Rede sein kann. Zwar ist die Frage nach den gesellschaftlichen Ursachen für den Aufstieg des Nationalsozialismus in Deutschland und dessen Einordnung in die deutsche und gemeineuropäische Geschichte nicht abschließend geklärt, doch zeigt sich eine politische wie wissenschaftliche Verschiebung der leitenden Fragestellungen sowie eine Pluralisierung der methodischen Ansätze. Die kritische Interpretation der Historischen Sozialwissenschaft, in deren Mittelpunkt das Kaiserreich und somit eine rein nationale Perspektive gestanden hatte, werden in einem veränderten politischen Klima und im Rahmen eines veränderten Forschungsinteresse nicht mehr als Erklärungen der gesellschaftlichen Geschichte anerkannt.[132] Die methodische und theoretische Kritik, die an dem deterministischen Sonderwegkonzept der Bielefelder Schule geübt wurde, hat gezeigt, dass die Thesen über die vermeintliche Schwäche des deutschen Bürgertums (Scheitern der Revolution von 1848, Niederlage im Verfassungskonflikt 1866 etc.) vor allem durch methodische Kausalannahmen im Kontext von Modernisierungstheorien gebildet wurden, deren Haltbarkeit mittlerweile widerlegt ist.[133] Ebenso hat das Fortschreiten eines „postmodernen Skeptizismus" dazu geführt, Zivilisation und industrielle Modernisierung nicht mehr als unmittelbaren Zusammenhang zu bewerten.[134]

Zudem stellen sich für den historischen Ländervergleich zur Bewertung unterschiedlicher Wege, wie er von der Historischen Sozialwissenschaft stets gefordert, jedoch nur zögernd eingelöst wurde, methodisch differenziertere Anforderungen als die unlinearen Annahmen der Modernisierungstheorie Lösungen anbieten. Die Komplexität der differenten nationalen Problemlagen, wie unterschiedlicher Staatsaufbau, Industrialisierungs- und

---

129 Vgl. Lorenz, S. 113 ff.

130 Vgl. Kocka, Sozialgeschichte, S. 23, 35, 37.

131 Vgl. Lorenz, S. 113; als Versuch, die älteren theoretischen Vorannahmen der Gesellschaftsgeschichte zu überwinden kann, der Aufsatz von Welskopp (a.a.O.) gesehen werden.

132 Vgl. Faulenbach, Reichsgründungepoche, S. 370.

133 Vgl. Grebing, Sonderweg, S. 193 und 197.

134 Vgl. Lorenz, Theorie, S. 113. Vgl. dazu kritisch Faulenbach, Reichsgründungepoche, S. 369.

Urbanisierungsgrade, konfessionelle Signaturen, institutionalisierte Formen der Konflik-
taustragung, erfordern zumeist ein eigenes theoretisches Instrumentarium mittels dessen der
Gegenstand der Fragestellung der Quellenlage angemessen operationalisiert werden kann.
Umfassende nationale Vergleiche werden daher zunehmend durch den aspektbezogenen
Vergleich einzelner Fragestellungen ersetzt.[135] Die nationale Perspektive, die das Konzept
vom Sonderweg anbietet, kann einen solchen Vergleich, der sowohl gemeineuropäische wie
nationale Entwicklungen gewichtet – selbst in der enzyklopädischen Herangehensweise
von Wehlers Gesellschaftsgeschichte – nicht leisten.[136]

## 4   Mögliche alternative Muster für einen deutsch-spanischen Ländervergleich und ihre Einschränkungen

Die Geschichte der Entwicklungen der Begriffe vom Sonderweg in Spanien und in
Deutschland hat gezeigt, dass hier unterschiedliche, den jeweiligen nationalen Problemlagen entsprechende, Konzepte bzw. ein unterschiedlicher Sprachgebrauch abzeichnen.
Während für das deutsche Sonderwegkonzept der Erkenntnisfokus auf die längerfristigen
gesellschaftlichen Ursachen des Nationalsozialismus gerichtet ist, geht es im spanischen
Fall darum, weniger den Aufstieg des Franco-Regimes, als darum, die nationale Identität
in Abgrenzung von oder die Zugehörigkeit zu Europa zu analysieren. In der neueren Historiographie beider Länder zeichnet sich jedoch eine zunehmende Distanz zu Modernisierungstheorien als Erklärungsmuster ab. Aufgrund des unterschiedlichen Sprachgebrauchs
sowie der theoretischen Implikationen, die in der deutschen Theoriediskussion gezeigt
wurden, ist es daher methodisch schwierig, beide Länder als „konvergierende Sonderwege"
zu untersuchen.

Vor diesem Hintergrund erschien es uns als vielversprechend, außerhalb eines eng ge-
steckten theoretischen Rahmens Teilbereiche der Nationalgeschichten beider Länder zu
untersuchen, die möglicherweise Einfluss auf das Entstehen autoritärer Gesellschaftsformen
in Deutschland und Spanien hatten: die jeweiligen Verfassungsgeschichten, die Entstehung
und den Einfluss des liberalen Bürgertums auf Verfassungs- und Gesellschaftsnormen, im
Zuge historiographischer Deutungsmuster die „Krisensymptome" der Gesellschaften. Als
unmittelbare Vorgeschichte zu den Diktaturen des 20. Jahrhunderts kommt der „Krise der
Moderne" sowohl in Deutschland wie in Spanien ein besonderes Gewicht zu. Eine besondere
Rolle spielte im Rahmen der Studie die Auswertung der ersten augenfälligen gemeinsamen
„historische Tatsache" Deutschlands und Spaniens: die Vorgeschichte beider Staaten als
Reich/reino, die sowohl die Handlungsspielräume der Akteure wie auch das jeweilige My-
thenrepertoire (und somit seine politische Instrumentalisierung) bestimmte.

---

135 Vgl. Andreas Wirsching: Krisenzeit der „Klassischen Moderne" oder deutscher Sonderweg? Überle-
    gungen zum Projekt Faktoren der Stabilität und Instabilität in der Demokratie der Zwischenkriegs-
    zeit: Deutschland und Frankreich im Vergleich; in: 50 Jahre Institut für Zeitgeschichte. Eine Bilanz;
    Hrsg. von Horst Möller und Udo Wengst, München 1999; S. 365-381; hier S. 368 und 370.
136 Vgl. Faulenbach, Reichsgründungepoche, S. 372 und 384.

Auf Grund der strukturellen Unterschiede in den Makrogeschichten beider Länder war uns bewusst, dass es sich hierbei nicht um einen Ländervergleich im engeren Sinn handeln konnte. Kursorisch zusammengefasst beziehen sich diese Unterschiede hauptsächlich auf die Bereiche des Nation-Building (defizitäre, aber frühe Nationalstaatsbildung in Spanien vs. späte „Einigung" durch Kriege in Deutschland), der Wirtschaft (Hochindustrie in Deutschland vs. überwiegend agrarische Produktion in Spanien; Agieren im europäischen vs. transatlantischen Kontext), der Identität (Existenz zweier Hauptreligionen in Deutschland vs. (Staats-)Katholizismus in Spanien; Kultur/Sprachnation als regionaler Nationalismus in Spanien vs. Kultur/Sprachnation als gesamtstaatlicher Nationalismus in Deutschland) und der gesellschaftlichen Schichtungen und Trägergruppen (unterschiedliche Größe und Zusammensetzung des Bürgertums, unterschiedliche Entstehung und Einfluss der Arbeiterbewegung). Hierzu kommen die bereits erwähnten unterschiedlichen Dynamiken und räumlichen Kontexte Spaniens und Deutschlands.

Die strukturellen Unterschiede zwischen Deutschland und Spanien werden gerade im Bereich der für modernisierungstheoretische Überlegungen bedeutsamen Bereiche der industriellen Revolution und der Entstehung autoritärer Regime augenfällig. Auch wenn die Forschung die These von der grundsätzlich anderen wirtschaftlichen Entwicklung Spaniens im 19. Jahrhundert und 20. Jahrhundert vorsichtig hinterfragt, ist doch festzuhalten, dass die wirtschaftliche Struktur Spaniens gerade was das Überwiegen der agrarischen Produktion betrifft sich erheblich von der west- und mitteleuropäischen Entwicklung (inklusive Deutschland) unterschied. Seinen im gesamteuropäischen Vergleich industriewirtschaftlichen Rückstand konnte Spanien erst im 20. Jahrhundert während der späten Franco-Diktatur aufholen. Bernecker hat für die späte Franco-Diktatur eine Schere zwischen moderner wirtschaftlicher Struktur und traditionell-autoritärer politischer Struktur gesprochen, also eben jenes Axiom umrissen, dem im Rahmen der deutschen Sonderwegsthese ein so großer Raum zu kommt – allerdings zu einem gänzlich anderen Zeitraum. Die 'Berneckersche Schere' trat in den 60er Jahren des 20. Jahrhunderts auf und ist somit nicht problemlos mit der industriellen Revolution zu vergleichen. Des weiteren ist im Zuge der unterschiedlichen Makrostrukturen noch Folgendes zu bemerken: Eine Betrachtung der spanischen und deutschen Geschichte vom Fluchtpunkt der jeweiligen Diktatur ist selbstverständlich legitim und sinnvoll, bei einem *Vergleich* zwischen Deutschland und Spanien stellt sich allerdings das Problem der Vergleichbarkeit der Strukturen von Franco-Diktatur und Nationalsozialismus: Dabei sind nicht nur die Unterschiede der politischen Systeme etc. zu beachten,[137] sondern auch die *Entstehung* und das *Ende* der jeweiligen Diktaturen. Im Zuge der Sonderwegsthese bzw. historiographischer Überlegungen führt das zu folgender Differenz zwischen Deutschland und Spanien: Das Franco-Regime ist sehr viel weniger Fluchtpunkt historiographischer Betrachtungen als die NS-Diktatur. Unserer Ansicht nach erklärt sich das aus folgender historischer Tatsache: Die Francodiktatur ist genuines Ergebnis eines dreijährigen Bürgerkrieges, sie endete mit dem natürlichen Tod des Diktators. Die am Beginn deutscher historiographischer Betrach-

---

137 S. hierzu unter anderem: Linz, Juan José: Totalitäre und autoritäre Regime, Berlin 2000, S. 131-137; Brooker, Paul: Twentieth-Century Dictatorships: The Ideological One Party States, Basingstoke 1995.

tungen stehende Frage „Wie konnte es zum Aufstieg des Diktators kommen?" stellt sich im spanischen Fall so nicht. Vielmehr lautete die Leitfrage historiographischer Betrachtungen Spanien „Wie konnte es zum Bürgerkrieg als 'Urkatastrophe' kommen?". Ihre Repression und ihr vor allem in den Nachkriegsjahren gegebenes zerstörerisches Potenzial richtete die Franco-Diktatur – auch vor dem Hintergrund der 'Schwächung' durch den Bürgerkrieg und später den Beginn des Kalten Krieges – in erster Linie nach innen und weniger nach außen. Auch dies mag dazu beigetragen haben, dass sie weit weniger als singuläres Ereignis wahrgenommen wurde als der Nationalsozialismus.

Schließlich ist, abgesehen von den Einzelproblemstellungen eines Deutschland-Spanien-Vergleich noch zu fragen, welche Auswirkung auf die Sonderwegsthese die Forschungstendenz hat, Faschismus zunehmend als gesamteuropäisches Phänomen statt als deutsch-italienisch-spanisches (Sonderwegs-)Problem (ungeachtet der einzelnen Definitionen) zu betrachten. So betont Richard Evans in einem Essay zur deutsch-deutschen Geschichte, dass der Parlamentarismus nach dem ersten Weltkrieg in einer Vielzahl von Ländern autoritären Regimes wich (Polen, Ungarn, Litauen, Lettland, Rumänien, Griechenland, Spanien, Portugal, Italien, Österreich, Deutschland, Jugoslawien). Seine These, dass der Liberalismus „(...) 1914 nicht nur im Kaiserreich, sondern in allen größeren Staaten Ost- und Mitteleuropas mit Ausnahme Böhmen schwach entwickelt (...)" war, schwächt im Verbund mit den festgestellten parlamentarischen 'Mängeln' (die Kontrolle der Armee, die Stärke des Beamtentums) in anderen europäischen Staaten die These von der Einzigartigkeit der deutschen Entwicklung.[138] Welches die langfristigen Ursachen für einen schwachen Liberalismus sind und in wie weit und in welcher Form dieser die Entstehung autoritärer Regimes *bedingt* (und nicht nur Vorschub leistet), müsste allerdings in einem größer angelegten Ländervergleich untersucht werden.

Andere historiographische Deutungsmuster, die wir im Rahmen der Studie diskutierten, zeigten sich ebenfalls nur begrenzt als hilfreiches Instrument zur Erklärung der vermuteten Ähnlichkeiten. Eines davon war ein revolutionstheoretischer Ansatz. Spaniens 'Scheitern' in der Moderne wurde unter anderem mit der unvollständigen bzw. gescheiterten bürgerlichen Revolution bzw. mit der Schwäche des Bürgertums, das an die Spitze dieser Bewegung hätte treten sollen, begründet – eine These, mit der auch das deutsch 'Scheitern' in der Moderne begründet wurde.[139] Hier seien noch einmal die wichtigsten Gegenargumente genannt: Die Existenz einer erfolgreichen, genuin bürgerlichen Revolution wird zunehmend in Frage gestellt und damit auch die Behauptung eines (französischen) Idealtypus. So schreibt Edward Thompson: „Während man bisher davon ausging, dass eine fortgeschrittene, egalitäre, links-jakobinische Phase ein wesentlicher Bestandteil jeder vollzogenen bürgerlichen Revolution sein müsse, wirft die neuere Forschung über die Rolle der Pariser Volksmassen, die tatsächliche Zusammensetzung der verschiedenen Richtungen und der Institutionen des Terrors und der revolutionären Armeen wie auch über die nationale Notstandssituation der Kriegsdiktatur die Frage auf, inwieweit es überhaupt Sinn macht, den Jakobinismus des Jahres II als eine

---

138 S. Evans, Richard: Zwei deutsche Diktaturen im 20. Jahrhundert? S. 3-9, S. 6 f. In: Aus Politik und Zeitgeschichte, 1-2 2005, 3. Januar 2005.

139 S. hierzu kritisch: Shubert, Modern History, S. 4.

authentische bürgerliche Erfahrung zu charakterisieren. Und ganz bestimmt kann man nicht behaupten, die *industrielle* Bourgeoisie sei die 'Vorhut' des Jakobinismus oder die wesentliche gesellschaftliche Kraft hinter dieser zutiefst zweideutigen politischen Bewegung."[140] Der besondere Beitrag des Bürgertums zur 'bürgerlichen Revolution' ist also alles andere als geklärt. Zur Behauptung des 'Bürgertums als herrschender Klasse' bemerkt Blackbourn:

> „Betrachtet man Europa im 19. Jahrhundert, fällt es schwer, Situationen zu finden, in denen die Bourgeoisie als Klasse ohne die Unterstützung einer alten Elite oder einer Oligarchie, ohne einen starken Mann oder Verbündete aus anderen Klassen herrschte. (...) Noch schwieriger ist es, zu irgendeinem Zeitpunkt bürgerliche Revolutionen sogenannten klassischen Typs festzustellen."[141]

Selbst in Frankreich, so ergänzt Shubert, sei es schwierig eine genuin bürgerliche Klasse zu identifizieren.[142]

Ein Erklärungsmodell, das im Vergleich zum Sonderweg bzw. dem revolutionstheoretischen Ansatz weniger langfristige denn mittelfristige Entwicklungen berücksichtigt, ist das von Wolfgang Schieder für den deutsch-italienischen Vergleich vorgeschlagene: Danach ist der Faschismus Ergebnis einer Konfliktkumulierung in beiden Ländern, also solches nicht Ergebnis oder Erscheinungsform längerfristiger Modernisierungsentwicklung, sondern Ergebnis und Erscheinungsform einer Modernisierungskrise: Um 1900 findet in Italien und Deutschland gleichzeitig der Prozess des wirtschaftlichen Strukturwandels, der politischen Verfassungsbildung und der nationalen Identitätsbildung statt. Wolfgang Schieders Postulat, nach dem der Faschismus in Italien und in Deutschland „(...) eine politische Antwort auf eine nicht zu bewältigende Modernisierungskrise[143]" sei (der Faschismus insofern also unter dem Aspekt der Krisenhaftigkeit und nicht der Modernisierung diskutiert werden müsste), müsste für den spanischen Fall überprüft werden, wobei nicht außer acht gelassen werden darf, dass die Dynamik der Verfassungsbildung in Spanien sowie des wirtschaftlichen Strukturwandels eine anderen war, als in Deutschland und Italien. Die von Schieder für Deutschland und Italien betonte Gemeinsamkeit eines 'Führers' als Vermittler einer antimodernen Allianz allerdings trifft auch auf den spanischen Fall zu.

Kritisch zu überprüfen ist die These, nach der die Permanenz alter Eliten in beiden Ländern der Errichtung autoritärer Regime Vorschub leistete. Millan definiert den spanischen Karlismus als „bestimmtes politisches Angebot an diejenigen, die bestrebt waren, ihre „bürgerlichen Interessen durch den Obrigkeitsstaat und nicht durch den politischen Liberalismus zu verteidigen." Die Tatsache, dass der Bürgerkrieg zwischen 1833-1839 nicht mit der Niederlage der Karlisten, sondern mit dem Pakt von Vergara endete hatte, so stellt Abellán basierend auf Eloy Terrón dar, habe 'weitreichende Konsequenzen' für die spanische

---

140 S. Thompson, Edgar P.: The Pecularities of the English, S. 47. In: ders., Poverty of Theory and other Essays, London 1978. Zitiert nach Eley, Mythen, S. 12 f.

141 S. Blackbourn, Mythen, S. 100.

142 S. Shubert, Modern History, S. 4.

143 Dipper, Christof (Hg.): Deutschland und Italien 1860-1960. Politische und kulturelle Aspekte im Vergleich. München 2005, S. 168.

Geschichte gehabt. Denn dadurch hätten die karlistischen Kräfte weiterhin als Reservoir für Absolutismus und Reaktion bestehen können.[144] Dieser Befund korrespondiert mit der in der deutschen Historiographie gängigen Beschreibung des ostelbischen Junkertums als tendenziell konservativ-reaktionärer Elite bzw. Kräftereservoir.[145] In seiner gedachten Parallele geht Millán noch weiter: Ein Sieg der Karlisten wäre am ehesten mit der Lösung zu vergleichen, die sich in Deutschland unter Bismarck durchsetzte. Auf Grund ihrer Kontra-Faktizität entzieht sich diese These allerdings der Überprüfung.

Auf den ersten Blick scheint die These von der „Permanenz der Eliten" einiges für sich zu haben, problematisch ist unserer Ansicht vor allem, dass die Besitzverhältnisse und der überregionale politische Einfluss der Karlisten bzw. des ostelbischen Junkertums in beiden Ländern höchst unterschiedlich war. Ebenfalls müsste überprüft werden, inwieweit sich reaktionäre Eliten in Frankreich und Großbritannien halten konnten. Schließlich sollte im Rahmen dieser Überlegung untersucht werden, ob das spanische Agrarbesitzertum ein in seiner wirtschaftlichen und politischen Macht und sozialen Homogenität vergleichbares konservatives Kräftereservoir bildete.

Auch wenn sich die historiographischen Deutungsmuster von Sonderwegsthese über Revolutionstheorie bis hin zu Elitenpermanenz nicht als vollständig geeignetes Instrumentarium zur Suche nach und Erklärung von Parallelen zwischen beiden Ländern erwiesen, gelang es uns doch, einige mögliche Ähnlichkeiten ausfindig zu machen, die – nach einer gesonderten Untersuchung – mögliche Erklärungen für das Entstehen autoritärer Strukturen beinhalten könnten. Auf sie wird im Folgenden kurz eingegangen.

## 5   Historische Verknüpfungen und Parallelen zwischen Deutschland und Spanien

Im Rahmen der Literaturstudie konnten in Teilbereichen gewisse Ähnlichkeiten zwischen Deutschland und Spanien festgestellt werden, die sich im wesentlichen auf die Entwicklung der politischen Ideengeschichte und der damit verbundenen Auswirkungen auf die politische Geschichte beziehen.

In beiden Ländern entstand der Nationalismus in direkter Abgrenzung zum Nachbarland Frankreich bzw. in Abgrenzung zur Figur des „Invasors"/„Eindringlings" Napoleon. Dies führte zum einen zu einem explizit antifranzösischen Diskurs in beiden Ländern, der sich zum anderen in einer Ablehnung der Französischen Revolution und der von ihr vertretenen Ideen zeigte. Das Nationsverständnis konstituierte sich so in beiden Ländern größtenteils *ohne* die Idee der Volkssouveränität im französischen Sinne ins Zentrum zu stellen. Ins Zentrum des deutschen (Früh-)Nationalismus trat die Sprache, ins Zentrum des spanischen Nationalismus die Idee des Katholizismus. Sowohl in Spanien wie auch in Deutschland

---

144 Abellán, Pensamiento Español 4, S. 43.

145 Oliver Grant hat vor kurzem die Einschätzung der ostelbischen Landwirtschaft als rein 'vorindustriell' (und somit eine Verknüpfung von politischer 'Rückständigkeit' und traditionaler Landwirtschaft) bestritten – eine These, die m. A. nicht einer Annahme von Elitenpermanenz entgegensteht. Vgl. Eley/Retallack, Legacies, S. 51-72.

wurde dieser nationale Diskurs mit Rückgriffen auf die Reichstradition legitimiert. Auch die Liberalen sowohl in Deutschland wie auch in Spanien tradierten den Nationsgedanken zum Teil mit dem deutschen/spanischen Reich. Dem Reichsgedanken kam insofern eine fast mythologische Funktion zu. Gerade von konservativen/reaktionären Gruppierungen wurde der Reichsgedanke im späten 19. und frühen 20. Jahrhundert sowie während der Diktaturen als Mittel zur politischen Legitimation genutzt. Es kann angenommen werden, dass dieser Rückgriff auf 'vergangene Zeiten' verbunden mit dem Versprechen 'alte Größe zu erlangen' in beiden Ländern kompensatorischen Charakter hatte und der Integration/ Einbindung verschiedener Bevölkerungsgruppen diente.[146]

Die in beiden Ländern existierende Fixierung der Liberalen auf das Mittelalter/die 'Zeit des Reiches' scheint ebenfalls der Legitimierung, Tradierung und Steigerung der Attraktivität des Liberalismus geschuldet zu sein. Allerdings wäre hier zu überprüfen, inwieweit dies für den spanischen Fall auf die Begegnung mit der politischen Romantik in England zurückzuführen ist, bzw. in wieweit sich der französische und angelsächsische Liberalismus in seiner Traditionssuche signifikant hiervon unterscheidet. So spricht John Gray auch für den angelsächsischen Liberalismus von der Berufung auf 'vornormannische' Zeiten, die hier allerdings mit parlamentarischen und antimonarchischen Strömungen verknüpft sind.[147]

Sowohl in Spanien wie auch in Deutschland kam es unter Instrumentalisierung des Reichsgedankens zu einer positiven Wendung des „Rückstandes" bzw. der anderen wirtschaftlichen und politischen Entwicklung im Vergleich zu Frankreich und Großbritannien. Die nationalen Besonderheiten wurden zur Rechtfertigung einer „historischen Mission". Allerdings gab es ähnliche Missionsgedanken auch in Frankreich und Großbritannien, sie scheinen mithin ein Phänomen der Säkularisierung der Politik zu sein.

Möglicherweise bildete der beidseitige antifranzösische Diskurs und die mit dem Reichsdiskurs verbundene Rückwärtsgewandtheit geistiger Strömungen und die Suche nach „dem wahren Wesen" des Deutschen/Spanischen die Grundlage für eine wechselseitige Rezeption des philosophischen Denkens, die vor dem Hintergrund der ebenfalls mit dem Reichsgedanken zusammenhängenden dynastischen Verbindungen zwischen Deutschland und Spanien im Habsburger Reich bzw. mit Restauration der Bourbonendynastie unter dem germanophilen Herrscher Alfonso XII. umso einsichtiger schien.

Laut Briesemeister kam der deutschen Philosophie in Spanien eine fast „mythische Funktion" zu: Mit ihr könne die französische „Verstandeskultur" überwunden werden.[148]

---

146 Der „kompensatorische" Charakter des Nationalismus ist Bestandteil des sogenannten integralen Nationalismus, als der der Reichsnationalismus gemeinhin bezeichnet wird. Die 'Überlegenheit' (hergeleitet aus der Vergangenheit oder der Gegenüberstellung von 'deutscher Kultur' vs. 'westlicher Zivilisation' bzw. 'östlichem Asiatentum' war gewissermaßen das psychische Einkommen, mit dem Anpassungsprobleme an Transformationsprozesse/soziale und wirtschaftliche Probleme ausgeglichen werden sollten. Zur Typologie der Nationalismen vgl. auch Wehler, Hans-Ulrich: Nationalismus. Geschichte, Formen, Folgen, München 2001, S. 51-55.

147 S. Gray, John: Liberalismo, Madrid 1992, S. 32 ff. (Zukünftig abgekürzt: Gray, Liberalismo)

148 Vgl. hierzu Briesemeister, Dietrich: Spanien, S. 229-253. In: Burghard König (Hg.): Deutschlandbilder – Im Spiegel anderer Nationen, Hamburg 2003.

So wiesen jene Intellektuellen der Generation von 1898, die eine (wie auch immer geartete) Europäisierung Spaniens anstrebten, der deutschen Philosophie eine herausragende Rolle zu. Juan Marichal führt dieses Phänomen unter anderem auf den Studienaufenthalts Julián Sanz del Río 1842 in Deutschland zurück und den damit verbundenen Beginn des *krausismo* und seiner Ausbreitung.

Die Wertschätzung, die die Theorien des Idealisten und Kantianers Karl Friedrich Krause in Spanien erfuhren, erklärt Robert W. Kern unter anderem mit dessen relativer Staatsferne und einem Mystizismus, der im von Staatskrisen und Revolutionen erschütterten Spanien auf fruchtbaren Boden fiel:

> „(Krause's philosophical system) appeared to contain some elements more congenial to its Spanish adherents than Hegel's. Krauses's philosophy of history ascended through consciousness to an ill-defined fusion with essence, reminiscent of European mystical traditions, followed by a descent into practical work to bring the process of fusion between historical reality and perfect essence that much closer, and more quickly, than by relying on the blind gropings of the 'world spirit' that Hegel described. Krause thus posited an active caein between human consciousness and essence that potentially allowed scope for human effort, broke the epistemological 'unknowability' line of Kant, and stripped such institutions as state and church of absolutism. While proposing this somewhat confused system, Krause also fell back on traditions of pantheism and German mysticism. Whatever Krause wrote, he seemed to offer a solution to the dilemmas Kant had left, without doubting the possibilities of human intervention in the process of consciousness-becoming-itself and without painting nineteenth-century institutions such as state and church as the God-willed repositories of the 'world spirit'."[149]

Die starke Ausbreitung des *krausismo* sei, so Marichal, aber nicht lediglich auf die Übersetzung Sanz del Ríos zurückzuführen, sondern unter anderem auch auf die Tätigkeit eines seiner Schüler, Franciso Giner de los Ríos, der über ein Austausch- und Stipendienprogramm Kontakte und Aufenthalte im Ausland, eben auch und verstärkt in Deutschland, förderte und intensivierte.[150]

Seinen Höhepunkt hatte die Wertschätzung des deutschen Kulturkreises für das spanische Geistesleben laut Marichal im Studienaufenthalt Ortega y Gassets: „(...) die erste Reise Ortegas nach Deutschland (1905-1908, Anm. d. Vf.) hatte größere Folgen für die spanische Geistesgeschichte (...) als irgendein vergleichbares Ereignis."[151] Hieraus ließe sich unter anderem auch die Rezeption von Nietzsche und Schmitt erklären.[152]

Abgesehen von Ortega y Gasset und seiner Rezeption im Rahmen der deutschen „konservativen Revolution" ist die Rezeption spanischer Philosophen und politischer Denker

---

149 Kern, Robert: Historical Dictionary of Modern Spain, 1700-1988,Westport 1990, S. 291 f. (Zukünftig abgekürzt: Kern, Dictionary)

150 Marichal, Juan: La europeización de España, S. 120 f., S. 107-129. In: Juan Marichal: El secreto de España – Ensayos de historia intelectual y política, Madrid 1995. (Zukünftig abgekürzt: Marichal, europeización)

151 S. ebd., S. 122.

152 Eine kurze Zusammenfassung zur Bedeutung Ortega y Gassets für die Verbreitung der Ideen von Spengler, Nietzsche, Schopenhauer, Husserl in Spanien gibt Kern, Robert: Historical Dictionary of Modern Spain, 1700-1988,Westport 1990, S. 375-379. (Zukünftig abgekürzt: Kern, Dictionary)

verschwindend gering, was mit dem auch gesamteuropäisch betrachteten geringen Einfluss der spanischen Intellektuellen korrespondiert.[153] Von den politischen bzw. philosophischen Werken hat laut Juan Marichal neben Ortega y Gasset nur Juan Donoso Cortés „Ensayo sobre el catolicismo, el liberalismo y el comunismo" die spanische Sprachgrenze überquert.[154] Abellán und andere betonen den Einfluss, den der Jesuit Baltasar Gracian (1601-1658) und sein Hauptwerk „El Criticón" auf Schopenhauer und Nietzsche hatte.[155] Der Blick von Spanien nach Deutschland scheint, was die Geistesgeschichte sowie die Geschichte der politischen Ideen betrifft, auf jeden Fall von größerer Bedeutung gewesen zu sein als der umgekehrte Blick.

Jedoch hatte Spanien als eine Art „Sehnsuchtsland" eine schon vorhanden Tendenzen verstärkende Funktion, die sich unter anderem in der Spanienrezeption durch die politische Romantik bzw. den frühen Nationalismus zeigt. So schreibt Robert W. Kern:

> „The bravery of the Spanish people resisting Napoleon Bonaparte (1769-1821) appealed to German nationalists. The attractiveness of Catholicism to the mostly Protestant German romantics in the 1820s, as well as supposed traditions of Spanish mysticism, drew the tow cultures closer. Even a conservative romantic from Germany, such as Victor Aimé Huber (1800-1869), took home from his Spanish travels in the 1820s ideas about medieval communitarianism that he tried to turn into housing schemes for the nascent Berlin industrial proletariat thirty years later. German intellectuals rediscovered Spain in many ways after the end of the Napoleonic Wars, and romanticism was central to that rediscovery and redefinition. Spain, no longer viewed as the homeland of Catholic crusades against German religious heresies, became for the first time in modern history an object of German literary and tourist fascination."[156]

Gerhart Hoffmeister sieht diesen neuen Blick auf Spanien nicht als Distanzierung vom katholischen Kreuzzugsspanien der Gegenreformation, sondern als Abkehr vom aufklärerischen „Hass auf Spanien" und Hinwendung zur Verklärung Spaniens als romantischem Land schlechthin: In der Wahrnehmung der Romantiker wiederholt sich im Kampf gegen Napoleon die *reconquista*. Für die Brüder Schlegel sowie Tieck und Schelling sind alle romantischen Prinzipien in Spanien und dem prototypischen Don Quijote vereint.[157] Darüber hinaus ist für August Wilhelm Schlegel Spanien und Frankreich das Gegensatzpaar schlechthin, sowohl was Sprache wie auch Literatur und Nationalcharakter betrifft.[158] Dieser von Deutschen behauptete spanisch-französische Antagonismus könnte in gewisser Weise die Spiegelfunktion erklären, die das „Sehnsuchtsland" Spanien für Teile der

---

153 Zum Einfluss der deutschen Philosophie auf Ortega y Gasset vgl.: Orringer, Nelson R.: Ortega y sus fuentes germánicas, Madrid 1979. Vgl. außerdem den Beitrag von Sabine Ribka in diesem Band.

154 S. Marichal, europeización, S. 127.

155 S. Abellán, Pensamiento Español 3, S. 234-252.

156 S. Kern, Dictionary, S. 292. Einen weiteren Überblick über die deutsch-spanischen Beziehungen in der Geistesgeschichte gibt García Mateo, R.: Das deutsche Denken und das moderne Spanien, Frankfurt 1982.

157 S. Hoffmeister, Gerhart: España y Alemania. Historia y documentación de sus relaciones literarias, Madrid 1980, S. 169-212.

158 S. ebd., S. 179.

politischen Romantik besaß. Insofern könnten die Parallelen und Verknüpfungen in der Geistesgeschichte Spaniens und Deutschlands ein erster Ansatzpunkt für vertiefende Studien sein.

## 6 Ansatzpunkte für eine vertiefende Forschung im Rahmen eins Ländervergleichs zwischen Deutschland und Spanien

Ein makrohistorischer Vergleich zwischen Deutschland und Spanien scheint angesichts der von höchst unterschiedlichen Dynamiken geprägten Verfassungsgeschichte, der unterschiedlichen Wirtschafts- und Sozialstruktur und nicht zuletzt auf Grund der unterschiedlichen Charaktere der diktatorialen Regime im 20. Jahrhundert wenig erkenntnisträchtig. Dennoch könnten Teilbereiche der spanischen und deutschen Geschichte sinnvoll verglichen werden. Hierzu zählen nach Erachten der Verfasserinnen vor allem Teilbereiche der Ideengeschichte. Ihre Vergleichbarkeit beruht dabei auf Ähnlichkeiten der Entwicklungsgeschichte insbesondere im Bereich des Nationalismus sowie auf bestimmten Ähnlichkeiten die auf personellem, institutionellem Austausch zwischen Spanien und Deutschland beruhen.

Wie dargestellt konstituiert sich der Nationalismus sowohl in Deutschland wie auch in Spanien nicht nur in direkter Auseinandersetzung mit der Französischen Revolution, sondern vor allem in direkter Auseinandersetzung mit den napoleonischen Kriegen. Die bewaffneten Konflikte in Spanien (1808) und Deutschland (1814) wurden geschichtspolitisch zu „Befreiungskriegen" erklärt und von Teilen der Historiographie als solche mit großer Breitenwirkung interpretiert. Auch wenn die Historiographie die reale Wirkungsmacht der Befreiungskriege (vor allem im deutschen Fall) als Katalysator des Nationalismus sehr viel differenzierter einschätzt, bleibt doch festzuhalten, dass zumindest für die politischen intellektuellen Eliten des frühen 19. Jahrhunderts die Auseinandersetzung mit Napoleon eine große Bedeutung hatte. So schreibt Abellán in seiner Geschichte der politischen Ideen in Spanien:

> „Der Befreiungskrieg repräsentiert die Reaktion des Volkes und zeigt zugleich seine Besonderheit: Die Idee der Freiheit wird mit dem Nationalgefühl verknüpft. Dadurch wird dem spanischen Krieg ein romantischer Charakter verliehen. Dieses Nationsgefühl bricht mit dem klassischen, einheitlichen Modell des napoleonischen Imperiums und macht aus dem spanischen Volk den Protagonisten seiner eigenen Geschichte. (...) Die Vereinigung beider Dinge – Gefühl der nationalen Unabhängigkeit und Bewusstsein des „Geistes" des Volkes, dem man angehörte – ist das, was den romantischen Charakter der spanischen Rebellion ausmacht. Genau dies sind die grundlegenden Elemente der Romantik als politischer Doktrin, wo die Idee der 'Nation' einerseits und der 'espiritu popular' (Volksgeist) andererseits unzertrennlich sind."[159]

Dieses (zur Zeit der napoleonischen Kriege einer Minderheit vorbehaltene) Denken sieht Abellán zwar als spanische Besonderheit, verweist aber dennoch explizit auf deutsche Bezüge: So erwähnt Abellán unter anderem die Rezeption von Fichtes 'Reden an die deut-

---

159 Abellán, Pensamiento Español 4, S. 91.

sche Nation' durch Vertreter der Generation von 1898 wie Miguel de Unamuno (s. Kapitel 2.3.2.2). Im Sinne eines möglichen Vergleichs zwischen partiellen Entwicklungen in Deutschland und Spanien gilt also nochmals zu fragen, inwieweit auch in Deutschland die Frühphase des Nationalismus von der politischen Romantik geprägt war und welche Langzeitwirkungen dies sowohl in Deutschland und in Spanien für die politische Ideengeschichte und die Entwicklung des Nationalismus hatte bzw. wie sehr die Liberalen beider Länder von dieser Vorstellung geprägt wurden. In diesem Kontext gilt es auch nach den Langzeitwirkungen des sowohl in Deutschland wie auch in Spanien verankerten Reichsmythos zu fragen. Eine solche Untersuchung sollte vor allem die heilsgeschichtlichen Versprechen dieser Mythen analysieren bzw. danach fragen zu welchem Zweck sie von wem instrumentalisiert wurden. Weiterhin sollte eine solche Untersuchung möglicherweise die Frage zu beantworten versuchen, ob diese (im Vergleich zum französischen Nationsbegriff) rückwärtsgewandte Tradierung des Nationalstaates ein Hindernis bei der Bewältigung von Modernisierungsaufgaben darstellte, welche Auswirkungen diese Reichstradierung in beiden Staaten auf die Identifikation mit dem Nationalstaat hatte und wie sich diese auf das Verhältnis von Staat und Gesellschaft hatte. Eine rechtshistorische Untersuchung könnte erörtern, welche rechtlichen Reichstraditionen in den jeweiligen Verfassungen zum Tragen kamen, bzw. welche legitimatorischen Funktionen diese in den Diktaturen beider Länder erfüllten. Ein Ansatzpunkt wäre beispielsweise die Tradierung des franquistischen Rechtsstaates im Mittelalter. So verknüpfte der franquistische Rechtswissenschaftler Luis Legaz Lacambra die – von Luis Aurelio Gonzalez Prieto als 'Camouflage' (maquillaje) bezeichnete – offizielle Benennung des Franco-Regimes als Rechtsstaat mit dem mittelalterlichen Reich. Basierend auf Max Weber und Bluntschli argumentierte Legaz 1951, dass das mittelalterliche Reich ein wahrhafter Rechtsstaat gewesen sei, weil seine politische Struktur auf einer Reihe subjektiver Rechte begründet sei.[160]

Weiterhin kommt dem Militär in Spanien und Deutschland eine – im Vergleich zu Frankreich und Großbritannien – größere Bedeutung bei der Gestaltung der nationalstaatlichen Wirklichkeit zu. Die Entstehung des deutschen Nationalstaates ist direkt durch die vorhergehenden preußisch-österreichischen und deutsch-französischen Kriege bedingt. Insofern ist das preußische Militär Urheber des deutschen Nationalstaates. In Spanien wirkte das Militär über Putsche auf die politische Ereignisgeschichte ein und sah sich darüber hinaus im 19. Jahrhundert als 'Garant für den konstitutionellen Liberalismus' und wurde im 20. Jahrhundert – mit größerer Wirkungskraft als zuvor – zum Stützpfeiler autoritärer Bewegungen. Eine mentalitätsgeschichtliche Studie könnte hier nach möglichen Langzeitwirkungen dieser herausragenden Rollen des Militärs fragen. Ausgangspunkt einer solchen Untersuchung könnten die 'Befreiungskriege' sein. Inwieweit wurden die antinapoleonischen Kriege in beiden Ländern zu einem wie auch immer gearteten militärischen Mythos? Welche soziale und symbolische Position nahm das Militär in beiden Ländern im 19. und 20. Jahrhundert ein? Welche Vorbildfunktion wurde ihm zugeschrieben und wie wirkte sich

---

160 S. Gonzalez Prieto, Luis Aurelio: El franquismos y el estado de derecho. In: Sistema, Nr. 187, Juli 2005, S. 3-33, S.10 f.

das auf das jeweilige Demokratieverständnis auf? Bei einer solchen Untersuchung müsste allerdings berücksichtigt werden, dass die größte Bedeutungszuschreibung des Militärs in Spanien und Deutschland jeweils zu anderen Zeitpunkten erfolgte (Nationalstaatsgründung in Deutschland, Verfassungsputsche in Spanien), dabei jeweils eine andere Funktion erfüllte und in anderen Handlungsspielräumen agierte: Während im deutschen Reich das preußische Militär bei der Nationalstaatsgründung wohl am ehesten Machtinstrument in den Händen Bismarcks war, agierte das spanische Militär zumindest teilweise als autonom handelndes politisches Subjekt.

Zur Verifizierung/Falsifizierung eines Zusammenhangs zwischen autoritären Herrschaftsformen und Rechtsstaat scheinen uns weiterhin im engen Sinne rechtshistorische Studien sinnvoll, die auf den Quellen der verfassungsausarbeitenden Kommissionen in Deutschland (Weimarer Republik/Bonner Republik) und Spanien (Zweite Republik/Leyes fundamentales sowie die Franco-Gesetzgebung, dessen Staat sich selbst als Rechtsstaat verstand/parlamentarische Monarchie) aufbauen. Mit diskursanalytischen Mitteln könnte hierbei versucht werden, die genauen Bedeutungszuschreibungen des „Rechtsstaates"/„Estado de derecho" in den jeweiligen Phasen herauszuarbeiten. Vermutlich würde diese Studie auch Aufschluss geben können über die Tragfähigkeit eines anderen Erklärungsansatz für die Existenz des „Rechtsstaates"/„Estado de derecho" als mögliche strukturelle Ähnlichkeiten in den jeweiligen Makrogeschichten: die von personellen Verknüpfungen. Anwendbar ist diese Überlegung unserer Ansicht nach zumindest auf die Phase der spanischen *transición*. Die Stellung des spanischen Verfassungsgerichts in der Verfassung von 1978 ist inspiriert vom Bundesverfassungsgerichtsgesetz.[161] Weiterhin hatten, so Antonio López Pina in der Einleitung des aufgeführten Werks, namhafte Staatsrechtlehrer direkte Bezüge zu Deutschland bzw. Italien:

> „Die vorwiegend deutsche Ausbildung von García Pelayo, Rubio Llorente, Gallego Anabitarte, López Pina (der Autor, Anm. d. Vf.), Pérez Royo, De Otto y Pardo und Druz Villalón – oder der italienische Einfluss – Fernandez Viagas, Elias Diaz, Pedro de Vega, Peces Barba und Perfecto Andres Ibañez – (lassen) keinen Zweifel an der kulturellen Prägung, die die spanische Staatsrechtslehre und Rechtssprechung durch sie gewonnen haben."[162]

Laut López Pinar finden sich in der spanischen Verfassung bzw. ihrer Interpretation außerdem die Grundlagen „(...) der in der Weimarer Debatte entwickelten sozial-liberalen Staatslehre":

> „Die Bestimmung des in der Verfassung verankerten Begriffs vom sozialen Rechtsstaat (Art. 1 Abs. 1) durch die Staatsrechtslehre und Rechtssprechung stellt die letzte Stufe in der Entwicklung von Gedanken dar, deren Ursprung auf den Bürgerkrieg und auf die ersten Jahre des Franco-Regimes zurückgeht."[163]

---

161 S. García Pelayo, Manuel: Der Status des Verfassungsgerichts, S. 475, S. 475-495. In: Antonio López Pina (Hg.): Spanisches Verfassungsrecht, Heidelberg 1993. (Zukünftig abgekürzt: López Pina, Verfassungsrecht)

162 S. López Pina, Verfassungsrecht, Prolegomena für den deutschen Leser, S. 2-18, S. 2 f.

163 S. ebd., S. 2.

Damals hätte sich die Weimarer Debatte zwischen Schmitt, Heller, Kelsen, Kaufmann und anderen auf spanischem Boden wiederholt.

Eine kritische Überprüfung dieser These im Rahmen einer thematisch enger gefassten Studie (die auch das Phänomen der geleisteten „Aufbauhilfe" des Nach-Franco-Spaniens durch parteinahe Stiftungen wie der Friedrich-Ebert-Stiftung sowie die spezifische Form des spanischen Übergangs in die Demokratie als „paktierte Transition" berücksichtigen müsste) könnte die oben erwähnte These nach unserer Auffassung sinnvoll überprüft werden. Sie würde zwar nicht die Frage nach strukturellen Ähnlichkeiten im Sinne von Familienähnlichkeiten beantworten helfen, wohl aber die nach persönlichen Verflechtungen und Überschneidungen, von denen ausgehend wiederum Fragen nach dem sozialen und kulturellen Hintergrund der konkret benannten Akteure, eben nach den sie mitprägenden Strukturen, gestellt werden könnten: Eine Vorgehensweise, die zielgerichteter und genauer ist als ein makrohistorischer Vergleich oder eine – wie in der zitierten Literaturstudie – bloße Gegenüberstellung von historischen Phänomenen wie Liberalismus oder Nationalismus.

*Carsten Zorn*

# Duell der Bielefelder Sonderwege:
## Systemtheorie vs. Gesellschaftsgeschichte
### Theoretisch-konzeptuelle Probleme in 'historischen Erklärungen' von Faschismus und Nationalsozialismus – Eine Art Lehrstück[1]

## Einleitung

### *Die These*

Die Sonderwegsthese leidet bislang vor allem an einem Mangel an (bzw. an Problemen mit) Theorie. Alle Schwierigkeiten jedenfalls, in die dieser Beitrag zur – wissenschaftlichen wie gesellschaftspolitischen – 'Aufarbeitung' des Nationalsozialismus *mittlerweile* geraten ist, alles, was dafür sorgt, dass sein Wert also *heute* so deutlich in Frage steht, hängt unmittelbar mit dieser Schwäche zusammen: einem mangelnden Interesse oder doch wenigstens einer noch nicht ausreichend geschärften Aufmerksamkeit für die ganze Vielfalt von kulturgeschichtlichen, gesellschaftstheoretischen, entwicklungstheoretischen und konzeptionellen ('theoriebautechnischen') Problemen, die die Sonderwegsthese impliziert und involviert. Und dies gilt nicht nur, aber auch noch für die heute fortgeschrittenste, materialreichste und prominenteste, also auch einflussreichste, und zudem bislang theoretisch reflektierteste Form ihrer Ausarbeitung, ihre Bielefelder Variante also. Es gilt, präziser gesagt, auch für alle Versuche, die Sonderwegsthese mit Hilfe historischer Studien zu belegen, die mit dem 'struktur-' oder 'gesellschaftsgeschichtlichen' – sich theoretisch bei Marx und Max Weber vor allem bedienenden – Ansatz der Bielefelder Historikerschule arbeiten, wie er seit den 1970er Jahren maßgeblich von Jürgen Kocka und Hans-Ulrich Wehler entwickelt und vertreten wird.

Diese Diagnose steht im Zentrum des vorliegenden Textes. Sie ist hier allerdings alles andere als Selbstzweck. Vor allem dient sie hier keineswegs dazu, die Sonderwegsthese ein weiteres Mal (mit neuen, womöglich nochmals treffenderen oder avancierteren Argumenten) für erledigt zu erklären, sie 'noch endgültiger' zu verabschieden, 'noch restloser' zu demontieren oder zu dekonstruieren als es bislang schon versucht wurde[2] – selbst wenn letzteres

---

1   Ich habe Detlef Georgia Schulze für eine ausgesprochen sorgfältige Lektüre, sehr hilfreiche kritische Kommentare sowie viele wichtige Hinweise zu früheren Versionen dieses Textes zu danken.

2   Dazu lässt sich zunächst auf den vorliegenden Band verweisen: Die entsprechenden Versuche finden sich hier umfassend dokumentiert, nimmt man alle Referate vorliegender Kritiken in mehreren seiner Beiträge zusammen – und diese Kritiken werden dabei zudem oft zustimmend, ja gelegentlich sogar noch einmal zugespitzt wiederholt.

vielleicht (zunächst) nötig sein sollte, um zu erreichen, worum es mir geht. Womöglich lässt sich der mittlerweile in der öffentlichen wie der wissenschaftlichen Diskussion gleichermaßen arg unter Druck geratenen Sonderwegsthese nämlich nur so heute noch wirklich 'nachhaltig' helfen: wenn man nicht weiter versucht, die heute gebräuchlichen Ansätze der Sonderweg-Forschung zu 'reparieren' oder zu ergänzen, sondern es stattdessen gleich mit ganz neuen konzeptuellen Ansätzen und Theoriegrundlagen versucht.

Dafür spricht vor allem, dass die Sonderwegsthese unter dem herrschenden Druck heute nur scheinbar an Bedeutung verliert. Tatsächlich geschieht etwas ganz anderes. In ihrem nun unklaren Status und Zustand übt sie eine neue, ganz eigene Art der Faszination aus; wie ein in seiner Grundstruktur erschüttertes 'Thesengebäude', dessen dem Augenschein nach unbeschadet gebliebene, intakte Teile man nun nur um so lieber immer wieder einmal aufsucht. Denn hier ist die Sicherheit noch immer spürbar, die dieser Bau einmal vermittelte. Vor allem aber schafft der Umstand, dass der einstmalige Zusammenhang zwischen diesen Teilen erschüttert ist, nun Freiraum für eigene Ideen, sie neu zu kombinieren – für ein 'postmodernes Spiel' (im Sinne des auf 'Beliebigkeit' reduzierten Verständnisses und Bestandteils der 'Postmoderne') mit einer ganzen Reihe noch immer plausibler Einzelaussagen und grober Erklärungsmuster sowie, nicht zuletzt, der ebenso populären wie suggestiven Metaphorik der Sonderwegsthese[3]. Erst in diesem Zustand also scheint die Sonderwegsthese, anders gesagt, nun als allgemeine Rechtfertigungsformel wahrhaft attraktiv zu werden – und selbst sich unmittelbar widersprechenden politischen Schlussfolgerungen kaum noch Widerstand entgegen setzen zu können.

So kann aus der formelhaften Problemdiagnose 'Abweichung vom westlichen Durchschnitt' nun der neurotische Versuch resultieren, jede 'westliche Norm' – wie den aktuellen 'post-totalitären Konsens' – besonders vorbildlich und übereifrig zu erfüllen (wie der Beitrag von Georg Fülberth in diesem Band am Beispiel des deutschen Umgangs mit Luciano Canfora zeigt). In ähnlichem Sinne kann man daraus heute eine Rechtfertigung für die deutsche Beteiligung an weltweiten Kriegseinsätzen der 'westlichen Allianz' abgeleitet finden.[4] Aber

---

3    „Wege – Irrwege – Umwege" lautet so etwa der Titel einer 2002 eingerichteten ständigen Ausstellung des Deutschen Bundestages (im Deutschen Dom am Berliner Gendarmenmarkt), die nach eigenem Verständnis „die historische Entwicklung des liberalen parlamentarischen Systems in Deutschland" dokumentiert (http://www.bundestag.de/ausstellung/wege/index.html; gesehen am 27.03.07) – offensichtlich aber vor allem eine suggestive Nähe zur Metapher vom 'Sonderweg' sucht, um als gar nicht so verschieden erscheinen zu lassen, was tatsächlich eine Reihe grundlegend anderer Ausdeutungen impliziert (es gab immer *mehrere* deutsche Wege; sie lassen sich sauber auseinander halten; Sonderwege erweisen sich im Nachhinein oft bloß als 'Umwege'; alle deutschen 'Irrwege' sind heute als solche erkannt und verlassen usw.).

4    Im Vorfeld der Entscheidung über eine deutsche Beteiligung am Afghanistan-Krieg ging den Abgeordneten des Bundestages 2001 ein Brief zu, in dem Auswärtiges Amt und Kanzleramt gemeinsam argumentierten: „Die Alternative zu einer Beteiligung wäre ein deutscher Alleingang, der der entscheidenden Lehre aus unserer Vergangenheit zuwiderläuft: Multilaterale Einbindung statt Renationalisierung. Ein solcher 'neuer deutscher Sonderweg' – wie auch immer begründet – würde bei unseren Partnern und Nachbarn auf Unverständnis und Mißtrauen stoßen." (Zitiert nach Bahners 2001).

man findet dieselbe Formel nun auch mit der Pauschalannahme verknüpft, Deutschland habe seinen Sonderweg inzwischen 'endgültig verlassen', und dann wird der gegenteilige Schluss gezogen: Deutschland habe 'auf der Weltbühne' nun, gerade umgekehrt, wieder ('wie jede andere Nation auch') vor allem *seine eigenen* 'nationalen Interessen' zu schützen und zu verfolgen – und alles *andere* bedeute nun einen Sonderweg, beziehungsweise alles andere hieße heute, einen *neuen* Sonderweg zu betreten.[5]

Die Sonderwegsthese bildet, mit anderen Worten, noch immer, oder vielleicht gerade heute, eine der populärsten und stabilsten Referenzen des öffentlichen Diskurses, und gehört zum festen Repertoire der politischen Rhetorik. Die Berufung auf sie führt nur immer seltener zu substantiellen Auseinandersetzungen über die jeweiligen Schlussfolgerungen. Es rächt sich nun, dass die bisherige Sonderweg-Forschung selbst besonderen Wert darauflegte, und selbst ihren wichtigsten Vorzug darin sah, „politisches Handeln anleiten" (Wehler 1987, 20) zu können, ja sogar genau darauf hin, also auf „Anweisung zum politischen Handeln angelegt" (ebd.) zu sein – statt ihre vordringliche Aufgabe etwa in dem Nachweis zu sehen, dass die historischen Entwicklungen, die sie unter der Begriff 'Sonderweg' zusammenfasst, eben gerade nicht von jener Art sind, die schnelle und einfache Schlüsse zulassen. Insofern benutzt der heutige politische Diskurs die Sonderwegsthese im Grunde auch nur als genau das, was ihm versprochen wurde: als ein Projekt, das zwar „nicht einer direkten politischen Instrumentalisierung von Wissenschaft" (ebd.) das Wort redet, das es dem Verlangen aller Politik nach rechtfertigenden Handlungsanweisungen aber erklärtermaßen eher leicht als schwer machen wollte; und ihm nicht etwa ein möglichst komplexes wissenschaftliches Problembewusstsein entgegenstellen wollte, sondern Politik und Machthaber – nach dem Vorbild ziemlich alteuropäischer Vorstellungen – durch die Autorität „[w]issenschaftlich gesicherter Kenntnisse" (ebd.) gezielt und kontrolliert in einem bestimmten Sinne beeinflussen zu können glaubte. Und selbst wenn man berücksichtigt, was auf diesem Wege vielleicht ursprünglich einmal alles erreicht wurde – sieht man, wohin er inzwischen geführt hat, so liegt es nahe, dass die einzig wirklich erfolgversprechende, wirksame Therapie für die Sonderwegsthese heute darin bestehen könnte, sie nochmals auf runderneuertem konzeptuellem und theoretischem Fundament zu rekonstruieren, oder besser noch: auf völlig anderem Fundament ganz neu aufzubauen.

Selbst jedenfalls, wenn das Insistieren dieses Textes auf 'Theorie' also mitunter wie ein gegen die Sonderwegsthese gerichtetes 'Ceterum censeo' klingen sollte – es geht doch stets um das gerade Gegenteil. Die geübte Fundmentalkritik an der bisherigen Sonderwegshistorie,

---

5   So argumentierte etwa Patrick Bahners in einer Polemik gegen die gerade erwähnte außenpolitische Doktrin der rot-grünen Bundesregierung: „Verachtung würde den britischen Premier oder französischen Präsidenten strafen, der Soldaten in den Krieg schickte und nur einen Grund angäbe: nicht allein stehen", (Bahners 2001). Bahners' Titel: „Mourir pour Bielefeld?" Auf den Sonderwegsvorwurf folgt der Sonderwegsvorwurf, man gibt ihn nun mit Vorliebe sogleich zurück. Besser lässt sich das heutige Dilemma der Sonderwegsthese nicht auf den Punkt bringen: Als Sammlung lose gekoppelter Aussagen ist sie ein allseitig einsetzbarer Topos geworden, Medium zur Einprägung aller möglichen politischen Formen und Behauptungen, Munition und Schmiermittel ideologischer Auseinandersetzungen.

die Konzentration auf grundlegende konzeptuelle Schwächen – hier sollen sie einmal zur Eruierung und Vorbereitung erfolgversprechender Therapieangebote dienen. Aus den heute erkennbaren Schwächen soll gewissermaßen auf jene Stärken geschlossen werden, auf die es einer erneuerten Sonderweg-Forschung ankommen müsste. Gesucht werden, kurz gesagt, Antworten auf die Fragen: Was sollten künftige Neuauflagen bzw. Wiederaufnahmen anders machen? Und: Was ließe sich ganz sicher besser machen?

## 'Gesellschaftsgeschichte' als repräsentativer Ansatz

Im Einzelnen verdeutlichen werde ich die 'Probleme mit Theorie', einige jener zentralen theoretisch-konzeptuellen Schwächen also, die die Sonderwegsforschung m.E. bislang prägen, hier am Beispiel von Hans-Ulrich Wehlers „Deutscher Gesellschaftsgeschichte" (Wehler 1987; 1989; 1995; 2003). Dies erscheint nicht nur gerechtfertigt, weil die Sonderwegsthese heute im Allgemeinen mit diesem Projekt assoziiert, ja identifiziert wird – sondern vor allem, weil dies auch mit einem gewissen Recht geschieht. In den hier interessierenden Hinsichten jedenfalls darf es als ebenso exemplarisch wie repräsentativ für die gesamte bisherige Sonderwegsforschung gelten. Für die relativ breit angelegten (Kultur-, Politik- und Sozialgeschichte berücksichtigenden) Untersuchungen von Reinhard Kühnl zum deutschen Sonderweg (Kühnl 1996) beispielsweise ließen sich die gleichen konzeptuellen Probleme nachweisen, die ich hier (unter I.) in einer detaillierteren Auseinandersetzung mit Wehlers Projekt hervorheben werde. Auch Kühnl stellt sich so beispielsweise im Hinblick auf den deutschen Sonderweg zwar zunächst die grundlegende Frage: „Wo liegen seine Ursprünge, welche geschichtlichen Bedingungen [...] haben ihn befördert?" (Kühnl 1996, 8). Wie in der Bielefelder Gesellschaftsgeschichte vermisst man aber auch hier dann eine systematische Reflexion der Frage, wo mit der Suche nach 'Ursprüngen' zu beginnen wäre, und welche gesellschaftlichen Bedingungen in der Vorgeschichte des deutschen Sonderwegs für dessen Erklärung von Bedeutung sein könnten (und welche nicht). Woher weiß man, wo man mit der Suche zu beginnen – und worauf man dabei zu achten hat? Wie scheidet man hier Wesentliches von Akzidentiellem? Wie kann es gelingen, die „länger-fristig wirkenden Kräfte, die hier am Werke waren" (Kühnl 1996, 8), 'herauszudestillieren' und die „Grundzüge des 'deutschen Weges'" (Kühnl 1996, 9-43) zu identifizieren – sie also sicher von nur kurzfristig relevanten Kräften beziehungsweise von nebensächlichen 'Charakterzügen' zu unterscheiden? Welche historiographischen und gesellschaftstheoretischen Annahmen (und auch: welche epistemologischen Konzepte) kommen bei solchen Versuchen zum Einsatz?

In vordringlich und dezidiert kulturgeschichtlichen Untersuchungen dagegen – wie in Jürgen Eibens Dissertation zum Einfluss von Kant und Luther auf Deutschlands kulturhistorischen Sonderweg etwa (Eiben 1989) – kann man zwar gelegentlich recht ausführliche theoretische Grundlagenreflexionen finden (Eiben 1989, 221-252). Auch dies macht gegenüber der Bielefelder Gesellschaftsgeschichte am Ende jedoch kaum einen Unterschied. Denn ausführlich diskutiert wird dann regelmäßig allein das allgemeine Problem, mit welchen Theorien sich erklären lässt, dass 'kulturelle Faktoren' (wie ein deutsches Sonderverständnis von Bürgerlichkeit, von Staat und Nation, von den Funktionen des Rechts u.ä.) im Geschichtsverlauf überhaupt von Relevanz sind. Alle anderen, und damit auch die eigentlichen theoretischen Herausforderungen der Sonderwegsthese (etwa: welche *Wechsel*wirkung zwischen kulturellen und *anderen* gesellschaftlichen Faktoren hat man im historischen Prozess in Rechnung zu stellen, und wie haben diese 'im deutschen Fall' dann im Einzelnen dazu beigetragen, das deutlich abweichende Entwicklungsresultat möglich zu machen) bleiben also auch hier ausgespart.

In der disziplininternen Kritik der Sonderwegsthese innerhalb der Geschichtswissenschaft schließlich kommen zwar seit jeher auch konzeptuelle Probleme zur Sprache wie sie hier eine Rolle spielen werden; so zum Beispiel die Frage, wie sehr die Geltung der Sonderwegsthese tatsächlich vom Nachweis 'durchgängiger Linien' und 'bruchloser Kontinuitäten' abhängt. Aus Sicht allgemeiner prozess-, entwicklungs- und evolutionstheoretische Ansätze gäbe es schließlich auch noch andere Möglichkeiten: Es könnte ebenso bedeutsam sein, dass eine jede historische Sequenz (wie das deutsche Kaiserreich etwa) bestimmte Anfangsvoraussetzungen für die darauf folgende festlegt, den Bewegungsspielraum der auf sie folgenden Sequenz also einschränkt (und der Handlungsspielraum so, gewissermaßen kumulativ, immer enger wird). Doch wie bei den Bielefeldern selbst wurden solche Fragen auch in der breiteren historiographischen Diskussion nie als für sich bedeutsame und ausführlich zu erörternde konzeptuelle Probleme erkannt. Stattdessen findet man nur immer wieder theoretisch ebenso wenig begründete wie reflektierte Behauptungen: „Man muß die Sonderbedingungen, die der Epoche und der Situation entspringen, also z.B. die Bedingungen der Weimarer Republik, vom Sonderweg unterscheiden: nur wo diese Bedingungen spezifisch in einer Kontinuität stehen zu früheren Traditionen und Überlieferungen, kann sinnvoll von Sonderweg die Rede sein." (Nipperdey 1982, 20)

## Ziele

Den sicher deutlichsten Hinweis auf das Gewicht ihrer theoretischen Schwächen gibt der Umstand, dass seit nun schon geraumer Zeit genau eine solche Schwäche im Zentrum der wissenschaftlichen Kritik an der Sonderwegsthese steht: Es scheint als impliziere sie notwendig eine normative Theorie von 'Modernisierung'. Problematisch an ihr scheint heute also vor allem anderen zu sein, dass sie einen 'normalen Modernisierungspfad' unterstellen müsse, um demgegenüber dann von einem (oder mehreren) Sonderweg(en) sprechen zu können (vgl. dazu etwa die Zusammenfassung der entsprechenden kritischen Literatur bei Macher/Stranz 2006, 38 f., 49).

Dass bis heute eine angemessene Reaktion auf diese Kritik ausgeblieben ist, darf als symptomatisch und exemplarisch für die hier in den Mittelpunkt gerückten Probleme der Sonderwegshistorie gelten. Es ist dies, wie gezeigt werden soll, nicht das einzige konzeptuelle Problem, das einer bewussten, offensiven und deutlich konzentrierteren Suche nach konsistenten theoretischen (Alternativ-)Lösungen bedürfte, wenn die Sonderwegsthese auch künftig noch – oder überhaupt erst wieder – eine gewichtige Rolle in den Kontroversen um Erklärungen für Faschismus und Nationalsozialismus spielen soll; und nicht zwischen politischer Instrumentalisierung einerseits und wissenschaftlicher Kritik andererseits zerrieben werden, oder endgültig ihrer Entschärfung durch jenen „Historisierungsprozess" (Cammann 2006) zum Opfer fallen soll, der inzwischen – buchstäblich – gegen sie betrieben wird.[6]

Aus der historischen Perspektive auf die Sonderwegsthese wird hier gewissermaßen der umgekehrte Schluss gezogen: Aufgrund der großen Zahl bislang nicht hinreichend reflektierter theoretisch-konzeptueller Probleme muss man davon ausgehen, dass die Sonderwegsthese ihr ganzes Potential bislang noch gar nicht hat ausspielen können. Ja, es ist gegenwärtig nicht nur unmöglich, ein abschließendes Urteil über den Wert zu fällen, den sie für – öffentliche wie wissenschaftliche – Kontroversen um Faschismus und Nationalsozialismus zu entfalten vermag. Im Grunde lässt sich darum gegenwärtig auch gar kein zuverlässiges Urteil über ihre wissenschaftliche Validität fällen.

Daraus ergibt sich ein weitergehendes Ziel der folgenden Untersuchungen: Die Problemstellungen der Sonderwegsthese sollen als eine gemeinsame Herausforderung für die Geschichtswissenschaften, für Entwicklungs- und Evolutionstheorien, für soziologische und kulturwissenschaftliche, kulturgeschichtliche und sozialgeschichtliche Theoriebildung wiedergewonnen – respektive allererst als eine lohnenswerte Herausforderung für sie alle erwiesen, reformuliert und attraktiv gemacht werden. Es wäre, einfach gesagt, noch einmal an jenen Punkt zurückzukehren, von dem auch die Bielefelder Variante der Sonderwegshistorie ihren Ausgang genommen hat – und zu einer Anlehnung an Marx und Weber als Theoriegrundlage geführt wurde: Es wäre erneut die Frage zu stellen, welche Möglichkeiten (und nun: *heute*) zur Verfügung stehen, um die wesentlichen gesellschaftlichen Strukturen und deren Veränderung im Laufe der Zeit, also sozialen Wandel bzw. soziokulturelle Evolution – theoretisch-konzeptuell – zu erfassen, zu beschreiben und zu erklären.

Im Anschluss könnte sich die Problemstellung der Sonderwegsthese nicht zuletzt (nochmals oder endlich wieder) als eine der wertvollsten Vermittlerinnen von konstruktiven Begegnungen zwischen Theorie und 'empirischer' Forschung erweisen; so wie sich von ihr schon einmal viele fruchtbare Einzelfragestellungen und Einzelthemen ableiteten, vor allem für theoretisch informierte kulturgeschichtliche Studien – etwa zur „Denkfigur des Gegensatzes von Kultur und Zivilisation, von Innerlichkeit und Äußerlichkeit, der Stellung Deutschlands zwischen West und Ost. Der ganze Katalog dieser Unterscheidungen findet sich ja in klassischer Weise in Thomas Manns 'Betrachtungen eines Unpolitischen' von 1918." (Bracher 1982, 52). Die Chancen dafür stehen zudem auch insoweit nicht schlecht, als in der heutigen Theorielandschaft inzwischen längst wieder 'Große Erzählungen', universalhistorische Entwürfe und Kulturtheorien angeboten werden (nicht zuletzt im Zusammenhang mit dem Boom von Medienphilosophie und -theorie), die – zum einen – dringend einer

---

6   Und für den der zitierte Text von Alexander Cammann zugleich selbst ein sehr anschauliches Beispiel liefert – wenn er die Bielefelder Sonderwegshistorie komplett (in ihren politischen Motiven, ihrer grundlegenden Problemstellung, all ihren Aussagen und theoretischen Mitteln) der spezifischen politisch-intellektuellen Situation der Bundesrepublik der sozialliberalen siebziger Jahre (ihren politischen Themenstellungen und Kontroversen, und ihrem wissenschaftlichen und intellektuellen Problemhorizont) zurechnet, um sie dann – zusammen mit dieser/diesen – für vollends überholt und erledigt zu erklären.

genauen und vergleichenden kritisch-historiographischen Überprüfung bedürften. Und deren Potential, auf bislang noch unterbelichtete synchrone (gesellschaftlich-kulturelle) und diachrone (historische) Zusammenhänge aufmerksam zu machen, von der historischen Forschung – zum anderen – bislang noch kaum abgefragt wird. Die Herausforderungen der Sonderwegsthese könnten eine hervorragende Gelegenheit bieten, diese Lage zu ändern – Theoriediskussion und historische Forschung vermittels beide Seiten herausfordernder Fragestellungen also wieder in einen produktiven Austausch miteinander verwickeln.[7] So taugt die Frage, ob und wie sie von Ort zu Ort differierende Entwicklungen zu berücksichtigen und mitzuerklären vermögen, zu einem der zuverlässigsten Prüfsteine für theoretische 'Großentwürfe'. Und die Frage danach, wie die an bestimmten Orten zu bestimmten Zeiten beobachteten Zusammenhänge und Entwicklungen sich im Vergleich zu anderen (am selben Ort, davor und danach; an anderen Orten, zur selben Zeit) ausnehmen und erklären, bietet eine der sichersten Garantien dafür, dass geschichtswissenschaftliche Studien Kontakt zu allgemeinen kultur- und gesellschaftstheoretischen Fragestellungen, Ansätzen und Entwürfen suchen.[8]

## Vorgehen

„Die Rede vom deutschen Sonderweg impliziert" nach allgemeiner Auffassung „einen Vergleich, denn sonst könnte man nicht sinnvoll vom Sonderweg sprechen." (Möller 1982, 10). Dabei wird in der Regel an 'Ländervergleiche' gedacht. Wie ich hier zeigen möchte, impliziert die Sonderwegsthese aber auch, und vor allem, die Notwendigkeit verschiedene möglicher theoretische Grundlagen zu vergleichen. Denn nur so lässt sich reflektieren, also auch erst allmählich eine klarere Vorstellung davon gewinnen, i) wie vielfältig die theoretisch-konzeptuellen Probleme sind, die die Sonderwegsthese impliziert, ii) wie vielfältig die möglichen Lösungen für diese sind, und wie verschieden (oder ähnlich) die jeweiligen Folgen, iii) in welchem Sinne sich überhaupt von 'historischen Sonderwegen' sprechen lässt, und schließlich iv) unter welchen Voraussetzungen und in welchem Sinne deren Nachweis tatsächlich etwas zur 'historischen Erklärung' von Faschismus und Nationalsozialismus beizutragen vermag.

Damit ist bereits gesagt, dass auch die Konfrontation von Systemtheorie und Gesellschaftsgeschichte hier vor allem auf einen Theorievergleich zielt; und dass die Rollen der beiden

---

7   Wobei dann selbst Giorgio Agambens Angebot zur Zuspitzung aller Biopolitik-Theorie beispielsweise nicht voreilig auszuschlagen wäre (denn es könnte auf wichtige Unterschiede bei staatsrechtlichen Konzeptionen von Souveränität aufmerksam machen, in verschiedenen europäischen Rechtstraditionen und Nationalstaaten); oder der noch höchst skizzen- und lückenhafte Versuch Peter Sloterdijks (Sloterdijk 2006), Nietzsches Philosophie zu einer anthropologisch und psycho-ökonomisch basierten Kulturgeschichte und Erklärung von Faschismus auszubauen (denn auch er könnte – mit seiner Konzeptualisierung von 'Ressentiment' etwa – systematische Kulturvergleiche anregen).

8   Auch die Schüler der Bielefelder Schule drängten so schließlich auf eine (vor allem kulturwissenschaftliche) Erweiterung der theoretischen Basis ihrer vergleichenden historischen Arbeiten und erzielten dabei – wie ihnen selbst der bereits zitierte Bielefeld-Kritiker bescheinigt – „beachtliche Erkenntnisgewinne" (Cammann 2006).

angekündigten Duellanten dabei zudem auch keineswegs ganz eindeutig verteilt sind. Das diagnostizierte 'Theorieproblem' der bisherigen Sonderweg-Forschung wird zwar zunächst, wie gesagt, in Auseinandersetzung mit Hans-Ulrich Wehlers *Opus Magnum* exemplarisch erläutert und präzisiert werden, weil dieses historiographische Projekt sich (als Inbegriff, Quintessenz, Summe und Bilanz aller Versuche zum Beleg der Sonderwegthese) dazu nun einmal besser als jeder andere Beitrag zur entsprechenden Forschung eignet. Gleichwohl vertritt die Systemtheorie demgegenüber auch nicht etwa einfach die Rolle eines problemlosen Problemlösers; oder einer 'ganz anderen' Sonderweg-Forschung. Es werden nicht zuletzt ähnliche Aussagen und vergleichbare konzeptuelle Konsequenzen auffallen. Vor allem aber wird die Aufmerksamkeit auch möglichen 'Nebenwirkungen' gelten: Nach der Rekonstruktion einiger zentraler theoretischer Probleme der Sonderwegsthese sowie deren Lösung bei Wehler (unter I.) dient die anschließende Frage, wie eine Lösung derselben Probleme mit systemtheoretischen Mitteln ausfallen würde (unter II.) also insbesondere dazu, die Folgen, Chancen und Probleme einer solchen 'Therapie' der Sonderwegsthese abzuschätzen. Welcher Preis wäre für eine solche 'theoretische Radikalkur' (eine Rekonstruktion der Sonderwegsthese auf luhmannschen Theoriefundament) zu zahlen? Welche Form würde eine 'Erklärung' des Nationalsozialismus 'aus' der (deutschen) Geschichte dann annehmen? Und welche Aussagen wären mit einer so umgebauten Sonderwegsthese dann noch (bzw. allererst) möglich?

Ein 'Duell' wird hier also auch nicht etwa gesucht, um einen der auftretenden Duellanten zu eliminieren. Es versteht sich vielmehr im Sinne eines 'Kräftemessens' – in dessen Verlauf Schwächen *wie* Stärken auf *beiden* Seiten allererst fühlbar, erfahrbar und sichtbar werden können. Zudem beschränkt es sich auf einen Kräftevergleich auf einem ganz bestimmten, klar umrissenen Gebiet, auf dem eine solche Konfrontation sinnvoll erscheint: Während die Bielefelder Gesellschafts*geschichte* nicht auf theoretische Fragen spezialisiert ist, so hat sie sich im hier relevanten Fall mit dessen theoretischen Problemen und möglichen Lösungen doch immerhin – ganz anders als die systemtheoretische Forschung – überhaupt schon einmal auseinandergesetzt. Und die Bielefelder Gesellschafts*theorie* ist zwar, umgekehrt, grundsätzlich auf die Lösung theoretisch-konzeptueller Probleme im Zusammenhang mit der Beschreibung von Gesellschaft, von Geschichte und von sozialem Wandel (in ihrem Sinne: 'Strukturänderungen im Gesellschaftssystem' und 'soziokultureller Evolution') spezialisiert – im hier interessierenden Fall sind ihre entsprechenden Mittel aber noch gar nicht erprobt worden.

So – in Auseinandersetzung mit ihren theoretischen Problemen – wird die Sonderwegsthese sich im Ergebnis dann, wie ich hoffe, für die Systemtheorie (und dies zudem *stellvertretend* auch für andere Theorien von Gesellschaft und ihrer Geschichte) als eine besondere Herausforderung erweisen, an der es sich weiter zu arbeiten lohnt. Und für die Sonderweg-Forschung werden ihre in der Konfrontation mit der Systemtheorie deutlicher werdenden theoretischen Probleme sich als so bedeutsam erweisen, dass es für sie lohnenswert erscheint, ihnen künftig weit mehr Aufmerksamkeit zu schenken.

Mit der Systemtheorie soll hier, heißt dies schließlich, auch nicht etwa ein fertiger alternativer Theorierahmen für die Sonderwegsthese (oder: endgültige Lösungen für deren theoretisch-konzeptuellen Probleme) vorgestellt werden. Im Zentrum steht vielmehr die Absicht, das Gewicht theoretischer und konzeptueller Fragen für die Sonderwegs-Forschung überhaupt erst einmal hinreichend deutlich und anschaulich hervortreten zu lassen.

## I.　Der Sonderweg der Gesellschaftsgeschichte *oder* Die theoretischen Probleme der Problemstellung

Das Theorieproblem ist im Kontext der Sonderwegsthese nicht irgendein Problem. Das wird deutlich, wenn man sich vergegenwärtigt, was die Sonderwegsthese sich eigentlich alles vorgenommen hat, und was sie dafür vor allem alles mitbehandeln und miterklären muss (bzw. für was alles sie eigentlich vorab nach konsistenten theoretischen Konzepten hätte suchen müssen), um ihre Problemstellung zu bearbeiten. So handelt es sich dann, genau besehen, gar nicht mehr nur um *eine* Problemstellung. Diese muss sich vielmehr sogleich intern in viele weitere Problemstellungen differenzieren – womit sich also sogleich auch alle theoretischen Fragen noch einmal multiplizieren, für die jede historische Darstellung überzeugende Antworten parat haben muss (haben müsste), die den Nachweis eines 'deutschen Sonderwegs' erbringen will. Ein solcher Nachweis involviert – mindestens – die folgenden gesellschafts- und kulturgeschichtlichen, vor allem aber *theoretisch* zu *reflektierenden*, zu *bearbeitenden* und zu *lösenden* Problemkomplexe und Fragestellungen.

### 1.　Die theoretischen Probleme der diachronen Perspektive

Der erste Problemkomplex betrifft alle Fragen, die sich auf das in engerem Sinne *historiographische* Problem (Was geschieht *in der Zeit?*) beziehen: *Was* verändert sich mit der Zeit *wie*? und: *Was* reagiert dabei *auf was* (um schließlich den NS möglich zu machen)? Oder von diesem zu erklärenden Endpunkt aus gedacht: Wie konnten in Deutschland, allmählich, jene speziellen strukturellen Voraussetzungen entstehen, die es *dann letztlich* – in den dreißiger Jahren des 20. Jahrhunderts – möglich machten, dass hier der Nationalsozialismus zur Herrschaft gelangte? Und also zunächst auch: *Welche* strukturellen Voraussetzungen waren dies? Worin muss man die entscheidenden Voraussetzungen dafür sehen, dass es dem Nationalsozialismus *am Ende* so leicht fiel, in Deutschland zur Herrschaft zu gelangen? Denn die Genese dieser Voraussetzungen offenbar gilt es letztlich zu erklären. Dann erst lässt sich fragen: Worin wiederum müssen die Voraussetzungen für *diese* Voraussetzungen gesehen werden? Und dies schließlich führt dann vor die Frage: Wann und wo (oder 'womit') beginnt der Sonderweg? Wo also hat man mithin auch mit der Untersuchung zu beginnen? Wie groß ist der Ausschnitt der Vorgeschichte, der für die gesuchte Erklärung von Relevanz ist?

　　Die Beantwortung all dieser Fragen hängt im Einzelnen letztlich von (vorliegenden oder selbst durchzuführenden) historischen Einzelstudien ab. Zugleich verweisen sie alle aber auch auf eine unabdingbar theoretisch zu reflektierende Frage: Von welcher Art sind die Probleme und Herausforderungen, auf die Deutschland – womöglich immer wieder, in jedem Fall aber zu Beginn des 20. Jahrhunderts – signifikant anders 'reagiert' als vergleichbare Gesellschaften,

Nationen, Kulturen? Im Anschluss erst kann man dann beispielsweise auch sinnvoll fragen: *Seit wann* stellen sich vergleichbare Probleme – deren jeweilig spezifische Bearbeitung an verschiedenen Orten (wie Deutschland, England, Frankreich) man zu vergleichen hätte?

Die diskussionswürdige Antwort der Bielefelder Gesellschaftsgeschichte lautet im Grundsatz bekanntlich: Es sind die Probleme und Herausforderungen, die der Prozess der 'Modernisierung' stellt. Nur folgen daraus eben offenbar sogleich zwei weitere Fragen, die einer ausführlichen theoretischen Erörterung (der Erörterung verschiedener Moderne-Theorien also etwa) bedürften: 1) Was eigentlich ist, was kennzeichnet 'Modernisierung'? 2) Sind nicht *alle* Vorgänge im Zusammenhang mit 'Modernisierung' *Teil dieses Prozesses*? Und muss es also nicht erst recht unplausibel erscheinen, gleich eine ganze Nationalgeschichte aus diesem Prozess heraustrennen zu wollen – als etwas 'irgendwie anderes'?

Im Hinblick auf die zweite Frage erscheint es zwar zunächst sinnvoll, gewissermaßen vom Ende her eine Unterscheidung innerhalb 'moderner Vorgänge' einzuführen: solche, die in den Faschismus münden, zum Faschismus führen – und solche, die dies nicht tun. Auf den zweiten Blick aber wird schnell klar, dass dies unhaltbar viel (Mono-)Kausalität in der Geschichte implizieren würde (Man kann offenbar nicht sagen, dass ein beliebiger Vorgang im 18. Jahrhundert 'zum Faschismus geführt hat'). Für den Nachweis eines Sonderwegs scheinen darum nur zwei Alternativen übrig zu bleiben: Entweder man versucht, eine allmähliche 'Abweichungsverstärkung' in der deutschen Geschichte nachzuweisen. Oder man versucht, eine Reihe von länderübergreifend vergleichbaren Konstellationen oder Situationen im Prozess der Modernisierung herauszuarbeiten, im Hinblick auf die sich fragen lässt: Welche Reaktion ist in einer solchen Konstellation problematisch (etwa weil sich im Vergleich zeigt, dass andere Reaktionen weniger Folgeprobleme nach sich ziehen, die Herausforderungen von Modernisierung mit ihrer Hilfe also 'besser' zu bewältigen sind)? Denn so könnte sich im deutschen Fall dann das Bild einer Häufung von 'problematischen Reaktionen' ergeben. Anders gesagt: Entweder man sucht unmittelbar nach Theoriemodellen, die erklären können, wie ein historischer Prozess wie der zu erklärende als zusammenhängender gedacht, verstanden und beschrieben werden kann. Oder man sammelt zunächst eine Reihe von scheinbar unverbundenen bemerkenswerten 'Sonderereignissen' – und fragt erst dann nach Möglichkeiten, zwischen diesen einen Zusammenhang herzustellen, sucht erst dann nach Gründen dafür, dass sie in dieser Abfolge und Häufung zustande kommen konnten.

In diesem Zusammenhang scheint mir das Problem der Bielefelder Gesellschaftsgeschichte darin zu bestehen, dass man bei ihr nicht nur alle (drei) genannten Ansätze finden kann, sondern sie auch noch undifferenziert nebeneinander oder sogar gleichzeitig verfolgt werden – und dies es so schwer macht, mit ihrer Hilfe dann präzise zu argumentieren; und so leicht, ihr beinahe beliebige politische Handlungsanweisungen zu entnehmen.

Das größte Problem im Hinblick auf die diachrone Perspektive ergibt sich aber aus der mangelnden Reflexion auf die erste Frage: Was eigentlich macht den Inhalt von 'Modernisierung' aus? Und welche Vielfalt von (womöglich widersprüchlichen) Herausforderungen stellen sich im Laufe dieses Prozesses? Denn so wird nicht nur die Chance vergeben, ein möglichst umfassendes Bild von den Problemen und Herausforderungen zu erlangen, um die die ganze Untersuchung eigentlich kreist, ja von deren möglichst genauer und vollständiger

Erfassung ihr ganzer Wert abhängt (wenn Faschismus aus den Reaktionen auf diese Probleme verstanden und erklärt werden soll). Es bleibt auch die Möglichkeit unreflektiert, es im deutschen Fall mit einer bestimmten *Variante* von Modernisierung zu tun zu haben (statt mit einer *Abweichung* von der Moderne oder einer *unvollständigen* Modernisierung) – die so dann nicht zuletzt für das Verständnis von Modernisierung selbst wiederum aufschlussreich sein könnte: für die Frage nach den *in ihr angelegten Möglichkeiten*.

Statt diese Fragen ausdrücklich zu reflektieren, geraten 'Modernisierung' und 'Moderne' immer wieder zu den am dunkelsten bleibenden Referenzpunkten des Projekts. Der „historische Rückgriff" der Untersuchung müsse „bis in die Phase zurückreichen, in der die moderne Welt deutlich erkennbar wird", schreibt Wehler so dann etwa (1987, 13). Was aber zeichnet „die moderne Welt" aus? Und wie ließe sich entscheiden, wann sie „deutlich erkennbar" wurde? (Und was soll das eigentlich heißen?) Vor allem aber: Warum muss eine Untersuchung zum deutschen Sonderweg überhaupt am Beginn der 'modernen Welt' ansetzen? Wie ist das gedacht: Wieso verweist die Problemstellung ausgerechnet auf diesen Punkt zurück? Wie genau hängt das zu erklärende Resultat des Sonderwegs, der Triumph des Nationalsozialismus mit der Moderne, mit der Entstehung der 'modernen Welt' zusammen?[9]

## 2. Die theoretischen Probleme der synchronen Perspektive

Zu den genannten Problemen und Fragestellungen, die vor allem die Dynamiken in vertikaler, diachroner Perspektive betreffen, kommen als nächstes jene hinzu, die die horizontalen, synchronen Dynamiken – und insofern auch die im engeren Sinne *gesellschaftstheoretischen* Teil-Problemstellungen der Sonderwegsthese – betreffen. Welche gesellschaftlichen *Felder, Strukturen, Sphären* oder *Systeme* sind hier zu unterscheiden (also z.B. Wirtschaft, Recht, Politik, Kultur, Ideologien – oder welche sonst?) Wie hält man es mit 'Konflikten' als Faktoren der Entwicklung? Und wie hängen all diese Faktoren zusammen?

Hier entschied Wehler sich – entsprechend seiner *Struktur*-Analyse-Programmatik –, allein Strukturen der Wirtschaft, der 'Sozialschichtung' und der 'politischen Herrschaft' zu unterscheiden, ihmzufolge die „drei Basisdimensionen oder Achsen von Gesellschaft" (1987, 19); sowie schließlich auch noch 'Kultur' als bei ihm jedoch im wesentlichen von den drei 'Achsen' abhängige 'Strukturdimension', und als ein begrifflich zudem auch nur höchst vage bleibender Untersuchungsgegenstand (ansonsten wird regelmäßig nur die Demographie, also die 'Bevölkerungsentwicklung', noch betrachtet).[10]

---

9   Etwa am Ende doch so wie Göran Therborn im vorliegenden Band (S. 212) meint – weil der Nationalsozialismus selbst so modern war: „Italian Fascism and German Nazism were unique among successful anti-liberal movements in the wake of Versailles in being predominantly modern, or at least not overwhelmingly anti-modern. Everywhere else, the, ultimately bloody, rivalry between reactionary and (more or less) modern rightwing anti-liberalism was won by the former, in Spain, Portugal, Hungary, Austria, Romania, Bulgaria, Poland, the Baltics etc."?

10  Es handelt sich hier offenbar um eine Art Weber/Marx-Kompromiss, in der Summe des Berücksichtigten, aber auch bei dessen Gewichtung: Politik und Kultur wird mehr Eigenständigkeit als bei Marx zugestanden, Schichtung (soziale Ungleichheit) ist wichtiger als bei Weber, und die Beziehun-

Als nächstes fragt sich dann, wie gesagt: Welche möglichen Wege, Richtungen und Arten der *Einflussnahme* und/oder *Abhängigkeiten* des Unterschiedenen untereinander/voneinander sind in Rechnung zu stellen? Oder genauer: Wie hat all dies *zusammengewirkt* – im Hinblick auf das zu Erklärende? Wie also kam es dann im einzelnen zu jener speziellen, in den NS mündenden 'deutschen Mischung'?

Hier beschränkt die „Deutsche Gesellschaftsgeschichte" sich darauf, zum einen, regelmäßig allein drei spezifische Zusammenhänge zu beobachten: i) Sozialschichtung (Ungleichheit), Wirtschaftsdynamik und Kultur können als *Strukturbedingungen* und *Probleme* durch 'Interventionen' der Politik *modifiziert* werden; ii) sie können (als Strukturbedingungen) aber auch, umgekehrt, für Umstellungen der Form politischer Herrschaft relevant werden; als das, worauf Politik (in der Moderne) hauptsächlich reagiert; und iii) die kapitalistische Wirtschaftsdynamik hat zudem besonders viel Einfluss, namentlich auf soziale Schichtung bzw. variierende Ungleichheitsverhältnisse. Zu zeigen, dass und wie sehr diese Zusammenhänge den gesamten (modernen) Geschichtsverlauf prägen, wird zudem mehrfach ausdrücklich als zentrales „Erkenntnisinteresse" der Untersuchung benannt (vgl. etwa Wehler 1987, 12-25). Die Beobachtung dieser Zusammenhänge verspreche nämlich zugleich „Zugang zur inneren Dynamik des 19. und 20. Jahrhunderts" zu gewinnen (Wehler 1987, 12). Man kann also wohl auch sagen: Hier findet sich die (implizite) Theorie von Modernisierung des Projekts. Diese Zusammenhänge und Dynamiken kennzeichnen demnach die moderne Gesellschaft – und eine besondere, abweichende Variante des 'Umgangs' mit diesen Dynamiken somit den 'deutschen Sonderweg'.

Zum Zweiten nämlich kreist nicht nur die Bielefelder Sonderwegskonzeption (vgl. vielmehr auch Kühnl 1996 etwa) dann immer wieder um ein bestimmtes 'Prozess-Modell': bei der politischen Bearbeitung allgemein moderner und spezifisch deutscher (struktureller) Herausforderungen kommt es im deutschen Fall zu einer – in internen Rückkopplungen gleichsam zwischen den unterschiedlichen gesellschaftlichen Feldern – allmählich immer mehr sich einschleifenden Tendenz bzw. Neigung zu 'autoritären Lösungen'. Hier stellt sich dann offenbar dringlichst die Frage: Wie lässt sich *theoretisch erklären*, dass (und wie) so etwas möglich ist?[11]

---

gen zwischen all dem werden mal mehr nach dem einen, mal mehr nach dem anderen Modell gedacht (und alle anderen denkbaren gesellschaftlichen Dimensionen – Veränderungen des Alltagslebens, Geschlechterverhältnisse, technologische Entwicklung, Entwicklung des Rechts oder Veränderungen am allgemeinen wissenschaftlichen und kulturellen Sinnhorizont – bleiben ebenso weitgehend ausgeblendet wie alle anderen heute denkbaren theoretischen Optionen undiskutiert).

11 Denn sonst drohen in derart ansetzenden Untersuchungen nur immer sicherer unreflektierte Annahmen – über 'nationale Mentalitäten', über ein 'kollektives Unbewusstes' oder 'Massenpsychologie' etwa – maßgeblich zu werden.

### 3. *Die Berücksichtigung weiterer Zusammenhänge, Kontexte und Theorien*

Der zuletzt genannte Punkt macht offenkundig auch auf die Frage aufmerksam, in welcher Weise synchrone und diachrone Perspektive zusammen zu führen und ineinander zu verschränken wären: Ändern sich die *Zahl* und das *Gewicht* jener 'gesellschaftlichen Teile', die man als wesentlich unterscheidet (sowie: die *Zusammenhänge zwischen* ihnen), vielleicht auch noch einmal *im Laufe der Geschichte*?

Und eine weitere Frage, die einer theoretisch reflektierten Antwort bedarf, ist in diesem Zusammenhang dann natürlich auch, wie man gedenkt, die Rolle zu berücksichtigen, die Entwicklungen von Kultur und Gesellschaft *außerhalb Deutschlands* bei all dem spielen. Dass ein bewusstes Abgrenzen und Abweichen von dieser Umwelt ganz wesentlich daran beteiligt war, der 'deutschen Entwicklung' immer wieder bestimmte Richtungen zu geben, ist ja schon eine kulturwissenschaftliche Binsenwahrheit. Aber es sind eben zweifellos auch ('unverfälschende' oder abwandelnde, einpassende) Importe 'ausländischer' Ideen vorgekommen, das 'Kopieren' andernorts bereits erprobter Strukturen (im Recht, im politischen System) sowie bemerkenswerte parallele, gleichzeitige Entwicklungen. So wird etwa immer wieder argumentiert, dass „Elemente der Ideologisierung, wie etwa Führerbegriff und Elitedenken, durchaus allgemein europäische Erscheinungen [waren], auch kamen die eigentliche Theorien dafür nicht allein von deutscher Seite, sondern waren bis hin zum Rassegedanken zunächst auch in anderen europäischen Ländern ausgebildet worden." (Bracher 1982, 52).

Statt die Frage, wie mit all dem umzugehen sei (und wieder: wie anders als theoretisch?) explizit zu erörtern, wird ihnen bei Wehler nun jedoch einfach „nur die Behauptung entgegengesetzt [...], dass [...] von den Ideen der traditionellen Geistesgeschichte her" beispielsweise „ein weniger erfolgversprechender Zugang zur inneren Dynamik des 19. und 20. Jahrhunderts zu finden ist" (Wehler 1987, 12) – als mit seinem, auch nicht gerade (wie sich ergänzen ließe) anti-traditionellen, sozialstruktur-fixierten Ansatz. Zudem wird dessen 'Problem mit Theorie' in diesem Zusammenhang nun besonders deutlich – es ist sozusagen Prinzip. An die Stelle von Sensibilität für theoretische Probleme tritt in seinem Fall nämlich ein unerschütterliches Vertrauen in 'Geschichtsschreibung', in die 'Darstellung' von Geschichte, die Evidenz erzählend aneinandergereihter Fakten: „Den Beweis für diese Schlüsselthese zu führen, obliegt letztlich der gesamten Darstellung." (Wehler 1987, 12). Über die Probleme ebenso wie die problematischen Folgen solcher Art Empirismus ließe sich sehr viel sagen (vgl. sehr instruktiv etwa Schulze 2004, 31-33, 56, 146 f., 328, FN 6). Am wichtigsten ist aber wohl, dass man auf diesem Wege wenig mehr herausfinden wird als man zuvor schon wusste (und dieses wenige 'Mehr' dann zudem auch nur als unerfreuliche Irritation erscheinen wird).

Außerdem offenbart sich hier – angesichts der Benennung des Gegners ('traditionelle Geistesgeschichte') – eine völlige Verkennung der parallel sich vollziehenden Entwicklungen in den Kulturwissenschaften, in deren Zuge man allerorten 'traditionelle Geistesgeschichte' durch andere Ansätze zu ersetzen begann: durch Begriffsgeschichte, durch Diskursgeschichte, durch Metapherngeschichte oder durch system- und medientheoretische Ansätze etwa. Zu ihnen hätte die Gesellschaftsgeschichte also auch den Vergleich suchen, mit ihnen hätte sie versuchen müssen, sich zu messen – beziehungsweise: ihnen gegenüber hätte sie ihre Überlegenheit zu beweisen gehabt.

Und dabei hätte die Sonderweg-Historiographie nicht zuletzt dann auch auf einige ihrer grundlegendsten theoretischen Probleme aufmerksam werden können: Wie hat man die Beziehungen zwischen *Strukturen* und *einzelnen Ereignissen* zu denken? Können einzelne Ereignisse Strukturen nur bestätigen, oder verändert vielleicht *jedes* Ereignis, wie minimal auch immer, die Strukturen, die es möglich machen? Hat Sonderweg-Forschung also auch nur *allmählich sich herausbildende* und *langfristig stabile* Strukturen, Kontinuitäten, durchgängige 'Entwicklungslinien', '-pfade' und 'Tendenzen' (also 'longue durée') zu berücksichtigen? Oder kann es nicht auch *kurzfristige,* nicht lange im voraus schon sich ankündigende Struktur*änderungen* geben (von im folgenden dann aber ganz gravierender Bedeutung; weil z.B. viele weitere Veränderungen allererst ermöglichend) – von denen dann wiederum zu zeigen wäre, wie und warum sie im Zusammenhang einer bestimmten Vorgeschichte wahrscheinlicher wurden als im Zusammenhang einer jeden anderen?

## 4. Das Problem latenter/impliziter theoretischer Vorentscheidungen

Durch diese beispielhafte (keinerlei Vollständigkeit beanspruchende) Aufzählung exemplarischer theoretischer Probleme sollte vor allem eines deutlich werden: Gleichviel wie man bei dem Nachweis (bzw. bei der *Aufklärung*) des deutschen Sonderwegs im Hinblick auf all solche Fragen und Probleme letztlich verfahren mag – ob man sie explizit erörtert oder nicht, ob man sie (explizit oder implizit) berücksichtigt oder außer acht lässt – und egal, wie man sie im einzelnen entscheidet (und auch, und gerade, wenn man sie *nicht explizit entscheidet):* Man trifft stets, gewollt oder nicht, *theoretische (Vor-)Entscheidungen,* die die *Ergebnisse* der Untersuchung *maßgeblich beeinflussen* werden. Und dies wird natürlich vor allem dann relevant, wenn man sich daran erinnert, dass es hier ursprünglich einmal nicht einfach um den Beleg einer These ging (die sich durch eine bestimmte Anordnung und Darstellung historischer Fakten 'beweisen' lässt) – sondern um die Aufklärung der historischen und gesellschaftlichen Voraussetzungen für das bislang denkbar fatalste Resultat gesellschaftlicher Entwicklung; beziehungsweise um die Frage, *welche* Faktoren *wie* an der allmählichen 'Verfertigung' und Ermöglichung von 'so etwas' mitwirken. Oder anders herum gesagt: Müsste man angesichts dieser Problemstellung nicht alles daran setzen, bei ihrer Bearbeitung mit möglichst *vollständig reflektierten,* und erst einmal überhaupt *vollständig explizierten,* und schließlich: möglichst *komplexen* theoretischen Vorannahmen zu arbeiten – die dann den Blick auch nicht vorzeitig auf wenige bestimmte Fakten, Faktoren und 'Entwicklungslinien' verengen? So dass die gesuchte 'Erklärung' sich am Ende dann nur noch dazu eignet, es dem aktuellen politisch-ideologischen Diskurs zu ermöglichen, Geschichte und Gegenwart an einigen wenigen Parametern zu messen, die vorgeblich anzeigen, ob und 'ab wann' Faschismus droht – sowie jenen Zeitpunkt, zu dem man sich beruhigt zurücklehnen kann, weil die Gefahr nun endgültig gebannt scheint. Die Frage im folgenden lautet nun jedenfalls: Lässt sich hier mit Hilfe der Systemtheorie – und wenn: wie – Abhilfe schaffen?

## II. Der systemtheoretische Sonderweg *oder* Die Vielfalt möglicher theoretischer Lösungen

### 1. Beredtes Schweigen

Die Theorie Niklas Luhmanns scheint zunächst alles andere als ein günstiger Kandidat, wenn es um die theoretische Anleitung von Forschung zu Nationalsozialismus und Faschismus geht. Der NS als Form politischer Herrschaft, als Ideologie, die Entwicklung von Bürokratie, Recht und Wissenschaft im Faschismus, die nationalsozialistische Kriegswirtschaft, die NS-DAP als moderne Organisation und Partei, der 2. Weltkrieg, die Nürnberger Rassegesetze, Antisemitismus, die Shoa – all dies kommt in seiner Theorie einfach nicht vor, oder findet allenfalls am Rande einmal Erwähnung.[12] Und dies ist nicht nur für sich schon bemerkenswert. Es muss auch noch einmal besonders auffallen, insoweit Luhmanns Gesellschaftstheorie ja in erster Linie die *moderne Gesellschaft* vollständig zu beschreiben beansprucht – also nicht z.B. (dann erschiene diese Aussparung vielleicht nicht ganz so unverständlich) alle Epochen der Weltgeschichte gleichermaßen. Und schließlich, und vor allem, fällt es so deutlich auf, weil ansonsten gilt, dass es praktisch nichts gibt, was Luhmann nicht behandelt hätte.

Zwei Erklärungen werden gewöhnlich für diese vielleicht größte Merkwürdigkeit an Luhmanns Theorie angeboten: i) aus Sicht der Systemtheorie müsse der NS als bloßer 'Betriebsunfall' der modernen Gesellschaft erscheinen (und insofern als zwar vielleicht sogar mit den Mitteln der Theorie erklärbar, aber letztlich eben in keinem 'wesentlichen' Zusammenhang mit den Strukturen moderner Gesellschaft stehend; und insofern aus Sicht der Theorie auch nicht weiter von Interesse und Belang); ii) Luhmanns Theorie habe schlicht *überhaupt keine Begriffe*, um zu erfassen, was unter der NS-Herrschaft und von ihr ausgehend geschehen ist, ja schon angesichts dieser Form von (moderner?) Herrschaft selbst fehlten ihr buchstäblich die Worte, müsse sie notwendig verstummen (vgl. zu beiden Erklärungen, mit weiterer Literatur, vor allem Ellrich 1998 u. 1999).

Trotz einiger Bemühungen durch mit Luhmanns Werk vertrauter Autoren konnte bislang weder die eine noch die andere These schlüssig belegt werden. Etwas abgewandelt scheint mir nur an der ersten etwas dran zu sein: Luhmann war davon überzeugt, dass 'genau so', wie er im 20. Jahrhundert auftrat, der Faschismus ganz sicher nicht mehr wieder kommen werde – und dies legt zudem auch seine Theorie nahe (und nicht nur seine natürlich im übrigen). Ich komme darauf gleich noch genauer zurück. Hier ist nur die Konsequenz wichtig: Offensichtlich muss unter diesen Umständen eine *detaillierte* Auseinandersetzung mit dem NS *selbst* für die Theorie *zumindest* nicht mehr als *vordringlichste* Aufgabe erscheinen. Aber das alleine reicht als Erklärung sichtlich noch nicht aus.

Es ist in aller Regel nicht ratsam, dem Verständnis von Theorien mit der Frage nach den persönlichen Motiven ihrer Autoren aufhelfen zu wollen bzw. mittels Spekulation über diese. In diesem Fall aber könnte es helfen. Gerade jüngst hat – am 'Fall Grass' – der Gedanke eine

---

12  Die einzige mir bekannte Ausnahme bildet ein früher Text, in dem Luhmann (1970) seine Konzeption von Ideologie darlegt – und in diesem Zusammenhang dann auch einmal ausdrücklich, wenn auch nur kurz und kursorisch, die Rassenideologie des Nationalsozialismus als Beispiel behandelt.

gewisse Plausibilität erlangt, dass die Empfindung eigener Schuld und 'Verstrickung' oft das sicherste Motiv bildet für eine immer wieder ganz bewusst gesuchte Auseinandersetzung mit dem Nationalsozialismus, ja seiner Erhebung zu einem 'Lebensthema'. Und was Niklas Luhmanns persönliches Verhältnis zum Nationalsozialismus angeht, so ist es eben wohl von doch ziemlich anderen Erfahrungen im und mit ihm geprägt. Und nach allem, was man über seine Person (darüber, wie er 'so tickte') weiß, so scheint es dann nicht ausgeschlossen, dass Luhmann (der als seine hervorstechendste Eigenschaft einmal 'Bockigkeit' nannte) die Nichtbehandlung des Nationalsozialismus als seine ganz persönliche Form der Rache an diesem verstand. Hinzu mögen 'persönliche Gründe' zwar auch noch in einem anderen Sinne gekommen sein – eine fundamentale 'geschmackliche Aversion' eingeschlossen: Er hätte sich wohl einfach nicht unbedingt so gerne noch einmal intensiv mit dieser Zeit beschäftigt.[13]

Wichtiger aber könnte eben noch dieses andere Moment gewesen sein: Vor allem sollten diese Politik, diese Zeit, diese Leute (es geht eben nicht bloß um 'Geschmacksfragen' – und einige unangenehme Erlebnisse in der Hitlerjugend[14]) keinen – bzw. nun nicht auch noch – Raum in dem einnehmen, was ihm am meisten bedeutete (in seiner Theorie eben). Diese Würde sollte ihnen nicht zuteil werden. Und auch der Umstand, dass der Nationalsozialismus alles verachtete und negierte, was nach Luhmanns Theorie die moderne Gesellschaft 'im Großen und Ganzen' ausmacht ('funktionale Differenzierung'), wäre von ihm so also noch, 'bockig', vergolten und quittiert worden – mit den 'unter zivilisierten Leuten' denkbar schärfsten Formen der Verachtung: dem Übersehen, dem Ignorieren, dem Verschweigen.

Das bedeutet – für den hier interessierenden Zusammenhang – nun aber offenbar nicht, dass der Nationalsozialismus vor dem Hintergrund der Systemtheorie etwa gar nicht als Problem auftauchen würde. Ganz im Gegenteil, er taucht genau in dem Sinne als theoretisches Problem auf, in dem er auch im Kontext der Sonderwegsthese als Problem relevant wird: Es stellt sich vor allem die Frage nach seinem 'Ort' innerhalb der Moderne. Wie ist seine Entstehung und Durchsetzung im Verhältnis zur Entstehung und zur Entwicklung der modernen Gesellschaft zu verstehen und zu erklären? Woraus Luhmann allerdings die umgekehrte Konsequenz gewissermaßen gezogen zu haben scheint: erst einmal wäre dann möglichst genau zu verstehen, was 'die Moderne' kennzeichnet.

Zu dem skizzierten Erklärungsmuster passt nicht zuletzt, dass das, was von Luhmann an der einen Stelle – *in seiner Theorie, seinem Werk* – so demonstrativ *nicht* behandelt, außerhalb

---

13　„*Wieso war die Naziumwelt ein Problem für sie?* Na ja, ich musste in die Hitlerjugend, all diese unangenehmen Sachen wie Marschieren und Grüßen, und dann auch die ganze Situation, dass man also die Selbstdarstellung des Regimes einfach widerlich fand" (aus einem Radiogespräch mit Luhmann; inzwischen abgedruckt in: Hagen 2004, 13).

14　In eine Anekdote gefasst, die (im Gegensatz etwa zur im letzten Jahr über Jürgen Habermas kolportierten) diesen Namen verdient: „'Herr Luhmann, seit wann denken Sie Kontingenz?', hat ein kontingenzverliebter Freund ihn einst gefragt. Luhmann, der ein Herr war, soll geantwortet haben: 'Herr X, unsere Gymnasialklasse ist 1945 noch zur Wehrmacht einberufen worden. Ich stand mit meinem Banknachbarn an der Brücke Y, zwei Panzerfäuste in vier Händen. Dann machte es Zisch, ich drehte mich um – da war kein Freund und keine Leiche, da war nichts. Seitdem, Herr X, denke ich Kontingenz'." (Kittler 1999, 183).

dessen von ihm *durchaus* behandelt wird, und womit die Theorie sich nicht beschäftigt, *ihn selbst* durchaus beschäftigt hat; und auch *in welcher Weise* es ihn vor allem beschäftigte. In eben diesem Sinne nämlich: *als fortbestehendes Problem der Moderne.* Er habe nach dem Krieg immer bedauert, so Luhmann in dem gerade schon zitierten Radiogespräch, dass damals zunächst versäumt worden sei, „die wirklichen Verhältnisse der Nazizeit zu studieren, um zu sehen, wie man verhindern könnte, dass so etwas wieder passiert. Denn wenn man nur immer wieder sagt, nie wieder Auschwitz, das ist natürlich zu wenig. In der Form kommt es natürlich nicht wieder, aber es kann ja in anderen Formen kommen." (Hagen 2004, 34).

## 2. Wer aber nicht von den Strukturen der modernen Gesellschaft sprechen will ...

Luhmanns Theorie könnte also vielleicht doch gar kein so ungünstiger Kandidat für unsere Fragestellung sein. Und nur ein paar Seiten weiter wird dann zudem auch gleich schon etwas deutlicher, wie genau der NS (als zu erklärendes Problem) sich in ein Verhältnis zu Luhmanns Beschreibung moderner Gesellschaft setzen ließe, und wo – im Anschluss an diese Beschreibung – ein systemtheoretisch angeleitetes Fragen nach den Voraussetzungen des NS ansetzen könnte, und wie es vorgehen müsste:

> „*Also, Sie können aus Ihrer Theorie keine Gewähr dafür geben, dass nicht auch unmenschliche und faschistoide Systeme sich entwickeln?* Nein, wie sollte man das als faktische Möglichkeit ausschließen können? Wenn man das tut, dann läuft man ja blind in eine solche Situation hinein. Man kann doch bestimmte strukturelle Zwecke der modernen Gesellschaft erkennen und dann sehen, dass sie zum Beispiel Fundamentalismus zulässt und sogar ermutigt im Kontrast mit den Folgen von Globalisierung, die nicht jedermann willkommen sind." (Hagen 2004, 42).

Wie Faschismus und NS, anders gesagt, bislang noch stets von beinahe jedem größeren Theorieunternehmen – das sich wie das Luhmanns vorgenommen hat, das Spezifische an *der* kapitalistischen oder *der* modernen Gesellschaft, oder *der* Moderne zu beschreiben – *aus einem unmittelbaren Verhältnis zum 'Kern' seiner 'Moderne-Diagnose' heraus zu verstehen versucht wurden,* so hätte man dies offenbar auch im Falle der Systemtheorie zu versuchen. Man hätte die mit ihr zu suchende Erklärung als eine weitere Variante dieses Typs von Erklärungen zu verstehen – und dies weist dann auch gleich auf die Möglichkeit hin, solche Theorien als mögliche Grundlagen der Sonderweg-Forschung miteinander zu vergleichen.

Luhmanns hier im Mündlichen gefundene, für den Druck offensichtlich kaum überarbeitete Formulierungen sind natürlich etwas schief und unglücklich – dennoch ist klar, dass mit jenen „strukturellen Zwecken der modernen Gesellschaft", aufgrund derer sie demnach Faschismus (hier: seine jüngsten Wiedergänger) nicht nur „zulässt", sondern „sogar ermutigt", *funktionale Differenzierung* (also die nach Luhmann 'primäre Differenzierungsform', die Grundstruktur der modernen Gesellschaft) gemeint ist. Mit den genannten „strukturellen Zwecken" sind also, noch einmal genauer gesagt, die von dieser Grundstruktur ausgehenden Nötigungen sowie die durch sie geschaffenen Bedingungen gemeint[15].

---

15  Also etwa: autonom erzeugte und teilweise höchst widersprüchliche 'Perspektiven auf die Welt' (vor allem in den Funktionssystemen: Wirtschaft, Politik, Wissenschaft, Recht, Kunst, Religion usw.)

Es geht mithin auch hier um die Feststellung *eines unmittelbaren Zusammenhangs* zwischen dem, was der Theorie zufolge die moderne Gesellschaft im Kern ausmacht und strukturiert, und der Möglichkeit des Faschismus – und um Faschismus also auch als *eine durch die moderne Gesellschaftsstruktur erst ermöglichte Erscheinung*[16]. So wie Horkheimer schrieb: „Wer aber vom Kapitalismus nicht reden will, sollte auch vom Faschismus schweigen" (Horkheimer 1939, 116) – so müsste man im Anschluss an Luhmann also wohl sagen: „Wer aber die mit der Systemtheorie erreichbaren Einsichten in die Eigenarten und Folgeprobleme funktionaler Differenzierung nicht zur Kenntnis nimmt, wird an der Aufklärung der Entstehungsbedingungen von Faschismus und Nationalsozialismus scheitern."

## 3. Eine historische Zwischenwelt

Ähnlich wie man beispielsweise nach Marx ʻursprüngliche Akkumulation' und die Formen der Kapitalverwertung in einer voll ausgebildeten kapitalistischen Gesellschaft – bzw. die verschiedenen gesellschaftlichen Verhältnisse, die damit jeweils im Zusammenhang stehen – zu unterscheiden hätte, so hat man nun aber auch in Bezug auf funktionale Differenzierung noch einmal zu unterscheiden: zwischen dem *heutigen Zustand* ihrer *vollständigen Durchsetzung* und *jenen Zuständen*, in denen sie sich *während jener rund zweihundert Jahre* befand, deren genauere Betrachtung die Sonderweg-Forschung bislang stets mindestens für nötig hielt, um zu einer historischen Erklärung des Nationalsozialismus zu gelangen – die sie also sozusagen als ʻInkubationszeit' des Nazismus in Deutschland veranschlagte. Denn soweit es die Form funktionaler Differenzierung (als *Differenzierungsform für das gesamte Gesellschaftssystem*) betrifft, so fallen diese Jahrhunderte nach Luhmann mitten in die Zeit ihrer *erst allmählichen 'Verfertigung'*; noch nicht in die Epoche ihrer vollständig ausgebildeten Existenz also, sondern in eine Phase des „Übergangs" von einer alten zu einer neuen Form primärer Differenzierung.[17]

Das heißt nicht zuletzt, dass es in diesem Prozess *keine deutlichen Zäsuren* gibt – wie sie vom Marxismus in Bezug auf die von ihm unterschiedenen, historisch aufeinander folgenden

---

inklusive entsprechend konfliktträchtiger Kommunikationen und Handlungen – sowie die Unmöglichkeit, diese Konflikte noch durch übergreifende Maßstäbe zu lösen, oder die Dynamik der Systeme ʻvon außen zu steuern'.

16  Von der dann im Einzelnen zu fragen ist, warum sie, wann und an welchen Stellen, realisiert wird – beziehungsweise: welche Elemente des Gegenhalts und welche Alternativen die modernen Gesellschaftsstruktur offenbar zugleich auch bietet (denn insgesamt bleibt diese Erscheinung doch eindeutig die Ausnahme von der Regel).

17  „[D]ie Annahme, dass die Entwicklung zur Moderne zusammenhänge mit dem ʻAufstieg der bürgerlichen Klasse', [wird] ersetzt durch die These: es gehe um den Übergang von stratifikatorischer zu funktionaler Gesellschaftsdifferenzierung." (Luhmann 1980, 7). Und: „Die Umstellung eines gesamten Gesellschaftssystems auf eine primäre, die Gesamtordnung bestimmende Differenzierung dieses Typs läuft *erst im späten Mittelalter* an und erreicht *erst gegen Ende des 18. Jahrhunderts* (und zunächst *nur in wenigen Regionen Europas*) eine *kaum mehr reversible Lage*." (ebd., 27; Hv. C.Z.) Und selbst mit Erreichen dieser Lage (in zudem: *erst wenigen Regionen*) also ist der vorausgesetzte ʻUmstellungsprozess' *selbst* noch alles andere als *abgeschlossen*.

Gesellschaftsformationen gelegentlich in Gestalt von Revolutionen vorausgesetzt wurden (die idealiter gleichsam den Reifegrad einer neuen bzw. der Gesellschaft *für* eine neue Gesellschaftsformation anzeigen sollten). Entsprechend scheint man 'bürgerliche Revolutionen' nach Luhmann zunächst auch nicht als notwendig für eine 'normale', 'gesunde' Modernisierung ansehen zu müssen. Sie beschleunigen in der Regel zwar die Ausdifferenzierung der Politik, ihren 'Umbau' zu einem modernen Funktionssystem gewissermaßen (das dann unter anderem mit dem Prinzip 'Macht auf Zeit' und dem Code 'Regierung/Opposition' arbeitet). Daraus folgt aber noch lange nicht notwendig auch etwas für die Durchsetzung funktionaler Differenzierung im Hinblick auf den Rest der Gesellschaft. Die Ausdifferenzierung der Wirtschaft – als kapitalistische Ökonomie – etwa setzte regelmäßig vor den politischen Revolutionen ein, und konnte sich auch unabhängig von solchen durchsetzen.

Vor allem jedoch kann man, wenn 'moderne Gesellschaft' mit dem evolutionären (Zwischen-)Resultat 'Primat funktionaler Differenzierung' identifiziert wird, *keine* Ausdifferenzierung eines *einzelnen* Bereichs *für sich* mehr als eine besondere Zäsur verstehen; und zum Beispiel auch nicht eine *Reihenfolge* von Funktionssystembildung postulieren, die eine 'normale' oder 'gesunde' Modernisierung kennzeichnen würde (erst Wirtschaft, dann Politik, dann Recht o.ä.). Eine 'normale Modernisierung' kann man nun vielmehr *gar nicht mehr voraussetzen*. Nur wo, umgekehrt, bereits weitgehend durchgesetzte Ausdifferenzierung beispielsweise wieder rückgängig gemacht wird, oder die Ausdifferenzierungen einzelner Funktionssysteme (wie Politik, Recht, Erziehung, Kunst, Religion, Wissenschaft) im Vergleich auffällig und signifikant spät einsetzen, ergibt sich sozusagen – ganz im Sinne der Sonderwegsthese – Erklärungsbedarf.

Als eine weitere Besonderheit der Systemtheorie kommt hinzu, dass die *Formen* der Differenzierungsformen Luhmanns – um noch einmal auf Unterschiede zu Marx' Theorie zurückzukommen – sich *auch nicht auseinander ergeben*. Es lässt sich, genauer gesagt, auch für den soziologischen Beobachter darin kein Muster, keine Serie erkennen, das/die es erlauben würde, auf die Form der jeweils folgenden Form zu schließen. Diese Form muss vielmehr, jedes Mal wieder auf's Neue, sozusagen erst allmählich 'herausgemendelt' werden – in einem Prozess der Reaktion des Systems auf interne gravierende Veränderungen, die sich einzustellen beginnen, wenn eine bestehende Differenzierungsform *an ihre Grenzen stößt*; wenn die in ihren Grenzen erreichbare Komplexität des Systems also deren Kapazitäten zur Ordnung, zur Reduktion von Komplexität *zu überschreiten* beginnt (wenn in ihrem Rahmen, verkürzt gesagt, nicht mehr alle auftretenden Konflikte beherrscht, und alle auftretenden Ereignisse sogleich mit vorhandenen Strukturen verbunden, an diese angeschlossen werden können; und sich vorhandene Strukturen darum zu ändern, und neue sich zu bilden beginnen).

Und nicht zuletzt gibt es dann auch stets mehrere Möglichkeiten im Hinblick auf die Frage, was sich für solche 'Struktur-Überforderungen' im Nachhinein verantwortlich machen lässt – zu denen zwar durchaus auch die Herausbildung antagonistischer sozialer Gruppen (also 'Klassenkampf') zählt, aber nun also nur noch als eine unter anderen Möglichkeiten; neben der Entstehung von neuen Verbreitungsmedien wie dem Buchdruck etwa, die die Möglichkeiten und Arten gesellschaftlicher Kommunikation fundamental verändern und erweitern (vgl. dazu im einzelnen etwa Kuchler 2003; Baecker 2004; Zorn 2003; 2004).

Und schließlich muss man sich den Prozess des Übergangs von einer alten zu einer neuen Differenzierungsform demnach dann – da er von keinem der gesellschaftlichen Akteure als solcher als Ziel angestrebt, verfolgt und benannt werden kann – als einen *untergründigen* und *unbemerkten* Vorgang vorstellen; als einen sich alltäglich im „Zusammenspiel von strukturellen und semantischen Veränderungen" (Luhmann 1993, 7) vollziehenden „Umbau" am „Prinzip der Stabilität" (ebd.) des Gesellschaftssystems, der während seines Verlaufs an keinem bestimmten Ziel orientiert und auf kein bestimmtes Ergebnis hin angelegt ist.

Im Hinblick auf den für die Sonderwegsthese relevanten historischen Zeitraum nun besagt dies alles vor allem, dass das Gesellschaftssystem in Zeiten eines solchen Umbaus *gar kein* bestimmtes Prinzip der Ordnung bzw. Stabilität hat. Denn dieses befindet sich ja eben: *im Umbau.* Und dies hat durchaus auch ganz konkrete, praktische Folgen: Man kann sich *nicht mehr* darauf verlassen, dass die Grenzen feudaler, ständischer Schichtenordnung *noch* geachtet werden, und die dadurch einmal bestimmten und abgesicherten Regeln (des Regierens, der Lebensführung usw.) *noch* gelten, und daran orientiertes Handeln also auch zum Ziel führt – man kann sich aber zugleich auch *noch nicht* darauf verlassen, dass dafür nun etwas *bestimmtes anderes* regelmäßig funktionieren und gelten würde (wie es eben erst mit fortschreitender Ausdifferenzierung von Funktionssystemen dann allmählich, an *verschiedenen Stellen* zu *verschiedenen Zeiten*, sich wieder einzuspielen beginnt: in Gestalt von jedem System zugeordneten Rollen – Experten- und Klientenrollen –, in Gestalt positiven Rechts, von Verfassungen, der Umstellung des politischen Systems auf regelmäßige Wahlen usw.).[18]

Auch in diesem Schwebezustand zwischen 'Nicht-Mehr' und 'Noch-Nicht' aber muss natürlich in jedem Moment dennoch 'etwas passieren': Während sie – zugleich, auch noch – einen Fundamentalumbau zu bewerkstelligen hat, muss die Gesellschaft – auch, und zunächst einmal – alltäglich 'irgendwie weiterlaufen'. Weshalb man auch durchaus von einer Situation in der Nähe der Überforderung sprechen kann – an der alles auf ihre baldmöglichste Überwindung hindrängen dürfte. Luhmann vergleicht sie einmal sinnbildlich mit der Lage, die ein „die Fundamente einbeziehender Umbau ohne Hilfe von außen" an einem „Schiff auf hoher See" (1993, 7) ergäbe.

Hier scheint sich, mit anderen Worten, nun doch noch die Möglichkeit anzudeuten, dass Revolutionen eine besondere Funktion in diesem Prozess zukommt. Je länger dieser Übergangszustand als solcher dauert, um so prekärer und spannungsreicher scheint er jedenfalls werden zu müssen. Das legt nicht zuletzt auch das systemtheoretische Vorbild

---

18  Und der Beitrag von Ellen Meiksins Wood in diesem Band beispielsweise legt zusätzlich nahe, dass man eigentlich erst für die Zeit *nach dem zweiten Weltkrieg* in Westeuropa von einem regel- und gleichmäßigen Funktionieren dieses neuen 'bestimmten Anderen' sprechen kann. Die für die Zeit davor von ihr angeführten beständigen Ungleichzeitigkeiten und Mischungen von 'progressiven' und 'regressiven' Elementen (was das Wahlrecht etwa angeht) in den politisch-rechtlichen Strukturen vor allem Frankreichs und Englands jedenfalls ließen sich wohl leicht auch für andere gesellschaftliche Strukturen (und Länder) zeigen – und lassen also an die Möglichkeit denken, für diese gesamte Zeit von einem Zustand des 'Noch-nicht-ganz' zu sprechen.

für Luhmanns Verständnis von gesellschaftlichen Umbrüchen nahe – die mathematische
'Katastrophentheorie':

> „Sozialwissenschaftliche Anwendungen der Katastrophentheorie von René Thom sind im allge-
> meinen in bloßer Metaphorik steckengeblieben. Sinnvoll sind sie nur, wenn das Prinzip der Sta-
> bilität genau angegeben wird, dessen Änderung, weil sie alles ändert, als Katastrophe bezeichnet
> wird. In unseren Untersuchungen ist dies die primäre Form gesellschaftlicher Differenzierung."
> (Luhmann 1997, 655, FN 103).[19]

Denn auch und gerade diesem Denkmodell zufolge lassen sich solche Änderungen/Über-
gänge nicht endlos in die Länge ziehen, ja eigentlich sind sie überhaupt nur denkbar „als
'brutale Sprünge' (René Thom), die es einem System ermöglichen zu überleben, wenn es
eigentlich aufhören müsste zu existieren. Das System reagiert auf das Auftreten einer Stö-
rung, die alle seine Parameter überfordert, indem es auf eine neue Zustandsebene springt."
(Baecker 2004, 136).

## 4. Zweiteilige Modernisierung

Aus diesen theoretischen Vorbereitungen resultiert eine recht komplexe Ausgangslage für
eine systemtheoretische Rekonstruktion der Sonderwegsthese. Die historisch-gesellschaft-
liche Phase (die in manchen Hinsichten und in manchen Teilen Europas womöglich bis
weit ins 20. Jahrhundert hinein reicht), von der man dafür auszugehen – und die man in
vergleichende Untersuchungen einzubeziehen – hätte, ist jedenfalls *mindestens durch zweierlei zugleich* gekennzeichnet: i) durch eine untergründige 'Suchbewegung' nach einem
neuen, unter den sich verändernden, komplexer werdenden Bedingungen stabil bleiben-
dem Prinzip gesellschaftlicher Strukturierung; ii) dadurch, dass – mancherorts, und im
allgemeinen sich verstärkend – aber auch schon allmählich spürbar wird, was die sich ab-
zeichnende *neue Ordnung* bedeutet (was also *sie* an Kosten verursacht, und welche Folgeprobleme nun wiederum *sie* produziert; aber natürlich auch, wem sie welche Chancen und
Vorteile beschert).

   Mit dieser Komplizierung gewinnt man aber auch einiges. So gewinnt man, zunächst einmal, *Probleme*, auf die nun letztlich *alle weiteren Entwicklungen der europäischen Geschichte*
sich *als Lösungsversuche* (bzw.: als Reaktionen) beziehen lassen. Und das heißt zugleich: Man
gewinnt eine Möglichkeit, Entwicklungen *auf allen denkbaren gesellschaftlichen Gebieten*
in die Untersuchung einzubeziehen, sie neu anzuordnen, und in Beziehung zueinander
zu behandeln. Dieser Problembezug schließt, anders gesagt, auch die Möglichkeit ein, auf
die Bedeutung von im Zusammenhang mit der Sonderwegsthese bislang noch gar nicht
behandelte Entwicklungen und Gebiete aufmerksam zu werden – wie die fundamentalen
Umstellungen im Wissenshorizont der Gesellschaft etwa sowie den Austausch grundlegender
Axiome auf zentralen Wissensgebieten (wie Recht, Anthropologie, Zeitbegriffe u.ä.), die den

---

19  Vgl. dazu auch: „[D]as Auswechseln einer Differenzierungsform gegen eine andere [kommt] einer
    'Katastrophe' gleich, den Begriff im strengen systemtheoretischen Sinne genommen. Keine bloße Re-
    paratur also, sondern eine die Fundamente einbeziehender Umbau" (Luhmann 1993, 7).

Umbau zur funktionalen Differenzierung begleitet und vorbereitet haben (von Luhmann vor allem in seinen wissenssoziologischen Bänden behandelt: 1980; 1981; 1993; 1995).

Vor allem aber gewinnt man auf diese Weise nun eine Beschreibung für 'Modernisierung', die all deren übliche problematische Implikationen abstreift: Eine so verstandene Modernisierung (zuerst *allmähliche Herstellung* einer neuen Differenzierungsform; dann *Bewältigung der Folgeprobleme* der sich herausbildenden Form) hat kein Ziel; man muss keinen 'Normalpfad' annehmen (vgl. zu diesem Problem der bisherigen Sonderwegsforschung nochmals den Abschnitt „Ziele" in meiner Einleitung); und man ist auch nicht in Gefahr, sie mit nur wenigen, hochselektiven Merkmalen zu identifizieren (vgl. dazu nochmals meine Untersuchungen zur Bielefelder Gesellschaftsgeschichte unter I.). Es kann nun vielmehr alles in länderübergreifende Vergleiche einbezogen werden, was sich, einerseits und zunächst, im Nachhinein auf den Prozess der Ausdifferenzierung und Autonomisierung von Funktionssystemen beziehen lässt; als diesen fördernd (oder hemmend) – und, andererseits, auf die Folgen funktionaler Differenzierung; als Formen und Versuche zu deren Bewältigung, als abwehrende/begrüßende Reaktionen u.ä. Und es findet sich so nun zugleich theoretisch hinreichend genau bestimmt und begründet, worauf man bei diesen Vergleichen zu achten hätte. Der entscheidende Vergleichsgesichtspunkt, die all solche Vergleiche leitende Fragestellung – *Wie wird der Prozess der Modernisierung jeweils 'bewältigt'?* – erhält eine Form, 'mit der man arbeiten kann'.

Wie schon angedeutet ist eine weitere Konsequenz allerdings, dass dann auch der Nationalsozialismus selbst noch als einen Teil dieser 'Modernisierung' (eine der ihn ihr angelegten Möglichkeiten) begriffen werden muss. Dies ist sozusagen der Preis, den man zu zahlen hat, wenn man mittels dieser theoretischen Grundlagen eine historische und gesellschaftstheoretische Erklärung für seine Entstehung gewinnen will. Im Gegenzug kann man dafür nun aber beispielsweise differenziert fragen: Was an ihm reagiert schon *auf Folgen* funktionaler Differenzierung? Und wo steht er noch *in der Kontinuität* der modernen *Suche* nach neuartigen Strukturen? Oder auch: Warum war die spezifische Mischung, die er in dieser Hinsicht wohl darstellt, in Deutschland so attraktiv?

Aber auch dies ist natürlich noch nicht die ganze Antwort auf die hier interessierende doppelte Fragestellung: Welche *Form* der Erklärung gewinnt man mit diesen theoretischen Mitteln? Und was hat diese dann noch mit der Sonderwegsthese gemein?

## 5. Die nationalen Sonderwege der Modernisierung

Dafür ist nun zunächst der Bezug auf die Probleme 'Umbau der alten' und 'Reaktionen auf die neue Differenzierungsform' entsprechend zu spezifizieren: Wie war es möglich, dass beides (auf einem so engen, und nicht nur durch eine gemeinsame Geschichte verbundenen Raum wie Europa – sondern seit Durchsetzung des Buchdrucks und mit stetig wachsender Mobilität in der Moderne auch noch stärker denn je 'vernetzten' Raum, in dem nun auch ein je aktueller Austausch von 'Ideen' und 'Kultur' stattfand) sich *nicht überall mit den gleichen Mitteln und in gleicher Weise vollzog*?

Auch mit der Systemtheorie muss man eine zunächst traditionelle Antwort geben: Es war möglich, weil dieser Umbau eben überall *dennoch* in vielerlei Hinsicht *sehr verschiedene*

*Voraussetzungen* vorfand. Und auch der zweite, wichtigere Teil der Antwort klingt zunächst sehr vertraut: Dass beides sich an verschiedenen Stellen Europas recht unterschiedlich vollzog, hängt ganz wesentlich mit der Herausbildung des modernen Staates bzw. moderner Staatsorganisation (im Sinne von Foucaults Gouvernementalität etwa) und dann insbesondere: von *National*staaten zusammen. Denn vor allem an letzteren ist entscheidend, *auf welche Weise* sie nun *die Möglichkeit gleichmäßiger Entwicklung einschränken*.

Anders als zuvor – im Falle von 'Reichen', 'Fürstentümern' und anderen Körperschaften feudaler Herrschaft – kommt aber bereits mit den ersten Ansätzen von Staatsorganisation (moderner Bürokratie und Verwaltung) die Möglichkeit in den Blick, Territorien und Bevölkerungen in je spezifischer Weise, und gezielt und planmäßig, zu entwickeln und produktiv zu machen. Und dieses neue Prinzip wird insofern mit Aufkommen des Nationalstaates auch nur noch einmal systematisiert, und erhält nun eine spezifische, intensivierte Gestalt. Spätestens an Nationalstaaten jedenfalls ist dann entscheidend, dass sie: i) *nach außen* systematisch eine *relative Differenz* zu *anderen* Nationen einrichten und verstärken, und ii) *nach innen* eine relative *Vereinheitlichung* durchsetzen (und damit auch eine *nochmalige* Einschränkung der Möglichkeiten, innerhalb ihrer Grenzen irgendetwas 'genau so zu machen' wie in anderen Nationen): „Um das, was Nation sein soll, von Imagination in Realität zu überführen, muss man mit politischen (staatlichen) Mitteln für sprachliche und religiöse, kulturelle und organisatorische Vereinheitlichung in dem Territorium sorgen, das der Nationalstaat für sich in Anspruch nimmt." (Luhmann 2002, 210).

Auch wenn darin, wie wir noch sehen werden, nicht die *einzige* Voraussetzung für die Möglichkeit *gegeneinander variierender Lösungsversuche* des im letzten Abschnitt skizzierten 'Doppelproblems' Modernisierung zu suchen ist: Hier findet sich die zentrale Voraussetzung für die Möglichkeit sich dabei dann *auch verstärkender, kumulierender Differenzen* – für *moderne Sonderwege* also. Denn so erst entstand eine besondere *Abhängigkeit* der jeweiligen Modernisierung *von* dem, und ein Reagieren vor allem *auf* das, was innerhalb der verschiedenen Territorien nun fortan jeweils vornehmlich erinnerte 'nationale' Vergangenheit darstellen sollte.[20]

Zum Verständnis der Rolle von 'Staaten' und 'Nationen' im ('ursprünglichen') Prozess der Modernisierung müsste man mit der Systemtheorie nun aber noch weitergehen. Denn sie legt stets auch die Frage nach der *Funktionalität* einer *evolutionär erfolgreichen Einrichtung* nahe. Welche Vorteile in Bezug auf Probleme des Systems könnten ihre Selektion begünstigt und ihre Durchsetzung befördert haben? Und im Hinblick auf die Herausbildung der europäischen (National-)Staatlichkeit im Zusammenhang mit Modernisierung liegt es dann nahe zu sagen: Mit Hilfe von (National-)Staaten wurden die Herausforderungen von Modernisierung ebenso wie ihre Risiken und Unsicherheiten *auf mehrere relativ unabhängige* und *verschiedene*, aber zugleich auch *untereinander ähnliche* Einheiten verteilt. Es ergaben

---

20  Dass die Bedeutung nationalstaatlicher Differenzen heute gerade rückläufig ist, und durch Verschränkungen kommunaler und übernationaler Ebenen überschrieben werden, muss man wohl als Konsequenz aus der letztlich sehr eingeschränkten Produktivität nationalterritorial agierender Disziplinarmacht verstehen – spielt als neuere Konsequenz von Modernisierung für den hier relevanten Zeitraum aber noch keine Rolle.

sich, genauer gesagt, vor allem zwei evolutionäre Vorteile: Von diesen Einheiten konnten i) *parallel zueinander,* also gleichzeitig, *verschiedene* Lösungen erprobt werden, und diese zugleich ii) ständigen *synchronen Vergleichen* ausgesetzt werden: „Eine Nation soll und kann von der andern lernen." (Marx 1867, 15). Wobei diese *Vergleichs- und Lernmöglichkeit* deshalb so entscheidend ist, weil sie eine zentrale, so beständig wie ausgiebig genutzte *Kompensations-möglichkeit* für *Ungewissheit,* für den Ausfall fast aller anderen Orientierungsmöglichkeiten im nach vorne stets offenen Prozess der Modernisierung darstellt: Man konnte sich beim Aufbau der deutschen Nation an dem der französischen orientieren, oder es ganz anders machen; man kann den Sozialstaat so wie die skandinavischen Länder umbauen, oder aus diesem Vergleich andere Konsequenzen ziehen.[21] In jedem Fall wird der *nationale Vergleich* zu einem zentralen Faktor der gesamten weiteren Entwicklung – und einem zudem, der zunächst regelmäßig als nochmaliger 'Differenzverstärker' wirkte.

Trotzdem bleibt noch die bereits angedeutete Frage, ob der Nationalstaat (und zuvor schon der moderne Staat – ohne Nation) die *einzige* strukturell abgesicherte Möglichkeit darstellt, im Übergang zur Moderne Entwicklung zu variieren, und durch Vergleiche zu steuern – und dabei Tendenzen und Voraussetzungen zu 'Sonderwegen' mit exzeptionell fatalen Resultaten zu 'addieren' und zu 'multiplizieren'. Und wenn nicht: Wie verhalten die Möglichkeiten des (National-)Staates sich dann zu den Möglichkeiten anderer Systeme und Ebenen im Gesell-schaftssystem, über die Selektion von bestimmten 'Modernisierungspfaden' bzw. die Wahl von Lösungen für die Herausforderungen der Modernisierung (mit) zu disponieren? Oder mit Blick auf die Bielefelder Gesellschaftsgeschichte formuliert: Kann man die Geschichte von Sonderwegen tatsächlich als eine Geschichte nationaler Gesellschaften schreiben? Und kann reiner 'Nationalgeschichte' eine angemessene 'historische Erklärung' des Nationalsozia-lismus entspringen? Lässt sich dies alles allein anhand des historischen Geschehens innerhalb der Grenzen einzelner Territoriums verstehen – in dessen Verlauf sich der Zusammenhang von Politik, Wirtschaft und sozialer Ungleichheit in nationalspezifischer Weise entwickelt? Oder wie sonst hat man sich das Mit- und Gegeneinander von modernen Entwicklungen, Entwicklungsmöglichkeiten und Entwicklungsdynamiken vorzustellen, das dann – zu einem bestimmten Zeitpunkt, innerhalb der Grenzen bestimmter Nationalstaaten – die Entstehung und Herrschaft von Nationalsozialismus und anderer Faschismen möglich machte?

## 6. Die Sonderwege der modernen Funktionssysteme

Aus Sicht der Systemtheorie muss auffallen, dass die weltweite Segmentierung des politi-schen Systems in Nationalstaaten nur ein Beispiel für ein allgemeineres Prinzip darstellt, das offenbar charakteristisch für die Bewältigung von 'Modernisierung' ist: Die allmähliche Autonomisierung von Funktionssystemen wurde in *allen* Fällen begleitet (bzw. vorbereitet)

---

21  Eine solche evolutionstheoretische Betrachtung gewinnt vor allem vor dem Hintergrund der später auch weit über Europa hinaus ausstrahlenden Attraktivität und Durchsetzung der 'Idee Nation' an Plausibilität: Sie schien lange in vielerlei Hinsicht eine Art evolutionär ermittelten Durchschnitts-wert darzustellen – für ein adäquates 'politisches Mittel' zur Bewältigung von Modernisierung (vgl. dazu genauer auch Luhmann 2002, 220-227).

von einer vergleichbaren internen Segmentierung und internen Multiplizierung von dem Prinzip nach strukturidentischen und gleichrangigen 'Untereinheiten'.[22] Wie die Politik den Herausforderungen der Modernisierung in Gestalt von mehreren Nationalstaaten entgegentritt, und sie auf diese Weise auf mehrere gleichartige, 'nebeneinander' angeordnete Einheiten verteilt, so wiederholt sich in allen Systemen – und dann auch noch einmal auf allen 'Unterebenen' der Systeme selbst – immer wieder dieselbe Art interner Differenzierung in eine Mehrzahl gleichartiger Einrichtungen: Innerhalb der untereinander konkurrierenden Nationalstaaten entstehen, auf der nächsten Ebene, eine Mehrzahl moderner Parteien und Parteiorganisationen, die um die Mehrheit der Wahlberechtigten konkurrieren, und zu diesem Zweck in den Nationalstaaten für dieselben politischen Probleme verschiedene Lösungen entwickeln und anbieten (und in diesen Parteien wiederum entstehen eine Mehrzahl untereinander konkurrierender 'Flügel', Fraktionen und Programmatiken). Im Religionssystem tritt neben die katholische noch eine zweite Kirche, und beginnt um dieselben Gläubigen zu werben (und in beiden Kirchen entstehen immer mehr Strömungen, und es kommen auch immer wieder noch neue Kirchen, Sekten und miteinander konkurrierende religiöse Trends hinzu). An die Stelle einer hierarchischen Ordnung der Fakultäten treten im Wissenschaftssystem die modernen wissenschaftlichen Disziplinen (und in jeder beginnen eine Vielfalt von Methoden und Theorien miteinander zu konkurrieren) usw.

Auch ältere Formen der Systemdifferenzierung, wie gesellschaftliche Schichtung, kannten zwar schon Formen 'interner Segmentierung'. Sie folgte dann aber *deren* jeweiligem Grundprinzip: Die 'Untereinheiten' des Adels etwa waren, wie die gesamte Gesellschaft, hierarchisch angeordnet. Und dies hat dann vor allem Folgen für Dynamik und Vielfalt: Anders als frühere 'Untereinheiten' konkurrieren moderne 'interne Segmente' (wie Nationen und politische Parteien) bei der Suche nach permanent neuen Lösungen für *dieselben* Probleme – während die früheren Untereinheiten der gesellschaftlichen Subsysteme verschiedene, je eigene Aufgaben hatten und deren Erfüllung also strukturell gewissermaßen Monopolisten überlassen war. Die moderne Art der internen Differenzierung dagegen erlaubt den 'systemischen Untereinheiten' nun – im Konflikt untereinander, in Konkurrenz zueinander, in Prozessen gegenseitigen Vergleichens und wechselseitiger Beobachtung und Anregung – alle Funktionssysteme mit einer eigenständigen Dynamik zu versehen sowie mit einer selbstbezüglich auf die je eigene Vergangenheit referierenden, immer weniger vorhersehbaren Entwicklung.

So entstanden in der modernen Gesellschaft, und das ist hier nun entscheidend, allmählich – zusätzlich zum Nationalstaat, unabhängig von ihm, und innerhalb und über seine Grenzen hinweg – auch noch weitere, andere strukturell abgesicherte Möglichkeiten, *Entwicklungspfade zu variieren und zu selektieren*, denn die modernen Funktionssysteme regulieren ihren Umgang mit den Herausforderungen der Modernisierung nun im wesentlichen selbst, nach

---

22  Statt von 'interner Segmentierung' der modernen Gesellschaftssysteme als charakteristischem Prinzip funktionaler Differenzierung spricht Luhmann gelegentlich auch von 'interner Differenzierung', und „interne Differenzierung [...] stärkt die Ausdifferenzierung des Systems" (Luhmann 2002, 114). Sie treibt also zunächst den Umbau in Richtung auf funktionale Differenzierung voran – und sichert sie dann ab, wo immer sie bereits durchgesetzt ist.

je eigenen Regeln – und vor allem mit Hilfe der regelmäßigen Beziehungen zwischen ihren internen Ebenen und 'Untereinheiten'. Das *Wirtschaftssystem* reguliert seine Entwicklung mit Hilfe der Konkurrenz zwischen Banken, Versicherungen und Unternehmen, durch eine interne Differenzierung in private und öffentliche Haushalte und verschiedene Märkte (Finanzmarkt, Konsumgütermarkt usw.), und es reguliert die Lohnentwicklung etwa weitgehend mit Hilfe des Konflikts zwischen Kapital und Gewerkschaften (also mittels 'Tarifautomie'). Das *Erziehungs- und Bildungssystem* evoluiert mit Hilfe des Austauschs zwischen ihren Organisationen (Schulen, Hochschulen), ihren Interaktionssystemen (Unterricht, Universitäts-Seminare), den akademischen Disziplinen von Pädagogik und Didaktik, deren konkurrierenden Methoden und 'Lerntheorien' sowie den wechselnden, zu vermittelnden Inhalten, die mit Hilfe der wissenschaftlichen Forschung variieren. Das *Rechtssystem* entfaltet eigene Entwicklungsdynamiken durch die Differenzierung von Rechtsprechung (Gerichten), Gesetzgebung, Verfassungen sowie konkurrierenden Schulen der 'Rechtsauslegung' etwa. Die Entwicklung des *Kunstsystems* wird von kirchlichen und höfischen Mäzenen und Auftraggebern unabhängig, und so – ebenso wie durch die Entbindung von der Verpflichtung auf moralische, sittliche und politische Zwecke sowie durch seine Umbettung auf die Standbeine Markt (Galerien, Auktionshäuser, Sammler), Museen, Ausstellungen und Kunstdiskurs – erheblich dynamisiert. Und das *politische System* findet sich am Ende intern segmentiert in einen staatlichen Verwaltungsapparat, Parlament und Öffentlichkeit, Regierung und Opposition, eine Mehrzahl von Parteien sowie eine Wählerschaft, die nun ebenfalls aus formell gleichgestellten Einheiten besteht (jede Frau und jeder Mann hat ein Stimme).

Den zentralen langfristigen Effekt beschreibt die Systemtheorie als *zunehmende Unabhängigkeit* der Entwicklung der Funktionssysteme von *von ihnen nicht änderbaren*, ihnen also vorausliegenden 'alteuropäischen' Voraussetzungen und Gründen (von philosophischen Traditionen; ontologischen, metaphysischen Letztbegründungen; von Naturrecht, von Theologie, kirchlichen Lehren usw.) einer- und von Einflüssen *anderer Funktionssysteme* andererseits. Und d.h. vor allem: Die Eigendynamik der Systeme entzieht sich zunehmend dem Einfluss der Politik. Stattdessen entstehen – anlog zum 'Positivwerden' des Rechts gewissermaßen – überall selbstproduzierte Voraussetzungen, weitgehend sich selbst tragende Arrangements, die die für ihr Operieren wesentlichen Voraussetzungen selbst produzieren und ändern; und die dies vor allem sozusagen durch 'interne Reibung' tun. 'Interne Segmentierung' macht die Selbstbezüglichkeit der Systeme nicht zuletzt also auch erst produktiv, und dadurch als Prinzip überhaupt erst evolutionär durchsetzungsfähig.

Für die Sonderwegsthese nun resultiert daraus das Problem, dass die Sonderwege der in globalen Beziehungen organisierten Funktionssysteme im Laufe der Modernisierung immer mehr Gewicht gegenüber den nationalstaatlichen Sonderwegen gewinnen. *Territorial-nationalstaatlich einheitliche* Rechtssysteme, Kartell- und Steuergesetze, Forschungspolitiken, Hochschulgesetze, Parteiensysteme, Ideologien, Aufmerksamkeiten von Öffentlichkeit und Massenmedien usw. – dies alles sorgt zwar dafür, dass die Entwicklungen der Funktionssysteme *auch* national variieren, und dies bis heute; der weitaus gewichtigere Anteil der gesellschaftlichen Bedingungen und Entwicklungstendenzen aber ergibt sich nur immer sicherer aus den Eigendynamiken der Einzelsysteme.

Auf der anderen Seite lässt sich nun aber auch diese Beschreibung von Modernisierung offensichtlich für vergleichende Einzelstudien zur Sonderwegsthese produktiv machen. Die Frage würde dann lauten: Wie weit sind 'interne Segmentierungen' in welchen Systemen zu welchem historischen Zeitpunkt durchgesetzt? Oder unmittelbar auf die deutsche Geschichte bezogen: Wie gut war funktionale Differenzierung im Vorfeld des Nationalsozialismus in Deutschland eigentlich strukturell abgesichert und durchgesetzt? Und im Anschluss daran ließe sich dann auch die bereits oben erwähnte Fragestellung (vgl. 4. Abschnitt) noch einmal zuspitzen: In welchem Sinne und in welchem Maße muss der Nationalsozialismus als eine Reaktion auf jene gesellschaftlichen Bedingungen verstanden werden, die funktionale Differenzierung schafft? Wobei sich als zentrale Aufgabe für die Sonderweg-Forschung dann die (in anderer Weise schon häufiger formulierte) erweisen könnte, zu erklären wie sich das sehr spezifische Ressentiment gegen 'die Moderne' im Laufe der deutschen Geschichte hat entwickeln können.

## Einige mögliche und die entscheidende Lehre

### 1. Drei Forschungsprogramme

Zusammengenommen ergibt das Gesagte mehrere mögliche Forschungsprogramme für eine deutsche und vergleichende Sonderweg-Historiographie. Zumindest drei seien hier abschließend etwas ausführlicher skizziert.

(1) Sie könnte zunächst, wie angedeutet, danach fragen, wie weit die Ausdifferenzierung (und damit Eigendynamik) von Funktionssystemen in verschiedenen Regionen Europas jeweils fortgeschritten war – und ob in diesem Vergleich signifikante Besonderheiten Deutschlands auffallen. Die Untersuchung ließe sich davon ausgehend dann auf die Fragestellung zuspitzen, ob die Entstehung des NS eher mit einem *Mangel an Ausdifferenzierung*, deren *Verspätung* oder *Behinderung* (in Bezug auf bestimmte einzelne Systeme, wie das Rechtssystem etwa) in Zusammenhang zu bringen wäre – oder ob der 'Sonderwegsthese' vielmehr die Frage zugrunde zu legen wäre: Wie kommt es zum Faschismus als *einer möglichen modernen Reaktionen* auf *vollends ausgebildete funktionale Differenzierung*? Handelt es sich beim Nationalsozialismus also vielleicht um einen Versuch, die gesellschaftliche Dynamik unter den Bedingungen voll ausgebildeter funktionaler Differenzierung *doch noch einmal* unter eine weitgehende (diktatorische) Kontrolle durch das politische System zu zwingen? In diesem Fall würde Sonderweg-Forschung dann vor allem eine Erklärung dafür versprechen, unter welchen Vorbedingungen so etwas möglich ist – und in der Moderne immer und weiterhin möglich bleibt. Sie könnte außerdem, in einem Vergleich der europäischen Faschismen, nach den möglichen Formen (und deren Zahl und deren Unterschieden) fragen, die eine solche Reaktion in der Moderne annehmen kann. Sie könnte aber auch noch allgemeiner fragen: Unter welchen Bedingungen nehmen solche Versuche welche Formen an? Es ginge dann also um einen Vergleich der Vorbedingungen von Faschismus auf der einen, und modernen 'realsozialistischen' und radikaldemokratischen Experimenten auf der anderen Seite (als ganz anderen Versuchen, der entfesselten widersprüchlichen Dynamik der modernen Ge-

sellschaft politisch Herr zu werden). Es ergäbe sich, mit anderen Worten, eine vergleichende Totalitarismusforschung mit systemtheoretischen Mitteln.

(2) Eine solche ließe sich zwar durchaus auch (und vielleicht gerade) an den zuerst genannten Fall anschließen – wenn sich im europäischen Vergleich also zeigte, dass die deutsche Vorgeschichte des NS signifikante Defizite hinsichtlich der Durchsetzung funktionaler Differenzierung aufweist: dann ginge es um Vergleiche zwischen politischen Reaktionen auf 'verspätete Modernisierung'. Für diesen Fall liegt aber auch noch eine etwas andere Fragerichtung nahe, es wäre dann vor allem zu fragen: Erklären politische Erfolge von Faschismus und Nationalsozialismus sich vielleicht aus dem Versprechen, unter Bedingungen relativ geringer Ausdifferenzierung einseitig die dynamischen Potentiale einzelner Systeme (der Wirtschaft oder der Wissenschaft etwa) zu entfesseln sowie sie politisch dirigistisch (und letztlich immer diktatorisch) zu steigern, und in den Dienst bestimmter Zwecke zu zwingen? Ist Faschismus also vielleicht weniger dort eine wahrscheinliche Variante von Modernisierung, wo die unkontrollierbaren Eigendynamiken der modernen Systeme enttäuschen als vielmehr dort, wo ein Mangel allseitiger Dynamik die ganze Hoffnung auf einzelne Systeme und ihre Leistungen lenkt (unter Umständen sogar auf die Religion, wie im Islamismus) – deren kompromisslose Entwicklung und Durchsetzung Faschismus dann stets verspricht? Geht es also auch gar nicht um einen klaren Primat der Politik über funktionale Differenzierung – sondern eigentlich um das Versprechen, die moderne Staatsorganisation in den Dienst bestimmter einzelner gesellschaftlicher Funktionen zu stellen? (Wobei man diese Frage freilich auch im Zusammenhang des zweiten Falls stellen kann, und dann in diesem Sinne: Verspricht Faschismus unter den Bedingungen vollendeter funktionaler Differenzierung gegenüber den widersprüchlichen Dynamiken der Funktionssysteme mit allen Mitteln *bestimmte Gewichtungen* durchzusetzen?).

(3) Man könnte die Untersuchung auch als Testfall für die Theorie selbst gewissermaßen anlegen, und dann vor allem fragen: Wieso reproduziert funktionale Differenzierung nicht nur ihre eigenen Strukturen, sondern offenbar immer wieder auch die Möglichkeiten, faschistischer Reaktionen auf diese? Wie sehr also prägt funktionale Differenzierung tatsächlich die Entwicklung moderner Gesellschaft? Beziehungsweise: Welche Möglichkeiten der 'Abweichung' von dieser Differenzierungsform sind zugleich in ihr angelegt? Und unter welchen Bedingungen werden sie relevant, werden sie aktualisiert und verwirklicht? Was also, kurz gesagt, lehrt die deutsche Geschichte über funktionale Differenzierung? Ist der deutsche Sonderweg beispielsweise Ausdruck von Schwierigkeiten, sich mit funktionaler Differenzierung abzufinden – oder vielleicht eher damit, dass diese nie ganz hält, was sie verspricht? Verweist die deutsche Geschichte also vielleicht auf die zentralen Unvollkommenheiten und Widersprüche der modernen Gesellschaftsstruktur? So dürfte deren prekärstes Versprechen wohl das liberale Versprechen vom gleichen Gewicht aller modernen Funktionssysteme darstellen. Denn tatsächlich gibt es einen mehr oder weniger regelmäßigen Vorrang des Wirtschaftssystems: Von den Folgen seiner Eigendynamik (und seiner Konjunkturen) ist und bleibt die moderne Gesellschaft stets am stärksten abhängig und betroffen (vgl. aus systemtheoretischer Sicht dazu aktuell etwa Schimank 2006). Und im Vorfeld des Nationalsozialismus könnte in Deutschland so dann insbesondere versäumt worden sein, zu

diesem Umstand, vereinfacht gesagt, ein klares Verhältnis finden, ja überhaupt zu suchen. Wollte man doch stattdessen stets eine 'Kulturnation' verkörpern, deren Wert sich vollends unabhängig von moderner Ökonomie bestimmt.

So konnte die ökonomische Dynamik die zugleich wohl entscheidendste und verdrängteste Voraussetzung aller Entwicklung und Macht Deutschlands im 19. Jahrhundert werden – die eigentliche 'Basis' von allem weiteren, die man aber weder ausdrücklich schätzen noch dauerhaft regeln, weder ausdrücklich begrüßen noch ausdrücklich bekämpfen, umgestalten oder überwinden wollte. Uneingestandener Respekt und verdrängte Furcht gegenüber dem sowie unterdrückte Aggression gegen das, wovon man doch zugleich so deutlich abhing – vor allem diese Mischung könnte am Ende so empfänglich für die ebenso pathologische Mischung des nationalsozialistischen Versprechens gemacht haben: die kapitalistische Ökonomie zwar erst recht ins Zentrum seiner neuartigen Gesellschaft zu stellen, aber nun umfunktioniert zu einer kriegsgesellschaftlichen Vollbeschäftigungs- und Wohlfahrtsmaschine und bemäntelt von einer scharfen antikapitalistischen Rhetorik sowie einer vollends unökonomischen Staatskultur (einem verschwenderisch-protzig ausgestatteten und kostümierten totalitären Staatsapparat) – und versehen vor allem mit dem gegenteiligen Versprechen, einen finalen Kampf gegen die Macht der kapitalistischen Ökonomie zu führen, in Gestalt des Judentums, ihres vermeintlichen Inbegriffs.

## 2. Theorie als letzte Rettung

Es ist wohl offensichtlich, dass vor allem die zuletzt genannte Forschungsperspektive sehr unmittelbar an das bisherige Verständnis der Sonderwegsthese anschließen würde, und dass sich auch der Fassung, die ihre Aussagen im begrifflichen Rahmen der Systemtheorie annehmen, durchaus und weiterhin eine gewisse Handlungsorientierung entnehmen ließe. Wo dies der Fall ist, scheint aber deutlich mehr begriffliche und argumentative Präzision erreichbar. Vor allem aber legt die Verbindung von Untersuchungen zum deutschen Sonderweg mit solchen zu den gesellschaftlichen Bedingungen, die die funktionale Differenzierung der Gesellschaft mit sich bringt, deutlich mehr Vorsicht im Hinblick auf Schlussfolgerungen für die Gegenwart nahe. Denn zur wichtigsten Einsicht wird dann, dass mit dem deutschen Sonderweg sicher nur *eine Entwicklungsmöglichkeit* zum Faschismus in der modernen Gesellschaft rekonstruiert werden kann. Oder deutlicher gesagt: Der Abbruch von *bestimmten* Kontinuitäten, das 'Verlassen' eines *früheren* Sonderwegs bildet ebensowenig eine Garantie gegen Faschismus wie der Nachweis 'partieller Fortsetzungen' unbedingt viel, ja 'für sich' überhaupt etwas besagt. Denn diese können unter veränderten Bedingungen noch einmal ganz andere Wirkungen und Folgen haben. Hier vor allem also hätten künftige Wiederaufnahmen der 'Sonderwegs-Debatte' damit zu beginnen, einen Unterschied zu markieren: Insbesondere der Erklärungswert, die historische Tragweite einmal ausführlich untersuchter und beschriebener Pfade, Wege oder 'Serien'[23] wäre

---

23  In einem Paper zur Einführung in die Tagungsreihe, die der vorliegende Band dokumentiert, hatten die Veranstalter hierzu zustimmend Foucault zitiert: „Es gilt, die [...] Serien zu erstellen, die den 'Ort'

deutlich skeptischer zu beurteilen. Die 'Serien', die das Auftreten des Faschismus einmal wahrscheinlich machten – einige bis ins erste Drittel des 20. Jahrhunderts reichende 'Modernisierungspfade' also – werden sich *genau so* sicher nicht wiederholen. Nur: Damit steht dann offenbar der Wert von 'historischen Erklärungen' insgesamt (also auch nicht nur des Nationalsozialismus) in Frage. Und an dieser Stelle erweist sich darum dann auch der eigentliche Wert und die tatsächliche Unverzichtbarkeit von Theorie. Denn erst im Kontext von Theorien der Gesellschaft und ihrer Entwicklung lässt sich sinnvoll die Frage stellen, was an einem Fall, einer Ereigniskette, einer Serie, einer Verlaufskurve auch noch über diese selbst hinaus von Bedeutung ist, also allgemeineren Erklärungswert besitzen könnte. Und wenn man diese theoretischen Rahmungen der Interpretation von Geschichte außerdem nicht so deutlich wie möglich expliziert, und einem bewussten Vergleich und einer bewussten Konfrontation mit anderen Theorierahmen aussetzt, dann werden sich eben weiterhin – einzelne unter ihnen *implizit* Geltung verschaffen.

## Literatur

Baecker, Dirk: *Niklas Luhmann in der Gesellschaft der Computer*, in: ders., *Wozu Soziologie?* Berlin, 2004, 125-149.

Bahners, Patrick: *Nach Plan*. Schröders Kriegsgrund: Mourir pour Bielefeld?, in: *Frankfurter Allgemeine Zeitung*, 12. November 2001, S. 47.

Bracher, Karl Dietrich: *Referat* [ohne Titel], in: Institut für Zeitgeschichte 1982, 46-53.

Camman, Alexander: *Kaiserreichforschung*. Wehlers Erben, in: *Frankfurter Allgemeine Zeitung*, 17. Januar 2007, N 3 (Beilage 'Geisteswissenschaften').

Eiben, Jürgen: *Von Luther zu Kant – Der deutsche Sonderweg in die Moderne*. Eine soziologische Betrachtung, Wiesbaden, 1989.

Ellrich, Lutz: *Der unbezeichnete Faschismus*, in: *Rechtshistorisches Journal* 1998, 449-465.

ders.: *'Tragic Choices' – Überlegungen zur selektiven Wahrnehmung der Systemtheorie am Beispiel des Nationalsozialismus*, in: Cornelia Vismann/Albrecht Koschorke (Hg.), *Widerstände der Systemtheorie*. Kulturtheoretische Analysen zum Werk von Niklas Luhmann, Berlin, 1999, 159-174.

Foucault, Michel: *Die Ordnung des Diskurses*, Frankfurt/M., 1991.

Hagen, Wolfgang (Hg.), *Warum haben Sie keinen Fernseher, Herr Luhmann?* Letzte Gespräche mit Niklas Luhmann, Berlin, 2004.

Horkheimer, Max: *Die Juden in Europa*, in: *Zeitschrift für Sozialforschung* 1939, 115-137.

Institut für Zeitgeschichte (Hg.): *Deutscher Sonderweg – Mythos oder Realität?* München, 1982.

Kittler, Friedrich: *Ein Herr namens Luhmann*, in: Theodor M. Bardmann/Dirk Baecker (Hg.), *Gibt es eigentlich den Berliner Zoo noch?* Erinnerungen an Niklas Luhmann, Konstanz, 1999, 183-186.

Kuchler, Barbara: *Das Problem des Übergangs in Luhmanns Evolutionstheorie*, in: *Soziale Systeme* 2003, 27-53.

Kühnl, Reinhard: *Deutschland seit der französischen Revolution*. Untersuchungen zum deutschen Sonderweg, Heilbronn, 1996.

---

des Ereignisses, den Spielraum seiner Zufälligkeit, die Bedingungen seines Auftretens umschreiben lassen." (Foucault 1991, 36).

Luhmann, Niklas: *Wahrheit und Ideologie.* Vorschläge zur Wiederaufnahme der Diskussion, in: ders., *Soziologische Aufklärung 1.* Aufsätze zur Theorie sozialer Systeme, Opladen, 1970.

ders.: *Gesellschaftsstruktur und Semantik.* Studien zur Wissenssoziologie der modernen Gesellschaft. Bd. 1, Frankfurt/M., 1980.

ders., *Gesellschaftsstruktur und Semantik.* Studien zur Wissenssoziologie der modernen Gesellschaft. Bd. 2, Frankfurt/M., 1981.

ders., *Gesellschaftsstruktur und Semantik.* Studien zur Wissenssoziologie der modernen Gesellschaft. Bd. 3, Frankfurt/M., 1993.

ders.: *Die Wirtschaft der Gesellschaft*, Frankfurt/M., 1994.

ders.: *Gesellschaftsstruktur und Semantik.* Studien zur Wissenssoziologie der modernen Gesellschaft. Bd. 4, Frankfurt/M., 1995.

ders.: *Die Gesellschaft der Gesellschaft*, Frankfurt/M., 1997.

ders.: *Die Politik der Gesellschaft*, Frankfurt/M., 2002.

Macher, Julia/Katrin Stranz: *Spanien und Deutschland – Zwei konvergierende Sonderwege?*, in: Sabine Berghahn/Detlef Georgia Schulze/Frieder Otto Wolf (Hg.), *StaR★P.* Neue Analysen zu Staat, Recht und Politik. Serie W. Bd. 3, Berlin, 2006, 15-160.

Marx, Karl: *Vorwort zur ersten Auflage* [1867], in: ders., *Das Kapital.* Erster Band, Berlin, 1962[11], 11-17.

Möller, Horst: *Einführung*, in: Institut für Zeitgeschichte 1982, 9-15.

Nipperdey, Thomas: *Referat* [ohne Titel], in: Institut für Zeitgeschichte 1982, 16-26.

Schimank, Uwe: *Funktionale Differenzierung und gesellschaftsweiter Primat von Teilsystemen – offene Fragen bei Parsons und Luhmann*, in: *Soziale Systeme* 2005, 395-414.

Schulze, Detlef Georgia: *Geschlechternormen-inkonforme Körperinszenierungen – Demokratisierung, De-Konstruktion oder Reproduktion des sexistischen Geschlechterverhältnisses?*, Diss. HU Berlin, 2004 (http://edoc.hu-berlin.de/dissertationen/schulze-detlef-georgia-2004-06-10/PDF/schulze.pdf).

Sloterdijk, Peter: *Zorn und Zeit.* Politisch-psychologischer Versuch, Frankfurt/M., 2006.

Wehler, Hans-Ulrich: *Deutsche Gesellschaftsgeschichte.* 1. Band. Vom Feudalismus des Alten Reiches bis zur Defensiven Modernisierung der Reformära. 1700-1815, München, 1987.

ders.: *Deutsche Gesellschaftsgeschichte.* 2. Band. Von der Reformära bis zur industriellen und politischen 'Deutschen Doppelrevolution'. 1815-1845/49, München, 1989[2].

ders.: *Deutsche Gesellschaftsgeschichte.* 3. Band. Von der 'Deutschen Doppelrevolution' bis zum Ende des Ersten Weltkriegs. 1849-1918, München, 1995.

ders.: *Deutsche Gesellschaftsgeschichte.* 4. Band. Vom Ende des Ersten Weltkriegs bis zur zweiten deutschen Republik. 1918-1949, München, 2003.

Zorn, Carsten: *Der Zettelkasten der Gesellschaft.* Für eine Systemtheorie der Medien, unveröff. Diss. Uni. Frankfurt/Oder, 2003.

ders.: *Wie lässt sich der Übergang zu neuen Differenzierungsformen erklären?* Ein Forschungsprogramm, (Manuskript), Berlin, 2004.

*Georg Fülberth*

# Nach dem Sonderweg – Posttotalitärer Konsens?

Von Aristoteles (Aristoteles 2005) bis Hannah Arendt (Arendt 1963) und darüber hinaus sind immer wieder Lehrbücher der Politik verfaßt worden. Im Kern sind sie allesamt Regierungstheorien. Sie unterscheiden zwischen vier Formen: Despotie, Monarchie, Republik und Anarchie.

Nur in diesem Rahmen findet die Demokratie ihren Platz. Die Republik ist mit ihr nicht identisch. Demokratie ist vielmehr nur eine ihrer Varianten, nämlich dann, wenn Gleichheit verwirklicht wird: demokratische Republik mit allgemeinem und gleichem Wahlrecht.

Zuweilen sind die älteren Theoretiker der Politik mißtrauisch gegenüber der Demokratie: sie erscheint dann als eine Variante der Anarchie. Monarchie und Republik sind Regierungsformen einer *aurea mediocritas,* eines Goldenen Mittelwegs, Anarchie und Despotie sind dagegen nicht akzeptable Extreme. Die Demokratie gehört teils zur *aurea mediocritas*, teils nicht. Aufgrund der Erfahrungen der französischen Revolution 1789 ff., des Stalinismus und der Vorgeschichte des Faschismus wird ihrer radikalen Variante sogar die Gefahr zugeschrieben, in Despotie umkippen zu können.

Der italienische Philologe und Historiker Luciano Canfora hat jüngst diese These überprüft. In seinem Buch „Eine kurze Geschichte der Demokratie" (Canfora 2006a) entscheidet er sich für ein politik- und begriffsgeschichtliches Vorgehen, wobei er seine Untersuchung auf die Beziehungen zwischen Gleichheit, Freiheit und Diktatur fokussiert. Die beiden ersten Termini stehen bei ihm für den Wesensgehalt von Demokratie. Zentrales Thema des Buches ist die Spannung zwischen ihnen, die Diktatur sei eine Konsequenz dort, wo entweder Gleichheit zu Lasten der Freiheit erzwungen werden soll oder in dem Versuch, Freiheit der Besitzenden gegen die Gleichheit aller zu verteidigen, politische Gleichheit und Freiheit untergehen: im Liberalismus. (Ein Buch Canforas über Caesar, 2001 auf Deutsch erschienen, trägt den Untertitel „Der demokratische Diktator").

In der Zeit des Perikles sieht Canfora erstmals die Verkürzung von Demokratie durch die Einflußnahme einer Oligarchie auf freie Bürger, die eine Einschränkung ihrer Rechte hinnehmen, um zugleich ihre Überlegenheit über noch unter ihnen Stehende (die Sklaven) zu bewahren.

Den Begriff des Liberalismus verwendet Canfora hier noch nicht, wahrscheinlich unter Berücksichtigung der Tatsache, daß dieser nicht vor der Entstehung der bürgerlichen Gesellschaft sinnvoll angewandt werden kann: erst diese hat die Norm des Individuums als eines ökonomischen und politischen Subjekts, das frei von außerökonomischer Abhängigkeit ist. Dabei muß zwischen dem wirtschaftlichen (seit dem 16. Jahrhundert) und dem politischen (seit dem 17. Jahrhundert) Entstehungsprozeß der bürgerlichen Gesellschaft unterschieden werden. Erst der zweite Vorgang brachte das Spannungsverhältnis von Freiheit und Gleichheit

(Fülberth 2005, 144 f.) hervor. Seitdem ist es sinnvoll, von Liberalismus einerseits, egalitärer Demokratie andererseits zu reden.

Eine oligarchische Beschränkung der politischen Teilhabe auf Begüterte macht Canfora in der englischen Revolution des 17. Jahrhunderts aus, eine Trennung zwischen Freien und Sklaven (wie in Athen) in der Demokratievorstellung und -praxis der nordamerikanischen Revolution. „Der erste Sieg des Liberalismus" (Canfora 2006a, 81 ff.) über die Demokratie nach deren zwischenzeitlichem Sieg wird vom Autor in Frankreich nach 1793 konstatiert und analysiert. Die Jakobiner stehen für die terroristische Priorität der Gleichheit vor der Freiheit, die Bourgeoisie wechselt mit dem Directoire das Vorzeichen: die *ökonomische* Freiheit siegt über die Gleichheit. Diesem Ergebnis wird nicht nur die Gleichheit, sondern auch die *politische* Freiheit geopfert: durch Delegation der Staatsgewalt an Napoleon in der ersten der beiden bonapartistischen Episoden. Nach dieser Roßkur wird in Frankreich das 19. Jahrhundert zu einer Ära des *politischen* Liberalismus, unterbrochen durch das Zweite bonapartistische Empire, in dem ein weiteres Mal der Schutz des Privateigentums der Exekutive übertragen wird. Ein anderes Mittel, oligarchisch determinierte Freiheit mit so viel und so wenig Gleichheit, wie mit dieser liberalen Prioritätensetzung zu vereinbaren ist, zu kombinieren, ist das Wahlrecht, dessen zahlreichen Varianten von Canfora ausführlich erörtert werden.

Der „alte Maulwurf" (130 ff.) der Demokratie wird unter solchen Umständen tief in den Untergrund gedrängt, im „Massenmord an den Kommunarden" (150 ff.) 1871 auf äußerst blutige Weise. 1905 und 1917 kommt er wieder hervor. Doch dieser zweite jakobinische Versuch endet in doppelter Weise in der Diktatur: Stalin zerstört die Freiheit und letztlich auch die Gleichheit, in Deutschland und Italien ist der Faschismus die Antwort auf den Demokratisierungs-Schub nach dem Ersten Weltkrieg. Mit dem Sieg der Anti-Hitler-Koalition sieht Canfora eine dritte Chance. Sie sei im Osten wie im Westen durch den Kalten Krieg zerstört worden. In den NATO-Ländern siegte der Liberalismus schon seit 1947, im Bereich der ehemaligen Warschauer Vertragsorganisation nach 1989. Sein institutionalisierter Ausdruck sei ein „gemischtes System" (305 ff.): Sicherung der Freiheiten von ökonomisch Privilegierten unter den Bedingungen eines durch vielfache (unter anderem auch mediale) Filterungen seiner demokratischen Sprengkraft beraubten allgemeinen Wahlrechts. Radikale Demokratie sieht der Autor in der Gegenwart nicht realisiert, sie könne allenfalls Thema einer „neuen Geschichte" (332 ff.) sein.

Canforas historisches Plädoyer für die immer wieder unterdrückte Demokratie ist nicht deren beschönigende Apologie. Er benennt auch ihre – und sei es in der spezifischen Situation unvermeidlichen – Fehlleistungen. Es waren ja ihre Anhänger gewesen, die zur Zeit des Perikles die Einengung dieser politischen Form zu Lasten der Sklaven befürworteten. Der jakobinische *terreur* erfolgte in ihrem Namen (und sei es – der Absicht nach – zu ihrer Rettung) (vgl. auch den Beitrag von Ulrich Thiele in dieser Veröffentlichung). Die Parole von Saint Just: „Keine Freiheit den Feinden der Freiheit" diente – anders als ihre Verwendung für die „Wehrhafte Demokratie" in der Bundesrepublik, allerdings nicht zugleich implizit der Verteidigung liberaler Ungleichheit). Diese Ambivalenz ist am deutlichsten benannt von einem der wichtigsten Bezugsautoren Canforas: Lenin (1918/1961) hatte hervorgehoben, daß umfassende Demokratie zugleich Diktatur sei – nämlich des Proletariats. Sie sei umfassender als alle vorangegangenen Ordnungen, da hier erstmals eine Mehrheit über eine Minderheit herrsche. Die Niederhaltung der bisher herrschenden Klassen war nur zu rechtfertigen als eine der Bedingungen für einen Übergang in den Kommunismus. Dort sei der Staat – auch als Demokratie – „abgestorben".

Luciano Canforas Buch ist in Großbritannien, Frankreich, Italien, Spanien und USA als Teil einer von Jacques Le Goff herausgegebenen Reihe „Europa bauen" von den jeweils führenden Fachverlagen veröffentlicht worden. Die deutschen Rechte hatte sich der Verlag C.H. Beck gesichert. Nachdem bereits ein Vertrag abgeschlossen und die Übersetzung angefertigt worden war, lehnte er im November 2005 die Veröffentlichung ab. Sie wurde 2006 vom PapyRossa Verlag in Köln übernommen.

Canforas Kritiker werfen ihm vor allem eine Beschönigung des Stalinismus und Parteinahme gegen den Westen im Kalten Krieg vor. Unter anderem finde die Ermordung polnischer Offiziere im Wald von Katyn keine Erwähnung. In einer Verteidigungsschrift („Das Auge des Zeus", Canfora 2006b) macht der Autor geltend, daß dies nicht zum engeren Bereich seines Themas gehöre. Längst ist eine hitzige Debatte zwischen seinen Gegnern und ihm über solche Wertungen, aber auch über Übersetzungsfehler und Detailmißverständnisse im Gange. Sie verhinderte in Deutschland bisher eine Auseinandersetzung über sein zentrales Thema: das Verhältnis von Gleichheit, Freiheit, Diktatur und Liberalismus. Dabei geht es auch um die Legitimität einer jakobineschen Demokratievorstellung innerhalb dessen, was sich seit Jahrzehnten auch politisch als „Europa" konstituiert.

Im Januar 2006 nahm der Europarat eine Entschließung über die „Notwendigkeit einer Verurteilung der Verbrechen kommunistischer totalitärer Regime" mit 99 zu 42 Stimmen an. Da es auch Enthaltungen gab, wurde eine Zweidrittelmehrheit, die zu daraus folgenden Handlungsanweisungen geführt hätte, verfehlt. Besonders Delegierte aus Osteuropa traten für diese Resolution ein: sie wollten sich von der Vergangenheit ihrer Länder trennen.

Ihr liberales Anliegen ist zugleich westliches Erbe. Dort kämpft man immer aufs Neue gegen 1789 – unter Berufung auf die englische Revolution von 1688 und die nordamerikanische von 1776 ff.

Diese historischen Bezugnahmen sind selektiv: in der englischen Revolutionsperiode 1648 – 1660, in der immerhin eine Republik ausgerufen wurde (1649), wurde Volkssouveränität als Voraussetzung der Menschenrechte gesehen (Hill 1990). Erst nach der Stuart-Restauration 1660 ff.) erfolgte 1688 eine liberale Revolution, auf die sich über ein Jahrhundert später Edmund Burke in seiner Polemik gegen die französische Revolution berief (Burke 1790/1999). Gleiches gilt für Frankreich und in nordamerikanischen Einzelstaatsverfassungen (Maus 1999, 281). Die Herauskürzung des radikaldemokratischen Moments war in jedem Fall Ergebnis einer späteren Restauration bzw. liberalen Wende.

Diese allerdings hatte nicht überall die gleichen Resultate – die Geschichte ging (und geht) auch danach weiter. Dies soll hier am Beispiel Frankreichs gezeigt werden:

1875 hatten die Bourgeoisrepublikaner (die sich selbst als „les opportunistes" bezeichneten) mit den Monarchisten einen Verfassungskompromiß geschlossen. Von ihnen spalten sich die Radikaldemokraten („les radicaux") ab. In der Dreyfus-Affäre kämpften Letztere gegen den Antisemitismus und gegen eine klerikal-konservative Restauration. Der wichtigste radikaldemokratische Führer in dieser Auseinandersetzung, Clemenceau, betrieb später imperialistische Politik und forcierte internationale Ungleichheit im Interesse der nationalen Integration. In Vichy kam die Rechte wieder und wurde in der Résistance durch Radikaldemokraten und Kommunisten, aber auch durch nichtfaschistische Konservative, die sich zur Republik bekannten (de Gaulle), besiegt. Ein bis heute weiter bestehendes Ergebnis ist, daß die egalitäre Linke dort nicht marginalisiert ist – anders als in Deutschland.

Die Ideologie und Praxis eines Liberalismus, der sich des Jakobinismus entledigt hat, beruft sich auch auf die eingangs von uns schon genannten theoretischen Legitimationen: von Locke bis Montesquieu, sogar zurückweisend auf Aristoteles. Immer wieder wird zwischen linke und rechte Extreme (Anarchie, zuweilen auch Demokratie genannt, auf der einen Seite – Despotie auf der anderen) die allein zu empfehlende Mitte geschoben. Unterschiede zwischen den einzelnen Theoretikern werden auf diese Entgegensetzung planiert. Spätfeudale Gewaltenteilung mit Gewaltengleichgewicht bei Montesquieu – frühbürgerliche Gewaltenteilung mit dominierendem Parlament bei Locke: dieser Gegensatz spielt in der aktuellen Abgrenzung des Liberalismus von der Demokratie keine Rolle mehr.

Diese politische Erhebung der „Mitte" über die „Extreme" bildete sich seit der Antike allmählich heraus, nachdem die Ungleichheitsgesellschaften des „Westens" begonnen hatten, über sich nachzudenken. Jakobiner und Kommunisten gehören nicht dazu.

Der Umgang mit ihnen ist im Detail aber unterschiedlich. Am Beispiel Canfora: In Frankreich, Großbritannien, Italien, Spanien und den USA (also da, wo sein Buch anstandslos gedruckt wurde) meint man wohl, in der Vergangenheit auf die eine oder andere Weise mit der kommunistischen Bedrohung aus eigener Kraft fertig geworden zu sein, weshalb der Umgang mit ihr eine andere Praxis nahe legt als in Osteuropa.

In der Bundesrepublik hat Hans-Ulrich Wehler besonders vehement gegen Canforas Buch Stellung genommen. Wahrscheinlich besteht hier ein Zusammenhang mit seiner eigenen These vom deutschen Sonderweg. Diese besteht Wehler zufolge ja in einer Abweichung vom Modell der liberalen Demokraten des Westens, die erst nach 1945 behoben worden sei. Die jakobinische (und kommunistische) Variante ist ihm nicht der Rede wert. Wo sie ihm bei Canfora entgegentritt, erscheint sie ihm als Fremdkörper. Wie gezeigt, ist eine solche Ausgrenzung im Verständnis dessen, was in den älteren Demokratien des Westens wenn nicht zum „Verfassungsbogen", wohl aber zum Bestand des Diskutierenswerten gehört, keineswegs der Fall. Die von der deutschen Canfora-Kritik vorgenommene Einengung stellt also ihrerseits schon wieder einen Sonderweg innerhalb Europas dar.

## Literatur

Arendt, Hannah: *Über die Revolution*. München, 1963.

Aristoteles: *Politik*. Band 9 der Werke in deutscher Übersetzung, begründet von Ernst Grumach, herausgegeben von Hellmut Flashar, übersetzt und erläutert von Eckart Schütrumpf, Berlin, 1991 ff. Buch I (Band 9.1, 1991), Buch II–III (Band 9.2, 1991), Buch IV–VI (Band 9.3, 1996), Buch VII–VIII (Band 9.4, 2005).

Burke 1790/1999: Burke, Edmund: *Reflections on the Revolution in France* [1790], Oxford, 1999.

Canfora, Luciano: *Eine kurze Geschichte der Demokratie*. Von Athen bis zur Europäischen Union. Köln, 2006(a).

ders.: *Das Auge des Zeus*. Deutsche Geschichtsschreibung zwischen Dummheit und Demagogie. Antwort an meine Kritiker. Hamburg, 2006(b).

Fülberth, Georg: *G Strich*. Kleine Geschichte des Kapitalismus. Köln, 2005³.

Hill, Christopher: *Über einige geistige Konsequenzen der englischen Revolution*. Berlin, 1990.

Lenin, W.I.: *Staat und Revolution*. Die Lehre des Marxismus vom Staat und die Aufgaben des Proletariats in der Revolution [1918], in: ders.: *Ausgewählte Werke*. Band II. Berlin, 1961, 158-253.

Maus, Ingeborg: *Zum Verhältnis von Freiheitsrechten und Volkssouveränität*. Europäisch-US-amerikanische Verfassungstradition und ihre Herausforderung durch globale Politik, in: Wolfgang Glatzer (Hg.): *Ansichten der Gesellschaft*. Frankfurter Beiträge aus Soziologie und Gesellschaft, Opladen, 1999, 274-285.

*Iris Wachsmuth*

## Die Entpolitisierung des „Privaten" – eine soziologische Untersuchung zu ost- und westdeutschen Familien mit NS-Vergangenheit

Trotz eines langwierigen und vielschichtigen Aufarbeitungsprozess des Nationalsozialismus in gesellschaftlichen und öffentlichen Diskursen, der durch den Umbruch 1989/90 neue Dynamisierungen erfahren hat, ist das mehrheitliche Mittun der damaligen Majoritätsgesellschaft im NS-Regime exterritorialisiert geblieben.[1] Nicht nur in deutschen Familien wurde geschwiegen oder wurden bestenfalls Mythen und Anekdoten erzählt, die zur Entpolitisierung der familialen NS-Geschichte beitrugen, auch die Tradierungsforschung bezüglich der deutschen Täter- und Mittätergesellschaft war Jahrzehnte lang eine Terra incognita.

Eine wichtige Basis für die in den 80er-Jahren einsetzenden Forschungen zu den sozialpsychologischen Folgewirkungen innerhalb der deutschen Gesellschaft waren die so genannte 68er-Generation, die daraus entstandene Frauenbewegung und die sozialen Bewegungen, die sowohl zur Demokratisierung in der Bundesrepublik insgesamt, als auch zum Beginn der Auseinandersetzung mit den ehemals nationalsozialistischen Müttern und Vätern beitrugen.[2]

Auch die spanische Transición, die mit dem gesellschaftlichen Konsens des Verschweigens der Vergangenheit und der Tabuisierung der franquistischen Verbrechen erkauft wurde, konnte nicht verhindern, dass seit den letzten Jahren die Erinnerungen daran wieder wach werden und sich den Weg in die öffentliche Auseinandersetzung bahnen. Wenn über die letzten Jahrzehnte die „latente Spaltung der Gesellschaft in Sieger und Besiegte wach gehalten" wurde (Bernecker 2004, 701), dann ist auf die nachfolgenden Generationen der BürgerkriegskämpferInnen auf der republikanischen Seite das Trauma der Niederlage tradiert, die dies nun bearbeiten. Auch die nachfolgenden Generationen aus Familien der franquistischen Eliten haben möglicherweise, ähnlich wie Kinder und Enkelgenerationen von deutschen NS-Tätern, einen starken Leidensdruck, der sie zur Bearbeitung der eigenen Familiengeschichte drängt.

---

1  Zur unzureichenden juristischen Aufarbeitung der Täter/innen in der DDR und BRD vgl. Frei 1996; Weinke 2002; Leide 2005.

2  Seit den 80er-Jahren gibt es sozialpsychologische Arbeiten, die sich mit den Folgewirkungen des NS auf die in den NS involvierten Generationen und deren Kinder – zum Teil auch im Vergleich zwischen Opfer- und Täterseite – auseinandersetzen und die sich durch Mehrgenerationenanalysen seit den späten 90er-Jahren weiter ausdifferenziert haben. Vgl. u.a. Westernhagen 1987; Heimannsberg/Schmidt 1992; Eckstaedt 1989; Gravenhorst/Tatschmurat 1990; Bar-On 1993; Bergmann et al. 1998; Rosenthal 1997; Welzer et al. 2002; Schneider 2004.

In dieser hier vorgestellten Dreigenerationenstudie[3] stehen zwei Ebenen der Tradierung[4] im Fokus: die manifeste Familiengeschichte im Nationalsozialismus und die latente der Familienaufträge. In erster Linie sind Familienaufträge, die ich auch als Delegationen bezeichne, intergenerationelle Übertragungen, die biographische Handlungsmuster aus dem 'Familienprogramm' erzeugen. Sie können auch Generationen 'überspringen', wirken latent weiter und werden dann von nachfolgenden Generationen bearbeitet.

Die Ergebnisse dieser qualitativen Studie machen deutlich, dass der Begriff und die Analysekategorie des „Familiengedächtnisses" als „lebendiges Gedächtnis" (vgl. u.a. Welzer et al. 2002) für die untersuchten Familien und darüber hinaus m. E. für einen großen Teil deutscher Familien unbrauchbar ist.[5] Es gibt keinen offenen innerfamilialen Dialog an dem alle drei Generationen beteiligt sind. Das Wissen um die Familiengeschichte im NS nimmt mit jeder Generation weiter ab, weswegen beispielsweise auch keine Großeltern von den Enkeln heroisiert werden müssen. Aber die Partizipationsmöglichkeiten der nachfolgenden Generationen an der öffentlichen und medialen Erinnerungskultur und die Art der Wissensaneignung wird durch familiengeschichtliche Prägungen mitbestimmt, und sie steht im Wechselverhältnis zu innerfamiliären Kommunikationsprozessen.

## Die Bedeutung der Familie

Je genauer und tiefer die Mikroprozesse zwischen Individuum, seiner Erfahrung und dem Wechselspiel zwischen Erinnerung, Ereignis und Tradierung analysiert werden, desto größer wird das Verständnis für gesellschaftliche Verarbeitungsprozesse. So fragt der dialogische Ansatz nach der Kommunikation in Familiengesprächen als auch nach den nonverbalen bzw. unbewussten intergenerationellen Tradierungen. Es geht darum, wie sich historische Ereignisse auf die Lebens- und Beziehungsgeschichten intra- und intergenerationell auswirken, denn in der Familie werden die zentralen Interaktions- und biographischen Handlungsmuster entwickelt. Biographische Lernprozesse, das Zur-Verfügung-Stellen von Ressourcen für die Subjektwerdung und das Erlernen typischer Handlungsmuster, wie der Umgang mit Konflikten, Toleranz, Vertrauen oder Gefühlen wie Wut, Trauer und Ohnmacht, werden in der Kernfamilie ausgebildet. Im Rahmen familialer Loyalitätsbindungen

---

3   Wachsmuth 2006: Diese Untersuchung zu ost- und westdeutschen Familien beschäftigt sich mit den intergenerationalen Tradierungen der familiengeschichtlich erlebten Zeit des Nationalsozialismus. Das Sample von sieben Familien besteht aus drei Generationen: Großeltern (1. Generation): Jahrgänge 1901-1926; Eltern (2. Generation): Jahrgänge 1931-1952; Kinder (3. Generation): Jahrgänge 1964-1978.

4   Tradierung wird definiert als allgemeiner Oberbegriff für Übermittlung bzw. Weitergabe latent-unbewusster und kommunikativer Handlungsweisen im sozialhistorischen Kontext als transgenerationeller Interaktionsprozess. Es geht darum, was innerhalb der Familien weitergegeben wird und wie es angenommen bzw. verändert wird.

5   Zwar ist der auf Maurice Halbwachs zurückgehende Begriff des einen „Familiengedächtnisses" kein starres Gebilde, sondern impliziert Bedeutungsverschiebungen, die die nachfolgenden Generationen vornehmen, doch setzt dies Kommunikation über die NS-Zeit voraus, die es in vielen Familien gar nicht gibt.

existieren Delegationsprozesse und Aufträge, die in den nachfolgenden Generationen in unterschiedlicher Weise bearbeitet werden. Als Ort der Primärsozialisation werden in der Familie nicht nur emotionale Bindungsfähigkeiten, Kommunikationsformen wie Sprache, geltende Werte und soziale Normen vermittelt, sondern es bleiben, trotz vielfältiger gesellschaftlicher und politischer Wandlungsprozesse, Familienstrukturen und -beziehungen erstaunlich stabil. Weil sich Großeltern- und Elternschaft nicht auflösen lassen und man zeitlebens Kind seiner Eltern bleibt, bestimmen diese Loyalitätsbindungen eben *auch* den intergenerationellen Umgang mit der Familiengeschichte im Nationalsozialismus.

So bedeuten die intergenerationellen und damit vertikalen Loyalitätsstrukturen unbewusst immer eine potenzielle transgenerationelle Komplizenschaft[6] mit den unbearbeiteten familialen Verstrickungen im Nationalsozialismus. Dies kann sich darin äußern, dass Handlungsmuster[7] von den nachfolgenden Generationen wiederholt bzw. ausagiert werden. Sie können sich destruktiv gegen andere bzw. gegen sich selbst richten, aber auch emanzipatorische Wirkung entfalten.

## Erinnerung und Kommunikation

Weil sich Erinnerung und Kommunikation gegenseitig bedingen und vom sozialen Milieu, der jeweiligen Generation und vom Geschlecht mitbestimmt werden, stellt sich immer die Frage, was und mit welcher Funktion von wem erzählt bzw. nicht erzählt wird. Je nach Verstrickung in den Nationalsozialismus und (damaliger) Wahrnehmung der NS-Zeit werden Ereignisse verschwiegen, umgedeutet und in Fragmenten erzählt, die erklärende, illustrierende, belehrende oder rechtfertigende Funktion haben können. Zwar fungiert die erste Generation als 'Gatekeeper', aber an der Bedeutungskonstruktion der Familiengeschichte wirken die nachfolgenden Generationen aktiv mit und somit auch an den unterschiedlichsten Normalisierungsstrategien, die die Entpolitisierung der familialen NS-Vergangenheit bewirken.

Im Familienleben, in dem sich in Form einer sozialen Praxis transgenerationale Konstruktionsprozesse vollziehen, verdichten sich sowohl zentrale Familienthemen als auch gesellschaftliche Diskurse (vgl. Kreher/Vierzigmann 1997). Zur individuellen und gemeinsamen Verfertigung der Familiengeschichte und Selbstverständnisse gehören die jeweiligen gesellschaftspolitischen Kontexte der ost- und westdeutschen Erinnerungskultur.[8] Die historischen Brüche in Deutschland verlangten biographische und familiale Neuorientierung,

---

6   Komplizenschaften im psychoanalytischen bzw. sozialpsychologischen Kontext sind meist familial unbewusst verlaufende Interaktionsprozesse, die Klarheiten verhindern und in denen ebenfalls aktiv verschleiert wird (siehe dazu u.a. Müller-Hohagen 1993).

7   Handlungsmuster meint beispielsweise spezifische Kommunikationsformen der Einhaltung von familialen Tabuthemen.

8   Zum öffentlichen Umgang mit der NS-Vergangenheit in der DDR und der Bundesrepublik vgl. u.a. Kohlstruck 1997, 39-74; Leonhard 2002, 80-111; Moller 2003, die auf unterschiedliche Weise auch das Spannungsverhältnis von öffentlicher und privater Geschichtserinnerung analysieren und diskutieren.

die zwar in beiden deutschen Nachfolgestaaten unterschiedlicher ideologischer Anpassungen bedurften und die sich durch den Transformationsprozess für die Ostdeutschen reaktualisierte, aber die Familienvergangenheiten im Nationalsozialismus wurden intergenerationell in der breiten Mehrheitsgesellschaft in Ost- und in Westdeutschland kaum kommuniziert und damit auch nicht bearbeitet.

Hinter den – daraus resultierenden – emotionalen (Un-)Gewissheiten verbergen sich gefühlte und diffuse Familienepisoden, die zur geschützten privat-familialen Sphäre gehören. Der kognitive Bereich umfasst das angeeignete Wissen durch Schule und öffentliche bzw. mediale Diskurse. Erinnerungen sind nicht nur selektiv und damit in einem bestimmten Referenzsystem verortet, sie müssen auch mit Emotionen verbunden sein, um erzählbar zu sein. Für die Qualität, d.h. die Art und Weise der Tradierungen ist in der ersten Generation der Grad des Begreifens und Verarbeitens des Erinnerten wichtig: Erfahrungen und Erlebnisse, die unverständlich, verdrängt oder verschwiegen sind, bleiben wenn überhaupt nur diffus oder assoziativ im Gedächtnis. Weil aber nur Fragmente und Vagheiten vermittelt wurden, haben die Erzählungen wenig Erlebnisqualität und können kaum die eigene Lebenswirklichkeit und Vorstellungswelt der Nachgeborenen aktivieren. Damit geht gerade eine realistische Einschätzung konkreter persönlicher und familiärer Bezüge zum Nationalsozialismus verloren. Der intergenerationelle Dialog ist so fragmentarisch, dass Vermutungen, Sprechtabus und unbegriffene emotionale Erinnerungsspuren sowohl die Töchter und Söhne als auch die Enkel in ihren biographischen Handlungsorientierungen[9] stark bestimmen. Die kognitive Aneignung der NS-Geschichte, wenn sie denn stattfindet, ist dann auch als nachholende emotionale Bearbeitung zu verstehen, d.h. Emotion und Kognition hängen unmittelbar zusammen, denn Emotionen beeinflussen Entscheidungsprozesse und lenken kognitive Verarbeitungsprozesse.[10] So gibt es bei den Enkeln und Enkelinnen eine große Bereitschaft sich mit der NS-Geschichte zu beschäftigen, in denen es gravierende familiengeschichtliche Tabuthemen und Geheimnisse gibt.

Entscheidend für die deutsche Mehrheitsgesellschaft ist, dass die nachfolgenden Generationen über die Einbindung von Familienmitgliedern in die Kriegs- und Vernichtungsmaschinerie so gut wie gar nichts wissen. Ohne Aneignung der 'negativen' Familiengeschichte, bleiben aber auch die Erfahrungen der unterschiedlichen Opferfamilien meist abstrakt bzw. unverbunden mit der eigenen Familiengeschichte, die Teil hatte an der Verfügungsgewalt über die definierten Opfergruppen. Die Dichotomisierung der Gesellschaft in ein 'Wir' und die 'Anderen' bleibt somit auch in den nachfolgenden Generationen weiter bestehen und transformiert sich in neue Ein- und Ausgrenzungsstrukturen.[11]

---

9 Hiermit sind biographie-strukturierende Handlungsweisen gemeint, wie beispielsweise politische Orientierungen oder die Partnerwahl.

10 Welzer et al. 2002 sprechen von zwei parallelen Bereichen des Geschichtsbewusstseins bzw. von einer tiefen Kluft zwischen 'korrektem' historischem Wissen („Lexikon") und privatem Geschichtsbewusstsein („Familienalbum").

11 Zur differenzierten Analyse der „Bedeutungskluft" zwischen Opfern und Tätern, deren unterschiedliche Deutungs- und Wahrnehmungsweisen auch innerfamiliär weiter tradiert werden, siehe Kattermann 2007, die die Arbeit der Wahrheitskommission in Südafrika untersucht. Für die Ursachen

Der fehlende Bezug zur familiengeschichtlichen Teilhabe am NS-System schafft zudem oft eine Beliebigkeit sich mit der NS-Geschichte zu beschäftigen. Das Sich-nicht-erinnern-müssen an die Vergangenheit hat auch zu tun mit einer Dominanzkultur, in der es (scheinbar) keine Notwendigkeit gibt, sich mit familiengeschichtlichen Verstrickungen auseinander-zusetzen. In einer Nation mit vielen Unterwerfungstraditionen ist es für viele ausreichend, sich dem Anpassungsprinzip gemäß nur das anzueignen was nötig ist, um einen guten Lebensstandard zu erreichen.[12]

## Die Tradierungsdynamiken

Die Drei-Generationen-Analyse eröffnet den Blick auf die Schnittstelle von Subjekt und Gesellschaft, zeigt deren familiale Interaktionsmuster und die individuellen Veränderungs-prozesse, die gegenwarts- und zukunftsorientiert sind. Sinnkonstruktionen und Interpretationen der ersten Generation[13] strukturieren auch die Vergangenheitswahrnehmung und -deutung der nachfolgenden Generationen. Der Einblick in die Wirklichkeitserfahrungen dreier Generationen wird durch die lebensgeschichtlichen Narrationen ermöglicht, durch die ein Ausschnitt aus gesamtgesellschaftlichen Prozessen sichtbar wird[14]:

Es sind mehr Frauen, die sich der autobiographischen 'Arbeit' und Selbstvergewisserung stellen. Und es sind mehr Ostdeutsche, die motiviert waren ihre Lebensgeschichte zu erzählen, denn durch den Bruch mit dem Leben im Staatssozialismus erfährt das lebensgeschichtliche Erzählen zusätzliche Dringlichkeit. Das Bedürfnis über das gelebte Leben zu sprechen, ist in der mittleren, also der Elterngeneration am stärksten ausgeprägt. Die Kindergenerationen sind diejenigen, bei denen häufig Fragen, Konflikte und Unbearbeitetes aufbrechen, die im Zusammenhang mit der je spezifischen Familienvergangenheit und den Delegationen stehen. Obwohl weder im Inserat noch vor Beginn der Interviews explizit auf den Nationalsozialismus verwiesen wurde, nimmt die familiale NS-Vergangenheit in den (latenten) Handlungsmustern der nachgeborenen Generationen einen entscheidenden Stellenwert ein. In den sehr fragmentarisch und tabuisiert übermittelten Familiengeschichten werden die familialen Aufträge in den nachfolgenden Generationen unbewusster ausagiert.

---

des Rechtsextremismus beispielsweise wird in der Forschung, bis auf wenige Ausnahmen (Inowlocki 2000; Köttig 2004), die familiengeschichtliche Herkunft der Jugendlichen und Erwachsenen kaum berücksichtigt. Auch in den gegenwärtigen Debatten über Rechtsextremismus in Deutschland wird die Bedeutung der (emotionalen) Tradierung von Geschichte nicht erkannt.

12  Die Bewegung der Exhumierung von anonymen Massengräbern in Spanien für die Opfer der politischen Morde und Massenhinrichtungen aus der franquistischen Vergangenheit wird sicher nicht von ehemals franquistischen Familien getragen.

13  Der inflationär verwendete Begriff „Zeitzeugen"-Generation wird hier nicht verwendet, weil er m.E. die Position unbeteiligter Beobachter/innen impliziert und damit reale Verstrickungen in das NS-System verschleiert. Er wird zudem oft funktionalisiert oder illustrativ vernutzt und für Opfer und Täter gleichzeitig verwendet und neutralisiert somit deren unterschiedlichen Positionen.

14  Die abduktive Methode der hermeneutischen Fallrekonstruktionen legt Sinnstrukturen offen, die über den einzelnen Akteur hinaus Typologisierungen ermöglichen.

Gespräche und Auseinandersetzungen über die Familiengeschichte im Nationalsozialismus, an der alle drei Generationen beteiligt waren, scheint es in keiner der Familien gegeben zu haben, was meiner Ansicht nach für einen großen Teil deutscher Familien zutreffen könnte. Zu den konkreten Familiengeschichten im Nationalsozialismus befragt, bezieht sich die dritte Generation, wenn überhaupt, fast ausschließlich auf Gespräche mit der Großelterngeneration. Deren Integrität wird durch unterschiedliche Normalisierungsstrategien gesichert. Die Enthistorisierungsarbeit der eigenen Geschichte nach 1945 ist durchzogen von Spaltungen in den Rekonstruktionen, die nicht unbedingt den damaligen Erfahrungen der Großelterngeneration entsprechen, aber doch weitgehend noch vor 1945 eingesetzt haben (vgl. dazu auch Kannonier-Finster 2004). So existieren beispielsweise die Erinnerungen an die schöne BDM-Zeit neben denen an Entrechtungen und Verfolgungen gegenüber Juden. Wenn überhaupt, wird bruchstückhaft von den damaligen Abenteuern in der Hitlerjugend oder im Krieg erzählt. Gab es in den Großelterngenerationen Funktionsträger in der SA oder SS, als Schutzpolizist oder Scharführer, wird es von den EnkelInnen gar nicht mehr gewusst oder nur sehr diffus. Den nachfolgenden Generationen bleibt somit der Blick auf den Zusammenhang zwischen der allgemeinen und der familialen NS-Vergangenheit verstellt bzw. wird er von ihnen auch aktiv mitgestaltet.

Signifikant ist, dass sich die Partnerwahl in allen Generationen auf Personen beschränkt, die eine ähnliche Form der familialen und innerpsychischen Bearbeitung der Familiengeschichte aufweist, wie die befragten Personen selber, d.h. sie gehen weitere Koalitionen der Entpolitisierung ein. Diese unbewusste Partnerauswahl kann somit auch nicht die eigene Integrität und Verbundenheit zur Herkunftsfamilie erschüttern.

Gemeinsam ist allen untersuchten Familien, dass konkrete 'Berührungen' mit dem Terror- und Vernichtungskontext des Völkermordes bzw. dem Vernichtungskrieg existierten, in denen es ganz unmittelbar um Mittäterschaft bzw. Verantwortung geht. Diese, in den narrativen Erzählzwängen gegenüber der Interviewerin preisgegebenen 'Berührungen' der Großelterngeneration, werden intrafamilial nicht kommuniziert. Statt dessen werden in diesen Familien – und zwar unabhängig von den Deutungsmustern und Handlungsorientierungen, die den Frauen und Männern als Ressource ihres jeweiligen soziokulturellen Milieus zur Verfügung stehen – besonders 'heikle' Themen zugunsten der eigenen Integrität und Familienloyalität intrafamilial komplett tabuisiert oder entkontextualisiert. Die Familie wird (nach außen) geschützt: ob Direkttäter oder passive Dulder bzw. Profiteure, die Familienmitglieder werden letztlich als konkret Handelnde und Involvierte im Nationalsozialismus ausgeblendet bzw. entlastet. Je genauer etwas gewusst wird, desto expliziter sind die Rechtfertigungsmuster. Verschwiegenes, Vermutungen und Tabus führen in der dritten Generation zu unterschiedlichen Suchbewegungen, die sie aber selber nicht in den Zusammenhang mit ihrer je spezifischen Familiengeschichte bringen. Die familiengeschichtlichen (emotionalen) Leerstellen werden über andere 'Schauplätze' ausgesagt: rechts- und linksextreme Orientierungen; mit „Sühnezeichen" nach Israel; Erfolg in der Konsum- und Leistungsgesellschaft; politisch-kirchliches Engagement oder theologische Beschäftigung mit Fragen nach Verantwortung der Kirche.

Die geschlechtsspezifischen Vergesellschaftungsbedingungen haben ebenfalls eine Wirkung auf Erlebnis, Erinnerung und Positionierung zum jeweiligen Zeitgeschehen. So zeigen auch die Fallrekonstruktionen in Bezug auf moralische Legitimationsstrategien, Rassenpolitik und Krieg geschlechterhierarchische Konstellationen und deren familiale Tradierungen: Zum einen werden Delegationen geschlechtsspezifisch umgesetzt. So agiert beispielsweise ein Enkel die tabuisierte Familiengeschichte in einem Gewalt bereiten und aggressiven Rechtsradikalismus aus. Zum anderen werden für die Aufrechterhaltung der Familienloyalität traditionelle Geschlechterstereotype unhinterfragt übernommen. So bleiben die aktiven Rollen der Frauen im Nationalsozialismus für die Nachgeborenen – sei es ihr oppositionelles Verhalten oder konkrete Mittäterschaften – un-bedeutend bzw. ausgeblendet. Damit werden nicht nur Geschlechterstereotype reproduziert, sondern die Perspektive auf andere mögliche Machtkonstellationen zwischen den Geschlechtern bleibt verstellt.

Alle Generationen beider Nachkriegsgesellschaften verhandeln gegenseitige Selbst- und Fremdbilder, die sich auf den Transformationsprozess in der Ex-DDR beziehen. Dieser wird mitunter an die NS-Zeit rückgebunden. Überlegenheitsgefühle und Unkenntnis gegenüber dem Osten, bei gleichzeitiger Befürwortung der deutsche Vereinigung auf Seiten der westdeutschen Interviewpartner/innen stehen Verteidigungs- und Rechtfertigungspositionen aufgrund der Delegitimierung des Realsozialismus auf ostdeutscher Seite gegenüber. Die Asymmetrie im ost-westdeutschen Kräfteverhältnis schafft Wir- und Ihr-Identitäten durch hierarchische In- und Exklusionen, die in familiale und milieuspezifische Wertordnungen eingebunden sind. So ist durch den politischen Umbruch auch die (Neu-)Konstruktion der nationalen Identität ein Thema der Ostdeutschen, insbesondere bei den männlichen Interviewpartnern. Vergleiche zwischen Nationalsozialismus und DDR werden nur in der ostdeutschen Großelterngeneration angestellt, aber nicht im Sinne einer Gleichsetzung, sondern um die unterschiedlichen Qualitäten zwischen beiden Staatsformen in ihrem Erleben deutlich zu machen. Die zweite Generation Ostdeutscher bezieht sich positiv bis identifikatorisch auf ihre antifaschistische Erziehung, weswegen sie auch nicht die DDR mit dem NS-Regime vergleicht. Die Enkelgeneration distanziert sich zwar vom „verordneten Antifaschismus", ist aber zugleich tief geprägt vom Sozialismus.

## Die Zukunft der Vergangenheit

Gegensätzliche Erfahrungspotenziale zwischen selbst erlebten bzw. familiär kommunizierten und öffentlichen Gedenkweisen erschweren es den einzelnen Familienmitgliedern, verbindliche Formen der Erinnerung, des intrafamiliären Dialogs und der Selbstverständigung zu entwickeln. Diese konkurrierenden Erinnerungen schaffen Dissonanzen, verunsichern und tragen meist nicht zur offenen Kommunikation bei. Die Loyalitätsbindungen werden in den Nachfolgegenerationen kaum in Frage gestellt und verhindern meist das Ausbrechen aus familialen Entlastungs- und Schweigekontinuitäten.

Übertragungsprozesse zwischen Generationen sind nicht nur in epistemologischer, sondern auch in politischer Hinsicht bedeutsam, wenn es darum geht den Anteil des Eigenen am Ganzen zu erkennen. Die Annahme von historischer Verantwortung im Sinne eines „verantwortungsethischen Durcharbeitens" stärkt die Zivilität der Bürgers im Sinne einer Verlebendigung der normativen Grundlagen des demokratischen Rechtsstaates (vgl. Böhler 1992, 17 ff.).

Fragen zu stellen über den Zusammenhang zwischen 'großer Geschichte' und „'privater' Familiengeschichte' bleibt eine wichtige Bedingung für die Demokratiefähigkeit einer Gesellschaft mit all ihren Wellenbewegungen, Rückschlägen und neuen Ausdrucksformen.

Für die vergleichend transnationale Perspektive auf staatlicher und institutionengeschichtlicher Ebene wären die mentalitätsgeschichtlichen Aspekte familialer Tradierungen viel stärker in den Blick zu nehmen. Sie ermöglichen neue Einblicke in spezifische und allgemeine Strukturen zum Verständnis und zur Aufarbeitung von Diktaturen, Kriegen und Genoziden, die auch zukünftige Interventionsmöglichkeiten erschließen könnten.

## Literatur

Bar-On, Dan: *Die Last des Schweigens.* Gespräche mit Kindern von Nazi-Tätern. Frankfurt/M./ New York, 1993.

Bergmann, Martin S./Milton E. Jucovy/Judith S. Kestenberg (Hg.): *Kinder der Opfer. Kinder der Täter.* Psychoanalyse und Holocaust. Frankfurt/M., 1998.

Bernecker, Walther L.: *Spaniens Übergang von der Diktatur zur Demokratie.* Deutungen, Revisionen, Vergangenheitsaufarbeitung, in: *Vierteljahreshefte für Zeitgeschichte* 2004, 693-710.

Böhler, Dieter: *Geleitwort zum Thema,* in: Brigitte Rauschenbach (Hg.): *Erinnern, Wiederholen, Durcharbeiten.* Zur Psycho-Analyse deutscher Wenden. Berlin, 1992, 17-24.

Eckstaedt, Anita: *Nationalsozialismus in der „zweiten Generation".* Psychologie von Hörigkeitsverhältnissen. Frankfurt/M., 1989.

Frei, Norbert: *Vergangenheitspolitik.* Die Anfänge der Bundesrepublik und die NS-Vergangenheit. München, 1996.

Gravenhorst, Lerke/Carmen Tatschmurat (Hg.): *TöchterFragen – NS-Frauengeschichte.* Freiburg, 1990.

Heimannsberg, Barbara/Christoph J. Schmidt (Hg.): *Das kollektive Schweigen.* Nationalsozialistische Vergangenheit und gebrochene Identität in der Psychotherapie. Köln, 1992.

Inowlocki, Lena: *Sich in die Geschichte hineinreden.* Biographische Fallanalysen rechtsextremer Gruppenzugehörigkeit. Frankfurt/M., 2000.

Kannonier-Finster, Waltraud: *Eine Hitler-Jugend.* Sozialisation, Biographie und Geschichte in einer soziologischen Fallstudie. Innsbruck, 2004.

Kattermann, Vera: *Kollektive Vergangenheitsbearbeitung in Südafrika.* Ein psychoanalytischer Verständnisversuch der Wahrheits- und Versöhnungskommission. Gießen, 2007.

Kohlstruck, Michael: *Zwischen Erinnerung und Geschichte.* Der Nationalsozialismus und die jungen Deutschen. Berlin, 1997.

Köttig, Michaela: *Lebensgeschichten rechtsextrem orientierter Mädchen und junger Frauen.* Biographische Verläufe im Kontext der Familien- und Gruppendynamik. Gießen, 2004.

Kreher, Simone/Gabriele Vierzigmann: *Der alltägliche Prozess der transgenerationalen Bedeutungskonstruktion.* Eine interdisziplinäre Annäherung, in: BIOS 10, 1997, 246-275.

Leide, Henry: *NS-Verbrecher und Staatssicherheit.* Die geheime Vergangenheitspolitik der DDR. Göttingen, 2005.

Leonhard, Nina: *Politik- und Geschichtsbewusstsein im Wandel.* Die politische Bedeutung der nationalsozialistischen Vergangenheit im Verlauf von drei Generationen in Ost- und Westdeutschland. Münster, 2002.

Moller, Sabine: *Vielfache Vergangenheit.* Öffentliche Erinnerungskulturen und Familienerinnerungen an die NS-Zeit in Ostdeutschland. Tübingen, 2003.

Müller-Hohagen, Jürgen: *Komplizenschaft über Generationen*, in: Harald Welzer (Hg.): *Nationalso-zialismus und Moderne*. Tübingen, 1993, 26-49.

Rosenthal, Gabriele (Hg.): *Der Holocaust im Leben von drei Generationen*. Familien von Überleben-den der Shoah und von Nazi-Tätern. Gießen, 1997.

Schneider, Connie: *Abschied von der Vergangenheit?* Umgangsweisen mit der nationalsozialistischen Vergangenheit in der dritten Generation in Ost- und Westdeutschland. München, 2004.

Wachsmuth, Iris: *Verpasste Chancen? Drei Generationen ost- und westdeutscher Familien – Lebensge-schichten im Spiegel des Nationalsozialismus*. Diss. FU Berlin, 2006.

Weinke, Annette: *Die Verfolgung von NS-Tätern im geteilten Deutschland*. Vergangenheitsbewälti-gungen 1949-1969 oder: Eine deutsch-deutsche Beziehungsgeschichte im Kalten Krieg. Pader-born, 2002.

Welzer, Harald/Sabine Moller/Karoline Tschuggnall: *„Opa war kein Nazi“*. Nationalsozialismus und Holocaust im Familiengedächtnis. Frankfurt/M., 2002.

Westernhagen, Dörte: *Die Kinder der Täter*. Das Dritte Reich und die Generation danach. Kösel, 1987.

*Göran Therborn*

# Roads to Modernity and Their National Nodes:
# A World Map and European Variations

This paper is a sketch, or rather a composite of two or three sketches from ongoing, unfinished work.[1] As a sketch, it is a fast drawing, casting a wide analytical net, with many details to be filled in, and many holes to be mended.

## Modernity and the Roads to and through It

### Modernity: A Time Concept

„Modernity" is used here as a time concept, which seems to be the least arbitrary, not assuming that some institutions are intrinsically modern and others are intrinsically „traditional" or, at most „pseudo-modern". It refers to a period of a culture, a society, or some part thereof, characterized by a break with precedents and by a present orientated towards a new, 'this-worldly' future. Modernity means repudiation of tradition, of inherited authority – divine or earthly – as a guideline, and of history as cyclical. Its history should better be, studied with respect to specific sectors of human activity, such as knowledge, art, politics, economics. An *a priori* assumption of institutional synchronicity is unwarranted, and, in historical fact, usually wrong.

The world pioneer of industrialisation (Britain) was, for a long time, governed by a landed aristocracy, has an enduring deference to its monarchy, and until in the 21st century harbours a House of Lords. The United States' conception of equality included slavery, and its notion of democracy contained the denial of the right to vote for most African-Americans until about 1970. The French model of modern urban revolution coexisted with a „*France profonde*" of rurality, socio-demographically predominant until the 1930s, and with an explicitly patriarchal family law – centred on the male *chef de famille* – until 1970.

The different socio-cultural sectors were not governed by any synchronicity. On the contrary, disjunctures and different forms of coexistence and conflict were the rule. Epistemological and scientific breakthroughs were made in the 17th century, broader intellectual change with the 18th century's Enlightenment, economically with the commercial/industrial revolution theorized by the Scottish Enlightenment, and politically with the French Revolution. The latter changed the meaning of the prefix re-, as in re-volution and re-form, from backward to forward-looking.

---

1   Although until „in progress", as modernist parlance goes, the interests and intentions mentioned do have a bit of a record for inspection (Therborn 1992, 2000, 2002, 2003, 2006).

For purposes of social history and of social science, political economy shaping social power and dominant social institutions should be taken as the most central aspect of modernity which has been defining its historical breakthrough. „Political economy" here refers to politics, to political power, *and* economics, i.e., to economic practices. Modernity is a broader concept than capitalism as a mode of production. While the two have been historically connected, they are not necessarily linked. A non-modern competitive profit economy is easily conceivable.

Modernity in the sense of this discussion, as well as according to other definitions, emerged in different places at different times. Some traditions were more tenacious than others. However, modernity was not something emanating from any particular culture. It rose and asserted itself through conflicts – intellectual, aesthetic, economic, and political. The patterns of these conflicts constitute different routes to modernity, with enduring legacies through modernity itself. There were many conflicts counter-posing „les anciens et les modernes" (the ancients and the moderns), but in a social science/social history perspective, the crucial one centred on supreme political power.

European modernity and European history should better be put into a global context, before we look into its variants and its possible *Sonderwege* (special paths). In a global perspective there are four major routes to – and through – modernity, of which the European is one. The metaphor is deliberately one of routes or roads, rather than, say, doors or gates. A road has a certain *durée*, irreducible to one event, for example a revolution, it implies expectations of variable terrain, and it may be travelled at different speed, with varying skill; it also is something on which you can turn around and go backwards.

### The Four Roads to/through Modernity

Originally, these four main conflict-laden configurations in the world emerged as empirical generalisations, from a world history of the right to vote (Therborn 1992), but, particularly as they can be located in a logical property space, they can also be used as ideal types so that one particular country may have travelled along more than one road.

The new future orientation of the last centuries first emerged in Europe, not as a natural emanation of European civilisation, but out of conflicts internal to Europe, to North-western Europe primarily. In other words, the European route was one of civil war – violent or non-violent –, which pitted the forces of reason, enlightenment, nation/people, innovation, and change against those of the eternal truths of the Church, of the sublime wisdom and beauty of Ancient philosophy and art, of the divine rights of kings, of the ancient privileges of aristocracy, and of the customs of fathers and grandfathers. It was a protracted struggle, which began during the Renaissance and was finally won only in the 1970s, with the death of *franquismo*. Modernity's first important victory came in the early 17th century, in the field of natural science, with the reception and emulation of the work of Francis Bacon, of Descartes, and Newton. For the social sciences and for social history it took another century, until the Scottish Enlightenment and the social historical evolutionism of John Millar and others, who wrote against the backdrop of the beginning industrial revolution, although

*Figure 1. Roads to/through Modernity by the Location of Forces and Cultures For and Against*

| Pre/Anti-Modernity | Pro-Modernity | | |
|---|---|---|---|
| | *Internal* | *External* | |
| | | *Forced* | *Imported & Learnt* |
| Internal | Europe | Colonial Zone | Reactive Modernisation |
| External | New Worlds | | |

*Note:* New Worlds of European settlement: Americas, Australia; Countries of Reactive Modernisation, e.g., Japan, China, Ottoman Empire/Turkey, Iran, Siam/Thailand.

they still perceived it primarily as „commerce". The tipping-point of European modernity, opening the road for its breakthrough, not as the common track of all social forces of the continent but as a main road, the entry to which could henceforth neither be forgotten nor completely barred, was the Revolution in France.

In the New Worlds of European settlement, anti-modernity was seen as basically external to settler society. Culturally, anti-modernity was represented by the „uncivilized" natives, politically, by the corrupt and conservative metropolis, in Britain to North America, in Spain and Portugal to Latin America. Slaves were not really human, so they could safely be ignored by the authors of the American Declaration of Independence and of its ringing belief in the equality of „all men". Soon, however, what to do with the local Others (slaves, ex-slaves, natives, and, in a less dichotomous, more hierarchical Latin America, the mulattoes and the *mestizos*), was to haunt the 'modernes' of the New Worlds for a very long time. It still does to this day.

The American War of Independence was the decisive event in opening up a New World modernity, of radical political, economic, and cultural innovation. Typically, its official political rhetoric was much faster and much less controversial than its political practice. From USA to Argentina, the crucial arrival of democracy was not, as in Europe, the official acceptance of popular rule, but the elimination of unofficial discrimination and fraud. In USA that took almost two centuries, until 1968-70.[2]

In other words, there is no common „Western" road to modernity. There was a kind of 'geopolitics' of the Atlantic, but there was no common „Atlantic Revolution", other than in some White Europeans'/Americans' imagination. Modern Europe had no slavery, no Indian wars, no „Frontier", nor, until the Nazi legislation of 1935, any racial marriage legislation. But in 1879 the US Supreme Court declared such legislation as in conformity with the constitution, and the American anti-Negro and anti-Indian legislation was more draconian than the anti-Jewish Nuremberg laws[3].

---

2    For a dismissive view of the deeply entrenched American racism, very representative of the Liberal mainstream, see Volker Berghahn in this volume, p. 374.

3    See further, with specification and sources, Therborn (2004, 166).

In a comparative perspective, global and European, the German *Sonderweg* thesis developed by Hans-Ulrich Wehler (1973), for all its deep substantial knowledge and for all its anti-Fascist good will, appears provincial and ideological, an intellectual embroidery of the post-WWII political *Westbindung*.

To the Colonial Zone, from North-western Africa to Southeast Asia, modernity arrived literally out of the barrel of guns, with the colonial conquest, subduing the internal forces of tradition. Colonial modernity was consolidated in new ports of extraction, from Saigon and Calcutta to Lagos and Dakar, and in new colonial cities of rule, from New Delhi to Leopoldville (today's Kinshasa) and Casablanca. Modernity was not carried further by settlers, but by a new generation of natives, of „*évolués*" who turned what they had learnt from their conquerors against them, discovering their own country, as Nehru said of his belated encounter with India. Anti-colonial nationalism was nationalism learnt from the conquerors, who had defeated and crushed or subdued the pre-colonial traditional authorities.

This colonial-cum-anti-colonial trauma, of identification with and rebellion against the aggressor, gave rise to a particular post-colonial concern with „authenticity", in searches for or rather inventions of a pre-coloniality of modern significance. Post-colonial modernity has not only inherited but reproduced the socio-cultural duality of colonialism. The new rulers took over the colonial cities/neighbourhoods, the colonial pattern of consumption, and usually, from Timor Leste to Senegal, the colonial language which most of the population does not understand. Among the population at large, pre-modern beliefs and practices have remained strong.

The countries of Reactive Modernisation, our fourth category, were challenged and threatened by colonial domination, and in the face of these threats a part of the internal elite started to import innovation from the outside. This was modernization from above, including octroying civic rights – as means of strengthening national cohesion. Meiji Japan is the most successful and clear-cut example, but several pre-modern polities embarked upon it, with variable seriousness and success, from late Qing China and Siam to Abyssinia, including Persia/Iran, Egypt under Muhammed Ali and Ismail, the Ottoman empire (hesitantly) and its Turkish successor.

Reactive Modernization has produced an enduring legacy of combinations of technical innovation, social change, and political-cultural hierarchy and deference.

The great modern tasks, of enlightenment, emancipation, progress, development or survival looked differently along these roads to and through modernity. Different modernities have had different Others, as obstacles or as categories of reference.

The four historical routes above may also be seen as ideal types, in the sense that a particular country may be seen as probing more than one road. The endogenous *Bürgertum* the 1848 revolution, the labour movement and other 19th century social movements of modern change, make it impossible to assimilate the Bismarck *Reich* with the *Tanzimat* Ottomans or with Meiji Japan. Nevertheless, German history does include some aspects of a modernization from above, such as the national unification, and the male suffrage to the Wilhelmine Diet.

## Modernity, the Rise of Nations, and the Ascent of Their Capitals

The rise of nations is a key part of the rise of modernity in the political sphere. Not because nations are intrinsically modern, but for two other reasons. The principle of legitimate political power deriving from the nation/people, firstly, broke with all traditional authority, with the traditional right of elders or oligarchs as well with the divine right of kings and aristocrats. Secondly, even where political power was not derived from the nation – as in the countries of Reactive Modernization –, there rose the idea that public institutions, culture, and symbolism should „represent" or „express" the nation, above traditional hierarchy. Nations are sources of modern power and/or of modern societies and cultures.

Capital cities are by definition centres of political power, and nation states have national capitals. On a map of roads to and through modernity, capital cities appear as nodes of political modernity.

### Dimensions of Urban Representations of Power

It is, then, a basic assumption of this paper that something of interest about the history of modernity and of nations can be read from the representations of power in capital cities. Cities are made of layers of history. Even after the most vicious destructions, urban history tends to bounce back, as in Warsaw, Minsk, or Berlin.

As representational forms, cities have five major dimensions:

1. A layout, of streets, places, buildings, varying in form, size, inter-connections,
   and accessibility.
In the national history of European capitals, the demolition of pre-modern fortifications and the military abandonment of previous defence space provided important opportunities for a new urban layout. Linguistically it was indicated by the shift from bulwark to boulevard, and the Vienna turn from the defensive *Glacis* to the ostentatious *Ringstrasse* was the model example.

2. A set of buildings of political and economic power, of culture, of popular well-being,
   of leisure, of consumption, varying in their relative size and frequency.
In European history, the most significant national buildings were usually the Parliament, the Palace of Justice/Supreme Court, the Opera or main Dramatic Theatre, the National Museum, the National Library. Usually, though far from always, the capital should house a national university, or at least a major university. Housing programmes came to indicate new popular power or influence.

3. Style, the architecture of buildings, the style of monuments.
Most public European nationalism built in the pre-modern repertoire of European architecture. The first architectural style breaking out of the old repertoire was known as *Art Nouveau* in Belgium and France, *Secession* in Central Europe, *Jugendstil* in northern Germany and Sweden, in Finland (sometimes at least) as National Romanticism, and in Catalonia as

*modernisme*. Around 1900 it was the preferred style of much of the national bourgeoisie, from Barcelona to Brussels, and from Budapest and Prague to Riga and Helsinki.

Monuments were mostly figurative, although they did include a number of obelisks, usually provided with inscriptions, sometimes in Latin, more often in the national language. They were often allegorical, and the more important ones usually included an elaborate iconographic program. The new national movement made its own use of the equestrian statue and the obelisk, it made permanent triumphal arches in stone, it moved the elaborate iconographic ensembles out of the palaces and the cathedrals, onto public places, while largely substituting secular, evolutionist allegories for Biblical ones.

4. Monumentality, the object and the arrangements of celebration or commemoration.
Public monumentality expanded enormously in the nationalist 19th century. In Europe it was largely inspired by the Roman legacy, which also included the Egyptian obelisk, although the latter re-emerged in 19th century Europe from direct French and British imperial contacts with Egypt. The new national movement made its own use of the equestrian statue and the obelisk, it made permanent triumphal arches in stone, it moved the elaborate iconographic ensembles out of the palaces and the cathedrals, onto public places, while largely substituting secular, evolutionist allegories for Biblical ones. The national mode of monumentality was personal or allegorical, and heroic or civilly celebratory, of famous men of the nation.

National flags, anthems, and days rose in the 19th century, affecting also the cityscape.

5. Nomenclature or toponomy, the naming of streets, places, and buildings
A system of urban naming is a product of early modernity. Before the French Revolution the usual pattern consisted of a few places and streets of regal importance, and the rest left to local marks of identification. The French Revolution took nomenclature very seriously, turning *Place Louis XV* in to *Place de la Révolution*, or *Place du Trône* into the *Place du Trône Renversé*, for example. The practice spread from the aftermath of the Napoleonic wars.

National capitals are modern social constructions. Medieval polities usually lacked a capital city, having itinerant emperors, kings, and princes, of variable mobility. When capitals did become the norm, from the Renaissance and onwards, they were not national, but princely *Haupt- und Residenzstädte* (capital and residence cities). The capital then represented his (occasionally her) power and glory, his/her identity.

When nations rose, they had then to assert themselves against princes, with their aristocratic hangers-on, and against the worldly power of the Church. This was especially important in the Catholic realms, given the state independence and the wealth of the Catholic Church, and the splendour of its Counter-Reformation.

The class character of nations has varied, but the rise of a nation, and thereby of a national capital, always involves a rise of other social forces than the nobility and the clergy. In Europe this new social force was usually, above all, an haute-bourgeoisie, but significant was also the growth and collective identity of petite-bourgeoisies, of intellectual strata, and of autonomous working classes. The emergence of national capitals also entailed a social transformation, from cities dominated by courtiers, clergy, domestic servants, and soldiers, i.e., by servants of the King and God, to a society of economic and cultural relations. At the end of the 18th century, soldiers, civil servants, and their domestic servants comprised a good forty per cent of the population of Berlin (Ságvári 1993, 169).[4]

## Variants of the European Road to Modernity

The main European road, to modernity as well as, to a national capital was the road of internal battle between the nation, on one hand, and the Prince, the aristocracy, and the Church, on the other. It was, of course, fought and travelled in variable ways, and we had better sort the latter into a few distinctive variants.

The principal lane to European modernity centred politically on the relationships between the prince, ruling by genetic legitimacy and divine authority, and the nation, turning the subjects of the prince into citizens of a people-nation. Modernity in the socio-political realm meant the assertion of nation above the prince, and above the Church representatives of divinity, and above ancient privileges of class. This process could be revolutionary and ruptural, dramatic but gradual, or gradual more than dramatic, although always involving fundamental conflict and containing at least a couple of turning-points. The gradual process was that of Nationalized (and Constitutionalized) Monarchies.

There were two major complications of this mainstream European conflict pattern of prince and nation. One stemmed from there sometimes being two or more relevant princes facing the nation. The other, more difficult complication, derived from there being two or more nations confronting the prince.

In the cases of Italy and Germany, the princes were too many and too small for the nation. Nation-building here was neither revolution nor reform, but „unification". In both countries the process was enduringly complicated by strong pre-national institutions refusing to go away, the princely rights of the Hohenzollern and the Papacy, respectively. The Hohenzollerns were incorporated into (the pinnacle of) the national state, whereas the Papacy (was) kept out of the nation-state. German Berlin and Italian Rome had to accommodate both. Yet another sub-variant of the prince-nation conflict was acted out on the Iberian peninsula, where in the 19th century it became complicated by new versions of old-type princely rivalry.[5]

In the east, along the East-Central Strip of Europe from the Gulf of Finland to the Black Sea, there were two or more nations struggling against the same prince, and against each other. Here, the nation-prince conflict was triangulated, with one national ethnic group asserting itself not only against the prince, but also against other ethnic groups. This was

---

4    In larger Vienna of the 17th century, the court, state functionaries, the aristocracy, and their servants made up a third of the population (ibid.).

5    A similar pattern may be discerned in France, with the houses of Bourbon, Orléans, and Bonaparte, but there the issues of nation versus dynastic legitimacy overshadowed the princely feuds so prominent in Portugal and Spain.

the area of Europe entering the challenges of modernism as multiethnic dynastic empires, of the Ottomans, the Habsburgs, the Hohenzollerns, and the Romanovs.

On the Western periphery of the continent there was a variant, which involved an emergent nation of old roots and a foreign prince, based in another (rising) nation, but without any stark cultural divide between them, as in the European colonies overseas. Ireland is a border case here, brutally subjected to colonial land-grabbing and cultural oppression, but also an old part of the complex social and political system of 'The Isles' (Davies 2000). Irish nationalist history has, probably more important, similarities with the triangulations of East-Central Europe, in the Ulster issue of Northern Ireland and its settler-descendants.

European nations asserted themselves against and/or above their princes, and/or oligarchs. But the European road to modernity was not a single lane with one (or more exceptions). It was a pattern of socio-political conflicts, in which nations and national identities have developed in different ways, and have been moulded in different forms. The ensuing national capitals indicate a topography of European variants of modernity and of nation-formation.

Using only the variables of prince (or oligarchy) versus nation/people constellation with some specification of decisive forms of modern change, a European pattern of variation might be summarised in a tabulation. Reading it, the duration of the road metaphor should not be forgotten. Each of the variants included several, different events and processes of modernization.

*Figure 2. Variants of the European Route to Political Modernity –*
*Focal Conflict: Nation versus Prince*

| |
|---|
| 1. One Nation, One Prince |
|   1.1. Ruptural: Austria, France, Switzerland[1] |
|   1.2. Relatively Gradual: Britain, Denmark, Netherlands, Sweden |
| 2. One Nation, Two or More Princes |
|   2.1. National Unification: Germany, Italy |
|   2.2. Nation above princely rivalry: Portugal, Spain |
| 3. One Prince, Two or More Nations |
|   3.1. Nation vs. Foreign Prince: Belgium, Greece, Iceland, (Ireland), Norway |
|   3.2 One nation, another set of nations, foreign prince: East-Central Europe[2], (Ireland) |
|   3.3. One prince, vs. a multinational people: Russia/USSR |

1   Nation versus oligarchy instead of prince.
2   From Finland to Bulgaria, an experience also affecting Greece to some extent. Polish history also included an important aspect of national re-unification from different foreign princes. The region may be further analyzed into sub-variants.

The above should, of course, not be read as an aerial photograph. It is not more than a crude map of orientation, similar in its rough approximations to the first world maps of the 16th century. It may claim a certain heuristic value of systematicity, with a view to avoiding hasty notions of „normal" and „special" roads.

## Capitals of the Routes to Modernity: Some Illustrations

### Paris: Vicissitudes of Revolution

Paris was in ways many more than one *the* European model of a national capital. With the French Revolution Paris became the first national capital of Europe, the first capital of a self-conscious nation-state on the continent. It began in October 1789 when an angry Parisian crowd put an end to the royal residence of Versailles and brought the king back to Paris. The long story cannot be told here. Its vicissitudes may be summed up in a brief history of the Pantheon.

The Pantheon was built as the votive church of Ste. Geneviève at the end of the ancien régime. But in 1791 the Constituent Assembly turned it into a national pantheon of commemoration: 'To Great Men A Grateful Fatherland'. This was neither a royal necropolis, of Saint Denis or the (Habsburg) Capucine Crypt, nor the private eclecticism of post-feudal but pre-national Westminster Abbey, but a selective national homage to its greatest men. Mirabeau, Voltaire, Marat, and Rousseau were the first selected. (Marat was soon to be taken out, though.) The history of the French Pantheon reflects the rhythm of the Revolution. It was re-consecrated under Napoleon I (continued under the Restoration), again a national necropolis under the July Monarchy, re-consecrated once more by Napoleon III, and finally de-sacralized by the Third Republic in 1885, in connection with the state burial of Victor Hugo.

There is an interesting paradox in the construction of Paris. It is the most monumental of Western European capitals, with its magnificent *via triumfalis* from the Rue de Rivoli to the recent Great Arch of *La Défense*, via the Place de la Concorde (ex-Revolution), the Champs-Elysées, the Triumphal Arch with Place Charles de Gaulle (ex-Etoile), and the *Avenue de la Grande Armée*, with lots of other *grands boulevards*, symbol-laden places, with street names crying out names of great men and great battles, and full of monumental buildings and of statues. But its key political institutions display little monumentality or grandeur. The President and the Prime Minister are located in rather ordinary 18th century aristocratic palaces – Elysée and Matignon, respectively –, on side streets without perspective, on different banks of the Seine. The National Assembly is somewhat better housed, in a palace on the Left Bank once built for a daughter of Louis XIV. Paris fêtes *la Grande Nation* in terms of its revolutionary history, its military exploits, its *haute culture*, its distinguished personalities, but hardly with respect to its political institutions. And French politics to this day is very much like that, with personalities and protest movements trumping organizations and procedures.

### Nationalizing Monarchies and Modernism Delayed: London

When and how did London become a national capital? The answer is not as clearcut as in Paris, where the Revolution is the undeniable starting-point and the early Third Republic the last period of completion. But by the second third of the 19th century national London is clearly visible. 1840 to 1860 the landmark Houses of Parliament were built, in 1830 Trafalgar Square was opened – and got its national battle name, instead of the originally planned King William Square –, followed by a *National* Gallery (1838) and Nelson's Column (in

1843), explicitly built 'as a National Monument in a conspicuous part of the Metropolis', in the words of the Nelson Memorial Committee (Hood 2005, 46) Anti-French nationalism, contributed to nationalizing London, the capital of the counter-revolution.

A fire in 1834 in the old royal Palace of Westminster, – used by Parliament (and for a while of law court and administration) alone after an early 16th century fire – raised the issue of a special building representing Parliament. Royalist traditionalism was prevailing when this political centre of the nation was put up, this house of the Mother of Parliaments worldwide, with the US Capitol in Washington the most iconic political building of the modern world. It was decided that the new building should be erected on the site of the ancient royal palace, and in either medieval Gothic or Elizabethan style. A proposal in the former won the competition.

The layout of the majestic building underlined the reigning royalist traditionalism, with the largest of its three towers being the King's (soon Victoria, the first monarch to enter) Tower to the south, above the King's Entrance. – The central significance of the more slender northern clock tower was an effect of evolving popular reception. – The rich iconographic programme, of outdoor sculpture and indoor painting, stained glass, and sculpture, was heavily dominated by royalty, although it did contain some more parliamentary tributes too, to the signatories of the Magna Charta, Civil War parliamentarians, and to Edmund Burke (*The Houses of Parliament* 2000).

There were no prominent non-royal outdoor monuments erected before the Napoleonic wars, whereafter an unended line from Wellington to „Bomber" Harris and so began. That is, except for the Monument itself (1671-77), which is a column commemorating the Great Fire, with Latin inscriptions and a 1681 anti-Catholic addition. What did begin earlier, in the 18th century, were monumental tombs and in-church sculptures of national commemoration.

The conclusion seems warranted, that, after some mid-tolate 18th century beginnings. The decisive period of a nationalization of royal and imperial London was the second third of the 19th century, also the time of Parliamentary Reform, of Catholic emancipation, and of the Chartist labour movement for universal (male) suffrage. Royal London did not disappear. On the contrary, the reproduction of Royal London in the context of rising political parliamentarism and socio-economic industrialization is striking. But it became part of a national – and a global imperial – configuration. On the other hand, it should be added, that after the early 16th century fire of the Palace of Westminster, the English monarchs never built a landmark royal castle in London.

## Nations Larger than Princes: Aspects of Berlin and Rome

The unification of Italy and Germany has been narrated many times, and so have the ensuing transformations of Rome and Berlin. Let us here only take note of a couple of points, the different processes of final unification in the two cases, with their ensuing different capitals, and, secondly their common trait of enduring powerful pre-national features.

The Italian project had succeeded in enlisting the nationalizing monarchy of Piedmont, so by the time of the nationalist military entry into Rome the main political obstacle to the nation was the worldly power of the Pope and the Church. The Hohenzollern King, on the other hand, was only reluctantly and partly pushed into the role of a national German sovereign. The German Reich was proclaimed in the Hall of Mirrors in the palace of the French ancient regime in Versailles. Elected representatives of the German nation and of Berlin were not invited to the ceremony. Only vigorous advice from Bismarck prevented Wilhelm I from making Potsdam (the Prussian residence city) the capital of the Reich.

Booming Berlin became a very successful economic and cultural capital of the new German nation, with a new, bourgeois centre in the west, along the new *Kurfürstendamm* (referring to a pre-national title of the Prussian prince) avenue. But little national symbolism was added to the post-Napoleonic mixture of monarchism and Prussianism. The imperial capital did get a representative neo-baroque *Reichstag* (1884-94), in the centre but somewhat off the main axis and facing a royal square (*Königplatz*), a former exercise ground where the Prussian Victory (over Denmark, Austria, and France) Column had already been raised[6]. In front of the building stood representatives of German unity, Chancellor von Bismarck flanked by the Prussian generals von Moltke and Roon.

Berlin had had relatively few aristocratic palaces – because of the rural preferences of the Prussian Junker –, but there were enough of them to be reconstructed into major governmental offices in the central *Wilhelmstrasse*. The Imperial Chancery (*Reichskanzlei*) was such a reconstruction, big enough also to house the Berlin Congress on the Balkans in 1878. The Ministry of the Interior could house the meetings of the federal body of the Empire, the *Bundesrath*. The highest judicial court, the *Reichsgericht*, however, stayed in Leipzig. Clearly dynastically reactionary was the Victory Avenue (*Siegesallee*) through the Tiergarten, which Wilhelm II presented as a gift to his Berliners on the twenty-fifth anniversary of the defeat of France, completed in 1902. With medieval pilgrimage stations as its model, it exhibited a row of thirty-two Hohenzollern rulers of Brandenburg-Prussia.

In Berlin the royal, imperial, architectural majesty was even enhanced during the reign of Germany's last emperor, with a colossal monumental ensemble (ready in 1897) around a new equestrian statue of Wilhelm I facing the western façade of the royal palace. A new Lutheran Cathedral, in pompous High Renaissance, was also erected (in 1905) adjacent to the imperial City Palace. In sharp contrast to the municipal autonomy of London and Rome, Berlin was under the final political control of the national-dynastic government. An imperial veto stopped plans for a world exhibition in Berlin.

Wilhelmine Berlin does testify to a stronger princely power than in Western Europe, with a political iconography similar to Vienna and Saint Petersburg, or (on a more modest scale) Stockholm, until more dynastic than national. Berlin had a unique combination of traditional princely symbolism and celebrations of recent military power. But modernity was pulsating before World Wart I in all three capitals of dynastic empires – more calmly in provincial and more parliamentary Stockholm –, among the *flâneurs* and shoppers along the *Kurfürstendamm*, *Nevsky Prospekt*, and the *Ringstrasse*, among the cultural avant-gardes,

---

6   Goebbels later moved the column to its current position, in the Charlottenburger Chaussée (currently Strasse des 17. Juni) in the Tiergarten.

and in the factories where a new political force was rapidly rising, the working-class move-ment. Reminding us, again, of the complex and disjunctive character of the history of modernity.

'We have to constitute Italy in Rome', the Italian Premier Crispi declared in a program-matic speech (Tobia 1991, 26). The King and the highest political institutions were installed in former Papal palaces, true, but the Pontifical renaissance street *Via Pia* was renamed 20 September (1871, when the Italian troops broke through the gates of the Papal city) and lined with new ministries and cultural institutions. A new *Via Nazionale* was built, and an impressive Palace of Justice. However, what most specifically characterizes the nationaliza-tion of Rome is the enduring conflict with the Pope, in his Vatican recluse, and the royalist nationalism. Garibaldi on his monumental horse on the Gianicolo hill is made looking down at the Vatican, and 289 years after the Church burnt Giordano Bruno as a heretic, he was standing tall again on the *Campo di Fiori*. The enormous memorial to King Vittorio Emanuele, which has come to dominate the centre of modern Rome, included from the beginning an iconographic conception that made easily possible its broader national function after World War I, as Altar of the Fatherland, including an Unknown Soldier.

## Out of Fractured Polities and Volatile Revolutions: Madrid

The Spanish and the Portuguese polities were fatally fractured by the Napoleonic onslaught, in a way that Prussia was not, defeated but reformed by Hardenberg and Stein and contin-ued along the legitimate lines of the Hohenzollerns. By contrast, in Iberia, dynastic rights, political legitimacy, and civic allegiance, all went into the cauldron of post-Napoleonic politics. Nations split not only by class, region, and ideology, but also by military factions and bureaucratic cabals had to find their way against warring rival princes. The states had to limp along an endless verge of bankruptcy. Ensued a century of uprisings, usually local and provincial in origin, military insurrections, and dynastic civil wars. Nevertheless, a new so-cial era, a capitalist one, emerged, on proud display by the end of the 19th century in Lisbon's *Avenida da Liberdade* and in the *Paseos de Recoletos* and *de la Castellana* of Madrid.

Through the drama, a basic socio-political conservatism endured for long. Madrid and Lisbon are examples of a more conservative outcome of the revolution-counterrevolution cycle.

The city council of Madrid that came into power with the revolution of 1868 saw Paris as its model for „a capital worthy of the Nation, worthy of Spain" and hauled an exile from there, Fernandez de los Ríos, to plan and direct its new urban project. In the few years until the Bourbon Restoration in 1874 not much was realized, save the demolition of a number of convents and churches in a first phase of Haussmannization. In May 1936, the recently elected President of the Republic, Manual Azaña, repeated in a speech to the city councillors that Madrid need to develop a grand plan similar to that of the Second French Empire for Paris for the grandeur of the capital of the Republic (Juliá 1994, chs. 5, 8). But again there was a sudden change of political wind. On July 18 a military uprising started the Spanish Civil War.

However, the nationalization of Madrid cut its way through the shifting political weather, sometimes accelerating, sometimes slowed down, and also Monarchists were interested in a „worthy capital", extended, widened, representative. As the first decisive step we may count the abolition of feudal land rights (*desamortización*) with the suppression of the religious orders during the liberal reign of Isabel II in the 1830s. This freed a large mount of land and buildings in the city. In all, forty-four churches and monasteries were secularised (Carr 1982, 173). It was in former monasteries that the national representatives of the Chamber of Deputies and the Senate installed themselves, and the new capital university recycled a novitiate of the Jesuits (Revilla et al. 1994, 177).

The vicissitudes of Spanish politics were expressed in the changing symbolism of a new, majestic city gate, the *Puerta de Toledo*, begun in 1813 under Joseph Bonaparte, who there included his own Bayonne Constitution. After the departure of Bonaparte, the gate was to commemorate to the nationalist Constitution of Cádiz, but the return of the legitimate, Absolutist king (Fernando VII) took it away. In 1820 constitutionalism was introduced again in Spain, and so also in the *Puerta de Toledo* in Madrid, until 1824 when Absolutism triumphed once more. The latter governed the gate through its completion in 1827 (Revilla et al. 1994, 171-2). The first national monument in Madrid paid homage to the uprising against the French on May 2 1808, it was put up in 1840.

The city of Madrid has a heritage of autonomy, through the alternations of Spanish powers. Its urban icon, *Plaza de Cibeles*, the classical Greek God Mother and the protector of Madrid, and its foundation were established in 1782, along what later became the city's main axis, the *Paseo de la Castellana*. But Madrid in the 19th century was a European backwater, falling behind Paris, London, and post-Papal Rome. Its monument to Columbus was dedicated to the provinces of Casuntila and Leon, although originally meant to celebrate the royal marriage of Alfonso XII, and unveiled in 1886 only after the king's premature death. In 1898 disaster struck Spain, with the American assault and conquest of Cuba and the Philippines. Its overcoming is manifested by the monumental, quasi-Gothic Palace of Communications, a project pushed by the „regenerationist" Conservatives, and solemnly inaugurated on the *Plaza de Cibeles* in 1919. (See further Azorin/Gea 1990)

## Into National Independence

Nations becoming independent have been exceptions in Western and West-Central Europe, dominated by old polities of pre-national origin. The four cases, of Oslo, Brussels, Dublin, and Reykjavik, have all been centres of rather small nations. Their historical formation and their manifestations of nationality have varied considerably.

Dublin is the assertive example. Ireland was partly an Anglo-Scottish settler colony, and „the Irish question" had important religious and socio-economic as well as ethno-national aspects. Central Dublin bears eloquent witness of the struggles of the Irish nation. The main street is O'Connell Street, so named after (Free State) independence, paying homage to „The Liberator" of Irish Catholics (in 1829), and the first Catholic lord mayor of Dublin. He got a statue in 1882, but the city's attempt to name the street O'Connell was stopped by the British powers. In the same street, the British had raised a Nelson Pillar in 1808, decades before Trafalgar Square. The IRA blew it up in 1966, on the fiftieth anniversary of the Easter Uprising, which centred on the post office in the same street, today a memorial shrine. (Nelson is now replaced by a Monument to Light, a 120m tall steel Spire.) In 1957, the last British equestrian statue in Dublin was removed by persons unknown, while Queen Victoria was dispatched to Australia, when the national Irish parliament took over Leinster House from the Royal Dublin Society (Her consort, Prince Albert, survived on the grounds, though.).

Like in Prague or Zagreb national cultural institutions were important in Dublin for a national appropriation of the future capital. A tandem of National Museum and National Library was raised in 1877-90, but culturally more important in the Irish case was probably the Catholic University of Ireland of 1865, to become University College Dublin. The dominant academic centre in Dublin was, and is, Trinity College, of Protestant origin. Until 1970 Catholics risked excommunication for studying there, unless they had managed to get an individual dispensation from the Archbishop (See further, e.g., McCormack 2000, chs. 14-23, and Liddy 2000).

## Ethnic Triangles and War Outcomes in the East

Nationalism in the East-Central Strip of Europe was a complex, creative, and usually, if not always, violent affair. The Nation always had to assert itself not only against the prince – the emperor, the king or the sultan – but also against other (potential) nations. Not seldom the Nation itself, its language, its history, had to be invented. The process was ignited by the dynamics of Western Europe, the Enlightenment, the French Revolution and the Napoleonic wars, and driven further by the 19th century Western revolutions, European big power politics, and the European „World" Wars in this sense, it was clearly a European trajectory. But it always had its own parameters. The latter were given by the region's legacy of a non-Western history of tolerance of religious and linguistic diversity, of its large multicultural empires, and of its emergent relative economic stagnation. Here a nation never stood against just against the prince, but also against (an)other(s).

The rise of nation-states in East-Central Europe was also remarkably dependent on big power politics and third party military intervention. The pioneer Greek state came about only as a result of a big power alliance against the Ottomans, an alliance which also gave the new country a Bavarian king. A century later, at the northern end of the Strip, the new Finnish and Baltic states emerged out of complex interactions between Russia, Germany, and (in the Baltic case) Britain at the end and in the aftermath of World War I. This history is usually not, or at most only discreetly – as in Helsinki's tucked away stone commemorating the German troops in the civil war – remembered in the national capitals. A major exception is Sofia, naming its main avenue after a Russian Tsar Liberator.

Almost all nineteen current capitals of the East-Central Strip of Europe, from Sofia to Helsinki from Prague to Kiev, have had a complicated ethnic modern history – at least in the century leading up to World War I, many of them until the aftermath of World War II, in the case of Sarajevo up until now. Only three or four, Ljubljana, Warsaw, and Zagreb, and perhaps Tirana which had only 1500 inhabitants at the time of Albanian independence in 1912, had a 19th-20th century continuous ethno-cultural majority of the current nation (references in Therborn 2006).

The ethnic composition of the major cities of the East-Central Strip had a particular significance for the modernization of the region. Modern pursuits, such as of industrial enterprise and of liberal professions were very often pioneered and for long dominated by special ethnic groups, Greeks and Jews, occasionally Armenians, in the Balkans, Germans and Jews from Transylvania up to the Gulf of Finland, and Swedes in Finland. Among the political effects of these ethnic complications of modernity were providing a strong base for nationalist but culturally anti-modernist and anti-urban forces and a strong push to the left of threatened Jewish middle and upper strata.

Well before independence, ethnic migration and constitutional changes had led to new city governments. Massive rural-to-urban industrial migration and democratic nationalism had changed the ethnic composition in ten of the future capitals between 1850 and World War I. Several capitals got their current national ethnic character only through the world wars and the ethnic cleansings during or immediately after them, and Vilnius got a bare Lithuanian majority only in the 1980s.

Ethnic triangulation meant that rising popular nationalism also meant ethno-cultural rivalry and conflicts. Under imperial rule it tended to ethnic competition and secessions, among ethnic theatres, schools, universities, parishes, clubs, and associations. Independence meant assertion of the new state nation and its ethnic culture. Triumphant Balkan nationalism meant de-Islamization. The Grand Mosque of Sofia was turned into a Russian military hospital before becoming the National Library, and then the National Museum. Polish Warsaw blew up the Orthodox Alexander Nevsky Cathedral, while Estonian Tallinn kept its exemplar. The Latvians had not managed to build their own theatre in Riga before WWI, so Latvian Riga appropriated the Russian theatre as its national theatre, and the German one as its national opera (Fülberth 2005, 46). In Czechoslovakia, reminders of the Counter-Reformation, of German supremacy, as well as of Habsburg rule were destroyed (Hoyda/Pokorný 1995, Mihaliková 2006).

## The Special Case of Russia and the USSR

If there is a European *Sonderweg* to be singled out, it should be the Russian. Like everywhere else, modernity established itself in Russia through a protracted process, here starting with Peter the Great and finally triumphant with the October Revolution. There were imperial Russification processes in the 19th century, intensified after the failed Polish uprising of 1863, and there was ethnic conflict. But no people/nation of Russia asserted itself against the Tsar, until 1905 and, definitely in 1917. The pre-modern, multinational dynastic empire was only marginally succeeded by nations – the Baltics, Finland –, but mainly by a force which claimed to be, both a universal class (a detachment of the world proletariat) and a union of self-determining nations. The resulting USSR considered itself both the centre of proletarian world revolution and a union of nations.

Summarizing a large, multi-coloured canvas in a couple of words, the resulting capital city iconography tended to asymmetry. In central Moscow, the emphasis was on universalism – with markedly Russian features in the period of high Stalinism –, centred on Lenin as the leader of the revolution of the world and on the long projected Palace of the Soviets as marking the centre of world revolution. Inter-nationalism, friendship of peoples, common Soviet WWII combat were, and are, much more on display in peripheral Almaty, Tashkent, or Minsk. Post-Soviet Moscow is accentuating its Russian character – including a huge homage to Peter I who actually tried to marginalize Moscow – as well as its new aspirations of capitalist globality.

## Interim Conclusions

Peoples have travelled to the modern word not only at variable speed, but also along different routes, making very different experiences under way. The European road was not the same as that of the European settler states overseas, who contrary to much of their own mythology did not arrive at no-man's land, but had to conquer and confront the natives. The settlers created new labour regimes, not brought from Europe, of plantation slavery and various forms of indentured labour. They and their consequences and descendants have constituted a major issue of American modernity.

While distinctive from other parts of the world, the diversity of the European road is also striking. Rather than lanes of one highway, the pattern looks more like an overlapping, criss-crossing set of trails in the same direction. The French path appears central, but not because of any intrinsic character. Instead, French centrality derives from the repercussions of the dramatic changes of the most powerful *ancien régime*. The French Revolution and the following Napoleonic wars transformed the whole continent. The Paris revolutions of 1830 and 1848 made a continental political calendar. The splendour of the Second Empire set the style of Europe. Even the French defeat of 1870 was crucially important, in providing the context of German imperial unification, and of Papal Rome becoming the capital of Italy. However, there is no basis, other than ideological value, of treating the French as the „normal" (European) road to modernity. If there is no objective, or even statistical, norm, there can be no *Sonderweg* either. German history may be special, but hardly more than, say, the English, the French, the Polish, or the Spanish.

German Anti-Fascists may object that German Nazism and Nazi genocide make Germany more special than others. That is, of course, a position to be respected. However, the question is how deep Nazism and Nazi genocide can be rooted historically. There does not seem to be any decisive evidence demonstrating that genocide was inherent in Nazism. On the contrary, there appears to be at least as much plausible evidence indicating that it was a product of war-time radicalization. I have always been very sceptical of attempts, including that of Barrington Moore, to read back 1930s-1940s Nazism into German 19th century, as a kind of teleological historiography with no room for contingencies.

Without entering the minefield of trying to explain the victory of Nazism, there is one point I would like to stress. Italian Fascism and German Nazism were unique among suc-

*Figure 3. Roads to Modernity and Their Tendential Capital. City Symbolic Consequences*

| Modernity Routes | Capital City Stylistic Features |
|---|---|
| Endogenous European | Pre-Modern urban structural & symbolic continuity |
| | With vast modern political & economic transformations |
| | Significant modern iconography |
| New Worlds | Settler Break or Innovation of urbanity |
| | Settler Iconography of Conquest, Independence, & Achievements Predominant |
| Ex-Colonial Zone | Colonial Break or Innovation of urbanity |
| | Dual layout of (ex-)colonial & native city, reproduced after independence |
| | Iconography of Independence & of Nationals replacing colonial symbolism |
| Reactive Modernization | Pre-Modern urban structural & symbolic continuity |
| | With vast modern political & economic transformations |
| | Limited modern public iconography |

| Variants of the European Road | |
|---|---|
| Prince vs. Nation: Rupture | Extensive revolutionary iconography & toponymy |
| Prince vs. Nation: Gradual | Restrained Monarchical-cum-national iconography |
| Nation vs. two or more Princes: Unification | Assertive monarchist nationalism of urban monumentality |
| Nation vs. two or more Princes: Princely rivalry | Dispersed national iconography, contingent anti-clericalism |
| Prince vs. two or More Nations | Strong National symbolism, with emphasis on national institutions and pre-independence continuity (Oslo, Reykjavik), |
| | or on national struggle, assertion & rupture (Dublin, Brussels) |
| Nation, vs. Other nations, & Foreign prince | Ethno-National Competition, Constructions & Destructions of public buildings & monuments |
| | Strong national symbolism |
| Prince vs Multinational People | Central city symbolism of universalism & peripheral capitals of inter-nationalism above local national iconography |

cessful anti-liberal movements in the wake of Versailles in being predominantly modern, or at least not overwhelmingly anti-modern. Everywhere else, the, ultimately bloody, rivalry between reactionary and (more or less) modern rightwing anti-liberalism was won by the former, in Spain, Portugal, Hungary, Austria, Romania, Bulgaria, Poland, the Baltics etc. In retrospect, the defeat of Hugenberg, the *Reichswehr* and the *Stahlhelm,* and the victory of Franco may be explained by the different levels of socio-economic development, to the actors of the 1930s it was not obvious. The stronger modernist current in Italian Fascism, as compared to German Nazism, might be interpreted post hoc as a catch-up effect of more backward Italy. But a modernizationist perspective might as well have predicted the opposite, more pre-Nazi development, therefore more Nazi modernism. Theoretical foundations which lend themselves to opposite predictions are really suspect.

The genocidal *Endlösung* did go far beyond the liberal-democratic mass killings embarked upon by the Anglo-American bomber command – likely to be characterized as genocidal too by post-1945 UN standards –, but neither Bismarck nor any of the Hohenzollern princes were present at Wannsee in 1942. True, the 1904 anti-Herrero war in Southwest Africa was turned into genocide by the Wilhelmine general Lothar von Trotta. Although the competition was stiff, it might be argued that German colonialism was more brutal than others.[7] But the line from v. Trotta to Hitler and Himmler remains rarely and faintly traced.

Cities are crucial parts of European tradition, of specific burgher rights and privileges, as well as of European modernity, as centres of popular innovation. Urbanization has often bee used as an indicator of modernity. It should be read with a pinch of caution. What moderns regard as traditionalism, once centred on huge cities, such as Constantinople/Istanbul, Paris, and Rome around 1500.

Linkages between roads to modernity and capital city representation are complex and involve many accidental elements. Nevertheless, inter-relations should be expected. From an early stage of investigation, some indications may be given, as in figure 3 below. It starts with a historical continuity, to which modern transformations have been added.

Capital cities manifest the history of the power they are capitals of. But urban political iconography develops in complicated forms. A schema like Figure 3 is not a final conclusion, but an interim summary intended as a stepping-stone for further research.

## References

Azorin, Francisco/Isabel Gea: *La Castellana. Escenario de Poder*, Madrid, 1990.

Carr, Raymond: *Spain 1808-1975*, Oxford, 1982.

Dalrymple, William: *The Last Mughal*, London, 2006.

Davies, Norman: *The Isles*, Basingstoke, 2000.

Fülberth, Andreas: *Tallinn – Riga – Kaunas. Ihr Ausbau zu modernen Hauptstädten*, Köln/Weimar/Wien, 2005.

Hood, Jean: *Trafalgar Square*, London, 2005.

*The Houses of Parliament*, London, 2000.

Hoyda, Zdenek/Jiri Pokorný: *Denkmalkonflikte zwischen Tschechen und Deutschböhmen*, in: Hanns Haas/Hannes Stekl (eds.), *Bürgerliche Selbstdarstellung*, Köln/Weimar/Wien, 1995, 241-252.

Juliá, Santos: *Madrid, capital del Estado (1833-1993)*, in: Santos Juliá/David Ringrose/Cristina Segura, *Madrid Historia de una capital*, Madrid, 1994, 253-469.

---

7   Colonial repression of native rebellions were always ferocious, and the British Prime Minister Lord Palmerston, e.g., wanted Delhi „deleted from the map" after the anti-British mutiny of 1857. But massacres and destructions could be delimited by more moderate forces. Part of Delhi was in the end saved by the colonial Chief Commissioner of Punjab (Dalrymple 2006, 414 f.).

Liddy, Pat: *Dublin A Celebration*, Dublin, 2000.

McCormack, John: *A Story of Dublin*, Dublin, 2000.

Mihalikova, Silvia: *The Making of the Capital of Slovakia*, in: *International Review of Sociology* 2006, no. 2, 309-327.

Revilla, Fidel/Ramón Hidalgo/Rosalía Ramos: *Historia breve de Madrid*, Madrid, 1994.

Ságvári, Agnes: *Stadien der Hauptstadtentwicklung und die Rolle der Hauptstädte als Nationalrepräsentanten,* in: Theodor Schieder/Gerhard Brunn (eds.), *Hauptstädte in europäischen Nationalstaaten*, München, 1993, 165-180.

Therborn, Göran: *The Right to Vote and the Four World Routes to/through Modernity*, in: Rolf Torstendahl (ed.), *State Theory and State History*, London, 1992, 62-92.

idem: *Die Gesellschaften Europas, 1945-2000*, Frankfurt a.M./New York, 2000.

idem: *Monumental Europe: the National Years. On the Iconography of*, in: *European Capital Cities, Housing, Theory and Society* 2002, no. 1, 26-47.

idem: *Entangled Modernities*, in: *European Journal of Social Theory* 2003, 293-305.

idem: *Between Sex and Power. Family in the World, 1900-2000*, London, 2004.

dem: *Eastern Drama. Capitals of Eastern Europe, 1830-2006: An introductory Overview*, in: *International Review of Sociology* 2006, no. 2, 209-242.

Tobia, Bruno: *Una patria per gli Italiani*, Bari, 1991.

Wehler, Hans-Ulrich: *Das deutsche Kaiserreich, 1871-1918*, Göttingen, 1973.

*Detlef Georgia Schulze*

## Die Norm (in) der Geschichte
## Die Struktur des Strukturfunktionalismus und
## die Struktur des Strukturalismus

> „Die Einheit der Gegensätze ist nirgendwo anders
> gegeben als in ihrem Kampf."
> *Macherey 1974/88, 22*

Die Überschrift „Die Norm (in) der Geschichte" läßt mindestens drei Deutungen zu: Unter *Weglassung* des in Klammern gesetzten „in" kann die Frage gemeint sein, ob es Normen für den Verlauf bestimmter *Real*geschichten (z.B.: 'Die deutsche Geschichte des 19. und frühen 20. Jh.s *mußte* in den Nationalsozialismus münden.') oder gar *einen* Normalverlauf der Realgeschichte (z.B.: paralleler Aufstieg von 'Marktwirtschaft' und parlamentarischer Demokratie) gibt. Lesen wir das „in" dagegen *mit*, liegt eher die Frage nach der *Bedeutung* derartiger Normen in der Geschichte *als Disziplin*, d.h. in der Geschichts*schreibung*, nahe (z.B.: Muß/Sollte die Geschichtswissenschaft die Realgeschichte verschiedener Gesellschaften an einem Ideal parlamentarischer Demokratie messen?). Schließlich käme auch noch in Betracht, nach der Bedeutung von juristischen, moralischen etc. Normen als *Objekte* der Geschichtsschreibung zu fragen (z.B. die spanische Strafrechts- oder die deutsche Verwaltungsrechtsgeschichte als Objekte der Geschichtswissenschaft). Auch wenn es in Anbetracht des Buchtitels naheläge, hier auch der dritten Frage nachzugehen, wird sich im folgenden – im Kontext der Sonderwegs-Diskussion – auf die ersten beiden Fragen konzentriert. Setzt die These vom „deutschen Sonderweg" einen Normalverlauf der Geschichte voraus? Inwiefern wäre „*der*" Strukturalismus dafür verantwortlich zu machen? Postuliert der Strukturalismus (als Wissenschaft) einen normalen und/oder normativ wünschenswerten Verlauf der Geschichte? Und wie wäre das Postulat einer Norm(al)geschichte unter theoretischen (die Geschichte als wissenschaftliche Disziplin betreffenden) Gesichtspunkten zu beurteilen?

Mit der Unterscheidung zwischen „normal" und „normativ wünschenswert" ist auch schon angedeutet, daß auch der Begriff der historischen Norm mindestens zwei Bedeutungen haben kann, die beide im Kontext der Sonderwegs-Diskussion von Bedeutung sind: Eine solche historische Norm kann nämlich zum einen die geschichtsdeterministische Bedeutung haben: 'Es mußte so kommen, wie es gekommen ist; die Geschichte verlief normgemäß.'[1] (s. dazu im folgenden sub I.1. und II.). Zum anderen kann aber auch die kontrafaktische

---

1 Vorweggeschickt sei, daß nach hiesiger Terminologie nur die Behauptung einer *Prä*-Determination der Geschichte, aber nicht bereits jedes Denken von Determinierungen das Verdikt „geschichtsdeterministisch" verdient (s. unten bei FN 29 f.). Sollte dagegen bereits jedes Denken von Determinierun-

Behauptung gemeint sein: 'Es hätte >eigentlich< anders kommen müssen als es tatsächlich gekommen ist; die Geschichte verlief norm*widrig*.' (dazu sub I.2. und III.).

In der Tat wird der Sonderwegs-These beides vorgeworfen! Nur nebenbei sei gefragt, ob eigentlich beide Vorwürfe gleichzeitig zutreffen können oder *allenfalls* einer. Statt dieser Frage im Detail nachzugehen wird im folgenden in Abschnitt I.1. zunächst geklärt, was eigentlich gemeint ist, wenn im Kontext der Sonderwegs-These von „Strukturalismus" gesprochen und dieser für geschichtsdeterministische – oder 'fatalistische' (wie Breuilly [2000, 40, 41] sagt) – Positionen ('Es mußte kommen, wie es gekommen ist.') verantwortlich gemacht wird: Sind mit „Strukturalismus" die in den internationalen Geistes- und Sozialwissenschaften unter diesem Namen zusammengefaßten Arbeiten von v.a. französischen AutorInnen der 1960er Jahre wie Althusser, Barthes, Derrida, Foucault, Kristeva, Lacan und Lévi-Strauss[2] gemeint? Oder vielmehr etwas ganz anderes? In Abschnitt I.2. wird anschließend folgenden Fragen nachgegangen: Mißt die Sonderwegs-These die deutsche Geschichte an einer kontrafaktischen Norm? Besagt die Sonderwegs-These also: 'Die deutsche Geschichte hätte >eigentlich< anders verlaufen müssen, als sie tatsächlich verlaufen ist.'? Und inwiefern wäre *dies* als „strukturalistisch" zu bezeichnen? Als „strukturalistisch" i.S.d. französischen Strukturalismus? Oder vielmehr allenfalls als „strukturalistisch" i.S.d. us-amerikanischen Strukturfunktionalismus, d.h. i.S.v. Parsons' Systemtheorie, und vielleicht auch Max Webers evolutionistischer Typologie von traditionaler, charismatischer und rational-legaler Herrschaft?

Während es in Abschnitt I. vor allem um die Sonderwegs-These geht, wird dann in den Abschnitten II. und III. der französische Strukturalismus – und dabei v.a. der strukturale Marxismus Althusserscher Prägung – untersucht: Weist (auch) dieser Ansatz geschichtsdeterministische Implikationen auf (Abschnitt II.)? Mißt (auch) er die (deutsche) Geschichte an einem rationalistischen Modell von 'Normalität' (Abschnitt III.)?

Sodann wird – auf dieser Darstellung des strukturalen Marxismus aufbauend – in Abschnitt IV. ein theoretischer Rahmen vorgeschlagen, in dem sich (nationalstaatliche) historische Spezifika ohne Geschichtsdeterminismus und ohne kontrafaktischen Normativismus denken lassen – oder, anders gesagt: Es wird ein Rahmen vorgeschlagen, in dem sich die These von einem spezifischen 'deutschen Weg' ohne struktur*funktionalistischen* (deterministischen und/oder normativistischen) Ballast struktural-marxistisch (nicht deterministisch und nicht normativistisch) reformulieren läßt. Schließlich werden in Abschnitt V. einige Anhaltspunkte für Familienähnlichkeiten zwischen den historischen Spezifika Deutschlands, Spaniens und anderer Rechtsstaaten einerseits sowie den historischen Spezifika nordwesteuropäischer und nordamerikanischer Gesetzesstaaten andererseits benannt.

---

gen, ja von Kausalität überhaupt der Stein des Anstoßes der KritikerInnen 'des Strukturalismus' sein, sollten sie dies explizieren und elaborieren.

2  Vgl. bspw. rückblickend: Dosse 1991; Schöttler 1988, 162 ff.; Pêcheux/Gadet 1982, 390 sowie zeitgenössisch: Deleuze 1967; *alternative* bes. H. 54: Strukturalismusdiskussion, 1967 und H. 62/63: Strukturalismus und Literaturwissenschaft, 1968.

*Übersicht*

| | |
|---|---|
| *I.1.* Ist die Sonderwegs-These (zu) struktruk-turalistisch, indem sie (vermeintlich) eine fatalistische Haltung ggü. der dt. Geschichte einnimmt ('Es mußte kommen, wie es gekommen ist')? | *II.* Weist der frz. Strukturalismus und insbesondere der strukturale Marxismus Althussers fatalistisch-geschichtsdeterministische Implikationen auf? |
| *I.2.* Ist die Sonderwegs-These (zu) strukturalistisch, indem sie die dt. Geschichte (vermeintlich) an einer universellen (kontrafaktischen) Norm mißt ('Es hätte >eigentlich< anders kommen müssen, als es gekommen ist.')? | *III.* Mißt auch der frz. Strukturalismus und insbesondere der strukturale Marxismus die dt. Geschichte an einem rationalistischen Modell von 'Normalität'? |
| *IV.* Läßt sich die Sonderwegs-These als These von einem spezifischen 'deutschen Weg' ohne struktur*funktionalistischen* (deterministischen und/oder normativistischen) Ballast struktural-marxistisch (nicht deterministisch und nicht normativistisch) reformulieren? | |
| *V.* Anhaltspunkte für Familienähnlichkeiten zwischen den historischen Spezifika Deutschlands, Spaniens und anderer Rechtsstaaten einerseits sowie den historischen Spezifika nordwesteuropäischer und nordamerikanischer Gesetzesstaaten andererseits | |

## I.   Strukturalismus – Name für was?

### 1.   Ist die Sonderwegs-These 'zu strukturalistisch' und deshalb geschichtsdeterministisch?

Der v.a. an der 1969 gegründeten Bielefelder 'Reformuniversität' vertretenen und weiterentwickelten Variante der These vom „deutschen Sonderweg" wird vorgeworfen, geschichtsdeterministisch zu sein. Dabei nimmt der Vorwurf des Geschichtsdeterminismus die Form des Vorwurfs eines 'Zuviels' an strukturalistischem Marxismus an[3]: Zwar habe sich die Historische Sozialwissenschaft, also jener dort verankerte theoretische Ansatz in der deutschen Geschichtswissenschaft, als dessen inhaltliches Markenzeichen[4] die Sonderwegs-These gilt, vom „Absolutheitsanspruch des Marxismus-Leninismus" sowie vom „Determinismus marxistisch-leninistischer Positionen" distanziert und demgegenüber ein „offenere[s] und unspezifischere[s]" Modell der „kausale[n] Hierarchie zwischen gesellschaftlichen Bereichen" vertreten (Welskopp 1999, 208, 209, 193)[5]. „Akteure" seien aber

---

3   Vgl. zusammenfassend Macher/Stranz 2006, 42: „den Determinismus der Historischen Sozialwissenschaft verdeutliche, deren Anspruch es gewesen sei, – anders als in der marxistischen Geschichtswissenschaft – gerade keine strukturelle Kausalität zu begründen".

4   Welskopp 1999, 192: „materielles Geschichtsbild".

5   Vgl. zur Distanzierung vom Marxismus auch S. 39 in der Studie von Macher/Stranz: „Ebenso ermöglichte die Rezeption der strukturalistischen Anteile von Weber und die Konzentration auf dessen Idealtypus, den Vertretern der Historischen Sozialwissenschaft die Abgrenzung von marxistischen Theoremen, obwohl sie der marxistischen Geschichtsbetrachtung durch ihr systemisches Denken

trotzdem[6] vielfach nur als „unbewußte Exekutoren struktureller Handlungszwänge" (ebd., 198) aufgefaßt worden und deren Handlungen nur als „Schatten" von Strukturen (Breuilly 2000, 39) – so lautet der insbesondere gegen Hans-Ulrich Wehler (ebd. und Lorenz 2001, 103) erhobene Vorwurf.[7] Eine solche Betonung von Handlungszwängen wird von Welskopp und Lorenz, der ihn zustimmend zitiert, als „extrem strukturalistisch" bezeichnet:[8] „Spiegelbildlich reproduzierte sich die spezifische Personenorientierung der konventionellen Politikgeschichte als eine extrem strukturalistische, personenarme Systemgeschichte, [...]."[9] – so der insbesondere gegen Jürgen Kocka (s. Welskopp 1999, 232, FN 16, 18) gerichtete Vorwurf. – Wehler war von 1971 bis 1996; Kocka von 1973 bis 1988 Professor in Bielefeld.[10]

Trotz allem Bemühen, nicht marxistisch zu sein, war der theoretische Rahmen der Sonderwegs-These noch ‚zu' marxistisch, ja strukturalistisch-marxistisch, so lautet also der Vorwurf der KritikerInnen. Diesem Vorwurf scheint ein (deutsches) Mißverständnis (oder vielleicht sollten wir eher sagen: ein deutscher *blind spot*) zugrunde zu liegen – entweder die völlige Ignoranz gegenüber dem französischen Strukturalismus oder aber die Verwechselung von französischem Strukturalismus und us-amerikanischer Systemtheorie:

Lorenz (2001, 99) bringt den von ihm kritisierten 'Bielefelder Strukturalismus' u.a. – ohne dies im einzelnen auszuführen – in Verbindung „mit der französischen Gesellschaftsgeschichte eines Fernand Braudel". In Anbetracht der Affinität zwischen Braudel und dem

und ihre strukturalistische Perspektive sowie die Privilegierung der sozioökonomischen Dimensionen von Geschichte verwandt blieben."

6  Breuilly (2000, 41): „Auch innerhalb eines ausdrücklich pluralistischen, nicht-deterministischen Bezugrahmens [...], besteht die Gefahr, daß die Vorstellung eines vorbestimmten Endes und einer vorbestimmten Einheit die ganze Darstellung prägt."

7  Der Vorwurf eines 'Marxismus wider Willen' (oder vielleicht auch: der Vorwurf eines 'Marxismus entgegen der eigenen Selbstdarstellung') findet sich auch bei Lorenz 2001, 101, 102 angedeutet: „marxistisch angehauchten Inspirationsquellen der Bielefelder entstammte auch der Unterschied zwischen einer Tiefen- und einer Oberflächen-Ebene der Geschichte und die Identifikation der 'Strukturen' mit der Tiefen-Ebene. [...]. Weil die Bielefelder sich gleichzeitig von jeglicher *öffentlichen* Form des 'Determinismus' freihalten wollten, konnten sie nicht – wie *richtige* Marxisten – öffentlich eine 'strukturelle Kausalität' postulieren, um die Erklärungsfrage zu lösen." (Hv. i.O.). Anzumerken ist, daß der französische Strukturalismus dieses hegelianische Modell von Oberfläche (Erscheinungen) und Wesen (Tiefe) einer gründlichen Kritik unterzogen hat. Eine Erkenntnis ist nicht der 'Kern' der – von ihrer un-wesentlichen Schale befreiten – Realität. Realkonkreta und Gedankenkonkreta sind nicht zu verwechseln (Althusser 1965, 44-48; 1965/68, 255 f; Foucault 1970 [*Man muß nicht in einen inneren und verborgenen Kern eindringen, sondern Möglichkeitsbedingungen analysieren.*]; Foucault 1969, 177, 182 [*Nicht Übersetzung von Operationen oder Prozessen, die anderswo stattfinden, sondern Analyse von Positivitäten.*]); der Begriff des Hundes bellt nicht, und des Pudels Kern ist *nicht* der Begriff des Pudels.

8  Welskopp 1999, 199; Lorenz 2001, 107, FN 62 (dort findet sich auch jeweils das folgende Zitat).

9  S.a. Welskopp 1999, 192 („extreme[r] Strukturalismus"); 199 („strukturalistische Zuspitzung"), 201 („trug dazu bei, den angelegten Strukturalismus zu verschärfen") et passim sowie Lorenz 2001, 99 (Braudel, „strukturelle[r] Fokus").

10  http://wwwhomes.uni-bielefeld.de/hwehler/; http://www.wzb.eu/wzb/kocka.de.htm.

französischen Strukturalismus[11], kann Lorenz' Formulierung als Anspielung auf den französischen Strukturalismus gelesen werden. Falls die Formulierung tatsächlich als eine solche Anspielung gemeint ist, wäre freilich von einem Mißverständnis, von einer Verwechselung von Strukturalismus und Strukturfunktionalismus, zu sprechen: Dem Strukturalismus würden in Wahrheit strukturfunktionalistische, d.h. systemtheoretische, Positionen, die in Bielefeld tatsächlich rezipiert wurden (Welskopp 1999, 192 f., 204), zugeschrieben und vorgeworfen bzw. – andersherum formuliert – in Wahrheit systemtheoretische Positionen, die in Bielefeld tatsächlich rezipiert wurden, werden verwirrender Weise unter dem Namen „Strukturalismus" abgehandelt bzw. mit dem französischen Strukturalismus in Verbindung gebracht. In der Schwebe bleibt, ob in dieser Weise eher die funktionalistischen Inhalte durch Belegung mit dem 'französischen' Namen (so wohl die Haupttendenz) oder eher der französische Strukturalismus durch Identifizierung mit den funktionalistischen Inhalten (so wohl die Nebentendenz) diskreditiert werden soll.

In dem Text von Welskopp ist dagegen der französische „Strukturalismus" vollständig abwesend (insofern ist also der Begriff des *blind spot* angemessen). Unter „strukturalistisch"/ „Strukturalismus" versteht Welskopp (1999) zum einen das „strukturalistische Programm der älteren [deutschen, d. Vf.In] 'Strukturgeschichte'" (197), die nach 1945 aus der „Entnazifizierung" der deutschen „Volksgeschichte" von vor 1945 hervorging (192); zum anderen verwendet er die beiden Begriffe, das Adjektiv und das Substantiv, im Kontext des us-amerikanischen Strukturfunktionalismus (192 f., 199-201)[12]. Ob neben diesen spezifischen, eher impliziten als *definitorisch* ausgewiesenen Verwendungsweisen die Ausdrücke auch noch als Oberbegriffe für diese beiden Strömungen und *weitere*, ebenfalls zu verwerfende Richtungen, bspw. den französischen Strukturalismus, dienen, wird dagegen von Welskopp nicht expliziert.

Im Unterschied dazu sind bei Breuilly (2000, 41) explizit „[a]lle Strukturkonzepte" Gegenstand der Kritik: „Alle Strukturkonzepte drohen die Bedeutung von Handlung aufzuheben. Manchmal geschieht dies durch die Marginalisierung von Handlung; man denke an Fernand Braudels Auffassung [...]. Manchmal geschieht dies durch Determinismus, also durch die einfache Reduzierung von Ereignissen auf Wirkungen von Strukturen [...]."[13] Handlungen

---

11  Vgl. Schöttler 1988, 161 f., 186, FN 33; Dosse 1991 (s. dort die beiden Personenregister).

12  S. bes. S. 199 („gelang durch diese strukturalistische Zuspitzung der Anschluß an die vor allem in der angelsächsischen Soziologie etablierten Makrokonzepte und Evolutionsschemata.") und 200 („Der Systembegriff verwies auf [...] strukturelle Abhängigkeiten auf einer funktionalen, sachdimensionalen Ebene.").

13  Breuilly macht gegen die 'deterministische' Sichtweise geltend, daß „Ereignisse [scil.: Handlungen, d. Vf.In] selber ein strukturbildendes Ergebnis zeitigen" können (38). Dies ist zwar wahr. Aber: Daß Handlungen *Wirkungen* haben, besagt für sich nichts – weder positiv noch negativ – über die *Ursachen* von Handlungen. Die entscheidende Frage ist: Sind Handlungen in letzter Instanz Resultat des *Willens* der Handelnden (Aber wo kommt der Wille her? *Ex nihilo*? – Die Mode-Disziplin 'Gehirnforschung' würde sagen: *von physikochemische Vorgängen im Gehirn*, was im übrigen zeigt, daß Individualismus keine Garantie gegen Determinismus ist. Der rigideste Individualismus kann mit dem rigidesten biologistischen Determinismus einhergehen.)? Oder ist der individuelle Wille vielmehr seinerseits das Produkt komplexer gesellschaftlicher Verhältnisse?

und Ereignisse zu „marginalisier[en]" und – wie er sich ausdrückt – zu „fragmentier[en]",
ist ein Vorwurf, den Breuilly (2000, 38) auch gegen Wehler richtet.

Egal, ob – wie bei Lorenz und Breuilly – über den Namen Braudels auf den französischen
Strukturalismus angespielt wird oder ob dieser – wie bei Welskopp – vollständig abwesend
ist – auf jeden Fall fungiert „strukturalistisch" als Etikett für etwas, von dem sich abgegrenzt
werden soll, und insofern kann dieser Sprachgebrauch auf frühere *explizite* Vorbehalte in der
deutschen Geschichtswissenschaft gegenüber dem französischen Strukturalismus aufbauen
(s. zu diesen Vorbehalten: Schöttler 1988, 175-177, 196 f., FN 99-103; vgl. auch: Plumpe 1976,
2) und auch gegen das *abweichende* Bielefelder Struktur-Verständnis gewendet werden[14] (aus
einem anderen Text Welskopps [2002, 310, s.a. 300] erfahren wir im übrigen, daß sich die
deutsche „Strukturgeschichte" selbst vom „erklärten Programm der 'Annales'", die Braudel
rund 20 Jahre lang leitete[15] distanzierte). Würden präzise, und das heißt: explizite, *Begriffs*-
definitionen gegeben (und nicht nur auf übereinstimmende *Wörter* geachtet – „Struktur"
hier, „Struktur" da), wäre dieser Transfer eines negativen 'Images' zumindest schwieriger
zu bewerkstelligen.

Ein ähnliches deutsches Mißverständnis (um nicht zu sagen: *negative campaigning*)
liegt vor, wenn von hegel-marxistischer Seite der strukturale Marxismus des französischen,
kommunistischen Philosophen Louis Althusser in die Nähe von Luhmanns Systemtheorie
gerückt wird. – Mit „Strukturalismus" und „positivistisch" liegen im folgenden Zitat gleich
zwei Schreckgespenster für den *deutschen Geist* vor:

> „Dem Begriff der 'Struktur' entspricht der des 'Systems', [...] Hier berührt sich der Struktura-
> lismus mit der Systemtheorie, die sich aus der angelsächsischen positivistischen Soziologie, [...],
> entwickelt hat. [...]. Der Marxismus konnte von den Entwicklungen des Strukturalismus und
> der Systemtheorie nicht nur nicht unbeeinflußt bleiben, [...], sondern er brachte fast gleichzeitig
> [...] eine quasi-strukturalistische theoretische Variante hervor, [...]. Bekanntlich waren es die
> Arbeiten von Louis Althusser, die diese Leistung erbrachten." (Kurz 1993, 39, 42 – Der Begriff

---

Wenn man/frau schon unbedingt mit Marx sagen will, daß „die Menschen [...] ihre eigene Geschichte [machen]", dann muß man/frau/lesbe aber zumindest – ebenfalls mit Marx – hinzusetzen:
Sie machen sie aber „nicht aus freien Stücken, nicht aus selbstgewählten, sondern *unter* unmittelbar
vorhandenen, gegebenen und überlieferten Umständen" (1851/52a, 96 f. ≙ b, 115 [2. Aufl.: „vor-
gefundenen"] – Hv. d. Vf.In; vgl. Marx 1869, 559 f.: Es sind die Verhältnisse, die es einer Person
ermöglichen, die 'Hauptrolle' zu spielen.), wobei „jene 'Umstände' den ausschlaggebenden Faktor"
darstellen (Schmidt 1980, 172). Denn die „Summe von Produktivkräften, Kapitalien und sozialen
Verkehrsformen", die jeder neuen Generation ihren „speziellen Charakter gibt", wird von jedem Individuum und jeder Generation zunächst einmal „als etwas *Gegebenes* vorgefunden" (Marx/Engels
1845/46, 38 – Hv. d. Vf.In). Weil die einzelnen Individuen aber je in unterschiedlichen *Verhältnissen*
zu diesen gegebenen Umständen stehen und derartige widersprüchliche Verhältnisse keine statische,
sondern eine dynamische Struktur sind, ist „eine eindeutige Festlegung des individuellen Handelns
undenkbar, d.h. die Determinierung des Individuums ist in dem Maße widersprüchlich, wie es die
gesellschaftlichen Verhältnisse sind; [...]." (Schmidt 1980, 494 f.).

14 Gegen die These von Ähnlichkeiten zwischen deutscher „Volksgeschichte" und französischer *Annales*-Schule s. Schöttler 2002, v.a. 282-295, dort bes. 289.

15 http://fr.wikipedia.org/wiki/Braudel: „dirige de 1946 à 1968, au départ avec Lucien Febvre puis seul,
la revue *Les Annales*" (zunächst zusammen mit Lucien Febvre und dann allein).

„Leistung" ist im Kontext des Kurz-Textes nicht als – uneingeschränktes – Lob, sondern im distanziert-ironischen Sinne zu verstehen; vgl. das Kurz-Zitat in der hiesigen FN 16).

In ähnlicher – die Begriffe „Struktur" und „System" in enge Verbindung bringender – Weise spricht Welskopp (1999) in Bezug auf die Historische Sozialwissenschaft von einer „folgenreichen Symbiose" von *„systemischer* Syntheseperspektive" und *„strukturalistische[r]* Betrachtungsweise" (193 – Hv. d. Vf.In) und davon, daß der „Systembegriff" auf „strukturelle Abhängigkeiten" verweise (200). Allen – bewußten oder unbewußten, ausdrücklichen oder stillschweigenden – Assoziationen von Systemtheorie und französischen Strukturalismus ist aber entgegenzuhalten: Zwar mag für Luhmanns Systemtheorie und Parsons Strukturfunktionalismus mit ihren Unterstellungen von außensteuerungs-resistenter Subsystem-Autonomie, von Gleichgewichtsorientierung und normativem Konsens gelten, daß sie nur „systemkonforme [...] strukturelle Handlungszwänge"[16] und folglich nur Evolution ohne Bruch kennen. Eine solche Sichtweise wird allerdings vom französischen Strukturalismus am Beispiel der Hegelschen Dialektik gerade *kritisiert* (der Hegel-Marxismus, z.B. Robert Kurz, sollte also den Balken im eigenen Auge erkennen, bevor er meint, einen Splitter in dem des Strukturalismus zu finden):

Foucault (1975a, 106 ≈ b, 933, 934; 1973, 115) sagte:

> „Wie immer bei Machtverhältnissen findet man sich mit komplexen Phänomen konfrontiert, die der Hegelschen Form der Dialektik nicht gehorchen. [...] dasjenige, wodurch die Macht stark war, [wird] zu dem, wodurch sie angegriffen wird [...] und die Schlacht geht weiter". „Sicher gibt es innerhalb des gesellschaftlichen Feldes 'eine Klasse', die strategisch gesehen einen privilegierten Platz einnimmt und die sich durchsetzen kann, Siege einsammeln und eine Wirkung von Übermacht (surpouvoir) zu ihren Gunsten erlangen kann. Aber [... d]ie Macht ist niemals monolithisch."

Und Althusser (1962, 69; 1963, 149) sagte:

> Der *„Hegelsche Widerspruch [ist] immer nur die Reflexion der Einfachheit [ein]es inneren Prinzips*[17] [...]. Deswegen [...] kann Hegel uns die Weltgeschichte vom fernen Osten bis auf unsere Tage als 'Dialektik' darstellen, d.h. angetrieben durch das einfache Spiel eines Prinzips des *einfachen* Widerspruchs. Deswegen gibt es für ihn im Grunde nie einen echten Bruch, [...]." (Hv. i.O.).

---

16 Macher/Stranz 2006, 42 (über die Historische Sozialwissenschaft); vgl. analog noch einmal Kurz 1993, 41: „Für die Systemtheorie ist jede Herrschaftskritik so sinnlos wie eine Kritik des Blutkreislaufs oder der Evolution."

17 Dieses „innere Prinzip" ist – wie im folgenden Zitat im Haupttext erläutert wird – selbst nur ein Moment der entfremdeten Entwicklung der Idee: „der Widerspruch des reinen Denkens, von dem Hegel in der 'Wissenschaft der Logik' ausgeht, ist *der einfache Widerspruch* dieses Denkens mit sich." (Kimmerle 1978a, 24 – Hv. i.O.). Im Rahmen der idealistischen Philosophie Hegels ist die Realität eine bloße Entäußerung des Geistes, der Idee. „Das reine Denken kann in sich die Objektivität nur als die notwendige Projektion seiner selbst in die äußere Welt betrachten." (ebd.) Dieser Zustand der Entfremdung/Entäußerung, dieser Widerspruch zwischen Geist und Realität, wird nach Hegel überwunden, wenn der Geist die Realität als sein Werk (wieder)erkennt (s. dazu Schulze/Berghahn/Wolf 2006a, 14 mit FN 9 auf S. 17 f.). Anm. d. Vf.In.

„Die *Hegelsche Totalität* ist die entfremdete Entwicklung einer einfachen Einheit, eines einfachen Prinzips, das selbst ein Moment der Entwicklung der Idee ist: Sie ist also, streng genommen, die Erscheinung, die Selbstmanifestation dieses einfachen Prinzips, das in allen seinen Manifestationen *fortbesteht*, also *selbst in der Entfremdung*, die seine Wiederherstellung vorbereitet." (erste Hv. i.O.; zweite und dritte d. Vf.In).[18]

Im Gegensatz zu Hegels Totalität als auch der „organischen Totalität" der deutschen Volksgeschichte (s. zu letzterer: Welskopp 2002, 302; vgl. Schöttler 2002, 289, Zeile 2: sozial und strukturiert vs. organisch) als auch dem System der Systemtheorie ist die Struktur des Strukturalismus kein „kein holistisches, hermetisch abgedichtetes System, das jede Abweichung entweder abstößt oder integriert"[19]. Vielmehr gilt: Die Struktur sind „differentielle Verhältnisse", und die von diesen induzierten gesellschaftlichen Konflikte lassen „eine Praxis der Veränderung nicht nur ein voluntaristisches Ideal" sein (Deleuze 1967, 280; Balibar 1984, 629 und hier unten genauer in Abschnitt II.). –

Läßt sich also das, was der Bielefelder Sonderwegs-These – zu Recht oder zu Unrecht – vorgeworfen wird (nämlich, wie zitiert: nur „systemkonforme [...] strukturelle Handlungszwänge" zu kennen), wirklich auf den Begriff ‚zuviel strukturalistischer Marxismus' bringen...? Oder wäre der strukturale Marxismus vielmehr in der Lage, den Problemen der Sonderwegs-These *abzuhelfen*?

## 2. Mißt die Sonderwegs-These die deutsche Geschichte an einer kontrafaktischen Norm? Und ist die Sonderwegs-These insofern als „strukturalistisch" zu bezeichnen?

Der Vorwurf der Aufstellung einer kontrafaktischen Norm, die nicht nur als Maßstab für ein politisch-parteiliches Urteil (wo sie am richtigen Platze wäre), sondern auch als Maßstab für ein (pseudo)objektives Urteil wie „defizitär" dient, macht sich an der Synchronitäts-These, die der Bielefelder Variante der Sonderwegs-These zugrunde liegt, fest: Das Deutschland des Endes des 19. und der ersten Hälfte des 20. Jahrhunderts sei defizitär gewesen, weil es zwar ein „modernes" Wirtschaftssystem, aber kein „modernes" politisches System gehabt habe. Die „rechtzeitige Anpassung des politischen Systems an *die Erfordernisse* einer fortgeschrittenen Industriegesellschaft" sei im Kaiserreich nicht erfolgt (Mommsen zit. n. Macher/Stranz 2006, 46 – Hv. d. Vf.In).

---

18  Vgl. dazu auch noch: „Hegel geht von einer ursprünglichen Einheit aus, die sich in zwei widersprechende Teile, die die Momente der Einheit bilden, trennt. In dieser ihrer Entfremdung bleibt die Einheit aber trotzdem sie selbst, sie ist gewissermaßen die Einheit in zerrissenem Zustand. Schließlich hebt sie diese ihre Entfremdung (Negation) wieder auf, kehrt zur ursprünglichen Einheit zurück, die jedoch eine Einheit höherer Ordnung ist, bereichert durch ihre Negation, ihre Entwicklung durch die Negativität hindurch." (Brackmann/Kratz/Verhorst 1978, 278).

19  S. dazu Plumpe (1977, 217), der fordert, Althussers Arbeit über die Ideologischen Staatsapparat „nicht ‚systemtheoretisch' miß[zu]verst[eh]en", und dann ausführt: „Die Staatsapparate sind kein holistisches, hermetisch abgedichtetes System, das jede Abweichung entweder abstößt oder integriert." Vielmehr seien sie – nach Althusser – „Orte der Klassenauseinandersetzung selbst".

„Dieses gesellschaftliche Defizit [Schwäche der Demokratie im Deutschland der Weimarer Republik] erklärte der 'Sonderweg'-Ansatz hypothetisch mit einer langfristig entstandenen, einzigartigen Koinzidenz dynamisierender moderner und beharrender traditioneller Strukturen. Eine hochmoderne Wirtschaft korrespondierte nach dieser Lesart mit einer gesellschaftlichen Rückständigkeit, die das Bürgertum politisch schwach hielt und damit dessen liberale 'Aneignung' der 'Zivilgesellschaft' in Ansätzen steckenbleiben ließ." (Welskopp 1999, 213).

„Die Entstehung des Nationalsozialismus wird in dieser Betrachtung als fehlende Synchronisation wirtschaftlicher, sozialer und politischer Entwicklung beschrieben. Nach Wehler folgte den sozioökonomischen Fortschritten keine Demokratisierung und eine nur geringe Parlamentarisierung des politischen Systems." (Macher/Stranz 2006, 39).

In empirischer Hinsicht ist diesbzgl. zu fragen, ob darin vielleicht weniger ein *Widerspruch* zu sehen ist, als vielmehr der 'starke Staat', die Persistenz obrigkeitsstaatlicher Verhältnisse, nicht gerade die *Bedingung* für den Modernisierungsschub der deutschen Wirtschaft am Ende des 19. Jahrhunderts war.

Und in theoretischer Hinsicht gilt (und darauf kommt es im Rahmen vorliegender Fragestellung an) auch hier wieder: Eine solche Synchronitäts-Norm mag sich zwar im Theoriegebäude des Strukturfunktionalismus finden lassen, aber nicht im strukturalistischen Marxismus, der es prinzipiell *ablehnt*, der Geschichte mit (pseudo)objektiven Normen von außen gegenüber zu treten. So sagt Étienne Balibar (1976, 22):

„Auf keinem Fall darf der Marxismus die (der Großbourgeoisie und der Sozialdemokratie gemeinsame) Position einnehmen und die ökonomischen und politischen Probleme in Begriffen der 'Rationalität' und der 'Irrationalität', in Begriffen der logischen Wahl zwischen rationalen 'Modellen' der Gesellschaft statt in Begriffen des Klassenkampfs" – oder allgemeiner gesprochen: des Konflikts zwischen den antagonistischen gesellschaftlichen Gruppen – „formulieren."

Anders ist dagegen die Sichtweise Parsons'. Macher/Stranz (2006, 22, FN 21) weisen auf einen Aufsatz von Uta Gerhardt (1996) hin, der sich mit dem Einfluß Parsons auf die us-amerikanischen *Re-education*-Pläne befaßt[20]. In Parsons' – für die US-Regierung verfaßten – Papieren wird in der Tat eine historische Norm formuliert, an der gemessen der deutsche Weg in den Nationalsozialismus als 'regressiv' erscheint: Gerhardt spricht, die Argumentation Parsons wiedergebend, von einer „*Regression* vom rational-legalen zum charismatischen und teilweise traditionalen Herrschaftstypus – im Sinne Max Webers –"[21] und bei Parsons findet sich in der Tat jene oben angesprochene Synchronitäts-Norm: Parsons machte, so Gerhardt, „die Wirtschaft zum Angelpunkt der Demokratisierung": „Die kapitalistische Wirtschaft – wiewohl durch Verbands- und Militärstrukturen teilweise nationalsozialistisch überformt – war gesellschaftlich das einzige Strukturelement, das

---

20  Inwieweit darin auch eine direkte oder mittelbare Beeinflussung der Sonderwegs-Theorie liegt, läßt sich schwer sagen, da die von Gerhardt zitierten Papiere größtenteils unveröffentlicht sind; ein Text ist in der für HistorikerInnen eher abgelegenen Zeitschrift *Psychiatry* publiziert. – Inwieweit diese deutschlandpolitischen Überlegungen Parsons' in Verbindung mit seinem allgemeinen theoretischen Rahmen stehen, wird von Gerhardt nicht untersucht.

21  Abschnitt „Eine kulturelle Nachkriegspolitik auch für Deutschland entwerfen" in dem Gerhardt-Text. Hv. d. Vf.In.

überhaupt noch an die Strukturformen der westlichen Demokratien anknüpfte. [...]. Der beste Weg zur dauerhaften Demokratisierung Deutschlands lag in einer von Kartellen und Staatsaufsicht befreiten Marktwirtschaft. Diesen Weg sollten die alliierten Besatzungsmächte sich nicht selbst versperren.", so gibt Gerhardt[22] Parsons' Intervention gegen die Pläne des US-Finanzministers Henry Morgenthau zur Deindustrialisierung Deutschlands wieder. – „Der beste Weg zur dauerhaften Demokratisierung Deutschlands lag in einer von Kartellen und Staatsaufsicht befreiten Marktwirtschaft." Läßt sich diese Sichtweise als 'zu marxistisch' bezeichnen? – Aber sicherlich paßt sie zur Bielefelder Identifikation mit dem politischen und wirtschaftlichen System der Bundesrepublik.

## II. Strukturalismus als geschichtsdeterministischer Normativismus?

### Wichtigkeit der Widersprüche statt Geschichte ohne Brüche

Wie bereits gesagt: Für den französischen Strukturalismus – und das heißt: auch für den strukturalen Marxismus Althussers – ist die Struktur keine hegelsche Totalität (vgl. oben S. 222 f.)[23]. Vielmehr verfechtet der französische Strukturalismus die These: Die Struktur – das sind „die differentiellen Verhältnisse." (Deleuze 1967, 280). Und genau in dem Maße, in dem die Verhältnisse differentiell, widersprüchlich, sind, ist der historische Verlauf nicht prädeterminiert.

Der Unterschied zwischen „Totalität" und „differentiellen Verhältnissen", bedeutet: Für den Strukturalismus sind die Widersprüche nicht – wie für Hegel – expressiv[24], Ausdruck (zeitweilige Entfremdung) einer vorgängigen Einheit, sondern sie sind dezisiv (entscheidend); die Geschichte ist damit nicht Evolution ohne Bruch.[25] Für den Strukturalismus gibt es –

---

22   Abschnitt „Morgenthaus Plan: neue Exportmärkte für England".

23   Zugespitzt läßt sich daher sagen, daß die hegel-marxistischen KritikerInnen des Strukturalismus nicht von dessen tatsächlichen Struktur-Begriff ausgehen. Vielmehr projizieren sie ihre *eigenen*, aus ihrem homogenen, von Hegel geerbten Totalitäts-Konzept resultierenden Probleme auf konkurrierende Theorieansätze – und zur Abhilfe bieten sie dann konsequenterweise auch ihre eigene Lösung feil: nämlich einen starken Subjekt-Begriff (vgl. zur Rehabilitierung eines starken Subjekt-Begriffs durch die KritikerInnen der Sonderwegs-These den Beitrag von Schulze/Wolf nach FN 11), ein Subjekt, das seine Lage erkennt und dadurch zugleich transzendiert (Lukács 1923, 353: „Die Selbsterkenntnis des Arbeiters als Ware ist [...] bereits [...] praktisch [... sie] vollbringt eine gegenständliche, struktive Veränderung am Objekt ihrer Erkenntnis.").

24   Karsz 1974, 106: „Ausdrücken heißt, etwas realisieren, materialisieren, was auf die eine oder andere Art schon vor seinem Ausdruck existierte" – etwas, was 'im Inneren' schon existierte, bevor es 'nach außen' 'gedrückt' wird.

25   Vgl. in dem Zusammenhang in Bezug auf Althussers Kritik der Theorie des jungen Marx: „Vom politischen Standpunkt aus ist diese humanistische Auffassung [des jungen Marx] *kommunistisch*. [Der junge] Marx erkennt den Klassenkampf, aber er ist für ihn der politische und ökonomische Ausdruck eines moralischen Plans, der die gesamte Sozialgeschichte durchzieht. Der Klassenkampf ist nicht dezisiv, sondern expressiv." (Karsz 1974, 162 f.)

anders als Hegel – *keine* „Überlegenheit des Ganzen gegenüber seinen Teilen"[26], aber – anders als für den neuzeitlichen Atomismus und auch Kant – auch keine „Präexistenz der Teile gegenüber dem Ganzen" (Macherey 1974/88, 21). Die Struktur ist vielmehr die *Anordnung* der Teile, das *Verhältnis* zwischen den Teilen (weshalb die Struktur vom französischen Strukturalismus auch nicht als deutsche Tiefe oder Innerlichkeit, sondern als Positivität gedacht wird [vgl. bereits FN 7, Absatz 2). In diesem Sinne läßt sich bspw. sagen, daß der Klassenkampf „nicht die entfernte Folge [ist], die sich aus der Existenz der Klassen ergibt, welche vor ihrem Kampf schon existiert hätten: der Klassenkampf ist [vielmehr, d. Vf.In] die historische *Form* des Widerspruchs (innerhalb einer Produktionsweise), der die Klassen in Klassen in teilt." (Althusser 1972, 49, FN 12 – Hv. d. Vf.In).

> „Der Klassenkampf und die Existenz der Klassen sind ein und dasselbe. Damit es in einer 'Gesellschaft' Klassen geben kann, muß die Gesellschaft in Klassen *geteilt* sein: diese Teilung geht nicht *nachträglich* vor sich, vielmehr konstituiert die Ausbeutung einer Klasse durch eine andere, also der Klassenkampf, die Klassen*teilung*. Denn die Ausbeutung ist bereits Klassenkampf." (Althusser 1972, 49 – Hv. i.O.; vgl. Schaper-Rinkel 2006, 52 f.).

Die Struktur ist also gleichursprünglich mit und nichts anderes als die konfliktorische *Anordnung* der 'Teile'. Sie ist also z.B. die Anordnung von „unmittelbaren Produzenten" und „Besitzern der Produktionsmittel, so wie sie in Besitz- und Approriationsverhältnissen stehen" (Deleuze 1967, 280 f.). Die Struktur ist also nichts anderes als eine „hierarchische Über- und Unterordnung", nichts anderes als eine „Hierarchie der Wirkungen", wie Althusser sagt; sie ist also nichts anderes als ein „bestimmter Gliederungs-" oder „Abhängigkeitstyp" – und keine homogene Totalität, kein 'holistisches System':

> „Die Dominanz einer Struktur, [...], kann nicht auf das Übergewicht eines *Zentrums* zurückgeführt werden, ebensowenig wie die Beziehungen der Elemente zur Struktur auf die expressive Einheit eines den Phänomenen innewohnenden Wesens zurückgeführt werden kann.[27] Die

---

26  Macherey bezieht sich hier (1974/88, 21) auf Lenin (1915, 338 f.), der erwogen hatte, ob besser von „Einheit" (statt von „Identität") der Widersprüche zu sprechen sei: „Identität der Gegensätze (vielleicht richtiger: deren 'Einheit'? [...]) bedeutet Anerkennung (Aufdeckung) widersprechender, *einander ausschließender*, gegensätzlicher Tendenzen in *allen* Erscheinungen und Vorgängen [...]. Die Einheit [...] der Gegensätze ist bedingt, zeitweilig, vergänglich, relativ. Der Kampf der einander ausschließenden Gegensätze ist absolut, wie die Entwicklung, die Bewegung absolut ist." (Hv. i.O.). Ähnlich schon Marx an einem konkreten 'Beispiel': „Das Resultat, wozu wir gelangen, ist *nicht*, daß Production, Distribution, Austausch, Consumtion *identisch* sind, sondern daß sie alle [...] *Unterschiede innerhalb einer Einheit*" (Marx 1857a, 35 ≙ b, 630 [Produktion, Konsumtion] – Hv. d. Vf.In) bilden (auch zit. von Althusser 1963, 152, FN 44). Einheit (statt Identität) der Widersprüche bedeutet: Die Einheit ist relativ, nicht absolut; wir haben es mit einem Ganzen, nicht mit einer Totalität zu tun. Vgl. Althusser 1975, 65 („Hegel [denkt] eine Gesellschaft als *Totalität* [...], während Marx sie als ein komplexes, strukturiertes *Ganzes* denkt." – Hv. i.O.) und Schöttler 1975, 17, FN 19, Zeile 5 f.

27  Das strukturalistische Verständnis von Kausalität (oder Determinierung) ist also *weder* a) ein sog. *lineares* (oder mechanistisches) *noch* b) ein *expressives* Kausalitätsverständnis.

a) Ein lineares Kausalitätsverständnis kann nur Auswirkungen von *gegebenen* Teilen (z.B. eines ökonomischen 'Zentrums') auf andere *gegebene* Teile (z.B. auf 'periphere' Überbauten) denken. Es ist aber nicht in der Lage, die Auswirkungen *des Ganzen* auf die Teile zu denken; es ist nicht in der Lage zu denken, daß es gerade die *Struktur* ist, die die Teile determiniert, ja konstituiert; daß die Struktur *hierarchische Über- und Unterordnung* ist nur eine Hierarchie der Effizienz, die zwischen den verschiedenen 'Ebenen' oder Instanzen des gesellschaftlichen Ganzen besteht. [...] es ist die *Hierarchie der Wirkungen* einer dominierenden Struktur auf untergeordnete Strukturen und deren Elemente." „Die Besonderheit einer jeden Zeit oder Geschichte, oder anders gesagt, ihre relative Autonomie und Unabhängigkeit, beruhen auf einem *bestimmten Gliederungstyp* des Ganzen und folglich auf einem *bestimmten Abhängigkeitstyp* hinsichtlich des Ganzen." (Althusser 1965/68, 129, 131 – erste Hv. i.O.; die weiteren d. Vf.In).

Die Elemente einer Struktur (i.S.d. französischen Strukturalismus) sind keine Menschen oder physischen Gegenstände (die ein 'äußerliches' Verhältnis zur Struktur hätten; vgl. Althusser 1965/68, 254, mit Hinweis auf Lacan in FN 3 sowie im hiesigen Text FN 33), sondern „Stellen und Funktionen", die dadurch definiert sind, daß sie genau *diese* Stellung/ genau *diese* Funktion in der Struktur haben – um ein linguistisches Beispiel zu geben: Die Phoneme (= kleinste linguistische Einheiten) B und P bedeuten für sich allein nichts, ihre Bedeutung, ihre Funktion in der Struktur, liegt vielmehr allein darin, daß sie bspw. den Unterschied zwischen „Bein" und „Pein" markieren (Deleuze 1967, 277; vgl. verallgemeinernd: ebd., 273 obere Hälfte, 279 oben).

Und so wie die Elemente einer Struktur durch ihre Stellung in der Struktur definiert sind, ist – als andere Seite der gleichen Medaille – auch die Struktur dadurch definiert ist, daß sie genau aus *diesen* „Beziehungen, Stellen und Funktionen" besteht. „Die Elemente

---

den 'Platz', die 'Rolle', die 'Identität', den „Rang und Einfluß" (Marx 1857a, 41 ≙ b, 637) der Teile definiert; daß unterschiedliche Strukturen z.B. den Unterschied zwischen Lohn- und Fronarbeitern definieren (schaffen). Das (lineare oder) mechanistische Kausalitätsdenken nimmt im marxistischen Diskurs in der Regel die Form des Ökonomismus, ja Technizismus an: 'Die Produktivkräfte sprengen die Produktionsverhältnisse.' Die Klassen werden für etwas Gegebenes gehalten, die konstitutive Bedeutung des 'Klassenkampfs', der gesellschaftlichen Konflikte, der Produktionsverhältnisse, der Politik werden gegenüber der Bedeutung der Entwicklung der Produktivkräfte vernachlässigt. Vgl. dazu die Kritik von Lecourt 1976, 137 f., FN 9; 1977, Abschnitt 1. und 3.).
b) Ein expressive Kausalitätsverständnis denkt zwar immerhin die Auswirkungen des Ganzen auf die Teile – aber es denkt sie als Anwesenheit eines einheitlichen Wesens in allen Teilen (*pars totalis*); es denkt die Teile als *Ausdruck* einer Totalität, aber nicht in ihrer Spezifität. Dieses Kausalitätsverständnis nimmt im Marxismus in der Regel die Form eines Diskurses über den „Warenfetischismus", die „Entfremdung", die „Verdinglichung", das „falsche Bewußtsein" etc. an. Insofern diese Richtung ideologische Phänomene ('verdinglichtes Bewußtsein') aus der Warenstruktur 'ableitet' (oder als deren 'Ausdruck' ansieht) ist sie im Ergebnis nicht weniger ökonomistisch als die erste. Sollen diese theoretischen Konzepte mit politischen Linien in Verbindung gebracht werden, so ließe sich sagen, daß sich das lineare Kausalitätsverständnis sowohl in der klassischen Sozialdemokratie (Kautsky, Hilferding) als auch in der 'realsozialistischen' Theorieproduktion finden läßt. Das expressive Kausalitätsverständnis kann sowohl linksradikal-voluntaristische Politikkonzeptionen (Lukács, Marcuse) als auch einen intellektualistisch-resignativen Rückzug von der politischen Praxis (Horkheimer, Adorno) abstützen.
Das *strukturale* Kausalitätsverständnis denkt – im Gegensatz zum *linearen* – die Wirkungen des Ganzen auf die Teile, aber es denkt – im Gegensatz zum *expressiven* – das Ganze nicht als homogene Totalität, sondern als differentielle Verhältnisse und folglich die Teile nicht als bloßen Ausdruck des Ganzen ('Totalität der Warenstruktur'), sondern in ihrer Spezifität (ihre spezifischen Formen, Mechanismen und Effekte), wodurch es in der Lage ist, realistischere Politikkonzeptionen zu unterstützen (Althusser 1965/68, 244-261, bes. 245, 247 unten, 250-254, 260; Kolkenbrock-Netz/Schöttler 1977/82, 142-145). Anm. d. Vf.In.

einer Struktur [...] haben [...] nichts anderes als einen *Sinn*: einen Sinn, der notwendig und einzig aus der 'Stellung' hervorgeht."[28] Wären diese „Beziehungen, Stellen und Funktionen"[29] anders definiert, so wäre auch die Struktur eine andere:

> Das „strukturell Invariante [ist] selbst die Bedingung für die konkreten Variationen der Wi-dersprüche [...], und umgekehrt [*ist*] diese Variation die Existenz dieses Invarianten" (Althusser 1963, 161 – Hv. i.O.; weitere Hv. getilgt). „Die Struktur ist ihren Wirkungen immanent, [...]; *ihre ganze Existenz besteht in ihren Wirkungen*, [...]." (Althusser 1965/68, 254 – Hv. i.O.).

## Zwischenresümee

Um den bisherigen Gang der Argumentation zusammenzufassen:

1) Die Struktur ist für den französischen Strukturalismus den Teilen nicht vorgängig und die Teile sind nicht bloßer 'Ausdruck' der Struktur, sondern es ist gerade die *Anordnung* der Teile, *die* (es ist das *Verhältnis* zwischen den Teilen, *das*) die Struktur ausmacht.

2) Diese Anordnung (Dieses Verhältnis) bestimmt die Wirksamkeit der Teile aufeinander, und sie (diese Anordnung)/es (dieses Verhältnis) macht die Wirksamkeit der Struktur selbst aus; die Anordnung *charakterisiert* die Struktur; die Anordnung ruft bestimmte Wirkungen hervor.

3) Die Struktur existiert also *in Form* dieser Anordnung und ihrer Wirkungen.[30]

4) Die Elemente einer Struktur sind nicht Individuen oder Dinge, die ein äußerliches Ver-hältnis zur Struktur hätten, sondern „Stellen und Funktionen", die genau durch ihre Stellung in der Struktur definiert werden sowie von Personen und Dinge eingenommen werden. Letztere fungieren als *TrägerInnen* der Struktur; sie 'funktionieren' im Sinne der „Stellen und Funktionen", die sie einnehmen.

5) Da diese „Stellen und Funktionen" Teile widersprüchlicher Verhältnisse sind, ist dieser 'Sinn', ist die Determinierung der Individuen und selbst der Dinge durch die „Stellen und Funktionen", die sie einnehmen, niemals eindeutig: ein Rohstoff kann verderben, ein fer-tiges Produkt vernichtet werden, wenn es eine Absatzkrise gibt; es gibt keine Teologie.

---

28  Deleuze 1967, 274 (Hv. i.O.) unter Hinweis auf Claude Lévi-Strauss in: *Esprit*, Nov. 1963.

29  Althusser 1965/68, 242: Produktionsverhältnisse = eine „Struktur der Distribution von Beziehun-gen, Stellen und Funktionen".

30  Die Struktur ist also nicht mit einer ökonomischen 'Substanz', der ggü. bspw. Ideologie oder Politik bloßer 'Schein' wären, gleichzusetzen, sondern die konkrete Anordnung der gesellschaftlichen In-stanzen bestimmt Form und Ausmaß der *realen Wirksamkeit* bspw. ideologischer Prozesse auf öko-nomische. Form und Ausmaß unterscheiden sich je nachdem, ob wir es bspw. mit feudal-religiösen oder bürgerlich-juristischen Verhältnissen zu tun haben. Der politische Klassenkampf kommt in Rechtsstaaten anders als in Gesetzesstaaten, unter faschistischen Verhältnissen anders als unter par-lamentarischen oder semi-parlamentarischen zur Geltung.

## Überdeterminierung statt Ende der Geschichte

Wenn schließlich auch der Kommunismus (die Struktur des Kommunismus) nicht das Ende der (antagonistischen) Widersprüche (sondern nur deren Verschiebung, nur deren Terrainwechsel) bedeutet, wie Mao[31] in der Interpretation von Balibar (1984, 629) sagt,

Und wenn stimmt, daß die „Existenz oder [...] die Möglichkeit einer [...] Gesellschaft ohne Spaltungen" ein Irrglaube ist, wie Machiavelli meinte, sondern vielmehr „in diesen Spaltungen" ein „Motor" zu sehen ist, „um gesellschaftliche Schwierigkeiten zu überwinden" (Plon 1988, 44),

dann ist die Anordnung der Elemente einer Struktur *immer* konfliktös, dann sind die Widersprüche *immer* variabel (nicht eindeutig *prä*-determiniert [sondern durch eine *spezifische* Konstellation von *Überdeterminierung* bestimmt][32]). Dann ist die Struktur also immer in Bewegung und damit potentiell transzendierbar – auch *ohne* daß die konkreten Menschen

---

31 Balibar verweist ohne nähere Spezifizierung auf Maos *Vier philosophische Monographien* (Peking, 1965). Dort dürfte wahrscheinlich die Schrift *Über den Widerspruch* (Mao 1937) gemeint sein, die hier nach Maos *Ausgewählten Werken* zitiert wird. Mao vertritt dort die These, daß der antagonistische oder nicht-antagonistische Charakter von Widersprüchen keine ein für alle Male beantwortbare Wesensfrage ist, sondern daß sich der Charakter ein und desselben Widerspruchs im Laufe der Zeit ändern kann: „Sie [die Klasse der Ausbeuter und die der Ausgebeuteten] kämpfen gegeneinander, doch erst nachdem sich der Widerspruch der beiden Klassen bis zu einem bestimmten Stadium entwickelt hat, nimmt der Kampf der beiden Seiten die Form eines offenen Antagonismus an, [...]." (Mao 1937, 403). „Je nach der konkreten Entwicklung der Dinge werden manche ursprünglich nichtantagonistische Widersprüche zu antagonistischen, dagegen andere, ursprünglich antagonistische zu nichtantagonistischen Widersprüchen." (ebd., 404).

Wenn nun anerkannt wird, daß nicht nur vor-sozialistische und sozialistische, sondern auch kommunistische Gesellschaften Widersprüche aufweisen, so wäre in vorstehender philosophischer These Maos impliziert, daß sich auch die Widersprüche einer kommunistischen Gesellschaft – zumindest hypothetisch – zu antagonistischen Widersprüchen entwickeln können. Soweit sie einen nicht-antagonistischen Charakter haben, so wäre dies die von Balibar angesprochene „Verschiebung" deren (vormals und – hypothetisch – weiterhin) antagonistischen Charakters. Mao selbst spricht im folgenden allerdings ausschließlich über Widersprüche in der Zeit, „[s]olange Klassen bestehen", d.h. über *vor*-kommunistische Gesellschaften. Auch in *Über die richtige Behandlung der Widersprüche im Volk* spricht Mao (1957a, 441, 442 = b, 136) davon, daß aus Widersprüchen, die „nicht antagonistisch" sind, wenn „man sie nicht richtig behandelt", ein „Antagonismus entstehen" kann – wiederum allerdings bezogen auf ein „sozialistische[s]" (nicht: kommunistisches) Land.

Für die hiesige Argumentation kommt es allerdings auf die Charakterisierung der Widersprüche in kommunistischen Gesellschaften als antagonistisch oder nicht-antagonistisch ohnehin nicht entscheidend an: Der Satz aus dem Haupttext wäre auch ohne das von Balibar verwendete Adjektiv „antagonistisch" zutreffend: 'Wenn auch der Kommunismus (die Struktur des Kommunismus) nicht das Ende aller Widersprüche bedeutet, dann ist die Anordnung der Elemente einer Struktur immer konfliktös, sind die Widersprüche immer variabel (nicht eindeutig *prä*-determiniert), die Struktur also immer in Bewegung".

32 S. dazu unten Abschnitt IV.1. sowie Lenins (1920, 153) entschiedenes Plädoyer für „eine konkrete Analyse ganz bestimmter historischer Situationen".

etwas anderes wären als bloße Inhaber jener „Stellen und Funktionen"[33]; auch ohne, daß es großer geschichtsmächtiger Subjekte bedürfte (vgl. FN 23).

Der Ausdruck „Überdeterminierung" wurde von Althusser (s. 1963, 152, FN 45; 1965/68, 253) u.a. der Psychoanalyse entlehnt. Dort bezeichnet er die „Tatsache, daß eine Bildung des Unbewußten – Symptom, Traum etc. – auf eine Vielzahl determinierender Faktoren verweist." (Laplanche/Pontalis 1967, 544). Zugleich wird betont: „Überdeterminierung heißt jedoch nicht, daß das Symptom oder der Traum einer unbestimmten Zahl von Deutungen zugänglich sind." (ebd., 545; vgl. auch Roudinesco/Plon 1997, 1057 f.).

Wie fremd die *Begriff*lichkeit des frz. Strukturalismus der deutschen „Strukturgeschichte" und/oder Thomas Welskopp ist, zeigt sich, wenn letzterer eine Kritik Conzes (aus der Perspektive der älteren „Strukturgeschichte" an der neueren Sozialgeschichte) unter Verwendung des *Wortes* „überdeterminiere[n]" referiert und dabei dieses Wort anscheinend im Sinne einer besonders *strengen* Determinierung von Bewußtsein und Handlungen durch die soziale Lage verwendet: Werner Conze habe beklagt, daß „die 'politische Sozialgeschichte' von einer vielleicht zu kurzschlüssigen Verbindung zwischen 'Lage, Bewußtsein und Verhalten' ausging und letzteres strukturell überdeterminiere" (Welskopp 2002, 330). Die kurzschlüssige ökonomistische Verbindung von „Lage" und „Verhalten" ist gerade das, *wogegen* Althusser das Konzept der Überdeterminierung (die Überlagerung *mehrerer* Widersprüche oder Determinationsfaktoren) in den Marxismus eingeführt hat – und *nicht* um jenem kurzschlüssigen Ökonomismus einen *Namen* zu geben.

Wenn also für den strukturalen – maoistisch inspirierten – Marxismus Althussers und Balibars die Struktur immer in Bewegung und also auch der Kommunismus nicht das Ende der Geschichte ist, da wir es immer mit einem Feld sich überlagernder Widersprüche zu tun haben und auch der Kommunismus nicht eine Wiederherstellung einer vermeintlich ursprünglichen Harmonie ist, dann mag folgende Kritik Lorenz' zwar den hegelianischen Marxismus (sowohl in seiner 'Moskauer' [stalinistischen und poststalinistischen] als auch in seiner Kritischen, Frankfurter Variante[34]) und vielleicht auch die Bielefelder Assimilation von Marx und Weber, von Kritischer Theorie und Systemtheorie (vgl. Welskopp 1999, 196,

---

33 „Die wahren [...] Subjekte sind daher weder die Stelleninhaber noch die Funktionäre, also – allem Anschein und jeder 'Evidenz' des 'Gegebenen' im Sinne einer naiven Anthropologie zum Trotz – eben nicht die 'konkreten Individuen' und die 'wirklichen Menschen': die wahren 'Subjekte' sind die Bestimmung und Verteilung dieser Stellen und Funktionen. Die bestimmenden und verteilenden Faktoren, kurz: die Produktionsverhältnisse (und die politischen und ideologischen Verhältnisse einer Gesellschaft) sind die wahren 'Subjekte'. Aber da es sich hierbei um 'Verhältnisse' handelt, können sie in der Kategorie des Subjekts nicht gedacht werden." (Althusser 1965/68, 242 – Hv. i.O.; vgl. Deleuze 1967, 280 f. und 275: „die Orte sind wichtiger, als das, was sie ausfüllt.").

34 Zu dieser Parallelität (hegelianischen Konvergenz) von – wie es dort heißt – linearer (scil.: Moskauer) und expressiver (scil.: Frankfurter) Kausalität oder auch von Hilferding und Lukács, s. bereits Kolkenbrock-Netz/Schöttler 1977/82, 142 f.; vgl. dort auch S. 145 analog zur Parallelität eines geschichtsphilosophischen, „ideologiekritischen" (scil.: Frankfurter) und eines empiristischen, widerspiegelungs-theoretischen (scil.: Moskauer) Ideologie-Begriffs; dazu auch noch Kammler/Plumpe/ Schöttler 1978, 4 (über 'Frankfurt': „humanistisch-geschichtsteleologische Problematik"), 5 (über 'Moskau': „damit die Teleologie restauriert").

200) treffen. Die folgende Kritik trifft aber den strukturalen Marxismus, für den auch der Kommunismus kein Stillstand der Geschichte ist (s.o.), gerade nicht:

> Die „nicht-kontingente Sichtweise auf Strukturen wurzelt in einer Modernisierungstheorie, die Geschichte letztendlich als eine Evolution von Strukturen auffasst, wobei die 'Endphase' der Evolution schon als bekannt vorausgesetzt wird. Der Marxismus ist in dieser Hinsicht tatsächlich ein Angehöriger dieser Theoriefamilie, obwohl er den Kommunismus und nicht die liberale Demokratie als 'Endphase' ansah." (Lorenz 2001, 103 f.).

### Eine Praxis der Veränderung ohne 'große' Subjekte

Da für den französischen Strukturalismus jede gesellschaftliche Entwicklung immer schon in Konflikten verläuft (Balibar 1984, 629), ist es diesem Strukturalismus – anders als dem Strukturfunktionalismus – möglich, Anderes als nur die Reproduktion „systemkonforme[r ...] Handlungszwänge" zu denken. Gerade an diesem Punkt erweist sich die Überlegenheit des strukturalen Marxismus: Die KritikerInnen eines 'Zuviels' an strukturalem Marxismus in der Bielefelder Gesellschaftsgeschichte können deren (vermeintlichen oder tatsächlichen) Determinismus nur um den Preis einer Rehabilitierung des Konzeptes großer, strukturtranszendierender Subjekte kritisieren (so, als ob nicht nur die marxistische, sondern auch die [post]-strukturalistsch-dekonstruktivistische Verkündung des Todes des Subjektes [vgl. dazu Schulze/Wolf in der vorliegenden Veröffentlichung, S. 65, 66, 74 mit FN 32 auf S. 77] ein reiner Irrtum war). Demgegenüber kann der französische Strukturalismus eine „Praxis der Veränderung" (Balibar 1984, 629) ohne eine solche theoretische Regression denken, denn er stellt auf die *innere* Widersprüchlichkeit der gesellschaftlichen Struktur ab[35]:

> Der „*wille zur resistenz gegen die hegemonie*: kommt er aus einem 'diskursfreien' Subjekt, etwa aus dessen 'eingeborenen freiheitsverlangen' [...]? [...]. nehmen wir das beispiel der kulturrevolution der '68er generation': schon die massenerscheinung spricht dagegen, daß damals plötzlich ganz viele (intellektuelle) Subjekte (mit großem S) prädiskursiv (prädiskursiv argumentierend?) den entschluß zum widerstand faßten. alles spricht vielmehr dafür, daß eine kombination von antihegemonialen diskursen (marxismus/psychoanalyse/frankfurter schule) sich im universitären raum explosiv durchsetzte, weil hegemoniale diskurse, die das entsprechende terrain 'halten' sollten, völlig 'überaltert' waren. und daß die neuen diskurse dann als effekt neue *subjektvität* produzierten." (Link 1986, 6 f. – Hv. i.O.).

Widerstand, eine „Praxis der Veränderung", die Möglichkeit, daß die Reproduktion eines Systems scheitert, entsteht also nicht im Inneren von großen, geschichtsmächtigen Subjekten, sondern in konfliktiven Situationen.

---

35  Vgl. dazu, zum Beginn dieses Absatz und zum folgenden: Schulze, 2003, 102, 91 f.. Vgl. dazu auch noch Lenin 1915, 339: „Die beiden grundlegenden Konzeptionen der Entwicklung [...] sind Entwicklung als Abnahme und Zunahme, als Wiederholung, *und* Entwicklung als Einheit der Gegensätze [...]. Bei der ersten Konzeption der Bewegung bleibt die *Selbst*bewegung, ihre *treibende* Kraft, ihre Quelle, ihr Motiv im Dunkel (oder diese Quelle wird *nach außen* verlegt – Gott, Subjekt etc.). Bei der zweiten Konzeption richtet sich Hauptaufmerksamkeit gerade auf die Erkenntnis der *Quelle* der '*Selbst*'bewegung." (Hv. i.O.).

„die differentiellen Verhältnisse [sind] empfänglich für neue Werte[36] oder Wandlungen, und die Besonderheiten [sind] fähig zu neuen Verteilungen, die für eine andere Struktur konstitutiv sind." (Deleuze 1967, 301).

Strukturen beschränken also nicht nur Handlungen – wie in der Tradition der deutschen „Strukturgeschichte" (s. Welskopp 1999, 197, 198) angenommen –, und Handlungen sind auch nicht als bloßer Zufallsfaktor, d.h.: als *Ausnahme* von der Wirksamkeit der Struktur zu denken (so wohl der Vorwurf von Breuilly [2000, 39, 41] gegen Wehler: Trennung zwischen Voraussetzungen und Ereigniserzählung; Kriegsglück als von dem ohnehin unvermeidbaren Ergebnis „getrennte, isolierte Behauptung"). Strukturen sind nicht nur Handlungsrestriktionen (die allenfalls durch *Nicht*-Wirksamkeit einen Handlungs*spielraum* lassen), sondern sie *ermöglichen* auch 'positiv' Handlungen (Butler 1991, 44; 1993, 127 f.; vgl. Schulze 1996, 66 f.). Auf dieser Grundlage und auf der Grundlage Foucaults Kritik der Repressionshypothese und seiner Analyse der Produktivität der Macht (Foucault 1976a, 163; vgl. Schulze 2004, 73 f.) erübrigen sich alle Versuche einer Wiederaufwertung der Subjekte *als Gegensatz* zu den Strukturen (dagegen auch: Schöttler 1989, 86), denn auch die Subjekte und ihre Handlungs*fähigkeit* sind von Strukturen konstituiert. Damit erübrigen sich auch alle Versuche der von Welskopp (1999, 199) geforderten „Vermittlung" (von der nicht klar ist, wie sie von der metaphysisch-esoterischen Tradition dieser Kategorie befreit werden könnte[37]) zwischen „Systemgeschichte" und „Personenorientierung", zwischen Struktur und Handlung, denn *die Individuen sind gerade deshalb handlungsfähig,* weil *sie von den widersprüchlichen Strukturen* als *Subjekte konstituiert werden.* „Es gibt Praxis nur durch und unter einer Ideologie. [...]. Die Ideologie ruft die Individuen als Subjekte an." (Althusser 1969/70, 140 – Hv. getilgt; vgl. Schulze 2004, 99). Auf Welskopps Forderung nach „Vermittlung" zwischen „Systemgeschichte" und „Personenorientierung", zwischen Struktur und Handlung, läßt sich also ein weiterer Althusser-Satz münzen: „mit nichts kann man sich länger beschäftigen als mit der Lösung eines Problems, das entweder gar nicht existiert oder schlecht gestellt ist." (Althusser 1965/68, 247). Strukturen und Handlungen sind keine Gegensätze zwischen denen 'vermittelt' werden könnte, sondern Handlungen sind zwar – nicht im geschichts*philosophischen* Sinne *prä*-determiniert, aber – in konkreten historischen Situationen von komplexen, widersprüchlichen Strukturen im Positiven wie im Negativen *determiniert.* –

Lassen wir also den Vorwurf gegen die Sonderwegs-These, sie können nur „systemkonforme [...] strukturelle Handlungszwänge" denken, sie vertrete ein fatalistisch-deterministische

---

36   „Werte" dürfte hier nicht im moralischen Sinne, sondern eher – metaphorisch – im mathematischen
     Sinne zu verstehen sein.

37   Regenbogen/Meyer 2005, 703 f.: „Vermittlung" = „die Herstellung oder Annahme eines Mittleren
     (einer Mitte oder eines Mittels) zum Zweck der Verbindung oder Vereinigung von Wesenheiten,
     Möglichkeiten, Begriffen, die einander entgegengesetzt sind oder auszuschließen, zwischen denen also
     an sich keine Beziehung, kein Zusammenhang zu bestehen scheint", z.B. Jesus als Vermittlung zwischen den Menschen und Gott. Althusser 1965, 84: „Vermittlung" = „eine Verbindung [...], aber [...]
     auf magische Weise und im leeren Raum." Der Ausdruck ist keine „Lösung" (vgl. ebd., 85), sondern
     Symptom der theoretischen Ratlosigkeit derjenigen, die ihn als „Lösung" anbieten.

Geschichtsverständnis, *weil* sie '*zu* strukturalistisch-marxistisch' sei, hinter uns und gehen zum nächsten Problem über.

## III. Ist der Strukturalismus ein kontrafaktischer Normativismus?

Wie verhält es sich nun also mit der Verantwortlichkeit des Strukturalismus für den zweiten Schwachpunkt der Bielefelder Variante der Sonderwegs-These – für den ihr inhärenten Normativismus: Die These vom Sonderweg lebt – von der zumindest impliziten – Konfrontation mit einem Normalweg (Welskopp 1999, 211 f.). Die Annahme eines solchen solchen Normalfalls, eines solchen 'Normalweges' hatte Althusser schon 1962, 70 kritisiert, indem er fragte: „[...] befinden wir uns nicht immer in der Ausnahme? Ausnahme die deutsche Niederlage 1849, Ausnahme die Pariser Niederlage von 1871, Ausnahme die Niederlage der deutschen Sozialdemokraten zu Beginn des 20. Jahrhunderts in Erwartung des chauvinistischen Verrats von 1914, Ausnahme der Erfolg von 1917 ... Ausnahmen, aber *in Bezug worauf?*"

Nahezu gleichzeitig, nur zwei Jahre zuvor, hielt Althusser allerdings daran fest, daß es eine Spezifik der deutschen Geschichte gibt, die er wie folgt beschrieb:

> „[...] die Welt der deutschen Ideologie ist damals [am Beginn des 19. Jh.] *ganz zweifellos die am meisten durch Ideologie belastete* (im strengen Sinne) *Welt*, d.h. die Welt, die am weitesten von den tatsächlichen Realitäten der Geschichte entfernt ist, die *am meisten mystifizierte [...] Welt* im damaligen Europa der Ideologien. [...] Marx hat in späteren Werken aufgezeigt, warum diese ungeheure ideologische Schicht eine Eigenheit Deutschlands und nicht Frankreichs und Englands war: [...]. Das Deutschland des frühen 19. Jahrhunderts, hervorgegangen aus der gewaltigen Umwälzung der Französischen Revolution und der Napoleonischen Kriege, wird tief geprägt von seiner historischen Ohnmacht, weder *seine nationale Einheit noch seine bürgerliche Revolution verwirklichen zu können*. Dieses 'Verhängnis' wird im übrigen die gesamte deutsche Geschichte des 19. Jahrhunderts beherrschen und mit seinen weitreichenden Konsequenzen darüber hinaus wirken." (Althusser 1960, 29, 29 f. – Hv. i.O.).

Genau in demselben Text kritisierte Althusser allerdings bereits die Vorstellung, daß die französische und englische Entwicklung 'vernünftig' und die deutsche 'unvernünftig' sei; dies war vielmehr die Vorstellung, die sich die deutsche Ideologie[38] selbst von ihrer Situation machte:

---

38  Von dieser Ideologie waren im übrigen Marx und Engels selbst geprägt, bis sie (und teilweise auch noch danach) in ihrer gleichnamigen Schrift mit dieser abrechneten. Vgl. rückblickend: „als er [Friedrich Engels] sich im Frühling 1845 ebenfalls in Brüssel niederließ, beschlossen wir, den Gegensatz unsrer Ansicht gegen die ideologische der deutschen Philosophie gemeinschaftlich auszuarbeiten, *in der Tat mit unserm ehemaligen philosophischen Gewissen abzurechnen*. Der Vorsatz ward ausgeführt in der Form einer Kritik der nachhegelschen Philosophie. Das Manuskript, zwei starke Oktavbände, war längst an seinem Verlagsort in Westphalen angelangt, als wir die Nachricht erhielten, daß veränderte Umstände den Druck nicht erlaubten. Wir überließen das Manuskript der nagenden Kritik der Mäuse um so williger, als wir unsern Hauptzweck erreicht hatten – Selbstverständigung." (Marx 1859a, 101 f. = b, 10 – Hv. d. Vf.In).

„Die deutschen Intellektuellen von 1830 – 1840 schauen nach Frankreich und England als den Ländern der Freiheit und der Vernunft, vor allem nach der Julirevolution und dem englischen Wahlgesetz von 1832. Weil sie es selbst nicht erleben, denken sie wieder nur, was andere getan haben. Aber da sie es im Element der Philosophie [statt der materialistischen Geschichtswissenschaft[39], d. Vf.In] denken, werden die französische Verfassung und das englische Gesetz für sie zur Herrschaft der Vernunft, und von der Vernunft erwarten sie denn auch in erster Linie die liberale Revolution in Deutschland." (Althusser 1960, 32).

Die „Enttäuschung von 1840", als „Friedrich Wilhelm IV., jener Pseudo-'Liberale', sich als Despot entpuppte", ließ das „theoretische System der Hoffnungen der Junghegelianer" für Marx zusammenbrechen. Das „Scheitern der in der 'Rheinischen Zeitung' betriebenen Revolution durch die Vernunft, die Verfolgung, das Exil von Marx, der von den Elementen des deutschen Bürgertums, die ihn unterstützt hatten, fallen gelassen wurde", lösten in Marx einen Veränderungsprozeß aus. Dieser Prozeß brachte ihn zu der Einsicht, „was sich hinter jener berühmten 'deutschen Misere' verbarg, hinter jenem in moralischer Entrüstung angeprangerten 'Philistertum' und *hinter jener moralischen Entrüstung selbst*: Eine konkrete historische Situation, die nichts mit einem *Mißverständnis* zu tun hatte, starre und grausame Klassenverhältnisse, Reflexe der Ausbeutung und Angst, die im deutschen Bürgertum stärker waren als alle rationalen Beweise." Marx *beginnt*[40] nun darauf zu verzichten, „die deutschen Mythen auf die Realität des Auslands zu projizieren; er muß erkennen, daß diese Mythen sowohl in Bezug auf das Ausland als auch für Deutschland selbst sinnlos sind." (Althusser 1960, 34 – Hv. i.O.).

---

39 Vgl. zusammenfassend zu Althussers Unterscheidung zwischen idealistischer Geschichtsphilosophie und materialistischer Geschichtswissenschaft: „Wenn man mich auffordern würde, die wesentliche *These*, die ich in meinen philosophischen Essays habe vertreten wollen, mit einigen Worten zusammenzufassen, würde ich sagen: Marx hat eine neue Wissenschaft begründet: die Wissenschaft von der Geschichte. [...]. Vor Marx war das, was man den 'Kontinent Geschichte' nennen kann, von ideologischen Konzeptionen religiöser oder moralischer oder juristisch-politischer Art besetzt, mit einem Wort von Geschichtsphilosophien. [...]. Wir haben gezeigt, daß Marx die alten Grundbegriffe (wir haben sie statt 'concepts' 'notions' genannt) der Geschichtsphilosophien durch absolut neue, bisher nicht dagewesene in den alten Konzeptionen 'unauffindbare' Begriffe ersetzt hatte. Wo die Geschichtsphilosophien von Mensch, ökonomischem Subjekt, Bedürfnis, System der Bedürfnisse, Bürgerlicher Gesellschaft, Entfremdung, Diebstahl, Unrecht, Geist, Freiheit, ja auch von 'Gesellschaft' sprachen, da hat Marx angefangen von Produktionsweise, Produktivkräften, Produktionsverhältnisse, Gesellschaftsformation, Basis, Überbau, Ideologien, Klassen, Klassenkampf usw. zu sprechen." (Althusser 1970, 77 f., 80 – Hv. i.O.; vgl. Althusser 1972, 59, 61).

40 Marx war, wie jedes Individuum, das eine „große Entdeckung" macht, „der paradoxen Bedingung unterworfen, daß es die Kunst erlernen muß, das, was es entdecken wird, gerade in dem auszudrücken, das es vergessen muß" (Althusser 1960, 37). „Hat [also] die Reflexion auf jene neuen Gegenstände wie die gesellschaftlichen Klassen, das Verhältnis von Privateigentum und Staat usw. in der 'Kritik der Hegelschen Rechtsphilosophie' die theoretischen Voraussetzungen Feuerbachs umgewälzt und zu bloßen Phrasen werden lassen? Oder werden diese neuen Gegenstände von den *gleichen Voraussetzungen* her gedacht? [....] die *Anthropologie* Feuerbachs [kann] nicht nur zur Problematik im Bereich der Religion werden ('Das Wesen des Christentums'), sondern auch der Politik (die 'Judenfrage', das Manuskript von '43), ja sogar der Geschichte und der Ökonomie (die Manuskripte von '44), und dabei trotzdem im wesentlichen eine *anthropologische Problematik* bleiben, [...]" (ebd., 23). Folglich kann „absolut nicht davon die Rede sein [...], daß 'Marx' Jugend zum Marxismus gehört'" (ebd., 35).

## IV. Über die Möglichkeit, historische Spezifika zu denken

Wie ist es danach also möglich, die deutsche Spezifik zu denken *und* an einem Begriff von Struktur festzuhalten? Oder ist doch jeder Strukturalismus zwangsläufig geschichtsdeterministisch, so daß 'Ausnahmen' nur um den Preis der Aufgabe des Strukturalismus möglich ist?

Jedenfalls besagt die Tatsache, daß es diese deutsche Spezifik *gibt*, für den Anti-Empiristen Althusser fast nichts. So wie Althusser sagt, „eine Umschreibung [in dem Fall eines Zitats] ist noch keine Erklärung" (Althusser 1963, 122 – Einf. d. Vf.In), so können wir (wohl in seinem Sinne[41]) sagen: Eine *Be*schreibung, in unserem Fall eine Beschreibung der deutschen Besonderheit, ist noch keine Erklärung. Die wissenschaftlich (und auch für eine eingreifende Politik) entscheidende Frage ist, wie können wir diese Besonderheit *denken*, wie können wir sie *erklären*[42].

---

41  Vgl. Althusser 1962, 73: „jede Beschreibung [ist] den erstbesten philosophischen Theorien ausgeliefert".

42  Und genau hier liegt der entscheidende Mangel der Bielefelder Variante der Sonderwegs-These; dazu sei auf frühere Ausführungen (Schulze 2006b, 214 f.) verwiesen: „Begriffe wie 'Herausforderung', 'bessere Bewältigung' und 'Aufgabe' konnotieren weniger politische Konflikte als vielmehr die Vorstellung eines quasi-ingenieurtechnischen 'One best way'. Unklar bleibt bei der Bielefelder-Variante der Sonderwegs-These allerdings: warum hat 'Deutschland' dieses Optimum verfehlt? Wenn wirtschaftliche und gesellschaftliche Moderne 'eigentlich' zusammengehören, wie konnte es dann passieren, daß Deutschland diese Synchronitäts-Norm verfehlte? – Die Bielefelder Variante der Sonderwegs-These hat zwar den Anspruch, etwas zu erklären – nämlich den deutschen Weg in die nationalsozialistische Diktatur –, aber sie bleibt in der Beschreibung stecken: Eine Erklärung würde verlangen, die deutsche Abweichung von der Synchronitäts-Norm nicht nur festzustellen, sondern deren Ursachen aufzudecken. Dies würde aber zugleich heißen, die Synchronitäts-Norm als universelle Norm der Geschichte, die Synchronität als Normalverlauf der Geschichte, in Frage zu stellen und anzuerkennen, daß auch die Nicht-Synchronität nicht einfach 'defizitär', irrational oder pathologisch ist, sondern für spezifische politische und ökonomische Ziele in spezifischen Situationen durchaus passend und nützlich sein kann."
So wenig wie also der Mangel der Bielefelder Gesellschaftstheorie in einem 'Zuviel' an Strukturalismus liegt, genauso wenig liegt er in einem 'Zuviel' an Theorie (vgl. dazu eindringlich den Beitrag von Carsten Zorn in dieser vorliegenden Veröffentlichung); in der Verwendung von 'Groß-Theorien', die die Fakten totschlagen, sondern vielmehr gerade in einer unzureichenden *Erklärung* der beobachteten Fakten, die von keinem/r der KritikerInnen der Sonderwegs-These (und auch nicht von allen KritikerInnen zusammen) aus der Welt geschafft werden können. „Tatsachen sind ein hartnäckig Ding", wie Lenin (z.B. 1917, 326) den englischen Volksmund zu zitieren pflegte.
Daß das Problem an der Bielefelder Gesellschaftsgeschichte nicht ist, daß sie 'zu strukturalistisch' oder 'zu deterministisch' wäre, wird im übrigen – entgegen der Intention dieses Autors – auch bei Breuilly (2000, 39) deutlich: „Wenn man auf Wehlers Behandlung von '1848' schaut, findet man weit mehr Seiten über die Bedingungen, unter denen die Revolution stattfand [...] als über die tatsächlichen Ereignisse von 1848 selber. Wehler greift auf ein ganzes Bündel von Konzepten zurück, die es möglich machen sollen, die Ebene [scil.: Bedingungen, d. Vf.In] der Handlung zu *erfassen*, [...]. Das Problem ist, daß es keinen gleichermaßen entwickelten Rahmen gibt, um mit den Ereignissen und Handlungen selber umzugehen. [...]. So entsteht das Problem einer Trennung zwischen Voraussetzungen einerseits und Ereigniserzählungen andererseits: Jene werden gründlich konzipiert, diese dagegen nicht." (Hv. d. Vf.In). Wenn diese Beschreibung von Wehlers Vorgehen zutrifft, dann ist das Problem nicht, daß Wehler die Ereignisse 'zu deterministisch' erklärt, sondern daß er sie *gar*

Hier sei folgende Antwort vorgeschlagen: Unter einem doppelten Gesichtspunkt führt uns Althussers Kritik des Hegelschen, homogenen Totalitäts-Konzeptes nicht in eine Nacht, in der alle Katzen grau sind, nicht in eine Nacht des agnostizistischen „Ich weiß nichts":

Zum einen lassen sich die einzelnen Fälle erklären, d.h.: die Faktoren, die sie konstituieren, lassen sich analysieren (s. dazu im folgenden Abschnitt 1.). Zum anderen lassen sich die einzelnen Fälle – aufgrund von Familienähnlichkeit im Wittgensteinschen Sinne – zu Clustern zusammenfügen (s. dazu im folgenden Abschnitt 2.). Unter beiden Gesichtspunkten haben wir es mit *mehr* als nur Individualitäten, über deren Entstehungsgründe wir nichts wissen, zu tun.

## 1. Überdeterminierung als spezifische Determinierung, nicht als zufällige Beliebigkeit

Unter dem Gesichtspunkt der *Erklärung* (und *nicht* bloß *Beschreibung* oder Erfassung) der verschiedenen Fälle sei hier ein an anderer Stelle (Schulze 2006b, 217, 255 f.) bereits gemachter Vorschlag wiederholt – nämlich den deutschen und spanischen Weg, die deutschen und spanischen Wege, durch das 19. und 20. Jh. in ihrer Unterschiedlichkeit und Ähnlichkeit mittels Althussers Kategorie der Überdeterminierung zu denken: Diese Wege sind nicht eine (letztlich unerklärliche) Norm-Abweichung; nicht eine Abweichung von der Norm eines liberalen und demokratischen Kapitalismus als vermeintlichem historischem Normalfall, sondern das Produkt einer spezifischen Determination – der Überdeterminierung, der Überlagerung, verschiedener benenn- und erklärbarer Faktoren[43].

Nach Althusser ist der überdeterminierte Widerspruch „überdeterminiert [...] entweder im Sinne einer historischen Hemmung (Beispiel: das wilhelminische Deutschland) oder im Sinn eines revolutionären Bruchs (das Rußland von 1917)" (Althusser 1962, 72 f.). D.h.: Die Überlagerung verschiedener Widersprüche kann einen revolutionären Prozeß entweder begünstigen oder hemmen.[44]

---

*nicht* erklärt. Wehler erklärt die Handlungen gerade *nicht aus* der Struktur, sondern stellt sie als „Zufall" (z.B.: Kriegsglück) *neben* die Struktur (41 – Hier ist auf einmal Breuilly, der Strukturalismus-Kritiker, derjenige, der darauf hinweist, daß „es [...] ja durchaus gesellschaftliche Bedingungen [gibt], unter denen große Konflikte wie Kriege ausgetragen werden.").

43 Daß die Faktoren „benenn- und erklärbar" sind, schließt nicht aus, daß konkrete historische Kämpfe hypothetisch hätten anders ausgehen *können* – und von dort aus jeweils eine andere historische Entwicklung hypothetisch möglich gewesen wäre. Aber die Aufgabe ist, die tatsächliche Geschichte zu analysieren, d.h.: sie auf ihren Begriff bringen – nicht im Hypothetischen des „hätte", „wenn" und „könnte" zu schwelgen. Oder anders gesagt: Die Aufgabe ist zu erklären, warum bestimmte Möglichkeiten Wirklichkeit geworden sind und andere nicht – anstatt nicht verwirklichte Möglichkeiten gegen verwirklichte Möglichkeiten auszuspielen.

44 In einem späteren Text bezeichnet Althusser (1975, 70) die „Hemmung" eines revolutionären Prozesses als „*Unter*determinierung" und nur noch die Forcierung eines revolutionären Prozesses als „*Über*determinierung": „Ich betone bewußt die Unterdeterminierung, denn manche haben sich sehr schnell daran gewöhnt, daß man der Determination einen kleinen Zusatz beifügte, jedoch nicht den Gedanken einer Unterdeterminierung, also einer Determinationsschwelle ertragen, ohne deren Überschreitung Revolutionen scheitern". – Diese Modifizierung der Begrifflichkeit ändert aber nichts

Aber nicht nur Fälle wie das wilhelminische Deutschland und die Oktober-Revolution sind durch Überdeterminierung zu erklären; es gibt keinen fixen Standard, an dem gemessen sich Hemmung und Begünstigung bestimmen lassen. Vielmehr lassen sich Hemmung und Begünstigung nur relativ zu allen anderen Fällen, die ihrerseits genauso ein Produkt von Überdeterminierung sind, bestimmen:

> „Man muß [...] bis zum Ende gehen und sagen, daß die Überdeterminierung nicht an den offensichtlich eigentümlichen oder irrtümlichen Situationen der Geschichte liegt (zum Beispiel Deutschlands), sondern daß sie *universal* ist, daß die ökonomische Dialektik nie im reinen Zustand sich geltend macht" (Althusser 1962, 81 – Hv. i.O.)[45] –

ganz so wie Lenin (1916, 364 – Hv. i.O.) sagte, „Wer eine ‚reine‘ soziale Revolution erwartet, der wird sie *niemals* erleben."

Das könnte aber nun immer noch heißen, daß wir es ausschließlich mit Einzelfällen zu tun haben; lauter Bäumen, aber keine Wälder. – Althusser bestreitet dies:

> „Zu behaupten, daß die Einheit [der Widersprüche] nicht die einfache Einheit des einfachen, ursprünglichen und universalen Wesens ist und sein kann, heißt also nicht, [...] die Einheit auf dem Altar des ‚Pluralismus‘ zu opfern" (Althusser 1963, 147 f.).
> Indem der Widerspruch „aufhört, eindeutig zu sein, [wird ...] er nicht ‚mehrdeutig‘, ein Produkt der erstbesten empirischen Pluralität [...]. Ganz im Gegenteil, indem er aufhört eindeutig zu sein, also ein für alle Male in seiner Rolle und seinem Wesen fixiert, erweist er sich als determiniert durch die strukturierende Komplexität, die ihm seine Rolle zuweist" (ebd., 156).[46]

Und ganz ähnlich argumentieren Deleuze (1967, 282) und Foucault (1970, 35, 36):

> „Was besteht in der Struktur nebeneinander? Alle Elemente, Verhältnisse und Verhältniswerte, alle Besonderheiten, die dem betrachteten Bereich eigen sind. Eine solche Koexistenz impliziert keinerlei Konfusion, keinerlei Unbestimmtheit; es sind differentielle Verhältnisse und Elemente, die in einem vollkommen und vollständig bestimmten Ganzen nebeneinander bestehen."

---

daran, daß die „Überdeterminierung" *nicht* eine besonders starke lineare Determinierung bspw. der Politik durch die ökonomische Basis ist, sondern die „Überdeterminierung" (in diesem *engeren* Sinne einer *Begünstigung* eines revolutionären Prozesses) die *Vereinigung* (d.h.: gegenseitige Verstärkung) „völlig verschiedene[r] Ströme, völlig ungleichartige[r] Klasseninteressen, völlig entgegengesetzte[r] politische und soziale Bestrebungen" (vgl. Schulze 2006b, 255 bei FN 93).

45 Hierzu ist nur eines kritisch anzumerken: Im Hintergrund scheint die Vorstellung zu stehen, daß die ökonomische Dialektik, *wenn* sie sich im reinen Zustand geltend machen würde, automatisch auf eine sozialistische Revolution zutreiben würde und es allein das Eingreifen der Überbauten ist, die sich in Wirklichkeit „nie respektvoll zurückzuziehen" (Althusser 1962, 81), das die Situation kompliziert macht. – Hier sei gemutmaßt, daß auch die „ökonomische Dialektik" selbst nicht so einfach ist.

46 Auch diese – nicht-pluralistische – Verwendung der Kategorie der Überdeterminierung kann sich auf die psychoanalytische Bedeutung des Ausdrucks berufen: „Die Überdeterminierung impliziert nicht, wie Jean Laplanche und Jean-Bertrand Pontalis festgestellt haben, dass der Traum Gegenstand einer unendlichen Anzahl von Deutungen werden kann, und noch weniger die Unabhängigkeit der Bedeutungen, die ein und dasselbe Phänomen enthüllen kann: ‚[...] das zu analysierende Phänomen ist eine Resultante, die Überdeterminierung ist eine positive Eigenschaft und nicht das einfache Fehlen einer einheitlichen erschöpfenden Bedeutung.‘" (Roudinesco/Plon 1997, 1058; vgl. hier bereits S. 230).

„Das wichtige [...] ist, daß die Geschichtsschreibung kein Ereignis betrachtet, ohne die Serie zu definieren, der es angehört, ohne die Analyse zu spezifizieren, durch welche die Serie konstituiert ist, ohne die Regelhaftigkeit der Phänomene und die Wahrscheinlichkeitswerte ihres Auftretens zu erkennen zu suchen, ohne sich über die Variationen, die Wendungen und den Verlauf der Kurve zu fragen, ohne die Bedingungen bestimmen zu wollen, von denen sie abhängen."

Die Kritik des hegelianischen Totalitätsverständnisses und statt dessen die Einführung der Kategorie der Überdeterminierung führt also zu keinerlei Unbestimmtheit und ermöglicht auch nicht, die Ereignisse gegen die Struktur auszuspielen, sondern 'motiviert', die Bedingungen, unter denen Ereignisse auftreten, genau zu bestimmen.

## 2. Cluster-Bildung aufgrund von Familienähnlichkeit

Aber wie können wir die historisch je unterschiedlichen „strukturierend[en] Komplexität[en]" sowie deren Resultate und die „Serien", denen sie angehören, denken, ohne am Ende doch nur eine pluralistische Ansammlung von – wenn auch jeweils *für sich* bestimmten – Einzelfällen zu haben? Hier sei vorgeschlagen, diese Komplexitäten mittels Wittgensteins[47] Kategorie der Familienähnlichkeit zu denken:

Nach Wittgensteins Konzept der Familienähnlichkeit bedarf es für die Zugehörigkeit zu einer bestimmten 'Familie' (d.h. im vorliegenden Zusammenhang: zu der einen oder der anderen Gruppe von Ländern; zu dem einen oder anderen „Weg") nicht des Besitzes eines Merkmals (eines Wesenskerns), das (der) auch allen anderen Familienmitgliedern gemeinsam ist (dann wäre wahrscheinlich die Suche nach 'Familien', deren 'Mitglieder' hinreichende Gemeinsamkeiten aufweisen von vornherein illusorisch). Für Wittgenstein genügt es vielmehr, wenn ein „Netz von Ähnlichkeiten, die einander übergreifen und kreuzen", vorliegt. Daß auch dieser Art – d.h. nicht essentiell – definierte Begriffe dennoch brauchbar sind, begründet Wittgenstein mit folgender Metapher: „die Stärke eines Fadens liegt nicht darin, daß irgend eine Faser durch seine ganze Länge verläuft, sondern darin, daß viele Fasern einander übergreifen." (Wittgenstein 1949, 225-580 [Nr. 65-67], s. weiterführend zum Begriff: Glock 1996, 120-124 [s.v. *family resemblance*] und die dort genannten Nachweise).

---

47  Auf eine nicht nur Kompatibilität (wie wir sie hier zugrundelegen), sondern direkte Parallele zwischen Althusser und Wittgenstein macht Lock (1988, 24, 25) aufmerksam: So wie Wittgenstein (1949, 298, 299, Nr. 109) sagt, „Richtig war, daß unsere Betrachtungen nicht wissenschaftliche Betrachtungen sein durften."/„philosophische Probleme [...] sind [...] keine empirischen", so sagt Althusser (1967, 20): „Da philosophische Thesen nicht Gegenstand einer wissenschaftlichen Nachprüfung sein können, können sie auch nicht als 'wahr' (als bewiesen oder nachgeprüft, wie in der Mathematik oder Physik bezeichnet werden."/„Die Philosophie hat keinen Gegenstand, in dem Sinne, wie eine Wissenschaft einen Gegenstand hat." (24)/„Die philosophische Methode unterscheidet sich durch ihre Modalität und Funktionsweise von einer wissenschaftlichen Methode." (29)./„Der Philosophie-Effekt unterscheidet sich vom Erkenntniseffekt (der von den Wissenschaften produziert wird." (68) – Vgl. zur Position Wittgensteins auch noch das von Lock (1988, 25) angeführte Gilbert Ryle-Zitat: „ich empfinde keinerlei skrupel zu sagen, daß gewisse dinge, die die philosophen sagen, wahr sind, und daß andere dinge falsch sind. (...) wittgenstein/dagegen/widerstrebte es, wörter wie 'wahr' und 'falsch' zu benutzen, weil es es vermeiden will, die grenzlinie (...) zwischen der philosophie und den wissenschaften zu verwischen. (...) aus den ihm eigenen gründen meint er, daß das wort 'wahr' allein der wissenschaft zukommt oder ihr rechtens zukommen müßte." (Auslassungen bei Lock).

## V. Schluß: Neun Anhaltspunkte für eine rechtsstaatlich-antiparlamentarische, deutsch-spanische Familienähnlichkeit

Es liegt hiernach nahe, die Brauchbarkeit, den heuristischen Nutzen, dieser theoretisch-begrifflichen Überlegungen am empirischen Material zu überprüfen und zu fragen, was beides zusammen (empirisches Material und theoretische Begriffe) für die Hypothese eines „deutschen Weges" (ohne – ein Regel-Ausnahme-Verhältnis implizierendes – „Sonder"-Präfix) und anspruchsvoller noch: für die Hypothese einer Familienähnlichkeit zwischen einem deutschen und spanischen, rechtsstaatlich-antiparlamentarischen Weg ergeben. Im gegebenen Platzrahmen sollen im folgenden zumindest einige Anhaltspunkte (eher für die Ähnlichkeit bestimmter Weg*etappen* als bereits für eine ausgefeilte *Erklärung* der *Abfolge* dieser Etappen oder der Schritte auf diesem Weg) benannt werden:

(1.) Von der heutigen Situation ausgehend ist zunächst einmal der Unterschied zwischen

➢ der starken Stellung von – anti-positivistische Interpretationsmethoden bevorzugenden (Schulze 2006a, 64 f.), zur inhaltlichen Überprüfung von Parlamentsgesetzen und nicht nur zur Entscheidung von Zuständigkeitskonflikten befugten – Verfassungsgerichten in den 'materiellen' *Rechtsstaaten Deutschland, Spanien* und auch Italien einerseits

sowie

➢ *skandinavischen, angelsächsischen und frankophonen Gesetzesstaaten* mit positivistische Interpretationsmethoden bevorzugender Rechtsprechung[48] und *ohne* Verfassungsgerichten[49] oder zurückhalteneren Verfassungsgerichten mit geringeren Kompetenzen[50]

---

48 Zu Skandinavien: Denninger 1988, 125 f.; Grewe 2001, 463; Favoreu 1990, 106 (das *judicial review* sei „not very effective"); zum angelsächsischen Bereich: Pereira Menaut 2003, 74 Mitte, 113 unten. Vgl. zu beiden Zonen (sowie die Niederlande) auch: Maus 2004, 850: „Demokratien, die noch auf Volkssouveränität beruhen, gehören zu einer 'bedrohten Art', die zum Beispiel in den Niederlanden, Großbritannien oder den skandinavischen Staaten noch einige Reservate findet." – In den EU-Verfassungsvertragsverhandlungen im Jahre 2007 schlugen die Niederlande vor, daß „künftig ein Drittel der Parlamente in den europäischen Hauptstädten ein EU-Gesetzgebungsvorhaben stoppen" können sollen (Meier 2007) (Gesetzgebungsinitiativen gehen in der EU von der europäischen Exekutive, der Europäische Kommission, aus; Gesetzgeber ist – unter [je nach Regelungsmaterie mehr oder weniger weitreichender] Beteiligung des EU-Parlaments – der Rat, die Vertretung der nationalstaatlichen Regierungen).

49 In Großbritannien, Skandinavien, Niederlande etc. (vgl. Favoreu 1997, 112) existieren keine Verfassungsgerichte – auch der US-*Supreme Court* ist kein Verfassungsgericht, sondern die letzte Instanz der ordentlichen Gerichtsbarkeit (vgl. Favoreu 1997, 101 und dazu: Schulze 2006a, 24, FN *).

50 Belgien (Grewe 2001, 463); Frankreich, das in durchaus aufschlußreicher Weise nicht von „Verfassungsgericht", sondern von „Verfassungsrat" spricht. Es wird auf die Fiktion eines neutralen, über den politischen Parteien stehenden *Gerichts* verzichtet. Statt dessen gehören dem Verfassungs*rat* die ehemaligen Staatspräsidenten sowie je drei weitere vom aktuellen Präsidenten und den Präsidenten der Nationalversammlung und des Senats ernannte Mitglieder an (Art. 56 der französischen Verfassung; http://www.conseil-constitutionnel.fr/conseil-constitutionnel/root/bank_mm/constitution/constitution_2008.pdf; dt. Übersetzung: http://www.verfassungen.eu/f/fverf58-i.htm). Allein aufgrund der sich überschneidenden Wahlperioden kann ggf. verhindert werden, daß eine Partei, die mit einfacher Mehrheit die Parlaments- und Präsidentschaftswahlen gewinnt, den Verfassungsrat (fast) alleine dominiert (vgl. Böckenförde 1999, 16: Eine Sicherung zugunsten der Opposition gibt es

andererseits zu diagnostizieren. Böckenförde (1999, 9) beobachtet treffend (ohne seine folgende Analyse diesem Umstand zu widmen; vielmehr unterscheidet er danach drei Modelle von Verfassungsgerichtsbarkeit), daß „[...]demokratisch gefestigte Staaten wie etwa Großbritannien, Dänemark, Schweden, die Niederlande, davon abgesehen [haben], eine Verfassungsgerichtsbarkeit zu schaffen."

(2.a) Sowohl in Deutschland als auch in Spanien gingen den heutigen Staatsformen Diktaturen (in Deutschland der Nationalsozialismus; in Spanien der Franquismus) voraus, die ihrerseits und zurecht beanspruchten Rechtsstaaten im 'materiellen' Sinne zu sein (Schulze 2006a, 83-88; 150-166 und kontrovers zur Kontinuitätsbehauptung bzgl. Spanien: Girón Reguera 2006a; Schulze 2006b, 258-275; Girón Reguera 2006b) – oder in den Worten von Hosfeld/Kreutzer (1981, 62) (in einem rechtstheoretisch wichtigen Aufsatz über eine Inszenierung von Peter Weiss' Stück „Ermittlung") bzgl. der deutschen Entwicklung: „mindestens ein Element der herrschenden Rechtsstaatsdoktrinen der NS-Zeit [wurden] für die bundesrepublikanische Verfassungsinterpretation konstitutiv: die Vorstellung einer materiellen Rechtsstaatlichkeit, die vom Prozeß ihrer Herstellung durch demokratische Verfahren der Willensbildung getrennt und diesen entgegengestellt werden könne und deren Hüter heute – die Justiz ist."

(2.b) Das Gleiche gilt – nach den Ausführungen des spanischen Rechtsstaats-Theoretikers Elías Díaz zu urteilen – auch für den *Stato etico* des italienischen Faschismus. Zwar schreibt Díaz in seinem 1998 in neunter Auflage erschienen Klassiker *Estado de Derecho y sociedad democrática* (Rechtsstaat und demokratische Gesellschaft): Der Rechtstheoretiker Sergio Panunzio habe versucht, den faschistischen Staat durch den Hinweis darauf zu legitimieren, daß dieser – wie jeder andere Staat – über eine Reihe juristischer Normen verfüge, die sein Funktionieren regeln. Díaz legt darüber hinaus nahe: Panunzio vertrete das 'formalistische' oder 'positivistische' Prinzip: 'Gesetz ist Gesetz.' Panunzio gebe sich mit einem bloßen (formalistischen) *Estado jurídico* zufrieden. Demgegenüber zeichne sich das – von Panunzio abgelehnte – Konzept des Rechtsstaats (*Estado de Derecho*) dadurch aus, daß er nur Gesetze *bestimmten Inhaltes* als Recht anerkenne.

---

nicht). Anders als bei dem deutschen und spanischen Wahlverfahren (mit 2/3- bzw. 3/5-Mehrheit), das eine Einbeziehung einer starken Oppositionspartei bei der Besetzung des Verfassungsgerichts erzwingt, ist damit der französische Verfassungsrat eher als Selbst-Kontroll-Organ der jeweiligen parlamentarischen bzw. Regierungsmehrheit konzeptioniert. Politik *und Justiz* haben dabei nur zu gewinnen: Denn, wenn von vornherein klar ist, daß die Zusammensetzung des Gerichts sehr stark von den jeweiligen politischen Mehrheitsverhältnissen geprägt ist, ist sowohl für die jeweilige parlamentarische Opposition als auch für das Gericht selbst der Anreiz relativ gering, im juristischen Prozeß das politische Entscheidungsverfahren erneut durchzuspielen. Der Verfassungsgerichtsprozeß wird sich tendenziell auf die Fragen konzentrieren, wo sich – trotz politischer Übereinstimmung mit der jeweiligen Regierungslinie – das juristische Gewissen (Bedenken des juristischen Fachverstandes) melden (dazu, daß sich in Frankreich dennoch mittlerweile Tendenzen zu einer aktivistischen Rechtsprechung abzeichnen s. FN 4 im Vorwort der vorliegenden Publikation sowie Loschak 1980. Dynamik bekam diese Entwicklung Anfang der 80er Jahre in der sozialistisch-kommunistischen Regierungszeit, als der Verfassungsrat noch die alten Mehrheitsverhältnisse repräsentierte [s. Redaktion 1982 und Grewe 2002, 209: „in den letzten zwanzig Jahren"].).

Wörtlich schreibt Díaz:

> „Sergio Panunzio unterscheidet [...] zwischen *Estado jurídico* und Rechtsstaat, wobei er den faschistischen Staat als *Estado jurídico* bezeichnet sowie unvermeidlich und interessenbedingt den Rechtsstaat mit den liberalen und individualistischen Systemen identifiziert. Die Idee des *Estado jurídico*, wie er [Panunzio] sie versteht, beschränkt sich [...] auf die Bekundung, daß der Staat gemäß einer normativen Ordnung handelt, die einen Rahmen juristischer Normen besitzt, die er zu seinem Funktionieren nutzt. Dieser *Estado jurídico* ist also nichts als eine reine Tautologie: jeder Staat ist *Estado jurídico*; dies auch vom faschistischen Staat zu sagen, sagt nichts Neues. Im Gegensatz dazu fügt die Definition des Rechtsstaats dem [der Definition des *Estado jurídico*] eine Reihe bestimmter Inhalte hinzu [...]. So können wir sagen: [...] wenn auch jeder Staat ein *Estado jurídico* ist, ist doch nicht jeder Staat ein Rechtsstaat." (Díaz 1966/98, 80 f. – eigene Übersetzung).[51]

Dies hört sich – zumindest für deutsche LeserInnen – plausibel an: Der Begriff juristisch ist tatsächlich technisch konnotiert (ein bloßer Rahmen von Normen, der für das Funktionieren des Staatsapparates notwendig ist); besonders deutlich wird diese Konnotation in dem Ausdruck „formal-juristisch", der häufig abwertend zur Bezeichnung des '*bloß* Formal-Juristischen' verwendet wird. Demgegenüber repräsentieren *das* Recht (im Gegensatz zu den bloß formellen Gesetzen) und der Rechtsstaat bestimmte Inhalte (*contenidos determinados*). Soweit so gut.

Danach wäre also das 'formal-juristische' Prinzip 'Gesetz ist Gesetz' faschistisch und das materiell-rechtsstaatliche Prinzip 'Nicht alle Gesetz sind Recht' antifaschistisch.

Nur enthalten die – gerade zitierten, zusammenfassenden – Ausführungen von Díaz einen Widerspruch, und sie passen auch nicht zu den von Díaz zuvor angeführten *wörtlichen* Panunzio-Zitaten:

aa) Der Widerspruch: Díaz sagt selbst an der angeführten Stelle: Panunzio identifiziere den Rechtsstaat mit den „sistemas liberales e individualistas". Aber genau *diese* Systeme werden von AutorInnen ganz unterschiedliche Richtung (Panunzio *und* Díaz eingeschlossen, wie wir zeigen werden) wegen ihres 'Formalismus', wegen ihrer 'Oberflächlichkeit', weil in ihnen angeblich 'das Recht'/die Rechte 'nur formell', aber nicht wirklich gelten etc. angegriffen. Und in der Tat sind die Grundrechte individualistisch-liberaler (und nicht *national*- oder *ordnungs*liberaler) Systeme ein bloßer *Rahmen*; 'Formen', die die BürgerInnen mit Handlungen gemäß eigener Willkür (was hier im ursprünglichen Wortsinne zu verstehen ist; vgl. im Sport *Kür* vs. *Pflicht* sowie generell das Verb *küren*[52]) – soweit nicht die Gesetze des von ihnen

---

51  Das Zitat lautet im kast. Original: „Distingue [...] Sergio Panunzio entre Estado jurídico y Estado de Derecho, calificando al Estado fascista como Estado jurídico e identificando ineludible e interesadamente al Estado de Derecho con los sistemas liberales e individualistas. [...], la noción de Estado jurídico, tal como él la entiende, se limita a constatar que el Estado actúa a través de un ordenamiento normativo, que posee un cuadro de normas jurídicas que utiliza para su funcionamiento. Este Estado jurídico no es, por tanto, sino pura tautologia: todo Estado es Estado jurídico; afirmarlo también del Estado fascista no decir nada nuevo. En cambio, [...] la definifición de Estado de Derecho añade ya unos contenidos determinados [...]. Podemos así decir, [...] que si bien toto Estado es Estado jurídico, no todo Estado es Estado de Derecho."

52  Duden 2001, s.v. *Willkür*: „aus Wille u. Kür, eigtl.= Entschluss, Beschluss des Willens (= freie Wahl od. Entschließung)"; Duden 2003, s.v. *Kür*.

gewählten Parlaments entgegenstehen – 'füllen' können. Die Grundrechte sind nicht '*das Recht*', sondern sie konstituieren rechts-, d.h.: staatsfreie Räume (s. den Beitrag von Ingeborg Maus bei FN 9). Sie sind 'negative' *Freiheiten* (vgl. Berlin 1958), keine (ethischen) Grundwerte, aus denen 'positive' Handlungspflichten für die BürgerInnen folgen (vgl. Denninger 1975, bes. Abschnitt 1. und 5.). Wenn Panunzio den Rechtsstaat als liberal-individualistisch und d.h. immer auch 'formalistisch' kritisiert, dann wäre es ein Widerspruch, wenn er gleichzeitig den faschistischen Staat lobend als „juristisch" im formellen Sinne verstehen würden. Und in der Tat liegt der Irrtum *insofern* fast vollständig auf Seiten von Díaz.

   bb) Die Panunzio-Zitate: Denn die von Díaz selbst angeführten Panunzio-Zitate zeigen, daß Panunzio – anders als Díaz in dem angeführten Zitat von S. 80 behauptet – den faschistischen Staat *nicht* als *bloß* „juristisch", (bei Umkehrung der negativen in eine positive Wertung) als „formal-juristisch" im Sinne des abwertenden, deutschen Ausdrucks, bezeichnet. Panunzio bezeichnet den faschistischen Staat vielmehr als politisch *und* juristisch und *kritisiert* den liberalen Staat als 'nur juristisch':

> „Der faschistische Staat ist gleichzeitig ein politischer und juristischer Staat." „Ich sage wohlgemerkt juristischer Staat – und nicht Rechtsstaat, denn der faschistische Staat ist *per definitionem* ein politischer (oder anders gesagt: ethischer) Staat, der sich nicht – wie der Rechtsstaat [...] – auf Obhut und Garantie der individuellen Rechte der Staatsbürger reduziert, wie dies der individualistische und liberale Staat macht; der faschistische Staat ist in erster Linie ein idealistischer, geistiger und erzieherischer Staat." (Panunzio 1939, 64, 66 – eigene Übersetzung).[53]

Und Panunzio setzt gegen den 'nur juristischen' liberalen Staat sein Konzept des faschistischen Staates, der (im Gegensatz zu dem, was Díaz – im direkten Widerspruch zu den von Díaz selbst angeführten Panunzio-Zitaten – behauptet) *kein* bloß formeller „Rahmen" (*cuadro*) ist, sondern bestimmte als ethisch behauptete Inhalte vertritt:

> „[...] nicht vom Gesichtspunkt der Form, sondern des Inhaltes oder des Ziels seiner [des faschistischen Staates] Handlungen aus, übertrifft er den Begriff und den Typus des Rechtsstaats und agiert in exemplarischer Weise gemäß Begriff und Typus des *ethischen* oder *Kulturstaates*, der vielleicht besser und fachsprachlicher (präziser) [*más tecnico*] politischer *Staat* zu nennen ist." (Panunzio 1939, 66 [?] – eigene Übersetzung).[54]

Wir sehen also: Díaz wirft Panunzio genau das vor, was Panunzio den liberal-individualistischen System vorwirft. Díaz wirft Panunzio vor, Panunzios *Estado jurídico* beschränke sich „auf die Bekundung, daß der Staat gemäß einer normativen Ordnung handelt, die einen Rahmen juridischer Normen besitzt, die er zu seinem Funktionieren nutzt"; dem-

---

53  In Díaz' kast. Übersetzung des ital. Originals lautet die Stelle: „El Estado fascista es, a la vez, un Estado político y jurídico." „Digo Estado jurídico – advierte – y no Estado de Derecho, proque el Estado fascista, siendo por definición un Estado político, o sea ético, no se reduce como el Estado de Derecho [....] a la pura custodia y garantía de los derechos privados de los ciudadanos, como hace el Estado individualista y liberal; el Estado fascista es, sobre toto, un Estado idealista, espiritualista y educativo."

54  Die Stelle lautet in Díaz' kast. Übersetzung von Panunzios ital. Original: „[...] desde el punto de vista no de la forma, sino del contenido, o sea, del fin de su actividad, supera el concepto y el tipo de Estado de Derecho y actúa en forma ejemplar el concepto y el tipo *Estado ético* o de *cultura*, que quizá sea mejor y más técnico llamar *Estado político*."

gegenüber beinhalte der von Díaz präferierte *Estado de Derecho* „unos contenidos determinados"/„eine Reihe bestimmter Inhalte". Und Panunzio plädiert ebenfalls dafür, nicht
nur den Gesichtspunkt „de la forma, sino del contenido" (nicht nur den der Form, sondern
auch den des Inhaltes) zu berücksichtigen – und dann erweise sich der faschistische Staat
den liberalen Systemen gegenüber als überlegen, nämlich wegen seiner ethischen, idealistischen, geistigen und erzieherischen Inhalte.

Wir müssen also schlußfolgern, daß Díaz unter dem Namen Rechtsstaat – trotz aller
Abgrenzung von Panunzio – das *theoretische* Konzept des faschistischen *Stato Etico fortsetzt*
– mögen sich auch teilweise die konkret als ethisch geltend gemachten 'Inhalte' unterscheiden
und Díaz sich sogar als vom Katholizismus beeinflußter, sozialdemokratischer („soziali-
stischer" im südeuropäischen Sinne) Kapitalismus-Kritiker verstehen[55], der sich von der
Kapitalismus-Affinität des Faschismus abgrenzt (vgl. 61, FN 17 et passim). Die *gemeinsame*
Abweichung Díaz' und Panunzios von der liberalen *theoretischen* Konzeption (Form), d.h.:
vom Konzept der 'negativen' Freiheiten, ist dabei aber nicht 'un-*wesen*tlich' gegenüber den
vermeintlich allein '*wesen*tlichen' konkret-*inhalt*lichen (praktisch-politischen) Unterschieden zwischen Díaz und Panunzio. Vielmehr ist die inhaltliche, 'materielle' Auffüllung der
liberalen politischen Formen (Freiheiten) *als solche* ein – um HegelianerInnen verständlich
zu bleiben – 'wesentlicher' inhaltlicher Unterschied.

Oder anders gesagt: Panunzio kritisiert (wie bereits zitiert) den *Estado individualista y
liberal*; und auch Díaz kritisiert das liberale Rechtsstaats-Verständnis:

> „Der klassische Liberalismus mit dem bürgerlichen Individualismus als seinem Hintergrund
> bildet eine unzureichende Garantie für [die ...] Verwirklichung und den Schutz der Rechte und
> Freiheiten aller Menschen (und dies wurde ausgehend von sehr unterschiedlichen Motivationen
> und ideologischen Haltungen hervorgehoben). [...]. Das kapitalistische ökonomische System, das
> als Basis dieser sozialen Ordnung [= der sozialen Ordnung des liberalen Staates] dient, schützt
> weitaus wirksamer die Freiheit und die Rechtssicherheit (die andererseits unverzichtbar sind)
> als die Gleichheit [...]." (Díaz 1966/98, 52 – eigene Übersetzung).[56]

Und er spricht vom „notwendigen Versuch der Überwindung des Individualismus durch
Staatsintervenionismus und die vorrangige Aufmerksamkeit für die sogenannten sozialen
Rechte"[57] sowie der „democratización material"/der „materiellen Demokratisierung" und
unterscheidet zwischen „garantía jurídico-formal" und „plena realización" (voller Verwirklichung) der Menschenrechte (ebd.).

---

55  Vgl. Díaz 1966/98, 52, 55, FN 17, S. 176-178 und http://es.wikipedia.org, s.v. *Elías Díaz, Cuadernos
para el Diálogo, Joaquín Ruiz-Giménez Cortés*.

56  Die Stelle lautet im kast. Original: „El liberalismo clásico, con su transfondo de individualismo bur-
gués, constituye insuficiente garantía para [la ...] realización y protección de los derechos y libertades
de todos los hombres (y esto ha sido puesto de relieve desde muy diferentes e incluso contrapuestas
motivaciones y actitudes ideológicas). [...]. El sistema económico capitalista que serive de base a ese
orden social [= el orden social del Estado liberal] se protegen mucho más eficazmente la libertad y la
seguridad jurídica (ambas, por otra parte, imprescindibles) que la igualdad [...]."

57  Im kast. Original: „intento necesario de superación del individualismo a través del intervencionismo
estatal y de la atención preferente a los llamados derechos sociales"

Und mehr noch: Díaz kritisiert, daß Panunzio den Rechtsstaat opfere, um Liberalismus und Individualismus zu überwinden – während sich doch tatsächlich eine Rechtsstaats-Konzeption entwickeln lasse, die weder liberal noch individualistisch ist, so die Implikation von Díaz' Formulierung:

> „Seine [Panunzios] interessengeleitete Absicht, das Rechtsstaats-Konzept völlig und unentrinnbar in die aus dem 19. Jahrhundert überkommenen individualistischen Schemata einzuschließen, um, indem diese überwunden werden, auch jene zu überwinden, ist ein fehlerhaftes Verständnis der Herausforderungen, auf die die Formel vom Rechtsstaat im Grunde viel radikaler antwortet." (Díaz 1966/98, 81 – eigene Übersetzung).[58]

Wohlgemerkt: Díaz verteidigt hier *nicht* Liberalität und Individualismus gegen den Faschisten Panunzio. Díaz sagt *nicht*, man solle *nicht* Liberalität und Individualität mit Formalismus und Positivismus aus dem Rechtsstaats-Konzept eliminieren[59]. Vielmehr sagt er, der sozial(demokratisch)e Rechtsstaat kann *besser* als der Faschismus Liberalismus und Individualismus liquidieren. Díaz vertritt hier also – auch wenn das Verhältnis zwischen den „individualistischen Schemata" und den „Herausforderungen" unklar bleibt – die (affirmative) These, daß das Rechtsstaats-Konzept eine *radikalere* Abrechnung mit dem Individualismus darstellt als der Faschismus. Und Díaz versichert, sich beim Abrechnen, beim Geben dieser 'radikalen Antwort' vom „individualistischen Gedankengut" nicht aufhalten zu lassen. Die Weiterentwicklung des Rechtsstaats wird den Individualismus hinter sich lassen:

> „Die Kapitel dieses Buches, die dem sozialen Rechtsstaat und vor allem dem demokratischen Rechtsstaat gewidmet sind, beabsichtigen zu zeigen, wie das individualistische Gedankengut die Entwicklung des Rechtsstaats zu Inhalten, die konformer mit den Herausforderungen eines Prozesses der realen Demokratisierung von Gesellschaft und Staat sind, weder ausschöpfen *noch aufhalten können*." (Díaz 1966/98, 82 – Hv. d. Vf.In; eigene Übersetzung).[60]

Der Individualismus, so Díaz, wird die inhaltliche ('materielle')[61] Weiterentwicklung des Rechtsstaats nicht aufhalten.

Trotz dieses Wettlaufs um die radikalere Individualismus-Kritik, trotz der mit Panunzio geteilten Präferenz für die 'Inhalte' gegenüber der 'Form' bezeichnete Díaz – wie bereits zitiert – Freiheit und Rechtssicherheit als „andererseits unverzichtbar". Auch wenn Mitte

---

58   Die Stelle lautet im kast. Original: „Su interesa pretensión de cerrar absoluta e ineludiblemente el concepto del Estado de Derecho dentro de los esquemas individualista decimonónicos, para superados éstos, suparar también alquél, significa una errónea compresión de las exigencias a que en su fundo más radical responde a la fórmula del Estado de Derecho."

59   Allenfalls verteidigt er sog. 'personalistische' katholische Substitute des liberalen Individualismus gegen den faschistischen 'Transpersonalismus' (≈ Übertreibung der Gemeinschaftsideologie) (Díaz 1966/98, 43 et passim); aber ein Minimum an antiliberaler Gemeinschaftsideologie will auch Díaz.

60   Die Stelle lautet im kast. Original: „Los capítulos dedicados en este libro al Estado social de Derecho y, sobre todo, al Estado democrático de Derecho intentarán mostrar cómo los idearios individualistas no agotan ni pueden impedir la evolución del Estado de Derecho hacia contenidos más concordes con las exigencias de un proceso real de democratización de la sociedad y del Estado."

61   „Entwicklung des Rechtsstaats zu Inhalten, die"; „reale Demokratisierung". Zur Kritik an einer inhaltlichen Aufladung des Demokratie-Begriffs vgl. S. 245.

der 60er Jahre, als Díaz diese Zeilen schrieb, weder der paternalistische Traum (von Sozialdemokratie und katholischer Soziallehre) von der *sozialen Marktwirtschaft* noch der vom real*sozialistischen Humanismus* ausgeträumt war, so hätte doch wohl folgendes schon in den 60er Jahren auffallen können:

Díaz hielt dem prä-faschistischen Autor Adolfo Ravá und einer Frühschrift von Panunzio aus dem Jahre 1921, in der dieser neben dem Plädoyer für den *Stato etico* (noch) dafür plädierte, das Recht[62] über die Moral nicht zu vergessen etc., entgegen: Es handele sich bei dem Plädoyer, das Recht über die Moral nicht zu vergessen, das Gute nicht mit dem Besseren totzuschlagen etc., um eine „Inkohärenz, die bei Autoren beobachtbar ist, die vielleicht gegenüber den furchtbaren Konsequenzen auf der Hut sind, die sich andererseits logisch aus ihrem System ergeben; sie mühen sich damit ab, Dinge zu *wünschen*, die mit ihm [ihrem System] unvereinbar sind – wenn auch manchmal mit persönlich zweifelsohne guten Glauben" (Díaz 1966/98, 79 – Hv. i.O.; eigene Übersetzung)[63].

Genau das Gleiche ist allen AutorInnen entgegenzuhalten, die den formellen Rechtsstaat *und* den materiellen Rechtsstaat; den materiellen Rechtsstaat *und* Demokratie; die Rechtssicherheit *und* überpositive Gerechtigkeit (als Leistung/Aufgabe der Rechtsprechung); die Demokratie als 'materiellen *Inhalt*' *und* Demokratie als Entscheidungs*form* haben wollen – genau das Gleiche ist also auch *Díaz selbst* entgegenzuhalten: Rechtssicherheit und Antipositivismus sind nicht gleichzeitig zu haben. (Damit soll nicht bestritten werden, daß die hegel[-marx]istische Metaphorik von Form und Inhalt, Anspruch und Wirklichkeit auf reale Probleme des bürgerlich-liberalen Rechtsverständnisses *anspielt*; nur sind diese Probleme mit jener Metaphorik weder zu erkennen [zu analysieren] noch zu lösen. Ein „endgültiges und absolutes Wissen" – vorliegend das Wissen um ein 'wahres Recht' jenseits der Gesetze – ist absolut untauglich für die Produktion neuer Erkenntnisse über die Wirklichkeit (d.h.: vorliegend über die wirklichen Gesetze), sondern ein „in sich geschlossenes System, [...] das im Realen niemals etwas anderes als sein eigenes Spiegelbild" findet [Althusser 1970, 80 – allgemein zum „absoluten Wissen"][64]. Gleichermaßen zu erkennen und zu lösen sind jene Probleme des bürgerlichen Rechtsverständnisses nur *jenseits* der bürgerlichen Gesellschaft *und* des „Rechtshorizonts" [Marx 1875a, 15 = b, 21]; und *diesseits* des Rechtshorizonts und *diesseits* einer Gesellschaft ohne Ausbeutung und Staat gilt es für Kapitalismus-KritikerInnen, die nicht der Kritik des *Kommunistische Manifests* am „deutsche[n] oder 'wahre[n]' Sozialismus" (Marx/Engels 1848, 485-488, bes. 487) anheim fallen wollen, den 'Formalismus' des bürgerlich-liberalen Rechtsverständnisses ohne jedes

---

62  Díaz interpretiert Panunzios „Recht" an dieser Stelle wohl im juristisch-formellen, nicht im ethisch-materiellen Sinne.

63  Die Passage lautet im kast. Díaz: „incoherencia [...] observable en autores que previendo quizá las posibles funestas consecuencias que, por otra parte, resultan lógicamente de su sistema, se esfuerzan por *desear* cosas incompatibles con él, a veces, no obstante, con indudable buena fe personal".

64  Zur Untauglichkeit eines solchen absoluten Wissens s. auch noch Kolckenbrock-Netz/Schöttler 1977/82, 133: 'Wie läßt sich mit einem solchen absoluten Wissen kämpfen? Wie lassen sich mit seiner Hilfe die aktuellen widersprüchlichen Tendenzen auf ideologischem und theoretischem Gebiet ausmachen?'

Zugeständnis an pseudo-antikapitalistische und reaktionär-antikapitalistische, substantia-
listische Rechtskonzeptionen zu verteidigen.[65])

cc) Konfus und verwirrend ist Panunzios Sprachgebrauch im übrigen – wie Díaz (1966/68,
81) in anderem Zusammenhang kritisiert – nur insofern, als er den Rechtsstaat einseitig mit
einer individualistisch-formalen Rechts-Konzeption identifiziert. Aber dies (und die Antwort
von Díaz darauf) reproduziert nur das aus der deutschen Diskussion bekannte Phänomen,
daß jeder Autor seinen Vorgänger noch an Sittlichkeit, an 'materieller' Substantialisierung
des Rechtsbegriffs, und ethischer Glorifizierung des Staates übertreffen will (s. Schulze
2006a, 139).

(3.) Den materiell-rechtsstaatlichen Diktaturen in Deutschland und Spanien gingen Repu-
bliken voraus, denen in beiden Fällen nur ein kurzes Leben beschieden war:

In Deutschland die Weimarer Republik, deren offizieller Staatsname (auch ohne Monarch) weiterhin „Deutsches *Reich*[66]" war[67] – der Begriff „Reich" ist etymologisch verwandt
sowohl mit dem deutschen Wort „Recht" als auch, im vorliegenden Zusammenhang wichtiger, dem lateinische Wort „rex" (= König)[68] –, und deren Regierungschef weiterhin nicht
vom Parlament gewählt, sondern vom Reichspräsidenten ernannt wurde (Art. 53 WRV;
Schönberger 2001, 640). Das Parlament hatte nur ein Recht zum Mißtrauensvotum, das
aber in der Verfassungspraxis der frühen 30er Jahre durch präventive Auflösung potentiell
ihr Mißtrauen aussprechender Reichstage ausgehebelt wurde[69]. Die Weimarer Republik
bestand von 1918 bis – in dieser amputierten Version – 1933.

Der zweiten spanischen Republik von 1931 – 36 ging die noch kürzere erste Republik
des Jahres 1873 voraus.

(4.) Das Scheitern der Weimarer und der zweiten spanischen Republik ist nun zwar nicht
ohne Berücksichtigung der Weltwirtschaftskrise von Ende der 20er Jahre sowie der Oktober-Revolution und der Existenz der Kommunistischen Internationale – also weltweit
relevanter Faktoren – zu verstehen. Dennoch bleibt der erklärungsbedürftige Unterschied,
daß diese ökonomischen und politischen Herausforderungen in *einigen* – nämlich den

---

65  S. zu diesem Problemkreis ausführlich: Schulze 2008.

66  Reich = „sich meist über das Territorium mehrerer Stämme od. Völker erstreckender Herrschaftsbe-
    reich eines Kaisers, Königs o.Ä." (Duden 2003).

67  S. dazu: Ridder 1992, bes. 79-83.

68  Die drei im Haupttext genannten Wörter (*Reich, Recht, rex*) gehen – ebenso wie das Adjektiv „reich"
    – auf die indoeuropäischen Wurzel „reĝ-" zurück (Duden 2001, s.v. *Reich, reich, recht, rechts*; Kluge
    2002, s.v. *Reich, reich, recht, Recht*); zu den in dieser Wurzel implizierten naturalistisch-naturrecht-
    lichen Konnotationen ('*gerade* ausgestreckt' als Maßstab des 'Richtigen') s. den Beitrag von Isabel
    Aguirre Siemer in der vorliegenden Veröffentlichung; vgl. als andere Seite der gleichen Medaille zum
    Zusammenhang von *links* und *böse* sowie *unrecht* und *krumm*: Meid 1987, 161, 164. Das Deutsche
    *Reich* ist in dieser sprachlichen (Selbst)darstellung/Perspektive also der Be*reich* des Richtigen und
    Rechten, also zumindest ein Proto-*Rechts*staat – wenn nicht *seinem 'Wesen' nach* Rechtsstaat.

69  Vgl. den Haupttext nach FN 31 in meinem Beitrag in Bd. 2 der vorliegenden Veröffentlichung.

rechtsstaatlichen – kapitalistischen Ländern durch Faschismus und Nazismus beantwortet wurde, in anderen Ländern dagegen die parlamentarisch-demokratischen Institutionen bestehen blieben und im Rahmen keynesianischer Wirtschaftspolitiken auf die Integration statt Zerschlagung zumindest des sozialdemokratischen Teils der ArbeiterInnenbewegung gesetzt wurde.[70] Hinsichtlich dieses Unterschiedes fällt nun auf, daß in den Ländern des ersten (rechtsstaatlichen) Weges schon zuvor parlamentarische und liberale Traditionen nur schwach ausgeprägt waren.

> „Zwischen 1918 und 1939 kamen in Polen, Ungarn, Litauen, Lettland, Rumänien, Griechenland, Portugal, Spanien, Italien, Deutschland, Österreich und Jugoslawien autoritäre oder diktatorische Führer an die Macht, [...].“ „Auch in Spanien wurde – wie in Deutschland – die Armee nicht vom Parlament kontrolliert. In Italien, wie im Deutschland, war sie nicht dem Parlament, sondern unmittelbar dem Souverän [lies: Staatsoberhaupt, d. Vf.In] unterstellt. In Österreich-Ungarn waren das Beamtentum ähnlich stark und die parlamentarischen Institutionen in ihrer Macht ähnlich beschränkt wie in Deutschland. [...]. Der Liberalismus war 1914 nicht nur im Kaiserreich, sondern in allen größeren Staaten Ost- und Mitteleuropas mit Ausnahme Böhmens schwach entwickelt.“ (Evans 2004, 6, 5; vgl. Macher/Stranz 2006, 43; Schulze 2006b, 243).

(5.a) Wenn wir dies nun mit der Entwicklung nach 1945 bzw. nach 1989 vergleichen, so läßt sich feststellen: In den süd- und mitteleuropäischen Ländern dieser Gruppe wurden früher oder später Verfassungsgerichte errichtet (Portugal, Spanien, Italien, Deutschland, Österreich) oder eine Mischung zwischen richterlichem Gesetzesprüfungsrecht nach us-amerikanischen Vorbild und eigenständigem Verfassungsgericht eingeführt (Griechenland)[71]. D.h. die historisch ohnehin schwachen Parlamente wurden für das 'gesetzliche Unrecht' der Diktaturen verantwortlich gemacht[72] (das aber *nicht* von – aus freien, gleichen und ge-

---

70  „Die Krise der gesellschaftlichen Verhältnisse wurde in einigen entwickelten kapitalistischen Ländern im Gefolge des 1. Weltkrieges und der russischen Revolution durch Faschismus und Nazismus überwunden. In anderen Ländern wurden die demokratischen Institutionen beibehalten, aber ihre Struktur und Rolle änderte sich, besonders mit der Anwendung sogenannter keynesianischer Wirtschaftspolitiken, die einen bestimmten gesellschaftlichen Kompromiß erfordern.“ (de Brunhoff 1979, 201).

71  S. Favoreu 1997, 112; 1990, 106 mit FN 6 und bes. S. 109; vgl. Stern 2000, 17.

72  Dieses Stereotyp wird auch in der ansonsten sorgfältigen Analyse von Favoreu (1990, 110) reproduziert: „The 'sanctification' of statutes diminished with the awareness (due to the excesses of the Nazi and Fascist regimes) that a parliament can be [...] dangerous to the rights and liberties“. Die Hoffnung, Verfassungsgerichte könnten nicht nur als Gegengewicht zu Parlamenten wirken, wenn Volk und Parlament eine solche justizielle Vormundschaft *hinnehmen* oder selbst einrichten, sondern entschlossenen Diktatur-Bestrebungen wirksam entgegentreten, müßte sich zumindest mit dem Umstand auseinandersetzen, daß der Staatsgerichtshof der Weimarer Republik sowie die spanischen und österreichischen Verfassungsgerichte der Zwischenkriegszeit weder die reichspräsidiale Machtübergabe an den Nationalsozialismus, noch den Franco-Putsch noch die Dollfuß-Diktatur verhindert haben – und bei realistischer Betrachtung der beschränkten Macht des justiziellen Vollstreckungsapparat auch kaum hätten verhindern können (realistisch dazu Böckenförde 1999, 12: Die „zwangsweise Durchsetzung [von Verfassungsgerichtsentscheidungen] im Wege geregelter Vollstreckung erscheint kaum möglich“). *Wirksam* können Verfassungsgerichte allein im anti-demokratischen, nicht im anti-diktatorischen Sinne sein.

heimen Wahlen hervorgegangenen – Parlamenten geschaffen wurde[73]) und dadurch, daß sie nun zwar nicht mehr einem Staatsoberhaupt (vgl. o. das Evans-Zitat), sondern einem Verfassungsgericht untergeordnet wurden, 'bestraft'.

In Portugal, Spanien[74], Italien und Deutschland wurden Verfassungsgerichte im Anschluß an das Ende der bereits in den 20er und 30er Jahren errichteten Diktaturen geschaffen. Das 'materiell' verstandene (und nun durch Verfassungsgerichte institutionalisierte[75]) Rechtsstaats-Verständnis steht dabei – wie bereits sub (2.) ausgeführt – nicht im Verhältnis eines Bruchs, sondern – *mutatis mutandis* – einer den gewandelten Bedingungen angepaßten Kontinuität zu den vorhergehenden Diktaturen. Der griechische Besondere Obergerichtshof ('Verfassungsgericht') wurde 1975 nach Ende der Obristen-Dikatur, die sich 1967 an die Macht putschte, geschaffen. Allein Österreich fällt aus dieser Gruppe insofern heraus, als ein Verfassungsgericht dort bereits während der ersten Republik, nach Ende der Habsburger Monarchie, geschaffen wurde – und zwar nicht auf der Grundlage eines 'materiellen' Rechtsstaats-Verständnisses, sondern auf mehr oder minder Kelsenianischer Grundlage (Favoreu 1997, 99; vgl. 1990, 106), die auch bei der zurückhaltenden Rechtsprechungs-Praxis nach dem II. Weltkrieg (Grewe 2001, 463) fortzuwirken scheint.[76]

(5.b) Der Fall der osteuropäischen von Evans genannten Länder mit anti-liberalen und anti-parlamentarischen Traditionen ist nun – aufgrund des 'realsozialistischen' Intermezzos nach dem II. Weltkrieg – weitaus komplizierter. Immerhin läßt sich feststellen, daß auch diese Länder (der jugoslawische 'Selbstverwaltungs-Sozialismus' eingeschlossen) keine anti-etatistische Alternative zum (post)-stalinistischen Sozialismus-Verständnis der nach-leninschen

---

73   Für die Franco-Diktatur, die in Folge eines Militärputsches an die Regierung kam, ist dies offensichtlich. Salazar wurde in Portugal vom Militär, nach einem Putsch im Jahre 1926, 1928 zunächst als Finanzminister und dann 1932 als Ministerpräsident eingesetzt. Zu Deutschland s. Schulze 2006a, 56-58. Genauso wie Hitler in Deutschland wurde auch Mussolini in Italien *nicht* zum Regierungschef *gewählt*, sondern vom Staatsoberhaupt (dort: König) ernannt – obwohl Mussolinis Partei bei den vorhergehenden Wahlen nur einige Dutzend Parlamentssitze erhielt. Genauso*wenig* wie in Deutschland sind es also in Italien pauschal '*das* Volk' oder eine homogene Mehrheit, die für den Weg in die Diktatur verantwortlich gemacht werden können und deshalb fernerhin von einer verfassungsgerichtlichen JuristInnen-Elite bevormundet werden 'müssen', sondern (breite) Teile der traditionellen Elite, die statt eines Kompromisses mit Teilen der Arbeiterbewegung à la *New Deal*, ein Bündnis mit dem aufstrebenden Faschismus eingingen und damit ältere antiparlamentarische Tendenzen unter neuen Bedingungen fortsetzten – antiparlamentarische Tendenzen, die später mit der Etablierung von Verfassungsgerichten – unter erneut veränderten Bedingungen – eine erneute Prolongierung erfuhren.

74   In Spanien bestand ein erstes Verfassungsgericht bereits während der zweiten Republik, nach Ende der – bis 1930 währenden – Militärdiktatur Primo de Riveras (Favoreu 1990, 106).

75   Zu diesem Verhältnis von Materialisierung und Institutionalisierung s.: Schulze 2006a, 50, 53 (Inkubationszeit).

76   Zu untersuchen bliebe, ob – über die zurückhaltendere Rechtsprechung des österreichischen Verfassungsgerichts hinaus – ein Bruch mit den antiliberalen und antiparlamentarischen Traditionen Österreichs zu verzeichnen ist und inwieweit diese ggf. auf endogene oder exogene (die Neutralisierung Österreichs nach dem II. Weltkrieg) Faktoren zurückzuführen sind. Auffällig ist jedenfalls, daß die Integration der anderen Länder dieser Gruppe – BRD, Italien, Spanien, Portugal, Griechenland – in das us-amerikanische Bündnissystems nach dem II. Weltkrieg keine Voll-Parlamentarisierung des politischen Systems nach nordwesteuropäischem Vorbild bewirkt hat.

Sowjetunion[77] hervorgebracht haben. Dies läßt sich als weitere Stütze für die Hypothese von einem Zusammenhang von etatistischen Traditionen und Rechtsstaatlichkeit (s. Schulze 2006a, 40, 82 f., 92 f., FN 14 und 16, S. 107, FN 71, S. 154; Schulze 2006b, 234-238, 243-246) deuten. Und es sei darüber hinaus die Hypothese gewagt, daß die Formalismus-Kritik in der 'realsozialistischen' Kunsttheorie dem gleichen essentialistisch-hegelianischen, *philosophischen* Schema folgte wie die Präferenz für ein 'materielles' ggü. einem 'formellen' Rechtsstaats-Verständnis: 'Die Form ist (fast) nichts; der Inhalt (fast) alles.'

> „die Gewichte sind klar verteilt: der 'Schein' [scil.: die Form, d. Vf.In] gewinnt Legitimation nur in dem Maße, in dem ihm jene 'Deutung' [scil.: die rechtswissenschaftliche Lehre, d. Vf.In] Partizipation am eigentlichen 'Sein' [des Rechts, d. Vf.In] zuerkennt." (Plumpe 1976, 3).

Plumpe, der seinerseits bestimmte Ästhetik-Konzeptionen kritisiert, gibt dazu folgende schematische Darstellung von „allgemeinphilosophische[r] Bedeutung"[78]:

> *Oberfläche*: Schein/Erscheinung/Äußeres/Form/Ausdruck
>
>                   ↖
>      'Deutung' (als legitimierende Instanz)
>                   ↗
>
> *Tiefe*: Sein/Wesen/Inneres/Inhalt/Bedeutung"

---

77  Zur sowjetischen Rechtstheorie der 20er Jahre s.: Paschukanis 1924/29; vgl. auch: http://www.marxists.org/archive/pashukanis/index.htm.

78  Mit diesen Hinweisen soll nicht – totalitarismus-theoretisch inspiriert – ein etatistisch-antiformalistischer Konsens der rechten und linken 'Extreme' (Nationalsozialismus und Stalinismus; Franquismus und poststalinistischer Realsozialismus) behauptet werden. Das Bemerkenswerte ist vielmehr, daß auch ein System wie das der Bundesrepublik, das so entschieden einen Platz in der 'Mitte' zwischen den 'Extremen' für sich in Anspruch nimmt, in die gleiche *philosophische* 'Familie' gehört, während ein angelsächsischer Liberalismus der 'negativen Freiheiten' vielmehr in eine 'Familie' mit einem maoistischen Marxismus paßt, der postuliert, *tausend Blumen blühen zu lassen* und daß *Rebellion gerechtfertigt ist.* Auf die überraschende Nähe zwischen der Wertordnungs-Rechtsprechung des Bundesverfassungsgerichts und einem 'realsozialistischen' Verfassungsverständnis (dessen Vaterschaft eher bei Lassalle als bei Marx und Lenin auszumachen sein dürfte – soviel sei hinzugefügt) wies schon Denninger (1975, 549) hin: „Trägt man die beiden skizzierten Verfassungstypen [Verfassung als *Verfahrens*regelung und Verfassung als Festlegung gesellschaftlicher *Ziele* wie in der DDR-Verfassung von 1974] als Grenzwerte auf einer Skala ein, welche sowohl das Ausmaß an *unmittelbarer verfassungs*gesetzlich vorgeschriebener wirtschafts-, sozial- und kulturpolitischer Aktivität des *Staates* mißt als auch den Grad an verfassungsrechtlicher Bindung des *einzelnen* an derartige gesellschaftliche Aktionsprogramme und versucht man sodann, den Standort der Verfassung der Bundesrepublik auf dieser Skala zu bestimmen, so gerät man in Verlegenheit." (erste Hv. d. Vf.In; zweite und dritte i.O.). Mit dieser Formulierung schließt Denninger nicht aus, daß der *Gesetzgeber* konkrete „wirtschafts-, sozial- und kulturpolitischer Aktivität[en]" des Staates festlegt. Sein Plädoyer geht ausschließlich dahin, solche inhaltlichen Festlegungen nicht – in sehr allgemeiner Weise – verfassungsförmig festzulegen und einem Verfassungs*gericht* zur Konkretisierung zu überlassen. Er bringt dies auf – vielleicht ein bißchen übertrieben zugespitzte, aber anschauliche – Formel: „'Inhaltliche' Zielsetzungen irgendwelcher Art gehören […] auf das Feld der Politik, nicht in den Bereich verfassungsrechtlicher Ordnung." (Denninger 1975, 549).

In diesem Schema ließen sich – als *Darstellung* des in den Rechtsstaaten vorherrschenden anti-positivistischen Rechtsdiskurses – die wirklichen (d.h.: förmliche) Gesetze auf Seiten der Oberfläche, der Erscheinung etc. und das 'wahre' 'Natur'recht auf Seiten des Wesens und der Tiefe verorten. Wie dem auch sei: Verfassungsgerichte wurden in Polen, Ungarn und Jugoslawien bereits zu 'realsozialistischer' Zeit geschaffen (Favoreu 1990, 106); Litauen und Rumänien folgten 1992 bzw. '93 (Favoreu 1997, 116); auch Lettland errichtete ein Verfassungsgericht (Stern 2000, 17). Diese Verfassungsgerichte arbeiten auf der Grundlage eines 'materiellen' Rechtsstaats-Verständnisses: „Auf deutlichen Einfluß des Grundgesetzes zurückzuführen ist vor allem das ausdrückliche Bekenntnis der neuen süd-, ostmittel- und osteuropäischen Verfassungen zum Rechtsstaat – eine Wortprägung, die in der englischen und französischen Sprache keine Entsprechung hat, sondern nur umschrieben werden kann." (15 f. ; vgl. spez. zu Polen: Schulze 2006b, 243-245). Rechtsstaatlichkeit ist dabei „als an der *Gerechtigkeit* orientiertes grundlegendes Ordnungsprinzip" zu verstehen (Stern 2000, 16 – Hv. d. Vf.In). Von der deutschen *Staats*rechtslehre und dem Bundesverfassungsgericht entwickelte Konstruktionen – wie die (auch) objektiv-rechtliche Interpretation von Grundrechten und das „Verhältnismäßigkeitsprinzip" (vgl. krit. Deiseroth 1998, 250) – haben, wo „nicht ausdrücklich in den Verfassungen normiert [...], [...] jedenfalls Einzug in die jeweilige verfassungsgerichtliche Praxis gehalten" (Stern 2000, 14, 15), so daß die Verfassungsgerichte nicht nur Verfassungsrechts*anwendung* betreiben, sondern sich auch zur „Verfassungsrechts-Fortbildung" (17) befugt ansehen. Die neuen Verfassungen verbürgen „den Grundsatz der Gewaltenteilung, wobei entgegen *Montesquieu* der Gerichtsbarkeit eine herausragende Rolle zugemessen wird. [...]. Die deutsche Verfassungsgerichtsbarkeit war hierbei [bei der Schaffung von Verfassungsgerichten] fast durchweg Vorbild." (16, 17 – Hv. i.O.). (D.h.: Der Gesetzgeber muß sich die Macht nicht nur – wie bei Montesquieu [vgl. Ingeborg Maus in der vorliegenden Veröffentlichung, S. 527] – mit der Exekutive, sondern auch noch mit einer Justiz teilen, die nicht nur die Verfassungsmäßigkeit, sondern auch die 'Gerechtigkeit' der gesetzgeberischen Entscheidungen überprüft.)

(5.c) Besonders weit gegangen sind dabei Spanien und Ungarn, die – nach BRD-Vorbild – auch individuelle Verfassungsbeschwerden der BürgerInnen zulassen (Stern 2000, 18). Folge davon ist, daß Verfassungsgerichte nicht mehr nur Schiedsgericht (so der treffende Name des im übrigen erst 1984 geschaffenen [Favoreu 1990, 106] belgischen Verfassungsgerichts bis zum Jahre 2007: *Cour d'arbitrage/Arbitragehof*[79]) zwischen Verfassungsorganen sind, sondern quasi zu einer weiteren Instanz der ordentlichen Gerichtsbarkeit werden. Da ein Verfassungsgericht aber nicht auf der Grundlage der einfachen Gesetze, sondern eben auf der Grundlage der (vermeintlichen oder tatsächlichen) Verfassung entscheidet, beinhaltet dies die Illusion, die Verfassung enthalte die Lösung für jeden Rechtsstreit. Eine solche 'Konstitutionalisierung' der gesamten Rechtsordnung[80] ebnet wiederum den Unterschied zwischen

---

79   http://www.lachambre.be/FLWB/pdf/51/1727/51K1727002.pdf, S. 2.

80   „Wegen der notwendigen Unbestimmtheit und häufigen Unvollständigkeit verfassungsrechtlicher Regelungen sind Auslegungsdifferenzen und politische Kontroversen über die Verfassungsmäßigkeit einzelner Gesetze unvermeidlich. Wird zu deren Überprüfung ein besonderes Kontrollorgan [...]

Gesetzgebung und (Verfassungs)rechtsprechung ein; unter dem Namen der 'Grundrechts-verwirklichung' (vgl. Maus 1999, 277, 284) werden politische Entscheidung (im Rahmen der Verfassung) und Verfassungsrechts*anwendung* einander angeglichen.[81]

Entgegen dem Anschein, daß individuelle Verfassungsbeschwerden (oder die Möglichkeit, die ordentlichen Gerichte zu einer Vorlage an das Verfassungsgericht zu bewegen) die Macht der BürgerInnen gegenüber dem Staat stärken, ist der tatsächlich Effekt eine Machtverschie-bung von den direktdemokratisch legitimierten Parlamenten zu nur indirekt-demokratisch

---

eingesetzt [...], dann ist ein Dauerkonflikt, günstigenfalls auch nur ein permanentes Spannungsver-hältnis zwischen Legislative und Verfassungsgerichtsbarkeit vorprogrammiert. Tritt eine professio-nelle Neigung der Verfassungsrichter zu 'judicial activism' hinzu und die Tendenz, die Verfassung mit ihren Grundrechts- und Staatszielbestimmungen nicht nur als eine 'Spielregel'- oder 'Rahmen-ordnung' zu verstehen, sondern als ein die meisten sozialen Beziehungen erfassendes Grundsatzpro-gramm, dann entwickelt sich ein Prozess der allmählichen *Konstitutionalisierung der Rechtsordnung* [...], der nicht nur die Eigenständigkeit des 'einfachen', im demokratischen parlamentarischen Prozess entschiedenen Rechts bedroht, sondern auch spezifische Gefahren für die *Rechtssicherheit* mit sich bringt [...]." (Denninger 2002, 48). Denn die 'Abstraktheit' oder 'Allgemeinheit' der Grundrechte ist unproblematisch (beeinträchtigt die Klarheit der Grundrechtsnomen *nicht*), solange sie als 'nega-tive' Freiheiten, als Abwehrrechte gegen den Staats*apparat* (vgl. Maus 1999, 279 unten; Geil/Günther 1978, 82 oben), interpretiert werden. Werden die Grundrechte dagegen als Wertordnung, objektive Schutzpflichten des Staates, als Programm, als Grundpflichten der BürgerInnen o.ä. interpretiert, so erweist sich die Abstraktheit der Grundrechte als Klarheitsnachteil gegenüber weitaus konkreteren einfach-gesetzlichen Regelungen. Eine weit formulierte 'negative' Regelung verbietet – ohne daß es einer weiteren Konkretisierung bedürfte – alles, was unter die weite Formulierung fällt; eine weit formulierte 'positive' Reglung wird dagegen in den seltensten Fällen eindeutig sein, sondern meistens *unterschiedlichen* Konkretisierungen zugänglich sein. Im Maße dieses Konkretisierungsbedarfes geht die Rechtssetzungsfunktion auf die Justiz über, wenn Grundrechte von antistaatlichen Abwehrrech-ten in staatliche Schutzpflichten verwandelt werden. Vgl. das Ende von FN 78.

81  In Italien haben Richtervorlagen an das Verfassungsgericht (Favoreu 1990, 119: „deferral of ordinary jurisdiction to the Constitutional Court") den gleichen Effekt: „the German, Italian, or Spanish [con-stitutional] courts behave increasingly as supreme courts and appear as a fourth level* of jurisdiction. These constitutional courts have progressively moved toward overseeing the decisions of ordinary ju-risdictions, for the procedures of *amparo* (Spain) or of the individual recourse (Federal Republic of Germany) are more and more frequently directed against judgements or decisions. As for the Italian Court, it is forced each year to direct a resolution of hundreds of proceedings before ordinary jurisdic-tions during which objections of constitutionality are raised." (Favoreu 1990, 117 – Hv. i.O.). * Gemeint zu sein scheint: Erste Instanz, Berufungsgericht, Revisionsgericht, Verfassungsgericht. Anm. d. Vf.In. In Österreich scheint eine solche Entwicklung dadurch ziemlich wirksam ausgeschlossen zu sein, daß dort keine Verfassungsbeschwerden gegen Urteile möglich sind: „vor dem Verfassungsgerichtshof [können] wegen Verletzung verfassungsmäßiger Rechte [...] nur *behördliche Akte* (Bescheide) und über sie mittelbar auch Verordnungen und Gesetze angegriffen werden [...], nicht aber gerichtliche Urteile. [...] Folgeweise gibt es kein Institut der Erschöpfung des Rechtsweges vor Anrufung des Verfassungs-gerichts. Wird die Verletzung *verfassungs*mäßiger Rechte geltend gemacht, ist – nach Erschöpfung des *administrativen* Instanzenzuges – unmittelbare der Verfassungsgerichtshof anzurufen". Der österreichische Verfassungsgerichtshof ist so schlicht ein Gericht „für ein bestimmtes Rechtsgebiet, parallel zu den anderen Rechtsgebieten" (Böckenförde 1999, 14 – Hv. i.O.). Diese schließt zwar die im Haupttext beschriebene Entwicklung einer 'Konstitutionalisierung der gesamten Rechtsordnung' nicht zwangsläufig aus, aber scheint doch einen starken Anreiz zu liefern, verfassungsrechtliche und einfach-gesetzliche Argumente genauer zu unterscheiden und sich entweder für den Weg zum Verfas-sungsgericht *oder* zu einem der anderen Gerichte zu entscheiden.

legitimierten Verfassungsgerichten, die ebenfalls Teil des Staatsapparates sind. Für die einzelnen BürgerInnen mag es verlockend sein, ihre Argumente vor einer weiteren Instanz (nicht nur als WählerInnen gegenüber den Parteien; als TrägerInnen der Grundrechte auf Versammlungs- und Meinungsfreiheit gegenüber den Parlamenten; ggf. als Abstimmungsberechtigte bei Volksabstimmungen gegenüber den MitbürgerInnen, sondern zusätzliche als KlägerInnen/BeschwerdeführerInnen vor einem Verfassungsgericht) vorzubringen. Aber die SprecherInnenposition ändert sich beim Gang vor's Gericht entscheidend: In den drei erstgenannten Fällen agieren die BürgerInnen als Teil des demokratischen Souveräns, als – wenn auch nicht im Alleingang – *Entscheidungsbefugte*, als BürgerInnen, die in einer Demokratie den Anspruch haben, daß das Parlament dem Willen des Volkes folgt. Als KlägerIn aufzutreten, bedeutet dagegen, die Entscheidungsbefugnis des Gerichts anzuerkennen. Was auf der *Grundlage* beschlossener Gesetze unvermeidlich ist, ist als *Substitut* demokratischer Gesetzgebung die Abdankung des demokratischen Souveräns; die Regression zum Status des/der Untertans/Untertanin, der/die an einen aufgeklärten Monarchen appelliert.

(6.) Im Falle des rechtsstaatlichen Weges ist dies freilich weniger eine Regression als vielmehr eine Kontinuität – eine Kontinuität eines Konstitutionalismus, der keine Volkssouveränität duldet: „Der deutsche Begriff des Konstitutionalismus, der sich am Ende des 19. Jh. gebildet hat, bezeichnet ein eng umgrenztes Stadium der deutschen Verfassungsentwicklung, nämlich die konstitutionelle Monarchie in ihrer deutschen Ausprägung in der Zeit von 1815 bis 1918. Der Begriff umfaßt daher die verfassungsgeschichtliche Epoche nach dem Absolutismus und vor der Einführung eines demokratisch-parlamentarischen Regierungssystems in Deutschland." (Heun 2006, 365). Dieser Konstitutionalismus ist u.a. durch folgende Merkmale gekennzeichnet:

➢ Die Verfassungen ('Konstitutionen') dieses Konstitutionalismus kamen nicht durch einen souveränen Akt des Volkes zustande, sondern waren zwischen Monarchen und Volk „paktierte" (371) oder vom Monarchen gewährte (374) Verfassungen. „Die souveräne unabgeleitete Herrschaftsgewalt des Monarchen lag also der Verfassung voraus und bildete ihren juristischen Geltungsgrund. [...]. Die anderen Verfassungsorgane, insbesondere die [Parlaments-, d. Vf.In]Kammern, wurden [...] erst durch die Verfassungen konstituiert. Hier zeigt sich der maßgebende Unterschied in der Ausgangslage zu den revolutionären Verfassungsschöpfungen Amerikas und Frankreichs" (374).

➢ Entsprechendes galt auch für die Gesetzgebung *nach* Erlaß der Verfassungen: Gesetzesinitiative (370 f.)[82] und der – das Gesetzgebungsverfahren abschließende – Gesetzgebungsbefehl (370, FN 43) lagen weiterhin beim Monarchen; die Volksvertretungen wirkten bei der Gesetzgebung nur mit (377).

➢ Legitimationsgrundlage des deutschen Konstitutionalismus war also nicht das demokratische Prinzip der Volkssouveränität, sondern das monarchische Prinzip (379). Deutschland verharrte damit bis zum Jahre 1918 (380 bei FN 104 f.) in einem Verfas-

---

82  Art. 23 der Verfassung von 1871 gewährte dem Reichstag dann allerdings das Recht, Gesetzesvorschläge zu unterbreiten.

sungszustand, der in Frankreich (vgl. 379) spätestens (vgl. Ladeur 1980, 29) 1830 mit dem Ende der restaurierten Bourbonen-Monarchie endgültig überwunden wurde, und sperrte sich noch (von 1830-1918) fast 90 Jahre lang gegen eine parlamentarische Regierungsbildung nach englischem Vorbild (Heun 2006, 380 bei FN 104 f.).

In Spanien stellte sich die Situation nicht viel anders dar:

➤ Wie der deutsche Kaiser nach der Verfassung des Deutschen Reiches von 1871 die Krone „von Gottes Gnaden"[83] inne hatte, so hatte sie auch der spanische König nach der Verfassung von 1876[84] „por la gracia de Dios".

➤ Wie in Deutschland konnte der König den Gesetzesbefehl (die sog. Sanktion; vgl. Heun 2006, 370, FN 43) verweigern und so das Zustandekommen eines Gesetzes verhindern (Art. 44 CE 1876; nach Art. 5 der deutschen Verfassung von 1871 lag dieses Vetorecht – beim von den Monarchen der Bundesstaaten beschickten – Reichsrath).

➤ Dieser Reichsrath hatte das Recht, mit Zustimmung des Kaisers den Reichstag aufzulösen; genauso wie der spanische König die *Cortes* auflösen konnte.

Insofern beweist es durchaus Sinn für Geschichte, Sinn für antidemokratische Kontinuitäten, wenn seit einiger Zeit in Deutschland vermehrt vom „Verfassungs-" oder „Rechts- und Verfassungsstaat" (vgl. den Beitrag von Ingeborg Maus sowie Maus 1994) und auf Kastilisch vom „Estado constitucional de Derecho" (vgl. den Beitrag von Miguel Revenga) als Steigerung des Rechtsstaats oder vielmehr als *Bekräftigung*, daß der Rechtsstaat kein 'formeller', positivistischer, sondern vielmehr ein 'materieller', 'werte-orientierter' Rechtsstaat ist, gesprochen wird. Die herrschende Lehre bestätigt so (das heißt: mittels eines Konstitutionalismus-Konzeptes, das die Verfassung nicht aus Volkssouveränität begründet, sondern erstere [die Verfassung] letzterer [der Volkssouveränität] überordnet) selbst, daß in den Rechtsstaaten heute Verfassungsgerichte die Nachfolge der konstitutionellen Monarchen, die anders als in West- und Nordeuropa nicht den Parlamenten untergeordnet wurden, angetreten haben.[85]


(7.) Dieses Fehlen erfolgreicher revolutionärer Verfassungsumbrüche – d.h. dieses Fehlen *politischer* Revolutionen, die sich in Frankreich und in England in Hinrichtungen von Königen, in den (späteren) USA im Unabhängigkeitskrieg gegen Großbritannien und der anschließenden Konstituierung eines republikanischen Staates materialisierten – in Deutschland und Spanien[86] (für die anderen heutigen Rechtsstaaten wäre dies zu überprüfen) bleibt auf alle Fälle von der Behauptung eines deutsch-spanisches Weg durch das 19.

---

83  http://www.verfassungen.de/de/de67-18/verfassung71-i.htm.

84  http://es.wikisource.org/wiki/Constituci%C3%B3n_espa%C3%B1ola_de_1876.

85  Vgl. dazu auch noch Böckenförde (1999, 10): „Lange Zeit, insbesondere in der konstitutionellen Monarchie des 19. Jahrhunderts, kam dem Staatsoberhaupt die Stellung und Funktion eines 'Hüters der Verfassung' zu. Ihm wurde das Recht der Prüfung der Gesetze auf ihre Übereinstimmung mit der Verfassung zuerkannt".

86  Vgl. den Beitrag von Walther L. Bernecker in der vorliegenden Veröffentlichung: „Die Versuche zur Durchsetzung einer Demokratie waren auch stets halbherzig geblieben: So kam es etwa in Spanien nie – im Unterschied zu England, Frankreich oder selbst Rußland – zum Königsmord." (S. 348).

und 20. Jahrhundert übrig – trotz aller klassentheoretischen Einwände (vgl. den Beitrag von Ellen Wood in der vorliegenden Veröffentlichung sowie Macher/Stranz 2006, 150 f.), die sich gegen eine Gleichsetzung der niederländischen, englischen, amerikanischen, französischen etc. Revolution vorbringen lassen. In England und Frankreich gab es im 17. und 18. Jh. langfristig erfolgreiche Umbrüche des politischen Systems (was auch immer der ökonomische Kontext gewesen sein mag), die es in Deutschland und Spanien selbst im 19. Jh. nicht gab und auch im 20. Jh. nur mit Abstrichen stattfanden.

(8.a) Wenn nun nach den *Gründen* des Fehlens derartiger erfolgreicher politischer Revolutionen (die in Spanien von wiederholten liberalen Militärrevolten weder in ihrer Form noch – folglich – in ihrem Ergebnis ersetzt werden konnten) gefragt wird, so ist zumindest auf folgende – bereits bei früherer Gelegenheit erwähnte – Faktoren hinzuweisen: a) auf den Liberalismus, der in Deutschland und Spanien – anders als in Großbritannien – in erster Linie ein Beamten- (in dem einen) und Offiziers- (in dem anderen Fall), also in beiden Fällen: ein *Staats*-Liberalismus war – bei *gleichzeitiger* praktischer Abwesenheit der für Frankreich so charakteristischen republikanischen politischen Strömung und b) auf die – mit dem vorgenannten Umstand sicherlich in Zusammenhang stehende[87] – Präferenz für 'Reformen von oben' (statt für 'Revolutionen von unten') und eine harmonisierende Kompromiß-Ideologie[88] (die bis hin zu sozialdemokratisch-konservativen Bündnissen selbst gegen diesen ohnehin nicht besonders liberalen Liberalismus ging), verbunden mit einer Abgrenzung von Frankreich, dem seine „glänzende Einsichtigkeit" (Gneist 1879, 7)[89] vorgeworfen wurde (zu vorstehendem bereits ausführlicher: Schulze 2006b, 234-238).

---

87  Auf einen Zusammenhang von 'Staats-Liberalismus' und Abneigung gegen 'Revolutionen von unten' deutet folgendes hin: In den sog. Rheinbundstaaten war am Anfang des 19. Jh. die Einführung „adelsfeindliche[r] Rechtsordnung[en]" ein Produkt der napoleonischen Eroberungen (Wunder 1978, 178). Diese modernisierte Rechtsordnung wurde zwar auch nach Napoleons Niederlage von Regierungen und Beamtenbürokratie – gegen eine „gemeinsame Opposition von Adel und bürgerlichen Altrechtlern" (180), die für ihr „gute[s], alte[s] Recht" (181, FN 167) kämpften – soweit möglich verteidigt (180: „Auswirkungen der Adelsrestauration einzudämmen"; 183: „arrangiert"). „Bis zur Bildung eines wirtschaftlich selbständigen Bürgertums wurde sein Platz [...] von dem beamteten Bildungsbürgertum eingenommen" (184). Aber für eine 'Revolution von unten' war in dieser Konstellation (eine *relativ* moderne Regierung/Verwaltung steht unter dem Druck reaktionärer Kräfte) kein Raum. Vgl. auch Macher/Stranz 2006, 53.

88  S. zu dieser Kompromiß-Ideologie (bzgl. Deutschland) auch Ladeur 1980, 46, 47 f.: „Die vormärzlichen liberalen Vertragstheorien zeichnen sich vor allem dadurch aus, daß sie – anders als die französischen [...] jakobinischen Ideologien – den politischen Bruch mit dem Feudalismus vermeiden und sich innerhalb einer Kompromißideologie darstellen, [...]. Während in Frankreich – im Anschluß an Rousseau – die Vertragskonzeptionen um den individuellen Willen zentriert sind, sind die deutschen Vertragstheorien des ausgehenden 18. und beginnenden 19. Jahrhunderts – genannt seien hier nur Fichte, Kant, Erhard, Rotteck – bestimmt durch die Anrufung einer dem individuellen Willen vorausgesetzten Staats- und Rechtsidee." und ebd., 50: Fortsetzung der „inoffensiven Tradition einer 'Fürstenbelehrung'"/Warnungen vor der „Gefahr der Parteiung"/„Anrufung der Schlichtungsfunktion eines Richters".

89  In Spanien wurde sich an der 'Einseitigkeit', mit der in Frankreich Ludwig XVI. hingerichtet wurde, gestoßen: „Das Jahr 1793 bedeutete [...] einen Wendepunkt im Verhältnis Spaniens zur Französi-

„Entscheidend für das Scheitern der *politischen* Revolution [in Deutschland] war [...] die mangelnde Fähigkeit des Bürgertum eine 'hegemonische' Ideologie zu produzieren und durch die Organisierung und Vereinheitlichung der antifeudalen Opposition den Bruch mit dem Feudalismus herbeizuführen. [...]. Die Entwicklung des Bürgertums in Deutschland ist dadurch gekennzeichnet, daß es die Hegemoniekrise der traditionalen monarchischen Legitimität, deren ideologische Konsistenz durch die Kirche als 'ideologischem Staatsapparat' gestiftet worden war, nicht durch die Herausbildung einer neuen bürgerlichen Hegemonie aufheben konnte, so wie etwa in Frankreich die Ideologie der Volkssouveränität [...] die antifeudale Opposition in der französischen Revolution unter einer bürgerlichen Zielsetzung vereinheitlichen und zusammenfassen konnte. [...]. Gerade d[...]as Bildungsbürgertum, dessen größten Teil die liberale Beamtenschaft ausmachte, war [...] in vielfältigsten Formen an den monarchistischen Staat gebunden [...]. Gerade dieses [...] Verhältnis [...] kann als [...] eine Konstellation [bezeichnet] werden, die auch von der Entwicklung der Staats- und Rechtsideologie in deren eigenen Darstellungsbedingungen reflektiert wird. Diese rechts- und staatsideologische Entwicklung ist um das 'spezifische deutsche' Konzept des 'Rechtsstaats' zentriert", mit dem versucht wurde, „die staatlichen Agenden und Aktionsformen in ein rechtliches Entsprechungsverhältnis zu den bürgerlichen Verkehrformen zu bringen [...], ohne zugleich ein unter dem Postulat der Volkssouveränität vereinheitlichtes Konzept einer neuen bürgerlich bestimmten hegemonischen Struktur der Staatsapparate [...] entwickeln zu können. [...]. Gerade diese kompromißhafte ideologische und institutionelle Zusammenfassung bürgerlicher und feudalabsolutistischer Momente führte zu einer Verdrängung und Verschiebung der *politisch* unklaren Machtfrage in eine unpolitische substanzhafte Darstellungsform, die 'das' Recht überhöht und es aus seinem historischen, politischen, ideologischen und institutionellen Produktions- und Reproduktionsprozeß [...] herauslöst, [...]." Die Herausbildung des bürgerlichen Staates in Deutschland führte so „zu einer Dominanz des Moments juristisch-politischer *Herrschaft* – und der entsprechenden 'Ordnungsideologien' feudaler Provenienz – über das Moment ideologisch-politischer *Hegemonie* – und die entsprechenden bürgerlich-individualistischen und parlamentarischen Freiheitsideologeme –" (Ladeur 1980, 24 f., 26, 28, 43 f., s.a. 42 f. – Hv. i.O.).

(8.b) Das Recht (vgl. Ladeur 1980, 49: Ideal eines unparteilichen Richters, der über den politischen Parteien steht, statt parlamentarische Gesetzgebung) und insbesondere das Rechtsstaats-Konzept[90] waren das Medium, in dem sich jene Kompromißneigung und -ideologie in Deutschland artikuliert(e); Anhaltspunkte dafür, daß es sich in Spanien genauso verhalten haben könnte, wurden bereits bei früherer Gelegenheit benannt (Schulze 2006b, 254, FN 90 f.). Diese a-parlamentarische Rechtsideologie konnte auf einem sprach-

---

schen Revolution. Der Prozeß um die Hinrichtung von Ludwig XVI. beendete die Phase interessierter 'Neugier', [...]. Nach dem Scheitern des Versuchs, das Leben des französischen Königs zu retten, wurde [...] im Februar 1793 mit allen propagandistischen Mitteln die religiöse und monarchistische Gesinnung des Volkes angefeuert, Franzosenhaß machte sich breit; Freiwillige meldeten sich massenhaft, um gegen das revolutionäre Frankreich zu kämpfen."

90 „Der Rechtsstaat war also nicht die politische Form des sich selbst regierenden Volkes, er war nicht die rechtliche Erscheinungsform der Demokratie, sondern die rechtliche Form eines überwiegend von den Interessen der Monarchie und der sie tragenden Schichten bestimmten Kompromisses – er war die rechtliche Form der konstitutionellen Monarchie" (Preuß 1973, 11). Und zeitgenössisch-affirmativ Gneist 1879, 233: „Es liegt in dem Wesen der Gesellschaft, dass aus gewaltsamen Bewegungen wie denjenigen der französischen Revolution und ihrer Nachfolger jener Sinn der Selbstbeherrschung nicht hervorgeht, den wir als Charakterzug des Rechtsstaats anzusehen haben." (Hv. getilgt).

lichen Umstand, der im Vergleich Deutschland/Spanien vs. Frankreich zwar nicht ausschlaggebend, aber im Vergleich Deutschland/Spanien vs. Anglophonie aufschlußreich ist, aufbauen: Mit der im Englischen verloren gegangenen, aber im Deutschen und in den romanischen Sprachen vorhandenen Doppelbedeutung von Recht = 1. individueller Rechtsanspruch und 2. die Rechtsordnung als ganzes, kann 'das Recht" (in seiner zweiten Bedeutung) als Konkurrent des parlamentarisches Gesetzes auftreten.

(8.c) Jener 'staatliche' Charakter des Liberalismus und die Neigung zu Kompromissen (s. 8.a) entsprach einer wirtschaftlichen Situation, die sich dadurch auszeichnete, daß sich in Deutschland am Anfang des 19. Jahrhunderts der „Feudalismus [...] in viel stärkerem Maße als in Frankreich erhalten hatte" (spätere Ablösung der Leibeigenschaft durch Pachtverhältnisse; geringere Bedeutung städtischer Wirtschaftsräume) (Ladeur 1980, 32, s.a. 36 [„nicht etwa die ökonomische Zersetzung der Feudalstruktur"], 39); bzgl. der anderen heutigen Rechtsstaaten kann dies wohl (vielleicht mit Ausnahme von Italien) umso mehr vermutet werden. Selbst in den 1840er Jahren war das ökonomisch erstarkende deutsche Bürgertum „unter den ungünstigen Weltmarktbedingungen (Konkurrenz mit der englischen und französischen Industrie)" weiterhin „vom Staat abhängig" (43).

(8.d) Die oben erläuterte Kategorie der Überdeterminierung ermöglicht allerdings nicht nur, das Verhältnis zwischen Rechtskonzeptionen und Klassenverhältnissen bzw. Ökonomie zu berücksichtigen, sondern auch Einflußfaktoren wie Geschlecht und Nation zu berücksichtigen (dazu bereits: Schulze 2006b, 255 f.). So deuten bspw. die Beiträge in vorliegender Veröffentlichung zu diesem Thema auf ein distanziertes männliches Verhältnis in Deutschland und Spanien zu moderner Legalität hin [s. zusammenfassend Abschnitt (6.) des Nachwortes], das zugleich mit bestimmten Konzeptionen nationaler Identität verbunden ist. „Geschlecht ist [...] Indikator und Merkmal von Machtbeziehungen und Mittel zur Symbolisierung von Machtpositionen", wie Gabriele Kämper in ihrem Beitrag in der vorliegenden Veröffentlichung sagt (S. 267). Dies gibt uns Grund zu der Annahme, daß auch der Gegensatz von *Recht* und *Gesetz*, von *Rechtsstaaten* und *Gesetzesstaaten* geschlechtliche Konnotationen aufweist (s. dazu demnächst Schulze/Aguirre Siemer/Wolf 2007, Veröffentlichung in Vorbereitung) – wie dies für den Gegensatz von *rechts* und *links* schon gut nachgewiesen wurde (van Leeuwen-Turnovcová 1993) –; und daß diese geschlechtlichen Konnotationen dazu beitragen, die Präferenz für ein metaphysisches Recht gegenüber dem demokratischen Gesetz „plausibel und – aus der Perspektive hegemonialer Männlichkeit – zustimmungsfähig zu machen", um noch eine andere Formulierung von Gabriele Kämper aufzugreifen (S. 265).

(9.) Diese Faktoren, d.h.: die vorstehend angeführten anti-parlamentarischen historischen 'Vorbelastungen', erklären zwar nicht speziell den NS (also die Shoah), aber vielleicht, warum die Dominanz der kapitalistischen Produktionsweise in bestimmten Ländern im 20. Jh. nicht parlamentarisch reproduziert werden konnte. Dann ist allerdings – anders als die Bielefelder Gesellschaftsgeschichte meint – der deutsche Weg (und dann sind auch die anderen rechtsstaatlichen Wege) nicht mehr eine von der vermeintlichen Normalität, daß Kapitalismus und parlamentarische Demokratie zusammengehören, abweichende defizitäre Entwicklung, sondern dann ist diese Entwicklung unter bestimmten Bedingungen adäquat, um unter diesen Bedingungen die Dominanz der kapitalistischen Produktionsweise aufrechtzuerhalten.

## Literatur

Althusser, Louis: *„Über den jungen Marx" (Fragen der Theorie)* (1960), in: ders., 1968, 9-44 (engl. Fassung im internet unter: http://www.marx2mao.com/Other/FM65i.html#s2).

ders.: *Widerspruch und Überdeterminierung.* Anmerkungen für eine Untersuchung (1962), in: ders. 1968, 52-99 (engl. Fassung im internet unter: http://www.marx2mao.com/Other/FM65i. html#s3).

ders.: *Über materialistische Dialektik.* Von der Ungleichheit der Ursprünge (1963), in: Althusser 1968, 100-167 (engl. Fassung im internet unter: http://www.marx2mao.com/Other/FM65ii. html#s6).

ders.: *Einführung: Vom 'Kapital' zur Philosophie von Marx* (1965), in: ders./Etienne Balibar, *Das Kapital lesen*, Rowohlt: Reinbek bei Hamburg, 1972, 11-93 (frz. Originalausgabe: Librairie François Maspero: Paris, 1965¹, 1968²; engl. Fassung im internet unter: http://www.marx2mao. com/Other/RC68i.html).

ders.: *Der Gegenstand des 'Kapital'* (1965/68), in: ebd., 94-267 (engl. Fassung im internet unter: http://www.marx2mao.com/Other/RC68ii.html).

ders.: *Philosophie und spontane Philosophie der Wissenschaftler* (1967), in: ders., *Schriften*, Bd. 4 hrsg. von Peter Schöttler/Frieder Otto Wolf, Argument: [West]berlin, 1985, 11-150 (engl. Fassung im internet unter: http://www.marx2mao.com/Other/PSPS90ii.html).

ders.: *Für Marx*, Suhrkamp: Frankfurt am Main, 1968.

ders.: *Ideologie und Ideologische Staatsapparate* (Anmerkungen für eine Untersuchung) (1969/70), in: Althusser 1977, 108-153 (im internet unter: http://www.b-books.de/texteprojekte/althusser/ index.html; engl. Fassung: http://www.marx2mao.com/Other/LPOE70ii.html#s5).

ders.: *Die Bedingungen der wissenschaftlichen Entdeckung von Marx.* Über die neue Definition der Philosophie (1970), in: Horst Arenz/Joachim Bischoff/Urs Jaeggi (Hg.), *Was ist revolutionärer Marxismus?* Kontroverse über Grundfragen marxistischer Theorie zwischen Louis Althusser und John Lewis, VSA: Westberlin, 1973, 77-88 (engl. Fassung im internet unter: http://www. marx2mao.com/Other/ESC76ii.html#s2b; erw. frz. Fassung in: Wilhelm R. Beyer [Hg.], *Hegel-Jahrbuch 1974*, Pahl-Rugenstein: Köln, 1975, 128-136).

ders.: *Antwort an John Lewis* (1972), in: Horst Arenz/Joachim Bischoff/Urs Jaeggi (Hg.), *Was ist revolutionärer Marxismus?* Kontroverse über Grundfragen marxistischer Theorie zwischen Louis Althusser und John Lewis, Westberlin: VSA 1973, 35-76 (engl. Erstveröff. in: *Marxism Today*, Oct. 1972, 310-318 und Nov. 1972, 343-349; überarbeitete frz. Fassung in: Louis Althusser, *Réponse a John Lewis*, Paris: Maspero 1973, 9-68; die dt. Übersetzung folgt der frz. Fassung; engl. Übersetzung der überarbeiteten frz. Fassung im internet unter: http://www.marx2mao.com/ Other/ESC76i.html#s1a).

ders.: *Ist es einfach, in der Philosophie Marxist zu sein?* (1975), in: Althusser 1977, 51-88 (engl. Fassung im internet unter der Adresse: http://www.marx2mao.com/Other/ESC76ii.html#s3).

ders.: *Ideologie und Ideologische Staatsapparate.* Aufsätze zur marxistischen Theorie, VSA: Hamburg/Westberlin, 1977.

Balibar, Étienne: *Soziale Krise und Ideologische Krise*, in: *alternative* H. 118, Feb. 1978, 18-23 (frz. Erstveröffentlichung: *La Nouvelle Critique* Nr. 99, Dez. 1976).

ders.: Stichwort *„Klassenkampf"*, in: Gérard Bensussan/Georges Labica (Hg.), *Kritisches Wörterbuch des Marxismus*. Bd. 4. Dt. Fassung hrsg. von Wolfgang Fritz Haug, Argument-Verlag: [West]berlin, 1986, 626-636 (frz. Originalausgabe: PUF: Paris, 1982¹, 1984²).

Benhabib, Seyla/Judith Butler/Drucilla Cornell/Nancy Fraser: *Der Streit um Differenz*. Feminismus und Postmoderne in der Gegenwart, Fischer: Frankfurt am Main, 1993.

Berlin, Isaiah: *Zwei Freiheitsbegriffe*, in: ders., *Freiheit*. Vier Versuche, Fischer: Frankfurt am Main, 2006, 197-256, 313-319 (engl. Erstveröff.: Clarendon Press: Oxford, 1958).

Böckenförde, Ernst-Wolfgang: *Verfassungsgerichtsbarkeit: Strukturfragen, Organisation, Legitimation*, in: *Neue Juristische Wochenschrift* 1999, 9-17.

Brackmann, Theo/Steffen Kratz/Beate Verhorst: *Louis Althusser*, in: Kimmerle 1978b, 290-290 (im internet unter: http://www.trend.infopartisan.net/trd1007/t031007.html).

Breuilly, John: *„Wo bleibt die Handlung?"* Die Rolle von Ereignissen in der Gesellschaftsgeschichte, in: Paul Nolte/Manfred Hettling/Frank-Michael Kuhlemann/Hans-Walter Schmuhl (Hg.): *Perspektiven der Gesellschaftsgeschichte*, Beck: München, 2000, 36-42.

Butler, Judith: *Kontigente Grundlagen: Der Feminismus und die Frage der „Postmoderne"*, in: Benhabib et al. 1993, 31-58 (us-amerikanische Erstveröffentlichung in: *Praxis International*, Bd. 11, Juli 1991).

dies.: *Für ein sorgfältiges Lesen*, in: Benhabib et al. 1993, 122-132.

Conrad, Christoph/Sebastian Conrad (Hg.): *Die Nation schreiben*. Geschichtswissenschaft im internationalen Vergleich, Vandenhoeck & Ruprecht: Göttingen, 2002.

de Brunhoff, Suzanne: *Staatstheorie und Theorie der Macht bei Marx*, in: Elmar Altvater/Otto Kallscheuer (Hg.), *Den Staat diskutieren*. Kontroverse über eine These von Althusser, Ästhetik und Kommunikation: [West]berlin, 1979, 194-202 (zuvor 1978 auf Ital. in der Zeitung *il manifesto*).

Deiseroth, Dieter: *Das BVerfG in der gesellschaftlichen Auseinandersetzung*, in: *Betrifft JUSTIZ* Nr. 54, Juni 1998, 248-252.

Deleuze, Gilles: *Woran erkennt man Strukturalismus?* (1967), in: François Châtelet (Hg.), *Geschichte der Philosophie*. Band VIII: Das XX. Jahrhundert, Ullstein: Frankfurt am Main/[West]berlin/ Wien, 1975, 269-309.

Denninger, Erhard: *Freiheitsordnung – Wertordnung – Pflichtordnung*. Zur Entwicklung der Grundrechtsjudikatur des Bundesverfassungsgerichts, in: *Juristenzeitung* 1975, 546-550.

ders..: *Constitutional Law between Statutory Law and Higher Law*, in: Alessandro Pizzorusso (Hg.), *Law in the Making*. A Comparative Survey, Springer: Berlin, 1988, 103-130.

ders.: *„Rechtsstaat" oder „Rule of law" – was ist das heute?*, in: Cornelius Prittwitz u.a. (Hg.), *Festschrift für Klaus Lüderssen*. Zum 70. Geburtstag am 2. Mai 2002, Nomos: Baden-Baden, 2002, 41-54 (erneut in vorliegender Veröffentlichung).

Díaz, Elías: *Estado de Derecho y sociedad democrática*, Taurus: Madrid, 1998[9] (erste Auflage: Editorial Cuadernos para el Diálogo: 1966).

Dosse, François: *Geschichte des Strukturalismus*. Bd. 1: Das Feld des Zeichens, 1945-1966. Bd. 2: Die Zeichen der Zeit, 1967-1991, Junius: Hamburg, 1996/7 (frz. Originalausgabe: Découverte: 1991).

*Duden – Das Herkunftswörterbuch* (PC-Bibliothek Version 3.0), Langenscheidt/Bibliographisches Institut & F. A. Brockhaus: München/Mannheim, 2001.

*Duden – Das Herkunftswörterbuch* (PC-Bibliothek Version 3.0), Langenscheidt/Bibliographisches Institut & F. A. Brockhaus: München/Mannheim, 2001.

Evans, Richard: *Zwei deutsche Diktaturen im 20. Jahrhundert?*, in: *Aus Politik und Zeitgeschichte* 1-2/2005, 3-9 (im internet unter: http://www.bpb.de/files/53Q6NO.pdf).

Favoreu, Louis: *American and European Models of Constitutional Justice*, in: David S. Clark (Hg.), *Comparative and Private International Law*. Essays in Honor of John Henry Merryman on his Seventieth Birthday, Duncker & Humblot: Berlin, 1990, 105-120.

ders.: *Los Tribunales Constitucionales*, in: F. Fernandez Segado/D. Garcia Belaunde (Hg.), *La jurisdicción constitucional en iberoamericana*, Dykinson: Madrid, 1997, 96-114.

Foucault, Michel: *Archäologie des Wissens*, Suhrkamp: Frankfurt am Main, 1981[1], 1995[7] (frz. Originalausgabe: Editions Gallimard: Paris, 1969).

ders.: *Die Ordnung des Diskurses*. Inauguralvorlesung am Collège de France, 2. Dezember 1970, in: ders., *Die Ordnung des Diskurses*, Fischer: Frankfurt am Main, 1991, 9-49.

ders.: *Die Macht und die Norm*, in: Foucault 1976b, 114-123 (Vorlesung am Collège de France vom 28.03.1973).

ders.: *Macht und Körper*. Ein Gespräch mit der Zeitschrift „Quel Corps?“, in: ders. 1976b, 105-113 (= a) ≈ ders., *Schriften in vier Bände. Dits et Ecrits*. Bd. 2, Suhrkamp: Frankfurt am Main, 2002, 932-941 (= b) (frz. Erstveröff. in: *Quel corps?*, No. 2, Sept./Okt., 1975, 2-5).

ders.: *Sexualität und Wahrheit*. Erster Band: Der Wille zum Wissen, Suhrkamp: Frankfurt am Main, 1995[8] (frz. Originalausgabe: Editions Gallimard, 1976 [= a]).

ders., *Mikrophysik der Macht*. Über Strafjustiz, Psychiatrie und Medizin, Merve: [West]berlin, 1976 (= b).

Geil, Hartmut/Uwe Günther, *Wie und wozu soll das Recht auf Arbeit verfassungsrechtlich abgesichert?*, in: *Marxistische Blätter* Sept./Okt. 1978, 77-84.

Gerhard, Uta: *Die Geburt Europas aus dem Geist der Soziologie*; im internet unter der Adresse: http://www.uni-heidelberg.de/uni/presse/RuCa2_96/gerhardt.htm (wahrscheinlich identisch mit dem gleich betitelten Aufsatz der Verfasserin in: *Ruperto Carola*. Wissenschaftsmagazin der Universität Heidelberg 2/1996 24-30).

Girón Reguera, Emilia: *El Estado de Derecho en España (Juridificación/Judicialización)*, in: *StaR★P* 2006, 161-209 (im internet unter: http://userpage.fu-berlin.de/~dgsch/docs/StaR-P_w_3c-Juridi-Judici.pdf) (= a).

dies.: *Respuesta = Antwort*, in: *StaR★P* 2006, 283-286 (kast.) = 287-291 (dt.) (im internet unter: http://userpage.fu-berlin.de/~dgsch/docs/StaR-P_w_3e-Antwort.pdf) (= b).

Glock, Hanns-Johann: *A Wittgenstein Dictionary*, Blackwell: Oxford, 1996.

Gneist, Rudolf: *Der Rechtsstaat und die Verwaltungsgerichte*, Wissenschaftliche Buchgesellschaft: Darmstadt, 1966[3] (fotomechanischer Nachdruck der zweiten umgearbeiteten und erweiterten Auflage von 1879).

Grewe, Constance: *Vergleich zwischen den Interpretationsmethoden europäischer Verfassungsgerichte und des Europäischen Gerichtshofes für Menschenrechte*, in: *Zeitschrift für ausländisches öffentliches Recht und Völkerrecht* 2001, 459-473.

dies.: *Grundrechte und ihre Kontrolle in Frankreich. – Grundlagen und aktuelle Entwicklungen –*, in: *Europäische Grundrechtszeitschrift* 2002, 209-212.

Heun, Werner: *Die Struktur des deutschen Konstitutionalismus des 19. Jh. im verfassungsgeschichtlichen Vergleich*, in: *Der Staat* 2006, 365-382.

Hosfeld, Rolf/Michael Kreutzer: *Eine einsame Provokation*. Die West-Berliner Inszenierung der „Ermittlung“ von Peter Weiss und die Probleme juristischer Faschismus-Bewältigung, in: *Das Argument* H. 125, Jan./Feb. 1981, 61-69.

Kammler, Christiane/Gerhard Plumpe/Peter Schöttler: *Philosophie der Ideologie oder Theorie des ideologischen Klassenkampfes*, in: *alternative* H. 118, Feb. 1978, 3-15.

Karsz, Saül: *Theorie und Politik: Louis Althusser*, Ullstein: Frankfurt am Main/[West]berlin/Wien, 1976 (frz. Originalausgabe: Librairie Arthème Fayard: 1974).

Kimmerle, Heinz: *Voraussetzungen*, in: ders. 1978b, 7-31 (im internet unter: http://www.trend.infopartisan.net/trd1106/t011106.html).

ders. (Hg.): *Modelle der Materialistischen Dialektik*. Beiträge der Bochumer Dialektik-Arbeitsgemeinschaft, Martinus Nijhoff: Den Haag 1978 (im internet unter: http://www.trend.infopartisan.net/reprints/kimmerle/index.html) (= b).

Kluge, Friedrich: *Etymologisches Wörterbuch der deutschen Sprache* bearbeitet von Elmar Seebold, de Gruyter: Berlin 2002[24] [CD-ROM].

Kolkenbrock-Netz, Jutta/Peter Schöttler: *Für eine marxistische Althusser-Rezeption in der BRD* (1977), in: Klaus Thieme et al., *Althusser zur Einführung* (SOAK-Einführungen 9), SOAK Verlag: Hannover, 1982, 121-164 [um eine „Vorbemerkung 1982" erweiterter Nachdruck aus: Sandkühler 1977, 43 ff.].

Kurz, Robert: *Subjektlose Herrschaft*. Zur Aufhebung einer verkürzten Gesellschaftskritik, in: *Krisis*. Beiträge zur Kritik der Warengesellschaft 1993, 17-94.

Ladeur, Karl-Heinz: *Strukturwandel der Staatsrechtsideologie im Deutschland des 19. Jahrhunderts*, in: ders./Friedhelm Hase, *Verfassungsgerichtsbarkeit und politisches System*. Studien zum Rechtsstaatproblem in Deutschland, Campus: Frankfurt am Main/New York, 1980, 15-102.

Laplanche, Jean/J.B. Pontalis: *Das Vokabular der Psychoanalyse*, Suhrkamp: Frankfurt am Main, 1994[12] (frz. Originalausgabe: PUF: Paris, 1967).

Lecourt, Dominique: *Proletarische Wissenschaft?* Der „Fall Lyssenko" und der Lyssenkismus (Reihe Positionen 1 hrsg. von Peter Schöttler), VSA: Westberin, 1976 (frz. Originalausgabe: Maspero, Paris, 1976; engl. Fassung im internet unter: http://www.marx2mao.com/Other/Proletarian%20Science.pdf).

ders.: *Stalin*. Enzyklopädische Notiz, in: *Moderne Zeiten* 12/1982, 49-52 (frz. Erstveröffentlichung in: *Petite Encyclopédie Larousse*, vol. Le Marxisme, Paris, 1977; danach wieder abgedruckt in: Dominique Lecourt, *La philosophie sans feinte*, Paris, 1982).

Lenin, W.I.: *Zur Frage der Dialektik* (1915), in: ders., *Werke*. Bd. 38, Dietz: Berlin/DDR, 1981[7], 338-344.

ders.: *Die Ergebnisse der Diskussion über die Selbstbestimmung* (1916), in: ebd., Bd. 22, 1988[7], 326-368 (im internet unter der Adresse: http://www.mlwerke.de/le/le22/le22_326.htm; engl. Fassung: http://marxists.org/archive/lenin/works/1916/jul/x01.htm).

ders.: *Briefe aus Ferne*. Brief 2: Die neue Regierung und das Proletariat (1917), in: ebd., Bd. 23, 1978[8], 323-333 (im internet unter der Adresse: http://www.marxists.org/deutsch/archiv/lenin/1917/bri-fern/brief2.htm; engl. Fassung: http://marxists.org/archive/lenin/works/1917/lfafar/second.htm#v23pp64h-309).

ders.: „*Kommunismus*" (1920), in: ebd., Bd. 31, 1978[7], 153-155.

Link, Jürgen: *Noch einmal: Diskurs. Interdiskurs. Macht*, in: *kultuRRevolution* Nr. 11: die macht der diskurse?, Feb. 1986, 4-7.

Lock, Grahame: *Althusser und Wittgenstein – eine Parallele*, in: *kultuRRevolution* nr. 20: ein denken an grenzen. louis althusser zum 70. geburtstag, Dez. 1988, 23-25.

Lorenz, Chris: *Wozu noch Theorie der Geschichte?* Über das ambivalente Verhältnis zwischen Gesellschaftsgeschichte und Modernisierungstheorie, in: Wolfgang Schluchter (Hg.), *Kolloquien des Max-Weber-Kollegs XV – XXIII (2001)*, Universität Erfurt: Erfurt, 2001, 75-115 (im internet [TARGET. Textarchiv Gotha-Erfurt – Archiv- und Publikationsserver der Universität Erfurt] unter: http://www.db-thueringen.de/servlets/DerivateServlet/Derivate-1345/lorenz.pdf).

Loschak, Danièle: *Der Verfassungsrat – Hüter der Grundrechte*, in: *Demokratie und Recht* 1982, 50, 52-60 (mit redaktioneller Vorbemerkung auf S. 50-52) (frz. Erstveröffentlichung: *Le Conseil constitutionnel protecteur des libertés?*, in: *pouvoirs* Nr. 13, 1980, 35-47).

Lukács, Georg: *Geschichte und Klassenbewußtsein*. Studien über marxistische Dialektik (1923), in: ders., *Werke*. Bd. 2: Frühschriften II, Luchterhand: Neuwied/Berlin/West, 1968, 161-517 (zit. n. Nemitz 1979a, 56).

Macher, Julia/Katrin Stranz: *Spanien und Deutschland – Zwei konvergierende Sonderwege?*, in: *StaR★P* 2006, 15-160 (im internet unter: http://userpage.fu-berlin.de/~dgsch/docs/StaRP_w_3b_Sonderweg.pdf).

Macherey, Pierre: *Eins teilt sich in Zwei*, in: *kultuRRevolution*. nr. 20: ein denken an grenzen. louis althusser zum 70. geburtstag, Dez. 1988, 19-22 (der Text wurde 1974 geschrieben und für diese Veröffentlichung überarbeitet und gekürzt).

Mao Tse-Tung: *Über den Widerspruch* (1937), in: ders., *Ausgewählte Werke*. Bd. I, Verlag für fremdsprachige Literatur: Peking, 1968, 365-408 (= ders. 1965, 29-96) (im internet unter der Adresse: http://www.infopartisan.net/archive/maowerke/wi0.htm; engl. Fassung: http://www.marx-2mao.com/Mao/OC37.html).

ders.: *Über die richtige Behandlung der Widersprüche im Volk* (1957), in: ebd., Bd. V, 1978, 434-476 (= a) (= ders. 1965, 97-160) (auf Engl. im internet unter der Adresse: http://www.marx2mao.com/Mao/CHC57.html) ≈ ders., *Rede auf der erweiterten 11. Tagung der Obersten Staatskonferenz – Zur Frage der richtigen Behandlung von Widersprüchen im Volke*, in: Mao Zedong, *Texte*. Zweiter Bd. 1956-1957. Schriften, Dokumente, Rede und Gespräche. Deutsche Bearbeitung und chinesische Originalfassung hrsg. von Helmut Martin unter Mitarbeit von Gerhard Will, Hanser: München, 1979, 128-174 (= b).

ders.: *Vier philosophische Monographien*, Verlag für fremdsprachige Literatur: Peking, 1965.

Marx, Karl: *Der achtzehnte Brumaire des Louis Bonaparte* (1851/52), in: MEGA. Erste Abteilung Werke, Artikel, Entwürfe. Bd. II (1985), 96-189 (folgt dem Erstdruck: New York, 1852) (= a) ≙ MEW 8 (1982[7]), 111-207 (folgt der Ausgabe: Hamburg, 1869) (= b) (im internet unter: http://marxists.org/deutsch/archiv/marx-engels/1852/brumaire/index.htm; engl. Fassung: http://marxists.org/archive/marx/works/1852/18th-brumaire/index.htm).

ders.: *Einleitung zur Kritik der Politischen Ökonomie* (1857), in: MEGA. Zweite Abteilung. „Das Kapital" und Vorarbeiten. Bd. 1 (1976), 17-45 (= a) ≙ MEW 13 (1985[10]), 615-642 (= b) (im internet unter der Adresse: http://www.mlwerke.de/me/me13/me13_615.htm; engl. Fassung: http://www.marxists.org/archive/marx/works/1859/critique-pol-economy/appx1.htm).

ders.: *Zur Kritik der Politischen Ökonomie*. Vorwort (1859), in: MEGA. Zweite Abteilung. „Das Kapital" und Vorarbeiten. Bd. 2 (1980), 99-103 (= a) ≙ MEW 13 (1985[10]), 7-11 (= b) (im internet unter: http://www.mlwerke.de/me/me13/me13_007.htm; engl.: http://marxists.org/archive/marx/works/1859/critique-pol-economy/preface.htm).

ders.: *Vorwort* [zur Zweiten Ausgabe (1869) von „Der achtzehnte Brumaire des Louis Bonaparte"], in: MEW 8 (1982[7]), 559-560 (im internet unter: http://marxists.org/deutsch/archiv/marx-engels/1852/brumaire/vorwort2.htm; engl.: http://marxists.org/archive/marx/works/1852/18th-brumaire/preface.htm).

ders.: *[Kritik des Gothaer Programms* (1875)], in: MEGA. Erste Abteilung Werke, Artikel, Entwürfe. Bd. 25 (1985), 3-25 (= a) ≙ MEW 19 (1982[8] [1961[1]]), 11-32 (= b) (im internet unter: http://www.marxists.org/deutsch/archiv/marx-engels/1875/kritik/index.htm; engl. Fassung: http://www.marxists.org/archive/marx/works/1875/gotha/index.htm).

ders./Friedrich Engels: *Die deutsche Ideologie*. Kritik der neuesten deutschen Philosophie in ihren Repräsentanten, Feuerbach, B. Bauer und Stirner, und des deutschen Sozialismus in seinen verschiedenen Propheten (1845/46), in: ebd., Bd. 3, 1958[1], 1983[7], 9-543 (im internet unter: http://www.mlwerke.de/me/me03/me03_009.htm; engl. Fassung: http://www.marxists.org/archive/marx/works/1845/german-ideology/index.htm).

dies.: *Manifest der Kommunistischen Partei* (1848), in: ebd., Bd. 4, 1983[10], 459-493 (im internet unter: http://marxists.org/deutsch/archiv/marx-engels/1848/manifest/index.htm; engl. Fassung: http://marxists.org/archive/marx/works/1848/communist-manifesto/index.htm).

Maus, Ingeborg: *Volkssouveränität versus Konstitutionalismus*. Zum Begriff einer demokratischen Verfassung, in: Günter Frankenberg (Hg.), *Auf der Suche nach der gerechten Gesellschaft*, Fischer: Frankfurt a. M., 1994, 75-83.

dies.: *Zum Verhältnis von Freiheitsrechten und Volkssouveränität*. Europäisch-US-amerikanische Verfassungstradition und ihre Herausforderung durch globale Politik, in: Wolfgang Glatzer

(Hg.), *Ansichten der Gesellschaft*. Frankfurter Beiträge aus Soziologie und Politikwissenschaft, Leske + Budrich: Opladen, 1999, 274-285.

dies.: *Vom Rechtsstaat zum Verfassungsstaat*. Zur Kritik juridischer Demokratieverhinderung, in: *Blätter für deutsche und internationale Politik* 7/2004, 835-850 (in einer durchgesehenen Fassung nunmehr auch in vorliegender Veröffentlichung).

MEGA = Karl Marx ders./Friedrich Engels, *Gesamtausgabe* (MEGA), [wechselnde Verlag:] Dietz/ Internationales Institut für Sozialgeschichte/Akademie: Berlin/[teilw. auch:] Amsterdam, 1975 ff. (im hiesigen Literaturverzeichnis zit. n. Abteilung, Band, Erscheinungsjahr und ggf. Auflage).

Meid, Wolfgang: *Zur Vorstellungswelt der Indogermanen anhand des Wortschatzes*, in: ders. (Hg.), *Studien zum indoeuropäischen Wortschatz*, Institut für Sprachwissenschaft: Innsbruck, 1987, 155-166.

Meier, Albrecht: EU-Gipfel: *Im Schwebezustand*. Die deutsche EU-Ratspräsidentschaft wollte den Verfassungsprozess wieder in Gang bringen. Erreicht Angela Merkel dieses Ziel?, in: *Der Tagesspiegel*, 15.06.2007; im internet unter: http://www.tagesspiegel.de/zeitung/Fragen-des-Tages-EU-Gipfel-EU-Verfassung;art693,2321787.

MEW = dies., *Werke*, Dietz: Berlin/DDR (im hiesigen Literaturverzeichnis zit. n. Band, Erscheinungsjahr und Auflage).

Nemitz, Rolf: *Ideologie als „notwendig falsches Bewußtsein" bei Lukács und der Kritischen Theorie*, in: Projekt-Ideologie-Theorie (Hg.), *Theorien über Ideologie* (Argument-Sonderband AS 40), Argument: [West]berlin, 1979[1], 1986[3], 39-60.

Panunzio, Sergio: *Lo Stato di diritto*, Città di Castello, 1921 zit. n. Díaz 1966/98, 78 f.

ders.: *Teoria generale dello Stato fascista*, Padua, 1939[2] zit. n. Díaz 1966/98, 80.

Paschukanis, Eugen: *Allgemeine Rechtslehre und Marxismus*. Versuch einer Kritik der juristischen Grundbegriffe, ça ira: Freiburg, 2003 ≈ Haufe: Freiburg/Berlin, 1991 ≈ Neue Kritik: Frankfurt, 1966[1], 1970[3] (russ. Originalausgabe: 1927[3]; 1924[1], 2. und 3. Auflage lt. Vorwort jeweils unwesentlich überarbeitet; die dt. Übersetzung enthält ein zusätzliches Vorwort Paschukanis', das bereits 1929 in den dt. Erstdruckes [Verlag für Literatur und Politik: Wien/Berlin, 1929] aufgenommen wurde; engl. Fassung im internet unter: http://www.marxists.org/archive/pashukanis/1924/law/index.htm).[91]

Pêcheux, Michel/Françoise Gadet: *Sprachtheorie und Diskursanalyse in Frankreich*, in: *Das Argument* Vol. 133, Mai/Juni 1982, 386-399.

Pereira Menaut, Antonio-Carlos: *Rule of law o Estado de Derecho*, Marcial Pons: Madrid, 2003.

Plon, Michel: *Machiavelli – Politik am Wunsch gemessen*, in: *kultuRRevolution* H. 20: ein denken an grenzen. louis althusser zum 70. geburtstag, Dez. 1988, 42-44.

Plumpe, Gerhard: *Ästhetik oder Theorie literarischer Praxis?*, in: *alternative* H. 106, Feb. 1976, 2-9.

---

91   Die Ausgabe „Freiburg, 2003" enthält eine neue Einleitung und eine „biographische Notiz" über den Verfasser; die Ausgabe „Wien/Berlin, 1929" enthält demgegenüber Erläuterungen zu in dem Buch erwähnte/zitierten Personen und Begriffen sowie ein Personen- und Sachregister, die in die neuere Ausgabe nicht übernommen wurden.
Die Ausgabe „Frankfurt, 1970" enthält einen Reprint der Ausgabe von 1929 und stellt diesem, mit römischer Paginierung, „An Stelle einer Einleitung" eine Rezension des Buches durch Karl Korsch voran.
Die Ausgabe „Freiburg/Berlin, 1991" übernimmt aus der Ausgabe von 1929 die Erläuterungen zu den Personen und enthält außerdem einen umfangreichen, über 130 Seiten langen Anhang, u.a. einen Text von Peteris Stutschka und ein neues Personenregister, das den Anhang mit einbezieht. – Die Ausgabe „Freiburg, 2003" und „Freiburg/Berlin, 1991" sind neu gesetzt, wobei erstere eine Seitenkonkordanz zur Ausgabe von 1929 enthält.

ders.: *Ist eine marxistische Ästhetik möglich?*, in: Hans Jörg Sandkühler (Hg.), *Betr.: Althusser*. Kontroversen über den Klassenkampf in der Theorie, Pahl-Rugenstein-Verlag: Köln, 1977, 191-221.

Preuß, Ulrich K.: *Legalität und Pluralismus*. Beiträge zum Verfassungsrecht der Bundesrepublik Deutschland, Suhrkamp: Frankfurt am Main, 1973.

Redaktion, Die: [*Vorbemerkung* zu Loschak 1982], in: *Demokratie und Recht* 1982, 50-52.

Regenbogen, Armin/Uwe Meyer: *Wörterbuch der philosophischen Begriffe*, Meiner: Hamburg, 2005.

Ridder, Helmut: *Wie und warum (schon) Weimar die Demokratie verfehlte*, in: Roland Herzog (Hg.), *Zentrum und Peripherie*. Zusammenhänge – Fragmentierungen – Neuansätze (FS Bäumlin), Rüegger: Chur/Zürich, 1992, 79-93.

Roudinesco, Élisabeth/Michel Plon: *Wörterbuch der Psychoanalyse*. Namen, Länder, Werke, Begriffe, Springer: Wien/New York, 2004 (frz. Originalausgabe: Librairie Arthème Fayard: 1997).

Schaper-Rinkel, Petra: *Dekonstruktion und Herrschaft: Politische Implikationen antiessentialistischer Theorie*, in: Schulze/Berghahn/Wolf 2006b, 42-57.

Schmidt, Waldemar: *Probleme der Metakritik der Anthropologie*. Über Althussers Versuch einer ahumanistischen Neuinterpretation der marxistischen Theorie (Schriftenreihe zu Fragen der materialistischen Dialektik, Bd. 1 hrsg. von Heinz Kimmerle), Germinal: Bochum, 1980 (zugl. Diss. Ruhr-Universität).

Schönberger, Christoph: *Die überholte Parlamentarisierung*. Einflußgewinn und fehlende Herrschaftsfähigkeit des Reichstags im sich demokratisierenden Kaiserreich, in: *Historischen Zeitschrift* 2001, 623-666.

Schöttler, Peter: Vorwort: *Widerruf oder Berichtigung?*, in: Louis Althusser, *Elemente der Selbstkritik*, VSA: Westberlin, 1977, 7-32.

ders.: *Sozialgeschichtliches Paradigma und historische Diskursanalyse*, in: Jürgen Fohrmann/Harro Müller (Hg.), *Diskurstheorien und Literaturwissenschaft*, Suhrkamp: Frankfurt am Main, 1988, 159-199.

ders.: *Mentalität, Ideologien, Diskurse*. Zur sozialgeschichtlichen Thematisierung der „dritten Ebene", in: Alf Lüdtke (Hg.), *Alltagsgeschichte*. Zur Rekonstruktion historischer Erfahrungen und Lebensweisen, Campus: Frankfurt am Main/New York, 1989, 85-136.

ders.: *Die intellektuelle Rheingrenze*. Wie lassen sich die französischen „Annales" und die NS-„Volksgeschichte" vergleichen?, in: Conrad/Conrad 2002, 271-295.

Schulze, Detlef: *Pluralismus und Antagonismus*. Eine Rekonstruktion postmoderner Lesweisen, unveröff. Diplomarbeit, FU Berlin, 1996 (hier zitiert nach nachträglich korrigierter Paginierung).

Schulze, Detlef [nunmehr auch:] Georgia: Kleiner Katechismus zur Beantwortung der Frage: *Was ist die linksleninistische Postmoderne?*, in: Thomas Heinrichs/Frieder Otto Wolf/Heike Weinbach (Hg.), *Die Tätigkeit der Philosophen*. Beiträge zur radikalen Philosophie, Westfälisches Dampfboot: Münster, 2003, 83-121.

ders./dies.: *Geschlechternormen-inkonforme Körperinszenierungen – Demokratisierung, De-Konstruktion oder Reproduktion des sexistischen Geschlechterverhältnisses?*, Diss. HU Berlin, 2004; im internet unter der Adresse: http://edoc.hu-berlin.de/dissertationen/schulze-detlef-georgia-2004-06-10/PDF/schulze.pdf.

der/dies.: *Der Rechtsstaat in Deutschland und Spanien*. Überlegungen zum Forschungsstand (StaR★P. Neue Analysen zu Staat, Recht und Politik. Serie W. Bd. 2), Freie Universität: Berlin, 2006 (= a) (im internet unter der Adresse: http://userpage.fu-berlin.de/~dgsch/docs/StaR-P_w_2_Ueb_zumF-Stand.pdf).

der/dies.: *Lehren und Lehrstellen*, in: StaR★P 2006 (= b), 211-275 (im internet unter der Adresse: http://userpage.fu-berlin.de/~dgsch/docs/StaR-P_w_3d-Lehren.pdf).

der/dies.: Schiefe Antworten auf eine schiefe Frage gerade gerückt – oder: *Warum Globale Soziale Rechte nicht antikapitalistisch sind, aber linke Politik trotzdem Rechtsforderungen braucht*, bisher unveröff. Ms.: Cádiz, 2008 (eine Zusammenfassung ist im internet zugänglich: http://www. trend.infopartisan.net/trd0508/Buko%20GSR-Debatte_KURZ-FIN.pdf).

der/dies./Isabel Aguirre Siemer/Frieder Otto Wolf: *Geschlechtermetaphern als Machtressource in der Philosophie- und Rechtsgeschichte*. Erste Überlegungen anhand der Rede über Recht und Gesetz. Ms. 2007 (Veröffentlichung in Vorbereitung).

Schulze, Detlef Georgia/Sabine Berghahn/Frieder Otto Wolf, Vorwort: *Politik – Gute Herrschaft oder konfliktorische Praxis?*, in: dies. 2006b, 7-21 (= a).

dies. (Hg.): *Politisierung und Ent-Politisierung als performative Praxis* (StaR ★ P. Neue Analyen zu Staat, Recht und Politik. Serie A: Sammelbände und Monographien. Bd. 1), Westfälisches Dampfboot: Münster, 2006 (= b).

*StaR★P*. Neue Analysen zu Staat, Recht und Politik hrsg. von Detlef Georgia Schulze/Sabine Berghahn/Frieder Otto Wolf. Serie W: Working Papers. Bd. 3, Freie Universität: Berlin, 2006.

Stern, Klaus: *Das Grundgesetz im europäischen Verfassungsvergleich*, de Gruyter: Berlin/New York, 2000.

van Leeuwen-Turnovcová, Jirina: *Polarität von LINKS und RECHTS im Spiegel der Sprache*, in: Uta Grabmüller/Monika Katz (Hg.), *Zwischen Anpassung und Widerspruch*. Beiträge zur Frauenforschung am Osteuropa-Institut der Freien Universität Berlin (Multidisziplinäre Veröffentlichungen Bd. 3), Harrassowitz: Wiesbaden, 1993, 9-42.

Welskopp, Thomas: *Westbindung auf dem „Sonderweg"*. Die deutsche Sozialgeschichte vom Appendix der Wirtschaftsgeschichte zur historischen Sozialwissenschaft, in: Wolfgang Küttler/Jörn Rüsen/Ernst Schulin (Hg.): *Geschichtsdiskurs*, Bd. 5: Globale Konflikte, Erinnerungsarbeit und Neuorientierungen seit 1945, Fischer: Frankfurt a.M., 1999, 191-200.

ders.: *Grenzüberschreitungen*. Deutsche Sozialgeschichte zwischen den dreißiger und den siebziger Jahren des 20. Jahrhunderts, in: Conrad/Conrad 2002, 296-332.

Wittgenstein, Ludwig: *Philosophische Untersuchungen* (bis 1949), in: ders., *Werkausgabe*. Bd. 1, Suhrkamp: Frankfurt am Main, 1984[1], 1995[10], 225-580.

Wunder, Bernd: *Landstände und Rechtsstaat*. Zur Entstehung und Verwirklichung des Art. 13 DBA, in: *Zeitschrift für historische Forschung* 1978, 139-185.

Stand der internet-links:
10.01.2009

# IV. Vom Vater Staat zum rechten Staat?
## Nationale und geschlechtliche Indentitäten seit den anti-napoleonischen Kriegen

*Gabriele Kämper*

## Einleitung: Imaginationen, Rhetorik, Bilder der Macht: Nationale Diskurse und die Rede vom Geschlecht

### Geschlecht und Herrschaft

Der Bogen des Rechtsstaat-Vergleichs zwischen Spanien und Deutschland im Kontext der Sonderwegsthesen ist weit gespannt. Die Frage nach nationalen Strategien der Ent-Politisierung und Demokratie-Vermeidung erscheint mir für die thematische Fokussierung auf die geschlechtliche Inszenierung des Nationalen und die nationale Behauptung im Zeichen des Maskulinen besonders bedeutsam. Das Geschlechterverhältnis wie das Nationale werden in politischen und gesellschaftlichen Diskursen immer wieder der Dimension des Gesellschaftlichen entzogen und einer Sphäre des Vorgängigen, Natürlichen oder Göttlichen übergeben. Inwieweit damit Strategien nicht nur der Demokratie-Vermeidung, wie es zurückhaltend im Titel der Konferenz, aus der die vorliegende Publikation hervorgegangen ist, hieß, sondern auch eine aggressive Bekämpfung von demokratischen Verfasstheiten zusammenhängen, ist meine Frage. Vor dem Hintergrund meiner eigenen Forschungen zu nationalen Diskursen sehe ich den antidemokratischen Impetus nationaler Rhetoriken gerade durch die reichhaltige Geschlechtermetaphorik vermittelt (Kämper 2005). Ein nicht unwesentliches Attraktivitätsmoment dieser Diskurse besteht darin, Ungleichheit geschlechtlich zu besetzen und damit plausibel und – aus der Perspektive hegemonialer Männlichkeit – zustimmungsfähig zu machen. Antidemokratisches Denken basiert auf Denkfiguren der Ungleichheit, und das Geschlechterverhältnis bietet wesentliche Ansatzpunkte für soziale, politische, rechtliche und kulturelle Praxen und Rhetoriken, um diese Ungleichheit zu inszenieren, zu tradieren und zu legitimieren. Von daher bedeutet die Anbringung von Geschlecht als analytische Kategorie bei der Befragung nationaler Diskurse immer auch die Frage nach Herrschaft, Unterordnung, Ungleichheit und den zu ihrer Anwendung vorgebrachten Legitimationsstrategien. Die Frage nach der geschlechtlichen Untersetzung nationaler Diskurse ist nicht nur die Frage nach dem Geschlecht von Akteurinnen und Akteuren, mehr als Frauenforschung und noch weniger ein Annex zur Erweiterung des Forschungsgegenstandes, vielmehr bedeutet diese Fragestellung die analytische Befragung von Herrschaftsverhältnissen und Legitimationsrhetoriken, die in konkreten historischen *settings* wirksam sind. Dass der Blick auf Männer auch eine Perspektive der Geschlechterforschung sein kann, ist im Kontext des hier dokumentierten Forschungszusammenhanges keine Frage mehr. Umgekehrt beschränkt sich allerdings eine Männerforschung, die ohne herrschaftskritische Analyse lebensweltliche Befunde zu Männern präsentiert, auf eine thematische Erweiterung des Forschungsgegenstandes, ohne der strukturierenden Dimension von Geschlecht gerecht zu werden.

## Sprache und Geschlecht

Im Zentrum jeder Beschäftigung mit Geschlecht steht die Auseinandersetzung mit einem unentrinnbaren System binärer Rasterungen, die zum einen die in Opposition gesetzten Geschlechter beschreiben, zugleich aber auch Sprache und Denken strukturieren. Sie dienen so grundlegenden kulturellen Operationen wie der Etablierung und Aufrechterhaltung der symbolischen Ordnung, der Kontingenzbewältigung, dem Ordnen von Sinneswahrnehmungen sowie der Orientierung in Raum, Zeit und im Sozialen. Trennung und Grenzziehung sind ihre Instrumentarien. Die Philosophin Cornelia Klinger (1999, 24) nennt das Verfahren der Dualisierung von Natur und Gesellschaft im Namen der Ordnung „Kompartimentierung". Geschlecht ist zugleich entscheidender Ordnungsfaktor und Horizont dieses Verfahrens, vor dem es kein Entrinnen gibt, wie Andrea Maihofer (1999, 74) es formuliert: „Aufgrund der binären Struktur unseres Denkens und seinen dichotomen Oppositionen zwischen Natur und Kultur, Körper und Geist, Materie und Bewusstsein stehen wir unweigerlich vor dem Dilemma, 'Geschlecht' nur innerhalb dieser binaren Logik denken zu können." Deskriptiv verstanden wird so das unauflösliche und synchrone Ineinander von Geschlecht und Denkstruktur als Zirkel erkennbar: Wahrnehmung sortiert sich in Dualismen – Dualismen sortieren sich nach Geschlecht – Geschlecht gestaltet die binären Terme aus – ob der Binariät des Denkens lässt sich Geschlecht nur als duale Struktur denken. In der Sprache schafft sich dieser Zirkel Präsenz und Wirkungsmacht. Wenn Geschlecht in nationalen Diskursen Emotionen hervorruft und dadurch Zustimmung und Ablehnung produziert, dann werden stets auch die der Sprache innewohnenden Wertungen hierarchisierter Geschlechterkonnotationen abgerufen.

Die Geschlechterdualität ist Effekt der bürgerlichen Moderne und zugleich konstitutiv mit dieser verbunden. Männlichkeit und Weiblichkeit sind zentrale Ordnungskriterien und Assoziationsfelder modernen Denkens, Fühlens und Handels, die schließlich, mit Männlichkeit als positivem Wert, hierarchisch normiert und gewertet sind. Maihofer (1995, 100) spricht von einer „unendlichen Kette binär-hierarchischer, 'männlich-weiblich' konnotierter Oppositionierungen", die als wertende Zuschreibungen jeden Bereich menschlicher Existenz erfassen. Die dichotomische Struktur des westlichen Denkens lasse sich daher vom herrschenden Geschlechterdiskurs nicht trennen (ebd., 101).

Jedem Dualismus wohnt strukturell „der Vorrang der Oberseite vor der Unterseite" inne (Klinger 1999, 32). Die Hierarchisierung der Dualismen erfolgt einerseits über die Normsetzung des Männlichen, die sich aus der männlichen Vormachtstellung ergibt. Andererseits erfolgt die strukturelle Privilegierung des Männlichen aus der Leugnung der gegenseitigen

Abhängigkeit der oppositionellen Pole, deren Komplementarität nur behauptet, nicht aber in ihrer dialektischen Dimension anerkannt wird. So sieht Klinger, wo sie sich auf die Opposition Öffentlich – Privat konzentriert, den Vorrang des Öffentlich-Männlichen vor allem darin gegeben, dass die dem Privaten zugeordneten Aspekte als Ergänzung der Sphäre des Öffentlichen erscheinen, womit diese in ein Abhängigkeitsverhältnis gesetzt sind, während die Abhängigkeit der öffentlich-männlichen Seite, also „die Abhängigkeit der Oberseite von der Unterseite verdunkelt bzw. geleugnet wird" (Klinger 1999, 32). Der Geschlechterdualismus wird als natürliche Komplementarität von Mann und Frau, von Weiblichem und Männlichem konstruiert und ideologisiert, die strukturelle Hierarchisierung und die Imagination der Autonomie und Nicht-Rückgebundenheit des männlichen Poles dieser vorgeblichen Komplementarität bleiben ausgeblendet.

Die Verallgemeinerung männlicher Standards beinhaltet eine noch weiterreichende Dimension, nämlich die in eins gesetzte Konstitution von Subjektstatus und Männlichkeit in der bürgerlichen Moderne (Maihofer 1995, 103). Subjekt-Sein und Mann-Sein konstituieren, stärken und reproduzieren sich wechselseitig. Für Frau-Sein und Subjekt-Sein gilt umgekehrt, dass sie sich, ungeachtet subjektiven Eigensinns, im Zuge der Ideologieproduktion der Moderne gegenseitig ausschließen. Das Andere des Männlichen wird als Weibliches objektiviert, um das Männliche zu spiegeln und zu konturieren, und darin muss es hierarchisch untergeordnet sein. Die ideologische und strukturelle Hierarchisierung der Geschlechter fällt damit in eins (Kuhlbrodt 2000).

Inwieweit die Mühsal der Aufrichtung und Aufrechterhaltung des männlichen Subjekts auch die Konfiguration innerpsychischer Strukturen bestimmt, ist bei der Auseinandersetzung mit der Geschlechtlichkeit von Diskursen eine leitende Frage. So wie das männliche Denken der Welt vermittels dualistisch hierarchisierender Verfahren von Trennung und Grenzziehung Herr werden will, so wird auf der psychischen Ebene des Mannes die nicht zu bewältigende Fülle der Anforderungen, die Bewältigung von Sterblichkeit, Chaos und unbeherrschbarer Sinnlichkeit, abgespalten (Klinger 1999, 25 f.). Die mit dem Schein der Natürlichkeit auftretende und verführende Ordnung der Geschlechter lässt sich damit lesen, analysieren und in den rhetorischen Figuren aufspüren und identifizieren.

Angesichts der Bedeutung binärer Strukturen als Organisationsstruktur politischer Diskurse (Luutz 1994) und als Grundformation geschlechtlicher Codierung von Sprache und Denken lässt sich bei der Analyse nationaler Diskurse – wie politischer Rede überhaupt – davon ausgehen, dass semantische Dichotomisierungen und grammatikalische Positionierungen ein symbolisches Kapital im Streit um die Deutungsmacht von Realität darstellen.

Die Dichotomie ist die vornehmliche sprachliche Struktur zur Symbolisierung von Macht: Die Historikerin Joan Scott (1986) bezeichnet das System der binären Oppositionen als grundlegend für jede Beschreibung von Geschlechterdifferenz, das immer wieder reflektiert, in Frage gestellt und dekonstruiert werden muss. Geschlecht ist nicht allein konstituierendes Element aller sozialen Beziehungen, sondern aufgrund seiner Eingeschriebenheit in die Sprache Indikator und Merkmal von Machtbeziehungen und Mittel zur Symbolisierung von Machtpositionen. Geschlecht indiziert und symbolisiert Macht, es ordnet semantische Felder und reguliert den Austausch zwischen ihnen nach der Logik analog zu setzender Machtpositionen. Radikal gewendet bedeutet das, dass das Herrschaftsverhältnis zwischen Männern und Frauen die einzige tatsächliche Geschlechterdifferenz ist (vgl. Metzner 1996).

## Vier nationale Diskurse

Vor dem geschilderten methodischen Hintergrund will ich mich anhand der Beiträge von Teresa Sanislo, Christiane Eifert, Carolyn Boyd und Teresa Orozco[1] damit auseinandersetzen, wie die in diesen Texten präsentierten nationalen und geschlechtlichen Diskurse die Perspektive für die Analyse von Herrschaftsverhältnissen unter dem Aspekt der diskursiven und imaginären Inszenierung von Handlungsräumen und Interpretationsspuren öffnen, und daran anschließend einige Ergebnisse meiner eigenen Forschungen zum Diskurs der neuen intellektuellen Rechten in der Bundesrepublik der 90er Jahre darstellen.

Die verhandelten Beiträge benennen diesen Konnex aus unterschiedlichen Perspektiven.

Teresa Sanislo untersucht spätaufklärerische pädagogische Schriften und dahinterstehende reformatorische Praxen der Leibeserziehung im Deutschland des späten 18. Jahrhunderts.

Christiane Eifert analysiert Praxen und Habitus preußischer Landräte als Herrschaftsform zwischen patriarchaler Autonomie im Lokalen und den zunehmenden Zwängen hierarchischer Administration. Standesbewusste Männlichkeit ist die zentrale Qualifikation dieser ein wenig zwischen den Zeiten hängenden Form lokaler Herrschaft.[2]

Mit dem Papier von Carolyn Boyd wenden wir uns Spanien zu. Ihr Gegenstand sind die Wechsel in der spanischen Geschichtsschreibung, insbesondere im Unterrichtswesen, im Zusammenhang mit nationalen Herrschaftsformen und deren Legitimation. Als besonders wirkungsmächtig streicht sie das Konzept einer dem Willen des Volkes entzogenen spanischen Eigentlichkeit heraus, das demokratische Vorstellungen per se in den Bereich des Unspanischen verweist.

Das Papier von Teresa Orozco schließt unmittelbar an diese antidemokratische Selbstkonzeptionalisierung an. Sie zeichnet die katholisch inspirierten Herrschaftsvorstellungen des spanischen Juristen Donoso Cortés in den politischen Theorien Carl Schmitts nach. Mit dieser spanisch-deutschen Begegnung ist zugleich ein Ansatzpunkt für die Diskussion der spanisch-deutschen Gemeinsamkeiten in der Ablehnung französisch-revolutionärer Gleichheitsideale oder angelsächsischen demokratischen Pragmatismus gegeben.

Teils implizit, teils explizit korrespondieren die Texte in der Frage nach Herrschaftslegitimation und den darin gebundenen Geschlechterdiskursen. Dabei treten unterschiedlich stark soziale Praxen und theoretische sowie rhetorische Diskurse in den Vordergrund.

---

1    Siehe die Beiträge der Autorinnen in diesem Band.

2    Ich danke Detlef Georgia Schulze für den Hinweis, dass Rudolf von Gneist in seiner Schrift über den „Rechtsstaat und die Verwaltungsgerichte" am Ende des 19. Jahrhunderts den Rechtsstaat als ein Produkt des Übergangsstadiums aus dem ständischen in die staatsbürgerliche Gesellschaftsordnung charakterisiert hatte. Der zeitgenössische Blick formuliert hier einen Befund, der den Handlungsraum der von Eifert analysierten Akteuren bestimmt, diesen aber nicht bewusst gewesen sein wird.

## Die Sorge der Philanthropen um die Jugend

Teresa Sanislo nimmt sich der Fragestellung nach Herrschaft und Geschlecht anhand eines äußerst spannenden Textkorpus an: sie befasst sich mit den Schriften der Philanthropen, einer Gruppe spätaufklärerisch gesonnener Pädagogen und Theologen, die in der 2. Hälfte des 18. Jahrhunderts die Unterrichtsprinzipien im deutschen Erziehungswesen reformieren wollten. Ein bedeutender Programmpunkt der Philanthropen, zu deren wichtigsten Vertretern Johann Bernhard Basedow (1724-1790), Christian Gotthilf Salzmann (1744 – 1811) und Ernst Christian Trapp (1745 – 1818) gehörten, war die Körpererziehung von Kindern und Jugendlichen. Eine Wiederbelebung der griechischen Gymnastik, einhergehend mit frischer Luft, karger Ernährung und grundsätzlich der Idee der Abhärtung sollte zum Vorteil der heranwachsenden Jugend gereichen. Teresa Sanislo situiert die Ideen dieser inzwischen zu den Gründungsvätern der Reformpädagogik geadelten Pädagogen im Kontext einer sich neu formierenden Geschlechter- und Standesordnung im ausgehenden 18. Jahrhundert und fragt nach den Implikationen der Leibesbeziehung für männliche und weibliche Körpervorstellungen, wie auch nach dem Spannungsverhältnis zwischen der auf Rationalität und Verstandesprinzipien orientierten Aufklärung und der gleichzeitigen Fokussierung der Philanthropen auf die Körper der Eleven und – tatsächlich – auch Elevinnen. Sanislo befragt diese Spannung explizit in kritischer Reformulierung feministischer Analysen, die in der Zeit der Spätaufklärung eine Neuformulierung und Zuspitzung der Dualität der Geschlechterzuschreibung erkennt, zu deren binärer Grundstruktur die Entgegensetzung von männlicher Ratio und weiblicher Körpergebundenheit gehört. In dem Maße, indem religiös und sozial vermittelte Geschlechterordnungen der frühen Neuzeit an Gewicht verlören, setzten sich Konzepte einer natürlichen und unaufhebbaren Unterschiedlichkeit und Komplementarität der Geschlechter durch. Die Sphären des Naturhaften und des Gesellschaftlichen schieden sich entlang der Geschlechter, die Sphäre des Öffentlichen und des Privaten, und damit die wirkungsmächtigste Ausschlussfigur für Frauen, erwuchsen scheinbar naturwüchsig aus dieser Scheidung der Geschlechter. Die vehemente Verkörperlichung von Frauen entlässt den Mann in die Sphäre körperloser Rationalität. Die Hochkonjunktur weiblicher Allegorisierungen der Institutionen moderner Männlichkeit im 19. Jahrhundert präsentiert dieses eindrucksvoll, einhergehend mit dem vollständigen Ausschluss von Frauen aus diesen Institutionen.

Sanislo stellt dieser feministischen Lesart der Geburt der Moderne die jüngere Männlichkeitsforschung mit ihrer Betonung unterschiedlicher, auch körperlicher Männlichkeiten zur Seite und fordert eine Erweiterung der Forschungsperspektiven, um sowohl die Binarität der Geschlechterkonstruktionen als auch die Körperbezogenheit aufgeklärter Männlichkeitskonzepte in den Blick zu bekommen.

Die Sorge der Philanthropen – so der Befund von Sanislo – galt dem Erhalt einer robusten Männlichkeit, die sie vor allem von modernen Lebensstilen bedroht sahen. Unter dem Stichwort der Degeneration wurden Luxus und feine Speisen, warme Räume, Federbetten und zuviel Sitzen und zudem eine überwiegend geistige und intellektuelle Beschäftigung im Alltag der Heranwachsenden gegeißelt. Der Effekt sei eine unnatürliche und unakzeptable *Weichlichkeit*, die die Jugend, und damit die Nation, schwächlich und kränklich mache.

Die Antwort der Philanthropen darauf war ein rational begründetes Management der jugendlichen Körper, das Bewegung, Ernährung, Kleidung, Schlafgewohnheiten etc. unter dem Begriff der *Abhärtung* zusammenbrachte.

Der geschlechtlich konnotierte Gegensatz von *Weichlichkeit* und *Abhärtung* wird weidlich sowohl metaphorisch wie explizit ausgeschlachtet, wobei, auch das ein Befund, der traditionsbildend wirkt, die Verweichlichung und Verweiblichung der männlichen Jugend das Problem darstellt. Der heranwachsende männliche Körper, das kann Sanislo anhand der philanthropischen Schriften überzeugend herausstreichen, geht auf in einem imaginierten Vaterland, das von männlichen Tugenden der Wehrhaftigkeit geprägt ist. Der Mann soll Beschützer seiner Familie sein, produktives Mitglied der Gesellschaft, aufopferungsvoller patriotischer Bürger. Erst dann ist er ein „richtiger Mann", wie Basedow sagt. Dazu bedarf er der philanthropisch inspirierten Erziehung. Der heranwachsende männliche Körper soll sich stählen und gesunden, und er soll das im Namen der Geschlechterordnung, der sozialen Ordnung und des Vaterlandes gleichermaßen tun. Die so projektierte Männlichkeit vereint rationale und physische Stärke in sich, überwindet den Dualismus von Körper und Geist, und balanciert rationale und heroische Männlichkeitskonzepte aus. Sie bietet eine zugleich soziale und symbolische Ordnung an: Der männliche Körper des Mannes wird als Garant der Ordnung in Familie, Gesellschaft und Nation gedacht, zugleich fließen Attribute des Männlichen und des Nationalen in eins. Der Mann *ist* die Nation, insofern er wie diese stark und wehrhaft ist. Und er ist zugleich nicht die Nation, weil er sie mit seiner Männlichkeit verteidigt. An diese Doppelung lässt sich die Frage anschließen, inwieweit feministische Theoreme von der weiblich imaginierten Nation, die es zu verteidigen gilt, nicht auch mit einer männlich imaginierten Nation im oben geschilderten Sinne kongruent gehen. Dass die Körpererziehung der Philanthropen für Mädchen die geforderte Abhärtung genau in den Kontext ihrer Gebärfähigkeit stellt, verstärkt diese Doppelung: die männliche Stärke soll insoweit auch in den weiblichen Körper einfließen, als männliche starke Körper von diesem geboren werden sollen.

Teresa Sanislo bezieht die romantisierenden Blicke der Philanthropen auf die starken germanischen Vorfahren, auf die guten Wilden als die Anderen und auf die hart arbeitenden Bauern mit ein und konturiert damit deren elitäre, auch koloniale Perspektive. Ihr Ausblick verweist auf die Verdichtung zwischen Männlichkeit, Nationalismus und Erziehung in den kommenden Generationen. Interessant scheint mir, inwieweit die Imaginationen geschlechtlicher Körper und die Imaginationen genealogischer Nationalität eine tragfähige Verbindung für die Moderne eingehen.

## Drei Imaginationen preußischer Landräte

Christiane Eifert wendet sich mit ihrer Analyse der spezifischen Herrschaftsform preußischer Landräte einer sozialen Praxis zu, die stark von den unterschiedlichen Anforderungen auf verschiedenen sozialen Ebenen geprägt ist. Die preußischen Landräte des 19. Jahrhunderts übernehmen eine doppelte und zugleich eine Scharnierfunktion, indem sie die Spitze der lokalen Herrschaft, zugleich aber auch die Repräsentanz der staatlichen Verwaltung im Kreis darstellen. Ihre Aktionsebenen sind zum einen der Stand der Rittergutsbesitzer, dem sie selbst angehören, zum zweiten die preußische Behörde, die Innenverwaltung, bei der sie angestellt sind, und zum dritten der Kreis mit seiner Bevölkerung und untergeordneten lokalen Amtsinhabern wie Bürgermeistern oder Dorfschulzen. Auf diesen drei Ebenen agieren die Landräte, und jede dieser Ebenen fordert ihnen, wie Eifert anschaulich und plausibel schildert, einen spezifischen Verhaltenskodex und Habitus ab. Diese Herausforderungen an Flexibilität und Verhaltensrepertoire haben, so Eifert, die Performanz ständischer, ökonomischer und staatlicher Macht in dichter sozialer Praxis zur Folge. Die sozial nicht zur Disposition stehende Männlichkeit des Amtsinhabers beruht dabei nicht, wie es die Konzentration der einschlägigen Forschung nahelegt, auf militärischen Männlichkeiten, sondern auf einer Männlichkeit, zu deren Ausweis vor allem kommunikative Fähigkeiten gehören, die zur Beweisführung ihrer Autorität allerdings ständischer und ökonomischer Privilegien bedürfen.

Ein kursorischer Blick über die drei von Eifert herausgestellten Aktionsfelder der Landräte zeigt, wie fragil deren Habitus und performative Bestätigung von Macht sind, und wie weit, so meine Beobachtung, diese Machtausübung auf der aktiven Bewirtschaftung verschiedener Imaginationen über die eigenen Handlungsräume beruht.

Der erste Aktionsraum des Landrates ist der ständische. Legitimiert, das heißt gewählt wird der Landrat von seinesgleichen. Kandidieren kann nur, wer über Rittergutsbesitz verfügt. Die Selbstrekrutierung der lokalen Elite ist damit gesichert. Das Amt bekam der Landrat nicht nur von seinesgleichen verliehen, er übte es auch in ihrem Kreis aus. Die extrem schlechte Ausstattung des Amtes erforderte es, Räume auf dem eigenen Gut bereitzustellen, Reisen mit den eigenen Pferden zu unternehmen, Quartier auf befreundeten Gütern zu machen, usw. Gutsherrschaftliche und staatliche Herrschaft gingen ineinander über, verwandtschaftliche und ständische Kommunikation über Amtliches, Berufliches, Familiäres ebenso. Der daraus erwachsende Habitus ist ständisch, autark und paternalistisch. Der Gutsherr agiert als *primus inter pares*, seine tragende Imagination ist die der Verpflichtung gegenüber der eigenen Gruppe unter Ausblendung der Verpflichtungen gegenüber seinem Dienstherrn. Aufbrechende Konflikte zwischen Landrat und anderen Gutsbesitzern inszenieren diese Imagination der Ausblendung: Brächte ein Landrat den Konflikt vor den Regierungspräsidenten, um von dort Unterstützung zu erlangen, ginge er seiner Autorität vollständig verloren. Die Imagination autarker Autorität muss aufrechterhalten werden, auch um den Preis der Aufgabe einer konsequenten Amtsführung.

Die Interaktion mit der Innenbehörde, der zweite Aktionskreis eines Landrates, ist von einer ähnlichen Imagination der Ausblendung geprägt. Dem ständischen Selbstverständnis der Landräte entsprechend, interpretieren diese ihre Funktion als Stellvertretung und Repräsentanz des Königs. Ihr tatsächlicher Interaktionspartner, der Innenminister und seine Behörde, wird vor allem als störende Zwischeninstanz verstanden. Die Imagination einer unmittelbaren Vertretung des Königs schließt an die Form alter Polizei-, Gerichts- und Kirchenherrenfunktion der Landräte an. Die Verwaltung, so lässt sich der Analyse von Eifert folgen, scheint an diesem Punkt nachsichtig gewesen zu sein. Die Landräte wurden weitgehend darin bestärkt, ihr Amt als Ehrenamt zu verstehen, und die Auswahl erfolgte nach

Kriterien, in die vor allem Attribute eines landesherrlichen Habitus einflossen, und deutlich weniger formale Qualifikationen oder ein beamtliches Dienstverständnis. Die Imagination autarker Herrschaft erlaubte dem Landrat, sein ständisches Verständnis von Herrschaft in soziale Praxis umzusetzen. Solange er dafür die persönliche Autorität, Entscheidungsfreude und Kommunikationsfähigkeit aufbrachte, funktionierte diese Form der Subsidiarität der Machtausübung. In dem Maße, in dem nach 1848 Kontrolle und Disziplinierung seitens der Behörde strikter wurden, konnten sich die Landräte allerdings nur durch Verweigerung und Ausweichen entziehen. Die Imagination der Autarkie erlaubte keine offensiveren Strategien. Die daraus resultierende innere Entmachtung versteht Eifert zu Recht als eine Form der Entmännlichung, der die habituellen Formen landrätlicher Männlichkeit nichts entgegen zu setzen hatten.

Die dritte Aktionsebene der Landräte ist der Kreis selbst, das Territorium ihrer Herrschaft. Gegenüber den Bewohnerinnen und Bewohnern seines Kreises imaginiert sich der Landrat gern als paternalistisch fürsorglicher Regent. Seinem ständischen Selbstverständnis entsprechend, versteht er sich auch hier – unter Ausblendung seiner Eingebundenheit in die hierarchische, zweckrationale Administration – als Vertreter des Königs. Er spricht von Liebe, Vertrauen und Wohlwollen, von Pflicht und Ehre, und personalisiert damit seine Funktion. Dem steht die Praxis seines Amtes entgegen, die ihn vornehmlich mit niederen Amtsträgern in Kontakt kommen lässt. Die persönliche Bindung ist eine Imagination, die das paternalistische und autarke Selbstverständnis stützt. Die emotionale Bindung der Bevölkerung an das Königshaus sucht er über seine Person zu vermitteln. Interessant ist die Beobachtung Eiferts, dass die fürsorglich intendierten Interventionen der Landräte in der Verwaltung eher erfolglos waren. Ihrem Selbstverständnis als Landesvater scheint das keinen Abbruch getan zu haben.

Auf allen drei Ebenen lässt sich feststellen, dass es Imaginationen ständischer autarker Männlichkeit sind, auf denen die Amtsausführung der Landräte basiert. Vor dem Hintergrund von Eiferts Beobachtung, dass die vornehmlich kommunikativ exekutierte Amtsführung der Landräte auf eine andere als die oft benannte militärische Männlichkeit Preußens verweist, lässt sich darin ein, wenn auch imaginäres, so doch bewährtes Legitimationspotential männlich verbürgter Herrschaft finden.

## Das noble Spanien und der Verzicht auf Geschichte

Mit dem Paper von Carolyn Boyd begeben wir uns nunmehr in das Spanien des 19. Jahrhunderts. Wieder geht es, wie bei Teresa Sanislo, um den Konnex zwischen Erziehung und Nation, bei Boyd allerdings um den deutlich unmittelbareren Zusammenhang zwischen Geschichtsschreibung, Geschichtsunterricht und schulischen Geschichtsbüchern einerseits und dem Entwurf nationaler Selbstbilder und Herrschaftslegitimation andererseits. Boyds Gegenüberstellung der liberalen Geschichtsentwürfe und Schulbücher zur Mitte mit denen der Restaurationsphase im letzten Drittel des 19. Jahrhunderts erbringt überraschende Ergebnisse. Der Fokus ihrer Untersuchungen liegt auf der Vermittlung spanischer Geschichte in Abhängigkeit von nationalen Selbstentwürfen und Herrschaftslegitimationen. Ein Schwerpunkt der nationalen Geschichtsschreibung der Restauration besteht dabei in der Konstruktion einer zeitlosen spanischen Eigentlichkeit, die von männlichen und aristokratischen Werten geprägt ist, und die per se jeder Demokratisierung entgegensteht.

Boyd liest in der Geschichtspolitik der spanischen Liberalen im frühen 19. Jahrhundert – nach den Kämpfen gegen Napoleon und der Verkündung der Konstitution 1812 in Cádiz – das klassische Projekt nationaler Identitätsfindung im Zuge der Herstellung nationaler Einheit. Ein historisches Narrativ, verstanden als kollektive Erinnerung, soll die nationale Identität begründen. Entscheidende Figur des liberalen Narrativs ist das Volk, „el pueblo". Ob Reconquista oder Aufstand gegen Napoleon, die liberale Geschichtserzählung fokussiert auf das Volk als Akteur und Träger nationaler Souveränität. Dem Geschichtsunterricht wird große Bedeutung beigemessen, das spanische Volk als Adressat und Akteur von Geschichte gleichermaßen hofiert und in einem in nationalen Diskursen eher ungewöhnlichem Tenor die demokratische Verfasstheit als Ausdruck spanischer Nationalität beschworen.

Die Geschichtspolitik der Restauration erweist sich als das Gegenteil. Der Geschichtsunterricht an Schulen wird radikal gekürzt, die Elementarerziehung, und damit so gut wie die gesamte Bildung für Mädchen, wird auf biblische Geschichte reduziert, nationale Geschichte kaum gelehrt. Vaterlandsliebe und Autoritätsgläubigkeit in den unteren Klassen sowie Nationalbewusstsein und Loyalität in der weiterführenden Schule stehen auf dem Lehrplan. Der heimliche Lehrplan unterstreicht diese Ausrichtung: Hierarchie und Frontalunterricht, Auswendiglernen und Faktenwissen bestimmen den Unterricht. Das Volk verschwindet als Akteur, während Könige und Helden den historischen Raum bevölkern.

Der zunächst überraschende Befund der Abkehr von einer schulisch betriebenen, national inspirierten Geschichtsunterweisung in den Zeiten der Restauration findet eine wichtige ideengeschichtliche Erklärung in dem von Boyd zur Kontextualisierung ihrer Befunde herangezogenen Motiv der als innere Konstitution bezeichneten spanischen Eigentlichkeit. Der Begriff geht auf den Historiker und zeitweiligen spanischen Ministerpräsidenten Antonio Cánovas del Castillo zurück, der damit eine spezifische Figur der Legitimation autokratischer Herrschaft bereitstellte. Er sieht in einer teleologischen Schleife die Monarchie als notwendigen Endpunkt spanischer Geschichte und diese damit an ihr Ende gekommen. Gott, Geschichte und Natur stehen in der unwandelbaren Nation dem Wankelmut des Volkes entgegen.

Diese eher tautologische Beweisführung wird durch eine reichhaltige Attribuierung mit Insignien des Männlichen und Aristokratischen untermauert. Die spanische Nation und der spanische Nationalcharakter werden als geschichtslos präsentiert, was auch das Desinteresse der Restauratoren an der Geschichtsschreibung als solcher erklärt. Zeitlos und unveränderlich, dem Handeln der Menschen und dem Willen des Volkes entzogen, erscheint das spanische Eigentliche als natürliche Gegenposition gegen demokratische Bewegungen. Ideologisch abgerundet wird dies durch die Abgrenzung des noblen und geistvollen Spanien gegenüber dem atheistischen Frankreich und dem materialistischen Großbritannien. Die Konflikthaftigkeit von Geschichte und Politik wird zugunsten einer als konfliktfrei imaginierten zentralen Herrschaft suspendiert. Boyd legt nahe, dieser Mischung aus a-historischem, a-politischen und sich selbstbegründenden Nationalkonzept, aus prä-modernem und prä-kapitalistischem Wertekanon und der Privilegierung elitärer und zeitloser Herrschaftsmodelle eine weit über die Zeit der Restauration hinausweisende Wirkungsmächtigkeit zuzuweisen. Es lässt sich in Bezug auf die Sonderwegsthese auch fragen, inwieweit nicht Muster einer anti-demokratischen Kulturkritik in beiden fraglichen Ländern sich in diesen frühen Artikulationen zeigen.

## Der spanische Lehrer des deutschen Dezisionismus

In dem Papier von Teresa Orozco findet sich vieles, was auch in den anderen drei Papieren erörtert worden ist, in expliziterer und zugespitzter Form wieder, nicht zuletzt auch deswegen, weil darin eine historische und ideengeschichtliche Radikalisierung antidemokratischer Ideologie verhandelt wird. Orozco befasst sich mit den frühen politischen Schriften des Staatsrechtlers Carl Schmitt, Vertreter der *Konservativen Revolution* (vgl. in diesem Band den Beitrag von Sabine Ribka) in Deutschland, ein bis heute gern von rechts und links gelesener Theoretiker, immer wieder zitiert mit seinem berühmten Diktum „souverän ist, wer über den Ausnahmezustand entscheidet". Der durch diesen Merksatz prägnant skizzierte Dezisionismus Carl Schmitts ist, so der Ansatzpunkt von Orozco, stark durch den spanischen Juristen Donoso Cortés (1809-1853) inspiriert worden. Cortés wirkte als Jurist, Diplomat, politischer Berater der spanischen Königin und Theoretiker in den dreißiger und vierziger Jahren des 19. Jahrhunderts. Von Orozco als eher marginale Figur in der politischen Idengeschichte markiert, fand er in Carl Schmitt einen aufmerksamen Leser für seine frühen Versuche, aus den Grundsätzen des Katholizismus eine Rechtfertigung und geschichtsphilosophische Legitimierung diktatorischer Herrschaft zu generieren. Er analogisiert in seiner Rede „Über die Diktatur", 1849 vor dem spanischen Parlament gehalten, Gottesherrschaft und Diktatur. Die von Gott vertretene, unteilbare, unfehlbare und allmächtige Herrschaft bürgt für Ordnung, die als hierarchisch und familial gedacht wird: Gott als Vater wird in der irdischen Ordnung durch die sakralisierte Macht des *pater familias* vertreten. Vaterschaft, hierarchische Ordnung und unteilbare Macht bilden ein ideales Prinzip dauerhafter, allwissender Herrschaft. Die diktatorische Macht auf Erden entspreche diesen Prinzipien, indem sie alle zwischen Regierung und Regierten vermittelnden Instanzen ausschalte und allein durch einen der göttlichen Schöpfung gleichenden Akt legitimiert werde. Gewaltenteilung, rationale Begründungen des Regierungshandelns, Aushandlungsprozesse – all das sei, so kann Orozco in einer feingliedrigen Ausdeutung zeigen, im wahrsten Sinne des Teufels.

Rhetorisch nicht unbegabt wagt Cortés eine fulminante Analogie: So wie Gott mit dem Wunder sein eigenes Gesetz breche, so breche der Diktator das Gesetz der Parlamente. Mit diesen Ideen wandte Cortés sich gegen die Französische Revolution und Vorstellungen aufgeklärter Regierung.

Sabine Ribka weist in ihrem Beitrag in diesem Band auf die Fortsetzung des deutsch-spanischen Austausches rechtskonservativer Intellektueller hin. Inspirierte Cortés den Staatsrechtler Carl Schmitt zu dessen Denkfigur des Dezisionismus, so nahm dieser, als Doyen der Konservativen Revolution, im Denken des spanischen Philosophen José Ortega y Gasset eine zentrale Position ein. Die von Schmitt radikalisierte Apotheose des männlichen Staates findet Eingang in die Staatskonzeption Ortega y Gassets, der in den virilen Barbaren des Nordens ein Vorbild für das Wiedererstarken kriegerischer und roher Staatlichkeit sah.

Schmitt übernimmt die Vorstellungen einer radikal in sich selbst – oder aus dem Nichts – begründeten Herrschaft in vollständig säkularisierter Form, in Orozcos Interpretation eine Herrschaft radikalisierter Männlichkeit, die als Letztbegründung politischer Herrschaft dient. Das von Nicolas Sombart (1991) so bezeichnete „Carl-Schmitt-Syndrom" gibt Aufschluß über die geschlechtliche Wut seines Denkens. Sombart zielt auf einen Komplex von tiefenpsychologisch gedeuteten Triebstrukturen einer ganzen Generation „deutscher Männer", die durch die Angst vor dem Weiblichen, Kastrationsängste und die Verdrängung homoerotischen Begehrens geprägt waren. Sombart kommt zu dem Ergebnis, dass Schmitts Begriffe und Positionen letztlich den Dualismus der Geschlechter nachzeichnen, obwohl er diesen nie explizit benennt.

Überzeugend legt Teresa Orozco dar, wie Momente der Selbstzeugung, die Verachtung von Rückbindung und Verantwortung, die Absage an eine von den ihr Unterworfenen legitimierte Regierung, die Verachtung für die Masse und eine radikale Differenz zwischen der Kreatürlichkeit der Unterworfenen und der Autarkie der Herrschenden sich zu einem Bild radikaler männlicher Souveränität zusammenfügen. Die faschistischen Führer des 20. Jahrhundert realisieren diese Form gegenrevolutionärer Willkür als grandios inszenierten Terror.

In Durchbrechung dieser Grandiosität weist Orozco mit nüchterner Geste darauf hin, dass sich hinter der vermeintlichen Allmacht des dezisionistischen Diktators die wirklichen Machtbildungsprozesse der Moderne verbergen. Auch hier findet sich also eine Imagination, die an die Herrschaftsform des Königs anschließt, dieses jedoch nur unter Ausblendung realer Machtverhältnisse tun kann.

## Bilder der Rhetorik

Die Legitimation von Herrschaft vollzieht sich vielfach in Appellen, Beschwörungen und Postulaten vermeintlich vorgängiger Wahrheiten, die in Form von Sprachbildern und Sprachfiguren gängig und abrufbar sind. Die von mir untersuchten Rhetoriken rechtsintellektueller zeitgenössischer Texte (Kämper 2005) weisen weitreichende Parallelen mit den in diesem Kapitel untersuchten Diskursen auf, sie verzahnen diese jedoch auch mit grundlegenden Fragestellungen von Rechtsstaat, Rechtsstaatbegrifflichkeit und deren Genese. Einige argumentative und bildliche Figuren, die sich zentral in der Verhandlung von Recht und Gerechtigkeit situieren, möchte ich kurz anführen.

Grundlegend für rechtsstaatliche Fragestellungen sind Position und Rechte des Individuums. Ein Staatsverständnis, das das Kollektiv, die Nation, das Volk über das Individuum stellt, muss dessen Ansprüche abwehren. Dem entspricht eine ideologische Situiertheit, die dem angloamerikanischen Ideal des *Pursuit of happiness* ebenso entgegentritt wie den Gleich-heits- und Menschenrechtspostulaten der Französischen Revolution. So behauptet Reinhart Maurer, die „milliardenfach angestrebte 'Selbstverwirklichung' ('pursuit of happiness') durch technisch-sozialtechnisch vermittelte Befriedigung von Bedürfnissen" sei der „effektivste Weg zum Ende der Geschichte" (Maurer 1994, 82), womit die deutsche Geschichte gemeint ist, wie es Heimo Schwilk mit polemischen Worten klarstellt:

> „Das Lustprinzip als kategorischer Imperativ der Gesellschaft – als Maxime des Handelns hat allein zu gelten, was Spaß macht – ist eine zu klassische Forderung des Liberalismus, als daß man es zu einer deutschen Spezialität erklären könnte, ist doch die 'pursuit of happiness' verbrieftes Verfassungsrecht auch in den USA: Aber als aus leidvoller Geschichtserfahrung destilliertes The-rapeutikum gegen die Renationalisierung der Deutschen erschien das Lustpostulat in seiner deut-schen Einkleidung von Anfang an als besonders erfolgversprechend." (Schwilk 1994, 395).

Mit dem gleichen rhetorischen Furor kanzelt Ulrich Schacht jede historische und rechtli-che Würdigung der Französischen Revolution ab:

> „Der macht-politisch wirksame Effekt derartig kurzschließender Tugend- und Heilssysteme, wie sie sich seit 1789 national und international entwerfen, um national und international unterwerfen zu können, heißt: Klassen- oder Rassen-, in jedem Fall aber Massenterror. Es geschieht, seit dieser Zeit, auf *moderne* Weise, also *systematisch*: Zunächst im Kopf, dann – als Kopf-ab-Ritual – auf dem Marktplatz oder aber hinter den Bergen bei den Sieben Zwergen [...]." (Schacht 1994, 58).

Im Fokus des Interesses der Neuen intellektuellen Rechten, die einen neuen gesellschaftlichen Konsens erzielen will, stehen weiterhin Veränderungen der bundesdeutschen Gesellschaft seit oder in Folge der politischen und emanzipatorischen Bewegungen nach 1968. Die Fol-gen von 68 sollen insgesamt als negativ bewertet und eine Rückbesinnung auf die zuvor gel-tenden Werte eingeleitet werden. Mit Begriffen wie Pluralismus, Beliebigkeit, Entwurzelung, Bindungslosigkeit, Emanzipation, *Laisser-faire*-Pädagogik, Hedonismus, Individualisierung, Selbstverwirklichung, *pursuit of happiness,* Konsumismus, Selbstbefriedigung, Spaßgesell-schaft und Lustprinzip wird die Post-68er-Gesellschaft beschrieben, der Werte wie Verant-wortung, Gemeinwohl, Pflicht, Treue und Autorität abhanden gekommen seien.

Eine rechtsstaatliche Argumentation, die auf der Ablehnung individualrechtlicher Verfasst-heit zugunsten national-kollektiver Rechtsbegriffe fußt, macht Ingeborg Maus schon im Rechtsstaat-Diskurs des frühen 19. Jahrhunderts aus: Wenn „daß das Recht in 'seiner wahren Bedeutung' mit den inhaltlichen Geboten von Moral und Sittlichkeit zusammenfalle [solle], das Recht die 'Lebensordnung des Volkes zur Erhaltung von Gottes Weltordnung' und die Rechtspflege die Realisierung der Idee der Gerechtigkeit seien, so erfährt das Rechtsstaats-prinzip selbst eine materiale Aufwertung." (Maus 1978, 31). Damit ist zugleich die Frage des materiellen in Abgrenzung vom als rein formell diskreditierten und als liberal und jüdisch markierten Recht benannt. Die Philosophin Astrid Deuber-Mankowsky (2002, 102) expli-ziert dies in Bezug auf den konservativen Revolutionär und Staatsrechtler Carl Schmitt:

> „Das 'Gesetz' verkörperte für Schmitt den Inbegriff der Norm, des Sollens. Es war Ausdruck des verhassten Rechtspositivismus und wurde dem Vokabular 'des Feindes' zugeschlagen. Die

Inkarnation des mit dem Begriff des Gesetzes verbundenen Feindes stellt im schmittschen Kosmos der 'jüdische Liberalismus' dar. Ihm warf er vor, das Gesetz 'universal', 'abstrakt' und damit losgelöst vom 'konkreten' Boden, Volk und Staat und Leben zu denken ...

Die in Deutschland lebendige Tradition einer materiell gedachten Rechtsstaats-Begrifflichkeit zeigt sich z.B. in der Öffentlichkeitsarbeit der Bundesregierung, wo es heißt:

„Die bloß formale Bindung der Staatsgewalt an das Gesetz reicht nicht aus, um den Rechtsstaat zu bewahren. Hinzutreten muss die inhaltliche Bindung an eine höherrangige Wertordnung, zum Beispiel an das Naturrecht. Das formale Prinzip des Gesetzesstaates muss ergänzt werden durch das inhaltliche, materielle Rechtsstaatsprinzip." (Bundesverwaltungsamt 2007).

Die Abgrenzung sowohl von angelsächsischer *pursuit of happiness* als auch von französischer, als „exzessiv" wahrgenommener Volkssouveränität bestimmt den deutschen Rechtsstaats-Begriff des 19. Jahrhunderts mit seiner Überordnung der Rechts*substanz* über das parlamentarische, '*formelle*' Gesetz (vgl. den Beitrag von Detlef Georgia Schulze in Band 2 dieser Veröffentlichung).

Diese Traditionen greift die Rhetorik der neuen intellektuellen Rechten immer wieder auf, wenn sie Tiefe gegen Oberflächlichkeit, Wahrhaftigkeit gegen „Spezialistentum" und bloß „intellektuelle Voraussetzungen" (Thies 1994, 233 f.), „echtes Leben" gegen „linksbürgerliche Selbstreferentialität" (Bubik 1994, 194) und „Aufklärungsrituale" (Seebacher-Brandt 1994, 48) ausspielen. Wenn Botho Strauß die „Rechte in der Richte" (1994: 25) beschwört, aktualisiert er nicht nur ein historisch verbürgtes Vokabular der Rechtschaffenheit, sondern bindet eine vordemokratische Rechtsauffassung in ein zeitgenössisches politisches Projekt ein. Die Richte, so die Gebrüder Grimm, bezeichne die „richtige, normale Beschaffenheit" und trete vor allem in Wendungen wie „etwas in die Richte bringen" auf (Grimm 1893, Sp. 864). Der Begriff des Rechts fußt in diesem semantischen Kontext „auf eine dem allgemeinen bewustsein durchgedrungene gegliederte gesellschaftliche ordnung" und zeigt „als schlagwort die feste stellung eines jeden innerhalb solcher gliederung" an (Sp. 364). Der Rechte in der Richte – das ist das Programm einer rechtsintellektuellen Elite, die eine gute Gesellschaft nur in Formen des Ständischen, Statischen und Hierarchischen zu erkennen vermag.

## Rhetorik der Bilder

So wie Sprache sich in Bildern artikuliert, die Affekte und Ordnungsversprechen aktualisieren, sprechen photographische Bilder von der Ordnung und Anordnung, in denen Menschen repräsentiert werden. In dem Dreieck von photographiertem, photographierendem und betrachtendem Menschen werden Fragen von Objekt und Subjekt, Repräsentation und Beweis, Fixierung und Wiederholung, Lust und Schaulust virulent. Die fragile Position des Individuums, das in den Vorstellungen einer Rechtsstaatsidee, die sich übergeordneter Werte verpflichtet fühlt, von Ausschluss und Übergriff bedroht ist, zeigt sich auch in der Bildersprache der Exekution des Übergeordneten.

Judith Butler fragt angesichts der Fotos von Abu Ghraib, inwieweit die Präsentation des Leidens die Verantwortung gegenüber dem Leid der fernen Anderen beeinflusst (vgl. den

Beitrag von Judith Butler in Band 2 dieser Veröffentlichung). Dabei geht sie davon aus, dass diese Fotos innerhalb bereits ausgeformter Wahrnehmungsstrukturen rezipiert werden, die darüber entscheiden, ob die dargestellten Opfer als menschliche Individuen oder als ent-menschlichte Wesen dargestellt werden.

Ich möchte hier, im Kontext der anderen Beiträge, zur Analyse des Geschlechterverhältnisses, auf den Aspekt der inszenierten Homosexualität und auf die gewaltsame Entblößung und sexuelle Demütigung gefangener Frauen und Männern eingehen, die von US-amerikanischen Soldaten und Soldatinnen begangen wird. Butler zufolge zeigt sich in diesen gewaltsamen und ungesetzlichen Akten der Folter und deren Dokumentation ein innerer Zusammenhang mit der gewaltsamen und im weitgehend gesetzlosen Raum durchgeführten Zivilisierungsmission der US-Armee im Irak. Zugleich drücke sich darin die psychosoziale Beschaffenheit der von Homophobie und Mysogynie geprägten Armee aus. Die freie, emanzipierte Gesellschaft des Westens, die Frauenrechte und sexuelle Freiheit im Munde führe, wende diese Freiheit in Form von sexuellen Folterakten gegen die sexuell unfreien Muslime.

Mit dieser Mischung aus gewaltsamer Zivilisierungsmission und der exhibitionistischen Inszenierung der eigenen, externalisierten Homophobie und Mysgynie zeigt sich die maskulinistische Fundierung der amerikanischen Armee wie auch des amerikanischen Staates als kriegführendem Akteur. Der gesetzlose Raum in Abu Ghraib, Effekt eines völkerrechtswidrigen Krieges im Namen überordneter Werte, führt zu illegalen Akten, deren maskulinistische Markierungen auf ein Rechtsstaatsverständnis verweisen, in dem nicht die Rechte des Individuums, und damit die Letztbegründung, in den Menschenrechten selbst liegen, sondern in einem Legitimationsmodell, das Werte wie Nation, Demokratie oder Terrorbekämpfung über das Gesetz stellt. Diese Missachtung der staatlichen Selbstbindung durch das Gesetz erinnert nicht zufällig an das dezisionistische Staatsverständnis des antidemokratischen Staatsrechtlers Carl Schmitt. Zu dessen Bebilderung gehört auch die maskulinistische Phantasie autokratischer Machtentfaltung – in den Bildern von Abu Ghraib findet sie eine moderne, weil in den Facetten vorgeblicher Modernisierung gespiegelte Fortsetzung.

## Fazit

Im Zusammenlesen der vorgelegten Papiere lässt sich festhalten, dass die vielfältigen ideengeschichtlichen Motive und die Imaginationen der sozialen Praxis in den romantisierenden Rückzügen auf eine zeitlose heldenhafte Männlichkeit, auf unhinterfragbare und in der aggressiven Zuspitzung auf willkürliche Herrschaft ein breites, wenn auch fragmentiertes Feld antidemokratischer Impulse ergeben. Die Tradierungen dieser Motive und der damit einhergehenden Imaginationen stellen, so ließe sich diskutieren, einen Fundus geschlechtlich fundierter Bilder „guter Regierung" (vgl. in diesem Band den Beitrag von Georg Fülberth) dar, die autoritär, elitär und von hegemonialen Männlichkeitsvorstellungen strukturiert sind. Das Substrat antidemokratischer Diskurse erweist sich als affektiver und rhetorischer Appell an eine mal grandiose, mal paternalistische, in jedem Fall überlegene Männlichkeit. Ernst Jünger, der andere große Mann der Konservativen Revolution, bezeichnet seine Entwürfe kämpferischer Herrschaft als auf die Spitze getriebenes Mannestum, wobei er zugleich die Demokratie vernichtend als weiblich geißelt (1922,14).

## Literatur

Bubik, Roland: *Herrschaft und Medien.* Über den Kampf gegen die linke Meinungsdominanz, in: Schwilk/Schacht 1994, 182-194.

Bundesverwaltungsamt 2007: http://www.bund.de/nn_5916/Microsites/Deutsche-Demokratie/ Grundlagen/Rechtsstaat/Rechtsstaat-knoten.html__nnn=true.

Deuber-Mankowsky, Astrid: *Homo sacer, das bloße Leben und das Lager.* Anmerkungen zu einem erneuten Versuch einer Kritik der Gewalt, in: *Die Philosophin* 1/2002, 95-114.

Grimm, Jacob/Wilhelm Grimm: *Deutsches Wörterbuch.* Bd. 8, Leipzig, 1893.

Jünger, Ernst: *Der Kampf als inneres Erlebnis* (1922), Berlin, 1926[2].

Kämper, Gabriele: *Die männliche Nation.* Politische Rhetorik der neuen intellektuellen Rechten, Köln/Wien, 2005.

Dies.: *Der „Kult der Kälte": Figurationen von Faszination und Männlichkeit im Rückblick auf Ernst Jünger.* Ein Nachruf auf die Nachrufe, in: *Feministische Studien* 2/2000, 20-34.

Klinger, Cornelia: *„Für den Staat ist das Weib die Nacht".* Die Ordnung der Geschlechter und ihr Verhältnis zur Politik, in: *Zeitschrift für Frauenforschung*, Sonderheft 2: *Philosophie, Politik und Geschlecht.* Probleme feministischer Theoriebildung, 1999, 13-41.

Kuhlbrodt, Dietrich: *Die neuen Männerphantasien,* in: *die tageszeitung*, 20.10.2000.

Luutz, Wolfgang (Hg.): *Das soziale Band ist zerrissen.* Sprachpraktiken sozialer Desintegration, Leipzig, 1994.

Maihofer, Andrea: *Geschlecht als Existenzweise.* Macht, Moral, Recht und Geschlechterdifferenz, Frankfurt a. M., 1995.

Maurer, Reinhart, *Schuld und Wohlstand.* Über die westlich-deutsche Generallinie, in: Schwilk/ Schacht 1994, 69-84.

Maus, Ingeborg: *Entwicklung und Funktionswandel der Theorie des bürgerlichen Rechtsstaats,* in: Mehdi Tohidipur (Hg.), *Der bürgerliche Rechtsstaat.* 2 Bände, Frankfurt a. M., 1978, 13-81.

Metzner, Monika M.: *Wie recht hatte doch Frau de Beauvoir,* in: *Frankfurter Rundschau*, 2.3.1996.

Schacht, Ulrich, *Stigma und Sorge.* Über deutsche Identität nach Auschwitz, in: Schwilk/Schacht 1994, 57-68.

Schwilk, Heimo, *Schmerz und Moral.* Über das Ethos des Widerstehens, in: ders./Schacht 1994, 393-403.

ders./Ulrich Schacht (Hg.): *Die selbstbewusste Nation.* „Anschwellender Bocksgesang" und weitere Beiträge zu einer deutschen Debatte, Frankfurt a. M./Berlin, 1994[2. veränd. u. erw.].

Scott, Joan W.: *Gender. A Useful Category of Historical Analysis*, in: *American Historical Review* 91, 1986, 1053-1075 (dt. in: Nancy Kaiser [Hg.], *Selbst Bewußt.* Frauen in den USA, Leipzig, 1994, 27-75).

Seebacher-Brandt, Brigitte, *Norm und Normalität.* Über die Liebe zum eigenen Land, in: Schwilk/ Schacht 1994, 43-56.

Sombart, Nicolaus: *Die deutschen Männer und ihre Feinde.* Carl Schmitt – ein deutsches Schicksal zwischen Männerbund und Matriarchatsmythos, München, 1991.

Strauß, Botho, *Anschwellender Bocksgesang*, in: Schwilk/Schacht 1994, 19-40.

Thies, Jochen, *Masse und Mitte.* Über die Herausbildung einer nationalen Elite, in: Schwilk/Schacht 1994, 227-236.

*Teresa Sanislo*

## Gender, Gymnastics, and Middle Class Identity Formation 1770-1800
## Evidence for a German *Sonderweg*?

Studies of the *Bürgertum* and *Bürgerlichkeit* have been a central part of the historiography on the *Sonderweg*. Proponents of the *Sonderweg* thesis often implicitly and explicitly characterized the German middle classes as weak, feudalized, and/or too dependent upon the state (i.e. different from the „rising middle class" in the west). Hence, the debates on the *Sonderweg* that emerged in the late 70s and 80s prompted a series of new studies on the *Bürgertum*, many of which asserted that the image of the extremely weak and/or abnormal German middle class needed to be revised in some way (Blackbourn/Eley 1984; Blackbourn/Evans 1991; Kocka 1988; Niethammer 1990; Ruppert 1983; Hermann 1982; Vierhaus 1981, 1982). German gender historians contributed to this debate arguing that gender history provided a new lens through which to view older questions and a useful basis for international comparisons. Karin Hausen, Ute Frevert, and many others maintained that new gender ideals generated at the turn of the eighteenth century were central to the efforts that the new educated middle class made to assert their identity vis-à-vis the aristocratic and courtly elites above and the lower ranks below. By studying gender relations, they argued, particularly the discourse on the „polarization of the sexes" and „separate spheres," one could see both the confidence of the educated middle class and the degree to which their values became hegemonic in the early and mid nineteenth century (Hausen 1981; Frevert 1988, 1991). The studies of gender and the middle class that took place during the heated years of the *Sonderweg* debates established an important foundation for any historian working on the gender history of the late eighteenth and early nineteenth century. Yet, the *Sonderweg* paradigm might have limited the kinds of arguments that some German historians made about gender and the middle class. The effort to counter earlier images of the German middle class might have prevented some historians from fully exploring the complexity of both gender relations and the dynamics behind middle class identity formation in this early period.

In this paper I reexamine the themes of gender and *Bürgerlichkeit* in an analysis of the movement for a new physical education and gymnastics in the late eighteenth century. I look at the efforts of the Philanthropists, a small group of enlightened educational reformers, to formulate new physical education programs, raise public awareness about them, and claim public significance for their work. I argue this story illustrates the complex ways in which some middle class men tried to construct and maintain their identities. Anxieties about masculinity in the modern age, including competing notions of manliness and the tensions that these men felt when they recognized and reflected upon them, provided a powerful impetus behind the creation of these programs. The discourse on the new physical education and gymnastics reveals that a positive image of the self and negative critique of the other was not the exclusive means through which educated middle class men formulated a sense of their identity. Positive idealized images of the health, strength, and heroic manly character of the noble savage, the ancient Germans, and the ancient Greek citizen-solider and negative images contemporary educated German men played a big role in arguments for physical training programs. At the end of the paper, I return to the question of the *Sonderweg* and its relation to gender history. When I began my research and writing, the *Sonderweg* debates no longer dominated the field to the extent that they had in the 1980s and early 90s. I argue that I benefited from the new freedom that came with the loosening of the *Sonderweg* paradigm and caution against viewing my work as confirmation of the notion of a special German path to modernity.

## Healthy Body, Civic Virtue, and the New Physical Education 1770-1800

In 1802 Christian Salzmann, an educator and founder of an experimental boarding school in Schnefpenthal near Gotha, published a small book with illustrations entitled, *Taschenbuch zur Beförderung der Vaterlandsliebe*. He wrote the book hoping to inspire pride and enthusiasm for patriotic acts and achievements in the German states. Not surprisingly, an entire section of the book is devoted to educational reforms. The illustration for this section is a picture of a teacher watching over his male students as they engage in outdoor physical activities. The little boys are playing around the teacher, the older boys are swimming in a river, or pole-vaulting over a creek. The boys are active, their bodies are hardened, and the muscles of the swimmers are well-defined. The text next to the image boasts of the improvements that German educators have made in the physical upbringing of the youth. The text is intended to convince the public to recognize the value and be proud of the „service" that progressive educators were rendering in this area. Salzmann notes that young children have been freed from swaddling, the corset, and unnatural dress, their feather beds have been burned, their nerves steeled with cold bathing, and their bodies strengthened through physical activity and gymnastics. Closing this section, he confidently states, 'in regions where people have followed the principles of the new upbringing, child mortality rates have been lowered. I do not think that it is too much to assert that Germany now saves a hundred children a year who would have otherwise died' (Salzmann 1802, 21). In this text, Salzmann links the idea of patriotism with a concern for physical fitness, child mortality rates, and a healthy strong population. His book draws attention to the fact that the impetus for change in this area has come from „patriotic" men like him, progressive educators who offer their service in the interest of the common good.

Salzmann's chapter and the illustration published with it are emblematic of a larger shift in the discourse and practice of patriotism that was taking place in the German states in this period. In the last few decades of the eighteenth century, Salzmann and other enlightened educational reformers who called themselves the Philanthropists drew attention to the public significance of the healthy, well-trained body, particularly the well-trained male body (Hermann 1979; Bernett 1971; Sanislo 2001).[1] In their publications and practical work at their schools, they asserted that a hardened, trained body was an essential trait for a useful member of a *bürgerliche Gesellschaft*. The term *bürgerliche Gesellschaft* was often used by scholars and educated men in this period to connote the idea of the polity or the larger state/society/community in which one lived. It appeared frequently in discourses on the common good and/or one's obligations and duties to it. German intellectuals used the language of *Gemeinnützigkeit* to describe useful traits or qualities that would benefit the common good. Finally, *Patriotismus* was the term that many used to convey the idea of recognizing what was useful or beneficial to the whole and activity or activism to bring about the good or well-being of the whole (Riedel 1975, 719-781; Sanislo 2001, 52; Vierhaus 1982). Drawing on this discourse, therefore, the Philanthropists claimed that both those who promoted physical hardening and those who engaged in it were good patriots. By invoking the language of the common good and civic virtue in this way, they created the possibility for a new patriotic self-fashioning that was grounded in physical culture. Their ideas found widespread appeal particularly among educated middle-class men during the period of the Napoleonic wars and beyond (Neudendorf 1936; Düding 1984). This paper examines the developments in political and social history that enabled the male body to become a site around which patriotic activism and identities coalesced. The history of the new physical education is part of a larger story of an emergent civil society and the educated middle-class men who helped to envision and produce it. I argue that in the discourse on physical culture, enlightened reformers reflected upon the nature of the polity or larger state/society in which they lived. They expressed anxiety about its darker components and tried to design ways to come to terms with their fears about social obligation or civic virtue and masculinity in the „modern" age.

The literature on the public discussion about and emergence of civil society in Germany in the late eighteenth century is extensive. Historians, political theorists, and philosophers have examined the shifting meanings of the language of *Bürger* and *bürgerliche Gesellschaft* and traced the theoretical and practical split between the state and civil society that gradually emerged in this period (Riedel 1975, 719-781; Frevert 1984; Habermas 1965; Hermann 1982; Hull 1996; Koptizsch 1976; Koselleck 1959; Ruppert 1983; Vierhaus 1981, 1987). As Rudolf Vierhaus (1982) and many others point out, the language and practices of „patriotism" in the eighteenth century are central to this story. It is in the moral political discourse of the public sphere and in the practical engagement in „patriotic societies" that we can see the „practitioners" of civil society discussing, defining, and acting upon their vision of the public good. Studies of the literature on patriotism and *Bürgerlichkeit* reveal that an enlightened notion of a rational regulation of health was a frequent topic of public discourse in this period. Theorists of the absolutist state and the practitioners of civil society alike began to

---

1   The Philanthropists were a group of enlightened educational reformers who were active in a range of different German states in the last three decades of the eighteenth century. In the secondary literature on the period they are well known as key figures of the German enlightenment and founding fathers of physical education and gymnastics in Germany. Some of their works were reprinted in the 20th century: in 1909 and 1913 in the case of Basedow and in the year 1948 in the case of Villaume (cfr. references).

draw new connections between health and civic virtue. Cameralist theorists, particularly the founders of the field of „medical policing", drew attention to the public significance of the body of the child as future subject/citizen in their promotion of a new population politics. The moral weeklies and the popular medical literature of the era encouraged readers to take a rational regulation of their own bodies upon themselves and see health as a social good. They helped to generate the notion that managing and maintaining health was not simply a mater of concern for the absolutist state but also enlightened members of civil society. Historians who have studied health and the enlightenment, such as Ute Frevert (1984) and Barbara Duden (1991), often argue that promoting healthy lifestyles became a means through which the new educated middle-class could also define and assert itself vis-à-vis the aristocratic culture of the court and nobility. Hence, the new concern for public health within the educated public sphere becomes part of the larger narrative of the rising new middle-class in Germany.

As the quote from Salzmann's little handbook cited above illustrates, in many ways the history of the emergence and spread of the new physical education and gymnastics fits well within the framework outlined above. Although enlightened absolutist states attributed new meaning to the politicization of the body, kings and princes and their bureaucrats did not play the primary role in the spread of gymnastics. Patriots and activists, like the Philanthropists, within the newly emerging civil society were the real catalysts for change. Asserting their authority to determine public interest, they set forth proposals for a new physical education and gymnastics programs in the public sphere, and then mobilized to bring them about. The Philanthropists adopted medicalized notions of the body found within contemporary medical literature and set themselves up as key proponents of medical enlightenment. They argued that physical hardening and training was an essential part of raising and educating future patriotic and useful citizens or members of a *bürgerliche Gesellschaft*. They incorporated new physical education, and training programs into their curriculum at their experimental boarding schools in Dessau and Schnepfenthal and encouraged other reform-minded educators to do the same. The history of the spread of the German gymnastics during the Napoleonic period and beyond is also a story of change coming primarily from publicists and activists within civil society.

A close reading of the discourse of the new physical education and gymnastics in the late eighteenth century, however, reveals that the story of the identity formation of the rising new middle-class based on a dynamics of positive self/negative other vis-à-vis the nobility is a bit more complicated that one might imagine at first glance. My analysis of discourse on the new physical education shows that Philanthropists were not simply offering a critique of the court or aristocratic culture and promoting positive images of the healthy, moral, new middle class. They engaged in a deeper reflection about the nature of „modern life" in a *bürgerliche Gesellschaft*. In their texts they used this term to refer to the idea of a commonwealth or polity, the citizens who lived in it, and a modern „civilized" society. They compared their state/society therefore to civilizations in the ancient period and the idea of a less civilized or primitive, natural state. In their musings about the sources of contemporary weakness and ill health, they did not limit their reflections to an examination of the court and aristocratic lifestyles but also thought intensely about the problematic elements of the lifestyle of the educated middle class and above all the intellectual elites or scholars. They included their own social class in their negative representations of the weaklings of the modern age. Their discourse represents what Isabel Hull (1996, 1-7, 257-298) has deemed „a thought experiment". In her book *Sexuality, State, and Civil Society* Hull explains that the practitioners of civil society (men who took up the task of defining and promoting the public good rather than leaving this job to the state and hence created distance in practice between the state and civil society), were not without concern or reservation about the new world in which they were living, envisioning, and creating. As they reflected upon, discussed, and promoted what they believed to be in the interest of the common good, they expressed anxiety and concern about a range of issues. Topics from masturbation to infanticide surfaced in the literature of the public sphere and served as a vehicle for reflecting upon, and confronting concerns about where the society was heading. The literature of the new physical education fits this model. The Philanthropists were deeply concerned about the loss of health, strength, heroic manliness, and civic virtue in modern civil society. Their programs of physical hardening and gymnastics training were designed to revive and protect these in the modern age.

## *Weichlichkeit,* Gender, and Civic Virtue

In numerous texts published between 1770 and 1793 the Philanthropists offered biting criticism of contemporary methods of child rearing and schooling (Basedow 1770, 1774; Villaume 1780, 1785, 1793; Gutsmuths 1793). They argued that the physical upbringing of the youth was marked by an unnatural softness or *Weichlichkeit.* They used this term to describe the physically degenerative effects of luxury, material comfort, over-refinement, sedentary lifestyles, and mental work or intellectual pursuits. They also used it to condemn the idea of spoiling or coddling the child. The Philanthropists argued that parents were increasingly raising their children in soft or luxurious conditions. Hence, they were hindering natural hardening processes that would toughen the body. With disdain, they described parents tucking children into soft feather beds, feeding them luxurious foods, keeping them indoors in heated rooms, dressing them in elaborate fashions, and encouraging them to sit still indoors on sofas. All of these men agreed that the schoolroom was as unhealthy as the domestic sphere. They added that modern schooling, which focuses solely on the intellect, and neglected the body, contributed to the problem of *Weichlichkeit.* To counter the effects of contemporary softness Basedow, Villaume, Gutsmuths and others proposed a series of reforms, which they argued were grounded in the principles of nature and reason. The concept of *Abhärtung* or physical hardening was central to their program. They recommended that parents subject their children to an ascetic dietary regimen, including cold bathing, simple foods and drink, hard sleeping surfaces, unrestrictive clothing, exposure to the elements, and physical movement. Finally, gymnastics exercises were necessary to give the body strength, firmness, and dexterity.

Enlightened reformers claimed that softness in the upbringing of the youth threatened to destroy not only health and strength but also the foundation of masculine character. Weak, sick, plagued by sensuality, obsessed with physical comfort, men were no longer capable of demonstrating key masculine traits, including independence, courage, and firmness of character. By disciplining the body, building health, strength, dexterity and mastery over one's physical desires and capacities, a man could achieve presence of mind, independence, courage, willpower, and resolve. Basedow, Campe, Villaume, and Gutsmuths all claimed that boys and young men had a special responsibility to train their bodies in order to build manly character. Only then would they become protectors of their families, productive members of society, and sacrificing, patriotic citizens.

Gendered language and imagery were central to the literature on the new physical education and gymnastics. An opposition between feminine softness and manly hardness was at the heart of this discourse. Enlightened reformers set up gendered contrasts between a weak, soft, pampered upbringing and the rugged more natural program they were proposing. As historians of gender, science, and the body frequently point out, in this period the terms *Weichlichkeit* and *Verweichlichung* invoked images of feminine softness, weakness, and sensitivity (Jordanova 1993, 28; Schiebinger 1991, 214-224; Honegger 1991, 126-199). Many of the Philanthropists also used more explicitly gendered language, employing words like „feminine" and „effeminate" to describe softness in child rearing and schooling and the weaklings that it produced.

Johann Christian Gutsmuths, the gymnastics instructor at Schnepfenthal, used female imagery to convey the idea of physical degeneration and decline. His book *Gymnastics for the Youth*, whose publication in 1793 brought widespread fame to the new gymnastics, is saturated with gendered language. In order to generate a sense of urgency regarding the problem of *Weichlichkeit*, he described men who were becoming as soft, weak, and timid as women, plagued with feminine ailments. Gutsmuths (1793, 13) painted a vivid portrait of what might happen to men of the upper ranks if they no longer tried to follow their natural drives for physical activity:

> 'our distinguished men would soon become distinguished women; we would only see them at the dressing table, the drawing board, or at the piano. The constant female society of sisters, aunts, cousins, chambermaids, and girls, in which our distinguished boys grow up, rubs off like make-up, they soon adopt the most refined tone, begin to fear spiders and monsters, get cramps, sensitivity, vapors… and become used to an overly tender care of the body and health, which is in no way fitting for a man.'

His scenario describes a world turned upside down, in which men have lost their manly strength and courage. Trying again to raise concern about *Weichlichkeit*, he stressed that any nation who wished to make claim to manliness must banish feminine softness from the education of the youth.

Gutsmuths and others were clearly anxious about the idea that the softness of women might rub off on men. Gutsmuths (1793, 13-14) explained that 'it [is bound to happen] that the exaggerated tenderness of the female sex transfers easily to the young male. He is the natural lover of this sex and models himself so easily and gladly after her, if the opportunity is there in their upbringing.' Villaume (1780, 547) recommended that boys who had a tendency for softness and sensitivity should spend less time in the company of women. Stuve (1781,

63) was so concerned about the idea of feminization that he warned widows not to try and raise their sons alone.

The Philanthropists were explicit about their attempt to restore manliness and masculine virtues to the next generation. *Weichlichkeit* not only destroyed health, strength, and firmness of body, traits deemed specifically masculine, but also the foundations of masculine character. Weak, sickly, plagued by sensuality, obsessed with physical comfort, men were no longer capable of demonstrating courage and firmness of character. By disciplining the body, building health, strength, dexterity, and a mastery over one's physical desires and capacities, a man could achieve presence of mind, independence, courage, will power, and resolve. Gutsmuths (1793, 86) explained the connection between physical hardening and training and masculine character:

'Let us *harden* the body, and it will maintain endurance and strength of nerves; let us *exercise* it, so that it can become powerful and active, then it will enliven the mind, and make one manly, powerful, unremitting, resolute, and courageous.' The ultimate goal was to achieve a level of physical perfection, through which one could unify 'health with manly strength and firmness, endurance, courage, and presence of mind' (Gutsmuths, 1793, 85). Prescribing a series of „exercises for future manhood", including a program to harden the body, teach self-reliance, and build strength, dexterity, and courage, Basedow (1774, 37) explained that 'only this way can we raise real men. My schooling and teachers did not teach me to become a man, but I hope that there will once again be men in the future.'

Despite the emphasis on the effects of *Weichlichkeit* on masculine character, the Philanthropists did not leave girls out of the new physical education altogether (Andre 1789; Basedow 1770; Campe 1789; Stuve 1781). The Philanthropists envisioned a new physical culture for women that emphasized health, strength, and natural beauty. They were very concerned with the weakness of women, especially as it affected their ability to bear strong children and raise manly men. Many argued that women passed their weakness on to the next generation, and that physical hardening must begin with the body of the mother. Girls were to be raised in a more masculine, hardy manner so that they could withstand the pains of childbirth and become capable housewives and mothers. Promoting an ideal of natural, simple feminine beauty, they condemned what they said were unnatural and unhealthy fashions, such as the corset. They asked parents to include girls in the dietary program of physical hardening and encourage them to get more movement and exercise.

While the Philanthropists agreed that women should develop a greater degree of strength, they were clearly uneasy with the idea of strong women and the threat that they might pose to the natural, harmonious gender order. Clearly, they did not want to negate sex difference in the body or do away with the idea of the weaker sex. They sought to limit the degree of strength that girls and young women were to achieve. In Basedow's, *Methodenbuch*, a handbook for educating children of the upper ranks or civilized classes, he claimed that women did not need as much strength as men. Both nature and society intended for women to be the weaker sex. It was natural and proper that the body, physical appearance, and movements announce sex difference. So while men must develop manly strength, women should focus on cultivating a pleasing, graceful, feminine demeanor. He sought a balance between extreme feminine softness and manly strength for women. Basedow (1770, 159) explained that 'from the exaggerated softness of the female sex comes the harmful weakness of ours. Women are not allowed to be as strong as men, but they must be strong for them, so that they may bear strong men.' None of the Philanthropists recommended that girls participate in intensive and formal physical training. Rather, they suggested that domestic labor, walks, and graceful sports like badminton and ice-skating would be enough for girls and young women.

In general, the Philanthropists focused primarily on issues of health when talking about a new physical education and culture for women. Although *Weichlichkeit* might prevent a woman from doing her duties as a mother and wife, it did not appear to endanger female character in the same way that did for male character. In fact, the Philanthropists reinforced images of femininity associated with gentleness, sensitivity, willingness to yield, dependence on others, and lack of courage. They even suggested that intensive physical training for women might work against natural relations between the sexes. Basedow, Campe, and Villaume all argued that the opposition between strength and weakness was at the heart of the bond uniting the sexes. It was a man's strength in body and mind that attracted the weaker and less capable woman. Therefore, all agreed that the new physical education should be in accordance with this simple law of nature and should reinforce sex difference in body and character.

## Civilization and its Discontents

The discussion of *Weichlichkeit* in the physical upbringing of the youth was grounded in a cultural critique of the age. The Philanthropists saw the eighteenth century not only as the age of Enlightenment but also of softness and weakness. Drawing on the writings of the famous French philosopher Rousseau, they focused attention on the darker side of the civilizing process. As a subtext to the critique of child rearing practices, they told the story of the physical degeneration and hence, feminization of „modern" Germans. Gutsmuths (1793, 20) summed up this idea rather well stating that he wished to 'complain about the physical degeneration of the refined or cultured human race and the destruction of man's original, firm, heroic nature, and express concern about a generation that is increasingly losing strength and becoming more miserable.' As this quote suggests, he and others believed that physical degeneration was not an accident of nature, but rather a direct result of the civilizing process and modernity. Stuve (1785, 272) explained that 'refined and civilized people lost physical strength and dexterity as they gained intellectual and cultural refinement.' All of the Philanthropists agreed that luxury, material comforts, refinement, sedentary occupations, and increased intellectual pursuits were markers of the modern age and the root causes of the weakness of modern civilized Germans. They also pointed to the separation between the military and civil society as another factor contributing to physical decline and the loss of heroic manly attributes. The Philanthropists argued that a modern civilized lifestyle, including cultural and intellectual refinement, threatened to destroy some of the key elements of masculine character embodied in the ideal of rugged and heroic manliness. They claimed that in an age in which so many had left the principles of nature behind, strong bodies, a masculine physique and heroic character would not simply emerge on their own. A program of physical hardening and training was needed to counter-balance the weakness and softness of the age.

The discussion of modern *Weichlichkeit* was grounded in a socially specific analysis. In the eighteenth century, civility, refinement, conspicuous consumption, leisure, education, and non-physical labor were factors that marked social difference, marking the boundaries between the upper and lower ranks. Enlightened doctors and the Philanthropists made it clear, therefore, that the most „civilized“ groups in society were the primary targets of their reforms. Although this category signified the wealthy nobility and members of „high society“, it also included the educated elite or emergent *Bildungsbürgertum*.

An urban/rural opposition lay behind this discourse. Cities and towns, the centers of civilization and refinement, were the seats of weakness, softness, and ill health. Idealized images of rugged, vigorous peasants who had retained elements of the natural lifestyle and physical constitution of their ancient ancestors abound in these texts. While some like Campe offered biting critiques of the court and high society or *grosse Welt*, none of the Philanthropists limited their discussion to the nobility. They all agreed that *Weichlichkeit* affected other wealthy, educated elites, or all those who shared to some degree the attributes of modern, civilized humanity, especially those of the cities. They focused attention, for example, on the problem of education and the intellectualism of the age. They were very concerned with the softening and feminizing effects of study, intense reflection and scholarship. None of these men questioned the association between manliness, rationality, and scholarship. While emphasizing that women, for reasons of health, should not engage in scholarship or authorship, Campe explained that men were the strong sex in both body and mind. Nature gave men a greater capacity for reason and abstract thought. A man's stronger physical constitution, moreover, enabled him to withstand the physical strains of intellectual activity and scholarship. Yet, Campe (1789, 50-55) and other Philanthropists were concerned that intellectualism and the unhealthy life of the scholar threatened masculine strength and character.

The overwhelming majority of these men concurred that it was the young gymnasium student or future scholar who was most at risk. They focused on the weakness of this group, emphasizing the fact that they suffered from all of the softening elements of the age (cultural refinement, luxury, long periods of schooling with little movement, and the strains of intense intellectual activity). Next to the refined gentleman and ladies of high society and the French-influenced, fashionable „fop“, the student and scholar represented the epitome of the modern weakling.

It is clear, therefore, that these men were engaged not only in a critique of the other (i.e. the nobleman or soft, luxurious, decadent aristocrat), as many historians have argued. They were also involved in a deep process of self-reflection. On one level, they raised concerns about the nature and meaning of modern civilized society to which they belonged. On a deeper level, they expressed anxiety about the physical and moral fiber of the educated elite, men like themselves who had been gymnasium and university students, who had been and/or were still engaged in scholarly and intellectual pursuits. Enlightened reformers showed identification with their subject by using possessive pronouns and adjectives when referring to soft, civilized Germans and/or scholars.

The Philanthropists conjured up idealized images of people from distant lands or the ancient world to illustrate the softness and effeminacy of contemporary Germans, to shame their readers, and convince them that health and strength were desirable traits. Images of the so-called „primitive" or „uncivilized" peoples, who were supposedly not yet affected by the „civilizing process", played a central role in their texts. The Philanthropists promoted the idea that „natural man" and the „rough", „wild" peoples were physically superior to modern Germans. Villaume (1785, 34) tried to get his reader to acknowledge the strength and beauty of 'most rough peoples' like 'Californians, black Africans, and Greenlanders'. He claimed that compared to the „unnatural" Europeans, their children grew up 'big, beautiful, and strong'. Stuve (1785, 272) declared that 'experience teaches us that physical perfection is possible. The savages have achieved great strength, speed, dexterity, and sharpness of the senses.'

Enlightened reformers drew upon a broader contemporary discourse on primitivism and the noble savage. Yet, they used the imagery of the primitive man for very specific purposes. Depictions of strong, hardy, physically fit *Wilde* seemed to verify both that modern Germans were particularly soft and weak and that weakness and ill health were not simply a given part of human nature. Doctors and educators provided these examples or models not only to embarrass their contemporaries but also to show that reform was possible. Their arguments rested on the assumption that there was a common, universal humanity among men and differences between people could largely be attributed to environment and lifestyle. References to the hardy, strong, heroic and manly ancient Germans described by Tacitus played a particularly key role in these texts. Unlike images of the „primitive other" from distant lands, these images could be directly related to modern Germans. They helped dismiss the idea that modern Germans were simply different from other people who were strong because of their different geographic location and climate. They both shamed the reader and provided hope for what modern Germans could become if they simply adopted elements of the lifestyle and physical culture of their „ancient forefathers".

References to the ancient Greeks were particularly important to this discourse. The Philanthropists explained that unlike the so-called primitives, the Greeks had combined physical strength, culture, and intellectual development. They were educated people with arts and sciences, learning, and scholarship. Their schools developed not only the mind but also the body. Proponents of a new physical education cited them again and again as models, proving that it was possible to combine education and scholarship with physical hardening and exercise, and achieve great strength. They held up idealized images of the ancient Greek scholar and heroic Greek citizen-soldiers to prove their point. They also integrated what they believed to be ancient Greek exercises into their training program.

Their admiration of the ancient Greeks illustrates that they were not cultural pessimists and were not interested in completely turning back the clock. They did not reject the idea of culture and civilization as such. Rather, at the heart of their discourse was an effort to rework what they saw as the contemporary cultural understanding of refinement. The Philanthropists tried to break what they saw as the association between savagery and strength. They made it clear that they understood the value of culture and were not promoting a return to the state of nature. Yet, they insisted that physical strength and heroic virtues should be an attribute of the truly cultivated man. Gutsmuths assured his readers that the new physical education did not represent a return to the wild roughness of the ancient Germans. Gutsmuths (1793, 41) maintained that it is possible to unite strength, manliness, and culture. He stated that 'your ideal cannot and should not be rough Germanic savagery, but rather a unity of Germanic physical firmness and strength, courage and manliness and the cultivation of the heart and mind.' To achieve this, he (1793, 41) declared that one must 'combine the culture of your intellect with the development and training of your physical capacities and develop a manly aversion to effeminate softness.' He expressed great optimism that regeneration was possible. Trying to inspire his readers he (1793, 117) declared, 'If we unify the physical perfection of natural man with the intellectual cultivation of the civilized, we will see the most beautiful ideal of our race, an ideal that sends our hearts surging.' For Gutsmuths and others the new physical education and gymnastics represented a means of reaching this ideal. It provided a way to achieve a balance between nature/culture and body/mind.

## Conclusion

The discourse on gender, physical education, and gymnastics prompts a reinterpretation of the standard assumptions about gender in this period. Feminist historians have often pointed to the notion of the polarization of the sexes, separate spheres, and a series of gendered oppositions (male/female, active/passive, rational/emotional, mind/body, culture/nature) as central to middle class gender ideals in the late eighteenth and early nineteenth century (Duden 1977; Frevert 1988; 1989; Hausen 1981; Lister 1997; MacCormmack/Strathern 1980; Ortner 1974; Outraum 1995; Pateman 1988). Recent literature on the history of the body, gender, and sexuality emphasizes the ways in which the „polarization of the sexes" and the notion of „separate spheres" were increasingly read into gendered bodies and grounded in biological difference (Honegger 1991; Jordanova 1989; Laqueur 1990; Schiebinger 1989). Feminist historians and political theorists also argue that masculine characteristics came to be privileged in the newly emerging public sphere and in politics. They point to masculine rationality and the image of the disembodied rational male as central elements of early citizenship ideals (Lister 1997). A subtext within this literature focuses on the role that representations of women's bodies and embodiment played in their theoretical exclusion from the public and full civil status. In literature, philosophy, and political theory from the eighteenth and nineteenth centuries, women are often represented as more physical, more natural, and less rational beings and therefore relegated to the private sphere. This line of analysis has led to very fruitful work in gender history and emphasizes a central feature of the gender dynamics of this period. Yet, by focusing on the image of the disembodied rational male, feminist scholars have often overlooked the ways in which masculinity was at times portrayed and experienced in explicitly physical or embodied ways.

In the past few years, however, studies of masculinity have gained new importance. A wave of recent publications on manliness and the body emerged out of new work in gender studies, the history of sexuality, gay and lesbian studies, and even new men's studies (Frevert 1991; Morgan 1989; Schissler 1992; Tosh 1994). European and American historians have generated new narratives about masculinity grounded in physical strength, courage, self-control, and toughness. They produced countless studies of rough, primitive or muscular masculinity (Dutton 1995; Mosse 1985/1996; Mangan/Walvin 1987; Rotundo, 1993). Yet in much of this new literature, feminist insights regarding the significance of masculine rationality and the relationship between manliness and the mind, culture, and civilization often fall into the background.

The dissonance between these two different strands within the historiography on gender and the body suggests that it is important to develop a concept of masculinity that recognizes competing notions of manliness. This perspective is essential for explaining the Philanthropists' project to revive ancient gymnastics. One can really only understand the emergence of the new gymnastics by looking at competing visions of masculinity in the context of the transition from the eighteenth to the nineteenth centuries and probing the tensions generated out of different, possibly divergent, elements of „„masculine character". Within the Philanthropist texts many of the dominant gendered cultural codes were reversed. Nature, the body, and primitive humanity were associated with manliness or rugged heroic masculinity. Femininity and effeminacy, on the other hand, were linked with civility, cultural refinement, intellectualism, and civilization. My analysis of the discourse on the new physical education suggests that it is important to recognize the multiple ways that gendered oppositions and meanings can be configured in a given historical context. Historians need to think in complex ways about the discourse on the character of the sexes and consider the ways (multiple) that historical figures wrestled with the problematic elements of it and carved out their identities in response to it.[2] In the case of the Philanthropists, they reflected upon the problematic nature of masculinity and masculine character. They argued that one could no longer trust that nature would produce manly character, it had to be built. They emphasized the problematic nature of masculinity in the modern age, the tensions between the different sides of man, and the need to balance and reconcile them.

My reading of cultural critique and socially specific language embedded with in this discourse also challenges rather standard narratives in German history about middle-class identity formation. German historians have been quick to see discussions of healthy living, including the new physical education and gymnastics as part of a larger middle-class critique of aristocratic culture and values. Yet, I would argue that we find a more complex process of identity formation in these texts. Clearly the Philanthropists opposed displays of wealth, luxury, idleness, and refinement associated with the nobility and the court. They also propagated a set of values such as moderation, work, and simplicity, which historians have frequently claimed defined the values and identity of the new educated middle-class. Yet, a closer reading of their texts, including their social categories and language, reveals that they were not only engaged in a critique of aristocratic culture, but also expressed concern

---

2    Anne-Charlotte Trepp's (1996) book on middle class men and women in Hamburg at the turn of the eighteenth century picks up the theme of multiple gender ideals and identities as well. She demonstrates that some men and women were able to move beyond the dominant gender norms of the period and carve out alternative identities for themselves.

and anxiety about a broader issue, namely the civilizing process and its impact on modern Germany. They focused their attention on a broader group than simply the nobility and court, which they labeled the upper ranks and/or „civilized classes". Enlightened reformers did not exempt themselves or their social milieu from their critique, therefore. They repeatedly expressed concern about the „unnatural" lifestyle and softness, weakness, and ill health of scholars and educated elites.

The discourse on a new physical education and gymnastics contained elements of a process of self-reflection and critique. It represents a more complex process of identity formation than simply a confident critique of the other (noble, court, aristocracy) and promotion of the self (educated middle-class). Enlightened reformers held up the „other," the noble savage or the ancient Greeks as models to be admired and reflected upon the negative elements of modern „civilized" man, which they identified with. The discussion of the ancient Germans was key to the discourse and process of identity formation. Labeling them ancient „forefathers" and holding them up as models, enabled enlightened reformers to both criticize modern civilized Germans and at the same time, identify with positive images of their natural strength, health, and vigor. The images of the ancient Germans seemed to prove that modern Germans were not naturally weak and could reawaken the „slumbering" strength within them. Equally important, the model of the Greeks offered hope that it was possible to refashion the self and balance civilization and intellectual development with health, strength, physical fitness, willpower, and self-mastery.

What does my research say about gender history and the *Sonderweg*? First, I would argue that I benefited greatly from the loosening of the *Sonderweg* paradigm. When I began my research and writing the intensity of the *Sonderweg* debates had subsided somewhat and I felt free to develop my analysis without worry too much about having to disprove or counter a negative image of the problematic German middle class. I also felt rather free to examine the dynamics of gender in my own period without focusing simply on whether and how the developments in the late eighteenth century led a century and a half later to the history of Nazism in Germany. It is in this atmosphere that subtle and complex narratives about gender history can flourish. I would argue, therefore, that gender studies can and have gained in some ways from the move away from the *Sonderweg* debates.

Do my research findings provide new evidence of a German *Sonderweg?* Here I pose the question of what this means. If it means that there are unique or particular elements to the history of physical education, gender, and middle class identity formation in Germany that are not found in other European contexts in this period? I would agree with this statement but also call for further comparative work to substantiate it. Although the Philanthropists drew heavily on Rousseau and a common discourse with many in France about public health and the duty of the citizen, the Germans were the first to try vigorously to put the idea of a natural physical education into practice. They were among the first in Europe to formulate structured exercises and put them into practice at their schools. The spread of the patriotic gymnastics (a movement that put heroic masculinity and physical training at the center of political discourse and practice) that took place in the German states during and after the Napoleonic wars was also something unprecedented in Europe. I'm sure that there is much to be gained by thinking comparatively about German social history and gender history in this regard.

Does the idea of a German *Sonderweg* imply that Germany took a problematic path to modernity, one that led into the Nazi story? Does it mean that there was something wrong with the German middle class and/or German ideas of the public good, of citizenship, or manliness? Here I would caution against reading the developments in my period through the lens of the old *Sonderweg* model. I do not see my work as evidence for a master narrative of a problematic development, a development that was completely different from a western norm. As I argued in my paper, the story of gymnastics is not one of the „unpolitical" German. Rather, it serves as proof of the efforts of men of the educated middle class to help define and promote the common good and hence, forms part of the story of the emergent civil society in Germany. Although the Philanthropists expressed concern about what they saw as the darker sides of a modern civilized society and anxiety about the manly character of a larger social group to which they themselves belonged, they were not cultural pessimists as some have argued (Borkmann, 1993). They expressed a profound faith in the idea of the rotation regulation of the body and the power of gymnastics training to reconcile the tensions that they felt and restore heroic manliness to the next generation. Finally, I would not argue the German middle class remained outside a European norm by emphasizing the connections between physical fitness and discipline, heroic masculinity, and the duties of the patriot and citizen. As the literature on masculinity and the body in Europe and America in the mid and late nineteenth century demonstrates, these themes surfaced (although later) in multiple ways in other countries and contexts. Again, it would be interesting to investigate, in a detailed and thoughtful comparative way, the different contexts in which similar discourses and movements emerged.

## References

Andre, C.K.: *Bildung der Töchter in Schnepfenthal*, Göttingen, 1789.

Ackermann, J.C.G.: *Über die Krankheiten der Gelehrten und die leichteste und sicherste Art, sie abzuhalten und zu heilen,* Nürnberg, 1777.

Basedow, Johann Bernhard: *Methodenbuch für Väter und Mütter der Familien und Völker* (1770). Leipzig, 1913.

Ibid.: *Elementarwerk* (1774), Leipzig, 1909.

Bernett, Hajo: *Die pädagogische Neugestaltung der bürgerlichen Leibesübungen durch die Philanthropen,* Stuttgart, 1971.

Blackbourn, David/Geoff Eley: *The Peculiarities of German History*. Bourgeois Society and Politics in Nineteenth-Century Germany, Oxford, 1984.

Blackbourn, David/Richard Evans (eds.): *The German Bourgeoisie*. Essays on the Social History of the German Middle Class from the Late Eighteenth to the Early Twentieth Century, London, 1991.

Borkmann, Kurt: *Enlightenment and Enervation*. The Philanthropic Program of Physical Training and Perceptions of Cultural Decadence in the Late Eighteenth Century in Germany Ph.D. Diss, University of Michigan, 1993.

Campe, Heinrich: *Väterliche Rat für meine Töchter*, Braunschweig, 1789.

Duden, Barbara: *Das schöne Eigentum.* Zur Herausbildung des bürgerlichen Frauenbildes an der Wende vom 18. zur 19. Jahrhundert, in: *Kursbuch* 1977, 125-140.

Ibid.: *The Woman Beneath the Skin.* A Doctor's Patients in Eighteenth-Century Germany, Cambridge, 1991.

Düding, Dieter: *Organisierter gesellschaftlicher Nationalismus in Deutschland (1808-1847).* Bedeutung und Funktion der Turner- und Sängervereine für die deutsche Nationalbewegung, München, 1984.

Dutton, Kenneth R.: *The Perfectible Body:* The Western Ideal of Male Physical Development, New York, 1995.

Frank, Johann Peter: *System einer vollständigen medicinische Polizey,* Bände 1-6, Frankenthal, 1779-1819

Frevert, Ute: *Krankheit als Politisches Problem 1770-1880,* Göttingen, 1984.

Ibid.: *Bürgerinnen und Bürger.* Geschlechterverhältnisse im 19. Jahrhundert, Göttingen, 1988.

Ibid.: *Women in German History,* New York, 1989.

Ibid.: *Ehrenmänner.* Das Duell in der bürgerlichen Gesellschaft, München, 1991.

Ibid.: *Männergeschichte oder die Suche nach dem „ersten" Geschlecht,* in: Manfred Hettling (Hg.): *Was ist Gesellschaftsgeschichte? Positionen, Theorien, Analysen,* München, 1991, 31-43.

Gutsmuths, J.C.F.: *Gymnastik für die Jugend,* Schnepfenthal, 1793.

Habermas, Jürgen: *The Structural Transformation of the Public Sphere* (1965) trans. Thomas Burger, Cambridge MA, 1991.

Hausen, Karin: *Family and Role-Division.* The Polarization of Sexual Stereotypes in the Nineteenth Century—An Aspect of the Dissociation of Work and Family Life in: Richard Evans/W.R. Lee (eds.), *Essays on the Social History of the Family in 19th and 20th Century Germany,* London, 1981.

Hermann, Ulrich: *Die Pädagogik der Philanthropen,* in: Hans Scheuerl (Hg.) *Klassiker der Pädagogik,* München, 1979, 135-158.

Ibid. (Hg.): *Die Bildung des Bürgers.* Die Formierung der bürgerlichen Gesellschaft und die Gebildeten im 18. Jahrhundert, Weinheim, 1982.

Honegger, Claudia: *Die Ordnung der Geschlechter.* Die Wissenschaften vom Menschen und das Weib 1750-1850, Frankfurt, 1991.

Hull, Isabel: *Sexuality, State, and Civil Society in Germany 1700-1815,* Ithaca, 1996.

Jordanova, Ludmilla: *Sexual Visions.* Images of Gender in Science and Medicine between the Eighteenth and Twentieth Centuries, Madison, WI., 1993.

Kocka, Jürgen (Hg.): *Bürgertum in Europäischen Vergleich,* München, 1988.

Koptizsch, Franklin (Hg.): *Aufklärung, Absolutismus und Bürgertum in Deutschland,* München, 1976.

Koselleck, Reinhart: *Kritik und Krise,* Frankfurt, 1959.

Laqueur, Thomas: *Making Sex.* Body and Gender From the Greeks to Freud, Cambridge, 1990.

Lister, Ruth: *Citizenship.* Feminist Perspectives, New York, 1997.

MacCormack, Carld P./Marilyn Strathern (eds.): *Nature, Culture and Gender,* Cambridge, 1980.

Mangan, J.A./James Walvin (eds.): *Manliness and Morality:* Middle-Class Masculinity in Britain and America 1800-1940, Manchester, 1987.

Morgan, David H.J.: *Men made Manifest.* Histories of Masculinities, in: *Gender and History,* 1989, 87-91.

Mosse, George: *Nationalism and Sexuality:* Middle-Class Morality and Sexual Norms in Modern Europe, Madison, WI, 1985.

Ibid.: *The Image of Man:* The Creation of Modern Masculinity, New York, 1996.

Neuendorf, Edmund: *Geschichte der neueren deutschen Leibesübungen vom Beginn des 18. Jahrhunderts bis zur Gegenwart*, Dresden, 1936.

Niethammer, Lutz (Hg.): *Bürgerliche Gesellschaft in Deutschland.* Historische Einblicke, Fragen, Perspektiven, Frankfurt/M., 1990.

Ortner, Sherry: *Is Female to Male as Nature is to Culture?*, in: Michelle Zimbalist Rosaldo/Louise Lamsphere, (eds.) *Woman, Culture and Society*, Stanford, C.A., 1974, 67-87.

Outram, Dorinda: *The Enlightenment*, Cambridge, 1995.

Pateman, Carole: *The Sexual Contract*, Stanford, CA, 1988.

Riedel, Manfred: *Gesellschaft*, in Otto Brunner/Werner Conze/Reinhart Koselleck (Hg.): *Geschichtliche Grundbegriffe*, Stuttgart, 1975, 719-780.

Rotundo, Anthony: *American Manhood:* Transformations in Masculinity from the Revolution to the Modern Era, New York, 1993.

Ruppert, Wolfgang: *Bürgerlicher Wandel*, Frankfurt, 1983.

Salzmann, C.G.: *Taschenbuch zur Beförderung der Vaterlandsliebe*, Schnepfenthal, 1802.

Sanislo, Teresa: *Models of Manliness and Femininity.* The Physical Culture of the Enlightenment and the Early National Movement in Germany 1770-1819, Ph.D. diss University of Michigan, 2001.

Schiebinger, Londa: *The Mind Has No Sex? Women in the Origins of Modern Science,* Cambridge, 1991.

Schissler, Hanna: *Männerstudien in den USA,* in: *Geschichte und Gesellschaft* 1992, 204-220.

Stuve, Johann: *Über die körperliche Erziehung nebst einer Nachricht von der Neu-Ruppinishen Schule*, Züllichau, 1781.

Ibid.: *Allgemeine Grundsätze der Erziehung* in: *Allgemeine Revision* 1785, 233-382.

Tosh, John: *What Should Historians do with Masculinity?* Reflections on Nineteenth-Century Britain, in: *History Workshop Journal* 1994, 179-202.

Trepp, Anne-Charlotte: *Sanfte Männlichkeit und Selbständige Weiblichkeit.* Frauen und Männer im Hamburger Bürgertum zwischen 1770 und 1840, Göttingen, 1996.

Vierhaus, Rudolf (Hg.): *Bürger und Bürgerlichkeit im Zeitalter der Aufklärung*, Heidelberg, 1981.

Ibid.: *Patriotismus-Begriff und Realität einer moralisch-politische Haltung*, in: Hermann, Ulrich (Hg.), *Die Bildung des Bürgers*, Weinheim, 1982, 119-131.

Ibd: *Deutschland im 18. Jahrhundert*, Göttingen, 1987.

Villaume, Peter: *Von der Bildung des Körpers in Rücksicht auf die Vollkommenheit und Glückseligkeit der Menschen oder über die physische Erziehung insonderheit* (1785) in: Max Schwarz/Wilhelm Limpert (Hg.), *Quellenbücher der Leibesübungen*, Dresden, 1948.

Ibid.: *Abhandlung über die Frage: Worin bestand bei den Athenern, den Lacedämoniern und den Römern die öffentliche Erziehung?*, in:ders., *Vermischte Abhandlungen aus dem Gebiet der Politik, der Finanzwissenschaft, Pädagogik und Redekunst*, Berlin, 1793.

Ibid.: *Über Weichhertzlichkiet. Eine pädagogische Aufgabe*, in: *Pädagogische Unterhandlungen* 1780, 539-554.

*Christiane Eifert*

## Der Landrat. Männlichkeit und Herrschaft

Preußische Landräte gelten als prominente Vertreter einer landgesessenen, von Adeligen geführten adelig-bürgerlichen Elite, die sich dank autokratischer Herrschaftsweise bis 1918 behaupten konnte und der daher eine besondere Verantwortung für die verzögerte politische Modernisierung im Deutschen Reich zugewiesen wurde. Preußische Landräte repräsentierten im 19. Jahrhundert ein doppelt reaktionäres Übel: sie stellten die Spitze der lokalen Selbstverwaltung dar und das untere Ende der Staatsverwaltung, sie vertraten mithin die Interessen der ländlichen Großgrundbesitzer und die des Königs. Die Aufführung von ständischer, ökonomischer und staatlicher Macht kulminierte im Bild des autokratischen Herrschers, der als Offizier und mit der verlässlichen Unterstützung der Garnisonen seine Mannhaftigkeit bewies.

Diesem erst in jüngster Zeit kritisierten Klischee (Eifert 2003; Haase 2005) will ich Erkundungen in die Praktiken preußischer Landräte entgegenstellen. Landräte bewegten sich im 19. Jahrhundert parallel in verschiedenen Machtfelder, in denen jeweils eigene Logiken entstanden, jeweils spezifisches Kapital hervorgebracht und ein je unterschiedlicher Habitus entwickelt wurde. Die exemplarische Analyse von Landräten in den verschiedenen Machtfeldern verdeutlicht, dass nationale wie geschlechtliche Identitäten nicht einmalig erworbene Besitzstände sind, sondern in permanenten Auseinandersetzungen stets neu ausgehandelt werden. Angewandt auf das Beispiel der Landräte gilt, dass im Verhandlungsprozess nicht formale Qualifikationen wie etwa eine Staatsprüfung und ein Offizierspatent den Ausschlag gaben, sondern kommunikative und mediatisierende Fähigkeiten zentrale Bedeutung gewannen. Ich will dies im Folgenden an drei Machtfeldern verdeutlichen, in denen sich der Landrat bewegte: der Bürokratie, also dem Regierungspräsidium; dem Kreistag, also den Feld der Rittergutsbesitzer; dem Kreis mit seiner städtisch-bürgerlichen und ländlich-agrarischen Bevölkerung.[1]

## Der Landrat und der Erste Stand der Rittergutsbesitzer

War der Posten des Landrats vakant, so wählten die Kreistage einen oder auch mehrere Kandidaten für das Amt und präsentierten die Liste dem Regierungspräsidenten zur Auswahl und Ernennung des neuen Landrats. Vertreten im Kreistag waren bis zur Kreisreform von 1872 die Rittergutsbesitzer, die Städte und die Bauern. Die beiden letzteren Gruppen waren im Kreistag deutlich unterrepräsentiert und von der Wahl eines Landratskandidaten ausgeschlossen. Die Kandidatur für ein Landratsamt war, wie das Wahlrecht des Land-

---

1  Auf Anmerkungen wird im Folgenden verzichtet und stattdessen auf Eifert 2003 verwiesen.

ratskandidaten, an Rittergutsbesitz im Kreis gebunden, der immatrikuliert sein, also schon vor einem festgelegten Stichtag nachgewiesen worden sein musste. Sobald dieser Besitz aufgegeben wurde, hatte ein Landrat sein Amt niederzulegen. Die Bindung des Amtes an mit ständischen Privilegien ausgestatteten Großgrundbesitz im Kreis bewirkte, dass noch 1901 62 % aller preußischen Landratsämter von Adligen besetzt wurden. Die Wahl eines Landrats funktionierte als Selbstrekrutierung der lokalen Elite.

Unter den Rittergutsbesitzern eines Kreises war der Landrat somit Primus inter pares. Man ging gemeinsam auf die Jagd; man traf sich auf Familienfesten; man war stets unter sich. Durch die permanente gemeinsame Geselligkeit konnten Entscheidungen des Landrats nebenbei besprochen, gemeinsam getroffen und somit vergesellschaftet werden. Wichtige Verfügungen und Anordnungen ließen Landräte kopieren und im Kreis verteilen und schufen somit eine zumindest ständische Öffentlichkeit, selbst wenn Geheimhaltung angeordnet worden war. Vorrangig über die väterliche, bisweilen auch über die mütterliche Verwandtschaft bildeten sich so genannte Landratsdynastien heraus; strategische Eheschließungen eröffneten weitere Kommunikationskreise. Die verwandtschaftliche Solidarität befestigte die ständische Solidarität – und konnte umgekehrt zu heftigen Konflikten führen, sofern der Vorwurf erhoben wurde, Familieninteressen würden anstelle der Kreisinteressen verfolgt. Die Verwandtschaft wie auch die Mitstände stellten die logistischen Stützpunkte des Landrats, der den Landkreis zu Pferd bereisen musste und hierbei kostenfreie Unterkunft bevorzugte. Das Familienleben eines Landrats, seine Moral und Sittlichkeit, interessierte die Rittergutsbesitzer hingegen nicht. Im brandenburgischen Kreis Züllichau-Schwiebus hatten sie 1837 als ihren Kandidaten für das Landratsamt den Grafen von Zimmermann gewählt. Der wurde von der vorgesetzten Behörde nicht zum Landrat ernannt und sogar seines bisherigen Amtes als Stellvertreter enthoben, weil er in einer Schrift die Polygamie verteidigte. Zimmermann hatte in der Broschüre seine eigenen „nebenehelichen Verhältnisse" offen gelegt und Polygamie als verbreitetes herrschaftliches Verhalten dargestellt; die Broschüre war im Landkreis verteilt worden. Die Kreisstände, also die Rittergutsbesitzer im Kreistag, kommentierten Zimmermanns Takt- und Sittenlosigkeit mit keinem Wort, sie empörten sich vielmehr über die Intervention des Regierungspräsidenten in ihre ständischen Rechte sowie über Zimmermanns Amtsenthebung und beschwerten sich hierüber beim König. Über zwölf Jahre hinweg weigerten sich die Rittergutsbesitzer im Kreis, einen neuen Stellvertreter zu wählen und unterstützten die letztlich erfolglosen Bemühungen des Kandidaten. Anders als Regierungspräsident, Innenminister und König fanden sie nicht, dass ihr Kandidat die Würde des Amtes und damit das Amt selbst nachhaltig beschädigen würde. Die Solidarität innerhalb des Standes, die Geschlossenheit gegenüber der Bürokratie war von größerem Wert als die in Frage gestellte Sittlichkeit des Kandidaten.

Für ihre Kooperation und die Solidarität gegenüber der vorgesetzten Behörde erwarteten die Rittergutsbesitzer im Gegenzug, dass ihnen der Landrat beispielsweise bei der Eingruppierung für die verschiedenen Steuern entgegen käme. Die Revisionsberichte über unterschiedliche Landratsämter verdeutlichen, dass die außerordentliche Bevorzugung der Rittergutsbesitzer bei der Steuererhebung systematisch und flächendeckend betrieben wurde. Diese Amtsüberschreitungen zu Lasten der Staatskasse wurden keinem Landrat von den vorgesetzten Behörden zum Vorwurf gemacht, weder Strafverfahren noch Amtsentlassungen wurden eingeleitet. Kündigte ein Landrat die privilegierte Besteuerung gegenüber einem Rittergutsbesitzer im Kreis, dann war mit dieser Handlung ein andauernder Konflikt auf seinem Höhepunkt angelangt. Dieser Konflikt war in aller Regel ein Autoritätskonflikt: weil der Rittergutsbesitzer vom Landrat angeordnete Arbeiten wie etwa das Pflastern einer Straße oder die Ausstattung einer Feuerwehr mit Löschgeräten nicht hatte ausführen lassen, weil der Rittergutsbesitzer somit die dienstliche Autorität des Landrats für alle erkennbar unterminiert hatte, deshalb griff der Landrat zu seinem schwersten Geschütz und erhöhte in diesem Fall kräftig die Steuern. Kräftigere Sanktionen standen ihm nicht zur Verfügung; er konnte sich höchstens an den Regierungspräsidenten wenden mit der Bitte, sich schützend vor ihn zu stellen und Strafantrag gegen seinen Kontrahenten zu stellen. Mit diesem Hilferuf hatte ein Landrat sein Ansehen unter den Standesgenossen definitiv verspielt.

Die Beziehungen unter den Rittergutsbesitzern waren geprägt vom Prinzip des „Do ut des", und es galt ebenso für den Landrat, der ja als Erster unter Gleichen einer der Ihren war. Dass der Landrat mit der Übernahme des Amtes auch Diener eines anderen Herrn geworden war, konnte ausgeblendet bleiben, solange sich der Landrat in dieser Funktion zurückhielt.

## Der Landrat und seine vorgesetzte Behörde

Regierungspräsident und Innenminister als vorgesetzte Behörden wünschten Landräte, die im Kreis für Ausgewogenheit und ruhige Entwicklung sorgten. Landräte sollten sich in ihrer Amtsführung weder durch Übereifer und ungebremsten Tatendrang auszeichnen, noch sollten sie zu bedächtig sein, sich darauf beschränken, die an sie ergehenden Anordnungen schnell zu befolgen. Nicht als Beamte, sondern als Mediatoren sollten Landräte wirken und vorausschauend auch zukünftige Konflikte vermeiden. Der preußische Staat setzte auf deren Fähigkeit, „die Interessen der Verwaltung mit denen der Eingesessenen auf eine Allseits zufriedenstellende Weise zu vermitteln". Diese Priorität der Abwägung erklärt, warum formale Qualifikationen für das Amt lange Zeit nachrangig waren; unverzichtbar waren hingegen Eigenschaften, die von der Innenverwaltung mit „Brauchbarkeit", einer „männliche Haltung" beschrieben wurden und die sowohl Flexibilität als auch Kommunikationsfähigkeit meinten, Verhandlungs- und Führungsgeschick, Umsicht und Gewandtheit, zudem Arbeitsfreude und Tatkraft. Habitus wurde folglich beurteilt, wenn ein Kandidat fürs Landratsamt auf seine Fähigkeiten hin überprüft wurde. Denn die Amtsautorität eines Landrats sattelte auf seinem Habitus auf.

Die Innenverwaltung stellte mithin Personen der ländlichen Führungselite für ihre Repräsentations- und Verwaltungsaufgaben ein und bestätigte sie in der Auffassung, das Landratsamt sei ein Ehrenamt, sie fungierten als Vertretung des Königs vor Ort. Neben der kostenfreien Ehre war die Ausstattung des Amtes sehr karg gehalten und rekurrierte in Teilen auf das Privatvermögen der Landräte. Bevor die Kreise in den 1880er Jahren mit dem Bau stattlicher Landratsämter in den Kreisstädten begannen, in denen auch eine Landratswohnung enthalten war, räumten die frisch ernannten Landräte Räume ihrer Gutshäuser für die einziehende Verwaltung frei. Auch das in der Regel nur aus wenigen Personen bestehende Amtspersonal, den Kreissekretär, den Schreiber und den Ausreiter bzw. Kreisboten, brachte ein Landrat auf seinem Rittergut unter. Das Diensteinkommen war, verglichen mit den ranggleichen Regierungsräten, sehr niedrig; das „Normalgehalt" ohne Zulagen bewegte sich bis 1861 unter dem Mindesteinkommen, das für die Immatrikulation eines Ritterguts nachzuweisen war. Zum Gehalt kamen Dienstaufwandsgelder, die durch das gesamte Jahrhundert hindurch als unzureichend beklagt wurden. Hieraus resultierte der dauerhafte Konflikt der Landräte mit der Innenverwaltung über die Höhe der Zuwendungen und bisweilen sogar um die befristete Genehmigung, auf eigene Kosten zusätzliches Büropersonal zu beschäftigen. Die Performanz des Amtes basierte auf dem materiellen Vermögen des Landrats, der ein geräumiges, repräsentatives Gebäude und gute Pferde vorweisen musste. Die in der Praxis untrennbare Verquickung von „Berufsleben" und „Privatleben" war somit eine angestrebte Voraussetzung der staatlich implementierten Verwaltungsstruktur. Das Landratsamt als ein an ständischen Privilegien haftendes Ehrenamt basierte auf den herrschaftlichen Praktiken des Rittergutsbesitzers, der zugleich Polizei-, Gerichts- und Kirchenherr war, und auf seiner hier gewonnenen Autorität.

Konflikte zwischen Landräten und der preußischen Innenverwaltung spitzten sich unweigerlich auf die Frage zu: wer vertritt den König vor Ort? Zumindest in der ersten Hälfte des 19. Jahrhunderts sahen sich Landräte als Stellvertreter des Königs, die in seinem Namen, aber eigenständig den Landkreis wie ihr Rittergut verwalteten und der Innenverwaltung nur unterstützende, dienende Funktionen zuerkannten. Verbunden durch die Zugehörigkeit zum ersten Stand, dem Adel, und durch die ausgeübte Herrschaft, die sich lediglich in ihrem Umfang unterschied, sahen sich Landräte Seite an Seite mit dem preußischen König. Aus dieser Position heraus kritisierten sie die Verwaltung, die sich störend in das gute Verhältnis hineindränge, das die Landräte zwischen der Bevölkerung ihres Kreises und dem König geschaffen hätten. Ihre am altständischen Ideal orientierte, konservative Kritik an der preußischen Innenverwaltung blieb erstaunlich oft ohne disziplinarrechtliche Folgen. Die relative Regellosigkeit in der Verfassung des Amtes, die Kargheit in der Ausstattung und die extrem divergierenden Rahmenbedingungen staatlicher Verwaltung in den Kreisen verlangten nach entscheidungs- und konfliktfreudigen Landräten. Diese Entscheidungs- und Konfliktfreude richtete sich auch gegen die Staatsverwaltung.

Erst mit der Politisierung des Landratsamtes nach der Revolution von 1848 begrenzte die preußische Regierung den Handlungsrahmen der Landräte und verschärfte den disziplinierenden Durchgriff. Die nun von den Landräten geforderte umfassende Kontrolle aller politischen Äußerungen und Bewegungen im Landkreis belastete sie mit fortlaufender detaillierter Berichterstattung und eröffnete dem Innenministerium einen zuvor nicht gekannten Einblick in die landrätliche Praxis. Die Landräte entzogen sich der intendierten doppelten Kontrolle, indem sie einerseits die geforderte Periodizität verweigerten und stattdessen in selbst gewählten, großen Abständen berichteten, und indem sie andererseits die Meldungen standardisierten, also in stereotypen Formulierungen berichteten und damit deren Aussagekraft reduzierten. Nach ihrem Selbstverständnis gehörte die umfassende Kontrolle der lokalen Öffentlichkeit nicht zu ihren Aufgaben. Die Verweigerung bürokratischer

Ordnung zieht sich, wie die fortwährenden Konflikte über die Unpünktlichkeit und die fehlende Aktenablage der Landräte demonstrieren, als Konflikt zwischen Innenverwaltung und Landräten durch das gesamte 19. Jahrhundert. Die Landräte begrenzten auf diese Weise ihre Indienstnahme seitens der Staatsverwaltung, sie setzten in ihrer Amtsführung auf ihre Herrschaftspraktiken und konzentrierten sich auf ihre Prioritäten.

## Der Landrat und sein Kreis

Die Praxis, nach eigenem Gutdünken die königliche Herrschaft zu vermitteln und abzusichern und sich aus den Konflikten unter den Kreisbewohnern weitestgehend herauszuhalten, lässt sich für viele preußische Landräte im 19. Jahrhundert nachweisen. Sie selbst charakterisierten ihre Beziehungen zu den Bewohnern des Kreises als personale Herrschaftsbeziehungen und beschrieben sie in der Sprache der Herrschaft: sie erkannten bei den Kreisbewohnern „Vertrauen", „Liebe" und „Wohlwollen" gegenüber dem Landrat und erklärten ihr Verhältnis zu den Kreisbewohnern als ein von „Pflicht" und „Ehre" geprägtes. Mit dieser Wortwahl stellten sich die Landräte auf eine Ebene mit dem Monarchen, denn wie dem König galt ihnen die Untertanenliebe (Büschel 2006). Darüber hinaus verklärten sie, dass sie in ihren Amtshandlungen nur mit der nächst niederen Verwaltungsinstanz, also mit Dorfschulzen, Amtmännern und Bürgermeistern, zu tun hatten, keineswegs aber mit allen Kreisbewohnern in Kontakt standen. Auch „Vertrauen" war ihnen keineswegs von allen Einwohnern des Kreises, sondern nur von einer kleinen Gruppe, den sie wählenden Rittergutsbesitzern in der Kreisversammlung, entgegen gebracht worden. Letztlich hatten Landräte im Hinblick auf Kreisbewohner lediglich dafür zu sorgen, dass „Ruhe und Ordnung" herrschten, Steuern und Militärdienste wie angeordnet geleistet wurden und dass eine emotionale Bindung an die Krone bestand.

Diese emotionale Bindung ließ sich über patriotische Feste herstellen, die anlässlich von Manövern, zum Gedenken an Schlachtensiege oder anlässlich von persönlichen Ereignissen in der königlichen Familie wie Geburtstagen, Krankheiten oder Hochzeitstagen inszeniert wurden. An den Festgottesdiensten, Feiern und Festessen nahmen zwar nur wenige ständische und bürgerliche Vertreter teil, doch war man zuversichtlich, dass sich die „frohe und patriotische Stimmung" über Festumzüge und angeordnete Illuminationen auch den ausgeschlossenen Kreisbewohnern mitteilte. Die Integration der bürgerlichen Vertreter in die Feierlichkeiten sollte deren wichtigen Beitrag für die Monarchie verdeutlichen; gegen die sich mehrenden bürgerlichen Ansprüche blieb der Vorsitz bei all diesen Festen dem Landrat vorbehalten, die Ansprachen sein Vorrecht.

Eine emotionale Bindung ließ sich in der Unterschicht, bei den Arbeitern, Bauern, Tagelöhnern stiften, indem die königliche Fürsorge auf die Bevölkerung im Kreis gelenkt und damit Hungerkrawallen, Teuerungsexzessen und letztlich Revolutionen wirksam vorgebeugt wurde. Landräte unterbreiteten Vorschläge, um die Kartoffelaufkäufe der Schnapsbrenner staatlich zu verhindern und die Getreidepreise staatlich festzusetzen. Sie baten den König um Darlehen für Unternehmer im Kreis, damit die die Wirtschaftskrise überwinden konnten ohne Entlassungen vorzunehmen. Diese Initiativen, die meist folgenlos blieben, festigten jedoch die landrätliche Autorität bei den Kreiseinwohnern und sicherten die allgemeine Wahrnehmung, der Landrat sei der Vermittler zwischen allen Klassen der ländlichen Bevölkerung und dem König.

Die Praxis fürsorglicher Initiativen stimmt überein mit der landrätlichen Haltung, sich während der Revolution 1848 keineswegs als mutiger Kämpfer für Thron und Altar zu profilieren, sondern still abzuwarten und nach allen Seiten hin beruhigend zu wirken. Der Luckauer Landrat Karl Otto Freiherr von Manteuffel äußerte sich im November 1848, er sei beunruhigt, aber nicht gefährdet, da „ich Einiges unterlasse, weil ich von vorneherein weiß, dass ich es nicht würde durchsetzen können." Exakt dieses Krisenmanagement, sich ohne militärische Unterstützung halten, um auf die weitere Entwicklung den gewünschten Einfluss nehmen zu können, zeichnete einen guten Landrat aus. Wer dies nicht konnte, hatte als Landrat verspielt wie Gustav Graf v. der Goltz 1868 im Kreis Züllichau, der seine Karriere im Staatsdienst bei der Oberrechnungskammer fortsetzte. Im Kreis Züllichau wollten die Bewohner eines Dorfes ihren Anteil an den Entwässerungskosten nicht zahlen. Der Landrat eskalierte den Konflikt, wollte den Widerstand schließlich mit militärischer Gewalt brechen und produzierte damit einen Skandal, der im Landtag von einer Untersuchungskommission verhandelt und mehrheitlich verurteilt wurde. Sehr viel professioneller war sein Kollege Leo v. dem Knesebeck im Kreis Teltow vorgegangen, als dort die Kosten für die Meliorationen auf die Bewohner einzelner Dörfer umgelegt werden sollten. Knesebeck besuchte die Versammlung der 38 Gemeinden, obwohl ihm mit dem Tod gedroht worden war. Er appellierte an die Besonnenheit der Teltower Schulzen und Bauern und wies ihnen einen akzeptablen, gewaltfreien Weg des Widerspruchs. Der Rittergutsbesitzer v. dem Knesebeck hatte als Major die Armee verlassen, weder Jura noch Staatswissenschaften studiert und auch keine landrätliche Prüfung absolviert, bevor er 1852 zum Teltower Landrat ernannt wurde. Ungeachtet dieser sehr einseitigen militärischen Qualifikation setzte Knesebeck nicht auf Eskalation, er demonstrierte gegenüber der Landbevölkerung Führungsqualitäten, die auf seiner Konflikt- und Vermittlungsfähigkeit beruhten, die auf seiner Autorität aufsattelten.

## Der Landrat. Männlichkeit und Herrschaft

Männlichkeit wird in der Geschichtswissenschaft in den letzten zehn Jahren vor allem unter dem Aspekt der Gewalt und als bürgerliche Männlichkeit untersucht (Martschukat/ Stieglitz 2005). Beispielsweise ist die Militarisierung deutscher Männer analysiert worden oder die Herausbildung bürgerlicher Männlichkeitskonstrukte im nationalen Diskurs (Frevert 2001; Hall 1996; Kessel 2003). Männlichkeit ist ein relational im Hinblick auf die anderen Männer, erst dann in Abgrenzung vom Konstrukt der Weiblichkeit konstruierter Begriff. Die Welt, in der sich die preußischen Landräte im 19. Jahrhundert bewegten, bestand nur aus Männern: bäuerlich-ländlichen Männern im Landkreis, bürgerlichen Männern in den Städten des Landkreises und zunehmend auch in der vorgesetzten Verwaltungsbürokratie, adeligen Männern im Landkreis und in der Staatsverwaltung. Die adeligen Landräte benötigten eine spezifische Form von Männlichkeit als Qualifikation für ihr

Amt. Diese Männlichkeit war keine militärische, sondern eine, die auf Routine in ständischen Herrschaftspraktiken, auf dem Habitus des Landadeligen aufbaute. Kommunikation stand im Zentrum dieser Praktiken, damit Konflikt- und Vermittlungsfähigkeit. Je nach Status des Gegenübers differierten die Formen und Strategien der Kommunikation; sie zielten gegenüber Standesgenossen und männlichen Kreisbewohnern auf Integration und Zusammenarbeit, blieben der Staatsverwaltung gegenüber misstrauisch, abwehrend und fordernd. Denn von den vorgesetzten Behörden erfuhr ein Landrat die Entmachtung und Gängelung, die seiner Entmännlichung nahe kam und gegen die er sich nur schwer wehren konnte, da hier die habituellen Reaktionen nicht griffen. In der Konkurrenz um die Repräsentanz des Königs, die behauptete Nähe zu ihm, erwies sich die Bürokratie als stärker und dem Landrat blieb nur, sich in die Verweigerung zu retten. Diese „weibliche" Verhaltensweise konnte seine verletzte Männlichkeit nicht wieder herstellen, der Konflikt des Landrats mit der Innenverwaltung war deshalb auf Dauer gestellt. Die Integration von ständischer Männlichkeit als professioneller Qualifikation in eine Bürokratie konnte nicht funktionieren, weil ständische Männlichkeit auf autokratischer Herrschaft fußte, die mit der der Staatsverwaltung konkurrierte und von dieser daher nur begrenzt und kontrolliert zulassen konnte. Die Staatsverwaltung zerstörte somit sukzessive die Herrschaftspraktiken, derer sie sich bediente. Mit den Herrschaftspraktiken verschwanden auch die dazugehörigen Männlichkeitsbilder, die nicht militärische Gewalt, sondern kommunikative Vermittlung als zentrale männliche Eigenschaft im undemokratischen Staat herausgestellt hatten. Im autokratischen Preußen an der Wende zum 20. Jahrhundert konnten vor allem Offiziere mit schnarrendem Befehlston Männlichkeit verkörpern.

## Literatur

Büschel, Hubertus: *Untertanenliebe*. Der Kult um deutsche Monarchen 1770-1830, Göttingen 2006.

Eifert, Christiane: *Paternalismus und Politik*. Preußische Landräte im 19. Jahrhundert, Münster, 2003.

Frevert, Ute: *Die kasernierte Nation*. Militärdienst und Zivilgesellschaft in Deutschland, München, 2001.

Haas, Stefan: *Die Kultur der Verwaltung*. Die Umsetzung der preußischen Reformen 1800-1848, Frankfurt am Main, 2005.

Hall, Catherine: *Imperial Man*. Edward Eyre in Australasia and the West Indies 1833-66, in: Bill Schwarz (Hg.), *The Expansion of England*. Race, ethnicity and cultural history, London, 1996, 130-170.

Kessel, Martina: *The 'Whole Man': The Longing for a Masculine World in Nineteenth-Century Germany*, in: *Gender & History* 15, 2003, 1-31.

Martschukat, Jürgen/Olaf Stieglitz: *'Es ist ein Junge!' Einführung in die Geschichte der Männlichkeiten in der Neuzeit*, Tübingen, 2005.

*Carolyn P. Boyd*

## History, Identity and Citizenship:
## History Teaching and Textbooks in Nineteenth-Century Spain[1]

After the liberal revolution of the early nineteenth century,[2] Spain's governing elites sought to consolidate the new political regime by instilling a common sense of national identity in citizens who were otherwise divided by loyalties based on religion, region, and class. The middle decades of the nineteenth century witnessed the creation of a repertory of cultural symbols, discourses, and practices that represented the idea of the nation and its identity to an ever-broadening public. Among the most important of these new cultural constructions were national historiography and its corollary, schoolbook history, whose purpose was to instill national consciousness and to legitimate the new political order by representing it as the natural outcome of the nation's historical trajectory. Progressives, in addition, viewed history education as essential to the creation of an active, freedom-loving citizenry. After the failed experiments with democratic liberalism and republicanism during the Revolutionary Sexennium of 1868-74, however, many liberals lost faith in the myth of 'the people', and the progressive version of national history gave way to a more conservative one. During the Restoration monarchy of the last quarter of the nineteenth century, the discourses and practices of history teaching and textbooks conveyed ideas about the nation, national identity and citizenship that contributed to the consolidation of an authoritarian political culture whose effects are still evident in Spanish political life.

All identities, whether individual or collective, are dependent on memory, which provides subjects with a coherent narrative that permits them to interpret the present and plan for the future. The Spanish liberals who sought to enshrine 'the people' as the embodiment of national sovereignty and the architect of the nation's destiny placed great value on history education, not only to explain and justify the new political order, but also to provide lessons on national identity, morality and civic responsibility (Cirujano Marín/Elorriaga Planes/ Pérez Garzón 1985; Cuesta Fernández 1997; Pérez Garzón 2000). Traditionally valued as a guide to individual conduct, history now acquired a social function. As the Spanish royal

---

1    This essay is primarily based on my book *Historia Patria:* Politics, History and National Identity in Spain, Princeton University Press: Princeton, N.J., 1997, and my article *El debate sobre 'la nación' en los libros de texto de historia de España, 1875-1936* in: Juan José Carreras Ares/Carlos Forcadell Álvarez (eds.), *Usos públicos de la historia,* PUZ/Marcial Pons Historia: Madrid, 2003, 145-172.

2    The transition to liberalism in Spain, which began with the proclamation of the constitution of 1812 by the Cortes of Cádiz during the war against Napoleon, was difficult. It was marked by two restorations of absolute monarchy (1814-20 and 1823-33) and a civil war between liberals and the traditionalist supporters of the pretender Don Carlos (1833-39). Historians generally agree, however, that by 1839 the fundamental principles of constitutional liberalism were irrevocably, if not fully, established.

academician José Zaragoza explained in 1852, 'desde que los reyes no son los únicos árbitros de las naciones, desde que los pueblos han aspirado también a ser absolutos, la historia debe escribirse para todos, porque todos tienen que aprender de ella' (cited in Cirujano Marín et al. 1985, 33). From 1836 on, national and 'universal' history were firmly established as required subjects for the *bachillerato*, which prepared middle class students for university study and eventual employment in the state administration and the professions.

Reflecting the protracted internal conflicts that accompanied the implantation of liberalism in Spain, the principal theme of the first liberal history textbooks, written primarily by progressives in the 1840s and 50s, was the secular struggle to achieve national unity and to secure popular liberties against oppressors, whether foreign or domestic. Inherent to these early progressive textbooks were an inclusive definition of the political nation and a democratic conception of active citizenship. The 'people', or *pueblo*, was the primary subject of history, the embodiment of the national spirit, and the defender of freedom and justice. The narrative, which followed the classic mythic structure of birth, triumph, defeat and redemption, located the origins of 'the nation' in the medieval reconquest of the national territory lost to the Moors in 711. The protagonist of the national epic was the pueblo, collaborating with the monarchy through the proto-democratic Cortes in Castile and Aragon. After seven centuries of struggle, the nation was unified politically and religiously under the leadership of the Catholic Kings. But with the arrival of a foreign dynasty, the Habsburgs, in the early sixteenth century, popular liberties and national interests were sacrificed to monarchical absolutism, aristocratic greed, religious fanaticism, and imperial ambition. Three centuries of national decadence ended only in 1808, when the pueblo rose against the tyrant Napoleon and in defense of national independence and popular liberty. In these progressive texts, the nation's crowning achievement was the Constitution of Cádiz of 1812, which guaranteed the unity of the nation-state, the principle of national sovereignty and the institutionalization of traditional liberties (Maestro González 2005, 141-194).

By mid-century, however, urban radicalism and Carlist insurgency had convinced most of the political class, including many in the Progresista party (cfr. p. 342 of the contribution of Christiana Brennecke within this volume), to reconsider their initial enthusiasm for the principle of popular sovereignty (Fuentes 2000, 60-64). The restricted definition of citizenship embraced by the conservative liberals who controlled the Spanish state through most of the century explains the relative neglect of public education at a time when other Western European states were expanding systems of public schooling (Maynes 1985), as well as the reduced place of history education in the plans of study prescribed for each level of the vertically-segmented system of public instruction established in 1857 (Servicio de Publicaciones, Ministerio de Educación y Ciencia 1979-91, 2:244-302). The three year primary school curriculum included sacred history, but not national history, although 'notions of geography and history' were prescribed for the small numbers of students, most of them future teachers, who continued into the upper primary grades. Consequently, sacred history was the primary source of formal knowledge about identity, morality and citizenship for the vast majority of Spaniards until the turn of the twentieth century. The Spanish state made a greater effort to nationalize the middle classes, but even at the level of the bachillerato, the number of prescribed history courses gradually declined, from four years in 1836 to only one year in 1880 (Utande Igualada 1964). Young women, who generally did not receive secondary education until the second decade of the twentieth century, were seldom taught any national history at all. In contrast, during the last quarter of the nineteenth century, most modernizing societies rewrote school curricula to include annual instruction in national history for both primary and secondary students (Albisetti 1982; Freyssinet-Dominjon 1969; Pérez Garzón 2000).

Spain's divergence from the European trend reflected the essentially undemocratic character of the liberal monarchy, which, even after the passage of universal suffrage in 1890, denied representation to the vast majority of citizens by means of the well-developed system of electoral corruption and clientelism known as caciquismo. The successful functioning of caciquismo presupposed a demobilized and apathetic electorate; not surprisingly, then, the ideology underpinning history education in Spanish schools was 'patriotic' rather than 'nationalistic'.[3] In the primary schools, it aimed to strengthen the affective ties that bound children to their homeland while instilling submission to the traditional authority of the monarchy and the church. The history education delivered to middle class students was designed to instill national consciousness and loyalty to established institutions, but not to shape a politically engaged citizenry nor to mobilize the nation's youth in service to national ideals.

The culture of teaching and learning – the so-called 'hidden curriculum' – in Spanish schools reinforced behaviors appropriate to this restricted definition of citizenship. In the classroom, a clear status hierarchy distanced teachers from pupils, and knowledge circulated in one direction only, from the top down. Rote memorization of textbooks remained the primary mode of instruction in both primary and secondary schools throughout the nineteenth century and well beyond. From the 1870s onward, textbooks and passive learning were under attack from democratic reformers who believed that active methods would provide the human foundation for the growth of a political culture based on the individual exercise of civic rights and responsibilities. Although these reformers, like similar reformers elsewhere in Europe, began to dominate pedagogical discourse at the turn of the 20th century, they had little impact on Spanish classroom culture. It proved impossible to overcome the isolation and inertia of most public school teachers and the active resistance of the Catholic teaching orders, which educated a large and growing fraction of the nation's youth. Authoritarian teaching and passive learning thus persisted longer in Spain than in France, Great Britain or the United States.

---

3   'Patriotism' here refers to love of country, particularly the land and its customs and institutions; in the 18th century the term implied active service to the country's well-being and progress, but by the end of the 19th century, it had come to be identified with passive citizenship and submission to the established powers. 'Nationalism' is a more active concept, involving political mobilization on behalf of or in defense of 'the nation'. In Spain, the political valence of nationalism changed over the course of the 19th century. Whereas progressive and democratic, or 'civic' nationalism predominated until 1868, by the end of the century nationalism was increasingly 'ethno-cultural' and politically reactionary.

As systemized distillations of socially-sanctioned knowledge, textbooks embodied an authoritarian approach to education that discouraged free inquiry and creativity. Textbooks for young children were often written in catechistic style that required students to memorize factual responses to a list of questions, such as 'Who were the first inhabitants of Spain?' or 'What were the names of the Visigoth kings?' The narrative histories written for secondary students were more complex but they also presented the national past as a chronology of incontestable 'facts' to be memorized. Retention and regurgitation of these facts was the key to success on the oral examinations administered annually in each subject in each of the 58 state institutos. Even students (the majority) preparing the bachillerato independently or enrolled in one of the growing number of private – i.e., Catholic – schools were obliged to submit to examination in an instituto if they wished to earn the official degree. But state authority over the credentialing exams did not guarantee that all students shared a common understanding of the national past, because Restoration governments did not exercise their prerogative to regulate the course content or textbooks upon which the exams were based; these were designed and administered by the individual history professor in each instituto. The entire spectrum of political viewpoints could be found in the books assigned in the institutos, with the result that what students learned about the national past depended in good measure on where they studied and with whom they chose to be examined.

Nevertheless, the majority of Restoration history textbooks bore a striking resemblance to one another, both in structure and in content. For one thing, they borrowed indiscriminately from the general histories of Spain written at mid-century, the most important of which was the thirty-volume *Historia general de España desde los tiempos más remotos hasta nuestros días*, published between 1850 and 1867 by the liberal politician and journalist Modesto Lafuente (Lafuente 1850-1867; López-Vela 2004). Lafuente's history has been aptly called 'una especie de Biblia secularizada, de libro nacional por excelencia,....' (Jover Zamora 1984, 8). It traced the progress of a singular historical subject – the Spanish nation – towards territorial, political, and religious unity, a process whose culmination was the liberal constitutional monarchy of his own day. As José María Jover points out, this was an essentially 'retrospective' conceptualization of the national past, whose primary function was legitimation of the Isabelline monarchy. Understanding the present as the inevitable outcome of the nation's development through time, it reinforced a teleological view of history that reduced the role of contingency and choice in the evolution of the state and denied the possibility or desirability of future change.

Another factor lending uniformity to Restoration textbooks was their authors' lack of sympathy for voluntaristic or majoritarian definitions of national sovereignty. The dominant view was articulated most forcefully by the architect of the Restoration settlement, Antonio Cánovas del Castillo, himself a distinguished historian of the Habsburg centuries. Cánovas understood the constitutional monarchy to be the necessary outcome of the historical development of the nation's 'constitución interna' (R.D. of 31 January 1875; Dardé 1994). The product of history and thus both anterior and superior to constitutions authored by men, the internal constitution necessarily limited the range of institutional options subject to the popular will, which at any given moment might or might not coincide with the 'true' identity and spirit of the nation: 'Muy bien puede una nación desear ser lo que no es, pero el cambio o transformación no depende de su propio gusto, tal cual no depende del hombre feo ser hermoso' (cited in Sánchez Agesta 1984, 313). Neither citizens nor governments could ignore the higher law of the internal constitution nor attempt to forge a collective destiny in defiance of God, history and nature.

Along with this essentialist view of the nation, conservative textbook authors took an equally essentialist view of the national character, which they claimed had remained unchanged since prehistoric times: 'No hay ningún otro pueblo en el mundo cuyo carácter nacional haya sido conservado más tenazmente a lo largo de los siglos' (Sánchez Casado 1967, 3). In a society marked by linguistic, ethnic, and regional diversity, it was impossible to define the 'raza' in terms of blood purity or cultural homogeneity. Instead, textbook authors argued, somewhat inconsistently, that the unchanging national character had been shaped *historically*, through centuries of resistance to foreign invaders and colonizers. Borrowing directly from Lafuente, who had himself defined national character in terms of traditional stereotypes inherited from the imperial age, they uniformly described Spanish national identity in gendered and oppositional terms that distinguished Spaniards from other Europeans. The Spanish character was 'altivo, caballeresco, valiente hasta el heroísmo y amante como ningún otro de su independencia,' as well as religious, individualistic, ingenious and stoical (Zabala Urdániz 1871, 1:29). Disdaining manual labor, the Spaniard lacked the instinct for economic gain, preferring spiritual rewards to material ones. Once again echoing Lafuente, many textbooks also defined Spanish 'nationality' in terms of three underlying 'principles' that served as a counterbalance to the centrifugal forces that threatened national unity: the religious principle, the love of the patria and the monarchical principle (Sánchez Casado 1867, 2-3; Orodea e Ibarra 1867, 13; Moreno Espinosa 1871, 263).

In textbooks by anti-liberal Catholic authors, the 'religious principle' was paramount. To be a Spaniard was to be a Catholic; alienated from its Catholic identity, the nation would cease to exist (Sánchez Casado 1867; Alfaro y Lafuente 1853; Merry y Colón/Merry y Villalba 1889). This 'national-Catholic' understanding of national identity was less evident in the textbooks written by the conservative liberals who occupied most of the teaching posts in the state institutos, but it saturated history teaching and textbooks in seminaries and Catholic colegios. With the encouragement of a succession of Conservative governments, the number of Catholic colegios grew by 50 percent between 1880 and 1900, when nearly 20 percent of elementary-age children were in religious colegios. After the turn of the century, Catholic education expanded even further, fed by male and female religious personnel from the teaching orders fleeing anticlerical legislation in France and Portugal.

Whether their authors were conservative liberals or anti-liberal Catholics, Restoration textbooks taught young Spaniards that they belonged to a nation whose character and values were not merely different, but superior to those of their rivals. Europe, and in particular, atheistic France and materialistic Britain, were the 'others' against which the Spanish character acquired clarity and individuality. However ill-adapted to the modern world of capitalism and secular democracy, the national character was elevated by its nobility, austerity and spirituality. Also embedded in this rendering of the national character was the suggestion that the individualism, passion, and love of independence intrinsic to Spanish identity made experiments with self-government exceptionally risky. 'Independence' in particular was a multi-layered term that signified the famed 'genio de resistencia,' but that also hinted at a dangerous tendency towards 'separatism,' as exemplified in the Carlist rebellions and the federal republican cantonalist risings of 1873. Only a strong central authority could guarantee the national unity achieved at such cost through the centuries.

The aristocratic, masculine and premodern values embedded in the conservative construction of national identity were on display in the lengthy narrative portions of the textbooks, which minimized the agency of the pueblo and privileged the progression towards political and religious unity over the popular struggle for liberty. Whereas textbooks written by progressive liberals earlier in the century had depicted the Reconquest as a great collective enterprise, in Restoration textbooks the protagonists of the national drama were the kings, warriors and ecclesiastics whose heroic leadership had made possible the political and religious unification of the monarchy. But even these elite protagonists were depicted in cursory fashion; textbooks seldom presented them as exemplary human figures whose character and actions might be emulated by ordinary citizens. As Manuel Azaña later recalled: 'La historia me fatigaba por su aridez inhumana. Con estar incorporada sucintamente en unas docenas de personajes grandiosos, la catadura de estos héroes no era de hombre. Habían llegado al mundo con el encargo de recitar un papel aprendido de memoria y colmar los decretos providenciales. No aprendíamos nosotros lo que ellos hicieron; más parecía que ellos se adelantaron a cumplir lo escrito'(Azaña 1927, 94-95). In Restoration schoolbooks the human element in history was subordinated to the workings of an organic, transcendent process whose operations and outcome were apparently impervious to the actions of ordinary men and women. The responsibility of patriotic young Spaniards was to memorize the names and dates that comprised the historical record, not to debate, question, or even to understand their own relationship to the past as members of the national community.

In the liberal textbooks of the 1840s and 50s, the Spanish people struggled to defend their liberties against despotic monarchs and predatory nobles, but in Restoration textbooks the people became 'los españoles,' and they were assigned a secondary role as loyal and obedient subjects, acquiring greater visibility only when required to act collectively in defense of the sacred trinity of patria, king and faith. The development of the institutions that were the juridical expression of the nation and its rights continued to fascinate conservative liberal authors, but they no longer explained their evolution in terms of popular resistance to elite oppression. After the disorders of the Sexennio and the appearance of the first workers' associations, class conflict now loomed as a growing threat to the social order. History textbooks avoided suggesting that the expansion of liberty was the fruit of popular struggle or even of responsible citizenship.

Whereas progressive textbooks had located the origins of the nation in the Middle Ages and attributed national 'decline' to the imposition of Habsburg tyranny and fanaticism, both conservative and neo-Catholic Restoration textbooks praised the Habsburg centuries as the crucible of national identity. The Spanish character was forged in the crusade to preserve the religious unity of Europe and to achieve dominion over the European and American empires. Even the Inquisition, long a source of national shame for liberals, was now accepted for its contribution to 'la magna obra de [la] unidad étnica y religiosa' (Moreno Espinosa 1867, 299). The decline in imperial prestige and power of the seventeenth century was attributed to the insufficient authority of the last three Habsburg kings, not to overextension, religious zealotry, or inattention to national interests. In the context of the 'new imperialism' in Europe and of insurrection in Cuba and the Philippines, the re-evaluation of the empire as the high point of the national past provided validation of the nation's claims to a place among the world powers. But whether the florid rhetoric lavished on the great battles and heroes of the imperial age had the intended effect on young readers is open to doubt. Perhaps, as Javier Fernández Sebastián and Juan Francisco Fuentes have recently suggested, it had a counterproductive effect: 'el contraste entre las inalcanzables glorias de la nación pretérita y la mediocre realidad presente pudo desalentar a muchos, debilitar un patriotismo que se sabía incapaz de tan altos destinos, y estimular así paradójicamente actitudes derrotistas cara al futuro' (Fernández Sebastián/Fuentes 2002, 294).

Progressives in the first half of the nineteenth century had mythologized the war of Independence and the constitution of Cadiz as symbols of a new era of freedom and progress after three centuries of imperial despotism and decline. History textbooks at the end of the nineteenth century were curiously silent, however, about this foundational moment in the history of Spanish liberalism. Juridically liberal but neither 'bourgeois' nor democratic, the Restoration monarchy was the product not of revolution, but of a negotiated compromise whose survival depended on elite co-optation and popular demobilization. Accordingly, it preferred to justify itself on the basis of its alleged continuity, not rupture, with the past. In contrast to the textbooks used in the schools of the French Third Republic, which proudly claimed to embody the revolutionary principle of popular sovereignty, most Spanish history textbooks during the Restoration sought to downplay the liberal revolution triggered by the Napoleonic invasion. In the conservative reading of the national past, the popular uprising against the French in 1808 exemplified the Spanish 'love of independence' and hatred of the foreign, rather than the popular defense of freedom against tyranny, while the Constitution of Cádiz was reduced to an alteration in the political organization of the state, instead of the triumphant expression of popular sovereignty. Textbook authors generally dedicated only a few terse paragraphs to the political convulsions that had accompanied the liberal revolution. Students did not learn about the nature of the conflicts that had led to political violence, nor were they encouraged to understand the constitutional monarchy of their own day as the result of the political struggles of the recent past. On the contrary, political conflict was condemned as the product of factionalism and demagoguery. Epithets like 'el populacho', 'la plebe', and 'las turbas' replaced the rhetorical exaltation of the pueblo that characterized the first liberal textbooks; order and peace became the highest political virtues.

In the history books of the Restoration, citizenship was implicitly dissociated from politics, and national identity was conceptualized in unitary terms that were incompatible with political or social conflict. The status quo was legitimated by virtue of its fidelity to the internal constitution, the national past, and an unchanging national character. If the institutions of the present were providentially inspired, the product of the laws of God, nature, and/or history, then they could not be altered by shifts in the popular will; indeed, opposition to the established order could be condemned as 'anti-Spanish'. Thus, although the textbooks may have achieved their goal of creating national consciousness among their readers, the national identity they promoted lacked a civic dimension, and their elitist and centralist interpretation of the past rendered the labor and regionalist movements of the day unintelligible, or even unpatriotic. The role of citizens, in the past and present, was a passive one that was limited to displays of patriotism and obedience to constituted authority.

After the turn of the twentieth century, critics on both the democratic left and the traditionalist right increasingly condemned this inert civic identity as a hindrance to national regeneration. Understanding the importance of history in shaping collective identity, both the dictatorship of Primo de Rivera and the democratic governments of the Second Republic endeavored to change the culture and conventions of history teaching and textbooks, not only to legitimate their respective political projects, but also to create and mobilize a new kind of active, engaged citizen. In its initial „fascitizing" phase, the Franquist dictatorship also sought to mobilize the nation's youth by reviving the militant religious identities of the imperial age, and national history became the most important school subject at all levels of the educational hierarchy. When it became apparent that this project was not only unrealistic, but also potentially subversive of the conservative institutions and values that the dictator and his principal supporters wished to preserve, the regime quickly restored the authoritarian historical interpretations and methods of teaching and learning whose basic elements were first laid down in the history textbooks of the late nineteenth century, particularly those by 'national-Catholic' authors. In the Franquist textbooks of the 1950s and 1960s history was subsumed within the social studies curriculum, which stressed the political values of obedience, order, unity, and patriotism. One of the challenges facing Spain's new democracy has been how to rewrite the history of the Spanish nation to support a pluralistic, secular and democratic conception of citizenship and national identity.

## References

Albisetti, James C.: *Secondary School Reform in Imperial Germany*, Princeton University Press: Princeton, 1982.

Alfaro y Lafuente, Manuel Ibo: *Compendio de la historia de España* [1853], Lib. de la Viuda de Hernando: Madrid, 1889[11].

Azaña Díaz, Manuel: *El jardín de los frailes*, Alianza Editorial: Madrid, 1982.

Boyd, Carolyn P.: *Historia Patria*. Politics, History and National Identity in Spain, 1875-1975, Princeton University Press: Princeton, 1997 (Spanish edition, 2000).

eadem: *El debate sobre 'la nación' en los libros de texto de historia de España, 1875-1936* in: Juan José Carreras Ares/Carlos Forcadell Álvarez (eds.), *Usos públicos de la historia*, Prensas Universitarias de Zaragoza/Marcial Pons Historia: Madrid, 2003, 145-172.

Cánovas del Castillo, Antonio: *Discurso sobre la nación*. Ateneo de Madrid, 6 de noviembre de 1882, Editorial Biblioteca Nueva: Madrid, 1997.

Cirujano Marín, Paloma/Teresa Elorriaga Planes/Juan Sisinio Pérez Garzón: *Historiografía y nacionalismo español, 1834-1868*, Consejo Superior de Investigaciones Científicas, Centro de Estudios Históricos: Madrid, 1985.

Cuesta Fernández, Raimundo: *Sociogénesis de una disciplina escolar*: La Historia, Ediciones Pomares-Corredor: Barcelona, 1997.

Dardé, Carlos: *Cánovas y el nacionalismo liberal español*, in: Guillermo Gortázar (ed.), *Nación y Estado en la España liberal*, Noesis: Madrid, 1994, 209-38.

Freyssinet-Dominjon, Jacqueline: *Les Manuels d'histoire de l'école libre, 1882-1959*. De la loi Ferry à la loi Debré, Armand Colin: Paris, 1969.

Fernández Sebastián, Javier/Juan Francisco Fuentes: *Diccionario político y social del siglo XIX español*, Alianza Editorial: Madrid, 2002.

Fuentes, Juan Francisco: *La invención del pueblo*. El mito del pueblo en el XIX español, in: *Claves de Razón Práctica* 2000, 60-64.

Jover Zamora, José María: *Caracteres del nacionalismo español, 1854-1874*, in: *Zona abierta* 1984, 1-22.

Lafuente, Modesto: *Historia general de España, desde los tiempos más remotas hasta nuestros días*, 30 vols., Est. Tip. de Mellado: Madrid, 1850-67.

Lopez-Vela, Roberto: *De Numancia a Zaragoza*. La construcción del pasado nacional en las historias de España del ochocientos, in: Ricardo García Carcel (ed.), *La construcción de las historias de España*, Fundación Carolina/Centro de Estudios Hispánicos e Iberoamericanos/Marcial Pons Historia: Madrid, 2004, 195-298.

Maestro González, Pilar: *La idea de España en la historiografía escolar del siglo XIX*, in: Antonio Morales Moya/Esteban de Vega Morales (eds.), *Alma de España:* Castilla en las interpretaciones del pasado español, Taurus: Madrid, 2005, 141-194.

Maynes, Mary Jo: *Schooling in Western Europe*. A Social History, SUNY Press: Albany, NY, 1985.

Merry y Colón, Manuel/Antonio Merry y Villalba: *Compendio de historia de España*. Redactado para servir de texto en los seminarios y colegios católicos, Imp. y Lit. de José María Ariza: Seville, 1889.

Moreno Espinosa, Alfonso: *Compendio de historia de España distribuído en lecciones y adaptado a la índole y extensión de esta asignatura en la segunda enseñanza* [1871], Tip. el Anuario de la Exportación: Barcelona, 1912[12].

Orodea e Ibarra, Eduardo: *Curso de lecciones de historia de España* [1867], Imp. y Lib. de Hijos de Rodríguez: Valladolid, 1875[6].

Pérez Garzón, Juan Sisinio: *La gestión de la memoria*. La historia de España al servicio del poder, Crítica: Barcelona, 2000.

Sánchez Agesta, Luis: *Historia del constitucionalismo español (1808-1936)* [1955], Centro de Estudios Constitucionales: Madrid, 1984[4].

Sánchez Casado, Félix: *Prontuario de historia de España y de la civilización española* [1867], Lib. Hernando: Madrid, 1896[16].

Servicio de Publicaciones del Ministerio de Educación y Ciencia, *Historia de la educación en España:* Textos y documentos, 5 vols.: Madrid, 1979-91.

Utande Igualada, Manuel de (ed.): *Planes de estudio de enseñanza media*, Ministerio de Educación Nacional, Dirección General de Enseñanza Media: Madrid, 1964.

Zabala Urdániz, Manuel: *Compendio de historia de España*, 2 vols., Imp. de Jaime Ratés Martín: Madrid, 1922[17].

*Teresa Orozco*

## Der katholische Ordnungsgedanke und der Preis seiner Säkularisierung: Carl Schmitt als Leser Donoso Cortés

Es war kein Zufall, daß der Staatsrechtler Carl Schmitt, der sich in Deutschland nach dem Ersten Weltkrieg an den Deutungskämpfen um vertragstheoretische und totalitäre Nationenentwürfe beteiligte, in Anlehnung an Donoso Cortés den allmächtigen Souverän zur zentralen Figur seiner politischen Theorie werden ließ. Schmitt machte diese Figur sowohl für seine Kritik des liberalen weimarer Rechtsstaates[1] wie für seine Konzeption der Diktatur und des ihr zugrundeliegenden Dezisionismus nutzbar. Mit dem Begriff des Dezisionismus bezeichnete Schmitt im Unterschied zum Normativismus ein Gesetzesdenken in Anlehnung an Hobbes („Auctoritas, non veritas facit legem"), dem zufolge keine Norm oder Wahrheit, sondern eine autoritäre Dezision bzw. Entscheidung die letzte Begründung des Rechtes ist (vgl. Hofmann 1972).

Ich möchte im Folgenden am Beispiel von Donoso Cortés den Prozess der Säkularisierung in der gegenrevolutionären Moderne auch kurz als einen Vorgang beschreiben, bei dem zunächst selektiv Eigenschaften der Gottesvorstellung auf den Diktator übergehen, um am Ende, wie bei Schmitt, von ihrem religiösen bzw. metaphysischen Fundament abstrahiert zu werden. Die folgende kursorische Rekonstruktion zeigt auf verblüffende Weise, daß die Figur des autoritären Vaters sowohl alte Traditionen zu modernisieren als auch politische Herrschaft auf weltlicher Basis zu begründen erlaubt. Als letzte Begründung politischer Herrschaft erscheint dann ein radikalisiertes Konzept autoritärer Männlichkeit.

### Gottvater und Diktator

Cortés (1809-1853) war spanischer Jurist und Diplomat und ist in der politischen Ideengeschichte eine eher marginale Figur, die in Deutschland erst durch Carl Schmitt bekannter wurde. Er war politischer Berater der gemäßigt liberalen Königin Maria Christina von Bourbon[2] und trat paradoxerweise 1837 für eine „eindeutige Erweiterung der königlichen

---

1   Schmitts Attacken gegen den „Liberalismus" richten sich gegen das politische System, nicht gegen das Wirtschaftsmodell. Die Studie von Ingeborg Maus (1980) weist detailliert nach, daß der Schmittsche Dezisionismus mit der kapitalistischen Wirtschaft des Nazismus im Einklang stand. „Eine monopolisierte und damit krisenempfindliche Wirtschaft braucht den starken Interventionsstaat, aber gerade darum will sie die notwendigen Interventionen und Planungen nicht demokratischer Kontrolle unterziehen, die auf eine soziale Gestaltung der Ökonomie hinwirken könnte." (ebd., 126). Im Hinblick darauf trifft die Kennzeichnung als „autoritärer Liberalismus" (ebd., 154) die Schmittsche Theorie genauer.

2   Cortés verteidigte 1840 vor dem spanischen Parlament die umstrittene Vormundschaft der Königin gegenüber ihren Töchtern. 1843 verteidigt er vor dem Parlament erfolgreich die vorzeitige Volljäh-

Befugnisse sowie für eine niedrige Rangstellung des Parlaments" ein (Beneyto 1988, 42). Cortés verteidigt die Idee einer „einheitlichen, unteilbaren und dauerhaften Macht", welche die Lehre von der Gewaltenteilung verwirft, und plädiert für eine erbliche Monarchie (vgl. ebd.). 1849 bekam seine konzeptuelle Radikalisierung in seine berühmte Rede *Über die Diktatur* am 4.1.1849 vor dem spanischen Parlament einen klaren politischen Ausdruck. Anlaß war die Niederschlagung der revolutionären Aufstände, die im Gefolge der Pariser Revolution von 1848 in Valencia, Madrid, Barcelona und Sevilla stattfanden. José María Beneyto faßt die damalige Lage folgendermaßen zusammen:

> „Als das Parlament Narváez außergewöhnliche Vollmachten zur Bekämpfung der Aufstände übergab und die öffentliche Kritik daran lauter wurde, trat Donoso mit einer Verteidigung des Ausnahmezustandes und der kommissarischen Diktatur Narváez zur Seite." (Beneyto 1988, 57).

Als Folge dieser außergewöhnlichen Vollmachten „war es zu beträchtlichen Übergriffen und Brutalitäten gekommen, und [...] Tausende von tatsächlichen oder angeblichen Rebellen und Verschwörern [wurden] auf die Philippinen oder nach Cuba verbannt" (Maschke 1996, 15). Und in der Tat ringt Cortés in seiner Rede um nachträgliche Zustimmung zu diesen Ereignissen, indem er die Erfahrung der Diktatur und der Tyrannei mittels einer universalen geschichtsphilosophischen Gesetzmäßigkeit zu normalisieren versucht. Ein zentraler Aspekt der Rede sind die Attacken gegen die Französische Revolution, die er vor einem aufgeklärten Publikum zugleich als ein Werk der Vorsehung darstellt. Dabei vollzieht Cortés, was Ernst Bloch (1935, 70) als „Entwendungen aus der Kommune" bezeichnet hat, indem er auf die Kooptation der emanzipatorischen Gehalte der Revolution setzt, um sie an seine Auffassung des Christentums zurückzubinden: „Die Republik hatte von sich selbst gesagt, daß sie auf die Welt gekommen sei, um die Herrschaft der Freiheit, der Gleichheit und der Brüderlichkeit zu begründen, diese drei Dogmen, die nicht von der Republik herstammen, sondern vom Kalvarienberg³" (Cortés 1849/50, 34). Wie diese Ideale im Katholizismus ihren Ursprung haben, so ist auch die Errichtung der Diktatur ein Akt göttlicher Souveränität. Die rhetorische Konstruktion der Rede und die verschiedenen gedanklichen Linien, die Cortés zu einer apokalyptischen, nach der alternativlosen Entscheidung für die Diktatur verlangenden Situationsbeschreibung steigert, können hier nicht rekonstruiert werden. Mein Interesse gilt allein dem Auftauchen des modernen Diktators als allwissendem und willkürlichem Vater, der in Analogie zu Gott alle politischen Kompetenzen verkörpern soll. Cortés benutzt die Analogie zum gesetzgebenden Gott (die auch von De Bonald bekannt ist), um den Bruch der Legalität zu legitimieren. Im Prinzip regiere Gott „das Weltall konstitutionell (großes Gelächter auf den Bänken

---

rigkeitserklärung von Isabell II. 1844 wird er Privatsekretär der jungen Königin und 1845 Mitglied des Consejo Real. 1849 wurde er Generalbevollmächtigter der spanischen Regierung in Berlin. 1853 stirbt Cortés in Paris mit nur 44 Jahren an Herzversagen (vgl. zu Cortés auch Orozco 2003 und 2005).

3   Der Kalvarienberg bezeichnet die Hinrichtungsstätte Jesu Christi, aber auch sein Kreuzweg mit 14 Stationen.

der Linken)". Er habe auch den Menschen „bis zu einem bestimmten Punkt die Regierung der menschlichen Gesellschaften überlassen" (ebd., 32), aber er bringe seinen souveränen Willen „direkt, klar und ausdrücklich zum Ausdruck, indem Er die Gesetze, die Er sich selbst auferlegte, durchbricht und den natürlichen Gang der Dinge ändert." (ebd., 32). In dieser Vorstellung von einem Gott, der seine Souveränität gerade im willkürlichen Bruch der Gesetze offenbart, sind die Grenzen der konstitutionellen Monarchie der Zeit in einem theologisches Weltbild artikuliert: Das Parlament konnte durch die spanische Krone aufgelöst werden, was auch des öfteren geschah. Cortés' Biograph, Edmund Schramm, der sich Schmitts Deutung zu eigen macht, bewundert die Stringenz der Analogie; sie besage, daß es „kein Staatsrecht ohne den Begriff der Diktatur" gebe, ebenso wie „es keine Theologie gibt ohne den Begriff des Wunders" (Schramm 1935, 74). Von der Diagnose einer allgegenwärtigen Unfreiheit, die Cortés an der Existenz von konstitutionellen Regierungen und republikanischen Institutionen festmacht, kommt er zum berühmten Ende seiner Rede, wo er seine Option für die Diktatur als persönliche Ehrensache und vor allem als eine Sache des 'guten Geschmacks' artikuliert:

> „Es handelt sich darum, sich entweder für die Diktatur von unten oder für die Diktatur von oben zu entscheiden. Ich erwähle die Diktatur von oben, weil sie aus reinlicheren und ausgeglicheneren Regionen kommt. Es handelt sich schließlich darum, zu wählen zwischen der Diktatur des Dolches und der Diktatur des Säbels. Ich erwähle die Diktatur des Säbels, weil sie die vornehmere ist." (Cortés 1849/50, 51).

Cortés Unterscheidung konstruiert die damaligen gesellschaftlichen Kämpfe um den Erhalt des Parlaments als ein Gegensatz zweier Männlichkeitsentwürfe. Über die Hierarchisierung zweier Dikaturmodelle entscheidet die soziale Herkunft von Waffen tragenden Männer. In dieses Szenario werden alle politischen und gesellschaftlichen Instanzen, die in liberalen Konzepten eine Vermittlungsfunktion zwischen Regierung und Staatsbürgern übernehmen, überflüssig. Das Ergebnis ist die absolute Zentralisierung der Macht in einer Person, die sich jedoch nicht mehr durch dynastische Vorrechte, sondern allein durch eine Radikalisierung von autoritärer Männlichkeit legitimiert. Diese Radikalisierung funktioniert durch die Stigmatisierung des Gegners als 'schmutzige', 'gemeinere', deviante Position, denn nur der Herr scher ist der echte Mann.[4]

Tatsache ist, daß der zivilisatorische Rückfall, den eine derartige, mit der Verdichtung und Ästhetisierung von autoritärer Männlichkeit einhergehende Personalisierung von Politik darstellt, hatte katastrophale Konsequenzen, wie die Geschichte des europäischen Faschismus belegt. Im Gegenzug war die Einforderung und Konstruktion auf nicht-personalistischen

---

4   Nicolaus Sombart hat eine kulturhistorische und psychoanalytische Deutung dieser Schlusspassage geliefert. Er identifiziert den Säbel als „das Noble, Kavaliers-Kommentmäßige. Er ist das Attribut des Ritters, Offiziers, Edelmannes – des Herrn. Durch ihn und mit ihm wird ein Mann zum Mann. (...) Der Dolch ist im Gegensatz dazu überhaupt keine Waffe im noblen Sinn des Wortes. Er ist ein Instrument der kriminellen Untat, des gemeinen Mordes, des Attentats. Der Säbel wird gezogen und bedroht den Gegner frontal. Der Dolch wird gezückt und dem Opfer in den Rücken gestoßen." (Sombart 1997, 72 f.) Sombarts starre Zuordnung von Säbel als Phallussymbol und Dolch als weibliches Kastrationssymbol ist jedoch nicht überzeugend.

und -familiarisierten rechtstaatlichen Verfahren sowie auf einklagbaren Grundrechten basierender politischer Institutionen die einzige Form, in der Demokratisierungsprozesse stattfinden konnten, zu denen wesentlich auch die Gleichberechtigung der Geschlechter gehört.

## Die Familie und die Liebe als Spiegel der göttlichen Ordnung

Im Jahr 1850, als Cortés sich aus der aktiven Politik zurückzieht, schreibt er innerhalb weniger Monate seinen *Essay über den Katholizismus, den Liberalismus und den Sozialismus*, der – wie der Titel sagt – seine Vorstellung vom Christentum als Antwort auf die Herausforderung durch den französischen Frühsozialismus wie auch den Liberalismus darlegt. Cortés polemisiert in erster Linie gegen Proudhon und am Rande gegen die Positionen der Saint-Simonisten und Fourieristen sowie gegen Robert Owen. Als Kampfschrift konzipiert, spiegelt der Essay Cortés' Anliegen, den Katholizismus mittels rhetorischer Gleichungen nicht als Utopie, sondern als verwirklichte und überwundene Revolution zu präsentieren.

Auf diese Weise gerät die Augustinische Schuld, die auf der zwangsläufigen Teilhabe des Menschen an der Ursünde basiert und jede Art von Unterdrückung zu legitimieren vermag, zur eigentlichen und qua Geburt realisierten Gleichheit, zur faktischen Solidarität der Menschen. Keine noch so revolutionäre Anstrengung kann diese radikale Gleichheit und Solidarität überbieten. Ein schwacher Trost nach der vom französischen Nationalkonvent am 17. November 1793 per Dekret vollzogenen Abschaffung der Erbsünde.

Im Ersten Buch seiner Schrift vertritt Cortés die Auffassung, daß die Ordnungsidee ausschließlich katholischen Ursprungs sei. Durch den Katholizismus „hielt die Ordnung im Menschen Einzug und durch den Menschen in die Gesellschaften" (Cortés 1850, 15). Ordnung ist für Cortés identisch mit der Hierarchie, welche die unendliche Liebe Gottes mit der Schöpfung festlegt. Gegen das Argument der liberalen Gewaltenteilung ist Gottes Macht unteilbar und die ganze Schöpfung ihm unterworfen. Durch diese alles einschließende Gestalt findet alles, was existiert, mit seinen Gegensätzen und Mängeln einen Platz, weil es „dem Regiment seiner Vorsehung" unterworfen ist (Cortés 1850, 16).[5]

---

5   Der hohe Stellenwert der Liebe bei Cortés kann im Rahmen der Liebesdiskurse seiner Zeit näher bestimmt werden. Die Historikerin Karin Hausen hat darauf hingewiesen, daß die seit dem 18. Jahrhundert entstehenden Liebesauffassungen, die auf Sittlichkeit und Hingabe basieren, vornehmlich die patriarchale Herrschaft sichern sollten (vgl. Hausen 1976, 366-393). Sie sind als Reaktion auf die Debatten um den Gesellschaftsvertrag einzuordnen. Dessen liberaler Grundgedanke, der in der politischen Philosophie von Hobbes, Rousseau und Kant seinen Niederschlag gefunden hat, wurde in dem Moment brisant, als er auf das System der Hausherrschaft angewandt wurde, so daß auch die Ehe als Vertrag konzipiert werden konnte. Die säkularen Ehevertragskonzepte stellen mit ihrer Möglichkeit, die Ehe rechtmäßig aufzulösen, die Geschlechter- und Familienverhältnisse auf eine neue Grundlage. Dies hat im Umfeld der „Staatsphilosophie der Gegenrevolution", aber auch bei den deutschen Idealisten wie Fichte oder Hegel zur Kreation einer veränderten Liebes- und Familienauffassung geführt, die auf vertraglich nicht zu regelnden Affekten und Bindungen basiert und sich damit dem rationalen, die Einstellung der bürgerlichen Gesellschaft charakterisierenden Kalkül entzieht.

Derselbe Cortés, der gegen die liberale Forderung nach einer Abschaffung der Todesstrafe und gegen die Vorstellung, daß die Erde „ein Paradies ohne Blut sein müsse" (Cortés 1850, 194), kämpft, hält an einem umfassenden Liebesgedanken fest. Die Betonung der Liebe in Cortés' Essay ist auffällig; er widmet ihr nicht nur ein ganzes Kapitel, sondern spricht auf fast jeder Seite von Liebe. Cortés artikuliert den Katholizismus als Liebe; in Zeiten, in denen sich ganze Völker von Gott entfernten, sei er ein Bindeglied zwischen Gott und den Menschen (vgl. ebd., 202). Als wichtigste Eigenschaft notiert Cortés die unendliche Fruchtbarkeit der Liebe, welche „die ganze Mannigfaltigkeit der Dinge" hervorbringe, „ohne ihre eigene Einheit zu zerbrechen" (ebd., 35). Liebe sei „das einzige Gesetz, die Summe der Gebote, der alleinige Weg, das letzte Ziel." (ebd.) Dies ist für die katholische Tradition nicht originell, doch übernimmt der Liebesgedanke verschiedene Funktionen. In der postulierten Gleichsetzung von Gott, Katholizismus und Liebe zeigen sich die normierenden und ausgrenzenden Potentiale des Begriffs, denn Liebe wird als eine exklusive Auszeichnung der Katholiken reklamiert: „Nur der liebt ist katholisch, und einzig der Katholik versteht es zu lieben, weil nur der Katholik sein Wissen aus übernatürlichen und göttlichen Quellen empfängt." (Ebd.)

Insgesamt setzt Cortés die Liebe ein, um deren Gesetz alle Widersprüche zu subsumieren und diese damit zugleich zu harmonisieren. Er bemüht sich zu zeigen, daß Forderungen nach Aufhebung von sozialen Spaltungen nicht einklagbar sind, ohne in Gefahr zu geraten, gegen Gott zu rebellieren.

Auch der unerbittliche Kampf zwischen der „katholischen Zivilisation" und der „philosophischen Zivilisation", den Cortés durch den Hochmut der Aufklärung und den von ihr postulierten Vorrang der Vernunft begründet sieht, hat sein Fundament und seine Notwendigkeit in Gott. Als Antwort auf die tendenziell rein weltliche Begründung von Mensch und Staat in der Tradition der Aufklärung verfaßt Cortés eine Entstehungsgeschichte des Menschen, der Gesellschaften und Nationen, die auf seiner persönlichen Bibel-Interpretation gründet. Es gibt für ihn keine abstrakte Menschheit, diese existiert einzig aufgrund der konkreten Verwandtschaftsbeziehungen einer familiären Ordnung: „Adam ist der Mensch-Vater, Eva ist Mensch-Mutter, Abel ist Mensch-Sohn." (ebd., 18). Cortés erklärt die Idee der Vaterschaft zum unverfügbaren Fundament der Familie und zu einer Tatsache, die „jenseits der menschlichen Verstehensfähigkeit" liege (ebd.). Vaterschaft kann jedoch nicht als eine menschliche Kompetenz der natürlichen Väter gelten. Vielmehr hat ihre Autorität und Unfehlbarkeit ihren Ursprung einzig und allein in Gott. Als Vater ist der katholische Mann Stellvertreter des göttlichen Willens, ein Medium, dessen sich Gott bedient, um seine Herrschaft über Frau und Kinder zu konkretisieren.

Damit reagiert Donoso auf die moderne Konzeption des Staates, die ihr Selbstverständnis auf die Trennung von Staat und Kirche und auf die Prinzipien der Volkssouveränität und der Unverletzlichkeit der Nationen gründet. Der Katholizismus, so Cortés, könne für sich beanspruchen, die bessere politische Herrschaft zu sein.

An eine andere Stelle habe ich Cortés katholische Auffassung von christlicher Gemeinschaft, Familie und Liebe als konservative Reaktion auf die nach 1789 einsetzenden Demokratisierungsprozesse analysiert (s. Orozco 2003). Unabhängig von Cortés analogischen

Begründungstrategien, können diese als eine Anstrengung gelten, die Zustimmung der Subjekte zu ihrer Unterwerfung unter den Staat nicht allein der äußeren Unterdrückung zu überlassen. In diesem Sinne unterscheidet er sich stark von Carl Schmitt, der kaum über die Akzeptanz der Diktatur bzw. des Ausnahmezustandes bei den Staatsunterworfenen reflektiert. Als Theoretiker des Ausnahmezustands arbeitete Schmitt an einer Verschärfung der Krise, durch die er in einer zunehmend säkularen Gesellschaft die Zustimmung zu seiner Forderung nach einem „starken Mann" zu erringen hoffte.

## Carl Schmitt als Leser von Donoso Cortés

Bezüglich der Bedeutung von Cortés für Schmitts Werk belegt Hernandez Arias eine Kontinuität bei sich wandelnden Schwerpunkten: „Bis zum Ende des 2. Weltkrieges steht der Gegenrevolutionär, der Theoretiker der Diktatur und der Dezisionist im Vordergrund, aber danach hat der Geschichtsphilosoph mit seinen Prognosen Vorrang." (Arias 1998, 233). Repräsentativ für die erste Phase von Cortés' Schmitt-Rezeption ist die *Politische Theologie*, die 1922 in den ersten Jahren der Weimarer Republik erscheint, ein Jahr nach seiner Abhandlung *Die Diktatur* (1921). Hier tauchen bereits die meisten Leitmotive auf, mit welchen Schmitt Cortés popularisiert hat, angeführt von der Feststellung, daß „alle prägnanten Begriffe der modernen Staatslehre [...] säkularisierte theologische Begriffe" sind (Schmitt 1934, 43). In der Vorbemerkung zur zweiten Ausgabe von 1934 bekräftigt Schmitt im Sinne eines politischen Bekenntnisses zum NS-Staat, daß „die Auseinandersetzung mit dem liberalen Normativismus und seiner Art 'Rechtstaat' [...] Wort für Wort geblieben" sei (ebd., 7).

## Dezisionismus als Haltung

Im Rahmen seines dezisionistischen Projektes richtet Schmitt seine Kritik sowohl gegen jenen Teil des liberalen Bürgertums, der den Weimarer Parlamentarismus nach der Niederlage im Ersten Weltkrieg als das kleinere Übel betrachtete, als auch gegen die Kritiker des Parlamentarismus, die er in Gestalt von Sozialisten, Kommunisten und Anarchisten als Gegner identifiziert. Schmitt betont sein Erkenntnisinteresse an der „Staatsphilosophie der Gegenrevolution", weil er in dieser Philosophie die „interessanteste politische Verwertung" (ebd., 43) der Analogien zwischen Politik und Theologie findet. Die aktuelle Bedeutung der Gegenrevolutionäre sieht er jedoch nicht in ihren theoretischen Leistungen, sondern in ihrer dezisionistischen Haltung, d.h. in der „Konsequenz, mit der sie sich entscheiden" (ebd., 83) – eine genuin politische Haltung, die Schmitt rückhaltlos befürwortet. Im Gegensatz zu den diskutierenden Liberalen, die ihre Zeit damit verbringen, die Legitimität des Rechts zu begründen, optieren die Gegenrevolutionäre für den Ausnahmezustand: „Sie steigern das Moment der Dezision so stark, daß es schließlich den Gedanken der Legitimität, von dem sie ausgegangen sind, aufhebt." (ebd., 69). An De Maistre würdigt Schmitt seine Reduzierung des Staates auf „eine reine, nicht räsonnierende und nicht diskutierende, sich nicht rechtfertigende, also aus dem Nichts geschaffene absolute Entscheidung." (ebd.).

Die aus der scholastischen Tradition herrührenden göttlichen Eigenschaften, mit denen Schmitt eine derartige Entscheidung ausstattet, entsprechen dem dreifachen Wesen der Macht, das Dostojewskij nicht zufällig einen Großinquisitor aussprechen läßt: Wunder, Geheimnis und Autorität. Es geht um die Behauptung einer metaphysischen, patriarchalen und sozialtranszendenten Macht, die dem Menschen unverfügbar ist.

Schmitt führt Cortés als Vorbild an und lobt, „daß die theologische Art des Spaniers ganz in der Linie des mittelalterlichen Denkens" verbleibe (ebd., 55). Schmitt schlägt sich auf die Seite der Restauration eines mittelalterlichen Herrschaftsmodus, der im Zeitalter der Revolutionen seine Legitimität verloren hat und sich deshalb in der Moderne nur mehr durch totalitäre Entscheidungen behaupten kann.

*Sobald Donoso Cortés erkannte, daß die Zeit der Monarchie zu Ende ist, weil es keine Könige mehr gibt und keiner den Mut haben würde anders als durch den Willen des Volkes König zu sein, führte er seinen Dezisionismus zu Ende, das heißt, er verlangte eine politische Diktatur* (ebd., 69).

Gegen jene politische Tradition, die die Volkssouveränität als Bedingung für die Legitimität des Staates behauptet, stellt Schmitt den Willen des Volkes zur Disposition. Dieser wird zur Scheidelinie, deren Übertretung wahre Männlichkeit in Gestalt des zur Dezision, zur Entscheidung fähigen Diktators auszeichnet. So kann der berühmte erste Satz seiner Abhandlung: „Souverän ist, wer über den Ausnahmezustand entscheidet", als eine Verschmelzung von Politik mit der größtmöglichen Ansammlung von Macht und autoritäre Männlichkeit verstanden werden, als die diktatorische Fähigkeit, uneingeschränkt über andere zu herrschen. Diese uralte patriarchale Figur, die hier ihre Auferstehung erfährt, bekommt im Zusammenhang mit dem Kampf gegen den liberalen Rechtsstaat und der Idee des Ausnahmezustands eine spezifisch protofaschistische Wendung. Schmitt artikuliert diesen Souverän als einzelnen Mann mit göttlichen Eigenschaften, der sich für die Außerkraftsetzung von geltendem Recht und für den Übergang zu einer diktatorischen Ordnung entscheidet. Dieses Bild des allmächtigen Souveräns hat Michel Foucault (Foucault 1975/76, 31) als kontrafaktische und zugleich wirksame Vorstellung der Souveränitätslehre analysiert, welche die wirklichen Machtbildungsprozesse, die außerhalb dieser Repräsentation stattfinden, verschweigt.

## Der Ursprung der „Diskussion" in der Rebellion gegen die göttliche Ordnung

Die Notwendigkeit einer solchen zentralisierten und uneingeschränkten Autorität und Gewalt begründet Schmitt im Rekurs auf Cortés' negative Anthropologie und seine polemische Radikalisierung „der Lehre von der absoluten Sündhaftigkeit und Verworfenheit der menschlichen Natur" (Schmitt 1934, 62). Schmitt feiert Cortés' Verachtung des Menschen, gerade weil diese „keine Grenzen mehr kennt" (ebd., 63), und kommentiert: Der „schwächliche Wille [der Menschen, T.O.], der lächerliche Elan fleischlicher Begierden scheinen ihm so erbärmlich, daß alle Worte aller menschlichen Sprachen nicht ausreichen, um die ganze Niedrigkeit dieser Kreatur auszudrücken." (ebd.) Und er spitzt zu: „Wäre

Gott nicht Mensch geworden – das Reptil, das mein Fuß zertritt, wäre weniger verächtlich als ein Mensch." (ebd.) Daß diese Art der Kreatürlichkeit ausschließlich den unterworfenen Subjekten eignet, nicht aber den Herren der Macht, zeigen Schmitts lobende Ausführungen über Cortés als einem Mann, der sich von der obrigkeitshörigen Haltung der Lutheraner unterscheidet, weil er „die selbstbewußte Größe eines geistigen Nachfahren von Großinquisitoren" behalte (ebd., 62).

Das Fazit der Schmittschen Cortés-Lektüre kulminiert in der Sentenz: „Diktatur ist der Gegensatz zur Diskussion". Cortés' satirisches Bild der Bourgeoisie als diskutierender Klasse („clase discutidora") mit ihrem Festhalten an der Rede- und Pressefreiheit hält Schmitt für ein „erstaunliches Aperçu über den kontinentalen Liberalismus" (ebd.), eine Karikatur, welche die faktische Macht, die in der rechtsstaatlichen Legalität, in den parlamentarischen Entscheidungskompetenzen und öffentlichen Willensbildungsprozessen steckt, ausblendet und delegitimiert. Die politischen Formen, in denen sich liberale Macht und Herrschaft generieren, lehnt Schmitt ab, er verweigert ihnen den Status von Staatlichkeit. In dieser Gegenüberstellung wird dem Liberalismus letzten Endes der Status eines ebenbürtigen Gegners aberkannt. Wenn die Grundeigenschaft des Souveräns in der Macht liegt, „dem Streit ein Ende zu machen" (durchaus im Hobbesschen Sinne), so werden die Gegenspieler dieser Argumentation immer schon als ungleiche konzipiert. Eine der zur Diskussion stehenden Parteien, nämlich die Diskussion selbst, ist ihrem Widersacher in Gestalt des Souveräns a priori untergeordnet. Schmitts wichtigste semantische Waffe liegt letztlich nicht in der argumentativen Auseinandersetzung mit den liberalen Grundsätzen, sondern in der Aberkennung von Männlichkeit. So subsumiert er unter dem Schlagwort „Diskussion" ein ganzes Politikmodell und suggeriert, daß es von einer offensichtlich 'defekten' und feigen Männlichkeit getragen wird, die sich vor blutigen Schlachten scheut: „Das Wesen des Liberalismus ist Verhandeln, abwartende Halbheit, mit der Hoffnung, die definitive Auseinandersetzung, die blutige Entscheidungsschlacht, könnte in eine parlamentarische Debatte verwandelt werden und ließe sich durch eine ewige Diskussion ewig suspendieren." (ebd., 67)

Die mit der Vorstellung von Schwäche, mangelndem Charakter, Feigheit und Geschwätzigkeit konnotierten Praktiken der Diskussion und Verhandlung sind von einem latenten Weiblichkeitsphantasma umgeben, aus welchem sie erst ihre semantische Kraft beziehen. Das Universum, dem sie entstammen, kommt nicht selbst zu Wort, läßt sich aber rekonstruieren. Untersucht man den Kontext dieser Konnotationen bei Cortés, so stößt man auf eine Verbindung mit der Erbsünde just dort, wo Cortés die „Lösungen der liberalen Schule" bezüglich der Unterscheidung von Gut und Böse prüft und ihr Scheitern konstatiert. Cortés scheint in Adam den ersten Liberalen zu entdecken: „Der Mann, um mit den Katholiken zu sprechen, ging zugrunde, weil er sich mit dem Weibe in eine Diskussion einließ, und das Weib, weil es mit dem Teufel diskutiert hatte" (Cortés 1850, 113). Hier ist die Diskussion als Ausdruck des Bösen codiert, und das Böse wiederum in Gestalt des Teufels der Verführer. Diskussion in diesem Sinne bedeutet nicht die rationale Verhandlung und Abwägung verschiedener Positionen, wie Schmitt vordergründig karikiert, sondern ein heimtückisches Verführtwerden zur Rebellion wider die göttliche Ordnung. In diesem biblischen Kontext ist Diskussion das hochmütige Wagnis, eine an sich unfehlbare Autorität und ihre Ordnung in

Frage zu stellen, was wiederum Schuld und Strafe nach sich zieht. So fordert die Diskussion
(als Ausdruck des ewigen Bösen in der menschlichen Natur) geradezu die Diktatur heraus
– als ein quasi ontologisch notwendiges Korrektiv.

Unübersehbar ist, daß Schmitt sein Projekt auf Donoso Cortés rückprojiziert. Wie bereits ausgeführt, Cortés' Konstruktion von Familie, christlicher Gemeinschaft und Liebe,
die er gegen die säkularen Forderungen der damaligen Liberalen und Sozialisten einsetzt,
bleiben in Carl Schmitts Lektüre auf symptomatische Weise unterbelichtet, stattdessen setzt
Schmitt allein auf die Kraft des sekularisierten politischen Mythos, in dessen Zentrum die
Figur des Souveräns steht.

Schmitt leitet die Genese der Autorität aus dem Gottesgedanken ab. Die inhaltlichen
Bestimmungen des Gottesgedankens, die Schmitt auf den Souverän überträgt, offenbaren
jedoch einen irdischen Kern seiner Konzeption, die als eine historisch bedingte Auffassung
von radikaler Männlichkeit gelesen werden kann. An der Fähigkeit, „eine reine, nicht räsonnierende und nicht diskutierende, sich nicht rechtfertigende, also aus dem Nichts geschaffene
absolute Entscheidung" zu treffen (Schmitt 1934, 69), erkennt man den wahren Diktator,
gerade weil unter säkularen Bedingungen kein Gottesgedanke und kein theologischer Diskurs den Gehorsam erzwingen. An diese Denkfigur knüpfte sich nach dem Zusammenbruch
des Kaiserreichs und der Niederlage im Ersten Weltkrieg die Hoffnung, dem politischen
Liberalismus ein Ende zu bereiten.

Festhalten läßt sich, daß Schmitts Konstruktion des Souveräns zwar von der tradierten
Idee eines autoritären Familienvaters zehrt, wie sie sich unweigerlich in der autokratischen
Gottesfigur artikuliert, jedoch auf eine explizite Ableitung verzichtet. Wie sehr auch immer
Schmitt an einer Analogie von Theologischem und Politischem interessiert ist, seine juristische Begriffsbildung ist für den säkularen Einsatz konzipiert. Er übernimmt die Struktur bzw.
die Form der „übernatürlichen" Begründung von Autorität. Dabei ist nicht die Analogie mit
dem Schöpfergott das Entscheidende, sondern die herausdestillierte schöpferische Handlung
selbst. „Aus dem Nichts geboren" heißt, daß die souveränen Entscheidungen auf keine ihnen
äußerliche Begründung zurückzuführen sind, weil dies gerade eine Einschränkung der
Souveränität bedeuten würde. Wenn Gott allmächtig ist, kann er von keinem Ursprung
abhängig sein. So bleibt in dieser Konzeption die Abhängigkeit vom Geburtsakt als Mangel
und Beschränkung von Souveränität stigmatisiert. Gleichwohl zeichnet sich paradoxerweise
Gott durch seine unendliche Schöpfung aus, die wiederum die Praxis des Gebärens verein-
nahmt. Schmitts Argumentation führt dazu, die exekutiven Kompetenzen des Diktators
ohne jede Rechtfertigung durch oder Bindung an 'höhere' Gewalt zu garantieren. So ist die
säkulare Übersetzung des christlichen Wunders als Bruch mit einer bestehenden Legalität die
blanke Willkür. Cortés ist für Schmitt insofern von Bedeutung, als in seinem *ordo christianus*
das „natürliche" Paradigma einer väterlichen Autorität (der des häuslichen Vaters und der
politischen Gestalt des Königs, vor allem aber der des Diktators) und das „übernatürliche"
Paradigma des Gottvaters in Abhängigkeit voneinander stehen. Schmitts Anknüpfung an
Cortés zeigt über die katholische Rückbindung an Gott hinaus, daß er bei ihm in erster Linie
die moderne Figur des Diktators findet, der den sozialen Revolutionen ein Ende macht und
der die veraltete und nicht mehr hegemoniale Figur des Königs ersetzen kann.

## Literatur

Arias, José Rafael Hernández: *Donoso Cortés und Carl Schmitt*. Eine Untersuchung über die staats- und rechtsphilosophische Bedeutung von Donoso Cortés im Werk Carl Schmitt. Schöning: Paderborn u.a., 1998.

Beneyto, José María: *Die Apokalypse der Moderne. Die Diktaturtheorie von Donoso Cortés*, Klett-Cotta: Stuttgart, 1988.

Bloch, Ernst: *Erbschaft dieser Zeit*, in: ders., *Gesamtausgabe*. Bd. 4, Suhrkamp: Frankfurt/M., 1962 (zuerst als Einzelausgabe: Oprecht & Helbling: Zürich, 1935).

Cortés, Juan Donoso: *Über die Diktatur*. Drei Reden aus den Jahren 1849/50 hrsg. von Günter Maschke. Karolinger: Wien, 1996.

ders.: *Essay über den Katholizismus, den Liberalismus und den Sozialismus* [1850] *und andere Schriften aus den Jahren 1851 bis 1853* hrsg. von Günter Maschke. Akademie-Verlag: Berlin, 1996.

Foucault, Michel: *In Verteidigung der Gesellschaft. Vorlesungen am Collège de France (1975-76)*. Suhrkamp: Frankfurt am Main, 1999.

Hausen, Karin: *Die Polarisierung der 'Geschlechtercharaktere'*. Eine Spiegelung der Dissoziation von Erwerbs- und Familienleben, in: Werner Conze (Hg.), *Sozialgeschichte der Familie in der Neuzeit Europas*, Klett: Stuttgart, 1976, 363-393.

Hofmann, Hasso: Art. „Dezision, Dezisionismus", in: Joachim Ritter (Hg.), *Historisches Wörterbuch der Philosophie*. Bd. 2. Schwabe & Co.: Basel/Stuttgart, 1972, 160 f.

Maschke, Günter: Vorwort zu Juan Donoso Cortés *Über die Diktatur*. Drei Reden aus den Jahren 1849/50 hrsg. von Günter Maschke. Karolinger: Wien, 1996.

Maus, Ingeborg: *Bürgerliche Rechtstheorie und Faschismus*. Zur sozialen Funktion und aktuellen Wirkung der Theorie Carl Schmitts, Fink: München, 1980[2. erw.] (1976[1]).

Orozco, Teresa: *Nation und Geschlechterkonstruktion im spanischen Katholizismus am Beispiel Donoso Cortés (1809-1853)*, in: Claudia Lenz (Hg.), *Männlichkeiten, Gemeinschaften, Nationen. Historische Studien zur Geschlechterordnung des Nationalen*. Leske und Budrich: Opladen, 2003, 45-66.

Orozco, Teresa: *Autoritäre Vaterschaft in der Gegenrevolutionäre Moderne*, in: *Vaterkonzepte/Faterhood Figurationen* H. 2/2005, 49-63.

Schmitt, Carl: *Politische Theologie*. Vier Kapitel zur Lehre von der Souveränität. Duncker und Humblot, Berlin, 1993[6] = 1934[2] (1922[1]).

Schramm, Edmund: *Donoso Cortés*. Leben und Werk eines spanischen Antiliberalen (Iberoamerikanische Studien Bd. 7 hrsg. von Harri Meier), Kellinghusen bei Hamburg, 1935.

Sombart, Nicolaus: *Die deutschen Männer und ihre Feinde. Carl Schmitt – ein deutsches Schicksal zwischen Männerbund und Matriarchatsmythos*. Carl Hanser: München/Wien, 1991.

## V. Der Liberalismus zwischen Monarchie und parlamentarischer Republik
### Erkunden einer Umgebung

*Jörn Leonhard*

## Zur Semantik gleichzeitiger Ungleichzeitigkeit: Europäische Liberalismen im Vergleich

### Einführung: Begriffsexporte als Phänomen der europäischen Geschichte

Auch für Begriffe gibt es Exportgrenzen. „Erlauben Sie", so läßt Fjodor Dostojewskij in seinem Roman *Der Idiot* von 1868/69 Jewgenij Pawlowitsch einwenden, „ich habe gegen den Liberalismus nichts einzuwenden. Liberalismus ist keine Sünde; er ist ein notwendiger Bestandteil des Ganzen, das ohne ihn zerfallen oder erstarren, das heißt absterben würde". Aber der kritische Zeitgenosse, der sich auf der sommerlichen Veranda der im luxoriösen Schweizerstil errichteten Villa Jepantschin in die Debatte einschaltete, vermißte doch etwas entscheidendes: Der russische Liberale sei „kein russischer Liberaler, sondern eben ein nichtrussischer". In den Köpfen der Intellektuellen und Seminaristen, die sich vom russischen Volk abzusondern schienen, stecke nicht mehr als ein gefährlicher Import aus dem Westen. Auch für Dostojewski selbst blieb der Liberalismus als Ausdruck eines selbstherrlichen Rationalismus und Individualismus ein gefährliches Ensemble von Ideen aus Westeuropa, das dem Wesen Rußlands, seiner Volksgläubigkeit und der Einheit von Zarentum und Orthodoxie, widersprach (Dostojewski 1954, 513).

Immerhin regte der Schweizerstil das Nachdenken über den Liberalismus immer neu an. Auf dem Davoser Zauberberg ließ Thomas Mann 1924 zwei Protagonisten, wie sie gegensätzlicher kaum sein konnten, auch den Ideenhaushalt des europäischen Liberalismus verhandeln. Aus dem skeptischen Rückblick der 1920er Jahre auf das lange 19. Jahrhundert inszenierte Mann einen Streit darüber, aus welchen Traditionslinien jenes Europa hervorgegangen sei, das sich in den Lungensanatorien des Romans abbildete und durch den Erfahrungsbruch des Ersten Weltkrieges doch schon Vergangenheit geworden war. Unübersehbar waren hier Krankheit und Auflösung zu Abbildern der umfassenden Krise am Ende eines Zeitalters geworden, in dem man den Triumph von Liberalismus und Fortschrittsglauben gesehen zu haben glaubte. Der endlose Streit zwischen Ludovico Settembrini, Renaissancehumanist, Aufklärungsoptimist und unerschütterlicher Repräsentant des bürgerlichen Fortschritts, und Leo Naphta, dem kommunistisch infizierten Jesuiten und gnadenlosen Apokalyptiker, um die Seele von Hans Castorp, dieses naiven Nachkommen hanseatischer Patrizier, endete nicht zufällig mit einem Selbstmord und der Auflösung der Zauberbergsgesellschaft in den

Wirren des Ersten Weltkrieges. Während sich Settembrini zur Fortschrittsgeschichte Europas bekannte, die mit der Renaissance ihren Ausgang genommen habe, ohne die es weder Humanismus noch Sittlichkeit, weder Aufklärung noch Freiheit, weder die bürgerlichen Revolutionen noch den modernen Staat habe geben können, hielt Naphta den emphatischen Hochherzigkeiten die unterkühlte Logik entgegen: Das „heroische Lebensalter" sei längst vorüber. Die Revolution der Zukunft gehe nicht mehr um liberale Ideale, sondern ruhe auf Diszplin, Opfer und Ich-Verleugnung. Für den wollenden Menschen könne bürgerliche Freiheit und humanistische Gerechtigkeit nur Lähmung, Schwäche und Nivellierung aller Gegensätze bedeuten. Man sei „gerecht gegen den einen Standpunkt oder gegen den anderen. Der Rest war Liberalismus, und kein Hund war heutzutage mehr damit vom Ofen zu locken" (Mann 1924, 730 f.).

Erlösungshoffnung und Abgesang bildeten eine Grundmelodie, die den Liberalismus immer schon, vor allem aber seit dem Ende des 19. Jahrhunderts begleitete. Aber was machte den Liberalismus in Europa überhaupt aus? Hinter der schier unendlichen Kakophonie von emphatischen Definitionen, Skepsis und Kritik verschwimmt das historische Phänomen nicht selten. Friedrich Nietzsches Diktum, nach dem definierbar nur sei, was keine Geschichte habe, gilt für den Liberalismus in ganz besonderer Weise. Mit dem Liberalismus verhält es sich ein wenig so wie mit dem antiken Troja: So wie Heinrich Schliemanns Troja ein Konstrukt ist, hinter dem sich eine komplexe Archäologie mit vielen Grabungsschichten verbirgt, wird derjenige, der sich auf die Archäologie des Liberalismus in Europa einläßt, auf unterschiedliche Sedimente in der Breite und Tiefe des historischen Raums gefaßt sein müssen.

## Höhenkämme und Legitimationsstrategien: Der europäische Liberalismus als Projektion

Gleichsam die erste Grabungsschicht und Oberfläche des Phänomens, die Dostojwski und Mann gleichermaßen thematisierten, bildet die klassisch-ideengeschichtlicher Sicht. Hier markiert der Liberalismus einen der wichtigsten Traditionszusammenhänge, aus denen die moderne westliche Demokratie entstanden ist, eine genuin europäische Traditionslinie, ohne den die Entstehungsgeschichte der Gegenwart nur unvollkommen verstanden werden kann. Dazu zählen sowohl der gewaltenteilige Verfassungs- und Rechtsstaat und die parlamentarische Demokratie westlichen Typs. Wer sich auf diese Perspektive einläßt, wandert häufig auf den Höhenkämmen der Geistesgeschichte und politischen Theorie von Hobbes, Montesquieu und Locke bis zu Rousseau und Kant. Daraus ensteht in retrospektiver Sicht eine zugleich epochale wie universell bestimmbare Ideengröße, der sich ein scheinbar verbindlicher Kanon politischer, sozialer oder ökonomischer Wertvorstellungen, eben ein europäischer Liberalismus, zuordnen läßt. Der Umstand, daß dessen Ursprünge in dieser Sicht vor die Epochenwende des Jahres 1789 und jedenfalls vor die eigentliche Entstehung des konkreten Begriffes *Liberalismus* fallen, erklärt die Vielzahl liberaler Urväter und Geburtsstunden von Sokrates bis Max Weber. Vor dem Hintergrund einer solchen ideengeschichtlichen Kanonisierung geriet der Liberalismus schnell zum Geburtshelfer der

Modernisierung unter bürgerlichen Vorzeichen: Menschen- und Bürgerrechte, Gewaltenteilung, Parlamente, Verfassungen, Gewerbefreiheit und Freihandel sind seine Synonyme,
und die Geschichte des Liberalismus verwandelt sich in eine geradlinige Vorgeschichte der
jeweiligen Gegenwart (Ruggiero 1925; Laski 1936; Arblaster 1984; Bramsted/Melhuish
1978; Gall/Koch 1981; Manent 1986).

Zwischen dem analytischen Begriff „Liberalismus", den wir aus der Perspektive der Gegenwart benutzen, um politisch-soziale Ordnungsentwürfe vor dem letzten Drittel des 18.
Jahrhunderts und der Entstehung des Begriffes als zeitgenössischer politischer Vokabel muß
also genau unterschieden werden. Wer dies so nicht tut, verwischt die Grenzen und trägt
nicht wenig zur Unschärfe des Begriffes und zum hermeneutischen Mißverständnis bei.

Die scheinbare Erfolgsgeschichte des liberalen Ideenvorrats produzierte Pioniere und
Helden im Westen Europas sowie Nachzügler und Verlierer der Geschichte in Mittel- und
Osteuropa. Frankreichs erfolgreiche Revolution von 1789 erschien als Auftakt eines bürgerlichen Jahrhunderts. Großbritannien mutierte zum liberalen Modell ebenso erfolgreicher wie
gewaltloser Reformen, historiographisch flankiert von der *Whig interpretation of history* als
eindimensionale Erfolgsgeschichte, in der ökonomische und politisch-konstitutionelle Modernisierung stets parallel verliefen. Aus dieser Sicht konnte der mittel- und osteuropäische
Liberalismus nur als Defizitgeschichte begriffen werden. Der Sonderweg Deutschlands, seine
Anfälligkeit gegenüber der totalitären Herausforderung, schien die historisch notwendige
Folge eines schwachen Liberalismus zu sein, der seine Ideale dem Machtstaat Bismarcks
geopfert habe. Wer die Entwicklung des Liberalismus in Deutschland betrachtete, geriet
auf die abschüssige Bahn einer bloßen Defizitgeschichte des Bürgertums, der man mit systematischen Vergleichen zu begegnen sucht (Blackbourn/Eley 1984; Langewiesche 1988b,
Kocka 1988). Hinter der Annahme einer determinierten abschüssigen Entwicklungsrichtung
verbarg sich das Denken vom historischen Ergebnis her, die Geschichte reduzierte sich zur
bloßen Vorgeschichte der Gegenwart. Angesichts der Erfahrungen der totalitären Diktaturen
im 20. Jahrhundert und des Ost-West-Konflikts nach 1945 ließen sich solche Vorstellungen
zur Wertressource einer angloamerikanischen *Liberal Tradition* verdichten (Hartz 1955).
Nicht zufällig griffen solche Deutungen auf eine historisch-philosophische Phänomenologie
zurück, um dem freiheitlichen Wertgerüst des Westens historische Legitimationskraft zu
verleihen. So trug das Konstrukt eines europäischen Liberalismus nicht nur wesentlich
zum Selbstverständnis der modernen westlichen Demokratien bei, von ihm erwartete man
nach den Umwälzungen von 1989/90 auch eine Anziehungskraft als scheinbar universell
übertragbares Modell. Der Liberalismus schien mit dem Zusammenbruch der Staaten des
realexistierenden Sozialismus realpolitisch die Richtigkeit seiner Prämissen erwiesen zu
haben, sich dabei aber zugleich totgesiegt zu haben (Vorländer 1995).

## Politisches Sprechen: Die Semantik der europäischen Liberalismen

Auf einer zweiten, tieferliegenden Grabungsschicht erkennt man die Geschichte des historischen Begriffs in seiner konkreten Verwendung. Spätestens hier wird die Vorstellung
eines europäischen Liberalismus jenseits überzeitlicher Ideenvorräte schwierig (Leonhard

2001; Leonhard 2003): Was Zeitgenossen in Frankreich um 1815 unter den *idées libérales* verstanden, unterschied sich erheblich von *liberalen Ideen* in Deutschland und *idee liberali* in Italien. Wenn *libéral* und *libéraux* in Frankreich nach 1815 und spätestens nach der Julirevolution von 1830 zu Parteibezeichnungen geworden waren, weil es seit 1814 eine Verfassung, ein nationales Parlament und das Erbe der Revolution gab, blieb *liberal* für deutsche Zeitgenossen noch lange Ausdruck einer individuellen, der Aufklärung verpflichteten Gesinnung, die nichts mit Parteien und vor allem nichts mit der radikalen Französischen Revolution zu tun haben sollte. Ausgerechnet die zu Urvätern des europäischen Liberalismus stilisierten britischen Reformer, welche die Katholikenemanzipation und die Wahlrechtsreform von 1832 umsetzten, verzichteten ausdrücklich auf die Selbstbezeichnung *liberal*, die ihrer Meinung nach die Nähe zu den revolutionären Umwälzungen Kontinentaleuropas ausdrückte. Im vermeintlichen Mutterland des bürgerlichen Liberalismus dominierten nicht nur die Namen der aus dem 17. Jahrhundert stammenden aristokratischen Parlamentsparteien der *Whigs* und *Tories*, sondern auch noch lange ihr exklusiver Politikstil.

Auf was genau sich der Begriff bezog, blieb abhängig von den besonderen historischen Erfahrungen und Erwartungen in den verschiedenen europäischen Gesellschaften: Die erstmals während des Staatsstreichs des jungen Revolutionsgenerals Bonaparte am 18. Brumaire 1799 in Paris an prominenter Stelle verkündeten „idées libérales" wurden zu einem Ausdruck des revolutionären Erbes von 1789, indem sie für den Schutz von bürgerlicher Freiheit und privatem Eigentum gegen die radikalen Revolutionsanhänger standen (Proclamation, 257). Das machte den Begriff für die bürgerlichen Gewinner der Revolution in Frankreich attraktiv, und zwar über den Untergang Napoleons hinaus. Für eine solche Konstellation gab es in Spanien kein Äquivalent, weil es keine Revolutionsprofiteure wie in Frankreich gab und weil der Vergleich der Gegenwart mit der idealisierten Republik oder dem napoleonischen Kaiserreich fehlte. Die spanischen Gegner einer radikalen Revolution haßten vor allem den Besatzer. Als die in Cádiz zusammengetretenen Stände, die Cortes, eine nationale Verfassung verabschiedeten, die eine konstitutionelle Monarchie mit königlichem Vetorecht ohne Inquisition und Kirchenbesitz vorsah, bezeichneten sich die Anhänger als „liberales" (Fuentes/ Sebastián 2002, Sebastián 2006). In Deutschland schrieb man um 1815 von den „liberalen Grundsätze" und blickte auf Frankreich, von dessen fortschrittlichen Institutionen, dem napoleonischen Code Civil oder den Geschworenengerichte, man fasziniert, von dessen radikaler Revolution man aber abgestoßen war. Die „liberalen Grundsätze" könnten nur vernünftig und gewaltlos sein (Aretin 1816, 174). Deutsche Zeitgenossen verbanden um 1815 damit bereits die doppelte Hoffnung auf konstitutionelle Freiheit und Nationalstaat. Eine gewisse Gemeinsamkeit der europäischen Liberalen lag damit im Bekenntnis zur konstitutionellen Monarchie, sei es wie in Frankreich als Reaktion auf die revolutionären Umbrüche seit 1789, oder in Deutschland und Spanien in der Konzentration auf die Verfassungsgebung ohne vorhergehende Revolution.

## Von der politischen Sprache der Revolution zur Revolution der ideologischen Sprache

Dem französischen Politikdiskurs kommt im Blick auf die semantische Genese und Transformation von *liberal* im europäischen Vergleich, aber auch hinsichtlich der Vorreiterfunktion für die Politisierung und Ideologisierung des politischen Vokabulars überhaupt zentrale Bedeutung zu. Die Revolution von 1789 markierte weit über die politisch-konstitutionelle und gesellschaftliche Kategorie von Krise und Umbruch hinaus eine neue Entwicklungsstufe des politischen Diskurses, in dem die semantischen Grundlagen für die Politisierung und ideologische Polarisierung mit Hilfe neuer Etiketten gelegt wurde. Von Frankreich aus wurde der Politikdiskurs der meisten kontinentaleuropäischen Länder, vor allem Deutschlands und Italiens, auf dem Wege des direkten Begriffsexports oder des indireten Bedeutungstransports erheblich dynamisiert und erhielt dadurch neue Impulse. Dieser Aspekt, der für die Frühphase der semantischen Genese des Deutungsmusters bis etwa 1820 fundamentale Bedeutung hatte, verleiht der komparativen historischen Semantik eine transfer- und verflechtungsgeschichtliche Dimension.

Der konkrete Rückgriff auf die *idées libérales* reflektierte zunächst die Unmöglichkeit einer umfassenden Restauration im Sinne einer Rückkehr zum Ancien régime. Vor dem Hintergrund der konstitutionellen und nationalpolitischen Erwartungen in Deutschland und Italien fokussierten Übersetzung und Adaption der *idées libérales* in *liberale Ideen* und *idee liberali* nunmehr einerseits die Befreiung von französischer Fremdherrschaft und andererseits die Übernahme der fortschrittlichen politisch-konstitutionellen und gesellschaftlichen Prinzipien vom französischen Vorbild. Man feierte die Befreiung von der napoleonischen Besatzung und der faktischen Militärdiktatur der Jahre vor 1815, aber Code Civil, Geschworenengerichte und fortschrittliche Verwaltungspraxis blieben Fixpunkte einer positiven Orientierung an Frankreich auch über den Fall des Kaisers hinaus. Diese Rezeption ging mit der Loslösung vom Ursprungkontext der *idées libérales* einher und schuf ein semantisch formatives Medium für die Konturierung eigener Erwartungen und Projektionen. Zu diesen zählten in Deutschland die Gewährung landständischer Verfassungen, die Überwindung der territorialen Fragmentierung sowie die Beseitigung der feudalen Relikte des Ständestaates. Die zeitgenössische Auseinandersetzung um den Bedeutungsgehalt von „landständisch" zwischen altständisch-korporativer und progressiv-repräsentativer Bedeutung in Deutschland verwies zugleich auf die Entwicklungsunterschiede zwischen den Staaten des Deutschen Bundes auf der einen, sowie Frankreich und Großbritannien auf der anderen Seite: Das Spektrum von Landtagskompetenzen im Deutschen Bund kam jedenfalls bis zur Revolution von 1848/49 nicht an die faktische Entwicklung zur parlamentarischen Monarchie heran, welche in Frankreich und Großbritannien seit den 1830er Jahren die Rolle der Monarchie bei der Auswahl der Premierminister veränderte (Mager 1974, Wunder 1978). Die einseitige monarchische Durchsetzung eines von der Mehrheit der *assemblée nationale* oder des *House of Commons* nicht unterstützten Premiers erwies sich hier als unmöglich, während die deutschen Landtage zunächst noch im Dualismus zwischen Regierung und bloß kontrollierender Volksvertretung verharrten, auch wenn Zeitgenossen wie Robert von Mohl die strukturellen

Probleme dieser Konstellation bereits in den 1840er Jahren klar ansprachen (Mohl 1966, 276-310). Festzuhalten bleibt aber im europäischen Vergleich, daß es über die Kritik hinaus keine langfristig erfolgreichen Versuche in den deutschen Staaten und seit 1867/71 im Reich gab, die konstitutionelle in eine parlamentarische Monarchie zu überführen. Unter dieser Hypothek stand auch noch der Parlamentarismus des späten Kaiserreichs (vgl. Scheuner 1979, 6, 27; Boldt 1975, 260).

Vor dem Hintergrund der Stagnation des innenpolitischen Kurses wandelte sich das Schlagwort der *liberalen Ideen* in Deutschland zum Oppositionsetikett, in dessen Zielhorizont sich die Idee einer Staatsbürgergesellschaft mit der aufgeklärt-bildungsbürgerlichen Konnotation *liberaler Gesinnung* und individueller *Liberalität* verbanden. Demgegenüber schwächte sich nach den Karlsbader Beschlüssen und dem Übergang zur innenpolitischen Verfolgung angeblicher Demagogen etwa an Universitäten zu Beginn der 1820er Jahre das Vertrauen in die *Liberalität der Regierung* immer mehr ab; der Vertrauensvorsprung des Reformstaates bei den zumal bildungsbürgerlichen Eliten, wie er in Preußen nach 1806 und in den Rheinbundstaaten erkannbar geworden war, schmolz. Auch diese Erfahrungen verdichteten sich innerhalb des politischen Vokabulars der 1820er Jahre im ideologischen Richtungsbegriff *Liberalismus* (Leonhard 1998).

In Italien, vor allem in Piemont und im Königreich Neapel, ging die Berufung auf die *idee liberali* mit dem publizistischen Kampf gegen die habsburgische und bourbonische Fremdherrschaft und für konstitutionelle Fortschritte einher. Allerdings dominierten hier länger als in Deutschland die direkten Übersetzungen französischer Begriffsbestimmungen. Entsprechend phasenverschoben setzte sich der Bewegungsbegriff *liberalismo* breitenwirksam erst nach 1830 durch. Für die katholische Kirche stellten die *idee liberali* eine fundamentale Gefährdung der überkommenen politisch-sozialen Ordnung dar. Der das ganze 19. Jahrhundert dominierende Gegensatz zwischen *cattolicismo* und *liberalismo* wurde bereits in der katholischen Frontstellung gegen die *idee liberali* antizipiert (Leonhard 2000).

Im Gegensatz zur unmittelbaren Rezeption der *idées libérales* in Deutschland und Italien, die aus dem direkten Export des Schlagworts in der napoleonisch-imperialen Herrschaftspropaganda und ihrer phasenverschobenen Übersetzung und Adaption resultierte, stand die indirekte Rezeption in England. Hier dominierte bis in die 1820er Jahre der spanische und französische Bezug des Adjektivs *liberal*, das nicht allein für die Tories einen kontinental-unenglischen Ton behielt und, in polemischer Zuspitzung, als revolutionär-jakobinisches Verdikt zur Denunziation der reformorientierten Kräfte des politischen Gegners eingesetzt werden konnte. Für englische Beobachter blieben insofern auch die *libéraux* in erster Linie Profiteure aller revolutionären Veränderungen seit 1789, ohne daß man hier zwischen Gegnern und Anhängern der radikalen Revolution unterschied. Die Verwendung des Wortfeldes in der ausländischen Schreibweise unterstrich noch den unenglischen Charakter von *liberal*. Erst mit der allmählichen Übernahme von *liberal* durch die reformbereiten Whigs der *Edinburgh Review* löste sich das Revolutionsattribut von seinem negativen kontinentalen Ursprungszusammenhang und konnte nunmehr auch für die Kennzeichnung innerenglischer Reformansätze und -strategien herangezogen werden. Die für England spezifisch verschobene Sattelzeit von *liberal*, in der das Etikett deutlich später und zurückhaltender als in den kontinentaleuropäischen Gesellschaften Eingang in die politischen Diskurse fand, reflektierte zugleich die Persistenz eines von den tradierten politischen Etiketten *whig, tory,* und *radical* geprägten Vokabulars. Deren semantische Persistenz schirmte den politischen Diskurs länger als in Deutschland und Italien vom Transferimpuls der französischen Begriffsbildung ab (Leonhard 2002).

Die europäischen Ursprünge und Wege von *liberal* dokumentieren schließlich auch, wie die Erfahrungsdeutung und Erfahrungsaneignung durch neue Begriffe als Kennzeichen einer Krisenphase zu neuartigen Funktionen von Deutungsmustern und ihren diskursiven Verwendungen führte: Die politische Sprache der Revolution war seit dem Ausgang des letzten Drittels des 18. Jahrhunderts nicht mehr zu trennen von der Revolution der ideologischen Sprache (Leonhard 1999).

Nur auf einer höheren Ebene zeichnet sich hinter diesen Begriffsgeschichten eine strukturelle Ähnlichkeit ab. Als zeitgenössisches Deutungsmuster bildete der Liberalismus in ganz unterschiedlichen Zusammenhängen jene Strukturwandlungen, Umbrüche und Krisenerfahrungen ab, die den Prozeß industriell-gewerblichen Wachstums, sozialen und kulturellen Wandels und politischer Teilhabehoffnungen kennzeichneten. Damit war der Liberalismus Teil des Spannungsfeldes zwischen Beharrung und Wandel, das die „Doppelrevolution" seit dem letzten Drittel des 18. Jahrhunderts, die politischen Umbrüche seit 1776 in den Vereinigten Staaten und ab 1789 in Frankreich, sowie die Umwälzung der traditionellen Arbeitswelt und Sozialstruktur, prägte. Der neue Begriff machte diese Konfliktpotentiale in vieler Hinsicht zum ersten Mal kommunizierbar, aber er lieferte keine ideengeschichtlich sanktionierte und verbindliche Interpretation der Ereignisse von 1789. Vielmehr stellte er zunächst eine offene Reflexionsfläche dar, auf der sich Zeiterfahrungen und Zukunftserwartungen in ihren Ambivalenzen, Überlagerungen und Ungleichzeitigkeiten abbilden konnten. Das erklärt die Unterschiede der europäischen Liberalismen, sei es in den historischen Begriffen oder in den konkreten Handlungsbedingungen. Erst aus dem Blick auf die Ergebnisse der Moderne ließ sich retrospektiv eine ideengeschichtliche Kontinuität des historischen Phänomens Liberalismus im Sinne einer Leitidee Europas formulieren. Das vermittelte dem Begriff stets viel mehr Klarheit und Verbindlichkeit, als ihm in seiner Inkubationszeit zukam. Aber der Pluralismus der zeitgenössischen Liberalismen im frühen 19. Jahrhundert läßt sich mit einem solchen Universalbegriff nicht auf den Punkt bringen. In den Liberalismen bildete sich gerade die Vielfalt Europas und seiner zahlreichen und ungleichzeitigen Übergänge von der altständischen Lebenswelt zur Moderne ab.

Etwas aber verband diese Übergänge und die sie begleitende Entstehung neuer Ismen. Es ging um ein grundlegend neues Verhältnis zur Geschichte: Die Auflösung der universell gedachten Einheit von Staats- und Gesellschaftsverfassung durch die Aufklärung auf theoretischer, durch die Revolutionen auf konkreter Ebene sowie durch den wirtschaftlichen und sozialen Übergang zum bürgerlichen System der Bedürfnisse nach Hegel erzwang eine neue Diskussion um die gewünschte Ordnung der Zukunft. Das ließ die Zeitgenossen die erlebte Geschichte jenseits von Vernunftoptimismus und Entwicklungskontinuum als Abfolge tiefgreifender Umbrüche erfahren. Die neuen Ismen standen für eine Verzeitlichung, mit der man der Geschichte Herr zu werden glaubte: durch Begründung einer organischen

Kontinuität im Konservatismus, in der Zuordnung einer innerweltlichen Zukunftsprojektion für die eigene Gegenwart im Liberalismus, einer Gesellschafts- und Geschichtsutopie im Kommunismus oder im Versuch, in der Erlösungsbotschaft des Nationalismus Vergangenheit, Gegenwart und Zukunft zusammenzufügen (Koselleck 1988).

## Politisches Handeln in Zeiten und Räumen:
## Die Entzauberung der liberalen Modelle

Auch wer das 19. Jahrhundert als das Zeitalter des Liberalismus ansieht, kann nicht übersehen, daß die Präsenz des Liberalismus in Politik, Wirtschaft und Kultur als Zeiterscheinung keinesfalls bedeutete, daß Liberale auch politisch die Machtzentren dominiert hätten. Gerade auf dieser dritten Grabungsebene wird deutlich, daß Liberale in den unterschiedlichen europäischen Gesellschaften immer wieder auf ganz unterschiedliche Voraussetzungen stießen. Während die Epoche der Revolutionen zwischen 1789 und 1848/49 die Unterschiede liberaler Erfahrungen und Erwartungen in Europa dokumentierte, näherten sich in der Phase der 1860er und 1870er Jahre, nach dem Abschluß der Nationalstaatsbildung in Italien und Deutschland, die Bedingungen der europäischen Gesellschaften tendenziell an. Wo Liberale in Paris 1848 wie selbstverständlich die konstitutionelle Monarchie gegen die Republik mit starker Stellung des Parlaments eintauschten, blieb für deutsche Liberale die Republik das Synonym für soziale Anarchie und die Revolution der Straße. Ihnen ging es um Verfassung und Nationsbildung in Kooperation mit reformbereiten Regierungen (Langewiesche 1983). Aber seit den 1860er Jahren traten nun überall Parlamente, Wahlen und parteipolitisch organisierte Interessen in den Vordergrund. Mit der Entwicklung eines politischen Massenmarktes ging die energische Organisation politischer, sozialer und ökonomischer Interessen einher. Auch die neuen Herausforderungen der Politik in Europa wurden tendenziell ähnlicher: Nach den Konflikten um politische Partizipation und Repräsentation, Verfassungsgebung und Nationalstaat traten nun neue Phänomene wie die soziale Frage der Industriearbeiter und die Folgen der Urbanisierung in den Vordergrund.

Liberale in Deutschland taten sich mit allen diesen Veränderungen schwerer als Liberale in anderen europäischen Gesellschaften. Dazu trug das gleichzeitige Nebeneinander von allgemeinem Wahlrecht auf Reichsebene nach 1871 bei ausbleibender Parlamentarisierung des neuen Nationalstaates bei (vgl. dazu die Beiträge von Berghahn, S. 377f., 384 und Bauerkämper, S. 490f., 506). Das aus dem frühen 19. Jahrhundert stammende liberale Leitbild des Staatsbürgers, das auf aufgeklärter Gesinnung, Bildung und wirtschaftlicher Unabhängigkeit beruhte, blieb dabei sozial exklusiv. Nur auf kommunaler Ebene, wo das Wahlrecht eingeschränkt blieb, vermochten sich die Liberalen als politische Kraft so erfolgreich zu halten, daß sie politikgestaltend wirken konnten. Die Monopolstellung, die den deutschen Liberalismus in seiner Funktion als Kern der Nationalbewegung ausgezeichnet hatte und ihm die über den Parteien stehende Rolle einer politischen Garantiemacht der Nationalstaatsgründung eingebracht hatte, konnten Liberale in Deutschland spätestens nach 1880 nicht bewahren. Denn im Gegensatz zu Italien, wo der Katholizismus in Opposition zum Nationalstaat verharrte und im Kontrast zu Spanien, wo die katholische Reaktion im 19. Jahrhundert das Etikett „national" scheute (vgl. zum Kontext den Beitrag von Carolyn Boyd in diesem Band), erkannten die von Bismarck zunächst so verfemten „Reichsfeinde" der Katholiken und Sozialisten das Reich als Handlungsrahmen an – und etablierten sich als politische Parteien weit erfolgreicher als die Liberalen, die über kein stabiles soziokulturelles Milieu verfügten und unter der Tendenz zur organisatorischen Spaltung litten (Langewiesche 1988a).

Gerade die konfessionelle Trennlinie bestimmte die Wirkungsmöglichkeiten und Mobilisierungspotentiale von Liberalen in Europa: Während in Deutschland Konservative und Liberale um die Stimmen der protestantischen Bevölkerungsteile konkurrierten, blieben die Nonconformisten außerhalb der Anglikanischen Kirche eine der stabilsten Wählerreservoire der Liberalen in Großbritannien. Während in Frankreich bereits die Verfassung von 1814 die konstitutionelle Monarchie eingeführt hatte, markierte die Verfassungsgebung für viele Liberale in Deutschland, zumal in Preußen, bis 1848/49 einen Erwartungshorizont. Dennoch stellte sich der Liberalismus in Deutschland nicht allein als Verfassungsbewegung dar. Es gab auch ein klar artikuliertes Gesellschaftsideal, das in den von traditionalen Gewerbe- und Produktionsstrukturen Teilen Deutschlands von der Idee einer klassenlosen Bürgergesellschaft geprägt wurde. Der Sozialliberalismus reichte hier von diesen vorindustriellen Vorstellungen bis zum kommunalen Sozialliberalismus vor 1914, auch wenn er auf einem undemokratischen Wahlrecht gründete (Holl 1986).

Auch die klassische Gleichsetzung von Liberalismus und Bürgertum bedarf im Blick auf die konkrete Politikgestaltung der Einschränkung. Das Gesellschaftsideal des Liberalismus war nicht der *bourgeois* im marxistischen Klassensinne, sondern der *citoyen, citizen* und *Staatsbürger*. Aber mindestens in Deutschland lief dieses Staatsbürgerideal mit der fortschreitenden Industrialisierung Gefahr, zum bloßen Anachronismus zu werden, der nicht länger schichtenübergreifend integrativ, sondern durchaus klassenbestimmt konfliktverschärfend wirken konnte. Unter besonderen Bedingungen und bei vorhandener Reformbereitschaft stand der Liberalismus auch dem Adel offen. Das galt nicht nur für Teile des italienischen Adels in der Phase des Risorgimento, für ungarische Magyaren oder den Adel in Polen. Vor dem Hintergrund ganz anderer Traditionsbindungen, die bis zu den Konflikten zwischen Krone und Parlament im 17. Jahrhundert reichten, erwuchs in Großbritannien erst in den 1850er und 1860er Jahren aus einem dezidiert aristokratischen Politikverständnis, dem Ideal der Treuhänderschaft der Whigs für die Freiheitsrechte des englischen Volkes, eine moderne Parteiorganisation und eine Personalisierung der Politik (Muhs 1988; Kroll 1999). Charismatische Führung wie unter Gladstone, die Integrationskraft eines historisch begründeten Zweiparteiensystems und die programmatische Öffnung gegenüber der sozialen Frage der Industriearbeiter sicherten die Präsenz des parteipolitischen Liberalismus in Großbritannien zumindest bis 1914.

Wer weniger von vermeintlichen westeuropäischen Pionieren des Liberalismus ausgeht, wird auch auf vorschnelle Urteile über liberale Niedergangs- und Defizitgeschichten in Mittel- und Osteuropa verzichten. Das bedeutet keinesfalls den Verzicht auf die Erkenntnis von Unterschieden: Die besondere Bedeutung von Adel und Bürokratien für die mittel- und osteuropäischen Liberalismen und im Falle Spaniens die Rolle von Offizieren für den Liberalismus bildeten den Entwicklungsunterschied bürgerlicher Gesellschaften in Europa ab. Aber über das, was Liberale konkret bewirken konnten, sagt das allein wenig aus. Vom Bild eines machtvollen Liberalismus, eines selbstbewußten Bürgertums in Westeuropa sowie einem schwachen Bürgertum und einem niedergehenden Liberalismus in Deutschland wird man Abschied nehmen müssen. Wo die Grenzen des parteipolitischen Liberalismus in Deutschland auf Reichsebene deutlich wurden, blieb der kommunale Liberalismus ein geschützter Handlungsraum mit enormen Modernisierungspotentialen (Palmowski 1999). Die erfolgreiche Revolution des liberalen Bürgertums mußte kein politischer Umsturz sein, sondern konzentrierte sich auf die wirtschaftliche und kulturelle Fortentwicklung Deutschlands zu einem Laboratorium der Moderne. Selbst innerhalb einer Gesellschaft überwog der Plural der Handlungsbedingungen und Entwicklungsmöglichkeiten, und ohne weiteres lassen sich diese Liberalismen nicht gegeneinander aufrechnen.

## Historische Strahlungskraft und politischer Funktionsverlust: Die perspektivische Einheit des europäischen Liberalismus

Mit Recht läßt sich argumentieren, daß die historischen Forderungen der Liberalen des 19. Jahrhunderts im parlamentarischen Verfassungs- und Rechtsstaat am Beginn des 21. Jahrhunderts weitgehend erfüllt worden sind. Nichts dokumentiert die dialektische Aufhebung des Begriffes besser als die paradox anmutende Parallelität vom Triumph liberaler Prinzipien bei gleichzeitigem Bedeutungs- und Funktionsverlust liberaler Par-teien in Europa, die den Ausweis ihrer Identität nicht länger im Etikett *liberal* suchen. Den Begriff Liberalismus gegen seine vielfach gebrochene und heute weitgehend aufgehobene Bedeutungsgeschichte zu kehren, heißt, ihm eine semantische Integrationskraft zuzuweisen, die er längst nicht mehr besitzt. Wenigstens ein Teil des verbreiteten Unbehagens gegenüber dem Begriff erklärt sich aus der vorhandenen Strahlungskraft historischer Bedeutungsebenen. Archäologische Begriffe besitzen ein reiches Reservoir semantischer Historizität, aber ihre Tiefendimension begrenzt auch die Erschließung neuer Bedeutungshorizonte. Die Karriere neuer Begriffe wie *Kommunitarismus* oder *Zivilgesellschaft* mag in diese Richtung deuten, obgleich in ihnen ältere Erfahrungsgehalte und Positionsbestimmungen weiterwirken (Hildermeier 2000; Bauerkämper 2003).

Die Einheit des europäischen Liberalismus hängt immer von der jeweiligen Perspektive und der historischen Grabungstiefe ab: In der Abgrenzung gegenüber dem europäischen Westen, in der Sicht auf überzeitliche Ideen oder im Versuch der Legitimation des demokratischen Westens als historischer Gegenpol zu Faschismus und Kommunismus bot der Liberalismus immer wieder willkommene Projektionsflächen. Sie verrieten viel über die Erwartungen derjenigen, die sich der positiven und kritischen Definition sicher waren, aber wenig über den Gehalt des Liberalismus als historisches Phänomen. Jenseits davon wird man in den europäischen Liberalismen eher ein Abbild der ungleichzeitigen Geschichten Europas sehen.

## Quellen

[Aretin, Johann Christoph Freiherr von] *Was heißt Liberal? Zum Theil mit Benützung eines französischen Aufsatzes in dem Nouvelliste francais,* in: *Neue Allemannia* 1, 1816, 163-175.

Dostojewski Fjodor M.: *Der Idiot,* München, 1954.

Mann, Thomas: *Der Zauberberg,* Frankfurt/Main, 1967.

Mohl, Robert von: *Politische Schriften. Eine Auswahl,* Köln, 1966.

Proclamation du général en chef Bonaparte. Le 19 brumaire, 11 heures du soir, in: P. J. B. Buchez/P. C. Roux: *Histoire parlementaire de la Révolution française ou journal des assemblées nationales depuis 1789 jusqu'en 1815,* Bd. 38, Paris, 1838, 257.

## Literatur

Arblaster, Anthony: *The Rise and Decline of Western Liberalism,* Oxford, 1984.

Bauerkämper, Arnd (Hg.): *Die Praxis der Zivilgesellschaft: Akteure, Handeln und Strukturen im internationalen Vergleich,* Frankfurt/Main, 2003.

Blackbourn, David/Geoff Eley: *The Pecularities of German History. Bourgeois Society and Politics in Nineteenth Century Germany,* London, 1984.

Boldt, Hans: *Deutsche Staatsrechtslehre im Vormärz,* Düsseldorf, 1975

Bramsted, E. K./K. J. Melhuish (Hg.), *Western Liberalism. A History in Documents from Locke to Croce,* London, 1978.

Fuentes, Juan Francisco/Javier Fernández Sebastián: *Liberalismo,* in: dies. (Hg.): *Diccionario político y social del siglo XIX español,* Madrid, 2002, 413-428.

Gall, Lothar/Rainer Koch (Hg.): *Der europäische Liberalismus im 19. Jahrhundert. Texte zu seiner Entwicklung,* 4 Bde., Frankfurt/Main, 1981.

Hartz, Louis: *The Liberal Tradition in America,* San Diego, 1955.

Hildermeier, Manfred (Hg.): *Zivilgesellschaft in Ost und West: Begriff, Geschichte, Chancen,* Frankfurt/Main, 2000.

Holl, Karl (Hg.): *Sozialer Liberalismus,* Göttingen, 1986.

Kocka, Jürgen (Hg.): Bürgertum *im 19. Jahrhundert. Deutschland im europäischen Vergleich,* 3 Bde., München, 1988.

Koselleck, Reinhart: *Abstraktheit und Verzeitlichung in der Revolutionssprache,* in: Rolf Reichardt/ Reinhard Koselleck (Hg.): *Die Französische Revolution als Bruch des gesellschaftlichen Bewußtseins,* München, 1988, 224-226.

Kroll, Thomas: *Die Revolte des Patriziats. Der toskanische Adelsliberalismus im Risorgimento,* Tübingen, 1999.

Langewiesche, Dieter: *Gesellschafts- und verfassungspolitische Handlungsbedingungen und Zielvorstellungen europäischer Liberaler in der Revolution von 1848,* in: Wolfgang Schieder (Hg.): *Liberalismus in der Gesellschaft des deutschen Vormärz,* Göttingen, 1983, 341-362.

ders.: *Liberalismus in Deutschland,* Frankfurt/Main 1988(a).

ders. (Hg.): *Liberalismus im 19. Jahrhundert. Deutschland im europäischen Vergleich,* Göttingen, 1988(b).

Laski, Harold: *The Rise of European Liberalism,* London, 1936.

Leonhard, Jörn: *Von den 'idées libérales' zu den 'liberalen Ideen': Historisch-semantischer Kulturtransfer zwischen Übersetzung, Adaption und Integration,* in: Marc Schalenberg (Hg.), *Kulturtransfer im 19. Jahrhundert.* Mit einer Einleitung von Etienne François und einem Nachwort von Michael Werner, Berlin, 1998, 13-45.

ders.: „*1789 fait la ligne de démarcation*": *Von den napoleonischen idées libérales zum ideologischen Richtungsbegriff libéralisme in Frankreich bis 1850*, in: *Jahrbuch zur Liberalismus-Forschung* 11, 1999, 67-105.

ders.: '*Italia liberale' und 'Italia cattolica': Historisch-semantische Ursprünge eines ideologischen Antagonismus im frühen italienischen Risorgimento*, in: *Quellen und Forschungen aus italienischen Archiven und Bibliotheken* 80, 2000, 495-542.

ders.: Liberalismus. *Zur historischen Semantik eines europäischen Deutungsmusters*, München, 2001.

ders.: „*True English Guelphs and Gibelines*": *Zum historischen Bedeutungs- und Funktionswandel von whig und tory im englischen Politikdiskurs seit dem 17. Jahrhundert*, in: *Archiv für Kulturgeschichte* 84/1, 2002, 175-213.

ders.: *Semantische Deplazierung und Entwertung – Deutsche Deutungen von liberal und Liberalismus nach 1850 im europäischen Vergleich*, in: *Geschichte und Gesellschaft* 29/1, 2003, 5-39.

Mager, Wolfgang: *Das Problem der landständischen Verfassungen auf dem Wiener Kongreß*, in: *Historische Zeitschrift* 217, 1974, 296-346.

Manent, Pierre (Hg.): *Les libéraux. Textes choisis*, 2 Bde., Paris, 1986.

Muhs, Rudolf: *Deutscher und britischer Liberalismus im Vergleich. Trägerschichten, Zielvorstellungen und Rahmenbedingungen (ca. 1830-1870)*, in: Dieter Langewiesche (Hg.): *Liberalismus im 19. Jahrhundert. Deutschland im europäischen Vergleich*, Göttingen, 1988, 223-259.

Palmowski, Jan: *Urban Liberalism in Imperial Germany, Frankfurt-Am-Main, 1866-1914*, Oxford, 1999.

Ruggiero, Guido de: *Storia del liberalismo europeo* (1925), dt.: *Geschichte des Liberalismus in Europa*, München, 1930, ND. Aalen, 1964.

Scheuner, Ulrich: *Rechtsstaat und soziale Verantwortung des Staates*. Das wissenschaftliche Lebenswerk von Robert von Mohl, in: *Der Staat* 1979, 1-30.

Sebastián, Javier Fernández: *Liberales y liberalismo en España, 1810-1850. La forja de un concepto y la creación de una identidad política*, in: *Revista de studios politicos* 134, 2006, 125-176.

Vorländer, Hans: *What's liberal? Der Liberalismus zwischen Triumph und Erschöpfung*, in: *Aus Politik und Zeitgeschichte* 10, 3. März 1995, 29-38.

Wunder, Bernd: Zur *Entstehung und Verwirklichung des Art. 13 DBA*, in: *Zeitschrift für Historische Forschung* 5, 1978, 139-185.

*Christiana Brennecke*

## *Liberale und Republikaner.* Zwei getrennte politische Lager in Spanien und das kurze Leben der ersten spanischen Republik

Noch heute gelten die sechs Jahre von 1868 bis 1874 als eine der turbulentesten Epochen der spanischen Geschichte. Das *Sexenio Revolucionario* oder *Democrático*, wie der Zeitraum wahlweise genannt wird, brachte Spanien innerhalb kürzester Zeit eine Revolution, eine demokratische Verfassung, eine neue Dynastie auf dem spanischen Thron und schließlich im Februar 1873 die erste Republik in der spanischen Geschichte. Eine Republik, die nur zehn Monate Bestand haben und dabei vier Präsidenten verschleißen sollte, und die als Inbegriff der Radikalisierung und der politischen Instabilität betrachtet wurde; in einer weiteren Perspektive als Moment des Scheiterns einer demokratischen Alternative für Spanien, der fast zwangsläufig die folgende, beinahe fünfzig Jahre während Restaurationszeit heraufbeschwor.[1]

In der Suche nach den Ursachen dieses Scheiterns, das die spanischen Entwicklungen von einem vermeintlichen europäischen Normalweg trennte, ist immer wieder die Schwäche des spanischen Liberalismus hervorgehoben worden, der es nicht verstand, sich der stetig zunehmenden Forderung breiter Bevölkerungsschichten nach Demokratisierung und umfassender politischer Partizipation zu stellen, und auf diese Weise eine kontinuierliche Weiterentwicklung des politischen Systems unmöglich machte. Anders als in England und Frankreich, wo sich die liberale Herrschaft in den Dreißiger und Vierziger Jahren des 19. Jahrhunderts konsolidierte und fortentwickelte, finden wir in Spanien keine chronologische Entwicklung hin zu einer demokratischen Regierungsform. Wir haben vielmehr das Phänomen, daß es in Spanien bereits sehr früh, nämlich im Jahre 1812, zur Proklamation einer liberalen Verfassung kam, die im europäischen Vergleich als außerordentlich radikal wahrgenommen wurde; die ersten Ansätze einer demokratischen Regierungsform jedoch erst sehr spät und auch dann nur übergangsweise zu finden sind. Die Geschichte der liberalen Herrschaft in Spanien ist schon auf den ersten Blick geprägt durch Brüche, das heißt durch ständige

---

1 Bis heute wird in der spanischen Historiographie über die Bewertung des Zeitabschnittes von 1874-1923, der sogenannten Restaurationszeit, gestritten. Gilt sie den einen als Modell für eine stabile politische Ordnung in Zeiten sozialer und ökonomischer Umwälzungen, wird sie von anderen als Exempel ungebremsten Mißbrauchs politischer Macht durch eine oligarchische Elite und als Beispiel verpasster Entwicklungschancen vorgeführt. Vergleichbar mit der Debatte um die Entwicklung Deutschlands seit der bismarckschen Reichsgründung wird ein spanischer Sonderweg zur Moderne postuliert, der – wenn nicht gar früher – so doch spätestens in der Restaurationszeit seinen Anfang nahm und mit scheinbar unbeirrbarem Schritt auf die *spanische Katastrophe* des 20. Jahrhunderts zusteuerte und den blutigen Bürgerkrieg und die beiden langen Diktaturen von Miguel Primo de Rivera (1923-1930) und Francisco Franco (1936/39-1975) unausweichlich machte. Zur spanischen Sonderwegsdebatte vgl. Millán 1995, 381-401; Macher/Stranz 2006, 26-36.

Regierungs- und mehrmalige Verfassungswechsel, die in einer gewissen Pendelbewegung sämtliche Spielarten der konstitutionellen Monarchie in Spanien zu implantieren versuchten: Auf die Verfassung von Cádiz aus dem Jahre 1812, die die Volkssouveränität proklamierte und im Rahmen der ersten liberalen Herrschaft von 1820-23 in Kraft trat, folgte im Jahre 1834 das *Estatuto Real*, das ein Zweikammersystem nach dem Vorbild der französischen Verfassung von 1830 vorsah[2]; 1836 die kurzzeitige Wiedereinführung der radikalen Verfassung von Cádiz, die 1837 einem Kompromiß Platz machte, der zwar in der Präambel die Souveränität des Volkes beinhaltete, gleichzeitig jedoch die Position des Monarchen stärkte, ehe im Jahre 1845 schließlich eine gemäßigte Verfassung im Sinne des sogenannten 'doktrinären Liberalismus' erlassen wurde[3], die die Souveränität im Monarchen und einem nach strengem Zensuswahlrecht gewählten Parlament verankert sah und die erst im September 1868 durch eine Revolution aus den Angeln gehoben wurde. Es folgte in den Jahren von 1868-74 der erste Versuch, eine demokratische Regierungsform auf spanischem Boden zu etablieren, der die eingangs skizzierte Entwicklung nahm. Nach dem frühen Scheitern der Ersten Spanischen Republik aber kehrte man zu den vorrevolutionären gesellschaftlichen Verhältnissen zurück. Die Restauration der bourbonischen Dynastie ging einher mit der Etablierung eines Zweiparteiensystems, das nach außen hin die Fassade eines repräsentativen Systems aufrechterhielt, in dem jedoch unverändert die traditionellen Eliten die Macht in Händen hielten. Die Verfassung des Jahres 1876, die bis zum Jahre 1931 Bestand hatte, stellte die königliche Prärogative im Verfassungssystem wieder her und etablierte erneut ein striktes Zensuswahlrecht, das in drastischer Weise die Wiederaufnahme doktrinärer Verfassungsvorstellungen aus den Jahren nach 1845 demonstrierte. Der einzige Unterschied zu vorher war, daß nun auch der linke Flügel der spanischen Liberalen in das politische System integriert war und sich die 1880 aus mehreren liberalen Fraktionsgruppen gebildete Liberale Partei (*Partido Liberal Fusionista*) und die aus *Moderados* und *Unionistas*[4] gegründete Konservative Partei (*Partido Liberal Conservador*) nach dem frühen Tod Alfons XII. im Jahre 1885

---

2  Neben der Einführung eines Zweikammersystems und eines strengen Zensuswahlrechtes brachte das *Estatuto Real* mit seinem Verzicht auf das Prinzip der Volkssouveränität vor allem eine deutliche Stärkung der königlichen Machtbefugnisse. Der König ernannte die Senatoren der neueingeführten zweiten Kammer und erhielt das Recht, die Cortes einzuberufen und aufzulösen. Darüber hinaus stand es ihm allein zu, Gesetzesvorschläge auf den Weg zu bringen, die allerdings von beiden Kammern des Parlamentes abgesegnet werden mußten. Die Vorbildfunktion der französischen Verfassung von 1830 lag vor diesem Hintergrund in erster Linie in dem Versuch einer Mäßigung, wie man sie durch das Zweikammersystem und das Zensuswahlrecht verkörpert sah.

3  Maßgeblich geprägt durch die Ideen des englischen Denkers Edmund Burke und den französischen Doktrinarismus, wie ihn Joseph Marie de Maistre oder François Guizot in der ersten Hälfte des 19. Jahrhunderts geprägt hatten, trat ein großer Teil der spanischen Liberalen für eine verantwortungsvolle Herrschaft der besitzenden und gebildeten Eliten ein und befürwortete ausdrücklich eine Beschränkung der politischen Repräsentation breiter Bevölkerungsschichten. Vgl. zur Tradition konservativ-liberalen Gedankengutes in Spanien die Studie von Colomer Viadel 1962.

4  In dem Versuch, eine Zusammenarbeit zwischen dem gemäßigten und dem radikalen Flügel der spanischen Liberalen herzustellen, kam es im Jahre 1854 unter der Führung von Espartero und O'Donnell zur Gründung einer neuen Partei, der *Unión Liberal*, die zunächst für zwei Jahre – das sogenannte *Bienio Progresista* (1854-56) – die Regierung stellte, dann unter leicht veränderten Vor-

durch Wahlmanipulation im Zweijahresrhythmus an der Regierung ablösten (*Turno de los partidos*). Es sollte bis zum Jahre 1931 dauern, bis mit der Ausrufung der Zweiten Spanischen Republik ein erneuter Versuch erfolgte, ein demokratisches Regierungssystem in Spanien einzuführen. Ein Versuch, der ebenso scheiterte wie der erste Anlauf, sodaß defacto erst mit der Verfassung von 1978 der dauerhafte Übergang zur Demokratie gelang.[5]

Was aber war so anders am spanischen Fall? Warum gelang es in Spanien erst so spät, ein demokratisches Regierungssystem einzuführen? In der Forschung ist die spezifische politische Entwicklung Spaniens im ausgehenden 19. und im 20. Jahrhundert in der Regel mit einem mehrfachen Scheitern erklärt worden: dem Scheitern der industriellen und der bürgerlichen Revolution, dem Fehlen politischer Mobilisierung, dem defizitären *Nation-building*-Prozess und nicht zuletzt eben der Schwäche des spanischen Liberalismus, dem es im 19. Jahrhundert nicht gelang, die wesentlichen Weichen für eine Demokratisierung der Gesellschaft zu stellen. Im folgenden Beitrag soll vor dem Hintergrund der spezifischen Entwicklung des spanischen Liberalismus einerseits und des konkreten Scheiterns des *Sexenio Democrático* andererseits der Frage nachgegangen werden, warum sich die spanischen Liberalen so schwer damit taten, eine Demokratisierung der eigenen Gesellschaft durchzuführen. Der Zeitraum, den es in diesem Zusammenhang zu betrachten gilt, reicht von der Geburtsstunde des spanischen Liberalismus im Zeitraum der *Cortes* von Cádiz bis hin zum Scheitern der Ersten Spanischen Republik, das ohne Zweifel einen entscheidenden Wendepunkt in der Geschichte des spanischen Liberalismus darstellte: Bis zu diesem Zeitpunkt hatten die liberalen Kräfte – oder zumindest Teile derselben – an der Spitze der fortschrittlichen Bewegung gestanden. In den Auseinandersetzungen um die Erste Spanische Republik aber, die mit der Restauration der bourbonischen Monarchie endeten, fanden sich die Liberalen fast geschlossen auf der Seite der bewahrenden Kräfte wieder und sollten in den folgenden Jahrzehnten zu einer wesentlichen Stütze des undemokratischen Restaurationssystems werden. Das *Sexenio Democrático* wurde vor diesem Hintergrund zum konkreten Moment des Scheiterns liberaler Demokratisierungsversuche. Eine Tatsache, die sich nicht zuletzt auch in einer definitiven Spaltung zwischen liberalen und republikanischen Kräften äußerte, die in der Revolution von 1868 noch versucht hatten, unter dem gemeinsamen Banner der Demokratie zusammenzufinden.

Wirft man unter der Prämisse des späteren Scheiterns einen genaueren Blick auf die glorreiche Septemberrevolution des Jahres 1868, so erscheinen die internen Probleme der ersten demokratischen Regierungsphase in Spanien in gewisser Weise vorprogrammiert, denn der *Gloriosa* lag keineswegs ein geschlossenes politisches Programm zugrunde. Die Opposition, die sich in den sechziger Jahren des 19. Jahrhunderts nach einer langen Zeit der moderaten Vorherrschaft in Spanien formierte, vereinte ein breites Spektrum an politischen Kräften, die in erster Linie in ihrer Unzufriedenheit mit dem isabellinischen Regime zusammenfanden. Hinzu kam die Tatsache, daß es sich bei der Revolution von 1868 um

---

zeichen in den Jahren von 1858-63 die Regierungsgeschäfte in Händen hielt, bis die *Unionistas* über interne Differenzen und Spaltungen stürzten. Zur *Unión Liberal* vgl. Durán 1979.

5    Siehe hierzu jedoch auch die kritische Darstellung von Juan-Ramón Capella in dieser Veröffentlichung, die Zweifel am demokratischen Charakter der spanischen Verfassung von 1978 anmeldet.

ein vielschichtiges Phänomen mit starken sozialen Implikationen handelte, was zur Folge hatte, daß alle politischen Maßnahmen durch ständigen Druck von der Straße begleitet oder durch selbigen initiiert wurden, was eine geschlossene, zielgerichtete Politik erschwerte. Ohne an dieser Stelle ausführlich auf die politischen Entwicklungen vor und während des *Sexenio* eingehen zu können, muß man sich diese Komplexität der Umsturzbewegung vor Augen führen, wenn man die Probleme der ersten demokratischen Regierungsphase in Spanien nachvollziehen möchte. In politischer Hinsicht war der erfolgreiche Umsturz vom September 1868, der zum Sturz der spanischen Königin Isabella II. führte, das Ergebnis eines Schulterschlusses zwischen den beiden Oppositionsparteien in Spanien – den liberalen Progressisten und den Demokraten –, die sich beide bereits seit Beginn der sechziger Jahre aus dem politischen System zurückgezogen hatten, da sie nicht länger bereit waren, ihren dauerhaften Ausschluß aus der Regierungsverantwortung zu akzeptieren. Unterbrochen nur von einem zweijährigen progressistischen Intermezzo in den Jahren 1854-56 waren in Spanien seit dem Jahre 1843 die gemäßigten Liberalen, die *Moderados*, an der Macht, die ihr Konzept eines doktrinären Liberalismus in der Verfassung von 1845 institutionalisiert hatten und Spanien mit nahezu diktatorischen Zügen nach den eigenen politischen Bedürfnissen regierten. Gestützt durch die Krone, deren Stellung man in der Verfassung von 1845 deutlich stärkte, und durch ein striktes Zensuswahlrecht, das es ihnen ermöglichte, das Parlament zu kontrollieren, errichteten die *Moderados* einen elitären, liberalen Staat, der zwar nach außen hin die Fassade eines repräsentativen Systems aufrechterhielt. In der politischen Praxis basierte er jedoch auf einem engen Geflecht persönlicher und klientelistischer Beziehungen. Dieser Staat diente in erster Linie dem Machterhalt der *Moderados* und hatte die Aufrechterhaltung der öffentlichen Ordnung vor Augen, was jede Form der politischen Öffnung oder Demokratisierung als Gefahr erscheinen ließ.

Für den linken Flügel der spanischen Liberalen, die *Progresistas*, und die 1849 gegründete demokratische Partei Spaniens (*Partido Progresista Democrático*) blieb angesichts dieser totalen Kontrolle des Staatsapparates durch die *Moderados* und die Krone keine Möglichkeit, über reguläre Wahlen in die Regierung zu gelangen. Ihnen blieb im Endeffekt nur der Weg des gewaltsamen Aufstandes, den man mit zunehmender Dauer der isabellinischen Herrschaft in verstärktem Maße suchte: zunächst auf getrenntem Wege, dann – nachdem in den Jahren 1865 und 1866 eine Reihe von Aufstandsversuchen in Spanien fehlgeschlagen waren – über einen Zusammenschluß aller Kräfte, den die führenden Köpfe beider Parteien im August 1866 im belgischen Ostende beschlossen. Im Pakt von Ostende einigten sich Progressisten und Demokraten darauf, Isabella II. vom spanischen Thron zu stürzen und im Falle eines Erfolges erstmals in Spanien über ein allgemeines männliches Wahlrecht verfassunggebende Cortes einzuberufen. Daß man die schwierige Frage der zukünftigen Regierungsform Spaniens ganz bewußt auf später verschob, um die Koalition nicht zu gefährden, macht jedoch deutlich, daß man sich von Anfang an über das Ausmaß des angedachten politischen Wandels uneinig war. Eine Tatsache, die man kurzfristig in den Hintergrund zu drängen vermochte, die nach der erfolgreichen Revolution aber schnell zutage treten mußte, als es darum ging, die Regierungsverantwortung zu übernehmen und die Grundsätze eines wie auch immer verstandenen demokratischen Liberalismus in die Praxis umzusetzen.

Es war dabei in der Tat in erster Linie die Frage der Regierungsform, die zu den ersten offenen Auseinandersetzungen zwischen den Bündnispartnern führte, denn die wesentlichen demokratischen Grundprinzipien wie das allgemeine männliche Wahlrecht oder die Presse- und Versammlungsfreiheit wurden zunächst von beiden Seiten gleichermaßen propagiert und zum Programm erhoben. Die provisorische Regierung, die Anfang Oktober 1868 gebildet wurde und sich ausschließlich aus Mitgliedern der progressistischen und der unionistischen Partei zusammensetzte, ließ keinen Zweifel an ihrer Bereitschaft, eine Demokratisierung der spanischen Gesellschaft auf den Weg zu bringen, wie sie von den revolutionären Juntas gefordert wurde, die sich im Zusammenhang mit der Aufstandsbewegung im ganzen Land gebildet hatten und eher durch demokratisch-republikanische Tendenzen geprägt waren. Anders jedoch sah es mit der Frage der Regierungsform aus, die von den einzelnen Trägern der revolutionären Bewegung schnell kontrovers diskutiert wurde, wobei die Auseinandersetzungen hier bis tief in das demokratische Lager hineinreichten. Während für die Basis der demokratischen Partei und einen Teil ihrer Mitglieder mit der erfolgreichen Septemberrevolution der Moment gekommen war, die Monarchie abzuschaffen und als Konsequenz des Demokratisierungsprozesses eine Republik einzuführen, hatten die Progressisten und die *Liberale Union*, die sich im November 1867 dem progressistisch-demokratischen Bündnis angeschlossen hatten, zwar den Sturz Isabellas II. betrieben. Sie traten jedoch weiterhin für eine konstitutionelle Monarchie ein und gedachten, der Forderung nach Demokratisierung über ein explizites Bekenntnis zum Prinzip der Volkssouveränität nachzukommen – verbunden mit einer deutlichen Einschränkung der königlichen Macht, die zudem einer neuen Dynastie übertragen werden sollte. In einer Regierungserklärung vom 25. Oktober 1868 legte sich die provisorische Regierung vor dem Hintergrund der heftigen Diskussionen innerhalb der Demokratischen Partei auf die monarchische Lösung fest. In der Demokratischen Partei selbst wiederum führten die Auseinandersetzungen um die Regierungsform zu einer Spaltung zwischen zwei bis dahin unter einem Dach vereinten Strömungen: einem demokratischen Zweig, der im folgenden die Politik der provisorischen Regierung unterstützte, und einem republikanischem Zweig, der sich schließlich im November 1868 als neue Partei, als *Partido Demócrata Republicano Federal* konstituierte.

Auch wenn die an der provisorischen Regierung beteiligten Parteien im Januar 1869 als deutliche Sieger aus den allgemeinen männlichen Cortes-Wahlen hervorgingen und ihre politischen Vorstellungen wenige Monate später in der ersten demokratischen Verfassung Spaniens verankern konnten, sollte der Bruch mit der republikanischen Bewegung einen schwerwiegenden Verlust bedeuten, der rückblickend betrachtet wesentlich dazu beitrug, daß das *Sexenio* von Anfang an zum Scheitern verurteilt war.[6] Schon die Revolution von 1868 hatte nur deswegen zum Erfolg führen können, weil die Progressisten dank des Bündnisses

---

6 Dem eindeutigen Kräfteverhältnis zum Trotz, das in einer Regierungsmehrheit von 236 (von insgesamt 351) Sitzen gegenüber 85 Sitzen für die Republikaner bestand, verfügten die Republikaner, die immerhin fast ein Viertel der Stimmen erhielten, über die deutlich aktivere Wählerschaft. Ihre Stärke lag traditionell in den städtischen Zentren, vor allem der Peripherie, während die Regierung in den politisch eher passiven ländlichen Gebieten Zentralspaniens punkten konnte – nicht selten dank eines gut funktionierenden Beziehungsgeflechtes und Abhängigkeitsverhältnissen, die dem

mit der Demokratischen Partei über den notwendigen Rückhalt in der Bevölkerung verfügten und durch ihre Annahme demokratischer Wahlversprechen deutliche Erwartungen in städtischen Kreisen geweckt hatten. In dem Moment jedoch, wo man die Unterstützung der Republikaner verlor, machte man sich zum einen Bevölkerungsschichten zum Gegner, deren Beistand man dringend benötigt hätte, um die neuen demokratischen Errungenschaften gegen den zahlreichen Widerstand von anderer Seite zu verteidigen. Zum anderen sah sich die neue Regierung von Anfang an mit republikanischen Unruhen konfrontiert, die unmittelbar nach der Regierungserklärung zugunsten einer monarchischen Staatsform begannen und im September 1869 an mehreren Punkten der Iberischen Halbinsel zu einem bewaffneten Aufstand führten. Bereits hier und damit nur wenige Monate nach der Proklamation der neuen Verfassung im Juni 1869 sah sich die Regierung gezwungen, zur Wiederherstellung der inneren Ordnung die Verfassungsgarantien außer Kraft zu setzen und das Militär einzusetzen. Nach der Niederschlagung des Aufstandes Ende Oktober wurde die Frage der öffentlichen Sicherheit zu einem der am meisten debattierten Punkte in den Cortesdebatten; mußte sich die Regierung mit der Frage auseinandersetzen, wo die Grenzen eben der Freiheiten lagen, die man in der neuen Verfassung konzediert hatte.

Hinter den Differenzen zwischen liberalen und republikanischen Kräften, die den gesamten Zeitraum des *Sexenios* hindurch nicht abreißen sollten, stand dabei vor allem eine unterschiedliche Interpretation des Prinzips der Volkssouveränität, das von beiden Seiten als essentieller Punkt ihres politischen Programmes bezeichnet wurde. Die Forderung nach einer Übertragung der politischen Macht auf die Bevölkerung hatte von Anfang an im Zentrum der Oppositionspolitik gestanden, da man hier in seiner Kritik am Regierungssystem der *Moderados* ansetzen konnte. Während die Republikaner das Prinzip jedoch in seiner radikalsten Form interpretierten und den Staat von unten – das heißt, über lokale Machtzirkel und die Nationalmiliz – umbilden wollten, hatten die *Progresistas* ein sehr viel komplexeres Verhältnis zum Prinzip der Volkssouveränität, gehörte dieses doch seit den Anfängen der liberalen Bewegung in Spanien zu den am meisten mythisierten, aber auch umkämpften liberalen Forderungen. In der Tat muß man sich die Wurzeln und die Entwicklung des spanischen Liberalismus in der ersten Hälfte des 19. Jahrhunderts vor Augen führen, wenn man die Haltung der Progressisten im Umfeld der Revolution von 1868 und damit auch die Probleme des Demokratisierungsprozesses in Spanien verstehen möchte. Die Tatsache, daß es nach der dauerhaften Etablierung eines konstitutionellen Regimes in Spanien nicht zu einer schrittweisen Weiterentwicklung des politischen Systems kam, hing in wesentlichem Maße mit dem radikalen Erbe der Verfassung von Cádiz aus dem Jahre 1812 zusammen, die sich schnell als wenig kompatibel mit der politischen und sozialen Realität des Landes erwies, im Kampf gegen den Absolutismus jedoch einen mythischen Status erreichte, der weit über das Ende des absolutistischen Zeitalters hinausreichte. Entstanden in den Jahren des Spanischen Unabhängigkeitskrieges gegen Napoleon (1808-1814), in denen die spanische Nation in Abwesenheit des eigenen Monarchen gezwungen war, eine neue Regierungsautorität zu

---

Kazikentum der Restaurationszeit bereits sehr nahe kamen. (Bahamonde/Martínez 1994, 553). Zum Kazikentum als wesentlichem Faktor der spanischen Politik siehe García Schmidt 2000.

schaffen, die den Kampf gegen die Fremdherrschaft koordinieren konnte, markierte die Verfassung von Cádiz, die nach monatelangen Diskussionen im März 1812 verabschiedet wurde, die Geburtsstunde des spanischen Liberalismus, der sich von da an über die in ihr festgeschriebenen Grundsätze definierte. Mit ihren Prinzipien der Volkssouveränität und der Gewaltenteilung, die Spanien und seine überseeischen Kolonien in eine konstitutionelle Monarchie verwandelten, sowie einem umfassenden Reformwerk, das durch die Abschaffung von Privilegien und die Etablierung wirtschaftlicher Freiheiten die sozialen Strukturen des Landes revolutioniert hätte, stellte die erste liberale Verfassung in der spanischen Geschichte einen radikalen Sprung in die Moderne dar. Eben dieses radikale Programm, das eine kleine fortschrittliche Minderheit unter den besonderen Umständen des Unabhängigkeitskrieges formulierte, mobilisierte jedoch innerhalb kürzester Zeit eine antiliberale Bewegung, die stärker war als in jedem anderen europäischen Land und nach dem Sieg gegen Napoleon eine zunächst reibungslose Rückkehr zu den vornapoleonischen Zuständen ermöglichte. Sowohl in den Jahren von 1814-1820 als auch in den Jahren von 1823-33 erfolgte in Spanien eine fast vollständige Restauration der absolutistischen Herrschaft Ferdinands VII., in deren Folge die spanischen Liberalen ins Exil oder in den Untergrund gedrängt wurden. Doch die Verfassung von Cádiz sollte vom Moment ihrer Proklamation an zum dauerhaften Referenzpunkt der spanischen Liberalen werden, auch wenn eine erste liberale Regierungsphase in den Jahren von 1820-1823 durchaus die Probleme aufzeigte, die eine minuziöse Umsetzung der in ihr postulierten Grundsätze mit sich brachte.

Es waren dann aber ohne Zweifel die Dreißiger Jahre des 19. Jahrhunderts, in denen die Weichen für die späteren Entwicklungen gestellt wurden – der Zeitraum also, in dem auch in Spanien der dauerhafte Übergang von der absolutistischen zur konstitutionellen Monarchie gelang. Bis zu diesem Zeitpunkt hatte das gesamte Streben der spanischen Liberalen der Etablierung eines konstitutionellen Regimes gegolten, wie man es in den Jahren von 1810 bis 1812 in den Cortes von Cádiz skizziert und in den Jahren von 1820-23 versucht hatte, in die Praxis umzusetzen, ehe eine Intervention der Heiligen Allianz dem *Trienio Liberal* ein Ende bereitete. Mit dem Tod Ferdinands VII. im Jahre 1833, der den führenden spanischen Liberalen die Rückkehr aus einem zehnjährigen Exil ermöglichte, stellte sich allerdings ganz verstärkt die Frage, wie mit dem Erbe der Cortes von Cádiz umzugehen war, denn sowohl die Regierungserfahrungen der Jahre 1820-1823 als auch die Jahre des Exils waren keineswegs spurlos an den spanischen Liberalen vorbeigegangen. Bereits im Zeitraum des *Trienio Liberal* von 1820-23 hatte sich die liberale Bewegung über die Frage einer etwaigen Modifizierung der Verfassung von Cádiz in *Moderados* und *Exaltados* gespalten und sich in den Jahren des Exils mit gegenseitigen Schuldzuweisungen die Verantwortung für das Scheitern der ersten liberalen Herrschaft zugesprochen. Nach der Rückkehr nach Spanien vertieften sich diese Differenzen dann zusehends, ergab sich doch vor dem Hintergrund der eminenten karlistischen Bedrohung nunmehr die Gelegenheit, über einen Pakt mit den traditionellen Führungsschichten des Landes eine gemäßigte liberale Herrschaft zu etablieren.[7] Die *Moderados*, die sich bereits im

---

7 Bereits vor dem Tod Ferdinands VII. im Jahre 1833 hatte sein Bruder Carlos María Isidro in Ermangelung eines männlichen Thronerben Ansprüche auf den spanischen Thron geltend gemacht, denen

*Trienio Liberal* für eine Modifizierung der Verfassung von Cádiz ausgesprochen hatten und sich im Zeitraum des Exils verstärkt am englischen Modell, nach der Juli-Revolution von 1830 am paktierten Modell der französischen Verfassung orientierten[8], verabschiedeten sich angesichts dieser Möglichkeit endgültig von der Vorstellung eines revolutionären sozialen Wandels und traten für ein Bündnis mit den traditionellen Eliten der spanischen Gesellschaft ein, um auf diese Weise die dauerhafte Etablierung eines liberalen Regimes zu gewährleisten. Das *Estatuto Real*, das 1834 erlassen wurde und ein Zweikammersystem nach französischem Vorbild vorsah, verzichtete vor diesem Hintergrund explizit auf das Prinzip der Volkssouveränität als Basis der politischen Macht und unterstrich im Gegenzug die politische Vorherrschaft der Krone. Doch der Wunsch nach einem gemäßigten Mittelweg sollte sich in Spanien angesichts der radikalen Wurzeln des spanischen Liberalismus als schwer realisierbar erweisen, brachen doch bereits wenige Monate nach der Proklamation des neuen Verfassungstextes an mehreren Punkten der Iberischen Halbinsel Volksaufstände aus, die eine Wiedereinführung der Verfassung von Cádiz forderten. Für den radikalen Flügel der spanischen Liberalen, der nunmehr mit dem Begriff *Progresistas* bezeichnet wurde, kam das gemäßigte *Estatuto Real* mit seiner Negation der Volkssouveränität und seinem restriktiven Zensuswahlrecht einem Verrat an der Revolution gleich, den man keineswegs stillschweigend zu tolerieren gedachte. Bereits im Zeitraum des *Trienio Liberal* hatte die exaltierte Strömung der spanischen Liberalen jede Veränderung der Verfassung von Cádiz strikt abgelehnt. Nach der Rückkehr aus dem Exil beobachtete man mit Sorge die Kompromißbereitschaft der moderaten Kräfte und zeigte sich letztlich nicht bereit, das Ergebnis der moderaten Bemühungen, das *Estatuto Real*, zu akzeptieren. Zu einem Zeitpunkt, an dem sich die gemäßigte Regierung bereits einen militärischen Kampf mit der karlistischen Bewegung liefern musste, der in einen sechsjährigen Bürgerkrieg mündete (1833-39), eröffneten die *Progresistas* durch zahlreiche Aufstände in städtischen Zentren des Landes – in denen eine Rückkehr zur Verfassung von 1812 gefordert wurde – eine weitere Problemfront. Eine Problemfront, die solche Ausmaße annahm, daß sich die Krone dazu gezwungen sah, zunächst eine progressistische Regierung einzusetzen, dann einer erneuten Proklamation der Verfassung von Cádiz zuzustimmen. Im Gegensatz zu den *Moderados*, die

---

Ferdinand VII. mit dem Erlaß der Pragmatischen Sanktion (*Sanción Pragmática*) entgegentrat. Die Sanktion hob das 1713 von Philipp V. erlassene Salische Gesetz (Ley Sálica) auf, mit dem die bis dahin gültige Nachfolgeordnung geändert und Frauen von der Thronfolge ausgeschlossen wurden, und ebnete damit der 1830 geborenen Tochter Ferdinands den Weg auf den spanischen Thron. Da Carlos auf seine Ansprüche nicht verzichtete und über eine nicht zu unterschätzende Anhängerschaft verfügte, sah sich die Regentin María Cristina gezwungen, auf die Liberalen zuzugehen und erließ eine umfassende Amnestie, die Tausenden von spanischen Liberalen die Rückkehr in das Heimatland ermöglichte. Der unmittelbar nach dem Tod Ferdinands beginnende sechsjährige Bürgerkrieg (1833-1839), der äußerlich als dynastischer Erbstreit einsetzte, wurde vor diesem Hintergrund schnell zu einer Auseinandersetzung um die Beibehaltung eines extrem reaktionären Absolutismus oder die Einführung einer konstitutionellen Monarchie auf gemäßigt liberaler Grundlage.

8   Im Gegensatz zur Verfassung von Cádiz mit ihrem Einkammerparlament und einem allgemeinen männlichen Wahlrecht, sahen sowohl das englische Modell als auch die französische Verfassung des Jahres 1830 ein Zweikammersystem und ein gemäßigtes Zensuswahlrecht vor (Varela Suanzes-Carpegna 1987, 62).

ihr Modell eines konstitutionellen Regimes seit den Dreißiger Jahren des 19. Jahrhunderts über ein Bündnis mit der Krone und den traditionellen Führungsschichten durchzusetzen versuchten, griffen die Progressisten in Referenz auf das Prinzip der Volkssouveränität auf das Mittel der urbanen Agitation zurück, um ihren Vorstellungen zur Durchsetzung zu verhelfen. Eine Taktik, die letztlich bis zur Revolution des Jahres 1868 Bestand haben sollte und das progressistische Lager in den Augen der *Moderados* zu einer Gefahr für die innere Ordnung und damit auch für einen möglichen Fortbestand der konstitutionellen Monarchie an sich werden ließ, da man zum einen den Einfluß der *Progresistas* auf die städtischen Mittel- und Unterschichten fürchtete; und sich zum anderen der starken Widerstände bewußt war, die in Teilen der spanischen Gesellschaft gegen das liberale Programm – zumal die radikalere Variante der Progressisten – bestand.

Vor dem Hintergrund der turbulenten Entwicklungen der Jahre von 1833 bis 1843, die innerhalb kürzester Zeit einen mehrmaligen Regierungs- und Verfassungswechsel nach sich zogen, ist es nicht verwunderlich, daß die *Moderados* nach einer erneuten Machtübernahme 1843 schnell alles daran setzen, die innenpolitische Situation auf Dauer unter Kontrolle zu bekommen. In ihrer Furcht vor weiteren revolutionären Auswüchsen entschieden sich die *Moderados*, die Revolution mit Hilfe eines Staates zu beenden, der nur sehr zögerlich politische und zivile Rechte konzidierte, was zur Folge hatte, daß sich die Progressisten mehr und mehr aus dem politischen System ausgeschlossen sahen. Die lange Vorherrschaft der *Moderados*, die 1843 begann, basierte auf einer Unterstützung der politischen Vorherrschaft der Krone und der Negation der Volkssouveränität als der Basis der politischen Macht, und fand vor diesem Hintergrund Rückhalt in den oberen Schichten der neuen Gesellschaft, die den Liberalen zuvor mehrheitlich ablehnend gegenübergestanden hatten. Angesichts dieses entscheidenden Rückhaltes und des eigenen Ausschlusses aus dem politischen System, läßt sich dann auch im progressistischen Lager eine leichte programmatische Verschiebung erkennen. Auch wenn die *Progresistas* weiterhin betonten, daß ihre Wurzeln auf das liberale Programm von 1812 zurückgingen und vor diesem Hintergrund die Volkssouveränität als das legitime Machtprinzip bezeichneten, begannen sie nach außen hin mehr und mehr die monarchische Autorität zu akzeptieren und für eine kontrollierte, graduelle Erweiterung der politischen Sphäre einzutreten, was eine partielle Abwendung von der Verfassung von Cádiz bedeutete. Die Abspaltung eines demokratischen Zweiges, die 1849 zur Gründung der Demokratischen Partei Spaniens führte, dokumentiert hier deutlich, daß sich die Progressisten langsam in die Mitte bewegten. Wobei allerdings zu betonen bleibt, daß der linke Flügel des spanischen Liberalismus ohnehin von Anfang an mehrheitlich ein elitäres Verständnis der Volkssouveränität hatte, in dem unter der Führung der Mittelschichten langsame politische und soziale Veränderungen von oben durchgeführt werden sollten. Im Gegensatz zu den demokratischen und republikanischen Strömungen, die sich seit den Dreißiger Jahren des 19. Jahrhunderts sowohl innerhalb des progressistischen Lagers als auch außerhalb herauszubilden begannen, traten die *Progresistas* zwar für eine deutliche Erweiterung des Wahlrechtes ein, da man seine soziale Basis in den unteren Mittelschichten der Städte sah; die spätere Reformierung der politischen Verhältnisse sollte jedoch durchaus einer Elite vorbehalten bleiben, die sowohl das Ausmaß als auch das Tempo der politischen

Veränderungen vorgeben sollte. Daß man trotz eines gewissen Abrückens von der radikalen Verfassung von Cádiz zu keinem Zeitpunkt auf seine Forderung nach einer Souveränität des Volkes verzichtete, erklärt sich daraus, daß diese einen der entscheidenden Unterschiede zum Programm der regierenden *Moderados* darstellte und auf diese Weise die Forderung nach einem politischen Wandel legitimierte. Vor allem aber sah man sich angesichts seines dauerhaften Ausschlusses aus dem politischen System quasi dazu gezwungen, zu seiner revolutionären Taktik der urbanen Agitation zurückzukehren, um einen Regierungswechsel herbeiführen zu können, was angesichts der steigenden Verbreitung demokratischer und republikanischer Tendenzen in den städtischen Zentren der Iberischen Halbinsel nur über ein explizites Aufgreifen demokratischer Programmpunkte möglich schien.

Der Zusammenschluß mit der Demokratischen Partei, der vor diesem Hintergrund im Sommer 1867 zustande kam, weckte von Beginn an Erwartungen, die nach dem erfolgreichen Regierungsumsturz zwangsläufig zu Enttäuschungen führen mußten. Der Demokratisierungsprozeß, den die *Progresistas* vor Augen hatten, spielte sich auf einer rein politischen Ebene ab und sah eine kontrollierte, graduelle Erweiterung der politischen Teilhabe vor, indem sie für Reformen von oben votierten, die unter der Führung der Mittelschichten für die Mehrheit der spanischen Bevölkerung Verbesserungen bringen sollten. Man hoffte dabei, die Einführung des allgemeinen männlichen Wahlrechtes und die Konzedierung weiter politischer und ziviler Freiheiten durch die schnelle Einsetzung einer neuen Dynastie auf dem spanischen Thron, des Hauses Savoyen, ausgleichen zu können, was erklärt, warum ein Eingehen auf die Forderung nach einer republikanischen Staatsform nicht zur Disposition stand. Eine soziale Revolution dagegen, wie sie nötig gewesen wäre, um eine tatsächliche Demokratisierung erreichen zu können, strebten sie ebensowenig an wie die *Moderados*, was zur Folge hatte, daß ein großer Teil der Gesellschaft sich schnell von dem neuen Regime enttäuscht fühlte und seiner Unzufriedenheit in steigendem Maße Ausdruck verlieh. Zum Widerstand der republikanischen Kräfte, die in der politischen Entwicklung einen Verrat an der Revolution sahen, gesellte sich schnell eine Häufung von Konflikten auf dem Land, die durch eine Agrarkrise verschärft wurden und in Landbesetzungen und Generalstreiks mündeten. Hinzu kam, daß in eben diesen Zeitraum der Beginn der eigentlichen spanischen Arbeiterbewegung fällt, da die Provisorische Regierung im November 1868 das Vereinigungsrecht anerkannte und der anarchistische Flügel der Internationalen Arbeiterassoziation zum gleichen Zeitpunkt mit Guiseppe Fanelli einen Delegierten nach Spanien entsandte, der in Madrid und Barcelona Arbeitersektionen gründete, die sofort eine enge Verbindung mit dem föderalistischen Republikanismus eingingen. Daß vor diesem Hintergrund die soziale Frage seit dem Jahre 1868 immer mehr ins öffentliche Bewußtsein drängte und sich die Republikaner – da sie ihre Unzufriedenheit gut zu artikulieren wußten – immer deutlicher als Alternative zum bestehenden System präsentierten, ist kaum überraschend. Für die Regierung aber, die sich zum gleichen Zeitpunkt in einer verzweifelten Suche nach einem geeigneten Monarchen für den spanischen Thron befand, sich zudem einem ungewollten Kolonialkrieg ausgesetzt sah, da in Kuba die Unabhängigkeitsbewegung verstärkt zu agieren begann, und im Innern des Landes den dritten Karlistenkrieg aufziehen sah, standen tiefgreifende soziale Veränderungen nicht zur Diskussion. Man reagierte auf die zunehmende Brisanz der sozialen Frage vielmehr mit repressiven Maßnahmen und versuchte darüber hinaus, sich durch Wahlmanipulation an der Macht zu halten. Diese Bereitschaft, zugunsten eines kontrollierten sozialen Wandels und der eigenen Machterhaltung alle demokratischen Grundsätze außer Kraft zu setzen, ebnete rückblickend betrachtet bereits den Weg für die spätere Restaurationszeit, wo man sich in seiner Angst vor einer sozialen Revolution hinter die Restauration stellte und durch seine Beteiligung am *Turno de los partidos* zu einer der wesentlichen Stützen des undemokratischen Restaurationssystems wurde.

Die erste spanische Republik, die mangels anderer Alternativen im Februar 1873 nach der Abdankung des nach langer Suche gefundenen Monarchen Amadeo von Aosta vom Parlament proklamiert wurde, war vor diesem Hintergrund in erster Linie eine Verlegenheitslösung, die von Anfang an zum Scheitern verurteilt war. Zu den zahlreichen Problemkomplexen, mit denen sich bereits die anderen Regierungen des *Sexenio* auseinandersetzen mußten, gesellten sich in den zehn Monaten, die die Republik Bestand hatte, sofort innere Auseinandersetzungen, da die Republikaner bereits zu diesem Zeitpunkt in Unitarier und Föderalisten gespalten waren, wobei von letzteren ein Teil für die legale Einrichtung eines Bundesstaates von oben votierte, während sich ein anderer für den revolutionären Krieg aussprach und sich maßgeblich an den kantonalistischen Aufständen im Sommer 1873 beteiligte. Die Tatsache, daß sich angesichts dieser Differenzen innerhalb kürzester Zeit vier verschiedene republikanische Kabinette an der Regierung ablösten, verstärkte nur noch den Eindruck, daß eine Republik nahezu zwangsläufig ins Chaos führen müsse. Und so ist es nicht überraschend, daß sich die große Mehrheit des politischen Spektrums in Spanien dafür entschied, der ersten spanischen Republik ein rasches Ende zu bereiten und in der Folge eine Restauration der bourbonischen Monarchie zu befürworten; in der Hoffnung, auf diese Weise die Gefahr einer sozialen Revolution zu bannen.

Inwieweit diese Haltung als Scheitern oder Schwäche des spanischen Liberalismus zu betrachten ist, ist eine Frage, die weiterhin diskutiert wird. Im Rahmen eines Artikels in der Zeitschrift *Social History*, die Spanien im August 2004 eine gesonderte Ausgabe widmete, unterstreichen Jesús Millán und María Cruz Romeo, daß sich die spanischen Liberalen durchaus geschickt der Situation anzupassen verstanden, und durch ihren Konsens, der die Restauration ermöglichte, verhinderten, daß sich ein Klima permanenter politischer Instabilität in Spanien etablierte, das über kurz oder lang einen Triumph der karlistischen Bewegung hätte nach sich ziehen können. Der vor dem Hintergrund der Erfahrungen des *Sexenio Democrático* gemeinsam beschlossene Verzicht auf Putsch und Revolution als Mittel des Regierungswechsels sowie die geschickte Strategie von Antonio Cánovas del Castillo, Architekt des neuen Regimes, eine ganze Reihe von Politikern in das System zu integrieren, die eine führende Rolle in der Revolution und den sechs Jahren danach gespielt hatten, verschufen dem Restaurationssystem eine bis dahin in Spanien unerreichte Stabilität. Der Preis dieser Stabilität jedoch war der Verzicht auf demokratische Grundprinzipien wie ein freies, allgemeines Wahlrecht und die von progressistischer und republikanischer Seite so lange zum Programm erhobene Forderung nach der Souveränität des Volkes.[9]

---

9 Die Republikaner erholten sich in politischer Hinsicht kaum oder nur schwer von dem Desaster der Ersten Spanischen Republik. Sie mußten sowohl gegen das negative Bild eines Regimes kämpfen,

## Literatur

Bahamonde, Ángel/Jesús A. Martínez: *Historia de España. Siglo XIX*, Madrid, 1994.

Bernecker, Walther L.: *Sozialgeschichte Spaniens im 19. und 20. Jahrhundert*, Frankfurt am Main, 1990.

Burdiel, Isabel: *Myths of failure, myths of success: new perspectives on nineteenth-century Spanish liberalism*, in: *Journal of Modern History* 1998, 892-912.

Castells Oliván, Irene: *La rivoluzione liberale spagnola nel recente dibattito storiografico*, in: *Studi Storici* 1995, 127-161.

Colomer Viadel, Antonio: *La teoría del régimen liberal español*, Madrid, 1962.

Cruz Romeo, María/Jesús Millán: *Was the liberal revolution important to modern Spain? Political cultures and citizenship in Spanish history*, in: Mónica Bruguera/Christopher Schmidt-Nowara (Hg.): *SPAIN – a special issue, Social History* 2004, 284-300.

Duarte, Ángel/Pere Gabriel (Hg.): *El republicanismo español* (Ayer Nr. 39), Madrid, 2000.

Durán de la Rua, Nelson: *La Unión Liberal y la modernización de la España isabelina. Una convivencia frustrada, 1854-1868*, Madrid, 1979.

García Schmidt, Armando: *Die Politik der Gabe. Handlungsmuster und Legitimationsstrategien der politischen Elite der frühen spanischen Restaurationszeit (1876-1902)*, Saarbrücken, 2000.

León, Ángeles Egido/Mirta Núñez Díaz-Balart (Hg.): *El republicanismo español. Raíces históricas y perspectivas de futuro*, Madrid, 2001.

Macher, Julia/Katrin Stranz: *Spanien und Deutschland – zwei konvergierende Sonderwege?*, in: Detlef Georgia Schulze/Sabine Berghahn/Frieder Otto Wolf (Hg.), *StaR★P. Neue Analysen zu Staat, Recht und Politik*, Serie W. Bd. 3, Berlin, 2006, 15-160.

Mees, Ludger: *Der spanische „Sonderweg". Staat und Nation(en) im Spanien des 19. und 20. Jahrhunderts*, in: *Archiv für Sozialgeschichte* 2000, 29-66.

Millán, Jesús: *Liberale Revolution und sozialer Wandel im Spanien des 19. Jahrhunderts. Ein Literaturüberblick*, in: *Neue Politische Literatur* 1995, 381-401.

Townson, Nigel (Hg.): *El republicanismo en España (1830-1977)*, Madrid, 1994.

Varela Suanzes-Carpegna, Joaquín: *La constitución de Cádiz y el liberalismo español del siglo XIX*, in: *Revista de las Cortes Generales* 1987, 27-109.

---

das nie eine legitime Basis hatte, als auch gegen das starre Restaurationssystem, das ihnen aus Angst vor einem Umsturzversuch keinerlei politischen Spielraum ließ. Darüber hinaus zeigten sie sich auch nach dem Scheitern der Ersten Republik nicht in der Lage, eine geschlossene Front zu bilden. Die starke Zersplitterung der Bewegung hatte weiter Bestand und vertiefte sich sogar noch; Teile der Republikaner ließen sich in das canovistische System integrieren, sodaß die Republikaner auf politischer Ebene keine wirkliche Option mehr darstellten. Im kulturellen und sozialen Bereich spielten sie jedoch auf lokaler und regionaler Ebene weiterhin eine wesentliche Rolle in der Politisierung der unteren Bevölkerungsschichten.

*Walther L. Bernecker*

# 1868-1931-1975: drei spanische Anläufe zur Durchsetzung der Demokratie

Die neuere Geschichte Spaniens läßt sich als der wiederholte gescheiterte Versuch definieren, einen liberalen Staat zu schaffen, der zugleich demokratisch war. Als einen Vorläufer derartiger Demokratisierungsbestrebungen kann man das Jahr 1812 mit der Verfassung von Cádiz bezeichnen, ein Versuch, der 1820 im 'konstitutionellen Triennium' vorübergehend wieder aufgenommen wurde. Der erste ernsthafte Demokratisierungsversuch bestand in der Revolution von 1868 und der fehlgeschlagenen Ersten Republik von 1873; der zweite Versuch, die Zweite Republik von 1931, endete in einem Militärputsch, einem dadurch ausgelösten grausamen Bürgerkrieg und einer jahrzehntelangen Diktatur. Erst der dritte Anlauf, die Transition nach der franquistischen Diktatur, scheint in den Jahren nach 1975 endgültig und erfolgreich die Demokratie in Spanien verankert zu haben.

Beim Versuch, Erklärungen für das wiederholte Scheitern der Demokratisierung zu finden, stößt man alsbald auf einen spezifisch spanischen Zusammenhang: Das Scheitern bei der Schaffung eines demokratischen Staates hing eng damit zusammen, daß zugleich die Bildung eines soliden Nationalstaates scheiterte. Die Forschung der letzten Jahre hat vielfältig herausgearbeitet, daß der spanische nation-building-Prozeß im 19. Jahrhundert äußerst langsam und defizient verlief (Riquer y Permanyer 1996). Auf dieses Argument wird noch zurückzukommen sein.

In einem historisch-allgemeinen Sinne läßt sich sagen, daß Demokratie in der Durchsetzung der Volkssouveränität gegen den 'traditionellen' Inhaber der Souveränität, den Monarchen, besteht. In der Volkssouveränität kommt der Wille der Nation zum Ausdruck, der sich schließlich gegen König und Aristokratie durchsetzt; Volkssouveränität bedeutet somit, daß sich die Nation als Subjekt der Souveränität behauptet. In manchen Fällen stand am Anfang dieses Prozesses die physische Eliminierung des Monarchen und seiner Familie (England, Frankreich, Rußland), zumeist gefolgt von einem Bürgerkrieg. Erst am Ende dieses Rituals führte die dergestalt gegen den Monarchen errungene Volkssouveränität zur Herausbildung des modernen Nationalstaats.

Natürlich bedurfte es gewisser Voraussetzungen und Rahmenbedingungen, bis die traditionelle Macht zusammenbrach und die Gesellschaft, auf die sich diese Macht stützte, schließlich verschwand, so daß ein Nationalstaat als Ausdruck der Volkssouveränität entstehen konnte. Zu diesen Voraussetzungen zählten (u.a.) die wachsende Bedeutung des urbanen Lebens, ein beschleunigtes Bevölkerungswachstum, die Herausbildung einer nationalen Wirtschaft, die technologischen Veränderungen, die schließlich zur Industriellen Revolution führten. In diesem Zusammenhang entstanden neue Schichten und Klassen, die in den traditionellen Strukturen und Herrschaftsverhältnissen ein Hindernis zur Durchsetzung ihrer Interessen erblickten; sie führten einen Diskurs 'des Volkes' (der 'Nation') gegen Monarch und Aristokratie ein (vgl. auch den Beitrag von Göran Therborn in diesem Band), sie bewirkten eine Veränderung der bestehenden gesellschaftlichen Strukturen und schufen damit die notwendigen Bedingungen zur Herausbildung von Nationalstaaten.

Diese soeben geschilderte idealtypische Sequenz erfuhr im spanischen Fall des 19. Jahrhunderts vielfältige Abweichungen, die letzten Endes das Scheitern der Demokratie erklären. Zum einen waren die sozialen Bedingungen anders geartet, zum anderen war die königliche Macht, gegen die im Namen der Volkssouveränität angekämpft werden mußte, eher schwach ausgeprägt, was wiederum darauf zurückzuführen war, daß das spanische Imperium zwar früh entstanden war, seine Teilreiche aber keinen Zentralstaat, geschweige denn eine Nation bildeten (Linz 1973). Die 'Schwäche' der Habsburger Monarchie konnte nur ansatzweise durch den späteren Reformismus der Bourbonen ausgeglichen werden. Spanien blieb ein fragmentiertes Land, das über keinen geschlossenen Binnenmarkt verfügte, in dem die agrarischen Interessen außerdem deutlich dominierten (Bernecker/Pietschmann 2005). Der „Unabhängigkeitskrieg" gegen die Franzosen und der Verlust der Kolonien zu Beginn des 19. Jahrhunderts verschärften die Krise weiter: Die Macht des Adels und der Agrarinteressen blieb ungebrochen, die Städte entwickelten sich kaum, das demographische Wachstum war langsam, der Industrialisierungsprozeß auf wenige Regionen der Peripherie beschränkt, die Verbindungen im Lande waren unzureichend, der Staat war schwach und ineffizient. Damit aber waren weder die sozialen noch die politischen Bedingungen dafür gegeben, daß die Volksouveränität und der Nationalgedanke sich durchsetzen konnten; das Ancien Régime bestand in seinen wesentlichen Strukturmerkmalen fort (Mees 2000).

Unter diesen Bedingungen scheiterten im 19. Jahrhundert alle Versuche, die Demokratie durchzusetzen; die zahlreichen 'Revolutionen' endeten alle mit der Wiederherstellung der königlichen (Teil-) Souveränität. Immer wieder konnten sich die landbesitzenden, traditionellen Schichten gegen die (minoritären) städtischen durchsetzen. Letztere verloren auch allmählich ihren revolutionären Impetus und zogen es schließlich vor, sich in das oligarchische System durch Einheirat und Nobilitierung kooptieren zu lassen. Die Versuche zur Durchsetzung einer Demokratie waren auch stets halbherzig geblieben: So kam es etwa in Spanien nie – im Unterschied zu England, Frankreich oder selbst Rußland – zum Königsmord. Die Aufständischen beschränkten sich darauf, den Monarchen zu einem Verfassungseid zu zwingen (1820), ihn abzusetzen (1868) oder allenfalls aus dem Land zu vertreiben (1931). Die Struktur der sozialen Kräfte an der Macht blieb unangetastet, die pseudorevolutionären Kräfte konnten vom restaurierten traditionellen Machtzentrum aus bald wieder in die Defensive gedrängt werden. Die restaurierte Monarchie wiederum konnte sich nicht dazu durchringen, demokratische Verhältnisse 'von oben' einzuführen. Ganz im Gegenteil: Das politische System schloß sich 'gegen unten' ab, es erweiterte nicht seine gesellschaftliche Basis. Staat und Gesellschaft entwickelten sich auseinander (Alvarez Junco/Shubert 2000).

I

Betrachtet man unter dieser Perspektive die „glorreiche Septemberrevolution von 1868" (vgl. dazu auch den Beitrag von Christiana Brennecke in diesem Band), dann lassen sich mehrere Faktoren feststellen, die das schließliche Scheitern der Revolution erklären. Zu diesen Faktoren gehört auch die Ausgangsambivalenz der *Gloriosa*: Sie war sowohl ein militärisches *pronunciamiento* als auch ein Volksaufstand. Das militärische *pronunciamiento* wiederum wurde von einer Parteienkoalition unterstützt, die den konservativen *moderantismo* der vorhergehenden Jahrzehnte nicht länger zu akzeptieren bereit war und einen Austausch der politischen Elite erstrebte. Die Forderungen und Ziele der Volksrevolution waren die Abschaffung der Konsumsteuern und des verhaßten und ungerechten Einberufungssystems zum Militärdienst (*quintas*). In ersten Proklamationen war viel von Öffnung, Volkssouveränität, allgemeinem Wahlrecht und Erfüllung der Volksforderungen die Rede. Daß diese weitgesteckten Ziele nur sehr partiell erreicht wurden und die 'Revolutionäre' in ihren gesellschaftlichen Strukturen befangen blieben, hängt wesentlich damit zusammen, daß die Septemberrevolution im Grunde ein Aufstand des Bürgertums war, das Entwicklungsmöglichkeiten für seine ökonomischen Interessen erstrebte (Artola 1980). Die bürgerlichen Schichten, die den Aufstand trugen, waren aber schwach, noch kaum ausgebildet; ihre internen Widersprüche führten letztlich zum Scheitern der Revolution (Mar-Molinero/Smith 1996). Im Wirtschaftsbereich etwa arbeiteten einige Fabrikeigentümer bereits auf freihändlerische Lösungen hin, um Kapitalgüter günstig importieren zu können, während die Katalanen protektionistische Überlegungen anstellten, die den Rest des Jahrhunderts dominieren sollten.

Wichtiger als solche wirtschaftspolitischen Gründe waren aber die im Verlauf der Revolution aufgetretenen Spaltungen zwischen Bourgeoisie und Arbeiterschaft. Lange Zeit ist ein chaotisches Bild des *sexenio* überliefert worden, dessen historischer Mißerfolg die Restauration angeblich unvermeidlich machte. Selbst die Geschichte des spanischen Liberalismus ist von diesem Interpretationsschema nicht unbeeinflußt geblieben, da auch der Liberalismus als ein für Spanien 'ungangbares' politisches System gedeutet wurde. Demgegenüber verdient die Überlegung von José María Jover Zamora (1976, 350 f.) Beachtung, der darauf hingewiesen hat, daß „das Charakteristische des spanischen Liberalismus nicht in einer Art von Geisteshaltung des Durchschnittsspaniers ('unregierbar') liegt, sondern in der bewußten Aufrechterhaltung eines sozioökonomischen Bedingungsgefüges, das dem realen Funktionieren eines Repräsentativsystems entgegenstand. Dieses Bedingungsgefüge [...] sollte in den westlichen Staaten fortentwickelt werden; demgegenüber gelang es auf der Halbinsel der starren Haltung des säkularen *moderantismo*, eine derartige Entwicklung zu unterdrücken, indem er zuerst den Liberalismus und sodann die Demokratie zu einem historisch ungangbaren Weg machte". Das historische Ziel des *sexenio*, eine bürgerliche Gesellschaft auf demokratischer Grundlage zu errichten, erforderte die Durchsetzung der Prinzipien des demokratischen Liberalismus. Gerade darin aber lag das eigentliche Problem: Der sozialen und ideologischen Konfrontation jener Jahre lag die verbreitete Furcht der Bourgeoisie zugrunde, daß die politische Teilhabe der Volksmasse, die traditionellerweise durch das restriktive Zensuswahlrecht vom politischen System ausgeschlossen war, ihre eigene „bürgerliche Ordnung" und die auf ihr beruhenden Sozialbeziehungen ernsthaft gefährden könnte. Der enorme Aufschwung der Arbeitervereine und die verfassungsmäßige Anerkennung des Rechtes der Arbeiter, ihre eigenen Organisationen zu gründen, erhöhten nur noch die Unsicherheit der bürgerlichen Kräfte, die schließlich alles daran setzten, den ersten Versuch, eine Demokratie auf spanischem Boden zu etablieren, zum Scheitern zu bringen.

Das *sexenio revolucionario* stellt in seiner Gesamtheit eine gescheiterte Revolution dar, nachdem es im politischen Bereich (vorübergehend) zwar wichtige Veränderungen gab (Grundfreiheiten, Wahlrecht), im ökonomischen und sozialen aber – von wenigen Ausnahmen abgesehen – alles beim alten blieb. Tuñón de Lara bezeichnet daher auch nicht etwa die Widersprüche Republik –Monarchie oder Unitarismus – Föderalismus als die eigentlichen Probleme des *sexenio*; zentral ging es vielmehr um die Eigentumsfrage, vor allem um die Beibehaltung der sozioökonomischen Struktur auf dem Land. Gerade auf diesem Gebiet aber verhinderten die Regierungen und die öffentliche Gewalt jegliche Veränderung, so daß es durchaus verständlich erscheint, daß die Agrararbeiter sich von der Politik abwandten und eine Lösung ihrer Probleme in einer anarchistisch-antipolitischen Aufstandshaltung suchten (Tuñon de Lara 1971).

Das *sexenio* mußte in seiner Zielsetzung scheitern, da es eine demokratische Revolution in einem Land mit halbfeudaler Sozialstruktur und kaum vorhandenem bürgerlichen Mittelstand anstrebte. Aus der jahrzehntelang vom *moderantismo* geprägten Gesellschaft konnte nicht spontan eine Demokratie hervorgehen, wie sie die fortschrittlichen Kräfte in der Verfassungskommission von 1869 vorhatten. Das *sexenio* mußte auch deshalb scheitern, weil seine Protagonisten eine sonderbare Ambivalenz an den Tag legten: Der 'Umsturz der Privilegierten' ging der demokratischen Revolution nicht voraus, sondern begleitete sie gewissermaßen und ersetzte sie sodann sehr schnell. Über die Liberale Union konnte der *moderantismo* seine Position wieder festigen und den Verlauf des *sexenio* (wenn auch unter einer neuen Verfassungsordnung) wesentlich mitbestimmen; im übrigen verzichtete keine der 'revolutionären' Kräfte darauf, für *ihre* jeweilige Revolution die Unterstützung durch ihre 'natürlichen Eliten' anzustreben und somit der gesamten Bewegung sofort einen hierarchischen Grundzug zu geben. Scheitern mußte das *sexenio* schließlich noch deshalb, weil die Energien der Regierungen zusehends der Wiederherstellung einer staatlichen Ordnung und eines Zusammenlebens in Frieden gelten mußten und nicht der Konsolidierung einer neuen Ordnung gewidmet werden konnten; ein dreifacher Krieg (der Kolonialkrieg in Übersee, der Bürgerkrieg gegen die Karlisten, der soziale Krieg gegen die Kantonalisten) überforderte ein nicht konsolidiertes Regime, zu dessen Grundwerten Humanismus und Pazifismus gehörten[1]; die Ausführung der 'Ordnungsfunktion' durch die Armee übertrug

---

1    Im Sommer 1873 kam es zu mehreren „kantonalistischen" Aufständen, vor allem in Andalusien und
     der Levante. Es handelte sich dabei um den Versuch ultraföderalistischer Kräfte, mit Unterstützung
     der inzwischen anarchistisch inspirierten Arbeiterschaft, auf der Grundlage eigener 'Kantone' einen
     föderativen Aufbau von unten nach oben zu erreichen. Da die 'Kantone' zugleich ein sozialrevolu-

dieser wieder die Macht, die von den Monarchisten zur Wiederherstellung der Bourbonen-herrschaft genutzt wurde (Jover 1981).

Der Kampf um die Republik 1873/74 symbolisierte eine entscheidende Wende in der Konstellation der Klassenkräfte. Hatte das liberale Bürgertum bis dahin an der Spitze der fortschrittlichen Bewegungen gestanden, so mußten nunmehr die weiterreichenden Ziele bereits eindeutig gegen die bürgerlichen Kräfte durchgesetzt werden. Die Jahre 1868-1874 beendeten den „bürgerlichen Revolutionszyklus" (Manfred Kossok) und gaben den Weg frei für das „militante Proletariat" (Anselmo Lorenzo). Zweifellos legte der Verlauf der revolutionären Bewegung in den Jahren nach 1868 die Zieldiskrepanz der teilnehmenden Kräfte offen und mündete schließlich in die Restauration sowohl der Monarchie als auch der vorrevolutionären gesellschaftlichen Verhältnisse; die traditionellen Eliten sollten erneut, nachdem auch die Erste Republik in einem Mehrfrontenkrieg gescheitert war, über ein halbes Jahrhundert die Hegemonie ausüben.

## II

Um die Wende vom 19. zum 20. Jahrhundert kam es zu größeren sozialen Veränderungen im Land: Die Städte wuchsen, Madrid entwickelte sich zu einer 'richtigen' Hauptstadt (mit Handels- und Finanzfunktionen, nicht nur als bürokratischer Verwaltungssitz), die Arbeiterklasse wuchs im Zuge der Industrialisierung allmählich an, die städtischen Schichten erlangten zunehmende Bedeutung und konnten schließlich das oligarchisch-aristokratische Kazikensystem der Restaurationsepoche, das stark rural geprägt war, aufbrechen. Aber weder die Arbeiterschaft noch die expandierende neue urbane Mittelschicht wurden tatsächlich in das politische System der Restauration integriert; von einem Zugang zur Macht konnte keine Rede sein. Allmählich bildete sich auch ein neuer 'Volksdiskurs' aus, bei dem immer deutlicher wurde, daß das 'ganze Volk' sich als 'Nation' begriff und die Lösung der politischen Probleme nicht mehr im Zusammenwirken mit König und regierender Oligarchie, sondern gegen diese sah.

Diese Vorstellung: daß das ganze Volk – und nicht nur eine Klasse oder Schicht – sich als Einheit begriff und sowohl die Arbeiterschaft als auch die Mittelschichten und größere Teile des progressistisch eingestellten Militärs umfaßte, war eigentlich nicht neu. Sie stammte aus dem 19. Jahrhundert, wo der Gegensatz Nation-König schon sehr ähnlich formuliert worden war. Neu im ersten Drittel des 20. Jahrhunderts war die Kräftekorrelation: Die Arbeiterschaft war zu einer kräftigen Bewegung angewachsen; die neuen Mittelschichten waren viel zu zahlreich, um in das oligarchische Kazikensystem kooptiert und damit 'neutralisiert' werden zu können; die urbane Bevölkerung hatte quantitativ deutlich zugenommen und damit eine ganz andere politische Bedeutung erlangt als im 19. Jahrhundert (Bernecker 1993).

---

tionäres Programm verfolgten, verschreckten sie die besitzenden Schichten und die konservativen Politiker. Im Norden des Landes tobte zugleich der „Karlistenkrieg", somit jene kriegerische Auseinandersetzung, die 1833 ihren Anfang aus ursprünglich dynastischen Gründen (Unterstützung von Karl als Thronprätendent anstelle von Isabella) genommen hatte und immer wieder aufflackerte. Vgl. Bernecker/Pietschmann 2005, 276.

Unter diesen veränderten Bedingungen gelang 1931 der politische Wechsel von der Monarchie zur Republik mühelos und ohne Blutvergießen: Das (städtische) Volk verstand sich als Nation und setzte seine Souveränität gegen den König durch. Die Republik wurde als ein „Volksfest" (Santos Juliá) begrüßt, der König verließ das Land, das politische System der Restauration brach zusammen. Die relative Leichtigkeit des Übergangs von 1931 hing auch (und ganz entscheidend) damit zusammen, daß es sich um einen rein politischen Umbruch handelte; die gesellschaftlichen Machtpositionen, vor allem auch die Sozialstrukturen auf dem Land, blieben unangetastet. Dies sollte sich im Laufe der folgenden Jahre rächen, als die unzufriedene ländliche und städtische Arbeiterschaft gerade jene strukturellen Veränderungen einforderte, die 1931 bewußt unterblieben waren.

Daß 1931 der politische Umsturz so leicht fiel, läßt sich damit erklären, daß der Staat keinen starken Widerstand entgegensetzen konnte; er befand sich in einem Zustand akuter Krise. Die Republikaner übernahmen daher lediglich einen dahinsiechenden Staat; sie verfügten aber nicht über ausreichend gesellschaftliche Macht, um die erforderlichen tiefgreifenden Reformen durchzuführen, deren Umsetzung letztlich zu einer Umkehrung der überkommenen gesellschaftlichen Verhältnisse führen mußte. Außerdem verzichteten die Reformer auf eine Zentralisierung der exekutiven Machtbefugnisse – das Parlament hatte eine zentrale Stellung inne –, was aber erforderlich gewesen wäre, um eine 'Revolution von oben' durchzuführen (Malerbe u.a. 1981).

Die republikanische Demokratie übernahm somit einen schwachen Staatsapparat; sie unternahm nichts gegen die Möglichkeit, die den Reformgegnern offen stand, sich gegen die Reformen stark zu machen. Die Reformen wiederum konnten gar nicht konsequent durchgeführt werden, da es an den erforderlichen Mitteln fehlte. Schon bald nach Ausrufung der Republik machten sich daher die zwei Hauptschwierigkeiten bemerkbar, an denen das Unterfangen scheitern sollte: zum einen der immer massivere Widerstand der Reformgegner, zum anderen die immer deutlichere Frustration jener politischen und sozialen Kräfte, die tiefgreifende soziale Reformen erwartet hatten, sich nun aber enttäuscht sahen. Die sozialistisch-republikanische Siegerkoalition von 1931 sah sich bald internen Spannungen und Rissen ausgesetzt. Die neue Demokratie konnte sich nicht als 'Nationalstaat' konsolidieren.

Immer mehr politische und gewerkschaftliche Gruppierungen forderten eine weitere, eine diesmal 'soziale' Revolution, die weit über das 1931 Erreichte hinausreichen sollte, womit abermals deutlich wurde, daß die Arbeiterschaft sich (zumindest teilweise) nicht in die Nation integriert fühlte. Die angestrebten Ziele waren zwar durchaus unterschiedlich, je nachdem ob es sich um Anarchosyndikalisten, Sozialisten oder Kommunisten handelte; aber 'demokratisch' sollte die neue Revolution nicht sein, der Staat konnte nicht mehr auf der gesamten Nation aufbauen: Die Arbeiterklasse distanzierte sich partiell vom republikanischen Projekt, außerdem war sie parteipolitisch gespalten; die Mittelschichten wollten von einer laizistisch-antikirchlichen Republik immer weniger wissen; die Zunahme an peripheren Nationalismen ließ die Existenz einer einzigen republikanischen Nation immer zweifelhafter erscheinen. Damit wurden aber die gesellschaftlichen Grundlagen der Republik zusehends schmaler, die republikanische Demokratie konnte kaum als 'nationale' Demokratie verstanden werden. Dies aber eröffnete ihren Gegnern eine breite Front, um gegen die reformistische Demokratie in Form eines Militärputsches anzukämpfen.

Es läßt sich somit sagen, daß auch die Zweite Republik keinen Nationalstaat schaffen konnte, der sich auf einen aktiven Konsens einer Bevölkerungsmehrheit stützte und somit demokratisch voll legitimiert war. Auf das Scheitern des republikanischen Projektes folgte nach 1939 das einer 'reaktionären Koalition', der Armee, Kirche, Einheitspartei und Syndikate ebenso angehörten wie die überkommene Schicht der Großgrundbesitzer, das Finanzkapital, die katholisch-kleinbäuerlichen Schichten und ein erheblicher Sektor der Bourgeoisie[2]. Erst nach dem Tod des Diktators (1975) sollte es zum Übergang in eine wahrhaft 'nationale Demokratie' kommen.

## III

Im Falle von Regimewechseln lassen sich in der Literatur verschiedene Analyseansätze feststellen, die im wesentlichen auf zwei Varianten reduziert werden können: Der eine Ansatz, ein eher funktionalistischer, der den Modernisierungstheorien zuzuordnen ist, betont die Bedeutung von Strukturen und Institutionen; er geht davon aus, daß einem bestimmten ökonomischen Entwicklungsniveau korrespondierende soziale und politische Strukturen entsprechen. Diesem Ansatz zufolge mußte 1975 (vgl. mit anderer Akzentsetzung zur Transition auch den Beitrag Juan-Ramón Capella in dieser Veröffentlichung) die politische Demokratie quasi gesetzlich auf die entwickelten sozioökonomischen Strukturen folgen.

Der andere Ansatz ist eher elite-orientiert und betont die herausragende Rolle einzelner Persönlichkeiten und ihrer richtungweisenden Entscheidungen im Übergangsprozeß. Dabei kommt es vor allem auf die Führungsqualitäten an. In einer prinzipiell 'offenen' historischen Situation hängt die schließlich eingeschlagene Entwicklung in ganz entscheidendem Maße von der Orientierung ab, die einzelne Führungspersönlichkeiten dem Prozeß aufdrücken. Daher ist es von großer Bedeutung, welche Personen in welchem Augenblick an welchen Schaltstellen der Macht sitzen.

Vergleicht man die Regime-Übergänge von 1931 und 1975 unter dieser Perspektive, so läßt sich unschwer feststellen, daß bei Zugrundelegung eines funktionalistischen Ansatzes vor allem die Entwicklungsunterschiede dominierten. Galt für den Beginn der Zweiten Republik, daß Spanien in politischer Hinsicht zwar 'modern' (freie Wahlen, Parteienvielfalt, Parlamentarismus), wirtschaftlich-sozial aber eher rückständig war, so hatte sich in der Schlußphase des Franquismus das Verhältnis zwischen politischen und sozioökonomischen Indikatoren geradezu verkehrt: Politisch wies das Land unzeitgemäß-autoritäre Strukturen auf, während es sozioökonomisch mit entwickelten europäischen Staaten durchaus

---

2   In der Literatur hat es sich eingebürgert, jene gesellschaftlichen Gruppierungen und Fraktionen, die den Franquismus mittrugen, als „politische Familien" zu bezeichnen. Eine dieser „Familien" war die Syndikatsorganisation, jener gewaltige bürokratische Apparat, in dem sämtliche Arbeiter zwangsvereinigt waren und der – in Analogie zur „Deutschen Arbeitsfront" – vertikal strukturiert war. Vgl. Bernecker 1993, 105-144.

konkurrieren konnte. Wirtschaft und Gesellschaft waren somit auf den Übergang in die Demokratie bestens vorbereitet. Zu Beginn des Transitionsprozesses gab es im Hinblick auf gesellschaftliche und wirtschaftliche Strukturen eine größere Übereinstimmung zwischen Spanien und dem demokratischen Europa als zu jedem anderen, früheren Zeitpunkt der Geschichte. Die Transition bedeutete unter dieser Perspektive im wesentlichen die 'Gleich-ziehung' der politischen mit der sozioökonomischen Entwicklung (Bernecker/Collado Seidel 1993).

Auch die politischen Kulturen des Landes differierten 1931 und 1975 gewaltig: Be-schränkte sich 1931 die 'kulturelle' Unterstützung der liberalen Demokratie auf eher mi-noritäre Mittelschichtkreise und einige Fraktionen der Arbeiterschaft, so hatte sich die Demokratie als Wert in der Opposition zum Franquismus im Jahrzehnt vor dem Tod des Diktators immer mehr durchgesetzt.

Betrachtet man, unter Zugrundelegung des elite-orientierten Ansatzes, primär die Rolle einzelner Führungspersönlichkeiten in den entscheidenden Phasen der Demokratisierung, dann spricht vieles dafür, daß der postfranquistische Demokratisierungsversuch erfolgreicher sein würde als die Anläufe von 1868 und 1931. Nach dem Sturz der Bourbonenmonarchie 1868 gab es im Grunde genommen nur einen herausragenden politischen Führer, der die Demokratisierungsbewegung erfolgreich hätte anführen können: General Juan Prim, der allerdings bereits Ende 1870 ermordet wurde.

Die Zweite Republik verfügte ebenfalls nicht über unangefochtene Führungspersönlich-keiten, die in der Lage gewesen wären, die divergierenden Interessen der alten, monarchischen Eliten mit denen der neuen, republikanischen auszugleichen. Weder Manuel Azaña noch Niceto Alcalá Zamora oder irgendein anderer Politiker war dazu in der Lage, die Polarisierung und damit auch die Gegnerschaft zur demokratischen Republik nahmen weiter zu.

Auch nach Francos Tod sah die personalpolitische Konstellation zunächst nicht erfolg-versprechend aus: Ministerpräsident Carlos Arias Navarro entstammte dem autoritären Regime und war zu keinen substantiellen demokratischen Reformen bereit. König Juan Carlos verfügte anfangs nur über die 'legale' Legitimität, vom Diktator als Staatsoberhaupt eingesetzt worden zu sein. Sehr bald aber gelang es ihm, die dynastische Legitimität zu erwerben, als sein Vater auf den Thron verzichtete. Entscheidend war jedoch, daß er durch sein politisches Verhalten als 'Motor des Wandels' eine unbestritten demokratische Legi-timität erlangte, durch die er von einer Mehrzahl der Spanier als Haupt der entstehenden Demokratie akzeptiert wurde (Powell 1991). Auch Ministerpräsident Adolfo Suárez spielte ab 1976 eine wesentliche Rolle im Demokratisierungsprozeß. In Verbindung mit Parla-mentspräsident Torcuato Fernández Miranda und Verteidigungsminister General Manuel Gutiérrez Mellado steuerten diese führenden Politiker den politischen Kurs entschieden, zugleich aber mit der erforderlichen Vorsicht in Richtung Demokratie. Auch die Führer der oppositionellen Parteien, der Sozialist Felipe González, der Kommunist Santiago Carrillo und der Rechtskonservative Manuel Fraga Iribarne erwarben sich Verdienste bei der Einbin-dung ihrer jeweiligen politischen Formationen in das entstehende demokratische Gefüge. Damit war die personalpolitische Konstellation in den auf 1975 folgenden Jahren ungleich günstiger als bei den beiden vorhergegangenen Regimewechseln.

In vielerlei Hinsicht läßt sich die Transition nach 1975 mit der Instauration des ersten demokratischen monarchischen Regimes von 1868-1870 vergleichen. Sieht man vom gewalttätigen Sturz der Bourbonen ab, war das Zusammenwirken der einzelnen Faktoren durchaus ähnlich. Auch die erste demokratische Monarchie verfügte – allerdings nur vorübergehend – in General Prim über eine geschickte Führungsfigur; anfangs konnte sie auch mit der Unterstützung der Linken rechnen; das Militär hielt sich politisch zurück, es gab keine starke antagonistische Rechte. Allerdings unterscheiden sich beide Fälle, was das internationale Umfeld betraf: Während der Regimewechsel nach 1975 sich der vorbehaltlosen Unterstützung durch die westeuropäischen Demokratien erfreute, war die internationale Hilfe nach 1868 viel verhaltener. Vor allem aber differierten die beiden Fälle im Hinblick auf den Entwicklungsstand des Landes: Der Demokratisierungsversuch von 1868 eilte politisch der sozioökonomischen Struktur des Landes weit voraus, während nach 1975 die politische Struktur gewissermaßen mit dem gesellschaftlichen und wirtschaftlichen Entwicklungsstand nur gleichziehen mußte (Tusell 2005).

## IV

Bei der hier zur Diskussion stehenden Frage, weshalb die ersten beiden Demokratisierungsversuche von 1868-1874 und 1931-1936 scheiterten und der dritte Anlauf nach 1975 glückte, spielt der Staat eine entscheidende Rolle. Bei den ersten beiden Demokratisierungsversuchen verfügte Spanien über einen theoretisch und dem Anspruch nach zentralisierten Staat; in der Praxis jedoch war das Staatswesen schwach und viel zu ineffizient, um sich durchsetzen zu können. Ganz anders sah die Situation 1975 aus: Während des Franquismus hatte der Staat eine entscheidende Rolle im Industrialisierungsprozeß gespielt; danach hatte er einen bürokratischen Rationalisierungsprozeß durchlaufen. Schließlich durchdrang der Staat sämtliche Bereiche der Gesellschaft. Es gelang ihm, genügend Ressourcen an sich zu ziehen, um zum eigentlichen Industrialisierungsagenten des Landes zu werden (Biescas/Tuñon de Lara 1980).

Beim Ableben des Diktators kann man von einer gewissermaßen widersprüchlichen Situation sprechen. Der Tod von Diktator Franco hatte unter seinen Gefolgsleuten Uneinigkeit und Ungewißheit über die politische Zukunft zurückgelassen. Das dahinsiechende Regime verfügte nicht über ein politisches Zukunftsprojekt, konnte außerdem in seinen eigenen Reihen keine Disziplin herstellen. Seit längerem schon hatte sich der Franquismus außerstande gesehen, den neu entstandenen Konflikten mit der Arbeiterschaft, den Studenten und peripheren Nationalismen anders als mit Gewalt zu begegnen. Seine Legitimität war ernsthaft beschädigt.

Dieser relativen Schwäche des Regimes muß die seit Jahrzehnten gewachsene Stärke des Staates gegenübergestellt werden: Die Verwaltung war ausgebaut worden, Polizei und Streitkräfte funktionierten besser als in früheren Phasen der spanischen Geschichte; die öffentlichen Dienste wiesen zwar zahlreiche Mängel auf, bestimmten aber den Alltag der meisten Spanier (Gesundheitswesen, Sozialversicherung, öffentliche Erziehung, Sozialwohnungen, Straßennetz, Steuersystem). Diese Stärke des Staatsapparats bedingte auch seine Stabilität. Der Systemwechsel war zwar radikal, eine Staatskrise aber blieb aus. Es gab weder Säuberungen noch eine gesetzgeberische Leere noch einen legalen Bruch. Ganz im Gegenteil: Die Veränderungen wurden erheblich von reformistischen Vertretern des alten Systems vorangetrieben.

Es kam somit in Spanien zu einem Regimewechsel, ohne daß es eine Staatskrise gab. Diese Charakteristik ist auf die Stärke der Verwaltungsstrukturen beim Tode Francos – trotz der Schwäche der politischen Institutionalisierung seines Regimes – zurückzuführen. Diese Stärke führte zur Mäßigung der Opposition und zwang die Erben des Franquismus, den angebotenen politischen Kompromiß zu akzeptieren.

Wenn die Regimeschwäche und die Staatsstärke noch mit der internationalen Konjunktur in Verbindung gebracht werden, erklärt sich daraus die schließliche Ausrichtung des spanischen Übergangsprozesses. Unter 'internationaler Konjunktur' sind jene Faktoren zu verstehen, die von außen mäßigend auf die spanischen Akteure einwirkten: die Wirtschaftsrezession seit 1973, die zur Mäßigung der Forderungen anhielt; der portugiesische und der griechische Regimewandel ein Jahr zuvor, 1974, die die Gefahren radikaler Haltungen vor Augen geführt hatten; der Einfluß der Sozialistischen Internationale auf die noch marxistisch ausgerichteten spanischen Sozialisten; während des Transitionsprozesses die ersten deutlichen Anzeichen in Danzig 1979 einer Krise des kommunistischen Systems.

Allerdings war nicht nur der Staat 1975 ein grundlegend anderer im Vergleich zu 1868 und 1931; die Differenz gilt auch für die Gesellschaft. Diese hatte während des Franquismus aufgehört, eine rurale zu sein; in der historisch einmalig kurzen Phase von rund 15 Jahren war sie zu einer industriellen und Dienstleistungsgesellschaft geworden. Vor allem waren die Städte gewachsen, erstmalig war ein 'nationaler' Markt entstanden, ein modernes Kommunikations- und Transportsystem hatte die traditionelle Isoliertheit einzelner Landesteile überwunden. Das Finanzsystem erfaßte das ganze Land. Diese tiefgreifenden Veränderungen bewirkten und waren zugleich Ausdruck einer tiefgreifenden und ebenso wirksamen Veränderung der sozialen Klassen: Die qualifizierte Arbeiterschaft nahm zu, es entstand eine breite Mittelschicht, die Beziehungen zwischen technokratischem Unternehmertum und abhängiger Industriearbeiterschaft durchliefen einen entscheidenden Wandel von der antagonistischen Gegenüberstellung zu eher tarifpartnerschaftlichen Beziehungen. Die Perspektive einer (wie auch immer gearteten) Arbeiterrevolution und eines Übergangs zum Sozialismus wurde aufgegeben, an ihre Stelle trat der Kampf um Arbeiterrechte, um politische Demokratie und um Mitbestimmung. Hatten die sozialrevolutionären Zielsetzungen der Arbeiterschaft sowohl durch den „Internationalismus" nach 1868 beim ersten Demokratisierungsversuch als auch in den 1930er Jahren die Demokratie der Zweiten Republik noch erheblich geschwächt, so wurden die Arbeiterorganisationen – schon in der Schlußphase des Franquismus – vor allem aber auch danach, nunmehr zu einer entscheidenden Stütze der entstehenden Demokratie. In diesem Zusammenhang spielte die Kultur der 'nationalen Versöhnung' (Bernecker/Brinkmann 2006) eine entscheidende Rolle, stellte sie doch einen demokratischen Konsens zwischen Organisationen her, die sich traditioneller Weise unversöhnlich gegenüberstanden (etwa Kommunistische Partei und Katholische Kirche).

Das Anwachsen des Staates und die gesellschaftlichen Veränderungen während des Franquismus waren entscheidende Voraussetzungen zum Gelingen der Transition. Die erhöhte

Bedeutung des Staates bewirkte zugleich eine Bedeutungsverringerung des Heeres als Rückgrat des Staates und der Kirche als Legitimationsinstanz und Sozialisierungsagentur der Jugend. Damit erfuhren zwei traditionelle Widerstände zur Einführung der Demokratie eine deutliche Beschneidung ihrer Einfluß- und Blockademöglichkeiten. Die relative Autonomie des Staates wiederum ermöglichte es, zwischen diesem und dem franquistischen Regime zu differenzieren, so daß es nach 1975 zwar zu einem radikalen Regimewechsel von der Diktatur zur Demokratie kommen konnte, ohne daß diese Veränderung jedoch zu einer Staatskrise führen mußte.

Abbau des franquistischen Regimes bei Fortbestand des Staates und Dissens zwischen den autoritären 'Familien' bei Anwachsen einer demokratischen Kultur unter den oppositionellen Kräften: Das komplexe Zusammenwirken dieser Variablen dürfte den späteren 'Demokratiekonsens' (nach 1975) auf nationaler Ebene wesentlich mitbedingt haben.

Nation und Demokratie konnten nun miteinander identifiziert werden. Das Paradoxe am spanischen Fall besteht allerdings darin, daß gerade zu dem historischen Zeitpunkt, zu dem Nation und Demokratie in Übereinstimmung gebracht wurden, der Nationalstaat nicht mehr Ausdruck der Volkssouveränität war, da er von mehreren Seiten ernsthaft in Frage gestellt wurde. Die historische Verspätung bei der Konstituierung eines demokratischen Nationalstaats hat das Entstehen peripherer Nationalismen befördert, die die Existenz eines 'spanischen Volkes' und eines 'nationalen Staates', ja sogar einer einzigen spanischen Nation in Frage stellen. Als Spanien somit endlich sein aus dem 19. Jahrhundert ererbtes Problem gelöst zu haben schien, sah es sich zugleich dem neuen Problem des 21. Jahrhunderts ausgesetzt: aus dem Nationalstaat einen plurinationalen Staat zu machen, der in Freiheit und Demokratie zusammenleben kann. Diese Herausforderung dürfte mindestens so schwer zu bewältigen sein wie die Konstituierung eines demokratischen Nationalstaats.

## Literatur

Alvarez Junco, José/Adrian Shubert: *Spanish history since 1808*, London, 2000.

Artola, Miguel: *La burguesía revolucionaria, 1808-1874*, Madrid, 1980.

Bernecker, Walther L.: *Arbeiterbewegung und Sozialkonflikte im Spanien des 19. und 20. Jahrhunderts*, Frankfurt am Main, 1993.

Bernecker, Walther L./Sören Brinkmann: *Kampf der Erinnerungen. Der Spanische Bürgerkrieg in Politik und Gesellschaft 1936-2006*, Nettersheim, 2006.

ders./Carlos Collado Seidel (Hg.): *Spanien nach Franco. Der Übergang von der Diktatur zur Demokratie 1975-1982*, München, 1993.

ders./Horst Pietschmann: *Geschichte Spaniens. Von der frühen Neuzeit bis zur Gegenwart*, Stuttgart, 2005.

Biescas, José Antonio/Manuel Tuñón de Lara (Hg.): *España bajo la dictatura franquista (1939-1975)*, Barcelona, 1980.

Jover, José Maria: *La España isabelina y el sexenio democrático*, Madrid, 1981.

Jover Zamora, José María: *Política, diplomacia y humanismo popular en la España del siglo XIX*, Madrid, 1976.

Linz, Juan José: *Early state-building and late peripheral nationalism against the state: the case of Spain*, in: S.N. Eisenstadt/Stein Rokkan (Hg.), *Building states and nations*, Beverly Hills/London, 1973, 32-116.

Malerbe, Pierre u.a.: *La crisis del Estado: Dictadura, República, Guerra (1923-1939)*, Barcelona, 1981.

Mar-Molinero, Clare/Angel Smith (Hg.): *Nationalism and the Nation in the Iberian Peninsula*, Oxford, 1996.

Mees, Ludger: *Der spanische „Sonderweg". Staat und Nation(en) im Spanien des 19. und 20. Jahrhunderts*, in: *Archiv für Sozialgeschichte* 40, 2000, 29-66.

Powell, Charles T.: *La dimensión exterior de la transición española*, in: *Afers Internacionals* 26, 1993, 37-64.

ders.: *El piloto del cambio. El Rey, la monarquía y la transición a la democracia*, Barcelona, 1991.

Riquer i Permanyer, Borja de: *El nacionalismo español contemporáne*, Madrid, 1996.

Tuñón de Lara, Manuel: *Estudios sobre el siglo XIX español*, Madrid, 1971.

Tusell, Javier: *Dictadura franquista y democracia*, 1939-2004, Barcelona, 2005.

*Oded Heilbronner*

## Ein (süd)deutscher Sonderweg?
Populärer Liberalismus in Süddeutschland von der zweiten Hälfte
des 19. Jahrhunderts bis zu den dreißiger Jahren des 20. Jahrhunderts

### I.

Das Interesse am Liberalismus als historisches, kulturelles und ideologisches Phänomen
hat im letzten Jahrzehnt klar zugenommen. Der Liberalismus weckte zwar stets breite
Aufmerksamkeit, doch der Schwerpunkt der historischen Forschung lag bislang auf der
nationalen Politik und besonders auf konstitutionellen Themen. Seit einigen Jahren übt
die Kulturgeschichte im Kontext der neuen historiographischen Schule eine neue Faszination aus. So erscheinen etwa Debatten über das Verhältnis zwischen Staat und Religion
oder zwischen Mann und Frau in völlig neuem Licht, sobald man die Beziehung zwischen
Liberalismus und Religion bzw. zwischen dem Liberalismus und dem Verhältnis der Geschlechter in ihrer vollen Komplexität begreift.[1] Entsprechend sind auch neue Ideen über
den Liberalismus als Massenbewegung gefragt.

Eine neue, bislang nicht auf Deutschland angewandte These besagt, daß der Liberalismus, wie der Sozialismus und der Katholizismus auf dem europäischen Kontinent, im 19.
Jahrhundert eine – zuweilen radikale – Massenbewegung war (Langewiesche 1992). Bis vor
wenigen Jahren wurde die Ansicht vertreten, daß ein populärer Liberalismus in Deutschland
nur bis 1849 oder, gemäß anderer Versionen, bis zu den frühen siebziger Jahren des 19.
Jahrhunderts existierte.[2] Dieser Beitrag stellt in Fortsetzung befindliche Forschungen vor,
deren Zwischenergebnisse 2005 unter dem Titel *'Long live liberty, equality, fraternity and
dynamite'. The German bourgeoisie and the constructing of popular liberal and national-
socialist subcultures in marginal Germany"* im *Journal of Social History* (Vol. 39, Iss. 1)
veröffentlicht wurden. Dabei untersuche ich den deutschen Liberalismus auch für das späte
19. und das frühen 20. Jahrhunderts, d.h. für die Zeit nach den 1870er Jahren, nicht im
Zusammenhang mit Krise und Zusammenbruch, sondern als Erfolgsgeschichte oder –
vorsichtiger ausgedrückt – unter dem Gesichtspunkt seiner Grenzen und Widersprüche.
Die Verwendung des Begriffs *Populärer Liberalismus* soll neue Interpretationen der Stärken
und Eigenheiten des Liberalismus in Deutschland ermöglichen. Bis vor kurzem stand der

---

1   Herzog 1994; Herzog 1996; Gross 1997; Smith 1995; Heilbronner 1998a; Mergel 1996; Stambolis
    1999; Seeley 1998; Harrison 1999; Lawrence 1998, Kap. 3; Searle 1998; Howe 1998; Biagini 1992;
    Gould 1999.

2   Dies ist z.B. die Hauptthese einiger Arbeiten über Süddeutschland vgl. Nolte 1994; vgl. Gall 1965;
    Zang 1978; Hein, 1995; Eley 1990; Langewiesche 1988; Heideking 2001.

Terminus *Populärer Liberalismus* vor allem für den englischen *Popular Liberalism*, ein in Großbritannien beobachtetes politisches und soziales Phänomen, das ein bestimmtes politisches – manchmal radikales – Verhaltensmuster urbaner und ländlicher Gesellschaften von Mitte bis Ende des 19. Jahrhunderts beschreibt.

Durch die Verwendung des Begriffs *Populärer Liberalismus* im Kontext des deutschen Liberalismus möchte ich zum besseren Verständnis bestimmter politischer und kultureller Muster in Deutschland bis zu den späten zwanziger Jahren beitragen, was insofern von Bedeutung ist, als Kritiker populär-radikaler Politik mit liberalen Parteien und Interessengruppen bis heute vor allem auf die gravierenden Schwächen des politischen Systems des Zweiten Deutschen Reichs und der Weimarer Republik verweisen. Durch die nähere Untersuchung dieser politischen und kulturellen Formation wird es mir, so hoffe ich, gelingen, die Existenz des populären Liberalismus in einer bestimmten Region – in Süddeutschland – nachzuweisen. Die Liberalen dieser Region, vor allem Mitglieder der Nationalliberalen Partei, der Bauernvereine und -parteien, verfügten über ein ausgeprägtes radikales Bewußtsein und ein hohes Maß an Entschlossenheit, sich als Wählergemeinde und gesellschaftliche Kraft zu behaupten. Kaum übertrieben wäre die Feststellung, daß der populäre Liberalismus (zusammen mit dem populären Katholizismus) in einzelnen Regionen Süddeutschlands die prägende Kraft der lokalen politischen Kultur war.[3]

Meine Arbeit spannt den Bogen aber noch weiter: Ich möchte einen neuen Erklärungsansatz für den Erfolg des Nationalsozialismus vor 1933 in bestimmten süddeutschen Regionen vorschlagen, der auf der Tatsache beruht, daß der populäre Liberalismus zwischen der zweiten Hälfte des 19. Jahrhunderts und dem ersten Drittel des 20. Jahrhunderts weitgehende Kontinuität bewies. Eine Schwierigkeit der Diskussion über den Nationalsozialismus ist darin begründet, daß das Thema bereits so gründlich ausgeleuchtet scheint, daß ein Überdenken seiner historischen Wurzeln kaum für sinnvoll gehalten wird. Meine Behauptung geht von den Kontinuitäten radikaler Politik aus, von denen in der fraglichen Zeit mehrere Parteien, Interessengruppen und Vereine geprägt waren. Dieser Interpretation zufolge, wies der Nationalsozialismus der zwanziger Jahre nicht nur eine oder zwei kulturelle Wurzeln auf, sondern zehrte besonders vor 1931/32 eklektisch von verschiedenen Traditionen, indem er pragmatisch auf die jeweiligen Zeitumstände reagierte.[4] In diesem Zusammenhang sollte meines Erachtens das Verhältnis zwischen den lokalen bzw. regionalen Identitäten und der Parteizugehörigkeit auf nationaler Ebene neu betrachtet werden. So wäre darauf hinzuweisen, daß in gewissen Regionen, in denen die NSDAP massive Wahlerfolge erzielte, ein ländlicher Liberalismus mit radikalem Erbe existierte. Im Gegensatz zur verbreiteten Anschauung möchte ich aufzeigen, daß diese radikal-liberale Subkultur (oder lokal-regionale radikale

---

3 Am Bodensee zum Beispiel mindestens bis zu den Achtzigerjahren des 19. Jahrhunderts: vgl. Zang 1978.

4 Später durchlief die Partei auf Initiative Gregor Strassers und Heinrich Himmlers verschiedene organisatorische Reformen zwecks Ausschaltung unabhängiger Strömungen und anti-zentralistischer Kräfte und Tendenzen in der Partei. Vgl. Orlow 1969, 129-130, 257- 260; Gerhard 1990, 95-103; Stachura 1983, 67-72.

Identität) bis Ende der 20er Jahre nicht in der NSDAP aufging, sondern nur ihre politische Vertretung wechselte. In den Ortsgruppen der NSDAP[5] waren neben der bekannten völkischen Fraktion und der linksgerichteten Strasser-Fraktion auch radikal-liberale Organisationen, ehemalige Mitglieder und Sympathisanten liberaler Parteien sowie Notabeln mit in der Familien- und Regionaltradition verwurzelter liberaler Gesinnung vertreten. Letztere schlossen sich der NSDAP im Glauben an, die Nationalsozialisten würden die in der Lokaltradition von 1848 bis zum frühen 20. Jahrhundert verwurzelten liberalen Ideale weiter verteidigen. Bis zu späten zwanziger Jahren wirkten die liberalen Parteien und Organisationen, Bauernorganisationen und -Vereine als gesellschaftspolitische Vertreter dieser Ideale und Kultur. In den späten zwanziger- und frühen dreißiger Jahren wurde diese Rolle dann in manchen Dörfern und Kleinstädten von den Ortsgruppen der NSDAP übernommen. Erst kurz darauf, Anfang der 30 Jahre, begann sich dieses spezifische radikal-liberale Erbe innerhalb der NSDAP zumindest in Süddeutschland als Folge der organisatorischen Reformen von Strasser und Goebbels innerhalb der NSDAP aufzulösen; jedenfalls büßte es seinen liberalen Charakter ein.[6]

Meine Behauptungen bis zu diesem Punkt möchte ich wie folgt zusammenfassen: Es ist bekannt, daß in den meisten Regionen, die im Jahrzehnt vor 1914 als Hochburgen des Liberalismus galten (Schleswig-Holstein, Oldenburg, Hannover, Pfalz, Hessen, Baden, Franken, Südschwaben), die NSDAP ab Ende der zwanziger Jahre massiven Zulauf gewann. Für den Erfolg der Nationalsozialisten in diesen Regionen wurden in den vergangenen Jahrzehnten manche Erklärungen geboten (vgl. aus den letzten Jahren bspw.: Winkler 1995; Pfeil 1999; Dohnke 1995; Applegate 1990). Oft werden diese spezifischen Kontinuitäten in den obengenannten (und anderen) Regionen vom (*National-*) Liberalismus zum Nationalsozialismus anhand von Begriffen wie *Demagogie* oder *Populismus* erklärt (Kocka 2001; Stegmann 1970; Retallack 2000; Blackbourn 1987, 217-245; Eley 1991, xviii ff.; Suval 1985, 149 ff.; Hagenlücke 1996; Müller 2000). Dem soll eine weitere Dimension hinzugefügt werden: Ich möchte die Liberalen der Provinz vom (vor allem von den *Sonderweg*-Historikern erhobenen) Vorwurf des Protofaschismus[7] befreien und den doppelseitigen Charakter des süddeutschen Liberalismus und Nationalsozialismus vor 1933 aufzeigen, indem ich auf die bislang vernachlässigten radikal-liberalen Elemente im süddeutschen Liberalismus des späten 19. Jahrhunderts in Regionen, die sich in den späten zwanziger Jahren und in den frühen dreißiger Jahren zu Hochburgen der NSDAP verwandelten, hinwise und gewisse Aspekte der Kontinuität und Ähnlichkeiten zwischen dem Radikalismus innerhalb der liberalen Organisationen der zweiten Hälfte des 19. Jahrhunderts und des frühen 20. Jahrhunderts und dem Nationalsozialismus vor 1933 herausstreiche. Damit soll nicht nunmehr der *radikale* Liberalismus zum Protofaschismus erklärt werden; vielmehr soll der Langfrist-Erklärung

---

5  Aus der Fülle von Literatur über diese beiden Trends innerhalb der NSDAP vgl. das unlängst erschienene Werk von Susanne Meinl (2000) und Ulrich Herbert (1996).

6  Vgl. zu diesem radikal-liberalen Trend innerhalb der NSDAP, Heilbronner 1998b, Kap. 9-10.

7  Mack Walker, *German Home Towns, Community, State and General Estate 1648-1871*, Ithaca and London 1971, 427-428.

des Nationalsozialismus aus den Bedingungen des 19. Jahrhunderts durch die Sonderwegs-Historiker eine Erklärung aus den konkreten Bedingungen Ende der zwanziger/Anfang der dreißiger Jahre des 20. Jahrhunderts entgegengesetzt werden. Erst in diesem Moment wurde der eklektizistische ideologische Pluralismus der NSDAP völkisch-rassistisch vereinheitlicht, so meine These.

## II.

Im folgenden möchte ich den theoretisch-methodologischen Rahmen darstellen, in dem ich diese These entwickle.

### 1.

Regionalstudien sind ein wichtiges methodisches Element meiner Forschungen. Hier soll die Auffassung vertreten werden, daß die radikale liberale Kultur in Deutschland und England, wie auch andere politische Kulturen, die nationalsozialistische Kultur mit einge-schlossen, aus dem lokalen bzw. regionalen Rahmen und nicht aus dem nationalen Kontext hervorgingen (vgl. hierzu und zum folgenden Blackbourn 1998). Das Studium der lokalen Umstände ist deshalb als grundlegender Bestandteil jeder Analyse politischer und ideolo-gischer Formationen zu betrachten. Die Historikerin Celia Applegate meinte dazu:

> „We should consider regions, not nations as the locus of economic and political change and accord-
> ingly examining the ways that identity formation and cultural change have centred in regional,
> rather than national contexts and emphasizing regions as spatial and geographic entities and thus
> as places subject to the forces of cultural and political change." (Applegate 1999, 1180 f.).

Da sich die liberalen (und später nationalsozialistischen) Bewegungen bei der Herausbil-dung populär-liberaler Formationen in gewissen Teilen Süddeutschlands nicht als monoli-thische Einheit erwiesen, kommt dem Studium der regionalen, religiösen und kulturellen Variationen besondere Bedeutung zu. Eine Möglichkeit, die verschiedenen Gruppen und Kulturen innerhalb der liberalen und nationalsozialistischen Bewegung zu erforschen, bestünde darin, das Hauptaugenmerk „nicht auf Strukturen, sondern auf menschliches Verhalten, menschliche Erwartungen und Realitätsperzeptionen an bestimmten Orten bzw. in gewissen Landschaften zu lenken." (Blackbourn 1998, 7). Meine Befunde zum po-pulären Liberalismus in der zweiten Hälfte des 19. Jahrhunderts und im ersten Drittel des 20. Jahrhunderts beruhen auf Regionalstudien zu ausgewählten katholischen ländlichen Gegenden in Süddeutschland entlang der Grenze zu Österreich, der Schweiz und Frank-reich. Unter diesen Bedingungen der Abgeschiedenheit (*Frontier Conditions*; vgl. Pelling 1967, 320), wie sie für Südbaden, das Allgäu, Schwaben, Hohenzollern (besonders Hohen-zollern-Sigmaringen) und das südwestliche Oberbayern (*Groß-Schwaben*)[8] typisch waren, verlieh die vorherrschende Weidewirtschaft der Arbeiterklasse (vor allem den Landarbei-

---

8    Ich übernahm die Bezeichnung „Groß-Schwaben" von Stefan Heinze (1995, 96-100) und Otto-
     Heinrich Elias (1996).

tern), Handwerkern (vgl. Sedatis 1979, 185-193), Kleinbauern (vgl. Hertenstein 1931) und
– am allerwichtigsten – dem ländlichen Bürgertum (vgl. Heilbronner 1997) weitgehende
Unabhängigkeit. Antiklerikalismus, demokratische Werte und ein eng geflochtenes Kom-
munalleben prägten den ländlichen Liberalismus dieser Landschaft. Schließlich war *Groß-
Schwaben* im Zeitabschnitt bis 1850 Brennpunkt schwelender Bauerproteste, die vor allem
durch Brandstiftung und Diebstahl zum Ausdruck kamen, sowie politischer Unruheherd.
Der *Sense of Place*, die kulturelle Struktur der süddeutschen Landschaft, die Eigenheiten
der geistigen Topographie Schwabens, das geheimnisvoll Unheimliche an der Ausstrahlung
des Schwarzwaldes und das sonnig-milde Klima am Bodensee spielten eine wichtige Rolle
in der kulturellen Konstruktion von Groß-Schwaben, deren Einfluß auf die lokale politische Kultur erheblich war. Zu den Zentren radikal-liberaler Tätigkeit gehörten katholische
Kleinstädte und Dörfer wie Memmingen, Lindenberg, Günzburg, Immenstadt, Lindau,
Konstanz, Sigmaringen, Stockach, Meßkirch, Donaueschingen, Bonndorf, Lörrach und
Breisach. Das Erbe der republikanischen Tradition des Alten Reiches und der Revolution
von 1848 sowie der *Sense of Place* sind wichtige Voraussetzungen für das Verständnis der
Besonderheit der lokalen politischen Kultur (Blackbourn 1998, 12 ff.; Thompson 2000,
264-265; Würgler 1995; Ebner 1952; Kies 2004; Luebke 1997; Nolte 1994; Nolte 1992;
Blickle 1999; Becht 1996, 65; Schönberger 1999, 59-86; Heim 1999; Zekorn 1999).

## 2.

Die behandelten Regionen sind Randgebiete. Damit sind Regionen gemeint, die im 19.
Jahrhundert als arm und rückständig galten und weit von Zentren wie München, Berlin
oder von Verkehrsachsen wie dem Rheinland entfernt liegen.

Die Auswirkungen der Entfernung vom Zentrum waren komplex (vgl. Pollard 1997,
223 f.). Einerseits war damit ein Mangel an politischer Macht und gesellschaftlichem Einfluß der dominanten Lokalnotabeln und besonders auch lange und kostspielige Reisen für
Kaufleute, die ihren Geschäften in den großen Finanzzentren (Mannheim, Köln, München) nachgingen, verbunden. Die große Entfernung vom Zentrum hatte zudem schlechtere
Handelsverbindungen und schlechteren Zugang zu den großen Märkten der Kernregionen
Deutschlands und somit weniger entwickelte kommerzielle und finanzielle Institutionen
in der Region zur Folge. Gleichzeitig – und für meine Arbeit von größerer Bedeutung – bedeutete die geographische Lage außerhalb des Machtbereichs zentraler politischer Organe
und Institutionen auch geringere Kontrolle und somit ein größeres an Maß an Freiheit und
Unabhängigkeit. Während man in Groß-Schwaben die Geschehnisse in Berlin manchmal
nicht so genau verfolgte, war auch Berlin nicht immer über den Stand der Dinge in der
fernen Peripherie orientiert. Insofern barg die Distanz von der Zentralregierung bzw. von
den Parteihauptquartieren gewisse Vorteile. Im vorliegenden Fall schuf sie eine besondere
Variante des Liberalismus (populärer Liberalismus) und – in den späten zwanziger Jahren –
des Nationalsozialismus. William Gladstone unterscheidet zwischen der „liberalen Partei im
Parlament" und der „liberalen Partei 'draußen'". Meine Arbeiten beschäftigt sich weniger mit
den Handlungen von Regierung, Parlament oder der *herrschenden Kreise* in Berlin, München

und Stuttgart, sondern mit den Haltungen und Taten von Männern und Frauen außerhalb politischer Institutionen in den Provinzen mit liberaler Tendenz vor 1914 und vor 1933.

## 3.

Meine Untersuchung bedient sich vor allem kulturwissenschaftlicher Methoden. Die Erforschung kultureller Phänomene ist entscheidend für das Verständnis der Entwicklung der erwähnten politischen und gesellschaftlichen Bewegungen (populärer Liberalismus und früher Nationalsozialismus). Daneben ist dem Kontext der Formation von Klassen und sozialen Gruppen besondere Aufmerksamkeit zu schenken. Eine Möglichkeit, die Kontinuität zwischen dem populären Liberalismus und dem Nationalsozialismus zu studieren, ist, wie erwähnt, seine kulturelle Signifikanz zu prüfen, d.h. herauszufinden versuchen, was der Nationalsozialismus für die ehemaligen liberalen Wähler bedeutete. Zum Verständnis der Entwicklung der nationalsozialistischen Tradition (im vorliegenden Fall in Süddeutschland) ist es unumgänglich, den liberalen „Konsens" näher zu betrachten, der die Mentalität der Region dominierte. Der italienische Marxist Antonio Gramsci vertrat die These, daß jeder Mensch aus den Anschauungsfragmenten seines Lebensbereichs, dem Alltagsvokabular, den geläufigen gesellschaftlichen Konzepten und den religiösen Praktiken und Bräuchen seine eigene „spontane Philosophie" konstruiert (Gramsci 1961, 323). Hier soll dargelegt werden, daß in den zwanziger Jahren in Süddeutschland manche dieser Elemente auf eine ältere radikal-republikanische Tradition zurückzuführen waren. Den süddeutschen Raum prägte unter anderem ein radikal-liberaler Konsens. Zahlreiche Einwohner der Region waren antiklerikal und antipreußisch eingestellt. Rhetorik und Verhaltensweise gegen das Establishment waren verbreitet. Viele unterstützten republikanische Ideen, und der Geist von 1848 war auch im frühen 20. Jahrhundert noch immer lebendig (Merk 2000; Alexandre 1999).

   Meine Interpretation dieses radikal-liberalen Konsens wurde teilweise von den Arbeiten britischer und deutscher Historiker beeinflußt, darunter E. P. Thompson, Gareth Stedman Jones, Patrick Joyce, Vernon James, Jon Lawrence und der verstorbene Raphael Samuel aus England sowie Reinhart Koselleck, Paul Nolte, Manfred Hettling und Alf Lüdtke aus Deutschland. Sie alle haben die Notwendigkeit betont, das Wesen politischer Bewegungen neu zu überdenken und politische Kulturen auf wesentlich breiterer Basis als nur gestützt auf formale lokale und nationale Institutionen zu interpretieren. Thompsons (1963) *The Making of the English Working Class*, Stedman Jones (1982) Werk *Rethinking Chartism* und Kosellecks monumentales Projekt *Geschichtliche Grundbegriffe* gehören zu den einflußreichsten Werken. Da sie sich jedoch vor allem auf den formalen öffentlichen Diskurs konzentrieren, ohne konkret die Leute, deren Informationskanäle, deren lokale Diskurse, Ideale und Hoffnungen zu beachten, lassen uns Stedman Jones und Koselleck über die Politik auf Volksebene weitgehend im Dunkeln. Dagegen versuchen Thompson und später auch Lüdtke, Hettling, Joyce, Vernon und Lawrence, diese Lücke zu füllen, indem sie die Sprache des *Populismus* und nicht der Klasse, d.h. des *Volkes* (*The People*) und nicht der *Arbeiterklasse*, untersuchen. Ihre Arbeiten haben meine Gedanken über das Wesen des populären Liberalismus und Nationalsozialismus in Deutschland inspiriert.

Meine Auffassung vom Wesen des populären Liberalismus und des Nationalsozialismus geht also von der Annahme aus, daß populäre Politik aus erster Hand und im ursprünglichen politischen Kontext zu beurteilen ist und nicht nach normativen Kriterien, etwa durch die Bewertung ihrer Konsistenz oder mittels teleologischer Modelle der historischen Entwicklung (wie bei der *Sonderweg*-Theorie). Dies ist von entscheidender Bedeutung und verdient von der Geschichtsforschung ernst genommen zu werden. Wendet man diese Methode auf das Beispiel des Nationalsozialismus an, d.h. werden die Aktivitäten der Nationalsozialisten auf Volksebene wieder in ihren ursprünglichen politischen und kulturellen Kontext zurückgesetzt, wird die Kontinuität zwischen populärem Liberalismus und Nationalsozialismus deutlich.

In Anlehnung an die Thesen des Raphael Samuel soll dargelegt werden, daß die Erforschung der populären Politik und Volkskultur oder, mit anderen Worten, das Studium der Geschichte, durch die Rekonstruktion des Volksgedächtnisses, d.h. durch das Studium des *verborgenen Curriculums* (im Gegensatz zum *offiziellen Curriculum*) lokaler Gesellschaften, d.h. durch das Studium von Lokalzeitungen, Liedern und Balladen, Geschichten und Bräuchen – durch die Untersuchung der lokalen Kulturrealität erfolgen sollte. Nicht die offiziellen Quellen in offiziellen Archiven, sondern die verborgenen Quellen der Kultur sind wirklich relevant. Der öffentliche Diskurs hat bei der Etablierung dominanter Rhetorik über Politik und Kultur eine besonders wichtige Rolle gespielt, doch wie der britische Historiker Jon Lawrence behauptete, wurde den nominal *objektiven* Sprachen der sozialen Beschreibung viel weniger Aufmerksamkeit geschenkt:

> „Much less attention is paid to the nominally 'objective' language of social description encoded both in administrative practices, and in the symbolic organization of social space from the field, the factory, pub or church congregation."

Auf dieser einfachen aber dennoch prägnanten *Sprache der Kultur* beruhen die entschlossensten Versuche, soziale Vorgänge des 19. und frühen 20. Jahrhunderts neu zu interpretieren. In sinngemäßer Übertragung von Samuels These soll hier dargelegt werden, daß Kultur und Politik – wie etwa im vorliegenden Fall des deutschen populären Liberalismus und des Nationalsozialismus – einer ganz anderen Beurteilung unterlägen, würden solche Quellen vermehrt in die Geschichtsforschung einbezogen" (Samuel 1995, 15).

Liberale und nationalsozialistische Bewegungen werden gemeinhin als Klassen und soziale Gruppen begriffen. Doch es gibt keinen automatischen Zusammenhang zwischen Sozialstruktur und politischer Bewegung. Werden nämlich solche Sozialstrukturen in Einzelpersonen zerlegt, d.h. die Etiketten „Arbeiter", „Bürger", „Katholiken" und „Protestanten" entfernt, kommen Individuen mit unterschiedlichen kulturellen Perspektiven zum Vorschein. Lokale Faktoren, Traditionen, Lokalbräuche, Familie und persönliche Aspirationen, d.h. die private Sphäre tritt in den Vordergrund. Diese Aspekte der Realität sollten beim Studium politischer und kultureller Verhaltensmuster nicht außer Acht gelassen werden. Hier folge ich der Studie des deutschen Historikers Rudolf Heberle über die Wahlerfolge der Liberalen und später der Nationalsozialisten in Schleswig-Holstein. Beide lagen in der Vergangenheit begründet, nämlich im Antagonismus gegen Preußen und die Staatsmacht. Beiden politischen Lagern (den Liberalen und den Nationalsozialisten) gelang es, diese

Gefühle zu ihren Gunsten auszunützen (Heberle 1970, 40-41). Diese Ressentiments kamen –
unter anderem – in der Privatsphäre zum Ausdruck: in Familiengeschichten über „preußische
Brutalität", in den Aktivitäten und Geschichten des *Geschichtsvereins*, in lokalen Bräuchen
oder in der Art, wie beide Bewegungen den lokalen Dialekt benutzten (*Plattdeutsch* im
Fall von Schleswig-Holstein) (Kunz 2000; Applegate 1990, 197-227; Dohnke 1995). Celia
Applegate schreibt in ihrer Studie über die Pfalz:

> „Pfälzer Nazism [...] in some ways represented a striking revival of an old local political tendency
> toward volatility, radical populism [...]. A travestied Jacobinism, stripped of concern for liberty
> or civic virtue." (Applegate 1990, 184).

Hier möchte ich gestützt auf Somers und Gibson (1995, 65 ff.) die Auffassung vertreten,
daß Geschichten (Narrative) Menschen in ihrem Handeln leiten können, daß Menschen
Identitäten konstruieren (wie vielfältig und veränderlich auch immer), indem sie sich in ein
bestimmtes Repertoire zusammenhängender Geschichten einordnen oder einem solchen
Repertoire zugeordnet werden:

> „Experience is constituted through narratives, and that people are guided to act in certain ways,
> and not others, on the basis of projections, expectations and memories derived from a multiplicity
> of available social, public and cultural narratives."

Ich schließe mich jenem Forschungsansatz an, der sich zuerst in die Narrativmuster der
Vergangenheit vertieft und dann die sich daraus ergebenden Identitäten betrachtet. Bis zu
einem gewissen Grade widerspricht dieser Ansatz der alten klassenorientierten Theorie,
wonach zuerst die Klasse definiert werden muß, um beurteilen zu können, ob die Narrative
mit dieser Einteilung im Einklang stehen oder nicht (Joyce 1994, 157).

## 4.

Das Kulturphänomen *Populärer Liberalismus* im katholischen Süddeutschland des späten
19. und frühen 20. Jahrhunderts ist im vorliegenden Fall als eine Art Reaktion zu betrachten, als Reaktion sowohl gegen die Hegemonie der (ultramontanen) katholischen Kultur
als auch gegen die genau so dominante protestantische liberale Kultur nördlich des Main.
In den späten zwanziger und frühen dreißiger Jahren repräsentierte der populäre Liberalismus innerhalb der nationalsozialistischen Vereine sodann eine Reaktion gegen die dominante offizielle Ideologie und Tätigkeit der Nationalsozialisten, die von München, Berlin
und von manchen Orten der deutschen Provinz ausging. Ich möchte diese Reaktion als
*subkulturelle Reaktion* definieren. Von der radikalen antiklerikalen Aktivität abgesehen,
die zweifellos ein Akt der Revolte gegen die Ultramontanisierung darstellte, lehnten sich
die süddeutschen Radikal-Liberalen (davon ein Großteil Katholiken) nie direkt gegen die
dominanten liberalen Ideen Preußens oder – in den dreißiger Jahren – gegen die nationalsozialistische Kultur in München oder Nürnberg auf. Dennoch versuchten sie stets ihre
Unabhängigkeit, ihr Anderssein als süddeutsche Radikale mit langer Tradition von Revolten gegen die politischen Machtzentren, gegen das Establishment und gegen den Staat zum
Ausdruck zu bringen, wenn auch im Rahmen der dominanten Politik und Kultur.

## III.

Es wird ein neuer Rahmen für die Interpretation der Haltungen und Verhaltensweisen des deutschen Normalbürgers, ob Wähler oder Parteimitglied, sowohl des liberalen als auch des nationalsozialistischen Lagers, vorgeschlagen. Die politischen Aspirationen sozialer Gruppen in den zwanziger Jahren und möglicherweise auch vorher lassen sich nicht mehr nur einfach mittels Konzepten, wie Klasse oder Parteiloyalität, interpretieren. Sie sind Ausdruck von Kultur, von Traditionen, sprachlichen Konventionen und kulturellen Phänomenen, die längst zu einem integralen Bestandteil ihrer Realität geworden waren. Der Einzelne trat in der Öffentlichkeit mit einer Vielzahl von gesellschaftlichen Identitäten in Erscheinung, was als mehrdimensionales politisches Verhalten der Gruppe bzw. des Individuums zu bezeichnen wäre (Hirschman 1979, 119 f.). Man konnte also in den späten zwanziger und frühen dreißiger Jahren durchaus liberal oder radikal-liberal (im Sinne von *radikal* im 19. Jahrhundert) sein und trotzdem den Nationalsozialismus unterstützen. Die Weltanschauung solcher Einzelpersonen kann nur durch die nähere Betrachtung ihrer persönlichen Sphäre ergründet werden oder, wie Geoff Eley bemerkte:

> „[We should study] the ability [of the Nazi party – O.H.] to articulate together a diverse and hitherto contradictory ensemble of ideological appeals [...]. We need to work hard at understanding how it came to occur." (Eley 1995, 35).

## *Literatur*

Alexandre, Philippe: *Die Erben der 48er Revolution in Schwäbisch Hall der kaiserlichen Zeit (1871-1914)*, in: *Württembergisch Franken* 1999, 351-389.

Applegate, Celia: *A Nation of Provincials.* The German Idea of Heimat, Berkeley, 1990.

dies., *A Europe of Regions: Reflections on the Historiography of Sub-National Places in Modern Times*, in: *American Historical Review* 1999, 1157-1182.

Becht, Hans-P.: *Moritz Müller – Fabrikant, Publizist, Parlamentarier, Bildungsbürger*, in: ders. (Hg.), *Pforzheim im 19. und 20. Jahrhundert*, Sigmaringen, 1996.

Biagini, Eugenio F.: *Liberty, Retrenchment and Reform: Popular Liberalism in the Age of Gladstone, 1860-1880*, Cambridge, 1992.

Blackbourn, David: *The Politics of Demagogy in Imperial Germany*, ders., *Populists and Patricians*, London, 1987, 217-245.

ders., *A Sense of Place.* New Directions in German History, London, 1998.

Blickle, Peter (Hg.): *Verborgene republikanische Traditionen in Oberschwaben*, Tübingen, 1999.

Dohnke, Wille Kay: *Propaganda für die Nazis – auf Platt Volkes Mund und Führer*, in: Ministerium für Wissenschaft, Forschung und Kultur des Landes Schleswig-Holstein (Hg.), *Ende und Anfang im Mai 1945.* Das Journal zur Wanderausstellung des Landes Schleswig-Holstein. Kiel, 1995, 147-151.

Ebner, Jakob: *Die Geschichte der Salpeterer des 19. Jahrhunderts*, Waldshut, 1952.

Eley, Geoff: *Liberalism, Europe, and the bourgeoisie 1860-1914*, in: David Blackbourn/Richard Evans (Hg.), *The German Bourgeoisie*, London, 1990, 307-339.

ders.: *Reshaping the German Right.* Radical Nationalism and Political Change after Bismarck, Ann Arbor, 1991.

ders.: *What is Cultural History*, in: *New German Critique* 65, 1995, 19-36.

Elias, Otto-Heinrich: *Vom Schwäbischen Kreis zum Südweststaat*, in: *Blätter für Deutsche Landesgeschichte* 1996, 151-165.

Gall, Lothar: *Die partei- und sozialgeschichtliche Problematik des badischen Kulturkampf*, in: *Zeitschrift für die Geschichte des Oberrheins* 1965, 151-196.

Gerhard, Paul: *Aufstand der Bilder – Die NS-Propaganda vor 1933*, Bonn, 1990.

Gould, Andrew: *Origins of Liberal Dominance. State, Church and Party in 19ᵗʰ Century Europe*, Ann Arbor, 1999.

Gramsci, Antonio: *Selections from the Prison Notebooks*, London, 1961.

Gross, Michael: *Kulturkampf and Unification: German Liberalism and the War Against the Jesuits*, in: *Central European History* 1997, 545-566.

Hagenlücke, Heinz: *Die Deutsche Vaterlandpartei: die nationale Rechte am Ende des Kaiserreiches*, Düsseldorf, 1996.

Harrison, Carol: *The Bourgeois Citizens in 19ᵗʰ Century France*. Gender, sociability, and the uses of emulation, Oxford, 1999.

Heberle, Rudolf: *From Democracy to National Socialism*. A Regional Case Study on Political Parties in Germany, New York, 1970, 40-41.

Heideking, Jürgen: *Republicanism and Liberalism in America and the German States, 1750-1850*, Cambridge, 2001.

Heilbronner, Oded: *In Search of the Catholic (Rural) Bourgeoisie*. Reichstagswahlkämpfe im Allgäu 1871-1932: Ein abweichender Fall, in: *Zeitschrift für Bayerische Landesgeschichte* 97, 1997, 297-326.

ders.: *Populärer Liberalismus in Deutschland: Entwicklungstendenzen der badischen Wahlkultur*, in: *Zeitschrift für die Geschichte des* Oberrheins 146, 1998(a), 481-521.

ders., *Catholicism, Political Culture and the Countryside*. A Social History of the Nazi Party in South Germany, Ann Arbor, 1998(b).

Heim, Armin: *Die Revolution 1848/49 in der badischen Amtsstadt Meßkirch*. in: *Für die Sache der Freiheit des Volkes und der Republik*. Die Revolution 1848/49 im Gebiet des heutigen Landkreises Sigmaringen, Sigmaringen, 1999, 168-206.

Hein, Dieter: *Die bürgerlich-liberale Bewegung in Baden 1800-1880*, in: Lothar Gall/Dieter Langewiesche (Hg.), *Liberalismus und Region* , München, 1995.

Heinze, Stefan: *Die Region Bayerisch-Schwaben*, Augsburg 1995.

Herbert, Ulrich: *Best. Biographische Studien über Radikalismus, Weltanschauung und Vernunft*, 1903-1989, Bonn, 1996.

Hertenstein, Paul: *Das oberbadische Bauerntum*. Eine Studie über seine soziale und wirtschaftliche Entwicklung unter besonderer Berücksichtigung des Amtsbezirks Stockach, in: *Berichte über die Landwirtschaft* 1931, 407-428.

Herzog, Dagmar: *Anti-Judaism in Intra-Christian Conflict: Catholics and Liberals in Baden in the 1840s*, in: *Central European History* 1994, 267-282.

dies., *Intimacy Exclusion. Religious Politics in Pre-Revolutionary Baden*, Princeton, 1996.

Hirschman, Albert: *Shifting Involvements. Private Interest and Public Action*, Princeton, New Jersey 1979.

Howe, Anthony: *Free Trade and Liberal England 1846-1946*, Oxford, 1998.

Joyce, Patrick: *Democratic Subjects*. The Self and the Social in 19th Century England. Cambridge, 1994.

Kies, Tobias: *Verweigerte Moderne?* Zur Geschichte der „Salpeterer" im 19. Jahrhundert, Konstanz, 2004.

Kocka, Jürgen: *Bürgertum und Sonderweg*, in: Peter Lundgreen (Hg.) *Sozial- und Kulturgeschichte des Bürgertums*. Eine Bilanz des Bielefelder Sonderforschungsbereichs (1986-1997), Göttingen, 2001, 93-111.

Kunz, Georg: *Verortete Geschichte*. Regionales Geschichtsbewußtsein in den deutschen Historischen Vereinen des 19. Jahrhunderts, Göttingen, 2000.

Langewiesche, Dieter: *Liberalism and the Middle Classes in Europe*, in: Kocka, Jürgen (Hg.), *Bourgeois Society in 19th Century Europe*, Oxford, 1992, 40-69.

ders: *Deutscher Liberalismus im europäischen Vergleich: Konzeption und Ergebnisse*, in: ders. (Hg.), *Liberalismus im 19. Jahrhundert*, Göttingen, 1988, 16-17.

Lawrence, Jon: *Speaking for the People*. Party, Language and Popular Politics in England, 1867-1914, Cambridge, 1998.

ders.: Review Article. *The British Sense of Class*, in: *Journal of Contemporary History* 35, 2000, 307-318.

Luebke, David Martin: *His Majesty's Rebels*. Communities, Factions and Rural Revolt in the Black Forest, 1725-1745, Ithaca/London, 1997.

Meinl, Susanne: *Nationalsozialisten gegen Hitler*. Die nationalrevolutionäre Opposition um Friedrich Wilhelm Heinz, Berlin, 2000.

Mergel, Thomas.: *Für eine bürgerliche Kirche: Anti-Ultramontanismus, Liberalismus und Bürgertum 1820-1850*. Rheinland und Südwestdeutschland im Vergleich, in: *Zeitschrift für die Geschichte des Oberrheins* 1996, 397-428.

Merk, Jan: *Nationality Separates, Liberty Unites*. The Historical Commemoration of 1848/49 in Baden, a European Frontier Region, in: Axel Kärner (Hg.), *1848: A European Revolution?*, London, 2000.

Müller, Hans P.: *Die Deutsche Vaterlandspartei in Württemberg 1917/18 und ihr Erbe*. Besorgte Patrioten oder rechte Ideologen?, in: *Zeitschrift für Württembergische Landesgeschichte* 2000, 217-224.

Nolte, Paul: *Bürgerideal, Gemeinde und Republik*. 'Klassischer Republikanismus' im frühen deutschen Liberalismus", in *Historische Zeitschrift* 254, 1992, 609-656.

ders.: *Gemeindebürgertum und Liberalismus in Baden 1800-1855*, Göttingen, 1994.

Orlow, Dietrich: *The History of the Nazi Party*, Vol. I, Pittsburgh, 1969.

Pelling, Henry. *The Social Geography of British Elections 1885-1910*, London, 1967.

Pfeil, Ulrich: *Partikularismus, Sonderbewußtsein und Aufstieg der NSDAP*. Kollektive Denkhaltungen und kollektive Erinnerung in Dithmarschen 1866-1933, in: *Zeitschrift der Gesellschaft für Schleswig-Holsteinische Geschichte* 1999, 135-163.

Pollard, Sidney: *Marginal Europe*. The Contribution of Marginal Lands Since the Middle Ages, Oxford, 1997.

Retallack, James: *Demagogentum, Populismus, Volkstümlichkeit*. Überlegungen zur 'Popularitätshascherei' auf dem politischen Massenmarkt des Kaiserreichs, in: *Zeitschrift für Geschichtswissenschaft* 2000, 309-325.

Samuel, Raphael.: *The Theatres of Memory*, London, 1995.

Schönberger, Klaus: *Die 'Schwäbische Legion' in der badischen Revolution 1849*, in: Geschichtswerkblatt (Hg.), *Die Revolution hat Konjunktur*. Soziale Bewegungen. Alltag und Politik in der Revolution 1848/49, Münster, 1999, 59-86.

Searle , John R.: *Morality and the Market in Victorian Britain*, Oxford, 1998.

Sedatis, Helmut: *Liberalismus und Handwerk in Süddeutschland*, Stuttgart, 1979.

Seeley, Paul: *O Sainte Mere: Liberalism and Socialization of Catholic Men in 19th-Century France*, in: *Journal of Modern History* 1998, 862-891.

Smith, Helmut W.: *German Nationalism and Religious Conflict in Germany 1887-1914*, Princeton, 1995.

Somers, Margret/Gloria Gibson: *Reclaiming the Epistemological 'Other'*. Narrative and the Social Constitution of Identity, in: Craig Calhoun (Hg.), *Social Theory and the Politics of Identity*, Oxford, 1995, 37-99.

Stachura, Peter: *Gregor Strasser and the Rise of Nazism*, London, 1983.

Stambolis, Barbara: *Nationalisierung trotz Ultramontanisierung oder: „Alles für Deutschland. Deutschland aber für Christus"*. Mentalitätsleitende Wertorientierung deutscher Katholiken im 19. und 20. Jahrhundert, in: *Historische Zeitschrift* 269, 1999, 57-97.

Stedman Jones, Gareth: *The Languages of Chartism*, in: James Epstein/Dorothy Thompson (Hg.), *The Chartist Experience*. Studies in Working-Class Radicalism and Culture, 1830-1860, London, 1982, 3-58 (dt. Übersetzung einer erweiterten engl. Fassung in: Gareth Stedman Jones, *Sprache und Politik des Chartismus*, in: ders., *Klassen, Politik und Sprache*. Für theorieorientierte Sozialgeschichte hrsg. von Peter Schöttler, Westfälisches Dampfboot: Münster, 1988, 133-229).

Stegmann, Dirk: *Die Erben Bismarcks*. Parteien und Verbände in der Spätphase des Wilhelminischen Deutschlands. Sammlungspolitik 1897-1918, Köln, 1970.

Suval, Stanley: *Electoral Politics in Wilhelmine Germany*, Chapel Hill, 1985.

Thompson, Alastair: *Left Liberals, the State and Popular Politics in Wilhelmine Germany*, Oxford 2000.

Thompson, Edward P.: *The Making of the English Working Class*, London, 1963.

Winkler, Jürgen R.: *Sozialstruktur, politische Traditionen und Liberalismus*. Eine empirische Längsschnittstudie zur Wahlentwicklung in Deutschland 1871-1933, Opladen, 1995.

Würgler, Andreas: *Unruhen und Öffentlichkeit: Städtische und ländliche Protestbewegungen im 18.Jh*, Tübingen, 1995.

Zang, Gerd (Hg.): *Provinzialisierung einer Region*. Zur Entstehung der bürgerlichen Gesellschaft in der Provinz, Konstanz, 1978.

Zekorn, Andreas: *Alte Strukturen und neue Elemente während der Revolution von 1848/49 in Hohenzollern*, in: *Zeitschrift für Hohenzollersche Geschichte* 1999, 7-24.

*Volker Berghahn*

# Industrial Capitalism and Universal Suffrage: German, American, and British Paths into the Twentieth Century

## 1. The German *Sonderweg* Debate and the Quest for Transnational Comparison

This contribution is concerned with the current state of the debate on whether or not Germany took a special path into the twentieth century, culminating in the Nazi dictatorship and the mass murder of millions of Jews and other minority groups in the 1930s and 1940s. As is widely known, the *Sonderweg* hypothesis gained general currency in the Western community of scholars after World War II and was more sharply conceptualized in the 1960s by the 'Bielefeld School'. Hans-Ulrich Wehler's *The German Empire* is still the *locus classicus* that everyone refers to and that was vigorously challenged in the 1970s by Thomas Nipperdey in West Germany and by three British historians, David Blackbourn, Geoff Eley, and Richard Evans, as a misinterpretation both with respect to his analysis of the period 1871-1918 and the lines of continuity that he had drawn in his concluding 'balance sheet' between the end of the *Kaiserreich* and the advent of Hitler in 1933 (Wehler 1973; Nipperdey 1976; Blackbourn/Eley 1984; Evans 1978).

This challenge, backed up by the fresh research of a whole generation of younger scholars that came along in the 1980s, was in many ways quite successful in changing our understanding of nineteenth-century German history. They showed that the *Kaiserreich* had to be seen in a more differentiated and 'normal' light. The older view that Germany was an authoritarian society ruled and cunningly manipulated from above by an autocratic monarchical government and a small pre-industrial elite of Prussian landowners, flanked by an equally conservative civil service and a powerful Prusso-German army, was no longer tenable. The focus was not on Prussia, but on a 'second Germany' of the South and Southwest (Blackbourn 1980; Applegate 1990; Confino 1997). Others came along to work on Saxony as a 'third Germany' (Retallack 1992; Lässig/Pohl 1996). History from above was out; daily-life and socio-cultural approaches were in. By the 1990s, Imperial Germany was generally accepted to have been a more diverse and colorful country with a dynamic economy and a rich social and cultural life than the Bielefelders had made out.

This shift in interpretation inevitably raised the question of whether the lines of continuity that an earlier generation had drawn from 'Bismarck to Hitler', from the *Kaiserreich* to the Third Reich could be upheld. To some, the catastrophic World War I became the basic divide after the conclusion of which Germany was set on a path that ended with the Nazi dictatorship in 1933. Others began to develop the counterfactual argument that the country would have taken a different path into the twentieth century if there had not been war in

1914. They tried to connect the *Kaiserreich* not with Hitler but with the constitutional order that emerged in West Germany after 1945 (Zmarzlik 1976; Nipperdey 1976).

Beyond citing some of the contributions to this research there is no space here to go into the details of this narrative of German history put forward by those who took the revisionist framework of Blackbourn, Eley, and Evans as the starting point of their 'post-Bielefeld' research and some of whom appeared in an anthology that Eley published in the mid-1990s (Eley 1996). The important point for our purposes is the observation that the debate on the *Kaiserreich*, its development, and its impact on the course of history down to 1945 does not seem to have come to an end with all the more recent work. On the one hand, there was Wehler's vigorous critique of Eley's 1996 volume, to which Eley wrote a long defensive reply (Wehler 1997; Eley 1998). On the other hand, he self-confidently stated in 2004 that 'for German historians, I think, the *Sonderweg* approach has been mainly discredited. Bury it!' (Eley 2004, 231).

The trouble is that two of the original Bielefelders, Hans-Ulrich Wehler and Jürgen Kocka, as well as some others do not seem to agree with this view. As early as 1990, Bernd Weisbrod thought that 'it is not to be expected, that, in redicovering German *Bürgerlichkeit,* the debates on the *Sonderweg* have been transcended' (Weisbrod 1990, 235). After earlier dismissive reviews of Eley's writings, Wehler in 2000 compressed his counter-arguments into a 12-point list that stressed the anti-liberal, anti-democratic, and anti-parliamentary attitudes of the German government, the powerful position of the army, the civil service, and in particular that of the monarch that he compared to that of the Japanese emperor, rather than any of the European crowned heads (Wehler 2000, 61-63). He also commented on the weakness of the national parliament and the lost opportunities of liberalism, the peculiarities of German nationalism, militarism, anti-Semitism, and the domestic function of imperialism. He concluded: 'The basic dilemma of the German *Sonderweg* remains, I believe, the overlapping of complete and difficult economic, social and political processes of modernisation creating enormous strains and tensions during an extremely short time.' Nor, he added two years later, did the revisionists contribute much to 'the burning point of departure' as to 'where those differences are to be located that in Germany alone made possible a National Socialism that was by no means a common Western [phenomenon]' (Wehler 2002). Even if many ideas about German peculiarities had been questioned, 'a network of socio-structural and above all political special conditions remains that revealed their decisive effect only in the second half of the 19th century.'

Kocka formulated his position more cautiously, but no less clearly. Referring to the investigations of the massive Bielefeld *Sonderforschungsbereich* (SFB) project 'Sozialgeschichte des Neuzeitlichen Bürgertums,' he admitted that 'some of its results have revised the *Sonderweg* hypothesis in important parts, have confirmed it in others, and overall relativized it' (Kocka 2000, 93, 105). He then discussed some of these modifications in comparative European perspective with respect to the cultural activities of the bourgeoisie, local politics, and generational change. Although he finds commonalities with the bourgeoisies of other European countries, he also insists that the SFB studies 'have directly confirmed decisive elements of the *Sonderweg* hypothesis, reaffirmed it indirectly, or ... at least left them intact.'

Even more intriguingly, it is not just an older generation upholding 'ancient' positions, but also a few scholars who are more distantly related to the Bielefelders or not at all. Some of them, such as Thomas Kühne, have done so by returning to the role of Prussia, the federal state that made up two thirds of Imperial Germany in size and population and by its constitutional position within the monarchy was probably a bigger obstacle to change in the last years before 1914 than the historians focused on the 'second' and 'third' Germany appreciated (Kühne 1994). Examining the three-class voting system, he highlights the stubborn resistance of the dominant conservative forces inside and outside the Prussian Diet that lay across the tracks of all electoral and political reforms. Hartwin Spenkuch similarly returned to Prussia and found that 'the central argument of the *Sonderweg* hypothesis, the discrepancy between economic-social development and deficiary political modernity' after 1879 fits its case particularly well (Spenkuch 2003, 291). Very recently, Isabel Hull has re-examined, with comparisons of Britain and France, the unique features of the mentality and culture of the German military in her *Absolute Destruction* (Hull 2005). Finally, there is the remarkable John Horne/Alan Kramer exchange with Margaret Anderson about their book on *German Atrocities, 1914,* in which the latter wondered if the *Sonderweg* was being revived by their findings, with the former responding that nothing was farther from their mind (Horne/Kramer 2002; Anderson 2004, Horne/Kramer 2006, Anderson 2006). In Britain and North America distancing oneself from the Bielefelders is still *de rigueur*, even if this means arguing oneself in knots.

Whatever the differences of opinion, there is one point on which the two sides have continued to agree: the need for more comparative research. The Bielefeld SFB project made an important start in this respect by putting the German bourgeoisie into an explicitly European context (Kocka/Mitchell 1993). Eley (2002) recently undertook a more systematic comparison with regard to European labor and its movements. Nor is it a coincidence that a good deal of this comparative effort has focused on the sphere of politics and political culture, perhaps on the tacit assumption that, as far as the *Kaiserreich* is concerned, this was the ultimate testing ground of the *Sonderweg* hypothesis.

Starting from Eley's original counterpoint that the dynamics of German politics between 1890 and 1914 are best understood, not in terms of elite manipulation from above, but of mobilization and self-articulation from below not only of the industrial working class but also of the lower middle-classes, the workings of the German suffrage systems, of elections and parliamentary politics have become a particularly promising field of research. I mention but a few contributions to this field by Margaret Anderson (2000), Robert Arsenschek (2003), Brett Fairbairn (1997), Thomas Kühne (1994), James Retallack (1995), Hartwin Spenkuch (2003), Jonathan Sperber (1997), Stanley Suval (1985) who have studied elections and the evolution and impact of the universal manhood suffrage in the Reich in 1871 as well as the restrictive suffrage systems in the federal states. They are interested in the 'practicing of democracy', voting behavior, official attitudes toward elections, but also in how processes of political participation and democratization related to problems of parliamentarization and constitutional reform. In this latter sense they were responding to the earlier work of Manfred Rauh (1973 and 1977), Gerhard A. Ritter (1985), Heinrich Best (1988), and others who had been studying party politics and parliamentary behavior in terms of whether Germany was moving toward a constitutional monarchy comparable to other political systems.

This contribution would like to explore, in comparative perspective, questions of political organization and political culture, of the nature of civil society and the rights and obligations of citizenship. In this case the comparison will be between the electoral and parliamentary-representative systems of Germany, Britain, and the United States. This exploration will be complemented by an investigation into the differences and similarities between the capitalist-industrial systems that emerged in those three countries. I propose to raise the question of how far developments in politics, and in citizenship and representative government in particular, can be related to the evolving organization of industry before 1914. The conceptual link is that both spheres are seen as sites in which divergent parties compete for political market-shares in the first case and for commercial ones in the second. The idea of seeing modern politics and economics in terms of competitive struggles in the public arena seems to be a fruitful one. The question is then how far the principles and practices governing the two spheres were interrelated.

The attempt to study this possible linkage is motivated by yet another methodological consideration. The research that emerged from the critique of the *Sonderweg* hypothesis occurred primarily in connection with the expansion of cultural and socio-cultural history in the 1980s and 1990s. Its protagonists have shown little interest in pre-1914 economic structures and trends. Statistical analysis was unpopular; the study of identities, mentalities, and subjectivities became the fashion. To be sure, my interest in reinserting the economy in transnational comparisons of nineteenth-century Western societies is not a call for a renewed emphasis on quantification and mathematical modeling. Rather I would like to see if a country's political-constitutional organization and culture can be related to its economic-industrial organization and culture; how 'varieties' of political order may be connected to 'varieties' of capitalism. The complex question of causality is, in the final analysis, also raised by this topic but cannot be investigated in the limited space available to me here.

In taking this approach, I will start with the American case before dealing with that of Imperial Germany and finally with pre-1914 Britain, ending with a comparison between the three.

## 2. Democracy, Legislature, and Industrial Capitalism in pre-1914 United States

As is well known, the United States was among the first countries to allow participation in politics through the ballot box. During the early period of the American republic, following its successful war of secession from Britain, ownership of property was the key qualification for obtaining the vote that, in addition, was restricted to white men. But, as Chilton Williamson has put it, between the late 1780s and the first half of the nineteenth century a gradual shift took place from 'property to democracy' so that by 1860 most federal states had 'universal white manhood suffrage or its rough equivalent' (Williamson quoted in Wilentz 1992, 32). The age of property taxes and deference was over; popular politics had come to stay. As Sean Wilentz added, recent historiography has described this political development 'in terms of a market revolution' (ibid., 31, 35).

Indeed, as Alexis de Tocqueville observed long ago, the first modification of voting qualifications was bound to have something like a snowball effect: each extension increased the strength of democratic participation and with it came further demands to be even more inclusive. Moreover, it is very difficult to abolish the right to vote once it has been introduced. In this sense, it was logical that with the end of slavery the passage of the 14th and 15th Amendments gave, at least in theory, the vote to all adult black males. The concomitant emergence of political parties promoted the development of a representative system based on competition in the political marketplace. Because parties fight to win elections, they worked hard to mobilize the white male population by campaigning for the reduction or elimination of existing property requirements. By the 1830s, all this had led to a situation in which (white) Americans had become 'very enthusiastic about voting' (Rogers 1992, 3). Turnout was on average around 75 percent, after the Civil War and up to the turn of the century in the North even 82 percent and more. To be sure, the gains that African-Americans had made in the 1870s were gradually lost when racist restrictions were reintroduced against black men, especially in the South, and intimidation and fraud were rampant (McGerr 1986, 6 f.). Certainly, no attempt is being made here to minimize the terrible injustices of segregation. Still, the basic principle of suffrage had established itself, even if it took well into the twentieth century for a universal system covering all adults, male and female, to become a reality (vgl. in diesem Band den Beitrag von Göran Therborn, S. 199 mit einer stärkeren Gewichtung der Realisierungsschwierigkeiten gegenüber der Etablierung des Prinzips).

However, there was another principle that had also come to stay in the wake of the American Revolution: the center of power and decision-making had radically shifted from the monarch, the sovereign of Colonial America, to 'We, the People.' The country had become a republic. Popular sovereignty had asserted itself, even if it was not exclusively based in the legislature. The president of the Republic, elected by a complex system of voting and an Electoral College, could also claim to represent 'the People.' With popular sovereignty and decision-making enshrined in a Constitution, parliamentary rules and procedures could take root in American political culture. Meanwhile the extension of the universal suffrage followed suit in stages throughout the nineteenth century (Wood 2002).

How did the emergence of this system relate to the evolution of the American economy and its organization? The fact that legislation resulted from popular pressures via competitive elections appears to have had a tangible influence on the shape of the economic market system that also unfolded in the United States up to 1914. Although originally predominantly a society of settlers and agricultural producers, the First Industrial Revolution (textiles, mining, iron-making, railroads) was quickly followed by the Second Industrial Revolution (electrical engineering, chemicals, manufacturing engineering). By the 1880s, huge fortunes were being accumulated and economic power became increasingly concentrated. No less important, entrepreneurs, especially in the railroad industry, were found to be colluding by forming 'pools,' i.e., 'horizontal combinations of competitors joining forces to create large, regionally dominant systems that, today, would be called cartels' (Fox/Sullivan 1994, 80).

Among sections of the population (and hence among voters), there arose a growing suspicion that entrepreneurial power might be abused to the detriment of the sovereign 'people,' just as Americans had continued to be wary of concentrations of political power after the removal of the autocratic British monarch in the war of independence. Significantly, an 'Anti-Monopoly Party' arose that competed in the 1884 presidential elections (Kovaleff 1994a, 7). In 1888, U.S. president Grover Cleveland felt obliged to warn in his Message to Congress that these pools and monopolies were growing into the 'master' of the people (Van Cise 1994, 21). The Republican and Democratic parties quickly joined this bandwagon. By the late 1880s, the Republican party platform proclaimed its opposition to 'monopolies' and tried to win over voters by promising legislation to 'prevent the execution of all schemes to oppress the people.' Not to be left behind in this race, the Democrats began to assert that the 'interests of the people' were being 'betrayed' by economic and commercial conglomerates 'which, while enriching the few that combine, rob the body of our citizens.' By 1890 and with the courts taking similarly hostile positions, a stream of petitions, submitted to Congress, finally moved Senator John Sherman of Ohio to draft a bill that became the famous Sherman Act. After some 13 federal states had already introduced antitrust regulations before 1890, the House of Representatives approved it 242:0, with 85 abstentions. The Senate concurred with only one nay vote (Kovaleff 1994a, 8).

The significance of this Act for the subsequent shaping of the American economy can hardly be overestimated. It banned cartels (i.e., horizontal cooperation agreements between independent firms) and monopolies (i.e., market domination by one firm). Whoever was caught in cartel or monopoly behavior could be prosecuted by the Justice Department and, if found guilty, be fined or even imprisoned. The Sherman Act was not meant to prevent company mergers as long as the principle of competition was preserved. Rather it was directed against unfair business practices and tried to uphold the interests of the general public against individual private power (Heflebower 1954, 110 ff.). Emerging from the pressures of voter opinion, antitrust was 'unfriendly' to virtually all types of monopoly, especially cartels. Since in an era of rising living standards, these voters were also consumers, the aim was to protect them 'from unreasonable price increases' (ibid., 29; Fox/Sullivan 1994, 87). This early connection seems important for the emergence of a Fordist consumer capitalism in the United States which was no doubt also helped by the fact that, living in an ethnically diverse immigrant society, workers as producers found it more difficult to organize as such. In Europe, by contrast, workers as producers were able to build large and quite powerful trade unions from longstanding guilds and crafts structures whose members, while interested in price reductions resulting from rationalized mass production, were more concerned to protect their jobs as producers. Apart from other factors, this helps to explain why the transition from a producer to a consumer capitalism took much longer in Europe than in the United States and occurred definitively only after 1945 under the aegis of American economic hegemony.

After the Sherman Act had pushed American business into oligopolistic competition, it did not take long for its principles to be accepted in the world of economists and lawyers. For most economists, it became 'an article of faith' that antitrust guaranteed 'competitive markets' in which 'classic cartel-types of restraint' had no place (Dilorenzo 1994, 77). Even if it is difficult to demonstrate a direct link, the principle of price competition may have stimulated Henry Ford to develop the idea that the rise of mass production before 1914 and the installation of the assembly-line in his factories in Michigan allowed him to pass the gains on to the consumer through price reductions in competition with other car manufacturers of the time (Nolan 1994, 30 ff.). This was the above-mentioned incipient shift from a producer to a consumer capitalism. Moreover, in this way, the growth of political democracy and representative government was complemented by what the antitrust lawyer Thurmond Arnold later called American-style 'industrial democracy' (Arnold 1940, 10), a concept not to be confused with the identical term used by German socialists during the 1920s who demanded workers' rights in the factory. To Arnold and other American academics, businessmen, and politicians there was thus a clear logic in the evolution of the American political and business systems as enshrined in the American constitution, on the one hand, and the Sherman Act, on the other. Indeed, the latter might be called the economic constitution of the United States. To be sure, the rules of antitrust went through a number of transformations and modifications, but there was no basic 'change in general goals and philosophy' (Stigler 1985, 8).

## 3. Democracy, Parliamentarism, and Industrial Capitalism in Pre-1914 Germany

Whereas the U.S. and Britain (see below) expanded their suffrage in several stages, Germany underwent a different development. Although various of the country's federal states retained electoral systems in which the right to vote was restricted and based on property or tax qualifications, Otto von Bismarck, the minister president of Prussia and from 1871 Reich chancellor, introduced the universal manhood suffrage in one fell swoop first in the North German Confederation of 1867 and in the Reich as a whole in 1871. This occurred against the background of the formation of political parties that, at election time and soon all year round, would compete for the favor of all male voters (Nipperdey 1961).

Theodore Hamerow, in a still very important article, has examined the calculations that led the founder of the German empire to grant what was perceived at the time as a revolutionary concession to the 'masses.' (Hamerow 1973). In Bismarck's eyes, the Liberals were his main opponents who, in the Prussian Constitutional Conflict of 1862-1866, had been rooting for representative government and a shift in the power and decision-making structure from the monarch to the Diet. Bismarck hoped to mobilize, by introducing the universal manhood suffrage, the mass of peasant voters as a conservative counterweight to those liberal middle-class politicians who knew that those 'masses' would not side with their in their quest. With a few exceptions, they were therefore not interested the universal suffrage; they wanted to parliamentarize the Prusso(-German) political system and retain a restrictive suffrage. In other words, the Liberals aimed to emasculate the crown politically and to make the Diet the center of gravity within the political system. The Prussian autocratic monarchy was to be transformed into a constitutional one with no universal suffrage.

Against the background of his victory over Austria in 1866, Bismarck succeeded in ending the political crisis of the previous four years and, even more importantly, in blocking a power shift from the crown to the Diet that had been on the cards at the beginning of the Constitutional Conflict. He called elections in which the advocates of parliamentarization suffered a defeat, and the new, more conservative was prepared to make its peace with the crown and Bismarck who had just won a major victory over the Habsburg empire. This outcome had far-reaching consequences for the further unification and constitutional development of the country. The containment of the Liberals in the 1860s enabled the Reich Chancellor in 1871, in the wake of his victory over France, to shape a Reich Constitution that preserved the powers of the Kaiser and the federal princes. The words of the Constitution are telling here: It was promulgated with the consent of the monarchist Federal Council and the Reichstag by Wilhelm I, thenceforth called 'German Kaiser and King of Prussia by Divine Grace' (Hucko 1987, 119). Consequently, the monarch, not subject to the will of the people, continued to appoint and dismiss 'His' Reich Chancellor (and indirectly the 'state secretaries', as the heads of ministerial departments were called, who obtained their positions at Bismarck's whim); the Kaiser was the supreme commander of the armed forces and in charge of the nation's defense and foreign policy. He decided whether to go to war or to stay at peace. No popular assembly had a say in such crucial decisions.

If the national parliament had a role in the Bismarckian settlement of 1871, it was therefore only secondary, as becomes glaringly clear with regard to legislation. Bills initiated by the crown first had to pass through the Federal Council as the representation of the German princes before they reached the Reichstag for scrutiny and a vote. This meant that a fundamental constitutional reform was required, if the *Kaiserreich* was ever to evolve from a constitutional order in which the Kaiser continued to derive his legitimation from Divine Law to one in which the Reichstag, based on popular sovereignty, occupied the central position and the Kaiser merely that of a constitutional monarch similar to that of his English grandmother Queen Victoria.

In subsequent decades and especially in the last years before 1914, parliamentarization became a key issue of political evolution and pressure for reform in the quest to transform the will of the voters into the Reichstag's right to determine the composition of the executive. But as recent research has confirmed, this did not mean that Imperial Germany found itself on a trajectory toward parliamentary-constitutional government. The only major element that demanded it persistently were reformist Social Democrats. Meanwhile the other parties were either increasingly reluctant to pursue parliamentarization or had become too weak to be able to marshal a larger bloc of votes in the Reichstag. In other words, Rauh's (1977) hypothesis of a 'silent parliamentarization' in the years before 1914 has not been buttressed by subsequent work.

On the contrary, Gerhard A. Ritter found that the parties were lacking 'a behavior that was adequate to a parliamentary system' and displayed 'considerable tendencies of adaptation to existing constitutional conditions and of accepting the rules of conduct for influencing politics' that had been developed (Ritter 1985, 86). Examining the larger ideological context of this behavior, Mark Hewitson found that the majority of the parties were seconded by constitutional lawyers and many right-of-center intellectuals, who were also content with the status quo of limited powers and even compared the Prusso-German constitution favorably with the apparently crisis-ridden parliamentary systems of France and Britain (Hewitson 2001). Christoph Schönberger has spoken of an 'ideology of „German parliamentarism" (Schönberger 2001, 649).

Hewitson next put the reluctance of the majority parties to press for parliamentary government in the context of a larger and continuing controversy over whether or not the *Kaiserreich's* situation in the last years before World War I was reaching a crisis point (Hewitson 2001, 725 f.). He believes that the conservatism of the majority parties, especially in the field of constitutional change, actually helped to consolidate the monarchical system. Contemplating the country's increasing foreign isolation and its manifold domestic conflicts over such crucial issues as finance, armaments, and labor relations, many politicians and voters, he continues, did have a sense of crisis. But it was precisely this feeling that promoted attempts at stabilizing a political system that, in comparison with other European regimes, was deemed to have unique and positive features. Hewitson thus extends a German *Sonderbewusstsein* that Wehler and others highlight to the constitutional sphere: 'The testimony of Wilhelmine Germans themselves suggests the existence of a political *Sonderweg* before 1914.'

It could, of course, be argued that the quest for stabilization at the expense of a push for parliamentarization reflected precisely an 'objective' crisis that was not stabilizing, but deepening before World War I (Berghahn 2002; Anderson 2002; Kreuzer 2003). Certainly, there were major foreign policy setbacks and the escalating arms race for which Wilhelm II, holding vast constitutional powers, was ultimately responsible. Domestic politics had also deteriorated markedly, and it became increasingly difficult to obtain the majorities necessary to secure the passage of finance bills and an expansion of social security entitlements. The country saw the formation of increasingly solid blocs of rightwing and center-right party coalitions (Schmidt 1972). It became a nation of political cartels, and in light of the following analysis of the Wilhelmine economy, the emergence of the *Kartell der schaffenden Stände* and similar political conglomerates with a 'corporatist' ideology seems significant (Stegmann 1970). By 1912, the Social Democrats had become the largest party in the Reichstag, deeply worrying their competitors. A *Sammlung* of the anti-socialist forces became the watchword, even if it proved difficult to forge more durable cartels among them. There were some in the bourgeois parties and in the Catholic Center who temporarily and vainly contemplated an alliance with the Social Democrats, but overall 'practicing democracy' prevented a further parliamentarization of the system rather than promoting it.

Toward 1914, domestic politics became ever more inert. The formation of blocs, it is true, was always precarious, but the basic pattern remained basically the same: The center-right combinations were always designed to curb the influence of the SPD. They simply deployed their political veto power. All the while, the Kaiser held an even more powerful constitutional veto: Under Article 78, an attempt to change the Constitution, such as a power shift from the monarchy toward parliament would clearly have required, was considered to have failed if 14 votes of the Federal Council were cast against it. Since Prussia had 17 of these votes and both Wilhelm II (as Kaiser and King of Prussia) and the Prussian conservatives would never have consented to the introduction of a British-style constitutional monarchy, this particular veto was virtually absolute. Short of a revolutionary upheaval, no shift was possible without the monarch's approval that was highly unlikely to be given.

What exacerbated this situation was that, because of the monarch's prerogative to make governmental appointments, the deputies' lack of influence on personnel matters resulted in a hardening of ideological positions. The Reichstag parties could behave irresponsibly because they did not bear ultimate responsibility for the decisions of an executive that had not, after all, emerged from parliament. The longstanding pillarization of German society now reinforced the formation of cartels, as the parties became more entrenched and more efficiently organized. The influence of large right-wing extra-parliamentary associations at a time of heightened nationalism and tensions both at home and abroad merely exacerbated a growing dogmatism (Eley 1996, 12). This is why I continue to believe that the optimistic interpretation of the future viability of the Wilhelmine empire is to be viewed with skepticism. By 1914, the political system was faced with an urgent need for constitutional reform; but such a reform would have been tantamount to a constitutional revolution, and neither the crown nor the non-socialist parties were prepared even to consider it. Instead they stubbornly asserted that all was well although, if looked at from hindsight, it no longer was. This 'pessimistic' view of Germany during the last years before the outbreak of war in 1914 leaves me with the question of whether and how far the persistence of monarchical government related to the organization of the German economy. What were the latter's peculiarities in comparison to those of the other two countries examined here?

In the 1860s and early 1870s, German industry, commerce and even agriculture experienced a boom period and were wedded to free trade and competition in the domestic and international marketplace. But just as in other European countries, the onset of the so-called 'Great Depression' (which, though perceived as such by the business community, was in effect a period of retarded growth) led to a rise in protectionism (Rosenberg 1967; Spree 1978). In terms of Germany's interaction with the international economy this meant that Bismarck, pressured by agriculture and industry, surrounded the domestic market with higher tariff walls that he successively raised in the 1880s, shielding both industry and agriculture from the harsh winds of foreign competition (Wehler 1969). Meanwhile, in a further move toward protectionism, individual firms began to conclude horizontal agreements among themselves to fix prices and stabilize output. Next to these cartels, they also founded syndicates to organize the sales of cartel-produced goods.

Initially cartels were deemed to be '*Kinder der Not*' (children of an emergency situation). They were assumed to disappear once the depression was over and the mechanisms of the capitalist market and market competition again provided the framework of business activity and planning (Kleinwächter 1883; Blaich 1973). Yet, even though the world economy entered into another boom period from 1895 onwards, cartels persisted and even multiplied. Some industries were particularly successful at coordinating their production and marketing through cartels and syndicates. The drawback of this system was of course that cartels had to adapt their prices to the least efficient member, and this member, protected by the agreement, had no strong incentive to modernize and increase its productivity with the aim of enabling the entire cartel to lower its prices. In the final analysis, the producer-orientation of this system worked to the advantage of the manufacturer and to the detriment of the consumer who was faced with price-fixing and did not benefit from price competition in the open market. Unlike in the United States, the trend was toward the abolition of competition in the marketplace (Pohl 1985, 33).

No less important, while there was pressure from the public to introduce anti-cartel legislation, neither the Reich government nor the major political parties were interested in responding to popular demands, since they were primarily articulated by the hated Social Democrats. Instead the judiciary became involved in the debate on how to organize the economy after 1895, though in way that was very different from the American case. There the courts upheld basic principle of the Sherman Act as legislated by Congress. In Germany, where no such legislation was ratified, the Reich Court stepped in and rendered an opinion that, instead of banning cartels, declared these agreements to be permissible under private law. This ruling by the country's highest court not only gave the formation of cartels its blessing and thus sanctioned discriminatory practices of a particular cartel against non-members; it also made it possible to bring non-conforming cartel members to heel by threatening them with a breach-of-contract lawsuit. As Hans Pohl put it, the Reich Court opinion 'reflected a profound change in a number of key values in the economic policy of the *Kaiserreich* and gave authority to a basic mood that had grown up during the two previous decades' (Pohl 1985, 21).

Examining the evolution of the organization of German industry before 1914, Volker Hentschel concluded that it solidified into an 'ideology' (Hentschel 1978, 99). In other words, the system became deeply ingrained in the behavior of German businessmen. It also became something like a dogma among the country's economists and jurists (Herrmann 1985; Fezer 1985). Small wonder that, with this powerful backing from practitioners and academics, the advocates of a liberal competition model in industry (and politics) remained in a minority. Both spheres developed 'corporatist' tendencies instead (Abelshauser 1984). Asserting that cartels stimulated technological modernization and efficiency, the detrimental effects of cartels, especially on the consumer, were conveniently overlooked (Hentschel 1978, 102). Indeed, the cartel ideology proved to be so ingrained that it persisted during the 1920s and even after 1945 when the Americans banned German cartels and syndicates in the face of twelve years of Nazi economic policies that had favored the total cartellization of industry. Its comprehensive and tight organization had suited the purposes of the Hitler dictatorship much better than liberal market competition, just as the *Führer* preferred autarkic blocs and *Grossraumkartelle* to an Open Door multilateral world trading system (Berghahn 1986, 27 f.). In short, while the Nazi regime permitted no political competition, economic competition had also been largely undermined.

Having discussed the basic outlines and development of both the political and economic constitution of the *Kaiserreich*, I now turn to the British experience with universal suffrage, parliamentary government, and economic organization.

## 4. Universal Suffrage, Constitutional Monarchy and Industrial Capitalism in Pre-1914 Britain

The British Isles had seen the stirrings of popular participation in politics well before the nineteenth century, if we look, for example, at the demands of the Levelers in the mid-seventeenth century (Foot 2005, 46). But by the early nineteenth century the rotten borough system of representation that had evolved over the decades was so corrupt that some intellectuals and politicians began to agitate for a universal suffrage. Among them was P.B. Shelley who, in his 'Proposal for Putting Reform to the Vote,' wanted to submit the issue to a referendum. The situation was exacerbated when suffrage demonstrations were brutally suppressed. The 1819 'Peterloo' massacre when police killed eleven demonstrators and injured well over 100 has entered the history books as the most infamous outrage (ibid., 61). The 1820s therefore saw a weakening of the government's opposition to electoral reform while the number of politicians supporting it increased. In 1830, no less than 645 petitions were submitted. The defeat of the conservative Tories in the elections of August 1830 and the constitution of a Whig cabinet in November cleared the way for a bill to extend the suffrage in 1831/32. In it the property-rating qualification was retained but lowered from twenty pounds to ten pounds sterling, though it remained higher in the counties (ibid., 70). This meant that some eight percent of the male population now had the right to vote.

Over the next three decades, the domination of the House of Commons by aristocratic members was constantly challenged, resulting in 1867 in a further expansion of the right to vote. Five years later, in 1872, another bill finally granted the longstanding demand for a secret ballot. It was another major step that undermined the system of electoral corruption and intimidation that had skewed the social composition of Parliament for decades (Kinzer 1982, 90 ff.). By the mid-1880s enough pressure had once again accumulated, this time especially from the trade union movement, for prime minister William Gladstone to introduce another Reform Bill that passed the House of Commons on its second reading by 340:210 votes. The opposition of the House of Lords was eventually overcome, and the 1884 Act thus 'added 1,762,441 voters to the register, compared to 217,000 in 1832 and 938,000 in 1867' (Foot 2005, 167).

While Britain was still a long way from universal manhood suffrage such as existed in Germany since 1871, this deficiency must be related to the question of shifts at the center of power between Parliament and the crown. Here a decisive change had occurred in the seventeenth century when, at the end of the upheavals of the middle decades, the 'Glorious Revolution' of 1688 effectively turned the British political system into a constitutional monarchy. Thenceforth Parliament was the center of decision-making rather than the king. This structure slowly consolidated over the following decades, leading Keith Middlemas to conclude that, while Queen Victoria had occasionally still tried to undermine it, Edward VII 'exhibited punctilious regard for constitutional propriety and never sought to revive the lost powers such as his nephew Wilhelm II enjoyed in Germany' (Middlemas 1979, 32).

However, it must also be remembered that Parliament was in effect a dual structure – the increasingly more representative House of Commons, on the one hand, and the House of

Lords, on the other. The latter was a body of mainly inherited upper-class privilege that used its veto powers against the ratification of many bills that had been introduced by the Commons, including those to extend the suffrage. In these circumstances, the scene was set for an eventual confrontation over the Lords' constitutional powers, long after those of the crown had been curtailed. This struggle came in 1910/11 and was settled in favor of the Commons (Blewett 1972; Searle 2004). Thenceforth the House of Lords could delay legislation, but could no longer scuttle it.

If we now consider the evolution of the British political economy and the organization of its industrial system, we find that the country, like everybody else, was badly affected by the worldwide period of retarded growth after 1873, the 'Great Depression.' There were the inevitable cries for protectionism that could also be heard elsewhere in Europe in hard times. Yet, hardly any attempts were made to 'weaken the competitive struggle by joint organizations' (Levy 1909, 160). Despite some tendencies to form cartels in the iron industry, horizontal agreements became a more widespread pattern only toward 1914. By that time a number of cartels and syndicates had been created, while other branches grappled with the question of whether to forge American-style trusts. However, neither Parliament nor the courts took up the issue, and official controls of the economy remained lax, leading Hans Pohl to speak of a 'relaxed attitude' toward the cartellization (Pohl 1985, 17). Hermann Levy has argued that British ambivalences were due to the 'psychology' of the British entrepreneurs, most of whom were 'disinclined' enter cartels (ibid., 165), but also too individualistic to contemplate large-scale American-style mergers. He added that the legal consciousness of the population remained 'anti-monopolistic.' Britain's economists continued to praise the principles of competition so that prices and the cutting of prices remained central features of the British industrial economy. Of course, there were the markets of the Empire in which the businessman enjoyed a privileged position. But spearheaded by John Hobson and others, the debate on under-consumption at home and the raising of living standards of the average British family continued and with it the idea of creating a consumer society at home (Hobson 1902). The idea of moving from a producer capitalism toward mass consumption had been put on the table for debate and accordingly the evolution of the American industrial system was closely observed.

## 5. Conclusions

We have looked at the United States, Germany, and Britain in terms of how their political and industrial systems came to be organized and developed before World War I. As to the question of universal suffrage and parliamentarization, on which historians of Germany have done so much valuable research in the past two decades, one point stands out in comparison with the U.S. and Britain, i.e., that the universal suffrage was introduced before the question had been settled of whether the Reichstag or the Prusso-German monarchy were the center of power and decision-making. Schönberger was among the first to build an argument upon the German sequence of events that may explain the peculiarities of German politics and political culture before 1914 better than Blackbourn, Eley, and Evans:

Universal suffrage before parliamentarization introduced a democratic dynamic into the Wilhelmine period that made a constitutional reform and power shift from the crown to parliament more difficult (Schönberger 2001, 624). As a result, parliamentarization was 'overtaken' by democratization, as he put it.

Universal suffrage, as introduced by Bismarck in 1867/71, mobilized the 'masses' into restive action, as de Tocqueville had predicted, while pushing the crown, the conservative agrarian elites, the civil service, but also the bourgeoisie into a position of anxious inertia and defensive *Sammlung*. Consequently, politics became organized into blocs and 'cartels' and competition in the political marketplace was warped. The outcome of elections was not reflected in the constitutional power structure. Constitutional reform grew very difficult, if not impossible, because the desire to change the status quo did not exist outside the Social Democrats. Any pressure from below was ultimately ineffective as long as the power structure remained the same that Bismarck had devised in 1871 in order to keep the Reichstag weak and secure the predominance of the Prusso-German monarchy. Whatever conflict resolution still existed, it was, according to Thomas Kühne citing Gerhard Lehmbruch, 'corporatist' (Kühne 2005, 315). Wilhelmine Germany was characterized not only by 'democracy in the undemocratic state,' as Brett Fairbairn has argued (Fairbairn 1997), but also by democracy in an at best semi-parliamentary state whose monarch, elites, and agrarian and middle-class parties were opposed to taking steps toward basic constitutional reform. The revival of older plans to abolish the Reich suffrage and to revise the Bismarckian constitution in a backward direction with the help of the Army (*Staatsstreich)* and its dangers of a civil war must also be considered in this context (Pogge von Strandmann 1965). It is true that Reich Chancellor Theobald von Bethmann Hollweg advised Wilhelm II again contemplating a violent solution to the growing impasse. Still that the crown prince should show his father the 1913 memorandum by a retired Bavarian general and Pan-German who then forwarded it to Bethmann is significant of the state of mind of the monarch and his entourage.

In these respects, the situation was different in Britain and the United States. There the power shift from the monarchy to representative bodies had taken place before the issue of universal suffrage inserted a new grass-roots democratic dynamic into the political process. To be sure, in the U.S. and Britain changes in the socioeconomic and political systems also introduced pressures and even serious crises. To many contemporaries the outlook for Britain in 1910/11 did not look rosy, as mass strikes by industrial workers broke out and the suffragettes organized demonstrations to obtain the female vote. There was also the danger-ous House of Lords crisis (Searle 2004). But time and again the situation could be relieved when elections produced different parliamentary majorities from which a new government was formed. This cabinet had, already at election time, promised legislation for change and had then received a mandate for it that facilitated overcoming a temporary political impasse, even one as contentious as the reform of the House of Lords.

It was in this context that Britain achieved quite a radical constitutional change, certainly in comparison with the *blockage* in Germany that needed to be overcome no less urgently. It was facilitated by the fact that 'in a liberal political culture that linked „free trade", „free church", „free labor," and „free education," the British working-class movement, unlike the

German one, saw no necessity but also no opportunity to emancipate itself from the „tutelage"
of the Liberal Party [just] because of the [still not universal] suffrage system' (Weisbrod 1990,
244). Thus, the 'successful channeling of the drive for democracy' was achieved in Britain
in the decades before 1914.

In Berlin, by contrast, it became impossible to break a major logjam because the monarchical executive refused to act and the Reichstag remained in its majority unwilling to
challenge the constitutional status quo. In the United States, the destruction of royal power
and prerogatives had also preceded the emergence of universal suffrage. The questions of
*Fundamentalparlamentarisierung* and *Fundamentaldemokratisierung* were at stake. The fact
that the process unfolded in the opposite sequence in America and Britain from Prussia-
Germany seems to be a peculiarity of the German development that was exacerbated by a
concomitant *Fundamentalpolitisierung* to which the monarchy did not find a solution in
peacetime (Kühne 2000, 87). The creation of a constitutional monarchy that made the
Reichstag the power center was delayed until the hour of military defeat in September 1918.
But the shift came too late and the 'revolution from above' was swallowed up a few weeks
later by a 'revolution from below' that, with Wilhelm II safely in his Dutch exile and after
the quelling of the Spartacist uprising and elections for a National Assembly, finally gave
birth to a parliamentary republic.

The intriguing point is that in the 1860s, the Prusso-German monarchical system had been
faced with the question that Britain and the United States had settled in the seventeenth and
eighteenth centuries. In the Constitutional Conflict the Liberals confronted the Prussian
king over whether a power shift from the monarchy to the Prussian Diet could be effected
(Lenger 2003, 280 ff.). But Bismarck succeeded in blocking the parliamentarization of the
political system in 1866 and again in 1870/71. As Hamerow (1973) has shown, Bismarck's
introduction of the universal suffrage was part and parcel of a strategy to defeat the Liberals
and to block parliamentarization that he continued to see as the more serious threat. If Schönberger's explanation about the later difficulties of Prusso-German constitutionalism is correct,
the 1860s appear to be the decade when Germany took a path that was different from that
of the United States and Britain. Apart from Marie-Louise Recker's comparative anthology
*Parlamentarismus in Europa* (2004), brief reference might be made in this context to Martin
Kirsch's *Monarch und Parlament im 19. Jahrhundert* (1999), whose main comparison is with
the French experience. The intriguing aspect is here that the struggle between monarchy
and parliament went back and forth several times until the 1870s. Unlike in Germany, it
was finally settled in favor of the National Assembly being the power center in the 1880s.
Consequently, Hans-Christof Kraus's argument (2004) about the model character of the
French pattern, while perhaps applicable to some other Continental European countries,
does not fit the Prusso-German case too well. It seems that better insights into its evolution
are to be gained from comparisons with Britain and the United States.

When we come to compare the evolution of the three systems of economic and industrial
organization, it is more difficult to pinpoint a crucial period of change. But as the discussion
of the three cases has shown, these systems can be placed along a continuum, at the one end
of which stood America with respect to market organization and its basic principles. Faced

with the emergence of a more highly organized and complex capitalism, Washington's legis-lature, in ratifying the Sherman Act, criminalized the formation of cartels and monopolies and thereby moved its industries in the direction of trusts and oligopolistic competition. It thereby cemented an anti-protectionist market-place which left enough niches for the small entrepreneur and protected the consumer against price-fixing cartels. The Act became 'the guarantor of competitive markets' (Dilorenzo 1994, 77). It helped pave the way for the advent of Fordism, defined not merely as a system of rationalized assembly-line production but also as one geared to a reduction of prices of mass-produced goods for the benefit of the average citizen consumer.

The German industrial system meanwhile moved to the other end of the spectrum by forming and even legalizing producer-driven cartels and syndicates. To be sure, there was no total cartellization. Some big corporations never combined in protectionist agreements with other independent firms, and there was a fair measure of competition in the marketplace. There were even some entrepreneurs who urged their colleagues to take America as their model. The Ruhr industrialist August Thyssen postulated in 1905 that 'the age of syndicates is really over; we must now move towards trusts' (Quoted in Feldman/Homburg 1976, 38). Hjalmar Schacht, in the Weimar Republic president of the Reichsbank and a man who col-laborated with Hitler after 1933, observed in 1903 that cartels were an opium for industry; trustification alone would guarantee a viable and dynamic capitalism in the twentieth century (Berghahn 2006, 31). The comparison might be carried further by including the position of the small enterprise within the three systems.

In none of the three, the smaller competitors were extinguished but found their specific niche in the marketplace. But the methods by which they survived seem to have been different if one juxtaposes the situation in the U.S. with the protected German system of *Fachhandel* with its *Preisbindungen* that it took until well after World War II to be loosened under pressure from the America.

Thyssen's and Schacht's exhortations notwithstanding, the fact remains that by 1914 Germany became one of the most highly cartellized countries in the world. It was a process that comprised all branches and types of enterprises and continued after 1918, reaching its culmination point in the Third Reich. In terms of its market organization it remained an authoritarian producer capitalism and delayed until after World War II the advent of a 'democratic' consumer capitalism that promised and delivered 'prosperity for all' (Erhard 1957), at least in the Western world. On this continuum, Britain occupied a middle position. It did not ban cartellization nor did it legalize it. It did permit trustification, but there was no big merger movement as the U.S. Britain upheld the principle of contract freedom under which it was possible to have both (Freyer 1994, 88).

The question I would like to raise for critical discussion is whether there is a connec-tion between the way the American, German and British political systems and its cultures developed, on the one hand, and the organization of each country's economy, on the other. Can we argue that the Prusso-German constitutionalism and its trend toward party-political cartellization fitted better with price-fixing cartels and syndicates and underlying larger at-titudes toward economy, society, and politics than with what emerged in the United States?

Conversely, can one say that the American Constitution with its representative structure harmonized with the principles of the Sherman Act and the idea of Fordism and consumer-friendly price reductions? Is it significant that, in contrast to Germany, the power question between crown and parliament was settled in favor of the latter in Britain and the United States before the suffrage question appeared on the constitutional agenda and that, again in contradistinction to Germany, this shift occurred before the emergence of more highly concentrated and organized capitalist economies?

Asking these questions is not to claim that a democratic-representative political system and a competitive economy are Siamese twins. But judging from the historical record, the *Kaiserreich's* political and industrial systems display a certain complementary compatibility that was different from the other two cases analyzed here. In undertaking this analysis, my focus has been on the internal political and economic organization. What has not been covered is how imperialism and colonialism affected all three, and here the similarities between them may well be greater. Still, the German peculiarities discussed above did have consequences that may explain why it is premature to bury the *Sonderweg* question. Some of the reasons for this were raised in the first section of this contribution, and a few more in its central parts by means of a comparison of three different systems and historical experiences of suffrage, parliamentarism, and industrial organization.[1]

## Bibliography

Abelshauser, W.: *The First Post-Liberal Nation: Stages in the Development of Modern Corporatism in Germany*, in: *European History Quarterly* 14 (1984), 285-318.

Anderson, M.: *Practising Democracy. Elections and Political Culture in Imperial Germany,* Princeton, 2000.

Idem: *Reply to Volker Berghahn*, in: *Central European History* 1 (2002), 83-90.

Idem: *A German Way of War?*, in: *German History* 2 (2004), 254-258.

Idem: *How German Is It?*, in: *German History,* 1 (2006), 122- 126.

Applegate, C.: *A Nation of Provincials. The German Idea of Heimat*, Berkeley, 1990.

Arnold, Th.: *Bottlenecks of Business,* New York, 1940.

Arsenscheck, R.: *Der Kampf um die Wahlfreiheit im Kaiserreich,* Düsseldorf, 2003.

Berghahn, V.R.: *The Americanization of West German Industry, 1945-1973,* New York, 1986.

Idem: *The German Empire, 1871-1914. Reflections on the Direction of Recent Research*, in: *Central European History* 1 (2002), 75-81.

Idem: *Das 'deutsche Kapitalismus-Modell' in Geschichte und Geschichtswissenschaft*, in: idem/S. Vitols (eds.), *Gibt es einen deutschen Kapitalismus? Tradition und globale Perspektiven der Marktwirtschaft,* Frankfurt, 2006, 25-43.

Best, H.: *Politische Modernisierung und parlamentarische Führungsgruppen in Deutschland, 1867-1918*, in: *Historical Social Research* 1988, 5-74.

Blackbourn, D.: *Class, Religion and Local Politics in Wilhelmine Germany*, New Haven, 1980.

Idem/Eley, G.: *The Peculiarities of German History,* Oxford, 1984.

---

1   I would like to thank Detlef Georgia Schulze, Helmut Walser Smith, and Jim Retallack for many excellent comments on the manuscript of this article that improved the final version considerably.

Blaich, F.: *Kartell- und Monopolpolitik im kaiserlichen Deutschland,* Düsseldorf, 1973.

Blewett, N.: *The Peers, the Parties and the People,* London, 1972.

Confino, A.: *The Nation as a Local Metaphor,* Chapel Hill, 1997.

Dilorenzo, T.J.: *The Origins of Antitrust,* in: Himmelberg 1994, 73-90.

Eley, G. (ed.): *Society, Culture, and the State, 1870-1930,* Ann Arbor, 1996.

Idem: *The Problem with German History after the Linguistic Turn,* in: *Central European History* 31 (1998), 197-227.

Idem: *Forging Democracy: The History of the Left in Europe, 1850-2000,* Oxford, 2002.

Idem: *Discussion with D. Blackbourn on the occasion of the 25th anniversary of the publication of the* Peculiarities of German History, in: *German History* 2 (2004), 229-245.

Erhard, L.: *Wohlstand für alle,* Düsseldorf, 1957.

Evans, R. (ed.): *Society and Politics in Nineteenth Century Germany,* London, 1978.

Fairbairn, B.: *Democracy in the Undemocratic State,* Toronto, 1997.

Feldman, G.D./H. Homburg: *Industrie und Inflation, 1916-1923,* Hamburg, 1976.

Fezer, K.-H.: *Die Haltung der Rechtswissenschaften zu den Kartellen,* in: Pohl 1985, 51-64.

Foot, P.: *The Vote. How It Was Won and How It Was Undermined,* London, 2005.

Fox, E.M./L.A. Sullivan.: *The good and the bad trust dichotomy: a short history of a legal idea,* in: Kovaleff 1994b, 77-102.

Freyer, T.: *The Sherman Antitrust Act. Comparative Business Structure and the Rule of Reason: America and Great Britain, 1880-1920,* in: Himmelberg 1994, 81-107.

Hamerow, T.S.: *The Origins of Mass Politics in Germany, 1866-1867,* in: I. Geiss et al. (eds.): *Deutschland in der Weltpolitik des 19. und 20. Jahrhunderts,* Düsseldorf, 1973, 105-120.

Heflebower, R.B.: *Monopoly and Competition in the United States of America,* in: E.H. Chamberlin (ed.): *Monopoly and Competition and Their Regulation,* London, 1954, 110-140.

Hentschel, V.: *Wirtschaft und Wirtschaftspolitik im wilhelminischen Deutschland,* Stuttgart, 1978.

Herrmann, K.: *Die Haltung der Nationalökonomie zu den Kartellen bis 1914,* in: Pohl 1985, 42-48.

Hewitson, M.: *The Kaiserreich in Question: Constitutional Crisis in Germany before the First World War,* in: *Journal of Modern History* Dec. 2001, 725-780.

Himmelberg, R.F. (ed.): *The Rise of Big Business and the Beginnings of Antitrust and Railroad Regulation, 1870-1900,* Vol. 1, New York, 1994.

Hobson, J.A.: *Imperialism* [1902], London, 1938.

Horne, J./A. Kramer: *German Atrocities 1914,* New Haven, 2002.

Idem/idem: *German Atrocities in the First World War. A Response,* in: *German History* 1 (2006), 118-121.

Hucko, E. (ed.): *The Democratic Tradition,* Leamington Spa, 1987.

Hull, I.V.: *Absolute Destruction. Military Culture and Practices of War in Imperial Germany,* Ithaca, 2005.

Kinzer, B.L.: *The Ballot Question in the Nineteenth Century,* New York, 1982.

Kirsch, M.: *Monarch und Parlament im 19. Jahrhundert,* Göttingen, 1999.

Kleinwächter, F.: *Kartelle,* Innsbruck, 1883.

Kocka, J.: *Bürgertum und Sonderweg,* in: Peter Lundgreen (Hg.), *Sozial- und Kulturgeschichte des Bürgertums. Eine Bilanz des Bielefelder Sonderforschungsbereichs (1986-1997),* Göttingen, 2000, 93-110.

Idem/A. Mitchell (eds.): *Bourgeois Society in Nineteenth Century Europe,* Oxford, 1993.

Kovaleff, T.P.: *Historical Perspective: an Introduction,* in: idem 1994b, 3-18 (= a).

idem (ed.), *The Antitrust Impulse*, Vol. 1, Armonk, NY, 1994b.

Kraus, H.-C.: *Monarchischer Konstitutionalismus. Zu einer neuen Deutung der deutschen und europäischen Verfassungsentwicklung im 19. Jahrhundert*, in: *Der Staat* 2004, 595-620.

Kreuzer, M.: *Parliamentarization and the Question of German Exceptionalism, 1867-1918*, in: *Central European History* 3 (2003), 327-357.

Kühne, T.: *Dreiklassenwahlrecht und Wahlkultur in Preussen, 1867-1914*, Düsseldorf, 1994.

Idem: *Die Jahrhundertwende, die 'lange' Bismarckzeit und die Demokratisierung der politischen Kultur*, in: L. Gall (ed.): *Otto von Bismarck und Wilhelm II.*, Paderborn, 2000.

Idem: *Demokratisierung und Parlamentarisierung*, in: *Geschichte und Gesellschaft* 31 (2005), 293-316.

Lässig, S./K.H. Pohl: *Sachsen im Kaiserreich*, Cologne, 1996.

Lenger, F.: *Industrielle Revolution und Nationalstaatsgründung*, Stuttgart, 2003.

Levy, H.: *Monopole, Kartelle und Trusts in ihren Beziehungen zur Organisation des Kapitalismus. Dargestellt an der Entwicklung in England*, Jena, 1909.

McGerr, M.E.: *The Decline of Popular Politics: The American North, 1865-1928*, Oxford, 1986.

Middlemas, K.: *Politics in Industrial Society*, London, 1979.

Nipperdey, Th.: *Die Organisation der deutschen Parteien vor 1918*, Düsseldorf, 1961.

Idem: *Wehlers 'Kaiserreich'. Eine kritische Auseinandersetzung*, in: idem, *Nachdenken über deutsche Geschichte*, Göttingen, 1976, 360-390.

Nolan, M.: *Visions of Modernity*, Oxford, 1994.

Pogge von Strandmann, H.: *Permanenz der Staatsstreichdrohung*, in: I. Geiss/H. Pogge von Strandmann (eds.): *Die Erforderlichkeit des Unmöglichen*, Frankfurt, 1965, 7-45.

Pohl, H. (ed.): *Kartelle und Kartellgesetzgebung in Praxis und Rechtsprechung vom 19. Jahrhundert bis zur Gegenwart*, Stuttgart, 1985.

Rauh, M.: *Föderalismus und Parlamentarismus im Wilhelminischen Reich*, Düsseldorf, 1973.

Idem: *Die Parlamentarisierung des Deutschen Reiches*, Düsseldorf, 1977.

Recker, M.-L. (ed.): *Parlamentarismus in Europa*, München, 2004.

Retallack, J.N.: *Antisocialism and Electoral Politics in Regional Perspective: The Kingdom of Saxony*, in: L.E. Jones/J.N. Retallack (eds.): *Elections, Mass Politics and Social Change in Modern Europe*, Cambridge 1992, 49-91.

Idem, *Election Campaigns and Franchise Struggles in Regional Perspective*, in: *German History* 13 (1995), 70-79.

Ritter, G.A.: *Die deutschen Parteien*, Göttingen, 1985.

Rogers, D.W.: *The Right to Vote in American History*, in: idem (ed.): *Voting and the Spirit of American Democracy*, Urbana, 1992, 3-17.

Rosenberg, H.: *Grosse Depression und Bismarckzeit*, Berlin, 1967.

Schmidt, G.: Innenpolitische Blockbildungen in Deutschland am Vorabend des Ersten Weltkrieges, in: *Aus Politik und Zeitgeschichte* (Beilage), 13 May 1972, 3-32.

Schönberger, C.: *Die überholte Parlamentarisierung. Einflussgewinn und fehlende Herrschaftsfähigkeit des Reichstags im sich demokratisierenden Kaiserreich*, in: *Historische Zeitschrift* 272 (2001), 623-666.

Searle, G.R.: *A New England?*, Oxford, 2004.

Spenkuch, H.: *Vergleichsweise besonders? Politisches System und Strukturen Preussens als Kern des 'deutschen Sonderwegs'*, in: *Geschichte und Gesellschaft* 29 (2003), 262-293.

Sperber, J.: *The Kaiser's Voters*, Cambridge, 1997.

Spree, R.: *Die Wachstumszyklen der deutschen Wirtschaft von 1840 bis 1880*, Göttingen, 1978.

Stegmann, D.: *Die Erben Bismarcks*, Cologne, 1970.

Stigler, G.J.: *The Origins of the Sherman Act*, in: *Journal of Legal Studies* 16 (January 1985), 1-12.

Suval, S.: *Electoral Politics in Wilhelmine Germany*, Chapel Hill, 1985.

Van Cise, J.G.: *Antitrust past – present – future*, in: Kovaleff 1994b, 21-44.

Wehler, H.-U.: *Bismarck und der Imperialismus*, Cologne, 1969.

Idem: *The German Empire, 1871-1918,* Leamington Spa, 1985 (German original edition: Göttingen, 1973).

Idem: *A Guide to Future Research on the Kaiserreich?*, in: *Central European History,* 29 (1997), 541-572.

Idem: *The German 'Double Revolution' and the* Sonderweg, *1848-1879*, in: R. Rürup (ed.), *The Problem of Revolution in Germany, 1789-1989*, Oxford, 2000, 61-63.

Idem: Entry 'Sonderwegsdebatte,' in: M. Behnen (ed.): *Lexikon der deutschen Geschichte von 1945 bis 1990,* Part 2, Stuttgart, 2002.

Weisbrod, B.: *Der englische 'Sonderweg' in der Geschichte*, in: *Geschichte und Gesellschaft* 16 (1990), 233-252.

Wilentz, S.: *Property and Power. Suffrage Reform in the United States, 1787-1860*, in: D.W. Rogers (ed.): *Voting and the Spirit of American Democracy,* Urbana, 1992, 31-41.

Williamson, C.: *American Suffrage. From Property to Democracy, 1760-1860,* Princeton, 1960.

Wood, G.S.: *The American Revolution,* New York, 2002.

Zmarzlik, H.-G.: *Das Kaiserreich in neuer Sicht?*, in: *Historische Zeitschrift* 222 (1976), 105-126.

*Ralf Ptak/Frieder Otto Wolf*

## Autoritärer und libertärer Neoliberalismus

Im Zentrum des Neoliberalismus steht ein Kategorienfehler, analog etwa zu der sinnlosen Frage nach der Farbe eines Logarithmus: Die Menschen werden statt als gesellschaftliche Lebewesen als ungesellschaftliche Individuen aufgefasst, deren dann doch nicht zu leugnenden gesellschaftliche Lebenszusammenhänge als naturgegeben behauptet werden.[1] Margaret Thatcher hat diesen elementaren Gedanken in der ihr gegebenen Prägnanz zum Ausdruck gebracht: „There is no such thing as society, there are only individuals and their families!"

Die extreme Selbstbezüglichkeit, welche ein derartiger Diskurs durchhalten muss, um nicht immer wieder von Neuem an einer Realität zu scheitern, in der eben doch gesellschaftliche Lebewesen in einem materiellen Stoffwechsel mit der Natur historisch miteinander handeln und nicht etwa nur Handel treiben, hat Egon Edgar Nawroth (1961, 18) bereits in den 1960er in seiner fundierten Untersuchung zu den wirtschafts- und sozialphilosophischen Grundlagen des Neoliberalismus prägnant und treffend gekennzeichnet, in dem er feststellte, „dass es den Neoliberalen nicht so sehr um eine ernsthafte Diskussion der aufgeworfenen Probleme, sondern mehr oder weniger um ein Gespräch zwischen den eigenen vier Wänden geht, das sich im wesentlichen darin erschöpft, die eigenen Thesen ständig zu wiederholen und grundsätzliche Einwände mit Schweigen zu übergehen."

Die liberale politische Philosophie eines John Locke oder auch der Liberalismus eines Adam Smith hatten demgegenüber noch mit der Annahme einer 'natürlichen Gesellschaftlichkeit' operiert: Die naturzuständlichen oder auch naturwüchsigen Austauschverhältnisse zwischen Menschen als Privateigentümern bildeten bei Locke wie bei Smith eine elementare Grundlage für die vernünftige politische Ausgestaltung dieser Austauschverhältnisse bis hin zu ihrer beständigen Verbesserung ('improvement'). Alles das hat der ursprüngliche Neoliberalismus zusammen mit den unhaltbar gewordenen anthropologischen Konstruktionen (wie einer 'natural propensity to barter and exchange' [Smith]) und spekulativen Fiktionen (wie etwa eines 'Gesellschaftsvertrages'[2]) über Bord geworfen, so dass in seinem Diskurs nur noch eine Leerstelle zurückblieb, welche sich je nach Lage als Ablehnung jeder Art von Staatseingriffen in ökonomische Prozesse oder als Ruf nach der Staatsgewalt zur Abwehr 'unnatürlicher' marktgefährdender Haltungen und Handlungen artikuliert. Da-

---

1  Insofern besteht ein strukturelles Resonanzverhältnis zwischen neoliberalen Positionen und einer zur 'negativen Gesellschaftstheorie' ideologisierten 'Soziobiologie'.

2  Wenngleich im letzten neoliberalen Theoriezyklus der 1980er Jahre insbesondere durch James M. Buchanan eine neoliberale Theorie des Gesellschaftsvertrags vorgelegt wurde. Vgl. hierzu Reitzig/ Brandl 1997.

raus ergibt sich strukturell der Charakter einer 'Kippfigur', in der unter sich verändernden gesellschaftlichen Voraussetzungen der marktradikale Appell an die Selbstregulierung der Märkte oder der Rückgriff auf die Staatsmacht als Garant der Marktverhältnisse zwischen isoliert gedachten Privateigentümern in den Vordergrund treten kann. Gerade deswegen können diese beiden Extrempositionen nicht als solche zur Grundlage konkreter neoliberaler Strömungen werden, da der Neoliberalismus stets beide Optionen in sich trägt – wenn auch mit unterschiedlichen, z.T. auch wechselnden Akzentsetzungen.

Diese neue Herangehensweise des Neoliberalismus ist allerdings nicht einfach willkürlich. Sie reproduziert geläufige Evidenzen, wie sie sich im Lebensprozess der Menschen unter den Bedingungen der Herrschaft der voll entwickelten kapitalistischen Produktionsweise 'von selbst' ergeben: Zum einen scheint sich der Markt als Austauschmechanismus ganz sachlich 'von selbst' zu regulieren, sofern überhaupt nur Individuen existieren, die als Privateigentümer auf den Kauf und Verkauf von Waren angewiesen sind. Zum anderen bedarf das Privateigentum immer des Schutzes vor 'bösen Menschen', die es sich ohne Äquivalententausch aneignen wollen, d.h. durch Betrug innerhalb des Austauschprozesses der Waren oder durch Gewalt außerhalb der Tauschbeziehungen. Dem gemäß kann sowohl die Evidenz aufkommen, dass Märkte am besten gedeihen, wenn sie ihrer 'Eigenlogik' überlassen und von jedem regulierenden Eingriff frei gehalten werden – woraus sich in der Konsequenz ein Diskurs der Deregulierung ergibt –, als auch die Evidenz, dass eine hinreichend starke Staatsgewalt immer erforderlich bleibt, um diejenigen Menschen in Schach zu halten, welche sich nicht an die Marktregeln halten wollen (wie etwa die streikenden Bergarbeiter zu Beginn des Thatcherismus). Entsprechend tritt der Neoliberalismus immer wieder mit zwei – scheinbar – entgegengesetzten Gesichtern auf, die ihm allerdings beide gleichermaßen wirklich eigen sind: dem Gesicht des libertären Individualismus, der jede regelnde Beschränkung der individuellen Willkürfreiheit als repressiven Staatseingriff geißelt, und dem Gesicht des autoritären Konformismus, in dem die pflichtgemäße Regelbefolgung (und der sie erzwingende staatliche Zwangsapparat) zum höchsten Wert aufrückt.

Diese beiden Gesichter wechseln nicht nur in jeweils spezifischen historischen Situationen, sie können auch in unterschiedlichen Entwicklungslinien konkreter Gesellschaftsformationen mehr oder minder dauerhaft in den Vordergrund treten. Auf dieser Grundlage haben sich in den imperial hegemonialen angelsächsischen Ländern mit ihrer schon im 17. oder 18. Jahrhundert durchgesetzten Herrschaft der kapitalistischen Produktionsweise eher die libertären und marktradikalen Varianten des Neoliberalismus in den Vordergrund gedrängt, während in imperialen Herausforderstaaten wie Deutschland oder Japan im Zuge einer forcierten nachholenden Industrialisierung stärker die autoritäre Variante ausgeprägt worden ist. Hayeks ersten Begründungen der explizit philosophischen, sowohl wissenschaftstheoretischen (vgl. Wainwright 1994) als auch geschichtsphilosophischen (vgl. Sassen 1996) Rahmenauffassungen des Neoliberalismus lassen daher zugleich Raum für den in der Regel[3] libertär

---

3    Eine gewisse 'Ausnahme' bildete der 'Fall Chile', in dem ein Militärputsch und eine Militärdiktatur als Geburtshelfer der 'neoliberalen Konterrevolution' (Milton Friedman) erforderlich waren und dem gemäß auch gewaltsame staatliche Eingriffe und autoritäre Regime zu rechtfertigen waren. Dass

auftretenden, bis in die 1970er Jahre hinein marginal bleibenden anglo-amerikanischen Neoliberalismus wie auch für den deutsche Ordoliberalismus (vgl. Ptak 2000).

Angesichts des variablen Auftretens des Neoliberalismus in unterschiedlichen gesellschaftlichen Entwicklungslinien und in unterschiedlichen sozioökonomischen Kontexten wird manchmal der gemeinsame, antidemokratische Kern übersehen: Auch die marktradikal-libertäre Variante geht von dem Postulat aus, dass die Menschen grundlegend nicht dazu in der Lage sind, ihre Verhältnisse selbst zu gestalten – und auch die autoritäre Variante behandelt die 'Marktgesetze' als für politische (d.h.: potentiell demokratische) Eingriffe grundsätzlich unantastbar. Allenfalls kann innerhalb jener Variante betont werden, dass es darum gehe, staatliche oder andere politische Eingriffe in die schrankenlose Freiheit des Individuums als Privateigentümer abzuwehren – oder in der autoritären Variante, dass es die Aufgabe der Staatsgewalt sei, ihr Gewaltmonopol und ihre Autorität dafür einzusetzen, die 'Übergriffe' von rückwärtsgewandten und anderen marktwidrigen Individuen zurück-zuweisen, die das 'freie Spiel' dieser Marktkräfte von außerhalb der ökonomischen Prozesse zu beinträchtigen drohen. Dennoch sind beide Strömungen – wenn auch in unterschiedlicher Intensität – für eine rahmensetzende Ordnungspolitik. Auch der angloamerikanische Neoliberalismus verzichtet nicht grundsätzlich auf dieses Instrument, schon deshalb weil Märkte ohne institutionelle Absicherung nicht funktionsfähig wären.

## Die Vielfalt – und die Einheit der Neoliberalismen

Es gibt in dieser Perspektive nicht den *einen,* ein für alle Mal abschließend formulierbaren Neoliberalismus. Gerade wegen des ihm zugrunde liegenden Kategorienfehlers muss er sich in jeder konkreten Anwendung auf gesellschaftliche Entwicklungslinien und historische Situationen immer wieder in besonderen Varianten zeigen. Das begründet durchaus eine Stärke: Er ist nicht nur universal anwendbar, sondern zugleich dazu imstande, sich selbst in seiner konkreten Anwendung immer wieder neu zu variieren. Wenn gerade in Deutschland und Frankreich viele MeinungsführerInnen den Neoliberalismus für eine angloamerikanische Erscheinung, halten, die in Europa keine Perspektive haben könne – weil sie im Widerspruch zu den Prinzipien des sog. rheinischen Kapitalismus oder zum 'europäischen Sozialmodell' stehe, ist der politische Wunsch der Vater des in Anspruch genommenen Gedankens.

Der gemeinsame Ausgangspunkt aller Varianten des Neoliberalismus bildete die 'große Wirtschaftskrise' Ende der 20er/Anfang der 30er Jahre des vergangenen Jahrhunderts. Bereits in der Auseinandersetzung mit den sowjetischen Planungsexperimenten hatte in der österreichischen Schule Ludwig von Mises den Anspruch erhoben, die Unmöglichkeit jeder gestaltenden politischen Planung eines rationalen ökonomischen Prozesses theoretisch beweisen zu können. Als die liberale Wirtschaftstheorie dann unter dem Eindruck der „Epochenbedeutung der Weltwirtschaftskrise" (Borchardt 1976, 710) in eine tiefe Krise

---

diese Ausnahme wiederholbar bleibt, zeigt die Praxis der neoliberalen Förderung eines diktatorischen Regimes in Peru unter Fujimori (vgl. Plehwe/Walpen 2001).

stürzte, in deren Folge die politische Gestaltung und Intervention in den Markt auf keynesianischer Grundlage zur allgemeinen Richtschnur fast aller kapitalistischen Staaten wurde, erschloss die neoliberale Uminterpretation des gesamten Feldes dagegen eine neue Option zur Verteidigung der bis dahin von der Neoklassik und der subjektiven Wertlehre dominierten Wirtschaftstheorie. Anstatt mit Keynes nach den Bedingungen einer staatlichen Globalsteuerung des Reproduktionsprozesses des Kapitals in entwickelten Volkswirtschaften zu fragen, hat dann vor allem Friedrich August von Hayek die Argumentation seines akademischen Lehrers Ludwig von Mises ausgeweitet und radikalisiert, indem er die Einzigartigkeit von Marktprozessen als Durchsetzungsformen einer schwachen menschlichen Rationalität in allen ökonomischen Prozessen behauptete: Angesichts des evolutionären, den Horizont der handelnden Generationen von Menschen prinzipiell übersteigenden Charakters ökonomischer Entwicklungen könnten sich alle Versuche einer bewusst gestaltenden Einwirkung nur irrational und destruktiv auswirken – Hayek spricht von der „Anmaßung des Wissens" (1975). Deswegen müssten mit den Planungsversuchen auch alle anderen Formen einer gestaltenden Staatsintervention aufgegeben werden, deren irrationale Häufung zur zentralen Ursache der großen Krise erklärt wurde. Umgekehrt käme es darauf an, politische Macht und Gewalt dafür einzusetzen, diese langfristigen Entwicklungsprozesse gegen alle derartigen Störungsversuche zu verteidigen. Diese Aufgabe schrieb Hayek, wie viele seiner Zeitgenossen, einer neuen Elite zu, welche die Aufgabe habe, gegen die kurzfristigen Interessen der 'Massen' eine derartige langfristige Orientierung durchzusetzen.

Ebenso bezeichnend ist die Tatsache, dass ein scharfer Angriff von Walter Eucken und Alexander Rüstow auf die Weimarer Republik den Ausgangspunkt für die theoretische Formierung des deutschen Neoliberalismus bildete. So war es Eucken, der 1932 in einem Aufsatz die Ursache der Weltwirtschaftskrise maßgeblich auf den Einfluß der „chaotischen Kräfte der Masse" (Eucken 1932, 312) in Staat und Gesellschaft zurückführte. Dieser Einfluss hätte, so die Argumentation, den Interventionsstaat heraufbeschworen und damit die Kräfte des marktwirtschaftlichen Wettbewerbs lahmgelegt. Schuld an der Erlahmung der Wirtschaft und an der steigenden Arbeitslosigkeit habe die Entwicklung zu einem Staat, der „sich des vereinten Ansturms der Interessentenhaufen nicht mehr erwehren kann." Am Ende bliebe nur „der Staat als Beute" (Rüstow 1932, 171). Als Lösung des Problems forderten die neoliberalen Pioniere in Deutschland einen 'starken Staat' – wohlgemerkt 1932, vor dem Hintergrund des Aufstiegs der NSDAP –, der mit großer Machtfülle ausgestattet einem übergeordneten Gesamtinteresse Geltung verschaffen sollte, um so den Einfluss der Parteien und Gewerkschaften zurückzudrängen. Rüstow erwog gar die Außerkraftsetzung der gerade erst geschaffenen Demokratie, indem er in bewusster Anlehnung an Carl Schmitt (1924) „eine befristete Diktatur" empfahl, „sozusagen eine Diktatur mit Bewährungsfrist" (Rüstow 1929 [1959], 99). Zweck dieses 'starken Staates' sollte es sein, den Einflussbereich des Parlaments durch eine Trennung der Sphären Staat und Wirtschaft massiv zu begrenzen und so wirtschaftspolitische Eingriffe zur Beeinflussung der Marktprozesse und ihrer Ergebnisse zu unterbinden.

Wenn die deutschen Varianten des Neoliberalismus immer wieder stärker staatsbetont ausgefallen sind, als dies zumindest in den Hauptlinien der angloamerikanischen Diskussionsentwicklung der Fall war, so sagt dies mehr über unterschiedliche Entwicklungspfade verschiedener historischer Gesellschaften als über den Neoliberalismus selbst aus, der sich beiden historischen Pfaden erfolgreich hat anpassen können. Deswegen sollten keine voreiligen Schlüsse aus der stärkeren Staatsbetonung im deutschen Neoliberalismus und seinem zeitweiligen Eintreten für eine explizit staatlich organisierte Form der Marktwirtschaft gezogen werden. Die einschneidenden ordnungspolitischen Vorstellungen, die dem deutschen Neoliberalismus dann in den 1950er Jahren zu der Bezeichnung „Ordoliberalismus" verholfen haben, stützen sich in der Tat auf einen starken Staat, der die Wettbewerbswirtschaft organisieren und institutionell absichern soll.

Das wird erst verständlich, wenn man die Kontinuitätslinien der deutschen Politik zugrunde legt: Gerade der deutsche Weg zum entwickelten Kapitalismus wurde durchgängig von einem besonders aktiven Eingreifen des Staates in Marktprozesse bestimmt, um den Aufholprozess gegenüber den bis dahin weit führenden Industrienation möglichst schnell zu bewältigen. Außerdem hatte sich der Liberalismus in Deutschland nicht nur – spätestens seit der von Bismarck betriebenen 'passiven Revolution' der 'Reichseinigung von oben' – als Nationalliberalismus ganz grundsätzlich mit der staatlichen Autorität des von vornherein als „Reich" konstituierten Nationalstaates arrangiert, sondern war auch von Anfang an dazu bereit, Autorität und Gewalt des Staates nach innen ('Sozialistengesetze') wie nach außen (imperiale Politik des 'Platzes an der Sonne', den es militärisch zu erobern galt) zur Durchsetzung wirtschaftlicher Expansionsziele und zur Absicherung der 'Wirtschaftsordnung' einzusetzen.

Die programmatische Konsolidierung der deutschen Variante des Neoliberalismus erfolgte nicht zufällig während der NS-Zeit, in der die Ordoliberalen zwischen anbiedernder Anpassung und enttäuschter Distanz changierten (vgl. Ptak 2004, 57 ff.). Das ausformulierte ordoliberale Konzept der Sozialen Marktwirtschaft und die damit verbundene Kritik am alten Liberalismus und seinem *Laissez-faire*-Prinzip, die gern als Gegenposition zum angelsächsischen Neoliberalismus angeführt werden, muss als eine historische Variante des gleichen Grundmusters entschlüsselt werden, die sich nur aus den konkreten politischen Bedingungen nach 1945 begreifen lässt: Eine offen und explizit marktradikal-individualistische Ausformung der Gesellschaft, wie wir sie heute erleben, wäre in der damaligen keynesianisch-reformkapitalistisch, wenn nicht sogar sozialistisch, geprägten Nachkriegsstimmung öffentlich nicht durchsetzbar gewesen (vgl. ebd., 201 ff.).

Das Konzept der Sozialen Marktwirtschaft wurde dem gemäß als ein Konzept „erfunden" (Alfred Müller-Armack), mit dessen Hilfe auch unter schwierigen sozioökonomischen und politischen Bedingungen zumindest eine neoliberale Grundrichtung eingeschlagen werden konnte. Ein derartiges Arrangement sollte über einen breit getragenen, weit im Vorfeld von politischen Entscheidungen hergestellten Konsens die erforderliche gesellschaftliche Unterstützung für den weiteren Ausbau des neoliberalen Wettbewerbsstaates gewährleisten. Die Herstellung einer derartigen Formierung bildet den Kern der ordoliberalen Gesellschaftspolitik, wie sie dann vor allem von Rüstow und Röpke ausformuliert wurde. Dieses Arrangement war nicht als ein politischer Kompromiss angelegt. Es zielte allein auf eine Verbreiterung der sozialen Basis und damit auf eine verbesserte Legitimierung des neoliberalen Projekts.

Diese auf historische Perioden und Entwicklungspfade bezogene Variabilität des Neoliberalismus sollte weder seine prinzipielle, über alle partiellen Widersprüche hinweg sich
immer wieder herstellende Einheit verdecken, noch für eine Schwäche gehalten werden –
ganz im Gegenteil hat die daraus resultierende Flexibilität der allgemein durchgehaltenen
Rahmenstrategie geradezu eine zusätzliche Kraft in ihrer taktischen Umsetzung verliehen.
Dieter Plehwe und Bernhard Walpen (1999, 206) konnten das dahingehend zusammenfassen, „dass der Neoliberalismus selbst kein Singular, sondern ein Plural ist, der über einer
Basis gemeinsamer Grundbestandteile sehr vielfältige Ausprägungen kennt. [...]. Er bildet ein
widersprüchliches Ensemble von wissenschaftlichen, insbesondere ökonomischen Theorien,
staatlichen und zivilgesellschaftlichen Politikformen, Konzernstrategien und Selbst-Prak-
tiken." Dem ist nur hinzuzufügen, dass sich auf eben diese Weise der durchaus einheitliche
Effekt herstellen lässt, unter sehr unterschiedlichen historischen Ausgangsbedingungen alle
externen Beschränkungen und „Einbettungen" (Polanyi 1944) der Marktprozesse anzugrei-
fen und zurückzudrängen, die der 'Herrschaft der kapitalistischen Produktionsweise' durch
gesellschaftspolitische Auseinandersetzungen und Kräfteverhältnisse seit der Durchsetzung
des 'Normalarbeitstages' hatten auferlegt werden können. Denn es ist die historische Mission des Neoliberalismus, an die Stelle eines durch historische Bedingungen und politische
Eingriffe 'gezügelten' wieder einen 'entfesselten' Kapitalismus zu setzen.

## Das neoliberale Gesellschaftsbild

Zugespitzt formuliert, ist der Neoliberalismus ein Projekt zur Auflösung einer politisch
organisierten Gesellschaft. Sein Thema ist allein die Ökonomie in einem weit gefassten
Sinne. Im Fokus aller Analyse steht fast götzenhaft der Markt, seine Struktur, seine Bedingungen und bestenfalls das ihn umgebende Umfeld. Insofern existiert die Gesellschaft im
neoliberalen Weltbild nur als Rahmenbedingung des Marktes, als exogene Größe oder gar
als Synonym für den Markt. Im neoliberalen Denken ist die Gesellschaft keine eigenständige Kategorie.

Das derart reduzierte Gesellschaftsbild, insbesondere die vom Nobelpreisträger Friedrich
August von Hayek entwickelte Theorie der kulturellen Evolution (vgl. Ptak 2007, 50 ff.),
stützt sich maßgeblich auf die Behauptung, dass der Weg in die moderne Gesellschaft nicht
das Produkt bewussten Handelns, sondern das Ergebnis eines kulturell determinierten Selek-
tionsprozesses gewesen sei. Folglich ist auch die Marktwirtschaft als Fokus der neoliberalen
Gesellschaft ein Ergebnis dieses unbewussten Zivilisationsprozesses, in dem sich das beste
System zur Koordination der wirtschaftlichen und sozialen Handlungen herausgeschält hat.
Zugleich wird eine erkenntnistheoretische Prämisse unterstellt, nach der die Menschen – die
immer nur als in der Perspektive nutzenmaximierender und Präferenzen kalkulierender
Individuen befangen betrachtet werden – nicht in der Lage seien, diesen Entwicklungsprozess
überhaupt zu verstehen. „Wir haben unser Wirtschaftssystem nicht entworfen, dazu waren
wir nicht intelligent genug. Wir sind in dieses Wirtschaftssystem hineingestolpert", heißt es
bei Hayek (1979 [1981], 222). Auf diese Weise muss der Markt nicht länger als ein abstraktes
oder gar perfektes Modell im Sinne neoklassischer Vollkommenheit erscheinen, sondern

wird – fast bescheiden – zu demjenigen Modell, welches unter den gegebenen Bedingungen der unterstellten Beschränktheit menschlicher Erkenntnis das immerhin Mögliche und insofern das Beste darstellt.[4] Staatliche Interventionen zur Korrektur der Marktergebnisse oder die Durchsetzung bestimmter gesellschafts- oder sozialpolitischer Zielsetzungen können aus dieser Logik heraus gar nichts anderes sein als störende Fremdkörper, die – wenn man sie nicht rechtzeitig beseitigt – die Auflösung der „spontanen Ordnung" (Hayek) des Marktes herbeiführen und damit letztlich zu einer inakzeptablen Alternative von Chaos oder Diktatur führen müssen. Damit wird nichts anderes behauptet, als dass *jede* bewusste Gestaltung von Wirtschaft und Gesellschaft, also auch ein durch eine politische Mehrheit legitimiertes Regierungs- oder Parteiprogramm, zwangsläufig in einem Gewaltverhältnis der entfesselten Massen gegenüber dem Einzelnen enden muss.

Jeder nicht nur formale Egalitarismus steht deshalb in dreifacher Hinsicht antagonistisch zum neoliberalen Modell: Erstens, weil er überhaupt eine kollektive Dimension unterstellt, nämlich eine gesellschaftspolitisch zu treffende Verabredung über einen gewünschten Zustand, wie auch immer dieser aussehen mag; zweitens, weil die von ihm geforderte materiale Gleichheit in direktem Gegensatz zu Konkurrenz und Wettbewerb steht, also gerade jenen Prinzipien, die das Grundgerüst der neoliberalen Marktgesellschaft ausmachen; und drittens, weil materiale Gleichheit zweifelsohne auch eine ökonomische Dimension hat, die auf die Korrektur von Marktergebnissen abzielt und insbesondere eine gerechte Verteilung des Produktivitätsfortschritts anstrebt. Es ist daher gar nicht verwunderlich, dass Hayek (1978, 157) von der „fundamentalen Sittenlosigkeit eines jeden Egalitarismus" spricht.

Schließlich musste eine Anerkennung materialer Gleichheit der Menschen, die über das Postulat ihrer bloß formalen Gleichheit im Moment jedes Vertragsabschlusses hinaus gehen würde, in den Grundeigenschaften dieser Menschen als BürgerInnen oder auch nur als Menschen möglicherweise zwingende Grenzen für eine bloße Hinnahme der faktischen Marktergebnisse erkennen, sofern diese die unbeschränkte Wahrnehmung des BürgerInnenstatus oder die Aufrechterhaltung der Menschenwürde der Betroffenen gefährden würden. Fragen wie die nach dem 'Recht auf Versorgung' oder sogar nach dem 'Recht auf Arbeit' ließen sich ohne diese neoliberale Blockierung jeder möglichen Debatte nicht am gesellschaftspolitischen Aufkommen hindern – wie dies dem 'klassischen Liberalismus' der Generation Adam Smiths im Gefolge der Französischen Revolution geschehen ist: Wer ohne einschränkende Tricks Freiheit und Gleichheit postuliert, kann sich unter bedürftigen Menschen der Frage nach der notwendigen Solidarität und der sozialen Gerechtigkeit nicht entziehen (vgl. Balibar 1990).

---

4   Vgl. die Winston Churchill zugeschriebene 'bescheidene' Legitimierung der parlamentarischen Demokratie: „Die Demokratie ist die schlechteste Staatsform, ausgenommen alle anderen".

## Neoliberales Staatsverständnis

Diese fundamentale Ablehnung jedes materialen Gleichheitsprinzips hat entsprechend weitreichende Folgen für das neoliberale Verständnis von Demokratie. Im neoliberalen Denken wird das allerdings dadurch versteckt, dass die Marktwirtschaft selbst schon als ein demokratisches Verfahren dargestellt wird[5], gewissermaßen eine Alltagsdemokratie, die sich über die Tauschbeziehungen des Marktes vermittelt. „Die sogenannten Marktgesetze sind", so der führende Ordoliberale Franz Böhm (1950 [1980], 89; Hv. i.O.), „nichts anderes als eine aufs Äußerste getriebene, technisch aufs Raffinierteste vervollkommnete tägliche und stündliche *plebiszitäre Demokratie*, ein das ganze Jahr hindurch vom Morgen bis in die Nacht während *Volksreferendum*, die technisch idealste Erscheinungsform von Demokratie, die überhaupt existiert." Das Ziel ist klar: Entpolitisierung der gesellschaftlichen Beziehungen durch eine scheinbare politische Aufladung der rein marktwirtschaftlichen Austauschprozesse. Politische Teilhabe wird auf die zur 'Souveränität' hochstilisierte Wahlfreiheit der Konsumenten gegenüber den angebotenen Waren reduziert, der Staatsbürger wird als eine Art von Präferenzen durch Kaufakte realisierendes Wirtschaftssubjekt 'rekonstruiert'.

Dem entspricht eine grundlegende Kritik und ein zumindest sehr distanziertes Verhältnis der Neoliberalen zu politischen Wahlen und Abstimmungen und damit auch zu allen Formen einer politischen Demokratie, das sich sogar in ihrer artikulierten Selbstsicht bis „zur offenen Gegnerschaft steigern" (Röpke 1947, 18) kann. Grundsätzlich sehen die Neoliberalen auch noch in der repräsentativen und parlamentarischen Demokratie eine prinzipielle Bedrohung der von ihnen vertretenen 'marktwirtschaftlichen Ordnung': Denn in ihr besteht – zumindest in der reinen Theorie – immer noch die Möglichkeit, dass eine Mehrheit den politischen Willen aufbringt, sogar die elementarsten Prinzipen dieser marktwirtschaftlichen Ordnung, nämlich das Privateigentum und den Wettbewerb, in ihre Schranken zu verweisen oder gar zu überwinden. Allerdings ist es aus neoliberaler Sicht schon bedrohlich, wenn demokratische Mehrheiten auch nur leichte Korrekturen vornehmen – es geht in erster Linie um das Prinzip der politischen Intervention in Marktprozesse und erst in zweiter Hinsicht um deren qualitative Reichweite.

Die dagegen aufgebaute Figur der Kritik eines sich irrational ausweitenden und willkürlich (und d.h. letztlich destruktiv) ökonomische Prozesse lenkenden Interventionsstaats bildet geradezu ein allgegenwärtiges Grundmuster der neoliberalen Staatstheorie, das ganz direkt mit einer Kritik an der politischen Demokratie verknüpft ist. Auch wenn es auf den ersten Blick widersprüchlich erscheinen mag, ist die Forderung nach einem 'starken Staat' ein fester Bestandteil der neoliberalen Konzeption, soweit er sich in der Wirtschaftspolitik auf die Durchsetzung ordnungspolitischer Strenge zur Gewährleistung des freien Wettbewerbs konzentriert. Die aktuelle Forderung nach einem 'schlanken Staat' steht dazu nicht im

---

5    So wie umgekehrt die Erneuerung der Condorcetschen Kritik an Mehrheitsabstimmungen durch
     Arrow, Tullock und Buchanan demokratische Entscheidungsprozesse auf eine Art von marktförmi-
     gen Präferenzabstimmungen ohne Geld zu reduzieren unternimmt – und daraus letztlich die Un-
     möglichkeit einer konsequenten Demokratie zu begründen versucht.

Gegensatz, sondern ist geradezu eine Voraussetzung zur Funktionsfähigkeit des 'starken Staates' als Garant der Wettbewerbsgesellschaft. Insofern ist im neoliberalen Modell weniger von einer allgemeinen Entstaatlichung als von einer Verschiebung und Umschichtung der staatlichen Aufgaben zu sprechen, wobei den Aspekten äußere wie innere Sicherheit und Standortpolitik eine herausragende Bedeutung zukommt. Wollen die Neoliberalen aber den interventionsfähigen und -willigen Wohlfahrtsstaat zurückdrängen und durch den von starker Hand geführten Wettbewerbsstaat ersetzen, muss jede Art von gestaltender demokratischer Beteiligung dringend eingeschränkt werden. In neoliberalen Programmformulierungen wird deshalb bereits seit den 30er Jahren gefordert, dass die Demokratie „mit Begrenzungen und Sicherungen ausgestattet wird, die dafür sorgen, dass der Liberalismus nicht von der Demokratie verschlungen wird" (Röpke 1933 [1962], 124).[6]

Demokratie ist aus neoliberaler Sicht also nur insoweit akzeptabel, als sie die Entfaltung einer freien Marktwirtschaft nicht behindert und· für die Legitimation der Gesellschaftsordnung notwendig ist. Auch wenn es im populären neoliberalen Diskurs immer wieder behauptet wird, gibt es – wie Hobsbawm (1995, 510) zu Recht entgegenhält – „keinen inneren Zusammenhang zwischen freiem Markt und politischer Demokratie". Das Hauptaugenmerk der neoliberalen Demokratiediskussion gilt dagegen der Rechtfertigung und Durchsetzung einer „beschränkten Demokratie", also einer Entkernung der Demokratie von jeder materialen Gestaltungsmöglichkeit, insbesondere in Bezug auf die Grundlagen der Wirtschaftsordnung, wenn auch unter versuchter Beibehaltung ihrer legitimatorischen Funktion. Erich Hoppmann, der neben Hayek wohl wichtigste Nachfolger von Eucken in Freiburg, hat diese neoliberale Vorstellung von Demokratie folgendermaßen umrissen: „Die Machthaber müssen gehindert sein, spezifische, diskriminierende Maßnahmen zu ergreifen. Persönliche Freiheit und ökonomische Effizienz erfordern notwendigerweise die Evolution einer Ordnung im Sinne einer beschränkten Demokratie. Eine immerwährende Aufgabe ist es, die Art ihrer Beschränkung zu analysieren" (Hoppmann 1998). Zu schützen sind also Markt und Wettbewerb vor den „diskriminierenden" Eingriffen der Politik zur Korrektur von in der ökonomischen Sphäre entstehenden Benachteiligungen (wie z. B. der Mindestlohn zur Bekämpfung von Armut), die aus neoliberaler Sicht zu einer „Interventionsspirale"

---

6   Dafür haben die unter neoliberalen Vorzeichen betriebenen Globalisierungs- und Europäisierungsprozesse ganz neue Möglichkeiten geschaffen. Der deutsche EU-Kommissar Martin Bangemann (FDP) hat dies gegenüber Frieder O. Wolf im Plenum des Europäischen Parlaments einmal ganz ausdrücklich so erklärt: Angesichts der Komplexität der politisch zu behandelnden Probleme und der Geschwindigkeit ihrer Entwicklung sei es nicht mehr zu vertreten, sie in den vereinfachenden und bremsenden Formen der nationalstaatlichen Demokratie zu behandeln. Man müsse eben eine – nicht mehr revidierbare – internationale Konvention in Kraft setzen, durch die eine international eingesetzte Instanz nach einigen einfachen Grundregeln ganz flexibel und schnell immer wieder neu verbindliche Entscheidungen treffen kann, die damit der nationalstaatlichen Entscheidungshoheit und also auch den schädlich gewordenen demokratischen Entscheidungsverfahren vollständig entzogen seien. Für die EU hat Peter Gowan einen entsprechenden 'Hayekian Coup' in den 1980er Jahren konstatiert, durch den letztlich alle Fragen der Wirtschaftsverfassung der Selbstregulierung auf der Gemeinschaftsebene übertragen und den demokratischen Entscheidungsprozessen innerhalb der Mitgliedstaaten entzogen seien.

(Ludwig von Mises) erwachsen müssen, wenn die Handlungsspielräume der politischen Akteure nicht strukturell begrenzt sind. Wie die deutschen Neoliberalen kritisierte auch Hayek, dass die westlichen Demokratien in der zweiten Hälfte des 20. Jahrhunderts sich infolge der wohlfahrtsstaatlichen Ausrichtung und dem Einfluss der Interessengruppen zu sogenannten „unbegrenzten Demokratien" entwickelt hätten. „Es scheint", schrieb Hayek zu Beginn der 1980er Jahre, als er die britische Regierung unter Margret Thatcher beriet, „dass überall, wo demokratische Institutionen nicht länger durch die Tradition der Herrschaft des Rechts eingeschränkt wurden, sie nicht nur zu einer 'totalitären Demokratie', sondern zu gegebener Zeit sogar zu einer 'plebiszitären Diktatur' führten" (Hayek 1979 [1981], 18 f.). Dem stellt Hayek eine Modellverfassung jener „begrenzten Demokratie" entgegen, die im wesentlichen darauf abzielt, die Verschränkung von Regierung und Parlament bei der Gesetzgebung aufzubrechen. Die legislative Gewalt soll danach ausschließlich bei einer neu zu schaffenden Versammlung liegen, einer Art „Rat der Weisen", der aus einer begrenzten Zahl von auf 15 Jahren gewählten honorigen Bürgern mittleren Alters besteht. Sie sollen prinzipiell Gesetze erlassen, die dem Einfluss der Interessengruppen entzogen sind und stattdessen – auf der Grundlage von Traditionen und Werten – der 'herrschenden Meinung' Ausdruck verleihen. Entscheidend ist hier nicht, ob und inwieweit die Hayekschen Vorschläge in einem konkreten politischen Rahmen realisierbar sind – er hat sie selbst lediglich als das „Modell einer Idealverfassung" (ebd., 149) bezeichnet.

Allerdings werden in dieser Zuspitzung die Grundlinien des neoliberalen Selbstverständnisses von politischer Kultur und Führung deutlich. Da ist zunächst das Prinzip der personalen Elite, die gebraucht wird, um die Masse atomisierter Individuen zu führen. Ihre Akzeptanz und ihre Fähigkeit zu führen, gilt als Schlüssel für die Entfaltung und die Stabilität der neoliberalen Marktgesellschaft. Dieser „Elite kommt die Sendung zu", wie es einmal Louis Baudin (1957, 54) – einer der Gründungsväter des internationalen neoliberalen Netzwerkes – formulierte, „die Hebel fest in der Hand zu behalten." Und weiter: „Das Schicksal der Zivilisation hängt davon ab, wie man dieser Forderung nachleben wird." Zumindest zu damaliger Zeit wurde von neoliberaler Seite vorausgesetzt, dass ein quasi natürliches Bedürfnis der Masse nach „hierarchisch gestaffelter sozialer Einordnung, nach Über- und Unterordnung" existiert (Rüstow 1953, 105). Daraus ist zunächst nur eine Folgerung zu ziehen: Die Institutionalisierung von Demokratie beruht aus neoliberaler Sicht nicht auf dem Prinzip der Partizipation, sondern auf dem der Lenkung. Das gilt erst recht für den Bereich der Wirtschaftsdemokratie: Da es bekanntermaßen ein Hauptanliegen des Neoliberalismus ist, die Gewerkschaften zu zerschlagen, zumindest aber ihre ökonomische und gesellschaftspolitische Macht entscheidend einzudämmen, darf es eine demokratische Beteiligung in internen Wirtschaftsfragen eigentlich gar nicht geben – wo sie sich gar nicht verhindern lässt, muss sie jedenfalls von allen Fragen, die sich irgendwie, sei es auch nur indirekt, auf Eingriffe in die Wirtschaftsordnung beziehen, unbedingt ferngehalten werden. Neben der diktatorischen Option und der Konzeption einer elitären Führung sind aus heutiger Sicht zweifelsohne Strategien der medialen Ausrichtung der 'Massenmeinung' und der indirekten Steuerung durch institutionellen Arrangements wichtige Instrumente der Absicherung neoliberaler Staatsmacht.

## Perspektiven

Trotz mancher Symptome einer Auflösung der neoliberalen Hegemonie in den Übergangsprozessen der 1990er Jahre wäre es heute falsch, vom Ende des Neoliberalismus zu sprechen, selbst wenn man argumentiert, dass die Mitte der 70er Jahre sichtbar gewordene strukturelle Krise des Kapitalismus durch die Politik der neoliberalen Modernisierung nicht nur nicht überwunden wurde, sondern sich sogar ökonomisch und politisch verschärft hat. Dieser Art der Rationalität ist das neoliberale Denken schon deshalb nicht zugänglich, weil es eine grundsätzliche Verwertungs- und Verteilungskrise der kapitalistischen Ökonomie überhaupt nicht erkennen kann und daher immer bestreitet. Neoliberalismus ist vor allem – bei aller intellektuellen Aufblähung – eine auf den methodologischen Individualismus gestützte Rechtfertigungslehre. Eric Hobsbawm nennt sie „neoliberale Wirtschaftstheologie" (1995, 226), die auf die Verwirklichung der Utopie einer entpolitisierten Marktgesellschaft ausgerichtet ist. Um ihre Misserfolge zu kaschieren, stützen sich die Neoliberalen auf eine einfache, aber durchaus wirkungsvolle zusätzliche Denkfigur: Schuld an den nicht erreichten Zielen, wie etwa dem in Aussicht gestellten Abbau der Arbeitslosigkeit, sei nicht das neoliberale Programm, sondern es seien die 'Altlasten' der interventionistischen Politik, die nur durch noch mehr Markt und Wettbewerb in Wirtschaft und Gesellschaft überwunden werden können. Mit dem Verweis auf die Transformationsstaaten der ehemaligen sozialistischen Welt dürfte diese Argumentationskette noch über Jahre hinaus fortzusetzen sein. Dazu kommt, dass der Neoliberalismus kein allgemeines Ziel formuliert, eben nicht wie die Klassik vom „Wohlstand der Nationen" spricht, sondern lediglich einen Prozess der permanenten 'Reform' zu mehr Markt intendiert. Auf diese Weise zeigt der Neoliberalismus trotz aller sozioökonomischen Verwerfungen, trotz veränderter Regierungskonstellationen zum Ende der 90er Jahre und trotz zunehmender Kritik, Proteste und Widerstand nach wie vor „eine beeindruckende Vitalität", wie Perry Anderson (1997, 4) feststellt. Damit wird „weiter die politische Tagesordnung von den Parametern des Neoliberalismus bestimmt (wird)" (ebd.). Dies ist nicht zuletzt auf seine strategische Fähigkeit zurückzuführen, flexibel die Taktiken zu wechseln. Allerdings liegt diesen wechselnden Taktiken im Kern eine Leerstelle bzw. der eingangs angesprochene Kategorienfehler zugrunde – so dass ihr Bezug auf die realen ökonomischen und sozialen Prozesse immer problematisch bleibt. Das muss der autistischen Selbstbezüglichkeit aber keinen Abbruch tun – ganz im Gegenteil.

Aus heutiger Perspektive scheint es unwahrscheinlich zu sein, dass eine Rückkehr zu den dynamischen Kompromissformeln des Ordoliberalismus der westdeutschen Nachkriegszeit, insbesondere zur politischen Programmatik der von Müller-Armack geprägten Sozialen Marktwirtschaft für neoliberale Politik auch nur in Deutschland einen gangbaren Weg darstellt. Gegenwärtig geht es immer noch darum, das rheinische Modell, das fordistische Arrangement zu schleifen, wenngleich die Option eines stärker regulierenden Neoliberalismus im Hintergrund präsent bleibt, wie sich in einigen Debatten in Bezug auf den weltwirtschaftlichen Kontext andeutet. Das lässt sich sehr deutlich ablesen an der gegenwärtig unter Neoliberalen geführten Auseinandersetzung um das Konzept der Sozialen

Marktwirtschaft, in der es nur vordergründig um eine wissenschaftliche Auseinandersetzung geht, sondern vielmehr um die konsequente Durchsetzung einer taktischen Neuausrichtung des deutschen Neoliberalismus. Das Rekurrieren auf eine prinzipienfeste Ordnungspolitik im Sinne von Euckens Idealtypus einer Einheit von Wirtschafts- und Sozialpolitik („Interdependenz der Ordnungen") oder auf Hayeks Wettbewerbs- und Evolutionstheorie hat vor allen Dingen den einen Zweck, sich jenem in der Not geborenen, unglücklicherweise recht beliebt und mittlerweile groß gewordenen „Kind" der Sozialen Marktwirtschaft wieder zu entledigen. Der zu ihrem Schöpfer stilisierte Müller-Armack wird nun zum Angriffsobjekt der Nachfahren seiner ehemaligen Kampfgefährten: „Angeklagt: ein stattlicher Herr mit schwarzer Hornbrille namens Alfred-Müller-Armack. Sein Vergehen: Erfindung der Sozialen Marktwirtschaft, eines verführerischen Begriffs, der zur Korrumpierung der Politik und zur Überlastung der Wirtschaft geführt hat." (Klein 1997) Was hier in zynischen Worten von Heribert Klein zur Verteidigung von Müller-Armack als bedeutendem Vertreter des 'neuen' Liberalismus angeführt wird, zeugt von der Stoßrichtung der neoliberalen Debatte zur Nachkriegsentwicklung und Sozialen Marktwirtschaft, in der durch Personalisierung und Ideologisierung der Konfliktlinien das eigentliche strategische Dilemma des deutschen Neoliberalismus in dieser Frage überdeckt wird: Einerseits soll die außergewöhnliche Wachstumsperiode der Nachkriegszeit als Ergebnis der Wirtschaftspolitik der Sozialen Marktwirtschaft herausgestellt werden, die dann als weitgehend identisch mit den ordnungspolitischen Grundsätzen des 'neuen' Liberalismus interpretiert wird. Andererseits gilt es, die faktische Entwicklung der Bundesrepublik zum Sozialstaat seit den späten 1950er Jahren als Beginn eines wirtschaftlichen Abstiegs zu verurteilen, der durch die inkonsequente Ordnungspolitik einer falsch verstandenen Politik der Sozialen Marktwirtschaft eingeleitet und dann endgültig durch einen ordnungspolitischen Kurswechsel in Richtung keynesianisch inspirierter Stabilitätspolitik zum Ende der sechziger Jahre vollzogen wurde.

Aufgrund der flexibel genutzten grundlegenden Unbestimmtheit der Thesen des Neoliberalismus im Realen – ihr grundlegender Kategorienfehler macht es immer möglich, ebenso in Richtung Marktradikalismus wie auch in die Richtung einer marktschützenden Staatsgewalt zu argumentieren – ist diese Aufgabe logisch immer wieder ganz einfach zu lösen: Es bedarf nur einer einfachen Umschaltung, von der These des Selbstlaufs auf die These vom Schutzbedarf, um den geforderten Richtungswechsel zu vollziehen. Andererseits ist die tatsächlich angebotene gesellschaftliche Lösung fern der Realität – setzt sie doch voraus, dass es gelingt, die wirklichen Menschen, und zwar gerade diejenigen, die im ökonomischen Prozess mit ihrer Ware Arbeitskraft handeln müssen, vollständig davon zu überzeugen, dass sie nichts weiter sind als Privateigentümer einer Ware wie alle anderen Waren und dass daher allein die rückhaltlose Verteidigung des Privateigentums und dementsprechend auch ein 'selbstorganisierter', d.h. letztlich unregulierter Austauschprozess ihnen die einzige Möglichkeit bietet, sich selbst als solche, radikal 'individualisierte' Privateigentümer ihrer selbst zu verwirklichen. Jede Erfahrung von gemeinsamen Lebensäußerungen und erst recht von kollektiver Solidarität oder kollektiver Gegenwehr steht dieser Aufgabe entgegen. Insofern steht der Neoliberalismus immer noch vor einer Sisyphus-Aufgabe, die ihm jedenfalls auf Dauer nicht gelingen kann.

Die Vormachtstellung des Neoliberalismus – nicht nur in seinen institutionellen Wirkungen, sondern gerade auch durch seine alltägliche Reproduktion in den Massenmedien ebenso wie in den von diesen 'gebildeten' Köpfen – ist zwar ebenso beeindruckend wie bedrückend, aber keineswegs unumkehrbar. Vielleicht kann und sollte die Linke zumindest in einem Punkt vom Neoliberalismus lernen. Lernen von seiner unerschrockenen Beharrlichkeit und Prinzipienfestigkeit wie auch von der diskursiven Stringenz zur Durchsetzung seiner Ziele, insbesondere in Zeiten, in denen der Neoliberalismus selbst in die Defensive gedrängt war. Und gerade die Linke hat darüber hinaus auch noch großen Chance, sich tatsächlich auf die gesellschaftlichen Realitäten zu beziehen zu lernen. Das post-neoliberale Zeitalter wird kommen, allerdings – so steht zu befürchten – unter rechten Vorzeichen, wenn es nicht gelingt, eine zeitgemäße konkrete Vision der umfassenden Befreiung zu entwickeln und in entsprechenden, breiten und transnationalen politischen, sozialen und kulturellen Initiativen zu verkörpern, so dass sich eine internationale Emanzipationsbewegung in aller ihrer Vielfalt doch zusammen dafür einsetzt, dass wieder gesellschaftspolitische Alternativen in Angriff genommen werden können.

## Literatur

Altvater, Elmar: *Der gar nicht diskrete Charme der neoliberalen Konterrevolution*, in: *Prokla* H. 44, 1981, 5-23.

Anderson, Perry, *Neoliberalismus – Bilanz und Perspektive für die Linke*, in: *Beilage zur SoZ* H. 10/1997.

Balibar, Étienne: *„Menschenrechte" und „Bürgerrechte". Zur modernen Dialektik von Freiheit und Gleichheit*, in: ders., *Die Grenzen der Demokratie*, Berlin, 1993, 99-123 (frz. zuerst in *Actuel Marx*, Nr. 8, 2. Halbjahr 1990).

Baudin, Louis: *Die Theorie der Eliten*, in: Albert Hunold (Hg.), *Masse und Demokratie*, Erlenbach-Zürich/Stuttgart, 1957, 39-54.

Böhm, Franz: *Wirtschaftsordnung und Staatsverfassung* (1950), in: Ernst-Joachim Mestmäcker (Hg.), *Freiheit und Ordnung in der Marktwirtschaft*, Baden-Baden, 1980, 53-103.

Borchardt, Knut: *Wachstum und Wechsellagen 1914 – 1970*, in: Hermann Aubin/Wolfgang Zorn (Hg.), *Handbuch der deutschen Wirtschafts- und Sozialgeschichte*, Bd. 2, Stuttgart, 1976, 685-740.

Eucken, Walter: *Staatliche Strukturwandlungen und die Krisis des Kapitalismus*, in: *Weltwirtschaftliches Archiv* 1932, 297-321.

Gowan, Peter: *The Global Gamble: Washington's Faustian Bid for Global Dominance*, London 1999

Ders. u.a., *The Question of Europe*, London 1997

Hayek, Friedrich August von: *Die Anmaßung des Wissens*, in: *ORDO* 1975, 12-21.

ders.: *New Studies in Philosophy, Politics and Economics and the History of Ideas*, London, 1978.

ders.: *Recht, Gesetzgebung und Freiheit (engl. Originalausgabe: Law, Liberty and Legislation, London 1979)*. Bd. 3: Die Verfassung einer Gesellschaft freier Menschen, Landsberg am Lech, 1981.

Hobsbawm, Eric: *Das Zeitalter der Extreme. Weltgeschichte des 20. Jahrhunderts*, München/Wien, 1995.

Hoppmann, Erich: *Eine universelle Quelle von Ordnung*, in: *FAZ* v. 12.12.1998.

Keynes, John Maynard: *General Theory of Employment, Interest and Money*, London, 1936.

Klein, Heribert: *Freispruch für Alfred Müller-Armack*, in: *FAZ* v. 26.4. 1997.

Nawroth, Egon Edgar: *Die Sozial- und Wirtschaftsphilosophie des Neoliberalismus*, Heidelberg, 1961.

Plehwe, Dieter/Bernhard Walpen: *Wissenschaftliche und wissenschaftspolitische Produktionsweisen im Neoliberalismus. Beiträge der Mont Pèlerin Society und marktradikaler Think Tanks zur Hegemoniegewinnung und -erhaltung*, in: *Prokla* H. 115, 1999, 203-235.

dies.: *'Wahrheitsgetreue Berichte über Chile' – Die Mont Pèlerin Society und die Diktatur Pinochet*, in: *1999*, 2/2001, 42-70.

Polanyi, Karl: *The Great Transformation*, New York, 1944.

Ptak, Ralf: *Ordoliberalismus – Zur Entwicklung des Neoliberalismus in Deutschland*, in: Werner Goldschmidt/Dieter Klein/Klaus Steinitz (Hg.), *Neoliberalismus – Hegemonie ohne Perspektive. Beiträge zum 60. Geburtstag von Herbert Schui*, Heilbronn, 2000, 194-212.

ders.: *Vom Ordoliberalismus zur Sozialen Marktwirtschaft. Stationen des Neoliberalismus in Deutschland*, Opladen, 2004.

ders.: *Grundlagen des Neoliberalismus*, in: Christoph Butterwegge/Bettina Lösch/Ralf Ptak, *Kritik des Neoliberalismus*, Wiesbaden, 2007, 13-86.

Reitzig, Jörg/Sebastian Brandl: *Vom wohlfahrtsstaatlichen Grundkonsens zum 'schlanken Staat'. Die marktradikale Wendung der Gesellschaftsvertragstheorie*, in: Johanna Klages/Peter Strutynski (Hg.), *Kapitalismus am Ende des 20. Jahrhunderts*, Hamburg, 1997, 54-66.

Röpke, Wilhelm: *Epochenwende?* (1933), in: ders., *Wirrnis und Wahrheit. Ausgewählte Aufsätze*, Erlenbach-Zürich/Stuttgart, 1962, 105-124.

ders.: *Das Kulturideal des Liberalismus*, Frankfurt am Main, 1947.

Rüstow, Alexander: *Diktatur innerhalb der Grenzen der Demokratie, Dokumentation des Vortrages und der Diskussion von 1929 an der 'Deutschen Hochschule für Politik'*, in: *Vierteljahrshefte für Zeitgeschichte* 1959, 85-111.

ders.: *Interessenpolitik oder Staatspolitik*, in: *Der deutsche Volkswirt*, H. 6, 1932, 169-172.

ders., 1953: *Soziale Marktwirtschaft als Gegenprogramm gegen Kommunismus und Bolschewismus*, in: Albert Hunold (Hg.), *Wirtschaft ohne Wunder*, Erlenbach-Zürich, 1953, 97-127.

Sassen, Saskia: *Losing Control? Sovereignty in an Age of Globalization*, New York, 1996.

Dies., *Überlegungen zu einer feministischen Analyse der globalen Wirtschaft*, in: *Prokla* H. 111, 1998, 199-216.

Schmitt, Carl: *Die Diktatur des Reichspräsidenten*, in: *Veröffentlichungen der Vereinigung der Deutschen Staatsrechtslehrer*, Heft 1 (1924), 63-104 (wieder in: Carl Schmitt[-Dorotic], *Die Diktatur. Von den Anfängen des modernen Souveränitätsgedankens bis zum proletarischen Klassenkampf*, Berlin/Leipzig, 1928², 213-259 [in der ersten Auflage: München/Leipzig, 1921 noch nicht enthalten]).

Wainwright, Hilary: *Arguments for a New Left: Answering the Free-Market Right*, Oxford, 1994.

# VI. Sprach- und Philosophiegeschichtliches zu den Wegen nordatlantischer Entwicklung

*Isabel Aguirre Siemer*

## Die Entgegensetzung von Recht und Gesetz – ein „Sonderweg" der deutschen Sprachgeschichte?[1]

Die von mir für das DFG-Projekt „Der Rechtsstaat in Deutschland und Spanien" erstellten Wortfeldstudien über die Begriffe dt. „Recht/rechts/richtig/Gerechtigkeit" sowie „Gesetz", kast. „derecho/derecha", „justo/justicia" und „ley", engl. „right", „justice" sowie „law", frz. „droit/droite", „juste/justice" und „loi" setzen sich zunächst mit den Ähnlichkeiten und Differenzen der etymologischen und inhaltlichen Ursprünge dieser Wörter in den verschiedenen Sprachen auseinander. Dabei wurde spezielles Augenmerk darauf gelegt, ob die deutsche und die englische Sprache gegenüber dem Französischen und Kastilischen besondere Übereinstimmungen aufweisen, die einer sprachlichen Zugehörigkeit von germanischen Sprachen im Gegensatz zu romanischen Sprachen entspricht. Oder ob es evtl. aufgrund historischer Gegebenheiten deutsche und kastilische Gemeinsamkeiten gibt, die bei einer linguistischen Untersuchung zunächst nicht zu erwarten gewesen wären. Wenn ja, worauf lassen sich solche Ähnlichkeiten zurückführen? Welche Bedeutungen hat der Begriff „Recht" gegenüber „Gesetz" in den unterschiedlichen Sprachen? Und gibt es dabei einen Unterschied zwischen moralischen und juristisch-technischen Inhalten bzw. Konnotationen?

## 1. Etymologien

### 1.1. Indoeuropäische Ursprünge zu den Bedeutungen „Recht" und „rechts" etc.

Die deutschen Begriffe „Recht, rechts, richtig, Gerechtigkeit", kast. „derecho, derecha", frz. „droit, droite", engl. „right" sind etymologisch miteinander verwandt. Sie gehen von einem ursprünglichen indoeuropäischen „h₃reǵ-"[2] (= gerade richten, ausstrecken) aus, das sich in den verschiedenen Sprachen jeweils selbstständig weiterentwickelte (Mallory 1997, 187,

---

1   Danksagung: Allen, die die verschiedenen Fassungen des Textes gelesen haben.

2   Aus technischen Gründen folgt die Darstellungsweise der Laute „ǵ" und „ḱ" hier nach Kluge; Mallory verwendet stattdessen Buchstaben mit spitzem Zirkumflex ('Dach'), während Rix im Falle des „k" einen abgerundeten Zirkumflex benutzt. Die Zeichen symbolisieren laut Kluge [Kap. „Alphabet und Schreibung"; Abschnitt D.2.a)] und Mallory (1997, xxviii), dass der Laut palatal (statt velar) gesprochen, d.h. etwas weiter vorne am Gaumen als ein „g" bzw. „k" gebildet wird. „h₃" markiert einen – in den meisten aus dem Indoeuropäischen entstandenen Sprachen weggefallenen – Kehlkopflaut, der nicht von allen Wörterbüchern notiert wird.

*Tabelle 1: Etymologische Präferenzen*

| Deutsch | Gesetz | Recht | | rechts | richtig | Gerechtigkeit |
|---------|--------|-------|---|--------|---------|---------------|
| Kastilisch | ley | derecho | | derecha | justo | justicia |
| Französisch | loi | droit | | droite \| juste | juste | justice |
| Englisch | law | law (= Rechts-ordnung) | right (= Rechts-anspruch) | right | right \| just | justice |
| Latein | lēx | iūs | | dexter | iūstus | iūstitia |

| ie. Etymon **h₃reĝ-** = ausstrek-ken; gerade richten (räumlich-naturalistische Konnotation) | ie. Etymon **ieu** = Normen oder Gesetze, die Beziehungen innerhalb der Gesellschaft be-stimmen, im Unterschied zum göttlichen Gesetz (juristisch-technische Konnotation) | ie. Etymon **leĝ-** = sammeln; 'Buchstaben sammeln' = lesen (lat. lĕgere); 'Ansammlung von normierenden Buchstaben' = Gesetz (lat. lēx) (figurativer Gebrauch) |
|---|---|---|

*Anmerkung:*

1. Als Synonym für „richtig, justo, right, just" wird in allen vier Sprachen außerdem „korrekt, cor-recto, correct, correct" genannt.

2. Die englischen Angaben stehen nach den Französischen (obschon es sich wie beim Deutschen um eine germanische Sprache handelt), weil sich die markante Differenz des „law" mit der Bedeu-tung von „Recht" von den anderen drei modernen Sprachen abhebt.

329 f., 485; vgl. Kluge 2002, rank, recht).[3] Gemeinsam ist den hier genannten Wörtern der Weg über die germanische, griechische und lateinische Sprache, in denen die Wur-zel „h₃reĝ-" die germanische Form „rek", das gr. Verb „ὀρέγω" (órégō) (= ausstrecken) und lat. „rēgere/rēctus" bildete (Köbler 1980b; Pokorny 1994, 854 f.). In der griechischen und römischen Antike hatten „ὀρέγω" (órégō), „rēgere/rēctus" keine juristische Bedeutung; al-lenfalls Derivate wie „rēx" als staatsrechtlicher Titel. Im Germanischen entwickelte sich „rehtu" (= Recht) (Kluge 2002, Recht). Lat. „rēgere" bedeutete „gerade richten, lenken, herrschen", „rēctus" = „geradegerichtet, in gerader (waagerechter od. senkrechter) Rich-tung, gerade", beide beinhalten ein „gerade Richten/Lenken", bzw. auf Personen bezogen, die Eigenschaften „gradlinig, korrekt" und „ehrlich" (Georges 2002, regō, rēctus; Glare 1982, regō; Walde 1950, regō; rēctus; Kluge 2002, recht)[4].

---

3 Pokorny 1994, 854 f. schreibt: „reĝ-" und übersetzt es als „gerade, gerade richten, lenken, recken, strecken, aufrichten (auch unterstützend, helfend); Richtung, Linie (Spur, Gleise) u. dgl.". Auch er bestätigt darin die Wurzel zu „rēgere, rēx, rēctum, orektos".

Wörterbücher, die in der Reihenfolge des lateinischen oder griechischen Alphabets sortiert sind, wer-den hier unter Angabe des einschlägigen Stichworts, Wörterbücher, die systematisch oder in einer anderen alphabetischen Reihung angeordnet sind, unter Angabe der Seitenzahl zitiert. Auf die Nen-nung des Stichwortes wird verzichtet, wenn dieses sich bereits aus dem Kontext ergibt. Im Falle von griech. und lat. Verben wird nicht der Infinitiv, sondern die 1. Person Singular Präsens genannt.

4 Der waagerechte Strich über Vokalen markiert, dass diese lang gesprochen werden.

Die Derivate von „h₃reǵ-" verdrängen in der späteren germanischen und romanischen Sprachentwicklung die Derivate von „deḱsi-nos" (= rechts), das bereits im Indoeuropäischen als „rechts" eine positive Konnotation hatte. Orientiert an der chthonischen Ordnung war „rechts" ein Symbol für Helligkeit, die Sonne und den Himmel, wohingegen „links" das Dunkel, den Mond, aber auch die Erde darstellte (van Leeuwen-Turnovcová 1990, 13). Diese Präferenz für die rechte = Sonnenseite wurde nach der Verdrängung der Derivate von „deḱsinos" durch die von „h₃reǵ-" beibehalten; noch heute ist – in allen vier Sprachen – die rechte Seite die richtige, während linksherum – nicht nur im Falle von Kleidungsstücken – falsch ist (Paul 1966, recht; Grimm 2005, Recht; Moliner 2001, derecho, -a; EnU 2003, derecho -a, RAE 2001, derecho, -a; Pearsall 1995, right; Hawkins 1991, right; PONS Collins Cobuild 1995, right; Weis 1995: droit, -e).

Das Nomen „Recht" wird indoeuropäisch mit „deiḱ- (~diḱehₐ-) ~doiḱós" (= natürliche Regel, Kanon, Maß/Maßstab, Richtung) übersetzt, aus dem sich griechisch „δίκη" (díkē) (= Gerechtigkeit) bildete (Mallory 1997, 159). Aus den Bedeutungen „natürliche Regel, Maß" etc. konnte sich die Komponente „Brauch, Tradition" ableiten,[5] die für das Griechische „δίκη" eine maßgebliche Rolle spielt und auch heute dem dt. „Recht" und kast. „derecho" immanent ist (Rost 1874a; Montanari 2000; Liddell 1996; Moliner 2001; SGEL 1995; RAE 2001; Duden 1999; Grimm 2005; vgl. S. 416 die Ausführungen zu Savigny). Dieser Aspekt ist auch im frz. „droit" inbegriffen (Bertaud du Chazaud 1979, droit), jedoch nicht bei den englischen Begriffen für „Recht" oder „Gesetz". Das Traditionalistische[6] ist in den sprachlichen Konzepten von „right" irrelevant, da es individuell interpretiert wird.

Inhaltlich stehen sich die Wurzeln „h₃reǵ-" und „deiḱ-" nahe. Die Bedeutung „gerade richten, ausstrecken" lässt sich übertragen auf eine normhafte „natürliche Regel" oder auch eine „Richtung", die sich wohl aus dem „gerade richten" ergeben hat (Mallory 1997, 159; Pokorny 1994, 188). Daraus resultiert die These, dass die griechischen Worte „ὀρέγω" und „δίκη" ihrem Inhalt nach aneinander gebunden sind (Montanari 2000, δίκη; Rosta 1874a, ὀρέχτος). Da sich in etymologischer Verwandtschaft mit „ὀρέγω" in anderen Sprachen der Bedeutungsgehalt von „Recht" herausgebildet hat und „δίκη" die griechische Übersetzung von „Gerechtigkeit" ist (Rost 1874a; Montanari 2000; Liddell 1996), offenbart sich hier eine

---

5    Köbler 1980 führt „deiḱos" als indoeuropäische Übersetzung für „Richtung", aber nicht als indoeuropäische Übersetzung für „Recht" oder „Gerechtigkeit" an. Rix 1998, 92, übersetzt „deiḱ" mit „zeigen, weisen". Aus dieser Bedeutung kann sich inhaltlich die Regelartigkeit einer Sache ergeben. Pokorny 1959, 188 erläutert seinerseits bei „deiḱ": ‚zeigen', woraus sich lat. und germ. z.T. ‚mit Worten auf etwas hinweisen, sagen' entwickelt, mehrfach auch ‚das Recht weisen, auf den Täter hinweisen, beschuldigen'; Partiz. Pass. diḱ-tó-s; diḱā = Richtung, diḱ-ti- = Anweisung, deiḱo-s = Richtung". Hier wird eine juristische Bedeutung erwähnt, die allerdings nur in der Verbindung mit einem entsprechenden Substantiv (Recht, Täter) begründet liegt.

6    Ein Rechtsverständnis wird hier ‚traditionalistisch' genannt, wenn das Recht als durch Brauch und Tradition organisch gewachsen und nicht als durch ‚willkürliche' Setzung eines modernen Gesetzgebers ‚künstlich' entstanden angesehen wird. Vgl. dazu in diesem Band, S. 307 Carolyn Boyds Charakterisierung der Konzeption von Cánovas del Castillo: „Neither citizens nor governments could ignore the higher law of the internal constitution nor attempt to forge a collective destiny in defiance of God, history and nature."

ähnliche Bezüglichkeit, wie sie die beiden deutschen Begriffe schon aus der etymologischen Verwandtschaft zueinander aufweisen. Für die germanische Sprachentwicklung gibt es keinen Beleg eines Begriffs „Gerechtigkeit" (vgl. Köbler 1981)[7].

## 1.2. Die griechische Begriffswelt

In der griechischen Antike wurde zwischen drei Begriffen von „Recht" unterschieden, „ἐξουσία" (= die Zuständigkeit für etwas haben), „δίκαιον" (= das Recht haben, etwas zu tun) und „νόμοι" (= der Inbegriff der Gesetze) (Rost 1874b, Recht; Rost 1874a, δίκαιος, ἐξουσία; Montanari 2000, ἐξουσία, νόμοι). „ἐξουσία" (exousía) und „δίκαιον" (díkaion)[8] unterscheiden sich dabei v.a. dahingehend, dass „ἐξουσία" eher die faktische Zuständigkeit (Macht), etwas zu tun bezeichnet, und daher sogar mit Willkür konnotiert sein kann, wohingegen „δίκαιον" eine deutliche Beziehung zu „gerecht sein" hat, wodurch sich der Inhalt von etwas „Gebührendem" entwickelt; Anforderungen sollen erfüllt werden. Der Begriff „νόμοι" (nómoi) schließt letztlich den Inhalt von „Recht" als Rechtsordnung ein. „νόμοι" ist der Plural zum Singular „νόμος" (nómos) (= Sitte, Gewohnheit, Gesetz); hier spielt wieder der Aspekt der „Gewohnheit" und der „Sitte" eine Rolle (Rost 1874a; Montanari 2000), den das kast. „derecho", frz. „droit" und dt. „Recht" bis heute besitzen. Dagegen haben die Römer zwischen „consuetūdo" (Gewohnheit, Brauch, Lebensweise) und „lēx" (Gesetz) differenziert (PONS 1992; Heinichen 1877; Georges 1882).

Funktionen des griechischen Wortes „δικαιοσύνη" (dikaiosýnē), Derivat von „δίκη", sind zum einen die Bewertung von Eigenschaften sowie Handlungen, andererseits aber auch die Haltung, die zu ihnen eingenommen wird, als „Gerechtigkeitsliebe" (Rost 1874a; Rost 1874b). Nachdem die griechische Antike zunächst von einem „δίκαιον" (díkaion) als Einheit von „φύσει" (phýsei) (natürlich Gerechten) und dem „νόμω" (nómō) (das durch menschliche Gesetze fixierte Gerechte) gesprochen hatte (Brunner 1984, 234 ff.; Reese 1980, justice), löste sich in der sophistischen Debatte über das Verhältnis von Physis und Nomos (bzw. Thesis, Einrichtung/Aufstellung) diese Verklammerung beider Begriffe auf und es entwickelten sich zwei eigenständige Begriffe: „ἐξουσία" (exousía) als Recht und „δικαιοσύνη" als Gerechtigkeit.[9] Wie das Gesetz, unterstehen auch Recht und Gerechtigkeit traditionell der Gottheit „Dike",

---

7   In weiteren Wörterbüchern nennt Köbler ein altenglisches Adjektiv und Substantiv „ge-rih-t" mit der Bedeutung „gerecht", „Gerechtigkeit" und ein altnordisches „rēt-t-læ-t-i" = „Gerechtigkeit, Rechtlichkeit". „rēt-t-r(3)" und „rēt-t-lā-t-r" werden u.a. mit „gerecht" übersetzt. Grimm 1897 verweist auf got. „garaihts". http://www.koeblergerhard.de/germanistischewoerterbuecher/altenglischeswoerterbuch/AENG-G.pdf, S. 169; http://www.koeblergerhard.de/germanistischewoerterbuecher/altnordischeswoerterbuch/an-R.pdf, S. 93, 94.

8   Wie im Griechischen „ἐξουσία" und „δίκαιον" für „Recht" wird mit den lat. Verben „rēgere/dirīgere" eine Autorität vorausgesetzt, die das „Dirigieren" ausübt. Das Derivat „rēx" = „König/Oberhaupt" spiegelt diesen Inhalt am deutlichsten wider: Der König kann die Regeln festlegen und Recht sprechen; etymologisch ist er aber weder der Gesetzgeber noch der Richter, sondern der Anführer/Dirigent. Vgl. regō in: Glare 1982; Georges 2002.

9   Hierzu u.a. Trasymachos, Hippias, Antiphon, Kallikles. Vgl.: Rode 1974, 18 f.; Ritter 1984, 565; Rus Rufino 1987, 127.

die die Funktion hat, ihre Inhalte zu regulieren (Rode 1974, 8; Brunner 1984, 234). Platon (in Auseinandersetzung mit der Sophistik und wohl auch mit Demokrit) vollzieht den Übergang zu einer moralischen Aufladung des Begriffs der „Gerechtigkeit" und bezeichnet ihn als eine von vier Kardinaltugenden (Ottmann 2001 – 2002, 32; Brunner 1984, 239), die in Beziehung zur Natur und zu dem Natürlichen zu betrachten sind.[10] „δικαιοσύνη" geht zwar einher mit „Recht", dennoch ist es möglich, sie zu missachten und zu ignorieren. Selbst der „νόμος" ist in der Lage, die „Gerechtigkeit" zu verletzen, was allerdings keinesfalls ein Recht auf Widerstand einräumt oder dem Volk die Möglichkeit zur Auflehnung gewährt. Die Gültigkeit des Gesetzes würde auch in diesem Fall außer Frage stehen (Brunner 1984, 238 f.; Ferrater Mora 1994, justicia).

Eng gebunden an die „δικαιοσύνη" und ihre Moralität ist das Wort „μεσότης" (mesótēs) in der Bedeutung von „richtig" oder „moralisch gut, das Gerechte, das gleiche Maß". Eine Alternative hierzu bildet der Ausdruck „ὀρθός" (orthós) (Rost 1874a; Montanari 2000). Auch hier wird formuliert, dass ein Gegenstand in einem richtigen, angemessenen Maß vorhanden ist oder besteht. Im alltäglichen Sprachgebrauch des Griechischen verwendete man „καθαρός" (katharós), um zu bestätigen, dass etwas „gut" sei (Rost 1874b) oder sauber/ schuldlos. Zusätzlich zu diesen Möglichkeiten ist es möglich, mit den Wörtern „δίκαιος" (díkaios) und „νόμιμος" (nómimos) von etwas Rechtmäßigem, Gesetzmäßigem, Zutreffendem zu sprechen (Rost 1874b). Diese letzten drei Varianten verdeutlichen wieder die Nähe zu den Konzepten „δικαιοσύνη" und „νόμοι". Ähnlich der deutschen Bezüge zwischen den Begriffen „Recht, richtig, Gerechtigkeit" besteht auch im Altgriechischen die Möglichkeit, von diesen drei Konzepten mit demselben Wortstamm zu sprechen: „δίκαιον" (= das Recht haben, etwas zu tun), „δίκαιος" (= richtig), „δικαιοσύνη" (= Gerechtigkeit)[11]. Demgegenüber tritt im Englischen die Differenz zwischen „right – right – justice", im Französischen „droit – juste – justice" und im Kastilischen „derecho – justo – justicia" zu Tage.

## 1.3. Indoeuropäische Ursprünge zu der Bedeutung „Gesetz"

Die Bedeutung „göttliches Gesetz" wurde ausgehend von „dhéh₁tis" (= stellen, legen) entwickelt, wodurch griechisch „θέμις" (thémis) (= [göttliches] Gesetz) entstehen konnte (Mallory 1997, 346). Die etymologische Wurzel zu lat. „lēx" ist noch nicht gänzlich geklärt. „lēx" könnte 1. mit dem altindischen „rājáni" = „under the law" und avestischen „rāzar-" = „religious law" auf die Wurzel „lēgs" = „Gesetz" zurückgehen (Delamarre 1991, 78; krit. dazu: Mallory 1997, 346); 2. seinen Bedeutungsursprung in „lēgere" = „lesen"

---

10 Meiksins 1978, 90 f.: Im Menschen sehen Sokrates und Platon eine „ideal nature that should be in harmony with the nature of the cosmos. Laws should be true to that nature by promoting its self-realization and its harmony with the cosmos, unlike the actually existing situation."

11 „νόμος" zieht eine ähnliche Verbindungslinie: „νόμος" (= Gewohnheit, Gesetz), „νόμοι" (= Recht – der Inbegriff aller Regeln), „νόμιμος" (= richtig). Allerdings zeigen hierbei weder dt. noch kast., engl. oder frz. eine Nähe zu dieser Übereinstimmung: dt. „Gesetz – Recht – richtig", kast. „ley – derecho – justo", engl. „law – right – right", frz. „loi – droit – juste".

haben und sich zum Inhalt „confirmed and binding ordinance" entwickelt haben (Mallory 1997, 346; vgl. oben Tabelle 1).

Engl. „law" stammt von altengl. „lagu", das mit dem germanischen „lag" verwandt ist, ab; der indoeuropäische Ursprung ist 1. „loghom" (= Wurzel), 2. „leghto" (= liegen, sich legen), 3. „leg^h" (= liegen), die ihrerseits miteinander verwandt sind (Mallory 1997, 352; Jóhannesson 1956, 750; Klein 1967, law; Onions 1966, law). Im Germanischen verwendete man das Wort „laga" (= Lage, Anordnung, Gesetz), um von „Gesetzen" zu sprechen (Köbler 1981, 86); aus dem Partizip „laga" (= gelegt) entwickelte sich das Derivat „law" (Jóhannesson 1956, 750).

Das deutsche Wort „Gesetz" leitet sich über althochdeutsch „sizzan" vom germanischen „sat-eja-" aus dem indoeuropäischen „sed-" (= sitzen) ab (Pokorny 1994, 884 f.). Hieraus entwickelte sich die Form „gisezzida" für „Gesetz" (Schweikle 1990, 89). Damit bildet es eine Sonderposition in der Entstehung gegenüber dem engl. „law" und den französischen und kastilischen Begrifflichkeiten, die sich über lat. „lēx, lēgis" (= Gesetzes[vorschlag], Verordnung; geschriebenes Recht) herleiten (Corominas 1954, ley[12]; Bloch 1986, loi).

Die sekundäre Funktion von „lēx" als Zoll oder Tarif, die bereits im Römischen Reich existierte (lēx in: Georges 2002; Glare 1982), ist heute in den romanischen Sprachen Französisch und Kastilisch auf die Wörter „droit" und „derecho" übergegangen (droit/derecho in: Grappin 1994; Corréard 1994; Weis 1995; Rey-Debove 1987; EnU 2003; SGEL 1995; RAE 2001). Der Begriff „Gesetz", der bei den Griechen in später Zeit als „nómos" und „physis" entgegen gesetzt wurde, wird bei den Römern wieder in einer Weltvernunft geeint (Brunner 1975, 865; Brunner 1984, 236; Ottmann 2001-2002, 98 f.). Die Vertreter des Volkes wurden über die Gesetzesvorschläge informiert und konnten über sie abstimmen. Erst später wurde eine Dreiteilung in „lēx aeterna", „lēx naturalis" und „lēx humana" entwickelt.[13]

Aus Tabelle 2 geht hervor, dass ausschließlich in den romanischen Sprachen Kastilisch und Französisch eine synonymische Verbindung zwischen „justicia – ley" und „justice – loi" existiert. Das Deutsche kennt keine inhaltlichen Übereinstimmungen. Dahingegen existiert im Englischen eine juristische Komponente bei „justice" = „legality", jedoch keine 'metaphysisch'[14] notwendigen Gerechtigkeit hinter „law".

---

12  Corominas 1954 schreibt bei „ley", etymologischer Ursprung „lēx, lēgis = proyecto de ley, ley".

13  „Die lēx aeterna bestimmt als Ordnung der Vernunft alles weltliche Sein, sie ist die Vernunft der Welt [...]. Zugleich bildet sie das Gesetz unserer menschlichen Natur (lēx naturalis), ihre rechte Vernunft [...].", in: Brunner 1984, 243.

14  In diesem Zusammenhang trägt 'metaphysisch' den Inhalt: Allgemeinheits- und Ewigkeitsanspruch. Die metaphysische Gerechtigkeit definiert sich nicht durch die 'physisch' existierenden, veränderlichen Gesetzbücher. Demgegenüber besteht ein 'kontingent-mehrheitliches' Gerechtigkeitsverständnis, denn Mehrheiten können sich ändern, der Inhalt von „Gerechtigkeit" hängt demnach im Englischen von kontingenten (nicht von metaphysischen) Faktoren ab. „We are a minority and must win people round to the justice of our cause.", PONS Collins Cobuild 1995, justice.

*Tabelle 2: Synonymieverhältnis Gerechtigkeit und Gesetz[15]:*

| | Kein Widerspruch zwischen Gerechtigkeit und Gesetzlichkeit | | Widerspruch zwischen Gerechtigkeit und Legalität |
|---|---|---|---|
| | „Legalität" ist Synonym für „Gerechtigkeit"; „Gerechtigkeit" ist Synonym für „Gesetz" | „Legalität" ist Synonym für „Gerechtigkeit"; „Gerechtigkeit" aber nicht für „Gesetz" | Weder „Legalität" ist Synonym für „Gerechtigkeit", noch „Gerechtigkeit" Synonym für „Gesetz" |
| kast. | justicia > legalidad, ley ley < justicia | | |
| frz. | justice > légalité, droit, juridiction loi < justice | | |
| engl. | | justice > legality, administration of law, right law < --- | |
| dt. | | | Gerechtigkeit > --- --- < Gesetz |

*Anmerkung:*

Das Bestehen dieser Synonymieverhältnisse weist ausschließlich darauf hin, dass eine inhaltliche Beziehung bestehen könnte, eine solche wird hiermit jedoch nicht nachgewiesen. Die Synonymien sind evtl. Indiz dafür, dass in der Vergangenheit eine Verbindung bestanden hat.

## 2. Rechtsstaaten vs. Gesetzesstaaten

*Recht, derecho*

„Recht" und „derecho" entsprechen einander in mehreren Bedeutungen, beispielsweise in ihrer Funktion als „Berechtigung, Anrecht, Vorrecht". Das Nomen „Recht" bedeutet darüber hinaus sowohl im Deutschen als auch im Kastilischen „Rechtsordnung", womit nicht nur eine Gesamtheit der Gesetze gemeint ist, sondern auch alle anderen staatlich (bspw. gerichtlich) festgelegten Normen des gesellschaftlichen Verhaltens (Recht in: Wahrig 1997; Duden 2003; Paul 1966). Begriffe wie „Gerechtigkeit, justicia" sind gegenüber „Recht, derecho" Komplementärpaare und „Pflicht, obligación" gemeinsame Antonyme im Deutschen und Kastilischen, d.h. Wörter, die für eine Definition von „Recht, derecho" herangezogen werden können. Philosophie und Ethik setzten sich seit der Antike damit auseinander, welche Instanz Recht setzen darf, welche moralischen Maßstäbe in diesem Wort enthalten sind und inwiefern der Zwangscharakter eine Rolle spielt (Düwell 2002,

---

15 „Gerechtigkeit" in: Bulitta 1994; Duden 1997; Görner 2003; „justicia" in: VOX 2001; RAE 2001; Villar 2001; Corominas 1954, justo; „justice" in: Hanks 2000; Seaton 1991; „justice" in: Rey-Debove 1987; Bechtermünz 1990; Bertaud du Chazaud 1979; „Gesetz" in: Duden 1997; Görner 2003; „ley" in: EnU 2003; SGEL 1995; Villar 2001; „law" in: Encyclopaedia Britannica 1911; Hanks 2000; Seaton 1991; „loi" in: Grappin 1994; Bechtermünz 1990; Bertaud du Chazaud 1979.

469 f.; Ferrater Mora 1994, 817; Müller 1985, 227). Während im Christentum Gott Richter und moralische Instanz ist, unterteilen Philosophie sowie Rechtswissenschaft später in Recht und Naturrecht, mit einer engen Beziehung zum natürlichen und positiven Recht, das erlassene Normen und Vereinbarungen beinhaltet (Galling 2003, 26951 ff.). Allerdings betrachten die Sozialwissenschaftler in Spanien (nach den Wörterbüchereinträgen zu urteilen, anders als in Frankreich oder Großbritannien) das Naturrecht sogar als eine ethische Theorie, welche die These vom Bestehen moralischer und objektiver Werte untermauert (Fernández Sebastián 2002; González 1998, Giner 1998, derecho natural). Mit dem Satz: „Pedir que se cumpla el Derecho es pedir que se haga Justicia"[16], wird diese These bestätigt, denn tatsächlich scheint hier das naturrechtliche Verständnis von Gerechtigkeit Richtmaß für das positive Recht zu sein (González 1998, derecho; Düwell 2002, Recht und Moral).

Die Nähe der Begriffe „Recht" und „Gerechtigkeit", die sich im Deutschen allein schon durch die sprachliche Verbindung ergibt, zeigt sich im Kastilischen durch die synonymische Bedeutung des altspanischen Ausdrucks „derechuría" als „justicia" (García de Diego 1985, derecho). Für beide Sprachen kann das bedeuten, dass „Recht" und „Gerechtigkeit" als verbundene Elemente verstanden werden. Das eine Wort schließt das andere nicht aus, sondern bildet seinen Bestandteil.

Ausgehend von der Bedeutung „Rechtsordnung" der dt. und kast. Begriffe „Recht" und „derecho" wurde in Zusammenhang mit „Recht" u.a. der Begriff des Etatismus (Losurdo 1998, 107 f.; Labica 1986, 762; Haug 1997, 870; Brockhaus 2005, Etatismus) untersucht, da es sich dabei um ein relevantes Unterscheidungsmerkmal der Bedeutungen der Wörter „Recht, derecho, right, droit" zu handeln scheint. Beim Aufgreifen der Assoziationen mit dem Wort „Recht" in allen vier Sprachen, wurde die These bestärkt, dass eine eher als überwölbende Einheit gedachte staatliche Rechtsordnung[17] in Deutschland, Frankreich und Spanien im Wort „Recht" gegenüber einer Vielzahl individueller „rights" in Großbritannien zu verorten ist. Dies könnte im Etatismus begründet sein. Der Etatismus, ein Begriff aus dem Frankreich von 1880, benannte die Doktrinen, die dem Staat das Recht zusprachen, seine Zuständigkeiten in den Bereich der Wirtschaft und auf das Individuum auszuweiten. Der Marxismus übernahm diese Inhalte in seine Ökonomietheorie und weitete den nationalökonomischen Kontext auf einen Staat aus, der stabilisierend in die kapitalistischen Klassenverhältnisse eingreift (Labica 1986, 763; Haug 1997, 870). Während Deutschland in diesem Zusammenhang vom „Sozialstaat" oder „sozialen Rechtsstaat" (Art. 28 GG) (gegenüber einer eher seltenen Anwendung des Wortes „Wohlfahrtsstaat")[18] und Spanien

---

16  „Zu erbitten, dass das Recht befolgt wird, bedeutet zu erbitten, dass Gerechtigkeit vollzogen wird." (Übersetzung der Autorin)

17  Das englische Äquivalent wäre in etwa *„legal system"* oder *„legal order"*, das aber eben nicht mit „right", sondern einem Derivat von lateinisch *lēx* gebildet wird.

18  Vgl. die Häufigkeitsangaben unter http://wortschatz.uni-leipzig.de/: „Sozialstaat" ist der Häufigkeitsklasse 12, „Wohlfahrtsstaat" aber nur der Häufigkeitsklasse 14 zugeordnet. Bei google.de werden ca. 1,5 Mio. *hits* für „Sozialstaat", aber nur ca. 360.000 für „Wohlfahrtsstaat" nachgewiesen.

vom „Estado social [...] de Derecho" (Art. 1 CE) spricht, wird im Englischen der Begriff des „welfare state" etabliert.[19] Die Distanzierung vom Terminus „Wohlfahrt" und seine eher negative Konnotation kann sowohl aus einer Ablehnung des französischen Wohlfahrtsausschusses = Comité du salut public[20] (der Französischen Revolution) als auch aus einer Abgrenzung vom Wohlfahrtsstaat des Absolutismus Begründung finden (vgl. Fuchs 1987, Wohlfahrtsstaat; Brunner 1992, 636) – wie dem auch sei: Die paternalistische Arbeitspolitik des Franco-Regimes („garantismo *autoritario*") Mitte des 20. Jahrhunderts entwickelte schließlich eine Nähe zur *Hierarchisierung* der abhängig Beschäftigten im deutschen Sozialstaatskonzept Bismarcks.[21] Der entstandene Kündigungsschutz band das Verhalten der Arbeitnehmer an politisch konformes Handeln, was wiederum den Arbeitgeber verpflichtet, bestimmte Fürsorgepflichten einzuhalten (vgl. Lessenich 1994, 230, 233). Diese Art von 'Daseinsvorsorge' (Forsthoff) beruht auf der Bevormundung der einzelnen Menschen und der autoritär auferlegten Beschränkung ihrer individuellen Rechte, welche die Menschen ihrer Selbstverantwortung entheben und ihnen dadurch auch die eigene Vernunft absprechen. Es wird zwar das Ziel eines gemeinschaftlichen Wohls postuliert, jedoch als Gegensatz zu und daher auf Kosten der individuellen Freiheit (vgl. Giner·1998, paternalismo), vergleichbar der Bevormundung im klassischen Etatismus (Poulantzas 1979, 130 f.)

### right, droit

Auch die Wörter „droit" und „right" gehen auf die gleichen Wurzeln wie „Recht" und „derecho" zurück und beinhalten „Regel, Richtmaß". Der Aspekt der Legalität spielt im Kontext von frz. (droit = légal) sowie kast. („derecho = legal") und engl. („right = legal") eine Rolle, wohingegen im Deutschen der Begriff „Gesetz" verwendet wird, um den Eindruck von Legalität zu vermitteln. „Droit" besteht als Gegensatz zu dem, was nicht sein darf. In Verbindung mit dem Adjektiv „droit, -e", umfasst hierbei der Aspekt der „gerechten Handlung" ebenfalls einen Bestandteil des Nomens „droit". Ergänzend unterscheidet das Französische zwischen „les sciences de droit" (= Wissenschaften der Logik, Ethik, Ästhetik) und den „sciences de fait" (= exakte Wissenschaften wie Physik). Wie kastilisch „derecho" bedeutet auch „droit" eine Abgabe oder einen Zoll. Da das englische „right" sowohl Nomen als auch Adjektiv für „richtig" sowie „rechts" sein kann, wird der Zusammenhang der Konnotationen deutlich. Es wäre allerdings Aufgabe der Psycholinguistik herauszufinden, inwiefern sich diese gegenseitig bedingen. In jedem Fall besteht in Verbindung mit dem Richtmaß die Bedeutung des moralisch, gesellschaftlich Richtigen und Gerechten. „Right"

---

19  Erstbeleg im OED 1989 für „welfare state" geht zurück auf 1941.

20  Atkins 1995 übersetzt wie folgt: „salut = wave (of the hand); safety; salvation; hello!; hail". Mansion 1961 schreibt „salut = safety. Le salut public = public welfare, public well-being; Comité du salut public = Committee of Public Safety; salvation; salutation; bow; salute (military); evening service".

21  Die konservativ-autoritären deutschen und spanischen Modelle stehen im Gegensatz sowohl zum liberalen Modell rudimentärer Sozialstaatlichkeit im angelsächsischen Bereich als auch zum sozialdemokratisch-egalitären Modell im skandinavischen Bereich (vgl. Lessenich 1994, 228 ff., Esping-Andersen 1990, 22 ff.).

scheint oftmals mit Moral einher zu gehen, es gibt aber auch eine objektivere Lesart, in der ein Anspruch oder eine Rechtfertigung formuliert ist.

Die französischen und englischen Inhalte stimmen zusammenfassend überein, doch stellt die Existenz der drei Bedeutungsinhalte von „right" eine Abweichung zum Französischen dar, das nicht über ein solches Spektrum verfügt: right (= Recht) – right (= rechts) – right (= richtig) vs. droit (= Recht) – droite (= rechts) – juste (= richtig). Mit dieser linguistischen Übereinstimmung ist das Englische tatsächlich dem Deutschen näher als dem Französischen und Kastilischen; zu berücksichtigen ist jedoch, dass im Englischen – anders als im Deutschen – neben „right" auch noch „just" existiert. Es findet sich hier linguistisch, wie vermutet, eher eine Gemeinsamkeit der germanischen gegenüber den romanischen Sprachen. „Derecho, droit" sind, wie die folgende Tabelle 3 zeigt, Synonyme für „justicia, justice", während außerdem „justicia, justice" Synonyme für kast. und frz. „derecho, droit" sind. Dahingegen ist im dt. zwar „gerecht" Synonym für „Recht", jedoch gibt es kein normatives Gegenstück zu „Gerechtigkeit". Engl. „right" und „justice" bilden kein Synonymieverhältnis zueinander. Der engl. Begriff „justice" bleibt normativ im juristisch-technischen Sinne und entbehrt einer moralischen Aufwertung, die es im Französischen, Deutschen und Kastilischen aufgrund dieser Gemeinsamkeit gibt.

*Tabelle 3: Synonymieverhältnis Recht und Gerechtigkeit:*[22]

| | Kein Widerspruch zwischen Gerechtigkeit und normativem Recht | | Widerspruch zwischen Recht und metaphysischer Gerechtigkeit |
|---|---|---|---|
| | „Recht" ist Synonym für „Gerechtigkeit"; „Gerechtigkeit" ist Synonym für „Recht" | „Gerechtigkeit" ist Synonym für „Recht"; „Recht" aber nicht für „Gerechtigkeit" | Weder „Recht" ist Synonym für „Gerechtigkeit", noch „Gerechtigkeit" Synonym für „Recht" |
| kast. | derecho > justicia justicia < derecho | | |
| frz. | droit > justice justice < droit | | |
| dt. | | Recht > gerecht Gerechtigkeit < --- | |
| engl. | | | right > --- justice < --- |

Das Studium der „Rechtswissenschaft" wird im Französischen und Kastilischen, wie auch im Deutschen, mit dem Wortteil „Recht" gebildet: „étudier les droits" und „estudiar de-

---

22  „Recht" in: Görner 2003; Wasserzieher 1975; Duden 1997; „derecho" in: VOX 2001; SGEL 1995; Moliner 2001; EnU 2003; Villar 2001; „droit" in: Langenscheidt 1980; Bertaud du Chazaud 1979; „right" in: Hanks 2000; „Gesetz" in: Duden 1997; Görner 2003; „ley" in: EnU 2003; SGEL 1995; Villar 2001; „loi" in: Grappin 1994; Bechtermünz 1990; Bertaud du Chazaud 1979; „law" in: Hanks 2000; Seaton 1991.

recho", während der englischsprachige Student „law" (= Gesetz) studiert. Die Besonderheit, dass im englischen Raum die Bezeichnung „right" als Titel und Statussymbol verwendet wird, ist Unikum dieser Sprache. Die englische Form unterscheidet sich insoweit von frz., kast. und dt.

„Gesetz, ley, loi" und „law" sind in jeder der vier Sprachen Synonyme von „Recht, derecho, droit, right". Allerdings sind im umgekehrten Fall ausschließlich „Recht, derecho" und „droit" Synonyme von „Gesetz, ley" und „loi". Es gibt keinen Eintrag von „right" als Synonym für „law", was darauf hindeutet, dass die Bedeutung „right = Rechtsordnung", die im Englischen im Jahre 1610 das letzte Mal schriftlich nachgewiesen ist (OED 1989, right), nicht mehr existiert.

## Gesetz, ley

Die Begriffe „Gesetz" und „ley" sind sowohl für die Rechtswissenschaft als auch für Theologie, Ethik und Naturwissenschaft von grundlegender Bedeutung. Es kann Dekret, Regel, Ordnung oder naturwissenschaftliches Gesetz sein. Eine Besonderheit des Kastilischen ist die Anwendung des „tener ley a alguien" als Ausdruck für Treue, die jemandem entgegen gebracht wird, während das Deutsche enger einer juristischen Bedeutung verhaftet bleibt. Indem die Theologie sich der Gesetze in Form von Geboten bedient, schafft sie moralische Richtlinien (Ferrater Mora 1994, ley). Aber bei der Entwicklung der praktischen Überlegungen, wer Gesetze erlassen kann, entsteht auch der Zweifel, inwieweit Gesetze ignoriert werden dürfen bzw. können. „Gesetz" und „ley" sind inhaltlich gebunden an „Recht, derecho" und „Gerechtigkeit, justicia". Diese Beziehung drückt sich auch darin aus, dass sich das Kastilische „leyes" (im Gegensatz zu den frz. „lois") darüber definiert, dass sie Dinge im Sinne der „justicia" bestimmen und zu diesem Zweck erlassen werden. Ähnliche definitorische Bezüge konnten bisher jedoch nicht in den anderen Sprachen festgestellt werden. Im Englischen verhält es sich sogar genau umgekehrt: Das, was „law" ist, wird auf die Mehrheitsmeinung bezogen (PONS Collins Cobuild 1995, law[23]), d.h. durch die von der Mehrheit beschlossenen Gesetze definiert.

Kastilisch „ley" ist ebenfalls mit „legalidad" und mit „fidelidad" verbunden, wodurch der Begriff verglichen mit dem deutschen flexibler und komplexer wird. Während sich das deutsche „Gesetz" aus dem inhaltlich „Gesetzten" entwickelt hat und damit eine Sonderstellung bei der Entwicklung der vier Sprachen einnimmt, zeugt dieser Inhalt von derselben Diskussion, die die Philosophie und Rechtswissenschaft seit der Antike beschäftigt hat (Ritter 1974; Brunner 1975).

Inhaltlich zeigt sich hier eine Gemeinsamkeit bei den Assoziationen, die „ley" sowie „Gesetz" aufwerfen. Die Rechtswissenschaft könnte diese Gemeinsamkeit erklären: Ein

---

23  „A law is a rule or set of rules for good behaviour which is considered right and important *by the majority* of people for moral, religious, or emotional reasons. „, in: PONS Collins Cobuild 1995, law. Siehe unten: law, loi. Vgl. hierzu auch: „We are a minority and must win people round to the justice of our cause", in: PONS Collins Cobuild 1995, justice.

verbindendes Element der Vorbehalte in Deutschland und Spanien gegenüber dem modernen Gesetzgeber stellt die rechtswissenschaftliche Historische Schule Friedrich Karl von Savignys dar (Galling 2003, 26951). In Spanien wie in Deutschland spielte sie eine zentrale Rolle. Ausgehend von einer historischen Betrachtung des Rechts verfolgt sie das Ziel, mit ihrer Analyse die Verknüpfung zum aktuellen Recht zu finden. Auf diese Weise wird das römische Recht, das sich drei Jahrhunderte zuvor im germanischen Imperium durchgesetzt hatte, als Recht (an-)erkannt, das dem Volk selbst gehört. Die Hauptquellen des Rechts sind nicht die Gesetze, sondern die Gesetze entstehen nach der Lehre der Historischen Rechtsschule aus den Gewohnheiten, da in ihnen das Rechtsbewußtsein des Volkes zu Tage trete (EnU 2003, Krausismo). Durch die Exegese und die nähere Beleuchtung gegenseitiger Beziehungen erklärt sich der Einfluss der Theorie auf die Praxis und umgekehrt. Der Historischen Rechtsschule war der deutsche Philosoph Karl Christian Friedrich Krause verbunden, der die Verschmelzung von Theismus mit Pantheismus thematisierte und analysierte. Die Lehre Krauses war eine der einflussreichsten Bewegungen im Spanien des 19. Jahrhunderts. Krause hatte das Konzept der Erschaffung des Rechts aus dem Volksgeist von Savignys Rechtsschule übernommen, soziale und individuelle Freiheit wurden Grundelemente des krausistischen Rechts.

### law, loi

Die explizit gesetzten Regeln und Normen sind auch in den Wörtern „law" und „loi" enthalten. Damit ist diesen beiden Sprachen, wie auch dem Kastilischen und Deutschen, ein normativer Charakter gegeben. Im Französischen und Englischen ist es möglich, spezifische „Gesetze", die im Deutschen auch als „Recht" (Kriegsrecht) bezeichnet werden können, mit „loi" (loi martiale) oder „law" zu benennen. Das englische „law" ist abhängig von einem mehrheitlichen Einverständnis, das aus der Bevölkerung stammt; es wird von der Mehrheit diktiert. Es definiert sich wie folgt: „A law is a rule or set of rules for good behaviour which is considered right and important by the majority of people for moral, religious, or emotional reasons" (PONS Collins Cobuild 1995, law), sogar das Studium der Gesetze wird als „law" bezeichnet. Der Plural „laws" bezeichnet die Justiz (vgl. die Wendung „go to law") und die Gesamtheit der Regeln und Gesetze, wohingegen das Französische, Kastilische und Deutsche auf einen Kollektivsingular zurückgreifen („Gesetz, loi, ley"). Die „rule of law" – die Herrschaft aller Gesetze – umfasst dieselbe Bedeutungsebene ebenfalls allerdings mit einem Singular.

Frz. „loi", aber auch engl. „law" sind in ihrer Zwanghaftigkeit und Grundsätzlichkeit ausgeprägt, wobei dem Souverän die Aufgabe zukommt, die „lois" durchzusetzen und zu bewahren (Nanda 1989, law and order; Clarke 1996, law; Poupard 1984, loi). Basis der Regelartigkeit des „loi" ist die Erschließbarkeit (durch Vernunft oder Wissen) eines jeden Menschen, der sich der Logik bedient. Beim engl. „law" steht die Vermeidung und Verhinderung von Gewalttaten im Mittelpunkt, jedoch lassen sich mit „laws" ebenso Geschäftsverbindungen und Kontakte dirigieren. „Law" kann aufrufend oder verbietend sein, in jedem Fall kann dem Ignorieren der Regeln eine Strafe folgen.

Sowohl „law" als auch „loi" (ebenso „ley" und „Gesetz") werden verwendet, um von Gottes Geboten zu sprechen. Andererseits definieren diese „laws, lois" auch Spielregeln und Naturbegebenheiten. Sowohl die Polizei als auch der juristische Berufszweig können als „law" bezeichnet werden.

## 3. Zusammenfassung

Statt von einem – und zwar deutschen – Sonderweg in der Sprachgeschichte zu sprechen, scheint es notwendig, mindestens zwei Besonderheiten hervorzuheben: In der Tat ist eine deutsche Besonderheit der vier untersuchten Sprachen die etymologische Verwandtschaft von „Gerechtigkeit" (ggü. der Präferenz für das juristisch-technischere „justice, justicia" in den drei anderen Sprachen) und „Recht". Eine singuläre englische Entwicklung ist dagegen die Reduzierung der Bedeutung von „right" auf den individuellen Rechtsanspruch.

Das Französische weist mal Gemeinsamkeit mit dem Englischen auf (positive Konnotation von Gesetz [s. S. 418] und Mehrheitsentscheidung [s. FN 23 et passim]), mal mit dem Kastilischen („droit" als Synonym für „justice", wie auch „derecho" als Synonym für „justicia").

Das Kastilische zeigt mal Übereinstimmungen mit dem Französischen („ley" und „loi" sowie „derecho, droit" als Synonyme für „justicia, justice"), mal mit dem Deutschen (so die moralische Aufwertung, die die metaphysische „Gerechtigkeit, justicia" erfährt[24] und damit den juristisch-technischen Konnotationen von engl./frz. „justice" entgegenstehen). Demgemäß erweist sich die Zugehörigkeit zur romanischen oder germanischen Sprachgruppe als durchaus wichtig; jedoch ist dies nicht der einzig relevante Faktor.

Neben den linguistischen Unterschieden, die sich zwischen germanischen und romanischen Sprachen zeigen, sind es jedoch in erster Linie die philosophischen und juristischen Konnotationen, die ausschlaggebend sind. Die nationalen Ausdifferenzierungen lassen sich allerdings erst nach dem Zerfall des Römischen Reich nachweisen, da das Lateinische bis dahin (insbesondere in Südeuropa) die dominierende Sprache war und kaum germanische Sprachzeugnisse aus dieser Zeit erhalten sind.

Es konnte gezeigt werden, dass „Recht" und „derecho" inhaltlich an eine philosophisch-idealistische Moral gebunden ist (s. insb. S. 412: „objektive Werte") sowie substantielle und traditionelle Konzepte vereint, die als legitim bewertet sind. Demgegenüber sind die Begriffe „Gesetz" und „ley" (natur)wissenschaftlich streng (und i.d.S. profan), prozedural (das Gesetz ergibt sich nicht einfach aus der Tradition, sondern es bedarf eines besonderen Aktes der Festsetzung), modern und legal (s. S. 413), aber (im Sinne der göttlichen Gebote) auch religiös konnotiert. Die englischen Begriffe „right" und „law" unterscheiden sich im Aspekt des Anspruchs, das „droit" bildet den Inhalt der „lois" und erhält (anders als „derecho" und „Recht") keine zusätzlichen aufgewerteten Funktionen (über dem Gesetz). Insbesondere in

---

24 Im Deutschen aufgrund des etymologischen Zusammenhangs (Gerechtigkeit < Recht < „h₃reǵ-" = gerade richten (= Implikation eines natürlichen Maßstabes für Richtigkeit); im Kastilischen aufgrund der Synonymiebeziehung alt-kast. „derechuría" = kast, „justicia"

der Zeit der Französische Revolution ist im Französischen „Gesetz" (loi) – und nicht „Recht"
(droit) der Leitbegriff:

> „'Gesetz' [...] repräsentiert wie kaum ein anderer Begriff den Glauben an die umfassende Ge-
> staltungskraft der menschlichen Vernunft. Wenn es in der Aufklärungszeit in Frankreich eine
> konsensfähige Vorstellung gibt, dann ist es die von dem Gesetz, mit dessen Hilfe, und nur mit
> dessen Hilfe, der Umbau von Gesellschaft, Recht, Politik usw. vollzogen werden kann." (Schmale
> 1995, 19; zum frz. Legizentrismus vgl. in diesem Band auch den Beitrag von Ellen Meiksins
> Wood, S. 98).

Die Wortfeldstudien haben gezeigt, dass zunächst ein grundlegender Unterschied zwischen
der deutschen Sprache und der kastilischen, französischen und englischen besteht. Nur im
Deutschen gibt es eine etymologische Verbindung zwischen „Recht" und „Gerechtigkeit".
In dieser Bezüglichkeit lehnt sie sich an die naturalistisch-metaphysische griechische Philosophie hinsichtlich des Konzepts „Recht, Gerechtigkeit" an, in der Brauch und Tradition hervorgehoben werden (δίκη, νόμος). Die anderen Sprachen bleiben für die Bedeutung
„Gerechtigkeit" bei der lateinischen juristischen Konnotation („distinguished from divine
law") von „iūs". Von besonderer Bedeutung ist die englische Auffassung, bei der „justice"
sich über eine Mehrheitsentscheidung definiert, von der in den anderen drei Sprachen nicht
die Rede sein kann. Engl. „justice" wird auf diese Weise zu einer Variablen, die flexibel ist,
ein Zustand, der auf Deutsch, Kastilisch und Französisch ausgeschlossen ist.

Abgesehen von den linguistisch relevanten Differenzen gibt es inhaltliche Übereinstimmungen, von denen hier nur zwei genannt werden sollen, die die kastilische und die deutsche
Philosophie verbinden und die sich von der französischen und der englischen abheben:
Erstens die so genannten *Sozialstaats*konzepte in Deutschland und Spanien, die – ähnlich
den Bevormundungen des Etatismus und Paternalismus – eine Distanzierung sowohl von
dem englischen Konzept des „welfare state" als auch vom „Comité du salut public" der Französischen Revolution (Wohlfahrtsausschuß) assoziieren lassen.[25] Zweitens sind spanische
und deutsche Philosophie durch die Historische Rechtsschule miteinander verbunden. Das
Recht basiert dort nicht einzig auf Gesetzen, sondern auch auf Tradition und Brauch, die
laut Savigny aus dem Volksgeist hervor gehen. Beide können an dieser Stelle nur als markante
Konkordanzen verstanden werden, die sicherlich noch näher zu betrachten sind.

---

25  Für einen Vergleich von deutschen und englischen Staatskonzepten vgl. in dieser Veröffentlichung
    den Beitrag von Arnd Bauerkämper: „Während die autoritär-etatistische Modernisierung 'von oben'
    im späten 19. und frühen 20. Jahrhundert als Vorzug des 'deutschen Weges' galt, kritisierten west-
    deutsche Historiker in den sechziger und siebziger Jahren des vergangenen Jahrhunderts den 'Sonder-
    weg' und das daraus abgeleitete Überlegenheitsbewusstsein gegenüber den liberal-parlamentarischen
    Regierungssystemen der westeuropäischen Staaten als wichtigste Ursache des Ersten Weltkriegs,
    des Zerfalls der Weimarer Republik und der 'Machtergreifung' der Nationalsozialisten 1933. Nach
    dieser Interpretation endete der 'deutsche Sonderweg' in die Moderne schließlich mit der totalen
    Niederlage des 'Dritten Reiches' 1945 oder sogar erst zwanzig Jahre später, als in der Bundesrepu-
    blik Deutschland eine gesellschaftliche Pluralisierung und eine Fundamentaldemokratisierung den
    'lange[n] Weg nach Westen' abschloss" (S. 489, vgl. auch noch S. 502, 506).

## Literatur

Im Interesse der Lesbarkeit des Textes und der Beschränkung des Umfanges des Literaturverzeichnisses wird darauf verzichtet, Wörterbuch-Beiträge nach dem Namen des jeweiligen Artikel-Verfassers zu zitieren; Werke mehrerer Verfasser werden nur nach dem alphabetisch ersten Namen zitiert.

Atkins, Beryl T./Alain Duval/Rosemary C. Milne: Le Robert & Collins Dictionaire Français – Anglais. Anglais – Français Senior, Harper Collins: Glasgow, 1995.

Bechtermünz Verlag: Synonymes. Sinnverwandte Ausdrücke der französischen Sprache, Bechtermünz: Eltville am Rhein, 1990.

Bertaud du Chazaud, Henri: Dictionnaire des Synonymes. Les usuels du Robert: Paris, 1979.

Bloch, Oscar/Walther von Wartburg: Dictionnaire étimologique de la langue française, Presses Universitaires de France: Paris, 1986.

Der Brockhaus. Multimedial Premium, Bibliographisches Institut & F. A. Brockhaus: Leipzig, Mannheim, 2005.

Brunner, Otto/Werner Conze/Reinhart Koselleck: Geschichtliche Grundbegriffe. Historisches Lexikon zur politisch-sozialen Sprache in Deutschland, Band: E-G, Pro-Soz und Verw – Z, Klett: Stuttgart, 1975, 1984 und 1992.

Bulitta, Erich: Wörterbuch der Synonyme und Antonyme, Fischer-Taschenbuch: Frankfurt/M., 1994.

Clarke, Paul B./Andrew Linzey: Dictionary of Ethics, Theology and Society, Routledge: London/ New York, 1996.

Corominas, Joan: Diccionario Crítico Etimológico de la Lengua Castellana. Volumen II: CH-K und III: L-RE, Editorial Gredos: Madrid, 1954.

Corréard, Marie-Hélène/Valerie Grundy: Le Dictionnaire Hachette – Oxford. Français – Anglais. Anglais – Français, Hachette Livre/Oxford University Press: Oxford/Paris, 1994.

Delamarre, Xavier : Le vocabulaire Indo-Européen. Lexique étimologique thématique, J. Maisonneuve: Paris, 1991.

Duden: Duden – Sinn- und sachverwandte Wörter. Band 8, Dudenverlag: Mannheim/Leipzig/ Wien/Zürich, 1997.

Duden: Duden – Das große Wörterbuch der deutschen Sprache. Band 7: Pekt – Schi, Dudenverlag: Mannheim, 1999.

Duden: Duden – Deutsches Universalwörterbuch, Dudenverlag: Mannheim, 2003 [CD -ROM].

Düwell, Marcus/Christoph Hübenthal/Micha H. Werner (Hg.): Handbuch Ethik, J.B. Metzler: Stuttgart/Weimar, 2002.

EnU = Enciclopedia Universal. Edición Clásica 2003, Micronet: Madrid, 2001 – 2002 [CD-ROM].

The Encyclopaedia Britannica. A Dictionary of Arts, Sciences, Literature and General Information. Volume XVI: L to Lord Advocate, Cambridge University Press: Cambridge, 1911.

Fernández Sebastián, Javier/Francisco Fuentes, Juan: Diccionario político y social del siglo XIX español, Alianza: Madrid, 2002.

Ferrater Mora, José: Diccionario de filosofía, Ariel: Barcelona, 1994.

Fuchs, Konrad/Heribert Raab: Dtv – Wörterbuch zur Geschichte. Band 2: Konz – Z, Deutscher Taschenbuchverlag: München, 1987.

Galling, Kurt (Hg.), Die Religion in Geschichte und Gegenwart, Directmedia: Berlin, 2003 [CD-ROM].

García de Diego, Vicente: Diccionario Etimológico Español e Hispano, Segunda Edición, Espasa-Calpe: Madrid, 1985.

Georges, Heinrich: Ausführliches Lateinisch-Deutsches Handwörterbuch, Hahnsche Buchhandlung: Hannover, 1962 [CD-ROM: 2002].

ders.: Ausführliches lateinisch-deutsches und deutsch-lateinisches Handwörterbuch, Hahn: Leipzig, 1882.

Giner, Salvador: Sociology in Spain, Instituto de Estudios Sociales Avanzados: Madrid, 1998.

Glare, P.G.W. (Hg.): Oxford Latin Dictionary, At the Clarendon Press: Oxford, 1982.

González Ballesteros, Teodoro: Diccionario Jurídico para Periodistas, Centro de Estudios Ramón Areces: Madrid, 1998.

Görner, Herbert/Günter Kempcke: Wörterbuch der Synonyme, dtv: München, 2003.

Grappin, Pierre: Grand Dictionnaire: Français – Allemand. Allemand – Français, Larousse: Paris, 1994.

Grimm, Jacob/Wilhelm Grimm: Deutsches Wörterbuch, Verlag von S. Hirzel: Leipzig, 1854 ff., sowie im internet unter: http://germazope.uni-trier.de/Projects/WBB/woerterbuecher/dwb/wbgui?lemid=GA00001, 2007.

Hanks, Patrick: The New Oxford Thesaurus of English, Oxford University Press: New York, 2000.

Haug, Wolfgang F. (Hg.): Historisch-Kritisches Wörterbuch des Marxismus. Band 3: Ebene bis Extremismus, Argument: Hamburg, 1997.

Hawkins, Joyce M./Robert Allen: The Oxford Encyclopedic English Dictionary, Clarendon Press: Oxford, 1991.

Heinichen, Friedrich A.: Deutsch-Lateinisches Wörterbuch, Druck und Verlag von Tübingen: Leipzig, 1877.

Jóhannesson, Alexander: Isländisches etymologisches Wörterbuch, Francke: Bern, 1956.

Klein, Ernest: A Comprehensive Etymological Dictionary of the English Language. Volume II L-Z, Elsevier: Amsterdam/London/New York, 1967.

Kluge, Friedrich: Etymologisches Wörterbuch der deutschen Sprache (bearbeitet von Elmar Seebold), Walter de Gruyter: Berlin, 2002 [CD-ROM].

Köbler, Gerhard: Neuhochdeutsch-indogermanisches Wörterbuch, Arbeiten zur Rechts- und Sprachwissenschaft Verlag: Gießen/Lahn, 1980(a).

ders.: Germanisches Wörterbuch, Arbeiten zur Rechts- u. Sprachwissenschaft Verlag: Giessen/Lahn, 1980(b).

ders.: Germanisch – neuhochdeutsches und neuhochdeutsch – germanisches Wörterbuch, Arbeiten zur Rechts- und Sprachwissenschaft Verlag: Gießen/Lahn, 1981.

Labica, Georges/Gérard Bensussan (Hg.): Kritisches Wörterbuch des Marxismus. Deutsche Fassung hrsg. von Wolfgang Fritz Haug. Band 2 und 4, Argument: Berlin, 1984 und 1986.

Langenscheidts Großwörterbuch Französisch, Langenscheidt: Berlin/München/Zürich, 1980.

van Leeuwen-Turnovcová, Jirina: Rechts und Links in Europa, Harrassowitz: Wiesbaden, 1990.

Lessenich, Stefan: Three Worlds of Welfare Capitalism – oder vier? Strukturwandel arbeits- und sozialpolitischer Regulierungsmuster in Spanien, in: Politische Vierteljahresschrift 1994, 224-244.

Liddell, Henry G./Robert Scott: A Greek – English Lexicon, Clarendon Press: Oxford, 1996.

Losurdo, Domenico (Hg.): Geschichtsphilosophie und Ethik (Annalen der Internationalen Gesellschaft für Dialektische Philosophie – Societas Hegeliana. Bd. 10). Philosophie und Wissenschaften: Frankfurt/M., 1998, 105-129.

Mallory, James. P./Douglas Q. Adams: Encyclopedia of Indo-European Culture, Fitzroy Dearborn: London, Chicago, 1997.

Mansion, J.E.: Harrap's Standard French and English Dictionary. Part One: French – English, George G. Harrap: London, 1961.

Meiksins Wood, Ellen/Neil Wood: Class Ideology and Ancient Political Theory. Socrates, Plato, and Aristotle in Social Context, Oxford Univerity Press: New York, 1978.

Moliner, María: Diccionario de uso del español. Versión 2.0, Gredos: Madrid, 2001 [CD-ROM].

Montanari, Franco: Vocabolario della lingua greca, Loescher Editore: Milano, 2000.

Müller, Max/Alois Halder (Hg.): Kleines Philosophisches Wörterbuch, Herderbücherei: Freiburg im Breisgau, 1985.

Nanda, T.R.: Dictionary of political science, Anmol Publisher: New Dehli, 1989.

Onions, C.T.: The Oxford Dictionary of English Etymology, Oxford University Press: London, 1966.

Ottmann, Henning: Geschichte des politischen Denkens. Die Griechen. Von Homer bis Sokrates, J.B. Metzler: Stuttgart, 2001.

ders.: Geschichte des politischen Denkens. Die Griechen. Von Platon bis zum Hellenismus, J.B. Metzler: Stuttgart, 2001.

ders.: Geschichte des politischen Denkens. Die Römer. Die Römer und das Mittelalter, J.B. Metzler: Stuttgart, 2002.

OED = Simpson, John A.: The Oxford English Dictionary, Clarendon Press: Oxford, 1989.

Paul, Hermann: Deutsches Wörterbuch, Max Niemeyer: Tübingen, 1966.

Pokorny, Julius: Indogermanisches Etymologisches Wörterbuch. Band I-II, Francke: Tübingen/Basel, 1994.

ders.: Indogermanisches Etymologisches Wörterbuch. Band I-II, Francke: Bern/München, 1959.

PONS: Collins Cobuild English Dictionary, Harper Collins: London, 1995.

PONS: Standardwörterbuch. Latein – Deutsch. Deutsch – Latein, Klett: Stuttgart, 1992.

Poulantzas, Nicos: Es geht darum mit der stalinistischen Tradition zu brechen. Interview mit Nicos Poulantzas zum autoritären Etatismus in Westeuropa und zur Strategie der Arbeiterbewegung – durchgeführt von Rodrigo Vaquez-Prada, in: Prokla, Heft 37, 4/1979, 127-140.

Poupard, Paul: Dictionnaire des Religions, Presses Universitaires de France: Paris, 1984.

RAE = Real Academia Española: Diccionario de la lengua española, Real Academia Española: Madrid, 2001.

Reese, William L.: Dictionary of Philosophy and Religion, Eastern and Western Thought, Humanities Press: New Jearsey, 1980.

Rey-Debove, Josette: Le Robert Méthodique. Dictionnaire Méthodique du Français Actuel, PONS, Le Robert: Paris, 1987.

Ritter, Joachim (Hg.): Historisches Wörterbuch der Philosophie, Band 3 und 6, Wissenschaftliche Buchgesellschaft: Darmstadt, 1974 und 1984.

Rix, Helmut: Lexikon der Indogermanischen Verben. Die Wurzeln und ihre Primärstammbildungen, Ludwig Reichert Verlag: Wiesbaden, 1998[1], 2001[2].

Rode, Karlheinz: Geschichte der europäischen Rechtsphilosophie, Werner-Verlag: Düsseldorf, 1974.

Rost, Valentin C.F.: Griechisch – Deutsches Wörterbuch für den Schul- und Handgebrauch, Band I: A-K, George Westermann: Braunschweig, 1874(a).

ders.: Deutsch – Griechisches Wörterbuch, Vandenhoek & Ruprecht: Göttingen, 1874(b).

Rus Rufino, Salvador: El problema de la fundamentación del derecho. La aportación de la sofística griega a la polémica entre naturaleza y ley, Universidad de Valladolid: Valladolid, 1987.

Schmale, Wolfgang: Droit, in: Reichardt, Rolf/Lüsebrink, Hans-Jürgen: Handbuch politisch-sozialer Grundbegriffe in Frankreich 1680 – 1820, R. Oldenbourg Verlag: München, 1992, 65-87.

ders.: Das Naturrecht in Frankreich zwischen Prärevolution und Terreur, in: Dann, Otto/Diethelm Kippel, Naturrecht – Spätaufklärung – Revolution, Felix Meiner Verlag: Hamburg: 1995, 5-22.

Schweikle, Günther: Germanisch – deutsche Sprachgeschichte im Überblick, J.B. Metzler: Stuttgart, 1990.

Seaton, Anne/George Davidson/John Simpson: Chambers Thesaurus, Chambers: Edinburgh, 1991.

SGEL = Sociedad General Española de Libreta: Diccionario de uso. Gran Diccionario de la lengua Española, Sociedad General Española de Libreta: Madrid, 1995.

Villar, Celia (Hg.): Diccionario de Sinónimos y Antónimos, Espasa: Madrid, 2001.

VOX: Diccionario Esencial de Sinónimos y Antónimos. Lengua Española, Spes Editorial: Barcelona, 2001.

Wahrig, Gerhard: Deutsches Wörterbuch. Electronic Edition, Bertelsmann: Gütersloh, 1997 [CD-ROM].

Walde, Alois: Lateinisches Etymologisches Wörterbuch, Carl Winter Universitätsverlag: Heidelberg, 1940 – 1954.

Wasserzieher, Ernst: Kleines etymologisches Wörterbuch der deutschen Sprache, VEB Bibliographisches Institut: Leipzig, 1975.

Weis, Erich/Heinrich Mattutat/Christian Nugue: PONS. Großwörterbuch. Weis Mattutat. Französisch – Deutsch, Klett: Stuttgart, 1995.

web-links: Stand 1.8.2006

*Nachbemerkung*

I.

Die Autorin wirft in ihrem Aufsatz die Frage nach den Ursachen bzw. dem Kontext der deutschen und kastilischen Präferenz für den Begriff des „Estado social" oder „Sozialstaates" auf und führt in dem Zusammenhang aus: „Die Distanzierung vom Terminus 'Wohlfahrt' und seine eher negative Konnotation kann sowohl aus einer Ablehnung des französischen Wohlfahrtsausschusses = Comité du salut public (der Französischen Revolution) als auch aus einer Abgrenzung vom Wohlfahrtsstaat des Absolutismus Begründung finden" (S. 8). Die Vermutung eines Zusammenhangs mit der Ablehnung der Französischen Revolution kann sich für den heutigen Sprachgebrauch auf *Meyers Lexikon Online* und Mario Martinis Buch *Der Markt als Instrument hoheitlicher Verteilungslenkung: Möglichkeiten und Grenzen einer marktgesteuerten staatlichen Verwaltung des Mangels* (Mohr Siebeck: Tübingen, 2008, S. 223) stützen.

In dem *Meyers Lexikon* heißt es: „Zum sozialphilosophischen Schlüsselwort wurde Wohlfahrt im 18. Jahrhundert, geriet jedoch als politisches Wohlfahrtskonzept aufgrund der Erfahrungen der Französischen Revolution auch in Misskredit. So verwirklichte das oberste Exekutivorgan des französischen Nationalkonvents, der Wohlfahrtsausschuss, keine Wohlfahrt, sondern wurde zum Instrument einer Schreckensherrschaft. Die in diesem Zusammenhang bereits 1791 von W. von Humboldt formulierte Befürchtung, 'dass das Prinzip, dass die Regierung für das Glück und das Wohl, das physische und moralische, der Nation sorgen muss, unter allen Regierungsformen, also auch in einer Republik, der ärgste ... Despotismus ist', hat seither immer neu zu Forderungen nach einer Begrenzung der 'Staatssorgfalt' gegenüber den Einzelmenschen geführt, [...]."[26]

---

26  http://lexikon.meyers.de/wissen/Wohlfahrt+(Sachartikel)+Wirtschaftswissenschaft (24.01.2009) – Auslassung im Humboldt-Zitat durch *Meyers Lexikon*.

Und Martini schreibt, unter Anführung der gleichen Humboldt Stelle: „Der Begriff des Gemeinwohls ist anfällig für eine Instrumentalisierung; er musste seiner Ausbeutung durch totalitäre
Regime des 20. Jahrhunderts unter dem Leitmotiv 'Gemeinnutz geht vor Eigennutz' ebenso zusehen
wie seiner Vereinnahmung durch despotische Herrscher im Mittelalter und der frühen Neuzeit.
*Johann Jacob Moser* verspottet im 18. Jahrhundert die stereotype Berufung der Landesherren auf den
Topos des Gemeinwohls als 'Universal-Staats-Medicin'. Bereits 1791 formulierte *W. von Humboldt*
die Befürchtung, 'dass das Prinzip, dass die Regierung für das Glück und das Wohl, das physische
und moralische, der Nation sorgen muss, unter allen Regierungsformen, also auch in einer Republik,
der ärgste (...) Despotismus ist'. Und so verwirklichte das oberste Exekutivorgan des französischen
Nationalkonvents, das '*Comité de Salut Public*' (1793-1795), unter der Führung *Robespierres* alles
andere als Wohlfahrt. Es wurde zum Instrument der jakobinischen Schreckensherrschaft."[27]

*Meyers Lexikon* nennt keine Quelle für das Humboldt-Zitat. Martini verweist ohne Seitenangabe
auf Humboldts „Ideen über die Staatsverfassung durch die Französische Konstitution veranlaßt, 1792";
auch das Literaturverzeichnis enthält an der entsprechenden Stelle (S. 853) keine weiteren Angaben,
ändert aber das Jahr in „1791"[28]. In der Ausgabe Wilhelm Humboldt, *Werke in fünf Bänden* hrsg. von
Andreas Flitner und Klaus Giel, Wissenschaftliche Buchgesellschaft: Darmstadt, 1960 ist der Aufsatz
allerdings „Ideen über Staatsverfassung [ohne Artikel!, DGS] durch die Französische Constitution
veranlasst" betitelt und auf den August 1791 datiert. Zu diesem Zeitpunkt war Frankreich noch nicht
Republik und der König noch nicht hingerichtet.

Ein Bezug auf den Wohlfahrtsausschuß der Französischen Revolution findet sich dort nicht, was
allein schon deshalb unmöglich war, da der Wohlfahrtsausschuß der Französischen Revolution in der
Tat erst 1793 eingerichtet wurde (und bis 1795 bestand). *Auch die Wörter „unter allen Regierungsformen, also auch in einer Republik" finden sich dort nicht.* Vielmehr handelt Humboldt dort von
der 'Enteignung' einer von „gutmütigen Menschen" aufgebrachten Idee, nämlich des Wohlfahrts-
Konzeptes, durch die *Fürsten*. –

## II.

Woraus die Fehlzitierung resultiert, läßt sich jedenfalls ohne größere Recherchen nicht feststellen:
Die hier zitierte Ausgabe folgt nach eigenen Angaben[29] im Grundsatz der – von Albert Leitzmann
besorgten – historisch-kritischen Ausgabe:

Wilhelm von Humboldts *Gesammelte Schriften* hrsg. von der Königlich Preußischen Akademie der
Wissenschaften, Behr: Berlin, 1903-36 (photomechanischer Nachdruck: de Gruyter: Berlin, 1967/68).
Der fragliche Text soll sich dort in Abteilung 1: Werke, Band 1: 1785 – 1795, S. 77-85 befinden.

---

27 Zugriff via: http://books.google.com/books?id=8pdv4sbKKgEC&hl=de (24.01.2009) – Hv. i.O.;
   Auslassung im Humboldt-Zitat durch *Meyers Lexikon*.

28 Neben den „Ideen über die Staatsverfassung durch die Französische Konstitution veranlaßt, 1791"
   wird dort die Humboldt-Schrift „Ideen zu einem Versuch, die Grenzen der Wirksamkeit des Staats
   zu bestimmen" (Verlag Freies Geistesleben: Stuttgart, 1962) angeführt. Die „Ideen über die Staatsverfassung" sind dort *nicht* mitenthalten, aber ein Nachwort, in dem auf S. 172 die fragliche Stelle direkt
   nach der historisch-kritischen Akademie-Ausgabe zitiert wird – *ohne* „unter allen Regierungsformen,
   also auch in einer Republik,". (Humboldt wird in diesem Nachwort im Sinne der anthroposophi-
   schen Lehre Rudolf Steiners interpretiert [173-178].)

29 Andreas Flitner/Klaus Giel, *Nachwort der Herausgeber*, in: Wilhelm Humboldt, *Werke in fünf Bänden*. Bd. 1 hrsg. von Andreas Flitner/Klaus Giel, Wissenschaftliche Buchgesellschaft: Darmstadt,
   1960, 607-609 (609): „Im Text folgt die Ausgabe mit wenigen, an Ort und Stelle begründeten Ausnahmen den 'Gesammelten Schriften' der Akademie."

Im kritischen Apparat von Flitner/Giel zum fraglichen Text (Bd. V, 297 f.) sind keine Abweichungen von der Akademie-Ausgabe vermerkt.

Im vorliegenden Fall folgen beide Ausgaben (die Akademie-Ausgabe und die Ausgabe von Flitner/Giel) wohl dem Erstdruck in: *Berlinische Monatsschrift* 19 (Jan. 1892), S. 84-98[30]; dies gilt jedenfalls für die fragliche Stelle[31].

( 96 )

so entstand das Prinzip: daß die Regierung für das Glück und das Wohl, das physische und moralische, der Nazion sorgen muß. Gerade der ärgste und drückendste Despotismus! Denn, weil die Mittel der Unterdrückung so versteckt, so verwickelt waren; so glaubten sich die Menschen frei; und wurden an ihren edelsten Kräften gelähmt.

Die Abweichungen des Erstdrucks von dem Brieforiginal wurden von Albert Leitzmann in der *Historischen Zeitschrift* 1935, 48-89 (48 f.) mitgeteilt.[32] Auch darauf kann sich die Einfügung „unter allen Regierungsformen, also auch in einer Republik" nicht stützen. Für die fraglichen Seiten 83 f. der Akademie-Ausgabe sind dort gar keine Abweichungen zwischen Brieforiginal und Erstdruck mitgeteilt.

Flitner/Giel geben ziemlich umfangreiche Literaturhinweise zum „zeitlichen Hintergrund und die geistesgeschichtlichen Zusammenhänge"[33] des Briefes.[34]

---

30  Vgl. dies., *Kommentare und Anmerkungen zu Band I-V*, in: ebd., Bd. 5, 1981, 285-701 (297).

31  http://www.ub.uni-bielefeld.de/cgi-bin/navtif.cgi?pfad=/diglib/aufkl/berlmon/122921&seite=00000104.TIF&scale=4 (10.02.2009).

32  Albert Leitzmann veröffentlicht dort unter dem Titel „*Politische Jugendbriefe Wilhelm von Humboldts an Gentz*" außerdem zwei weitere Humboldt-Briefe.

33  Andreas Flitner/Klaus Giel, *Nachwort der Herausgeber*, in: Wilhelm Humboldt, *Werke in fünf Bänden*. Bd. 5 hrsg. von Andreas Flitner/Klaus Giel, Wissenschaftliche Buchgesellschaft: Darmstadt, 1981, 703-715 (714).

34  G.P. Gooch, *Germany and the French Revolution*, London 1920, bes. 107 f.; E. Howald, *Wilhelm von Humboldt*, Erlenbach-Zürich, 1944 oder [unklare Zitierung!] *Deutsch-französisches Mosaik*, Erlenbach-Zürich, 1962, 70 ff.; S.A. Kaehler, *Wilhelm v. Humboldt und der Staat*. Ein Beitrag zur Geschichte deutscher Lebensgestaltung um 1800, Göttingen, 1963[2 rev.] (1927), 128 ff.; R. Leroux, *Guillaume de Humboldt. La formation de sa pensée jusqu'en 1794*, Paris, 1932; F. Meinecke, *Weltbürgertum und Nationalstaat*. Studien zur Genesis des deutschen Nationalstaates, München, 1908 (1962[6]), 39 ff.; U. Muhlack, Das zeitgenössische Frankreich in der Politik Humboldts, Lübeck/Hamburg, 1967, 42 ff., 170 ff.; G. Rexius, *Studien zur Staatslehre der Historische Schule*, in: *Historische Zeitschrift* 107, 1911, 496 ff.; H. Scurla, *Wilhelm von Humboldt*. Werk und Wirken, Düsseldorf, 1976

77, 5 „Ich fange an, politische Zeitungen zu lesen, lieber
       Gentz, und da ich gleich."

77, 13 „auf Sie und Ihren Enthusiasmus dafür zurück."

77, 17 „gerade."

78, 1 „sollen Sie auch in dieser Konsequenz mit dem Ueber-
       rest nicht vermissen."

78, 6 „immer"] „auch".

78, 16 „des Unternehmens."

78, 18 „Die Nationalversammlung."

78, 20 „sie selbst einräumen."

78, 24 „Plane gründet."

78, 38 „Gesezgeber"] „Deputirte."

79, 5 „müßte"] „muß."

79, 9. 10 „sollte"] „will."

79, 12 „Ich"] „und".

79, 13 „Staatsverfassung als völlig."

81, 16 „Wenn"] „Wo".

85, 19 „lieber Gentz."]

III.

Humboldt befaßt sich an der fraglichen Stelle mit der Herausbildung des Absolutismus, den er als Machtgewinn des Monarchen zulasten der Adligen schildert. Aufgrund dieser Zentralisierung der Herrschaft wurde die (räumliche) Distanz zwischen Herrscher und Beherrschten größer, und Leibeigenen-Arbeit (Humboldt spricht von „persönliche[r] Sklaverei") war unpraktisch geworden. An Stelle direkter Arbeit trat das Medium Geld (d.h.: Steuern), so Humboldt. Er führt dann aus:

„Alles Streben gieng nun also dahin, von der Nation, soviel als möglich, Geld aufzubringen. Diese Möglichkeit beruhte aber auf zwei Dingen. Die Nation musste Geld haben, und man musste es von ihr bekommen. Jenen Zwek nicht zu verfehlen, mussten ihr allerlei Quellen der Industrie eröfnet werden; diesen am besten zu erreichen, musste man mannigfaltige Wege ent-dekken, theils um nicht durch aufbringende Mittel zu Empörungen zu reizen, theils um die Kosten zu vermindern, welche die Hebung selbst verursachte. Hierauf gründen sich eigentlich alle unsre heutigen politischen Systeme. Weil aber, um den Hauptzwek zu erreichen, also im Grunde nur als untergeordnetes Mittel, Wohlstand der Nation beabsichtet wurde, und man ihr, als unerlassbare Bedingung dieses Wohlstandes, einen höheren Grad der Freiheit zugestand; so kehrten gutmüthige Menschen, vorzüglich Schriftsteller, die Sache um, nannten jenen Wohlstand den Zwek, die Erhebung der Abgaben nur das nothwendige Mittel dazu. Hie und da kam diese Idee auch wohl in den Kopf eines Fürsten, und so entstand das | Princip, dass die Regierung für das Glük und das Wohl, das physische und moralische, der Nation sorgen muss. Gerade der ärgste und drükkendste Despotismus. Denn weil die Mittel der Unterdrükkung so

---

(Berlin, 1970), 94 ff.; E. Spranger, *Wilhelm von Humboldt und die Humanitätsidee*, Berlin, 1909 = Tübingen, 1965³, 50 f., 249; P. R. Sweet, *Young Wilhelm von Humboldt's writings (1789-93) Reconsidered*, in: *Journ. Hist. of Ideas* 1973, 469-482.

verstekt, so verwikkelt waren; so glaubten sich die Menschen frei, und wurden an ihren edelsten Kräften gelähmt. Indess entsprang aus dem Uebel auch wieder das Heilmittel. Der auf diesem Wege zugleich entdekte Schaz von Kenntnissen, die allgemeiner verbreitete Aufklärung belehrten die Menschheit wieder über ihre Rechte, brachten wieder Sehnsucht nach Freiheit hervor. Auf der andren Seite wurde das Regieren so künstlich, dass es unbeschreibliche Klugheit und Vorsicht erheischte. Gerade in dem Lande nun, in welchem Aufklärung die Nation zur furchtbarsten für den Despotismus gemacht hatte, vernachlässigte sich die Regierung am meisten, und gab die gefährlichsten Blössen. Hier musste also auch die Revolution zuerst entstehen, und nun konnte kein andres System folgen, als das System einer gemässigten, aber doch völligen und unumschränkten Freiheit, das System der Vernunft, das Ideal der Staatsverfassung. | Die Menschheit hatte an einem Extrem gelitten, in einem Extrem musste sie ihre Rettung suchen. Ob diese Staatsverfassung Fortgang haben wird? Der Analogie der Geschichte nach, Nein! Aber sie wird die Ideen aufs neue aufklären, aufs neue jede thätige Tugend anfachen, und so ihren Segen weit über Frankreichs Gränzen verbreiten. Sie wird dadurch den Gang aller menschlichen Begebenheiten bewähren, in denen das Gute nie an der Stelle wirkt, wo es geschieht, sondern in weiten Entfernungen der Räume oder der Zeiten, und in denen jene Stelle ihre wohlthätige Wirkung wieder von einer andren, gleich fernen, empfängt." (S. 39 f.).[35]

IV.

1. Ein weiter Hinweise auf einen Zusammenhang von Ablehnung des Wohlfahrtsstaates und Ablehnung der Französischen Revolution findet sich bei Gerhard A. Ritter (*Der Sozialstaat*. Entstehung und Entwicklung im internationalen Vergleich, Oldenbourg: München, 1989[1], 1991[2. überarb. u. erw.]; http://books.google.de/books?id=lYEdYrA2_5EC [05.02.2009]). Dort heißt es am Ende des II. Kapitels „Armenpflege und allgemeine Wohlfahrt vom Mittelalter bis zum Ende des 18. Jahrhunderts" (1989[1], 42-44 = 1991[2], 43-45 – jeweils mit FN 36-45; die folgenden FN sind Bestandteil des zitierten Textes):

> „Nachdem bereits Kant die Forderung der Glückseligkeit als Endzweck des Staates abgelehnt und den Staat als 'die Vereinigung einer Menge von Menschen unter Rechtsgesetzen' bezeichnet hatte[36], beschränkte schließlich Wilhelm von Humboldt die Aufgaben des Staates ausdrücklich auf die Gewährleistung der äußeren und inneren Sicherheit.[37] In einem Brief an Gentz vom August 1791 verwarf er das 'Prinzip, daß die Regierung für das Glück und das Wohl, das physische und das moralische, der Nation' zu sorgen habe, als 'ärgsten und drückendsten Despotismus'.[38]

Während sich so in Deutschland in der Wendung gegen den paternalistischen, reglementierenden Wohlfahrtsstaat und als Konsequenz der späteren Freisetzung der Wirtschaftsgesellschaft aus ständischen Schranken seit der Reformzeit[39] Staat und Gesellschaft tendenziell auseinanderentwickelten,

---

35  Die senkrechten Striche im Text zwischen „so entstand das" und „Princip, dass" sowie zwischen „der Staatsverfassung." und „Die Menschheit" markieren den Übergang von S. 39 zu S. 40 der Ausgabe von Flitner/Giel bzw. S. 83 zu S. 84 der Akademie-Ausgabe.

36  Immanuel Kant, *Die Metaphysik der Sitten* (1797), in: *Kant's gesammelte Schriften*, Hrsg. v. der Königlich Preußischen Akademie der Wissenschaften zu Berlin. I. Abt., Bd. VI. Berlin 1907, § 45, 313.

37  Wilhelm von Humboldt, *Ideen zu einem Versuch, die Gränzen der Wirksamkeit des Staates zu bestimmen* (1792) in: ders., *Werke*. Hrsg. v. Andreas Flitner u. Klaus Giel. Bd. I, Darmstadt 1960, 90.

38  Veröffentlicht unter dem Titel: *Ideen über Staatsverfassung, durch die Französische Constitution veranlaßt*. Aus einem Briefe an einen Freund vom August 1791, in: ebd. 33-42, Zit. 40.

39  Vgl. dazu die Untersuchung der verschiedenen Wege zur „Gewerbefreiheit" in Frankreich, Preußen und Österreich und deren Konsequenzen für die Mobilisierung des Produktionsfaktors Arbeit, in:

wurde in der Französischen Revolution das liberale, meist die Freiheiten des Bürgers gegenüber dem Staat betonende Konzept der Menschen- und Bürgerrechte mit der Vorstellung eines aktiv in die sozialen Verhältnisse intervenierenden Staates verbunden. Mit der intensiven Diskussion sozialer Grundrechte wurde ein neues Kapitel in der Geschichte des Sozialstaats aufgeschlagen.

Unter dem Einfluß der Ideen der Aufklärung hatten sich bereits die französischen Staatsmänner Anne Robert Jasques Turgot und Jacques Necker vor der Revolution bemüht, die bestehende repressive Praxis der französischen Armenhilfe durch humanitärere Methoden zu ersetzen.[40] Vereinzelt waren zudem im vorrevolutionären Schrifttum soziale Grundrechte aus dem Prinzip der 'Brüderlichkeit' abgeleitet worden.[41] Die in der Revolution sofort aufgenommene Forderung nach Ausdehnung der sozialen Verantwortung des Staates fand zunächst in der Ergänzung der Menschenrechtserklärung in der Verfassung vom September 1791 ihren Niederschlag. Danach sollte 'eine allgemeine Einrichtung für öffentliche Hilfe geschaffen und organisiert werden, um ausgesetzte Kinder zu erziehen, arme Kranke zu unterstützen und armen Gesunden, die sich keine Arbeit verschaffen können, Arbeit zu verschaffen'. Ferner sollte ein im Elementarschulbereich kostenloses öffentliches Schulsystem errichtet werden.[42]

Auf Drängen der Jakobiner wurden schließlich zentrale soziale Grundrechte des einzelnen in die Verfassung von 1793 aufgenommen. Diese legte ausdrücklich fest, daß die Gesellschaft ihren unglücklichen Bürgern den Unterhalt schuldet, 'sei es, daß sie ihnen Arbeit verschafft, sei es, daß sie denen, welche zu arbeiten außerstande sind, die Existenzmittel gewährt'.[43]

Wenn auch diese Verfassungsbestimmung reine Programmatik blieb und die bedürftigen Bürger keinen rechtlich einklagbaren Anspruch auf Unterstützung erhielten, so haben doch die Menschenrechtsideen der Jakobiner vor allem über eine 1834 in Paris erschienene Schrift mit dem Titel 'Erklärung der Menschen- und Bürgerrechte' auf die Ideenwelt der deutschen Arbeitervereine im Ausland und die proletarische Vorgeschichte der deutschen Revolution von 1848 eingewirkt und einen Ausgangspunkt der Diskussion sozialer Grundrechte in Deutschland gebildet.[44]

---

Harald Steindl, *Entfesselung der Arbeitskraft*, in: ders. (Hrsg.), *Wege* [= *Wege zur Arbeitsrechtsgeschichte*. Frankfurt a. M. 1984] 29-135.

40  [Gaston V.] Rimlinger, *Welfare Policy* [*and Industrialization in Europe, America and Russia*. New York etc. 1971], 27-30. [In der 2. Auflage hingefügt:] Zur Repression der Armen im Frankreich des 18. Jahrhunderts, zu den zugrundeliegenden Anschauungen und politischen Interessen und zur Reaktion der Betroffenen vgl. die ausgezeichnete Studie von Robert M. Schwartz, *Policing the Poor in Eighteenth-Century France*, Chapel Hill 1988.

41  Peter Krause, *Die Entwicklung der sozialen Grundrechte*, in: Günter Birtsch (Hrsg.), *Grund- und Freiheitsrechte im Wandel von Gesellschaft und Geschichte*. Beiträge zur Geschichte der Grund- und Freiheitsrechte vom Ausgang des Mittelalters bis zur Revolution von 1848. Göttingen 1981, 402-431, bes. 405 f.

42  Léon Duguit/Henry Monnier, *Les constitutions et les principales lois politiques de la France depuis 1789*. 4. Aufl. Paris 1925, 5. Für die Übersetzung vgl. Sigmar-Jürgen Samwer, *Die französische Erklärung der Menschen- und Bürgerrechte von 1789/91*. Hamburg 1970, 228.

43  Ebd., 68. Übersetzung nach Dr. Uhlhorn u. E. Münsterberg, *Geschichte der öffentlichen Armenpflege*, in: *Handwörterbuch der Staatswissenschaften*. 3. Aufl. Bd. 2. Jena 1909, 6-30, hier 20.

44  Die aus 53 Artikeln bestehende Erklärung ist eine Kompilation aus der berühmten Erklärung Robespierres an den Konvent vom 24.4.1793 und der Deklaration der Menschenrechte in der französischen Verfassung vom 24.6.1793. Der Text der ohne Orts- und Herkunftsangabe im Januar oder Februar 1834 veröffentlichten Erklärung wurde von Charles Antoine Teste, einem der Führer der radikal-republikanischen „Société des droits de l'homme et du citoyen", übernommen. Dieser hatte sie einem von ihm im Februar 1833 veröffentlichten Verfassungsentwurf vorangestellt. Vgl. Wolfgang Schieder, *Anfänge der deutschen Arbeiterbewegung*. Die Auslandsvereine im Jahrzehnt nach der Julirevolution

Die praktische Politik der Revolutionsregierungen zur Linderung der Not war allerdings wenig effektiv. Die in Paris und den Provinzen eingerichteten Werkstätten erwiesen sich als Zentren sozialer Unruhen und versagten weitgehend als Instrumente zur Arbeitsbeschaffung. Auch die oft wenig realistischen und widersprüchlichen Pläne und Gesetze zur Reform der Armenhilfe blieben ohne größere Bedeutung, weil die unterschiedlichen lokalen Bedingungen nicht berücksichtigt wurden, geeignete Verwaltungsinstitutionen für die Ausführung der Programme fehlten und weil, angesichts der wachsenden Bedürfnisse des Krieges, die finanziellen Mittel für eine großzügige Armenpolitik nicht ausreichten.[45]

2. Ritters Gegenüberstellung von „Deutschland" = „Wendung gegen den paternalistischen, reglementierenden Wohlfahrtsstaat und als Konsequenz der späteren Freisetzung der Wirtschaftsgesellschaft aus ständischen Schranken" und „Französischen Revolution" = „Vorstellung eines aktiv in die sozialen Verhältnisse intervenierenden Staates" ist freilich schief, denn in der Konzeption der Französischen Revolution geht es – wie am Ende des Ritter-Zitates deutlich wird[46] –

➤ weder darum, daß die *Regierung* 'weiß', was das Wohl der BürgerInnen ist,

➤ noch darum, daß ein Verfassungs*gericht* Verfassungskonkretisierung betreibt,

➤ sondern es bleibt der demokratischen Deliberation des Parlaments überlassen, derartige programmatische Verfassungsdeklarationen in Politik umzusetzen.


V.

Zur Bedeutung Humboldts für die Entwicklung des Rechtsstaats-Konzeptes ist noch anzumerken:

1. Das Wort Rechtsstaat existierte 1792 als Humboldt seine – in diesem Zusammenhang gelegentlich erwähnten – „Ideen zu einem Versuch, die Gränze der Wirksamkeit des Staats zu bestimmen" schrieb, noch nicht.

2. Auch als Rechtsstaats-Konzeption *avant la lettre* hatten Humboldts „Ideen...", die zu seinen Lebzeiten nur bruchstückhaft (ca. ¼ des Gesamtumfanges) in Zeitschriften veröffentlicht wurden, wenig Einfluß.[47]

3. Erst 1851 wurde das Gesamtmanuskript der „Ideen..." veröffentlicht, und erst der Nachdruck dieser Veröffentlichung 1852 in Humboldts posthum erschienenen „'Gesammelten Werken' und andere Neudrucke der politischen Schriften Humboldts haben ihn zum vielzitierten Klassiker liberalen Staatsdenkens werden lassen"[48].

von 1830. Stuttgart 1963, 180-191; Text der Erklärung ebd. 316-319. Vgl. weiter Frolinde Balser, *Zur „Erklärung der Menschen- und Bürgerrechte"*. Ein Beitrag zur Rolle der „Menschenrechte" im vormärzlichen Deutschland und in den frühen Arbeitervereinen, in: *Die frühsozialistischen Bünde in der Geschichte der deutschen Arbeiterbewegung*. Vom „Bund der Gerechten" zum „Bund der Kommunisten" 1836-1847. Ein Tagungsbericht. Bearb. u. hrsg. v. Otto Büsch u. Hans Herzfeld in Verbindung mit Stefi Jersch-Wenzel, Monika Wölk, Wolfgang Wölk Berlin 1975, 94-98.

45  Vgl. Alan Forrest, *The French Revolution and the Poor*. New York 1981, bes. 172-176.

46  „Wenn auch diese Verfassungsbestimmung reine Programmatik blieb und die bedürftigen Bürger keinen rechtlich einklagbaren Anspruch auf Unterstützung erhielten, [...]."

47  Filtner/Giel, a.a.O. (FN 33), 703 f.: „Fragmente aus den 'Ideen' in Biesters Berlinischer Monatsschrift, die frühen Aufsätze in Schillers 'Thalia' und in den 'Horen', Rezensionen und Berichte aus den Pariser und Römischen Jahren, die Goethe in den 'Propyläen' druckte – das alles schien doch kaum mehr als eine Reihe von Gelegenheitsäußerungen eines jungen Freundes der Weimaraner [zu sein], denen man die dahinterstehenden Entwürfe, etwa den einer liberalen Staatstheorie oder den eines philosophisch-anthropologischen Gemäldes der Gegenwartsmenschheit, kaum ansehen konnte."

48  ebd., 706.

4.a) Zu diesem Zeitpunkt war der Rechtsstaats-Begriff freilich bereits im nicht staatsbegrenzenden, sondern staatsrechtfertigenden Sinne von Robert Mohl geprägt worden: Der Rechtsstaat hatte für Mohl die Aufgabe, *zwei* Hindernisse aus dem Weg zu räumen, die dem einzelnen bei der „möglichst allseitigen Ausbildung seiner Naturkräfte und folglich de[m] Erwerb und Genuß der dazu dienlichen Mittel" im Weg stehen können: nämlich „den unrechtlichen Willen anderer Menschen und die Übermacht äußerer Hindernisse. Beiderlei Hindernisse muß der Staat entfernen".[49]

b) Daß der Staat (ob nun Rechtsstaat genannt oder nicht) *Sicherheitsstaat* sein muß – die Sicherheit gegen RechtsbrecherInnen im Inneren und äußere Feinde gewähren muß –, war allerdings ohnehin unumstritten – ja, Humboldt sah darin die ‚eigentliche' Aufgabe des Staates: „der Staat [...] gehe keinen Schritt weiter, als zu ihrer [der Bürger] Sicherstellung gegen sich selbst, und gegen auswärtige Feinde nothwendig sei; zu keinem andren Endzwekke beschränke er ihre Freiheit."[50]

c) Das Charakteristische dieser Kontroverse zwischen der *eher* staatsbegrenzenden Position von Humboldt u.a. sowie der weitergehend staats*rechtfertigenden* Position von Mohl u.a. war freilich, daß sie

➢ weder *juristisch* am Maßstab der geltenden Gesetze oder Verfassungen
➢ noch schlicht als *politische* Kontroverse um einen engeren oder weiteren Aktionsradius des Staats,
➢ sondern von *Philosophie wegen* geführt wurde: Es ging darum, welcher staatliche Aktionsradius einem ‚*vernünftigen*', einem *idealen* Begriff von „Staat" oder „Rechtsstaat" angemessen sei.

5. Auch im 20. Jahrhundert interessierte an Humboldt weniger der „Versuch, die Gränze der Wirksamkeit des Staats" zu bestimmen. Vielmehr „macht die Sprachphilosophie den aktuellsten und lebendigsten Teil der gegenwärtigen Beschäftigung mit Humboldt aus, was sich auch daran zeigt, daß dieser Band [III] unserer Ausgabe in rascherer Folge als die anderen Bände Neuauflagen nötig macht."[51] – so schrieben Flitner/Giel 1981.

VI.

S. im übrigen auch noch im Glossar die Erläuterungen zum Stichwort „Eudämonisten, eudämonistisch".

DGS

---

49 Robert Mohl, *Staatsrecht des Königreichs Württemberg*. Erster Teil, das Verfassungsrecht, Laupp: Tübingen, 1829, 8.

50 a.a.O. (FN 37). – Das ganze Zitat ist im Original durch *kursiv*-Schrift hervorgehoben.

51 Flitner/Giel, a.a.O. (FN 33), 712. – Inwiefern er nicht nur zitiert wurde, sondern darüber hinaus auch die Politik des deutschen Liberalismus nach 1848 prägte, wäre eine weitere Frage.

*Frieder Otto Wolf*

## Vision, Idee, Projekt, Entwurf, Initiative und Planung
### Versuch einer radikalen Intervention in laufende Orientierungsprozesse

Wissen wir überhaupt, wohin wir gehen? Und haben wir greifbare Vorstellungen darüber, wohin wir überhaupt gehen wollen? Oder wo wir selber historisch stehen, in einem Hier und Jetzt, dessen Zustandekommen umstritten, vergessen und verdrängt ist? Alles scheint sich zu ändern und wir wissen nicht mehr selbstverständlich, wo wir stehen oder wohin wir gehen können. Die Frage ist daher dringlich geworden, wie wir überhaupt noch eine Orientierung gewinnen können, ohne uns im 'ewigen Frühling der Amnesie' zu verlieren.

Ich habe vorgeschlagen, dies vor allem unter der Kategorie der „Initiative" zu durchdenken: „Einen solchen Gesichtspunkt zu setzen, mit einer derartigen orientierenden Frage einen Anfang zu machen, bedeutet immer, eine intellektuelle Initiative zu ergreifen. Eine solche Initiative 'ergibt sich' niemals einfach aus dem Stand der Debatte oder dem bearbeiteten Gedankenmaterial. Diese Art von Initiative zu 'fördern' und zugleich zu 'kultivieren' ist das strategische Anliegen radikaler Philosophie." (Wolf 2002, 121).[1]

Eine philosophische Klärung und Weiterentwicklung derartiger Konzepte der 'Selbstauslegung' menschlichen Handelns[2] muss sich kritisch auf diejenigen philosophischen Konzepte beziehen, die in der Philosophie gleichsam ihren Platz besetzt halten. Ich beziehe mich hier zunächst zurück auf zwei frühmoderne Beispiele (Vision und Idee), in denen der auflösende Effekt der heraufziehenden Herrschaft der kapitalistischen Produktionsweise auf traditionelle personengebundene Ordnungen und Abhängigkeitsverhältnisse bereits ein radikales Problem der Handlungsfähigkeit frei gelegt hatte. Das Konzept der 'Vision' sollte dieses aufbrechende Problem in der älteren, noch offen theologisch bestimmten Philosophie behandeln. Das Konzept das 'Gedankens', der 'Idee', stand dann im praktischen Idealismus im Vordergrund, der menschliche Selbstbestimmung als Selbsterschaffung der Vernunft begriff. Anschließend konzentriere ich mich auf zwei Konzeptionen aus der Epoche der weltweit konsolidierten Herrschaft dieser Produktionsweise – auf 'Projekt' (bzw. dessen

---

1   Dieser Text nimmt einige Überlegungen aus meiner metaphilosophischen Reflexion der „Radikalen Philosophie" (Wolf 2002, 121-127) wieder auf – unter einer näher bestimmten Fragestellung und um die Kategorien der Vision und des Plans erweitert. Ich danke Detlef Georgia Schulze für den Impuls zu dieser 'Retraktation'.

2   Die Unterscheidung zwischen einer Selbstauslegung in praktisch-deliberativer Absicht und einer 'objektivierenden' Beschreibung und Erklärung ist an dieser Stelle von entscheidender Bedeutung. Deswegen kann es auch nicht überraschen, dass die hier untersuchten Konzepte (Vision, Idee, Projekt, Initiative und Planung) sich gegenwärtig nicht so sehr innerhalb der Sozialwissenschaften verarbeitet finden, sondern vielmehr vor allem in den praxeologisch angelegten Management-Diziplinen aufgegriffen.

Umfunktionierung[3] im existenzialistischen Konzept von 'Entwurf') und 'Initiative'. Dabei geht es mir insbesondere darum, zu dem Konzept des 'Projektes' im Pragmatismus, der die schließlich erfolgreichste Leitphilosophie des zwanzigsten Jahrhunderts[4] gewesen ist, im Ausgang von einer 'Umfunktionierung' des Konzeptes der Initiative eine Alternative zu gewinnen, die den im Pragmatismus verstellten Horizont strukturell verändernden Handelns wieder frei legen kann. Schließlich möchte ich auch noch das Konzept der 'Planung' in diese Reflektion der Kategorien mit einbeziehen, unter denen wir unser individuelles und kollektives Handeln denken können.[5]

Dabei geht es mir ganz 'philosophisch', also ort- und zeitlos, um die Herausarbeitung grundsätzlich möglicher Positionen zu der Frage, wie überhaupt Orientierung zu gewinnen ist – was allerdings nicht zufällig anhand historisch und national spezifischer Diskurse exemplifiziert werden muss. Damit gewinne ich indirekt auch einen Bezug auf die Frage nach 'Normalentwicklungspfaden' und 'Sonderwegen'.[6] Gerade wenn es uns klar ist, dass dieses „Wir" von dem aus und auf das hin philosophisches Nachdenken Fragen aufwirft, auch heute noch auf vielfältige Weise in ganz unterschiedliche nationale Kulturen eingebettet ist, welche sich ihrerseits immer noch symptomatisch in unterschiedlichen nationalen Kulturen des Philosophierens darstellen, kann eine derartige Exemplifizierung nichts Äußerliches, Zufälliges, sein. Und auch wenn es falsch wäre, die darin enthaltenen Grundpositionen ohne Weiteres für eine vollständige Kennzeichnung nationaler Kulturen des Philosophierens zu benutzen, bleibt es doch eine schlagende Beobachtung, wie stark 'national geprägte' Philosophieentwicklungen jeweils von einer derartigen Grundposition beherrscht worden sind. In einer groben historischen Reihenfolge ihrer hegemonialen Positionen seit der Konstitution nationaler philosophischer Öffentlichkeiten[7] bis ins 19. Jahrhundert hinein haben wir es

---

3　Alle hier behandelten Kategorien waren im Kontext der kritischen sozialen Bewegungen des 19. und 20. Jahrhunderts der Gegenstand von Umfunktionierungsversuchen: von der theologischen Vision zu Utopien, von der Hegelschen Idee zur Althusserschen Theorie in Großbuchstaben, vom pragmatischen Projekt zum existentialistischen Projekt und – vielleicht auch von der Initiative bei Clausewitz und Schumpeter zur Initiative in der radikalen Philosophie.

4　Das hat Luc Boltanski (2006) beispielsweise dazu verführt, das Projektkonzept für koextensiv mit dem modernen Kapitalismus zu halten.

5　D.h. es geht hier ganz ausdrücklich nicht um die Beschreibung und Erklärung der Wirklichkeit – wie sie bis zum gegenwärtigen Moment gewesen ist –, sondern um die deliberative Erwägung von Möglichkeiten als Gegenstand praktischer Entscheidungen (vgl. o. Anm. 2). – Zu überlegen bleibt, ob ergänzend auch Konzepte öffentlichen gemeinsamen Handels wie das des 'Auftrags' oder der 'mission' (frz.) in die Untersuchung mit einzubeziehen wären.

6　Eine differenzierte historische Untersuchung dieser Entwicklungslinien kann aus den hier getroffenen Unterscheidungen sicherlich ihren Nutzen ziehen. Deren wirkliche Durchführung – und selbst schon ihre gleichmäßig ausgearbeitete Exemplifizierung – würde aber den Rahmen dieser provokativen Skizze völlig sprengen. Dass aus der bereits ausgearbeiteten Argumentation besonders die Auseinandersetzung mit John Dewey hervortritt, ist im Übrigen angesichts der Bedeutung der 'Projektmethode' gerade auch für linke Denkansätze sicher nicht ohne Sinn.

7　Deren sinnfälliger Ausdruck die 'muttersprachliche' Artikulation und Publikation war, welche allerdings bis ins 19. Jh. hinein stark in einer gemeinsamen europäischen Öffentlichkeit eingebunden blieb, was in der parallelen Publikation in gemeinsamen Sprachen (Latein, Französisch) zum Aus-

mit der italienischen, der spanischen, der französischen, der britischen, der deutschen und
der US-amerikanischen Philosophie zu tun.

Dabei beschränke ich mich hier auf drei Sondierungen, in die strukturellen Zusammen-
hänge von 'Vision' und 'Idee', von *project* und *projet* und von 'Initiative' in einigen klassischen
Formulierungen – um dann abschließend zu umreißen, wie ein reflektierter Begriff der
Planung noch über das hinaus getrieben werden könnte, was bereits dem umfunktionierten
Begriff der Initiative abzugewinnen ist.

## 1. Vision und Idee

### a) *Vision als methodologische Praxis-Anleitung und Vision als Verjenseitigung*

Das Problem der Begründung menschlicher Handlungsfähigkeit angesichts einer undurch-
schaubar gewordenen historischen Wirklichkeit war bereits innerhalb der frühen Neuzeit
aufgetreten und bearbeitet worden: Die theologisch bestimmte Philosophie half sich in diesem Punkt mit einer Zwei-Reiche-Lehre, der gemäß allein in der 'reinen Schau' der 'Idee des
Guten' oder auch 'Gottes' oder auch in dem Ereignis einer 'Vision', eines 'Traumes',[8] eine
verlässliche Ausrichtung unseres Handelns innerhalb der 'irdischen Welt' zu gewinnen ist.

Bereits in der frühen Neuzeit zerlegte sich dabei der (nun nicht mehr in eine 'von selbst'
geltende, 'selbstverständliche' Natur- oder Schöpfungsordnung eingebettete) Gedanke einer
visionären Fundierung menschlichen Handelns in zwei schroff entgegengesetzte Momente,
wie wir sie anhand der spanischen Philosophie[9] exemplifizieren können: Bei Ignacio von
Loyola (vgl. Baumann 1958; O' Rourke Boyle 1997) dient er zu einer jenseitigen Fundierung
eines im übrigen durchweg diesseitigen und bis hin zu einer äußerst flexiblen Kasuistik
in der 'Gewissensleitung' durchaus pragmatischen, methodisch organisierten Praxis. Bei
Francisco de Quevedo dienen Visionen der Hölle, die auch als 'Träume' vorgestellt werden,
der radikalen Hinterfragung allen diesseitigen Treibens und Strebens. Damit löst sich beide
Male der selbstverständliche Zusammenhang von Begreifen der Weltordnung und Schauen
des 'vollkommenen Seins' auf, wie er dem älteren theologischen Visionsgedanken – von
Platons Ideenschau über Aristoteles' *bios theoretikos* bis hin zur 'Theurgie' eines Plotin und
der 'Gottesschau' der christlichen Theologen – zugrunde gelegen hatte. Diese Projektion
einer personalen Herrschaftsordnung wird ersetzt durch den ganz abstrakten Gedanken
der Unterwerfung unter Herrschaft – in dem Gedanken eines vorgegebenen Bezugs auf ein
unverfügbar ganz Anderes, das jenseits des Horizonts der konkret gegebenen Wirklichkeit
liegt – ganz gleich, ob es dann als postulierte jenseitige Grundlage konkret methodischer

---

druck kam – ähnlich wie seit dem späten 20. Jh. die parallele Publikation in englischer Sprache zum
Medium einer entstehenden 'Weltphilosophie' wird.

8    Im Anschluss an Alain Badiou (1998) wäre zu zeigen, wie diese beiden Linien des Denkens der Vision
     – als Konstruktionsgrundlage methodischer Praxis und als Entwertungsinstanz diesseitigen Lebens
     – unter dem Gesichtspunkt der 'Wahrheitspolitik' zusammenhängen.

9    Auf die uns Dietrich Briesemeister dankenswerterweise hingewiesen hat (vgl. a. seinen Beitrag zu
     diesem Band).

Praxis oder als Entwertungsinstanz aller diesseitigen Lebenspraxis in Anspruch genommen wird.[10]

## b) Die Idee als Versöhnung mit der Gegenwart und die Idee als Revolutionierung der Wirklichkeit

In dem Maße, in dem sich – im Ausgang von Kants Neubegründung der Zentralität der menschlichen Vernunft als Trägerin einer konstitutiven menschlichen Erkenntnispraxis – die Philosophie in Deutschland sich von jeder derartigen theologischen Zwei-Reiche-Lehre löst, wird von Fichte, Schelling und Hegel der Anspruch auf eine umfassende rein vernünftige Durchdringung der gesamten Wirklichkeit als selbst vernünftig konstituiert ausgearbeitet. Besonders Hegel hat diesen Anspruch umfassend artikuliert und auf die konkrete Situation des gegenwärtigen Handelns bezogen, wobei er sich seinerseits noch eines über die eigene spekulative Interpretation der Trinitätslehre ermöglichten theologischen Rückbezugs bewusst war: „hic Rhodus hic saltus. [...]. Die Vernunft als die Rose im Kreuze der Gegenwart zu erkennen und damit dieser sich zu erfreuen, diese vernünftige Einsicht ist die Versöhnung mit der Wirklichkeit, welche die Philosophie denen gewährt, an die einmal die innere Anforderung ergangen ist, zu begreifen und in dem, was substantiell ist, ebenso die subjektive Freiheit zu erhalten sowie mit der subjektiven Freiheit nicht in einem Besonderen und Zufälligen, sondern in dem, was an und für sich ist, zu stehen." (Rechtsphilosophie, Ende der *Vorrede*).

Mit diesen Worten biegt Hegel seine frühere Konzeption, für die die Idee indirekt auch der Inbegriff einer praktischen Orientierung aufgrund von Theorie gewesen war – „Die theoretische Arbeit bringt mehr zustande in der Welt als die praktische; ist erst das Reich der Vorstellung revolutioniert, so hält die Wirklichkeit nicht aus." (Hegel an Niethammer, 1806) – ganz deutlich in die Richtung einer retrospektiven Kontemplation in harmonisierender Absicht um.[11]

Dieser praktische Idealismus, wie ihn im Anschluss an Hegel insbesondere die Junghegelianer aufgegriffen haben[12], hat das Problem der mit dem Scheitern der Französischen Revolution

---

10 Nachdem auch noch diese tragische Entgegensetzung verloren gegangen war, wird von hier aus die in Deutschland wie in Frankreich im 19. Jh. verbreitete Redeweise von der 'Weltanschauung' bzw. von der 'vision du monde' verständlich, in der sich noch einmal ein Gesamtzusammenhang artikuliert, der aber nur noch als eine relative, perspektivische 'Projektion' von schauenden Subjekten verstanden wird.

11 Das ist zumindest ein gewichtiges Argument in der Beurteilung der entgegengesetzten Inanspruchnahmen dieses Hegel-Wortes – durch Karl Jaspers' (1950, 403 f.) programmatische Beschreibung der „Aufgabe der geistigen Menschen" auf dem „Kongress für kulturelle Freiheit", der 1950 in Westberlin stattfand und in der von den USA finanzierten Zeitschrift *Der Monat* dokumentiert wurde, ebenso wie durch Hans Heinz Holz' (2006) philosophische Würdigung Fidel Castros als „welthistorisches Individuum", dessen „Leben identisch mit der Revolution" gewesen ist – der sich selbst übrigens als jungen Studenten im Rückblick durchaus in den hier diskutierten Kategorien charakterisiert hat: „ein rebellischer Geist voller Illusionen [im Spanischen sowohl 'Begeisterung' als auch 'Illusion', FOW], ich kann nicht voll revolutionärer Ideen sagen, man sollte voller Ideen und Energie sagen" (zit. n. Holz 2006).

12 Vgl. den materialreichen Überblick bei Treptow 1971.

sichtbar gewordenen 'Lücke' zwischen der Erkenntnis der gegebenen Struktur der 'Welt' (die eben doch noch mit der 'Revolutionierung der Vorstellungen' weiter leben konnte) und der Antizipation und Wahl von Möglichkeiten eines sie reproduzierenden oder verändernden Handelns durch eine 'rein geistige', 'begriffliche' Subsumption und 'Vermittlung' der 'konkreten Situation' zu lösen versucht, in der die materielle Singularität zum verschwindenden Moment werden sollte, so dass letztlich 'die Theorie' über alles entscheiden kann.[13]

Karl Marx hat an genau dieser Stelle mit seinem Hintergrundkonzept[14] der „praktisch-kritischen Tätigkeit" als „revolutionäre Praxis" eingesetzt (MEW 3, 5 f.). Trotz einiger 'Sekundäreffekte' der hegelianischen Konzeption innerhalb des Marxismus[15] machte er damit eine Praxis denkbar, deren 'aktives Moment' nicht mehr als ein 'Fleisch-Werden' der 'Idee' konzipiert, sondern als gemeinsame Sache der gegenständlichen Tätigkeit der Menschen innerhalb des jeweils gegebenen *„ensembles* der gesellschaftlichen Verhältnisse" (ebd.) begriffen wird. Wie Marx bemerkt hat, hatte die von Hegel erreichte Geschlossenheit der vernünftigen Rekonstruktion der Welt – die er polemisch als „Interpretation" kennzeichnen sollte – einen beträchtlichen Preis: Die 'Eule der Minerva' der vernünftigen Rekonstruktion (und damit zugleich der Rekonstruktion 'als vernünftig') konnte nur 'in der Dämmerung fliegen' – d.h. sie eignete sich zu einer Sinngebung der historischen Vergangenheit, nicht aber zu einer Begründung zukunftsgerichteten, gestaltenden Handelns. Wozu sie es in ihrem „aktiven Moment" (vgl. MEW 3, 5) allenfalls bringen konnte, waren einzelne 'neue Gedanken', wie etwa später der von Siemens vertretene 'Schnellbahngedanke'. Ein solcher Gedanke muss dann erst auf Handlungsträger warten, die ihm zur Wirklichkeit verhelfen könnten.

## 2. Projekt im Pragmatismus und *projet* im Existenzialismus

### a) Das Projekt im Horizont des kapitalistischen Unternehmertum

Der im Pragmatismus entworfene Projekt-Gedanke schlägt dem Konzept der 'Idee' gegenüber den geradezu umgekehrten Weg ein: Allein aus immer wieder ad hoc zu erneuernden, rein situativ verankerten praktischen Antizipationen zukünftiger Möglichkeiten[16] ergeben sich im Erfolgsfalle stabilere Handlungsmuster, welche zu Handlungsschemata und -gewohnheiten avancieren können.

---

13  Lenins (und Althussers) Insistieren auf der 'konkreten Analyse der konkreten Situation' erweist sich in dieser Hinsicht als eine 'widersprechende Antwort' auf den hegelschen Anspruchs des umfassenden Begreifens der konkreten Wirklichkeit.

14  Dessen zugespitzte Formulierung in den privaten Notizen 'ad Feuerbach' waren weder zur Publikation bestimmt, noch wirklich klar ausgearbeitet (vgl. Wolf 2003).

15  Zu deren Ansatzpunkten bereits bei Marx vgl. Balibar 2003, 9; 51 ff. sowie Preve 1990.

16  Dietrich Briesemeister hat mit seinem Hinweis auf die 'Projektemacher' des 17. und 18. Jh., die nicht nur in Spanien zu Repräsentanten einer Art von Gegenstandsverlust menschlicher Tätigkeit geworden sind (vgl. Swifts 'Gullivers Reisen'), auf einen wichtigen Aspekt dieses Denkmodells hingewiesen, der auch zunächst dessen europäische Rezeption beherrscht hat, vgl. etwa Vaihingers 'Philosophie des Als ob'.

John Dewey legt seinem Denken über politische Demokratie (und demokratische Erziehung) einen Begriff des Projektes zugrunde, der durch die grundsätzliche Abgeschlossenheit der es definierenden Zwecke und Mittel definiert ist (vgl. Dewey/Kilpatrick 1918), welche innerhalb des eigenen Unternehmens bis zu einer technokratischen Projektplanung 'von oben' gesteigert werden kann.[17] Dieser Begriff von 'Projekt' kompensiert dann auch in selbst weiterhin idealistischer Weise die von ihm zunächst vorgenommene 'Einklammerung' der historisch-gesellschaftlichen Wirklichkeit durch die aktivistische Vorstellung, es sei grundsätzlich möglich, in der Projektform jedes – für Störungen aus der gegenständlichen Handlungswelt und durch andere Handelnde offene – Handeln in ein von seinem Anfang bis zu seiner Beendigung beherrschbares Herstellen zu übersetzen.

So wichtig und lehrreich für eine radikale Philosophie die von Dewey geleistete Kritik an dem Herrschaftscharakter der traditionellen philosophischen Modelle eines handlungsleitenden Wissens über Geschichte und über die 'Strukturen' (vgl. Dilthey 1883) von 'Staat/Wirtschaft/Gesellschaft' (vgl. Weber 1920) bleiben muss, bleibt doch festzuhalten, dass Dewey hier in spezifischer Weise 'zu weit geht': Indem er den Bezug auf die Herrschaftsstrukturen der historischen Wirklichkeit gleichsam durch die Geschlossenheit seines Projektgedankens ersetzt, eliminiert er zugleich den einzigen Bezugspunkt, durch den demokratische Politik ihre zirkuläre Selbstbezüglichkeit als eine unendliche prozedurale Veranstaltung ohne befreiende Substanz überwinden kann.

An genau dieser Stelle des Denkens der Differenz zwischen einer solipistischen Wahrheitsimagination und einer realen Wahrheitspolitik[18] mit wirklichen Anderen enthüllt Deweys Kritik an der 'deutschen Philosophie' einen zentralen Zusammenhang: Gerade wenn wir uns die – aus kontinentaleuropäischer Perspektive überraschende – Kritik John Deweys an der inner-philosophischen 'Wahrheitsorientierung' der deutschen Philosophie als ein wesentliches Element der deutschen Misere im 20. Jahrhundert vor Augen führen, wird deutlich, dass im Vorschlag, den Anspruch auf eine philosophisch zu produzierende 'absolute Wahrheit', der sich alle anderen unterwerfen sollen, durch eine pragmatische 'Projektorientierung' zu ersetzen, das Kind mit dem Bade ausgeschüttet wird: Die Kennzeichnung von Kants Kritiken der Wahrheit der Unmittelbarkeit – welche Dewey als eine Fortsetzung der theologischen „Zwei-Welten-Lehre" und damit als eine Abweichung vom 'gesunden Menschenverstand' (Dewey 1915, 57)[19] betrachtet– „als geradezu wahnhafte[n] Idealismus" (Honneth 2000, 13) zieht für Dewey eindeutig die Konsequenz nach sich, nicht nur „Idealismus und Persönlichkeit, sofern sie nicht mit empirischer Analyse und experimenteller Anwendung auf konkrete soziale Zustände in Zusammenhang stehen", zu feindlichen Instanzen zu erklären

---

17  Die folgende skizzenhafte Interpretation von Deweys Projekt-Konzept stützt sich vor allem auf sein programmatisches Werk *Democracy and Education: An Introduction to the Philosophy of Education* (1916), sowie auf dessen Konkretisierung in Zusammenarbeit mit Kilpatrick (1918).

18  Ohne eine Beachtung dieser Differenz müsste der Gedanke der 'Wahrheitspolitik' sich in einen rein subjektiven 'Politizismus' auflösen.

19  Dabei identifiziert Dewey den gesunden Menschenverstand mit der – in der Linie von Hume und Reid über J.S. Mill und Sidgwick bis zu Dewey selbst oder zu G. E. Moore und Russell fortschreitenden – angelsächsischen Tradition des *Common Sense*.

(Dewey 1915, 57). Deweys aus dem Beispiel Hitlers begründete „Warnung vor der Gefahr, die dem Glauben an abstrakte, absolute 'Ideale' anhaftet" (ebd., 58), führt ihn zu einer Problematisierung jedes Weiterdenkens von „Ideen über die Situationen, in denen sie entstanden waren, [hinaus]" (ebd., 83). Seine durchaus bedenkenswerte Kritik an der „Spaltung zwischen Wissenschaft und nützlichen Leistungen einerseits und (der) aus dem idealen Streben andererseits entstehende(n) Ohnmacht des Handelns andererseits" (ebd., 95) führt ihn zwar noch zur Entfaltung einer durchaus bemerkenswerten Unterscheidung zwischen einer 'empiristischen', am jeweils konkret Gegebenen haftenden und daher strukturell konservativen Haltung, und der Haltung einer 'experimentellen' Philosophie, die wirklich offen verfährt (ebd., 158 f.). Sie schneidet dabei aber der von ihr selbst postulierten „klugen und mutigen Philosophie der Praxis" (ebd., 162) nach zwei Richtungen die Quellen ab, aus denen sie sich speisen müsste: Zum einen wird mit Deweys Kritik jeder Art von Apriorismus[20] der Rückgriff auf diejenigen Stränge eines radikalen Hinterfragens bestehender Verhältnisse abgeschnitten, die nicht selbst die Form wissenschaftsförmiger Erfahrungsproduktion annehmen. Anstatt etwa derartige 'unwissenschaftliche' Impulse, Fragen und Gedanken aus sozialen Bewegungen aufzugreifen und kritisch weiterzuverarbeiten, müssen sie demgemäß als irrational beiseite gelassen werden.

Der 'Experimentalismus' Deweys beschränkt sich damit allein noch auf die selektive 'Offenheit' für neue Erfahrungen wie sie der US-amerikanische *'frontier'*-Gedanke enthielt: Immer neu von dem Gleichen – Land und Naturressourcen zur privaten Aneignung ohne Gegenleistung. Zum anderen beschränkt sich Dewey damit ganz ausdrücklich auf seine eigene nationale Perspektive: „Amerika ist zu jung, um eine Philosophie der Evolution nach deutscher Art für unser Denken aufnahmefähig machen zu können." (ebd., 160) Damit wird nicht nur willkürlich das Gedankenmaterial beschränkt, auf das sich philosophische Kritik bezieht, sondern ein bestimmter Teilbestand – die Tradition der Konzeptionen, in denen die USA als neues 'gelobtes Land' und ihr Volk als das neue 'auserwählte Volk' beschrieben werden – tendenziell der Kritik enthoben. Anstatt das intellektuelle Erbe der gesamten Menschheit kritisch zu erörtern und im allseitigen 'Palaver' zur Geltung zu bringen, beschränkt sich Dewey auf den Entwurf einer „amerikanischen Geschichtsphilosophie" (ebd., 162) – und das auch noch in offensichtlich hegemonialer Absicht.[21]

---

20  Deweys Apriorismus-Kritik reiht sich unter die von Balibar (2003, 95 ff.) kritisierte 'nominalistische Hypothese', die „das Wahre mit der unendlichen Vielfalt [...] ihres Auftreten im Realen, im Denken oder in der Sprache identifiziert" (ebd., 96), ein: Auch Dewey kann letztlich nicht zugleich anti-hierarchisch sein und auf die Behauptung von Wahrheit verzichten (ebd., 98). Dagegen können wir auf Spinoza zurückgreifen, dessen zentrales Postulat der „kollektiven Befreiung" Balibar (1994, 118) in Erinnerung gerufen hat: „être le plus nombreux possible à penser le plus possible" (gestützt auf Ethik, V, 5-10, insb. 10, Scholium, sowie V, 20).

21  Außerdem artikuliert Dewey eindeutig eine herrschaftsaffirmative Position, indem er wie Ortega (vgl. in diesem Band den Beitrag von Sabine Ribka sowie außerdem Buey/Riechmann 1996 und zu letzteren differenzierend Wolf 2002, 45 mit FN 92 auf S. 211) als zentrales Problem die „Massendemokratisierung" als solche behauptet, durch die „irrationale Elemente frei gemacht wurden, die zwar immer schon in der menschlichen Natur lagen, bisher aber unter Kontrolle [...] gehalten wurden" (Dewey 1915, 39).

Aber auch abgesehen von dieser spezifisch US-amerikanischen Wendung, durch welche in der philosophischen Artikulation der Handlungsstrukturen der Moderne das Moment der siedler-kolonialistischen 'Aneignung durch Enteignung' (David Harvey) betont wird – zu ungunsten der gewöhnlichen Mühen der Kapitalakkumulation aufgrund einer 'Anwendung von Arbeit', in der sich immer Äquivalententausch, Ausbeutung der lebendigen Arbeit und Revolutionierung der Produktion miteinander verknüpfen – bleibt die vom Pragmatismus begründete Projekt-Methode (vgl. zusammenfassend Magnor 1976) daran gebunden, menschliche Praxis als ein „Unternehmen" zu begreifen und damit jedes Individuum als „Entrepreneur" (vgl. Schumpeter 1912) seiner selbst. Damit bringt der Pragmatismus einerseits durchaus treffend den säkularen Effekt der modernen, von der Kapitalakkumulation geprägten Vergesellschaftungsform zum Ausdruck, der darin besteht, alle anderen Lebensmodelle aufzulösen. Andererseits sperrt er dadurch auch diese Individuen in der – neuerdings auch in der Industriesoziologie diskutierten (vgl. Voß 2000) – Form des „Ich-Unternehmertums" ein und lässt ihnen konzeptionell keine Möglichkeit mehr, die eigenen Selbsteinfügung in übergreifende gesellschaftliche Handlungs- und Solidaritätszusammenhänge außerhalb einer Vermittlung durch Austausch und Konkurrenz zu denken.

### b) Das projet im existentialistischen Dezisionismus

Der existenzialistische Gedanke des „projets"[22] – der in der internationalen Philosophie sprachlich nicht von dem des „project" unterscheidbar ist – abstraktifiziert eben diese Struktur, indem sie das individuelle Leben insgesamt, die „Existenz" im emphatischen Sinne als einen radikalen 'Entwurf' *ex nihilo* begreift.

Damit tritt an die Stelle der vielfach vermittelten Mühen der Arbeit (und ihrer Ausbeutung) der ganz unvermittelte Kampf um Anerkennung, wie er sich unter wechselseitiger Todesdrohung vollzieht. Nicht umsonst treten daher Themen wie 'Frontkämpfertum', 'point d'honneur', 'Attentate' und 'Selbsttötung' innerhalb der existenzialistischen Philosophie wieder in den Vordergrund, die seit Hegels Kritik des 'Herrenstandpunktes' aus der Perspektive der arbeitenden 'Knechte' keine philosophisch konstitutive Bedeutung mehr gehabt hatten – angesichts der realen Situation der Totalisierung von Krieg und Terror in der Nacht des 20. Jahrhunderts war dies keine völlig willkürliche Wendung. Anstatt – wie noch bei Thomas Hobbes – zu Beginn des 'bürgerlichen Zeitalters' als grundlegender Tragestrahl der Vernunft zu funktionieren, wird die Furcht vor dem gewaltsamen Tode für die 'Existenzialisten' zum Probierstein individueller menschlicher Freiheit.

Damit wird zugleich aber auch eine 'verzweifelte' Möglichkeit geschaffen: Der Sprung in die durch nichts weiter zu erläuternde, schon gar nicht zu begründende oder auch nur

---

22 Ich beziehe mich hier v.a. auf Jean-Paul Sartre seit „L'être et le néant" (1943). Seine konkrete Formulierung lässt übrigens klar erkennen, dass ihm auch der ältere theologische Bezug vor Augen stand: „Ce qui rend le mieux concevable le projet fondamental de la réalité humaine, c'est que l'homme est l'être qui projette d'être Dieu."

zu rechtfertigende Entscheidung[23]. Diese Art von 'Projektion' seiner selbst in die Zukunft verliert aber damit jeden bestimmbaren Inhalt und löst sich vollständig von dem mathematischen und ingenieurmäßigen Hintergrund des Projektionsbegriffs als Reproduktion von Strukturen in unterschiedlichen Maßstäben oder Größenordnungen. Sie hat nur noch die eigene Entschlossenheit zum Inhalt und kann sich daher immer nur auf bereits artikulierte umfassende Projekte beziehen – und allenfalls postulieren, dass eigentlich ein *neues Projekt* konstituiert werden müsste.[24]

## 3. Das Konzept der Initiative und seine Umfunktionierung

Das Konzept der Initiative, wie wir es aus der innerhalb der seit dem 19. Jahrhundert verengt erneuerten Einzelwissenschaft der Ökonomie in der von Schumpeter entwickelten 'klassischen' Form aufgreifen können, kann gegenüber den Konzepten des Projektes bzw. des Entwurfs zum Ansatzpunkt eines Umfunktionierungsversuchs gemacht werden, der noch deutlicher alternative, herrschaftskritische Perspektiven eröffnen kann, als dies in der existenzialistischen Umfunktionierung des Projektkonzeptes möglich war.

Denn gerade im Hinblick auf ihre Reichweite zeigt sich die Kategorie der Initiative sowohl den Kategorien der „Vision" und der „Idee" als auch der Kategorie des „Projekts" als überlegen: Gerade weil sie einfach nur darauf abstellt, dass es überhaupt möglich ist, einen neuen Anfang zu setzen.[25] Und daher kann ihre Umfunktionierung auch besser gelingen. Während 'Vision' – an die etwa Wallersteins Vorschlag einer kritischen Utopistik anschließt – allein aus der Perspektive *eines* Subjektes gedacht wird, ist die Projekt-Vorstellung ist zwar allein aus dem Register des Unternehmenshandelns heraus konstruiert, in welchem die verfolgten Ziele als linear, gleichsam nur technisch, realisierbar unterstellt werden und der immer auch unterliegende „Konflikt menschlicher Interessen und Tätigkeiten" (vgl. Clausewitz 1832, 112 f.) als von vornherein im rein sachlichen 'Wettbewerb' auf den Märkten gleichsam aufgelöst gedacht wird. Auch wenn damit die durchgängige Umkämpftheit des Feldes und die resultierenden immer wieder möglichen Veränderungen sowie die sich immer wieder herstellenden Unterschiede in den strategischen Positionen der Beteiligten gleichsam unsichtbar gemacht werden, geht das Projektkonzept doch von Anfang an von

---

23  Die Differenz dieses Sprunges zu dem Carl Schmittschen 'Ethos' der Dezision ist im Einzelnen oft schwierig zu erfassen. Grundsätzlich lässt sich aber festhalten, dass der existenzialistische Gedanke des 'Entwurfs' als eine Praxis der Freiheit konzipiert ist, während die schmittsche Dezision als eine Praxis der Herrschaftsreproduktion unter unvorhersehbaren Umständen angelegt ist. Zu untersuchen bleibt, wie Heidegger in 'Sein und Zeit' die Kategorie des Entwurfs herrschaftsaffirmativ einsetzt (vgl. Heinrichs 1999).

24  Jean Paul Sartres Engagement für eine Dritte Kraft angesichts der sich abzeichnenden Bipolarität des Kalten Krieges kann hier als ein – durchaus eindrucksvolles – Beispiel angeführt werden. Ebenso seine dezidierte 'Wahl' zugunsten des 'sozialistischen Lagers', nachdem die Entscheidung für den Kalten Krieg gefallen war.

25  Vgl. Hannah Arendts Konzept der 'Nativität', das allerdings daran leidet, dass sie es für erforderlich hält, diese Möglichkeit der Initiative 'anthropologisch' zu fundieren, anstatt es im Rahmen einer Theorie historischer Prozesse in den modernen Gesellschaften zu begründen.

einer Vielheit von Handelnden aus. Das verkennt m.E. etwa Bauman (1995, 22), indem er die Vorstellung eines „Lebensprojektes" als an die Unterstellungen von „langfristiger Stabilität" und „dauerhafter Identität des Lebensraumes" gebunden kritisiert und als Alternative nur einen „Prozeß der Selbstkonstitution" in Betracht zieht, der nicht bloß „kein sichtbares Ende" mehr hat, sondern „nicht einmal mehr eine stabile Richtung" annehmen kann. Auch noch diese Pluralisierung des je eigenen 'Lebenslaufs' bleibt im Projektkonzept allerdings m.E. unaufhebbar individualistisch und gleichsam subjektivistisch verengt, während sich das Konzept der Initiative durchaus von derartigen Verengungen befreien lässt – wir können etwa auch von 'Initiativen' der 'Massen', bzw. (genauer) einer *Multitude* reden, die sich nicht weniger plural und ohne Konsequenzzwang immer wieder 'neu erfinden' könnten, sich damit jeweils neu 'konstituieren' würden.

Deutlicher noch ist die Überlegenheit des Konzepts der Initiative gegenüber dem Konzept der „Idee" des klassischen 'Idealismus', die ausdrücklich als 'jenseits von Zeit und Raum' gedacht wird, und deren 'Verwirklichung' nur im rekonstruierenden Rückblick als geradezu selbstverständliche Aufgabenstellung der entsprechenden historischen 'Verkörperungen' erscheint.

Das Konzept der Initiative macht es demgegenüber möglich, ein ganzes Spektrum von weiteren Möglichkeiten zu denken, in denen ein Selberhandeln Vieler zu einem Zusammenhandeln führen kann, das deutlich in eine kommunizierbare Richtung geht, auch ohne schon ein Ende in einem abgeschlossenen Erfolg zu antizipieren.

Eine philosophische Ausarbeitung des Konzepts der 'Initiative', die sich nicht von vornherein der entrepreneurialen Verengung unterwerfen will, die mit der neo-liberalen Hegemonie durchgesetzt worden ist, kann zunächst einmal auf die Theorie strategischen Handelns zurückgreifen, wie sie Clausewitz für den Krieg, der „nichts ist als die fortgesetzte Staatspolitik mit anderen Mitteln" (Clausewitz 1832, 8, 34 ff., vgl. 112 f.; 674 ff.), vorgelegt hat.[26] Hier interessiert dieses Konzept uns nicht wegen seines inhärenten Bezugs auf Gewaltanwendung, sondern vor allem als ein elementares Beispiel eines 'Handelns zu mehreren', dem weder ein 'gemeinsamer Plan' der beiden (oder auch mehrerer) selber durchaus planmäßig agierender Kriegsparteien – und damit so etwas wie ein 'kollektives Subjekt'[27] – noch etwa ein automatischer Koordinierungsmechanismus zugrunde liegt,

---

26  Die entsprechenden Vorgeschichten bei Machiavelli, Botero und den politischen Philosophien der Staatsräson sowie in den Handlungsanleitungen für eine nicht mehr traditional selbstverständliche oder durch religiöse Gebote geprägte öffentliche Selbstdarstellung, wie sie Gracian oder Knigge vorgelegt haben, will ich mit diesem Einsetzen bei Clausewitz nicht abwerten. Dadurch dass Clausewitz aber die grundlegende Konfliktualität dieser Beziehungen und Verhältnisse ausdrücklich zum Ausgangspunkt seiner theoretischen Reflexion gemacht hat, eignet sich seine Theorie in besonderer Weise dazu, näher auszuarbeiten, was Marx in seinem Konzept der 'praktisch-kritischen Tätigkeit' nur angedeutet hat.

27  Die Existenz eines planungsfähigen „kollektiven Subjektes" in diesem Sinne ist weder an eine „erlebte", sozialpsychologisch fassbare Einheit, noch an so etwas wie ein „vollständiges Wissen" gebunden, wie dies etwa in Hayeks radikaler Kritik aller Planungsvorstellungen unterstellt wird (vgl. Wainwright 1994). Allerdings ist die von ihm erreichbare Rationalität auch nicht per se dem „sich einen Plan machen" von Individuen überlegen.

wie dem marktförmig organisierten Äquivalententausch.[28] Anders als in Hannah Arendts Konzept des 'Zusammenhandelns' (Arendt 1958) setzt Clausewitz' Analyse der Initiative im Krieg nicht schon ein emphatisch gedachtes Gemeinwesen[29] voraus, sondern setzt an der faktischen Interaktion mehrerer Handelnder an. Das Konzept der „Initiative" wird in Clausewitz' Analyse taktisch (ebd. 361) wie strategisch (369) dem „Angreifenden" zugeordnet, der den Zeitpunkt seines „Erscheinens" (361) sowie die „Räume" und „Seiten" seines „Anfalls" wählt, indem er angreift. Auf einer elementareren Ebene als in der von Gramsci popularisierten strategischen Gegenüberstellung von 'Bewegungskrieg' und 'Stellungskrieg' (vgl. Gramsci 1935, 167 ff. [H. 1, § 117]) liegt diesem Begriff eine Vorstellung zugrunde, der gemäß der „Verteidiger ... als abwartend, also als stehend, der Angreifende als in Bewegung ..., und zwar sich bewegend in Beziehung auf jenes Stehen" gedacht wird (Clausewitz 1832, 371). Indem der Angreifende, „auf dessen Seite sich das positive Handeln findet" (ebd., 397, vgl. 554: „das positive Handeln, die Initiative"), die Initiative ergreift, von der durch die konkrete Lage beschränkten „Freiheit seiner Wahl" (ebd., 372) Gebrauch macht, vollzieht er den „Stoß oder Akt des Angriffs", welcher „an sich ein vollständiger Begriff ist", aber unter den wirklichen Verhältnissen immer auf seinen Widerpart, die Verteidigung zurückbezogen bleibt: „Aber Zeit und Raum, an welche er gebunden ist, führen ihm die Verteidigung als ein notwendiges Übel zu" (ebd., 584)[30] – ganz wie umgekehrt jede wirksame Verteidigung „mit mehr oder weniger offensiven Prinzipien durchdrungen" sein muss (ebd.). Auch losgelöst von der spezifischen gesellschaftlichen Realität des neuzeitlichen Krieges, aus der heraus Clausewitz seine Unterscheidungen entwickelt – und selbst noch abgelöst von der allgemeineren Vorstellung des „Zweikampfs" von „zwei Ringenden", an die er dabei anknüpft (ebd., 17), ist dieses Konzept der 'Initiative' bedeutungsvoll: Es hebt hervor, dass erstens in einem umkämpften Feld von Kräfteverhältnissen agiert wird, und dass, zweitens, wo, wann und womit einer den Anfang macht, dies Gegenstand einer Wahl ist, die mit einer spezifischen, situierten Freiheit ausgeübt wird und die über die strategische Position (Offensive/Defensive sowie die konkrete Mischung im jeweiligen Dominanzverhältnis beider) der Wählenden mit entscheidet.

Dadurch kann dieses Konzept zunächst einmal gegenüber älteren Verwendungsweisen aus der geschichtsphilosophischen und damit rückwärts gewandten Einbindung herausgelöst werden, in der es etwa bei Engels, z.T. aber auch bei Marx, noch befangen geblieben war: Der junge Engels knüpfte an den Hegelschen Gedanken an, dass jeweils ein Volk in einer historischen Epoche „Träger der diesmaligen Entwicklungsstufe des allgemeinen Geistes in seinem Dasein" ist (Enzyklopädie, § 550), indem er bestimmten Völkern für bestimmte Epochen eine

---

28  Schumpeters Artikulation der Initiative des *entrepreneurs* als Triebfeder der 'schöpferische Zerstörung', die sich in ökonomischen 'Innovationen' vollzieht (vgl. Backhaus 2003) lässt sich jedenfalls nicht auf den sog. 'Arbeitskraftunternehmer' (Pongratz/Voß 2003) übertragen.

29  Dessen zusätzliche Einengung auf die Konzepte eines amerikanischen liberalen Konstitutionalismus im neueren 'Republikanismus' (Pocock) Negri (1997, 411 ff.) treffend kritisiert hat.

30  Das heißt: Die Angreifenden müssen die Reaktion der Angegriffenen antizipieren und ihre eigene Verteidigung gegen diese Reaktion in ihr Angriffskonzept integrieren.

Position der „historischen Initiative" zusprach (MEW 1, 551; MEW 4, 47 u. 48, vgl. MEW 18, 654). Dies hat offenbar Marx auf den Gedanken der „Initiative der europäischen Revolution" (MEW 7, 34, vgl. 97) übertragen und Engels dann klassentheoretisch gewendet, indem er „Anstoß" und „Initiative" des städtischen Proletariats zur Passivität der Landbevölkerung in Beziehung setzte (MEW 8, 12; 99). Marx hat weiterhin in diesem geschichtsphilosophisch vorgeprägten Sinne von „revolutionärer Initiative" (MEW 10, 463), „geschichtlicher Initiative" (MEW 17, 348), „gesellschaftlicher Initiative" (MEW 17, 343) gesprochen, aber auch schon damit begonnen, spezifische „Initiativen" des Volkes (MEW 10, 447) zu diskutieren. Etwa in seinem Brief an Vera Sassulitsch hat er daran gearbeitet, das Konzept der Initiative aus derartigen geschichtsphilosophischen Vorprägungen herauszulösen, indem er die Frage offen erörterte, wie aus der russischen Dorfgemeinschaft wieder eine „historische Initiative" hervorgehen könnte. Engels hat dagegen weiterhin gleichsam eine geschichtsphilosophisch vorgeprägte Klassentheorie vertreten, der gemäss allein der Arbeiterklasse die 'Initiative' zukäme (MEW 18, 655) und auch die „Initiative für Umgestaltung" immer gleich schon als alles umfassende historische Initiative gedacht war (MEW 18, 666).

In der Perspektive eines zeitgenössischen radikalen Philosophierens kann diese geschichtsphilosophische Gewissheit nicht mehr zugrundegelegt werden, um Handlungsperspektiven zu umreißen.[31] Ein erneuertes Konzept der Initiative – das allerdings kritisch von seiner vorherrschenden 'enterpreneurialen' Vereinseitigung zu befreien sein wird – soll es demgegenüber radikaler Philosophie ermöglichen, ein bloßes Nomadisieren zwischen situativ sich aufdrängenden Problemen und Fragen zu vermeiden, indem allgemeine Einsichten und Regeln ins Spiel gebracht und 'angewendet' werden, dabei aber doch offen zu bleiben für die grundsätzlich nicht vollständig zu antizipierenden Effekte von 'Gelände' und 'Klima' der argumentativen Auseinandersetzung über mögliche Orientierungen vor allem gemeinsamen Handelns, d.h. der vielfältigen historischen Voraussetzungen und Bedingungen, unter denen sie ihre Initiativen vorschlägt. Insbesondere wird es darum gehen, das Konzept des Plans von seinem technokratischen Abgleiten in instrumentalistische Verfügbarkeitsillusionen zu befreien und zurückzuerobern für ein auf lange Frist angelegtes gemeinsames Handeln verschiedener Subjekte, die dabei nicht vorgängig zu 'vereinheitlichen', zu 'harmonisieren' oder zu 'normalisieren' sind, sondern vielmehr in ihrer Polyphonie respektiert werden sollen.

Über das Konzept der Initiative hinaus, das sich gegenwärtig wie in jeder neuen Phase historischer Auseinandersetzung in den Vordergrund drängt, ist darüber hinaus perspektivisch also ein Konzept der Planung zurückzugewinnen, d.h. der gemeinsam getragenen Konstruktion neuer, synthetischer Problematiken und Konzepte für Handlungen wie für Untersuchungen, die sich allerdings in politischen Auseinandersetzungen wie in theoretischen Debatten immer erst noch bewähren müssen. Im Rahmen derartiger Prozesse kann radikale Philosophie, in ihrer Rolle als epistemologischer und praxeologischer Reflektions- und

---

31 Thomas Heinrichs (2003) hat dies als Notwendigkeit des Auseinandertretens von Philosophie, Wissenschaft und Politik artikuliert. Ich arbeite eher daran, Louis Althussers (1978) Skizze über die Endlichkeit der Marxschen Theorie in Richtung auf die Programmatik eines 'endlichen Marxismus' auszuarbeiten.

Dynamisierungsinstanz zwar nicht schon vorab, als Stellvertreter der wirklich Forschenden und Handelnden, triftige Fragen und Antworten liefern – aber sie kann immerhin zur Produktion von derartigen Plänen belastbare Zwischenergebnisse beitragen, um jeder und jedem Einzelnen – *omnes et singulatim*, wie es Foucault zu Recht betont hat – eine eigenständige Untersuchung der eigenen Verhältnisse und eine aktive Einmischung in die laufenden Auseinandersetzungen des eigenen Zeitalters zu erleichtern oder sogar zu möglichen. Und zwar ohne dabei die durchaus gefährliche Illusion zu fördern, diese Auseinandersetzungen könnten eines Tages durch die 'Herrschaft der eigenen Vernunft' zu einem Ende gebracht werden; sondern mit der bewussten Vorstellung, den eigenen Beitrag zu leisten, aber eben doch als einen Beitrag unter und neben anderen.

## 4. Schluss

Eine historisch wirksame Initiative zur Befreiung kommt nur zustande, wenn sie von wirklichen sozialen Bewegungen ausgeht und von der breiten 'Menge der Vielen' aufgegriffen wird. Im Kern einer derartigen Initiative werden tragfähige Vorstellungen dafür gebraucht, wie diese *Multitudo* zum aktiven Träger einer wirksamen Gestaltung ihrer selbst durch Veränderung ihrer eigenen Verhältnisse werden kann, d.h. zum Subjekt der Planung einer Praxis, in der in der Tat „das Ändern der Umstände mit der Selbstveränderung" zusammenfällt (Marx, MEW 3, 6) kann – und zwar mit der spezifischen Zuspitzung der Überwindung aller bestehenden Herrschaftsverhältnisse. D.h. es geht in der vorrangigen Aneignung der Konzepte von 'Initiative' und 'Planung' durch radikale Philosophie immer um ein 'begegnendes Handeln' in dem Sinne, dass es den anderen Subjekten innerhalb dieser Multitudo überhaupt Raum und Zeit dafür lässt, ihrerseits auf die von dem jeweils handelnden Subjekt selber ausgehenden Impulse zu 'antworten', so dass sich schließlich überhaupt erst ein nachhaltig tragfähiges Geflecht einer gemeinsamen – jedenfalls mehrstimmigen, vielleicht dissonanten, vielleicht harmonischen, vielleicht auch in sich kontrapunktischen – Praxis herausbilden kann. Zum anderen gehört dazu aber auch, dass jedes Subjekt, das sich um Initiative bemüht, das eigene Handeln immer wieder 'abstimmt', um das Handeln der anderen überhaupt zu 'treffen', um auf die gemeinsam gebildete Realität bezogen im eigenen Handeln 'triftig' zu werden – also auch die Vision alternativer Möglichkeiten und eine begrifflich artikulierte Idee von der Gesamtkonstellation artikulieren zu können, wie sie der gegenwärtigen Lage der Handelnden zugrunde liegt. Das bedeutet nicht etwa als solches bereits, was die neoliberale Vereinseitigung von Initiative und Planung auf entrepreneuriales Handeln nahe legt – nämlich sich unbedingt mit den eigenen Impulsen 'rücksichtslos' in schrankenloser Konkurrenz zu allen anderen durchsetzen zu wollen. Viel eher bedeutet es, in der Überlagerung der vielfältigen Initiativen und Impulse einen eigenen Beitrag dazu zu leisten und zu behaupten, was als resultierende 'Gesamtrichtung' im 'Zusammenspiel' aller produziert wird. Und dies nicht im trivialen Sinne, dass eben das herauskommt, was das Ergebnis der Kräfteverhältnisse zwischen den miteinander ringenden Kräfte ist, sondern mit dem Anspruch, bestehende Herrschaftsverhältnisse dadurch zu überwinden, dass ihnen das Mittun ihrer TrägerInnen durch deren eigene Initiative entzogen wird und diese sich selber als Subjekte einer gestaltenden langfristigen Planung konstituieren.


## Literatur

Althusser, Louis: *Le marxisme comme théorie « finie »* (1978), in: ders. : *La solitude de Machiavel* hrsg. V. Yves Sintomer, Paris, 1998, 281-296.

Arendt, Hannah: *Vita Activa oder vom tätigen Leben*, München, 1958.

Backhaus, Jürgen (Hg.): *Joseph Alois Schumpeter – Entrepreneurship, Style and Vision*, (European Heritage in Economics and the Social Sciences, vol. 1), Boston, 2003.

Badiou, Alain: *Manifest für die Philosophie*, Wien, 1998.

Balibar, Étienne: *Spinoza et la politique*, Paris, 1994.

ders., *La philosophie de Marx*, Paris, 2003.

Baumann, Theodor: *Die Berichte über die Vision des heiligen Ignatius bei Storta*, in: *Archivum Historicum Societatis Iesu* 1958, 181-208.

Baumann, Zygmunt: *Ansichten der Postmoderne*, Hamburg, 1995.

Boltanski, Luc: *Leben als Projekt*, in: *polar* 2006 [http://www.s173721806.online.de/frontend/position.php?id=110#110].

Fernández Buey, Francisco/Jorge Riechmann: *Ni tribunos – Ideas y materiales para un programa ecosocialista*, Madrid, 1996.

Clausewitz, Carl von: *Vom Kriege* (1832), Frankfurt am Main/Berlin/Wien, 1980.

Dewey, John: *Deutsche Philosophie und deutsche Politik* (1915) hrsg. von Axel Honneth, Berlin/Wien, 2000.

Ders.: *Demokratie und Erziehung* (1916), Breslau, 1930.

ders./Kilpatrick, W.H.: *Der Projektplan – Grundlegung und Praxis* (1918) hrsg. v. Peter Petersen, Weimar, 1935.

Dilthey, Wilhelm: *Einleitung in die Geisteswissenschaften*, Leipzig, 1883.

Gramsci, Antonio, *Amerikanismus* [1935], in: ders., *Gefängnishefte*. Bd. 1 hrsg. von Klaus Bochmann, Hamburg, 1991, 130 ff., 150, 155, 179 ff.

Hegel, G.W.F.: *Werke* [auf der Grundlage der Werke von 1832-1845, red. Eva Moldenhauer und Karl Markus Michel], Frankfurt a. M., 1986.

Heidegger, Martin: *Sein und Zeit* (1929), Tübingen, 1960.

Heinrichs, Thomas: *Zeit der Uneigentlichkeit. Martin Heidegger als Philosoph des Fordismus*, Münster, 1999.

ders.: *Freiheit und Gerechtigkeit*, Münster, 2003.

Hans Heinz Holz: *Der Sieg der Unbeugsamkeit*, in: *Junge Welt*, 21.08.2006.

Honneth, Axel: *Demokratie als reflexive Kooperation. John Dewey und die Demokratietheorie der Gegenwart*, in: Hauke Brunkhorst/Peter Niesen (Hg.): *Das Recht der Republik*, Frankfurt/M., 1999, 37-65.

Ders., *Logik des Fanatismus. Deweys Archäologie der deutschen Mentalität*, in: Dewey 2000, 7 ff.

Jaspers, Karl: *Über Gefahren und Chancen der Freiheit*, in: *Der Monat*, Nr. 22-23 (1950), 396-406.

Magnor, Manfred: *Die Projektmethode. Ein Ergebnis der philosophischen und erziehungstheoretischen Ansätze John Deweys und William Herad Kilpatricks*, Diss. Osnabrück, 1976.

MEW = Karl Marx/Friedrich Engels, *Werke*, Dietz: Berlin/DDR, 1956-1990.

Negri, Antonio: *Le pouvoir constituant. Essai sur les alternatives de la modernité*, Paris, 1997.

Preve, Costanzo: *Il filo di Arianna. Quinindici lezioni di filosofia marxista*, Mailand, 1990. Pongratz,
    H.J./G. Günter Voß (2003): *Arbeitskraftunternehmer – Erwerbsorientierungen in entgrenzten
    Arbeitsformen*, Berlin, 2003.

O'Rourke Boyle, Marjorie: *Loyola's Acts: The Rhetoric of the Self*, Berkeley, Calif, 1997.

Quevedo y Villegas, Francisco Gómez de: *Los Sueños*, Madrid, 1627 [in: Ders., *Sueños y discursos*,
    Madrid, 1993].

Sartre, Jean-Paul: *L'être et le néant*, Paris, 1943.

Schumpeter, Joseph A.: *Theorie der wirtschaftlichen Entwicklung*, Berlin, 1912.

Treptow, Elmar: *Theorie und Praxis bei Hegel und den Junghegelianern*. Habilitationsschrift, Mün-
    chen, 1971 [http://www.philosophie.uni-muenchen.de/fakultaet/lehreinheiten/philosophie_1/
    personen/treptow/veroeffentlichungen/habilarbeit.pdf].

Voß, G. Günter: *Die Arbeitskraft-Unternehmer-These. Zur Literaturlage*, Ms. 2000 ff. [http://www.
    tu-chemnitz.de/phil/soziologie/voss/downl2.htm].

Wainwright, Hilary: *Arguments for a New Left: Answering the Free-Market Right*, Oxford, 1994.

Weber, Max: *Wirtschaft und Gesellschaft*, Tübingen, 1920.

Wolf, Frieder Otto: *Radikale Philosophie. Aufklärung und Befreiung in der neuen Zeit*, Münster,
    2002.

ders., *Was tat Karl Marx in der Philosophie*, in: Thomas Heinrichs u.a. (Hg.), *Die Tätigkeit der Phi-
    losophInnen*, Münster, 2003, 188-225.

*Sabine Ribka*

# José Ortega y Gasset und die „Konservative Revolution"[1]

## Die „Konservative Revolution"

Das Scheitern der Weimarer Republik wird im Allgemeinen auf die erheblichen innen- und außenpolitischen Probleme zurückgeführt, mit denen sie sich auseinanderzusetzen hatte; und tatsächlich hatten das Trauma des verlorenen Krieges, die strengen Bedingungen des Versailler Friedensvertrages, die Folgen der Wirtschaftskrise, die fehlende parlamentarische Stabilität und die geringe demokratische Kultur der deutschen Gesellschaft wenig zur Konsolidierung der neuen Staatsform beigetragen. Die genannten Faktoren sowie die Tatsache, daß es der Weimarer Republik nicht gelang, verfassungspatriotische Haltungen zu bilden und zu verbreiten, sollten aber nicht den Teil der Verantwortung verbergen, den ein großer Teil der deutschen Intellektuellen für den Ausgang der Weimarer Demokratie trägt. In seiner *Deutschen Ansprache*, in der Thomas Mann die Reichstagswahlen, die am 14. September 1930 stattgefunden hatten, kommentierte, äußerte er die Meinung, daß der sensationelle Stimmenzuwachs der Nationalsozialisten sich nicht allein durch die wirtschaftliche Situation erklären lasse. „Mit dem wirtschaftlichen Niedergang der Mittelklasse verband sich eine Empfindung, die ihm als intellektuelle Prophetie und Zeitkritik vorangegangen war: die Empfindung einer Zeitwende, welche das Ende der von der französischen Revolution datierenden Epoche und ihrer Ideenwelt ankündigte" (Mann 1930, 190). Der Prestigeverlust der bürgerlichen Prinzipien und des Fortschrittsglaubens, fuhr er fort, habe sich philosophisch in einem Denken ausgedrückt, das sich aller Vernunft und allem Geistlichen feindlich gegenüberstelle, das den Begriff des organischen, von unbewußten Kräften dynamisch gesteuerten Lebens zu seinem Mittelpunkt erhoben habe und das alle sittlichen Prinzipien verhöhnend zu einer „Losbändigkeit der Instinkte, Emanzipation der Roheit, Diktatur der Gewalt" führe (ebd., 192). Thomas Mann, der hier vor den Folgen einer Lebensphilosophie warnte, dessen irrationale Prägung zum Beispiel in dem dreibändigen Werk Ludwig Klages *Der Geist als Widersacher der Seele* (1929 – 1931) besonders kenntlich wird, wurde sich erst spät bewußt, wie der „Weg in die Kulturkatastrophe des Nationalsozialismus mit der Politiklosigkeit des bürgerlichen Geistes in Deutschland zusammenhängt, seinem gegen-demokratischen Herabblicken auf die politische und soziale Sphäre von der Höhe des Spirituellen und der 'Bildung'" (Mann 1939, 60), hatte er doch selbst mit seinen *Betrachtungen eines Unpolitischen* (1918) an jenem sich in der Weimarer

---

1   Dieser Aufsatz wurde 2002 in der spanischen Zeitschrift *Historia y Política* veröffentlicht und bei seiner Übersetzung von der Autorin mit leichten Veränderungen versehen.

Republik entfaltenden antidemokratischen Denken teilgenommen, das mit dem Namen „Konservative Revolution" in die Geschichte eingegangen ist[2].

## Ein Konservatismus neuer Prägung

Der auf den ersten Blick so widersprüchlich erscheinende Begriff der „Konservativen Revolution" weist auf eine konservative Denkströmung hin, die sich grundlegend durch ihren offensiven und angriffslustigen Charakter und ihr Schöpfungsvermögen auszeichnet. Während sich in vielen Teilen Europas die Reaktion auf den Modernisierungs- und Demokratisierungsprozeß in den Bahnen eines eher sentimental zu nennenden Konservatismus bewegte, scheuten die Vertreter der „Konservativen Revolution" keine Mühe, sich klar von dem zu unterscheiden, was sie schlichtweg als „reaktionär" verpönten. Ausgangspunkt ihres Denkens und Handelns war nicht die Wiederherstellung der alten Ordnung, sondern die krasse Ablehnung der Wilhelminischen Welt, in der sie aufgewachsen waren und deren kulturpessimistische Kritik sie sich zu eigen gemacht hatten. Zahlreiche Motive ihrer Reden und Diskurse, die antithetisch verknüpften Wortpaare wie die Gegenüberstellungen von Elite und Masse, Kultur und Zivilisation, Vitalität und Dekadenz, die Kulturkritik am Kapitalismus und am städtischen Leben oder die Verklärung der Heimat und des Volkstums als Quellen alles Eigentümlichen und Echten weisen auf diese Verwurzelung im Kulturpessimismus hin. Nach Ansicht der „Konservativen Revolution" boten die vergangenen Zeiten nichts, was verteidigungswürdig erschien und, indem sie sich die von Paul Lagarde formulierte Forderung, „Dinge zu schaffen, die es zu bewahren gelte" (vgl. Kondylis 1986, 469-493), zu ihrem Leitwort machten, wandten sie den klassischen Begriff des Konservatismus um und verliehen ihren Projekten eine klar erkennbare zukunftsgerichtete Dimension. So konnten sie die ihnen verhaßte Gegenwart Weimars bekämpfen, ohne sich zur Rückkehr in die von Stefan Zweig beschriebene „Welt der Sicherheit" gezwungen zu fühlen, die für sie im Ersten Weltkrieg zusammengefallen war und in Trümmern lag. In diesem Zusammenhang wird verständlich, daß Hans Freyer von einer *Revolution von rechts* sprechen konnte, deren Ziel es sei, die letzten Spuren des 19. Jahrhunderts zu vertilgen und der Geschichte des 20. Jahrhunderts freie Bahn zu schaffen, daß Arthur Moeller van den Bruck sich der Idee eines allen politischen Teilungen aufhebenden *Dritten Reiches* widmen konnte oder daß Zeitschriften und Sammelbände mit so vielsagenden Titeln wie *Die neue Front, Die Kommenden, Deutschlands Erneuerung* oder *Aufbruch* die Gunst des Publikums fanden.

Während der stete Blick in die Zukunft diesem konservativen Denken seinen revolutionären Charakter verlieh, standen die angestrebten Werte doch im krassen Gegensatz zu den revolutionären „Ideen von 1789". Die Vertreter der „Konservativen Revolution" verachteten

---

2  In den *Betrachtungen eines Unpolitischen* versuchte Thomas Mann, eine Stellung als unpolitischer Kulturmensch in den konservativen Lagern zu finden. Seine Absage an den Konservativismus und sein Bekenntnis zur Republik vollzog sich nach dem Tode Rathenaus und wurde heftig kritisiert (vgl. Thomas Mann 1922). Sein Demokratieverständnis enthielt aber weiterhin tief konservative Züge.

die Gleichheit und priesen die Tugenden der Hierarchie. Sie sprachen im Namen einer neuen Politik, die im Interesse der Nation auch nur dem geringsten Zeichen von Opposition Legitimität aberkannte, und verteidigten einen Freiheitsbegriff, der die zwangslose und unaufgeforderte Ein- und Unterordnung in die organische Gemeinschaft verlangte. „Denn nicht Freiheit ist es, was zu suchen sie aus sind, sondern Bindung", erläuterte Hugo von Hoffmannsthal (1927, 2) in seiner Rede *Das Schrifttum als geistiger Raum der Nation*; von „Freiheit und Gebundenheit" sprach auch der junge Thomas Mann in seiner *Russischen Anthologie*, eine Kombination, die politisch in die Synthese von Revolution und Konservatismus münde, „denn Konservatismus braucht nur Geist zu haben, um revolutionärer zu sein als irgendwelche positivistisch-liberalistische Aufklärung" (Mann 1922, 116). So sahen die Vertreter der „Konservativen Revolution" sich dazu bestimmt, Werte und Symbole zu schaffen, mit Hilfe derer die angestrebte Idee einer alles und alle bindenden Nation verwirklicht werden sollte. Bedeutende Persönlichkeiten der deutschen Geschichte und des deutschen Geisteslebens wie Friedrich der Große, Goethe oder Nietzsche wurden zu Helden verklärt und Hölderlin als Verfechter der Einheit einer zersplitterten Welt gefeiert.

In diesem Zusammenhang kam dem Rückgriff auf die Idee des Reiches eine besondere Funktion zu, da diese sich zu einem der wirkungsvollsten politischen Mythen entwickelte, dem sich die Nationalsozialisten propagandistisch bedienten. Nicht nur Arthur Moeller van den Bruck trug zur Mythologisierung dieses Begriffes bei, sondern das Wort „Reich" war in den Mündern vieler deutschsprachiger Intellektueller. Thomas Mann sah in dem Versprechen eines „Dritten Reiches" den Grund für die allgemein entfachte Kriegsbegeisterung. Friedrich Hielscher entwarf ein bizarres Bild vom Reich, daß sogar das Lob eines Ernst Robert Curtius fand, der sich doch sonst den *Gefahren des deutschen Geistes* durchaus bewußt war. Martin Heidegger zählte das Reich zu einem seiner *Grundbegriffe der Metaphysik* und betrachtete es als den Ort, wo der geschichtlich gewordene Mensch der Souveränität im eigentlichen Sinne fähig war. Wie man es dem Sammelband *Was ist das Reich?* entnehmen kann, der u.a. Beiträge des Katholiken Mirgeler, des Dichters Rudolf Borchardt oder des durch sein Werk *Volk ohne Raum* bekannt gewordenen Publizisten Hans Grimm enthält, waren die Meinungen über das Wesen des Reiches durchaus geteilt. Trotzdem war kein anderer Begriff so geeignet, die Vergangenheit, das 1806 untergegangene Heilige Römische Reich Deutscher Nation, mit der Zukunftshoffnung eines *Heiligen Reichs der Deutschen* (Leopold Ziegler) zu verbinden. Voraussetzung der Errichtung dieses neuen *Sacrum imperium* war die Zerstörung der Gegenwart, d.h. des Reiches, das 1871 als Folge eines Krieges gegründet worden und das 1918 als Folge eines anderen Krieges in eine Republik entartet war.

## Die Ideen von 1914 und die Kritik an der Weimarer Republik

Unter den Kriegsfolgen hat man auch die geistige Hinterlassenschaft des Ersten Weltkrieges zu berücksichtigen, die den Hintergrund der Kritik der „Konservativen Revolution" an die Weimarer Republik bildete. Der Kriegsausbruch wurde allgemein gefeiert, da man ihn mit dem Zusammenbruch der so verhaßten Wilhelminischen Welt und mit einem Anbruch einer neuen, aller bürgerlichen Enge ledigen Epoche in Verbindung brachte. Fast jeder wurde von der entfachten Kriegsbegeisterung der ersten Augusttage 1914 hingerissen und selbst namhafte Intellektuelle wollten sich ihr nicht entziehen. Georg Simmel, Thomas Mann, Paul Natorp oder Werner Sombart stimmten Max Schelers Lob an dem *Genius des Krieges* zu und spendeten dieser nationen- und staatenbildenden Quelle ihren uneingeschränkten Beifall. „Ich kenne keine Parteien mehr, ich kenne nur noch Deutsche"; dieser bekannte Ausspruch des Kaisers Wilhelm II. verdeutlicht die Gründe dieser intellektuellen Mobilisierung. Der Krieg errichte ein über allen Interessen stehendes Ideal und weckte ein Schicksalsbewußtsein, daß allen sozialen Unterschieden Trotz bot. Die in Interessen gespaltene Gesellschaft schien sich zu einer einheitlichen nationalen Gemeinschaft zusammengeschmolzen haben. Außerdem bot der Kriegsausbruch den jungen Deutschen eine einmalige Gelegenheit, die von Nietzsche empfohlene „Gefährlichkeit des Lebens" zu erproben. Trotz aller Zweifel und Enttäuschungen konnte das im August 1914 erlebte Gemeinschaftsgefühl in den Schützengräben weiterleben. Die dort erfahrene Kameradschaft blieb vielen im Gedächtnis und gewann besonders für die heimkehrenden Veteranen, die in dem neuen Staat keinen Platz finden wollten, an schlüsselhafter Bedeutung. Das Erlebnis des Ersten Weltkrieges erklärt die nachhaltige Wirkung der von Ferdinand Tönnies 1887 aufgestellten Unterscheidung zwischen der organisch bindenden *Gemeinschaft* und der individualisierten *Gesellschaft*.

Im Verlaufe des Krieges erfuhr auch die in der deutschen Tradition tief verwurzelte Unterscheidung zwischen Kultur und Zivilisation eine Politisierung, die die Ablehnung der liberal-demokratischen Traditionen der Alliierten zur Folge hatte. Die mit dem Humboldtschen Bildungsideal eng verknüpfte Kultur wurde als etwas dem Deutschen Eigentümliches betrachtet und der westlichen Zivilisation entgegengesetzt. „Der Unterschied von Geist und Politik", schrieb Thomas Mann, „enthält den von Kultur und Zivilisation, von Seele und Gesellschaft, von Freiheit und Stimmrecht, von Kunst und Literatur; und Deutschtum, das ist Kultur, Seele, Freiheit, Kunst und nicht Zivilisation, Gesellschaft, Stimmrecht, Literatur" (Mann 1918, 23). Die Kriegspublizistik, die das Widerspiel zwischen Kultur und Zivilisation zum Beispiel in den Figuren des Helden und des Händlers oder des Soldaten und des Bürgers reflektierte, führte dazu, daß die Weimarer Republik mit dem Versailler Friedensvertrag identifiziert wurde. Nicht umsonst sprach Thomas Mann in seinen *Gedanken im Kriege* von einer „Zwangszivilisierung" Deutschlands und spöttelte: „Man will uns glücklich machen. Man will uns den Segen der Entmilitarisierung und Demokratisierung bringen, man will uns, da wir widerstreben, gewaltsam zu Menschen machen" (Mann 1914, 18). Wenn zum Beispiel Othmar Spann im Namen des Kulturstaates den liberal-demokratischen Parlamentarismus ablehnte, so tat er dies in der Überzeugung, daß dieser dem deutschen Wesen nicht nur fremd, sondern sogar mit ihm unvereinbar sei (vgl. Spann 1921, 18). Die Identifizierung der Weimarer Republik mit dem Friedensvertrag verlieh der von der „Konservativen Revolution" stammenden Kritik eine besonders aggressive Wirkung. In dieser Hinsicht bedürfen die folgenden Worte Boehms aus *Körperschaft und Gemeinwesen* keines Kommentars: „Immer wieder zeigt sich, daß der westlerische Parlamentarismus mit seiner frisch aus der Niederlage erbeuteten Allgewalt der hartnäckigste Feind einer organischen Neuordnung des Lebens ist. Diese Hyäne des Schlachtfeldes muß bezwungen werde, ehe

eine Gesundung des deutschen Lebens sich durchsetzen kann" (zit. n. Sontheimer 1994, 166)
Der *Jargon der Eigentlichkeit* (Adorno), der die Schriften und Reden der „Konservativen
Revolution" auszeichnet, spiegelt im Grunde die tiefe Sorge um die nationale Frage wider,
die viele Deutsche nach der demütigenden Niederlage erfaßt hatte. Ihre Suche nach einer
dem deutschen Geist gemäßen Form des politischen und wirtschaftlichen Lebens enthüllt
das Vorhandensein eines tief verletzten Nationalgefühls, was sich im Kampf gegen *Weimar,
Genf und Versailles* (Schmitt) nur allzu leicht mobilisieren ließ.

Welche Züge des *Gesichts der Demokratie* (Friedrich Georg Jünger) oder des *Reichs als
Republik* (August Winnig) wurden als undeutsch von den Vertretern der „Konservativen
Revolution" empfunden und erregten ihr Mißfallen? Ihrer Meinung nach, war im Weimarer
System kein „Wesenswille" (Ferdinand Tönnies) wahrnehmbar. An Stelle der Werte, die
dem Leben der Gemeinschaft oder Nation einen Sinn verleihen, hatte man einer atomi-
sierten Gesellschaft Raum gegeben, die sich in den Dienst der ihre egoistischen Interessen
verfolgenden Individuen stellte. In der Weimarer Demokratie fanden sie die Politik nicht in
den Händen von Eliten, sondern in denen von miteinander feilschenden Parteien und Ver-
bänden. In der Weimarer Politik fehlte ihnen ein starker, einheitlicher und unbestechlicher
Staatswille. Indem die Weimarer Republik der Gesellschaft den Zugang zu den staatlichen
Entscheidungsstellen gewährt hatte, hatte sie ihre Staatlichkeit verloren. Sie war nicht mehr
als ein *Scheinstaat* (Edgar Jung), der Schatten eines Staates, der sich unfähig zeigte, sich in
den internationalen Verhandlungen Gehör zu verschaffen und dem es nicht gelang, der
innenpolitischen Zerrissenheit ein Ende zu setzen. Es fällt nicht schwer sich vorzustellen,
welche Züge der von den „Konservativen Revolution" erstrebte *wahre Staat* (Othmar Spann)
tragen sollte. An Stelle des Parteienstaates wollten sie einen autoritären, effektiv geführten
Staat errichten, der den einheitlichen Willen der Nation verkörpern sollte. Die zwischen
den Parteien geschlossenen Bündnisse sollten durch das Prinzip der Entscheidung ersetzt
werden. Als Alternative zum Mehrheitsprinzip wurde eine organische Demokratieauffassung
verfochten, die die Verbreitung der von Carl Schmitt formulierten Idee einer akklamato-
rischen Demokratie ermöglichte. Die Vertreter der „Konservativen Revolution" sprachen
einhellig den politischen Parteien, dem Parlament und den demokratischen Prozessen jeden
Wert ab. Ihnen allen war ein Verständnis des Staates und der Gesellschaft zu eigen, in der die
Gemeinschaft, die Entscheidung und die Führerelite über die Gesellschaft, die Deliberation
und die Masse gestellt wurde.

## Die selektive Ablehnung der Moderne

Während die Vertreter der „Konservative Revolution" in dem politischen Liberalismus
ihren zu bekämpfenden Feind sahen, konnte man in anderen Gebieten keine so einhellig herrschende Meinung finden. Bezüglich der politischen Organisation wurden Auffassungen vertreten, die für einen „Ständestaat" (Othmar Spann), einen „Volksstaat" (Hans
Freyer) oder einen „totalen Staat" (Carl Schmitt) plädierten. Auf wirtschaftlichem Gebiet
teilte sich das Lager der „Konservativen Revolution" in Verfechter einer staatlich organisierten Planwirtschaft und den Befürwortern der kapitalistischen Initiative. Erstaunli-

cherweise legte Oswald Spengler, der herrische Verteidiger eines preußischen Sozialismus, keine Skrupel an den Tag, wenn es darum ging, sein Einkommen mit vor den Unternehmensverbänden gehaltenen Vorträgen über die Vorteile des industriellen Kapitalismus zu verbessern. Die Tatsache aber, daß einige sich bereit fanden, ihre krasse Ablehnung des politischen Liberalismus mit der Anerkennung seiner wirtschaftlichen Voraussetzungen zu kombinieren, läßt darauf schließen, daß viele Vertreter der „Konservativen Revolution" sich mit den Herausforderungen der Moderne auf selektive Weise auseinandersetzten. In diesem Zusammenhang sind die der Technik gegenüber eingenommenen Haltungen besonders wichtig, da sie u.a. in enger Beziehung zum Nationalsozialismus stehen.

Vor dem Ausbruch des Ersten Weltkrieges war die an der Technik und an ihren Fortschritten geübte Kritik ein wesentlicher Bestandteil des deutschen Zeitgeistes. In seiner *Philosophie des Geldes* setzte sich Georg Simmel kritisch mit der entfachten Technikbegeisterung auseinander und warnte vor der Umkehrung des zwischen Mittel und Zweck bestehenden Verhältnisses: Die Technik, die als Mittel dem Zweck dienen sollte, könnte einen Eigenwert gewinnen und sich so zu einem Selbstzweck entwickeln. In dem Freyerschen Werk *Prometheus* oder in der Schmittschen Schrift *Römischer Katholizismus* läßt sich dieses dem Zauberlehrling ähnliche Technologieverständnis wiederfinden. Aber sowohl Hans Freyer als auch Carl Schmitt standen den radikal antimodernen Haltungen, die zum Beispiel Wilhelm Stapel, Hans Zehrer oder Ernst Niekisch an den Tag legten, fern. Sie erkannten vielmehr die politischen Dimensionen der Technik und bedienten sich ihrer Prinzipien zu Gunsten politischer Ziele. „Der endgültige Sinn ergibt sich erst", schrieb Carl Schmitt, „wenn sich zeigt, welche Art von Politik stark genug ist, sich der neuen Technik zu bemächtigen, und welches die eigentlichen Freund- und Feindgruppierungen sind, die auf dem neuen Boden erwachsen" (Schmitt 1929, 94). Ernst Jünger seinerseits, dessen Gestalt des Arbeiters sich in dem von der Technik gegebenen Raum entwickelte, forderte eine Beschleunigung des technologischen Prozesses, da nur die Totalisierung der Technik eine absolute Beherrschung ermöglichen würde.

Nur wenige Vertreter der „Konservativen Revolution" äußerten so unbeschränkte Urteile über die Technik. Die meisten von ihnen nahmen gemäßigtere Haltungen ein, die darauf schließen lassen, daß sie nach einer auf dem Prinzip der „Kompetenz" basierenden Gesellschaft strebten. Auch Oswald Spengler, der lauthals nach einer Kunst aus Zement und Stahl verlangte, neigte eher dazu, den Grund für die Entwicklung des Menschen zum Sklaven der Maschinen in dem Fehlen einer Elite zu sehen. Stefan Breuer hat nachgewiesen, daß die aus dem Bildungsbürgertum stammenden Jungkonservativen die ideologische Position der Altliberalen einnahmen. „Man will die Persönlichkeit, aber nicht den entfesselten Individualismus. Man will die Freiheit des Eigentums, aber nicht die hemmungslose Konkurrenz, die der mittleren Existenz die Grundlage entzieht. Man will die Emanzipation, aber nicht eine solche, die die vermeintlich natürlichen Hierarchien wie etwa die der Geschlechter untergräbt. Man will die Beseitigung der ständischen Privilegien, aber mitnichten das Verschwinden aller ständischer Abstufungen und Distanzierungen" (Breuer 1995, 78). Indem die Vertreter der „Konservativen Revolution" die Voraussetzungen des industriellen Kapitalismus begünstigten, gaben sie Raum für die Bildung der Massengesellschaft, deren politischen Folgen sie bekämpften. Als sie schließlich anfingen, die Technik als ein wirksames Instrument für die politische Beherrschung der Massen zu betrachten, standen sie der nationalsozialistischen Ideologie erschreckend nah.

### Das Verhältnis zum Nationalsozialismus

Es fällt nicht leicht, die „Konservative Revolution" ideologisch vom Nationalsozialismus abzugrenzen. Während die Heterogenität ihrer Auffassungen schon den Gedanken an die Bildung einer politischen Partei unmöglich machte, wurde die NSDAP von Tag zu Tag einflußreicher. Einige Vertreter der „Konservativen Revolution" wählten die Partei, da sie ihr zutrauten (und zutrauen konnten), der verhaßten Weimarer Republik ein Ende zu setzen. „Hitler ist ein Dummkopf, aber die Bewegung muß man unterstützen"[3]. Diese Worte Oswald Spenglers, der 1924 vor der Gefährlichkeit der Nationalsozialisten gewarnt hatte, legen den Pragmatismus offen, mit der die „Konservative Revolution" auf die politische Relevanz der Hitlerschen Partei reagierte. Der mit Franz von Papen in enger Verbindung stehende Edgar Jung, der 1934 von der Gestapo getötet wurde, dachte sich der nationalsozialistischen Partei bedienen zu können, um so sein Ideal der politischen Herrschaft einer konservativen Elite verwirklicht zu sehen. Viele teilten diese Überzeugung und erkannten nicht, daß die Nationalsozialisten sich nicht mit der Vernichtung der Weimarer Demokratie zufrieden geben wollten und andere Ziele verfolgten.

Auch die persönlichen Einstellungen zu Hitler und seiner Partei waren durchaus verschieden. Der Herausgeber der angesehenen Zeitschrift *Die Tat* Hans Zehrer folgte dem Beispiel Edgar Jungs und versuchte die Nationalsozialisten auf die von ihm erstrebten Bahnen zu lenken. Andere wiederum wandten sich 1933 von der NSDAP, die sie anfänglich begeistert hatte, ab. So vermied Ernst Jünger in seinem Werk *Der Arbeiter* jeden Hinweis auf den Nationalsozialismus und die ihm innewohnenden nationalen und sozialen Dimensionen wurden wie bürgerliche Prinzipien behandelt. Die mehrfachen Hausdurchsuchungen, denen er ausgesetzt war, lassen keinen Zweifel an dem Mißtrauen, das die Nationalsozialisten dem ehemaligen Mitglied des Stahlhelms und Freund des 1937 verhafteten Ernst Niekisch entgegenbrachten. Auf Grund der Bewunderung, die Elisabeth Förster-Nietzsche dem Führer zuteil werden ließ, zog sich Oswald Spengler vom Nietzsche-Archiv zurück. Die 1933 in seiner Schrift *Jahre der Entscheidung* öffentlich geübte Kritik an der Machtergreifung setzte ihn den Angriffen der NS-Intellektuellen Alfred Baeumler oder Karl Muhs aus. Im Gegensatz zu Spengler erwiesen sich andere Denker nur allzu bereit, sich für die nationalsozialistischen Ideen einzusetzen. An dieser Stelle ist es fast unvermeidlich, die Namen Carl Schmitt und Martin Heidegger zu erwähnen. Ohne auf ihr oft in Frage gestelltes Engagement näher eingehen zu wollen, sei hier nur darauf angespielt, daß sowohl der Jurist als auch der Philosoph von den Nationalsozialisten abgesondert und in eine Außenseiterrolle

---

3  Kornhardt Tagebuch 21-IV-32, Bayrische Staats- und Landesbibliothek München, Spengerliana, Ana, 533.

geschoben wurden, was die geringe Sympathie, die man der „Konservativen Revolution"
entgegenbrachte, veranschaulicht.

## José Ortega y Gassets Dialog mit der deutschen Kultur

„Um das hier Angedeutete richtig zu verstehen, sollte man nicht vergessen, daß das Gesagte
von einem stammt, der vier Fünftel seiner intellektuellen Habschaft Deutschland verdankt
und der sich heute mehr denn je der unbestreitbaren und riesigen Überlegenheit der deutschen Wissenschaft bewußt ist" (Ortega y Gasset 1930a, 347)[4]. Diese Worte des spanischen
Philosophen José Ortega y Gasset, die sich in einer Fußnote zu seinem Vortrag *Misión de la
Universidad* (Die Aufgabe der Universität) finden, verdeutlichen den tiefen Respekt, den
er der deutschen Kultur und Wissenschaft zollte. Schon in jungen Jahren ließ José Ortega
y Gasset keinen Zweifel an seinem ehrgeizigen Wunsch aufkommen, sich zum geistigen
Führer seines Landes zu erheben. Den spanischen Ingenieuren, schrieb er 1902 an seinen
Eltern, fehle es an der für den nationalen Fortschritt nötigen „Gabe des weiten Blickes",
die man nur durch das „intime und belebende Bad an Kunst und Philosophie" (Ortega y
Gasset 1902, 94) erlange, welches er selbst genossen habe und weiterhin zu genießen ge-
denke. Als Kind seiner Zeit hatte er sich schon früh mit der auf das spanische Geistesleben
damals einflußreichen französischen Kultur vertraut gemacht und besonders die Schriften
des jüdischen Theologen Ernest Renan bewundert. Dieser hatte in seinem 1871 erschienenen Aufsatz *Die intellektuelle und moralische Reform* einen der Gründe für die erlittene
Niederlage Frankreichs in der wissenschaftlichen Überlegenheit Deutschlands gesehen,
und so war es nicht erstaunlich, daß der junge Spanier seine Aufmerksamkeit auf dieses
Land richtete, dessen idealistische Philosophie unter großen Schwierigkeiten und nur defizient von Julián Sanz del Río in Spanien bekannt worden war. Der Aufenthalt des Rechts-
philosophen in Deutschland brachte ihn mit dem Denken des in Deutschland heute fast
unbekannten Karl Christian Friedrich Krause in Kontakt und setzte in Spanien die unter
dem Namen „Krausismus" bekannte geistige Strömung in Bewegung, die das Interesse an
der deutschen Kultur weckte und die vielen seiner Schüler Anstöße zu ihrer persönlichen
intellektuellen Laufbahn gab. José Perojo übersetzte den ersten Teil der Kantschen *Kritik
der reinen Vernunft* und gab zusammen mit Manuel de la Revilla die *Revista Contemporánea* heraus. In der von Francisco Giner de los Ríos geleiteten *Institución de Libre Enseñanza*
lebte die Bewunderung für die deutsche Wissenschaft und das deutsche Universitätswesen
fort und in ihrem *Bulletin* wurden die Erfahrungen, die spanische Studenten, unter denen
sich der spätere Sekretär der *Junta para la Ampliación de Estudios* José Castillejo befand, an
den deutschen Universitäten gesammelt hatten, veröffentlicht (vgl. Castillejo 1904, 1905,
1908).

Die ersten Schritte, die José Ortega y Gasset an den deutschen Universitäten tat, unterschieden ihn mitnichten von denen anderer Studenten und Professoren, die vor oder
nach ihm ihre Studien an den deutschen Universitäten ergänzten. Er immatrikulierte

---

4   Dies und die folgenden Zitate José Ortegas y Gasset sind von der Autorin übersetzt worden.

sich an den angesehenen Universitäten in Leipzig und Berlin, hatte Schwierigkeiten mit der deutschen Sprache, bewunderte die Ausstattung der Laboratorien und den reichen Bestand der Bibliotheken und pries die „pädagogische Vortrefflichkeit" (Ortega y Gasset 1906a, 746) der deutschen Hochschulausbildung. Trotzdem kann Ortegas Aufenthalt in Deutschland als ein Wegmark für seine philosophische Entwicklung betrachtet werden. In den Sälen der Leipziger Universitätsbibliothek wurde er sich der Notwenigkeit einer nationalen Geschichtsschreibung bewußt, die ihm als „erster solider Steinblock für den Wiederaufbau" (Ortega y Gasset 1905b, 652) Spaniens erschien. Die Selbstlosigkeit, die er bei den von ihm beobachteten Professoren zu entdecken meinte, ließen vor seinen Augen alle Konnotationen des Begriffs der „Berufung" erscheinen. In Deutschland, schrieb er, pflege man die Wissenschaft, während sie in Spanien nur als ein Mittel zum „Broterwerb" gelte und man dazu neige, „auf unwissenschaftliche Art Tücher zu verfetzen" (Ortega y Gasset 1905a, 613). Die Lehrtätigkeit, die ihn an einen „stetigen griechisch-kindlichen Wetteifer" (Ortega y Gasset 1906a, 739) erinnerte, weckte in ihm das Interesse an die Ausbildung der noch begeisterungsfähigen jungen Menschen. Die Lehren des Histologen Emanuel Radl regten ihn zum Studium der Naturwissenschaften an und bereiteten ihn auf die biologischen Betrachtungen Jakob von Uexkülls vor, dessen Werk einen entscheidenden Einfluß auf Ortega ausüben sollte. In Marburg zählte er zu dem Freundeskreis Nicolai Hartmanns, der begann, seine Zweifel an den Cohenschen Auslegungen der Philosophie Kants laut werden zu lassen. Die neukantianische Philosophie wurde durch seine ontologische Kritik ins Schwanken und schließlich von Heideggers Werk endgültig zu Fall gebracht. „Wenn ich bei meinem Kontakt mit Deutschland nicht tiefe und wahre Begeisterung empfunden hätte, die mich am deutschen Schicksal teilnehmen ließ – mit all seinen Ängsten, Befürchtungen und Ideen –, so hätte ich später nicht das tun können, was ich getan habe" (Ortega y Gasset 1934, 24). Mit diesen Worten wandte sich José Ortega y Gasset in seinem Vorwort zu *El tema de nuestro tiempo* (Die Aufgabe unserer Zeit) an seine deutschen Leser. Sie stellen nicht nur eines seiner wichtigsten autobiographischen Bekenntnisse dar, sondern legen auch nahe, daß besonders die in Marburg verbrachten Monate von grundlegender Bedeutung für die Entwicklung seiner Generationstheorie waren.

Aber nicht alles, was er im Land des Idealismus sah und erlebte, fand seinen Zuspruch. Der wilhelminische Imperialismus, das Fehlen aller ästhetischen Empfindung oder der Hang zum Kleinbürgertum, der den Deutschen dazu treibe, sich dem gemeinen Volke zugehörig zu fühlen und auf alle herrschaftlich-distinktive Gesten zu verzichten, erregten seinen Widerwillen. „Ich fange an, die deutsche Kulturlandschaft zu verachten" (Ortega y Gasset 1906b, 461), schrieb er seiner Verlobten, und sogar das anmutige Städtchen Marburg vermochte nicht, sein geringschätziges Urteil über die Deutschen zu verändern. Die von Hermann Cohen und Paul Natorp geleitete Philipps-Universität war eine der noch verbleibenden Hochburgen des Neukantianismus, dessen Idealismus den Optimismus der Gründungszeit entsprochen hatte, aber der nach der Jahrhundertwende an philosophischer Wichtigkeit verlor. Die isolierte Stellung, die die Marburger Schule in der deutschen Universitätslandschaft einnahm, sowie der steigende Antisemitismus trugen zu einer gewissen dogmatischen Lehrweise Hermann Cohens bei, der nur wenige Philosophen für lesenswert hielt und der sich äußerst empfindlich gegenüber den psychologischen Abweichungen zeigte, die sich nach seiner Meinung aus dem in der Kantschen Erkenntnistheorie etablierten Dualismus zwischen Gedanke und Anschauung ergeben würden. Die philosophisch äußerst in sich verschlossene Philipps-Universität war zudem eine Kleinstadtuniversität, so daß die Fremdheit der Studenten zwangsläufig Aufsehen erregen mußte. Während im Sommersemester 1907 die Marburger Universität begann, sich in das Mekka vieler osteuropäischer Juden zu verwandeln, waren im Wintersemester 1906/1907 nur zwei ausländische Studenten eingeschrieben: Ortega y Gasset und der Rumäne Fjidor Lichtenstein[5]. Wie es aus seinem Briefwechsel mit Miguel de Unamuno hervorgeht, fühlte Ortega sich nicht heimisch und viele seiner Eindrücke wurden auch von dem polnischen Philosophen Wladyslaw Tatarkiewicz geteilt. Aber es sind die bitteren Zeilen, die er für die von seiner Familie herausgegebene Zeitung *El Imparcial* schrieb: „Außerhalb Spaniens ist Spanischsein etwas Lächerliches" (Ortega y Gasset 1908a, 73), die beweisen, wie sehr sich Ortega seiner Fremdheit bewußt war. In dieser Hinsicht kann man José Ortega y Gasset als Vertreter des „Außenseiters" betrachten, dem Peter Gay eine Schlüsselrolle in der Weimarer Kulturgeschichte zuschrieb. „Die Weimarer Republik war das Werk von Außenseitern gewesen, die die Geschichte für einen fragilen und schwindel-erregenden Augenblick lang in den Vordergrund gestellt hatte" (Gay 1993, 11)[6].

Der Außenseiter charakterisiert sich durch seine besondere Empfänglichkeit für latente intellektuelle Probleme und Tendenzen in einem bestimmten geistigen Klima. Ortega y Gasset selbst führte seine Fähigkeiten zum *Betrachten*[7] auf seine Fremdheit und auf seine Außenseiterrolle zurück. „Tatsache ist", schrieb er an Unamuno, „daß wir mit frischen Netzhäuten kommen, wie Barbaren, die das alte Spektakel mit neuen Augen sehen, das nur durch erneutes Betrachten neu wird, sich erneuert" (Ortega y Gasset 1907a, 67). So hatte der spanische Philosoph die in der deutschen Gelehrtenwelt herrschende Krisen- und De-kadenzstimmungen wahrgenommen, und fand nicht einmal bei seinen so hochgeschätzten Lehrern die Quelle, aus der eine originelle, kreative und erneuernde Kultur entspringen konnte. Und als er Jahre später von der „Amerikanisierung Deutschlands" sprach, die eine schnelle Industrialisierung des Landes „auf Kosten des Verzichts der großen Ideale der deutschen Kultur" (Ortega y Gasset 1911, 211) ermöglicht habe, teilte er den unter der deutschen Gelehrtenwelt herrschenden Kulturpessimismus, die ihr Bildungsideal durch die positivistischen und materialistischen Wissenschaften bedroht und, mehr als das, ihre

---

5    vgl. Verzeichnis des Personals und der Studierenden an der Königl. Preußischen Universität Marburg, Universitätsbibliothek Marburg.

6    Peter Gay schreibt die kulturellen Erneuerungen, die sich in den Jahren der Weimarer Republik voll-zogen hatten, den sozialdemokratischen und besonders den jüdischen Intellektuellen zu. In dieser Hinsicht ist der Artikel *Shyllock* bemerkenswert, in dem José Ortega y Gasset seine persönlichen Empfindungen bezüglich der marginalen Stellungen der Juden schilderte.

7    Unter dem Namen *El Espectador* (Der Betrachter) gab José Ortega y Gasset eine Sammlung seiner Aufsätze heraus. Der Titel ist nicht zufällig gewählt, sondern gab seinem Wunsch Ausdruck, sich vom politischen Leben zurückzuziehen und sich allein der Philosophie zu widmen. So erschien der erste Band im Jahre 1916, nachdem die von ihm geforderte Politik der Intellektuellen gescheitert war. Zwischen 1916 und 1934 wurden 8 Bände des *El Espectador* veröffentlicht.

privilegierte Stellung durch die wirtschaftliche und politische Modernisierung gefährdet sah. Die zunehmende Wichtigkeit, die die Wissenschaft und die Technik erlangten, führte zu der Vorstellung einer nur noch utilitaristischen Welt, die alles Gespür für die wahrlich kulturellen Werte verloren hatte. Das einst so berühmte Land der Dichter und Denker mit seinem Kult der Innerlichkeit, hatte sich in den Augen vieler in das Reich der Vaihingerschen *Philosophie des Als Ob* entwickelt. Hinter den pompösen Fassaden schien sich nichts weiter als das sterile, mechanische und langweilige Leben des Kleinbürgers zu verbergen.

Die Jugendbewegung mit ihren Ausflügen aufs Land, in die Berge und zu anderen unbekannten Zielen, die von der Monotonie der Städte weit entfernt waren, war vielleicht das sichtbarste Zeugnis des Unbehagens in der Wilhelminischen Welt, die in der Meinung vieler jedes Anzeichen von Vitalität im Keime erdrückte. Der Angriff auf die bürgerlichen Ideale vollzog sich allerdings an allen Fronten, in der Literatur ebenso wie in der Musik, in den Naturwissenschaften ebenso wie in den Geisteswissenschaften. Daß Ortega dabei an dem „Instinkt der Zeitgenössigkeit" teilnahm, den er in erster Linie der Jugend zuschrieb, kann man seinen Aufsätzen *Musicalia* und *Apatía Artística* (Künstlerische Apathie) oder der von ihm herausgegebenen *Revista de Occidente* entnehmen, die Werke von Franz Kafka, Georg Kaiser, Franz Werfel oder Thomas Mann veröffentlichte. Er zeigte denselben Kampfgeist gegenüber dem „Land der Vorfahren", wie es die jungen Deutschen taten, und er bezog sich ebenso auf Nietzsche, um zur „Jagd auf den Kleinbürger" (Ortega y Gasset 1926, 94) zu blasen. Schließlich fühlte er sich – auch wie sie – von dem Ausbruch des Ersten Weltkrieges zutiefst erschüttert. Robert Wohl zeigte auf, daß Ortega y Gasset der Generation von 1914 zuzurechnen ist, der sogenannten „Frontgeneration" oder – um mit den Worten des Philosophen zu sprechen – der „Kampfgeneration". Auch wenn die Generation von 1914 ihre Feuertaufe im Kriege erhalten hatte, der ihren „Wunsch, neue Werte zu schaffen und damit diejenigen zu ersetzen, die im Begriff waren zu verschwinden" (Wohl 1980, 5) nur noch eindringlicher machte, wurde ihre Mentalität doch bereits am Ende des vorigen Jahrhunderts geprägt.

José Ortega y Gasset übertrieb keineswegs, wenn er behauptete, daß er in Deutschland „eine entscheidende Phase seiner Jugend verbracht und stets den intensivsten Kontakt zu diesem Lande gehalten" (Ortega y Gasset 1935, 195) habe. Sein Aufenthalt in Deutschland stellte ihn in eine so engen Beziehung zu den seiner Generation angehörigen Denkern, daß man fast von einem „Generationsbewußtsein" im Mannheimschen Sinne sprechen kann. Wie seine deutschen Zeitgenossen konnte er sich nur schwer den Appellen der Politik entziehen und ebenso wie sie fühlte er sich zur Verwirklichung der „Ideen von 1914" berufen. Der Hinweis auf ein noch nicht veröffentlichtes Buch von Heidegger oder die Tatsache, daß sich in seiner persönlichen Bibliothek die Erstauflagen von Bestsellern wie *Der Untergang des Abendlandes* (Oswald Spengler), *Nietzsche* (Ernst Bertram) oder *Der Bürger* (Werner Sombart) finden lassen, beweisen, daß trotz des spärlichen Bestandes seiner erhaltenen Korrespondenz der spanische Philosoph einen intensiven Kontakt mit der kulturellen und akademischen Welt Deutschlands unterhielt. Die deutschen Intellektuellen ihrerseits spendeten ihm schon früh ihren Beifall und zollten ihm jene Anerkennung, die ihm in seiner Heimat verwahrt blieb. Thomas Mann fühlte sich von der Lektüre der *Rebelión de las masas* (Der Aufstand der Massen) erschüttert, Carl Schmitt empfahl es seinem Freund Ernst Jünger, zitierte ihn in seinem Aufsatz *Die Tyrannei der Werte* und übergab ihm ein mit einem Vers Theodor Däublers persönlich gewidmetes Exemplar seines *Ex capitivitate salus*, welcher das Bestehen einer engeren Beziehung zwischen beiden Denkern nahe legt. Max Scheler stellte Ortega Ernst Robert Curtius vor und trug so zu einer langjährigen Freundschaft bei. Der Romanist seinerseits erwähnte die Anwesenheit Ortegas, um den Phänomenologen zur Teilnahme an einer in Pontigny stattfindenden philosophischen Tagung zu bewegen[8]. Hermann Graf von Keyserling teilte ihm brieflich das Lob Hans Prinzhorns mit, der eine intellektuelle Verwandtschaft zwischen dem Spanier und dem Denken Ludwig Klages wahrgenommen und sie freudig begrüßt hatte[9]. 1933 – 1934 hatte Heidegger seine Hilfe gesucht, um einige seiner jüdischen Mitarbeiter, unter ihnen Karl Löwith, in Spanien unterzubringen[10], und behielt den Philosophen, den er 1951 im Rahmen der Darmstädter Gespräche persönlich kennenlernte, in freundlicher Erinnerung. Die von Karl Anton Prinz Rohan herausgegebene *Europäische Revue* veröffentlichte einige seiner Aufsätze und rühmte ihn, da er mehrmals „die Verniggerung [...] der spanischen Kultur"[11] verhindert hätte. Sogar der barsche Oswald Spengler lud ihn 1922 in sein Haus in München ein[12], was darauf schließen läßt, daß sich Ortega zu diesem Zeitpunkt in Deutschland an diesem Ort befand, an dem, für die Weimarer Republik besonders wichtige Konflikte ausgetragen wurden.

Die Aufmerksamkeit, die José Ortega y Gasset in den Reihen der „Konservativen Revolution" erregte, war keineswegs einseitig. Noch heute lassen sich in seiner Bibliothek die Werke Carl Schmitts, Hans Freyers, Ernst Jünger, Hans Zehrers, Leopold Zieglers oder Ludwig Klages finden, ganz zu schweigen von denen Oswald Spenglers, Werner Sombarts, Jakob von Uexkülls oder Martin Heideggers, auf die er in seinen Schriften oft Bezug nahm. Es erübrigt sich fast zu erwähnen, daß die 1923 von ihm gegründete *Revista de Occidente* sich äußerst bereitwillig zeigte, den Vorkämpfern dieses gegen die liberal-demokratischen Institutionen geführten Feldzuges Gehör in Spanien zu verschaffen, wurde sie doch mit der expliziten Absicht herausgegeben, all jene Vorzeichen einer Zeitenwende zu verbreiten, die das im gleichen Jahr erschienene Werk *El tema de nuestro tiempo* (Die Aufgabe unserer Zeit) ankündigten. Trotz aller persönlichen und intellektuellen Divergenzen, die sich in einer an ideologischer Kohärenz mangelnder Denkströmung zwangsläufig ergeben, wurden alle Vertreter der „Konservativen Revolution" von Nietzsches Kritik an die Moderne angeregt und einten so ihre Horizonte mit der Perspektive Ortegas, dessen anfängliche Begeisterung

---

8   Brief von Ernst Robert Curtius an Max Scheler (16-V-1924), Scheleriana, Bayrische Staatsbibliothek München, ANA 315, E II 1.

9   Brief von Hermann Keyserling an José Ortega y Gasset (24-III-1929), Hermann Keyserling Archiv, Technische Universität Darmstadt, 0-1-090.

10  Briefe von Martin Heidegger an José Ortega y Gasset (29-V-1933,15-X-1943, 19-X-1934), Instituto Universitario Ortega y Gasset, R.3, T.1, JK 13.

11  W.P., *Junge spanische Literatur*, in: *Europäische Revue*, Heft 8, August 1931, 621-623 (622).

12  Brief von Oswald Spengler an José Ortega y Gasset (21-VI-1922), Instituto Universitario Ortega y Gasset, R.5, T.2, JK 48.

für den Denker durch seinen Deutschlandaufenthalt zwar abflaute, aber der sich 1914 erneut von dessen Lehren entflammen ließ.

## „Nietzsches heiße Zone"

Wie es aus der von Paul Lagarde formulierten Kritik des deutschen Zeitgeistes oder aus der vielgelesenen Schrift Julius Langbehns *Rembrandt als Erzieher*, in der die sogenannte Halbbildung bemängelt wird, hervorgeht, war der in der Wilhelminische Zeit sich entwikkelnde Kulturpessimismus mit der ersten Rezeption der Werke Nietzsches verbunden. Es ließe sich schwerlich ein anderer Denker finden, der so geeignet war, der ab 1890 aufströmenden künstlerischen und literarischen Avantgarde frischen Wind zu geben. Georg Kaiser, Georg Heym oder Frank Wedekind weihten sich dem Dyonisos-Kult in einer Weise, die literarisch von Gottfried Benn in seinem Werk *Ithaka* verarbeitet worden ist. Der um Stefan George gebildete Kreis machte sich die ästhetischen und heroischen Begriffe des Philosophen zu eigen. Es waren die *Unzeitgemäßen Betrachtungen*, die Thomas Mann den Sinn einer „Konservativen Revolution" nahe legten, die der politische Ausdruck „einer neuen Religiosität", eines neuen, „Dritten Reiches" waren, „dessen synthetische Idee seit Jahrzehnten über den Rand der Welt emporgestiegen ist und ihre Strahlen schon weit über die bedürftigen Länder der Menschen wirft" (Mann 1922, 116). Die von Elisabeth Förster-Nietzsche geschickt gelenkte Nietzsche-Renaissance übte ihren Reiz allerdings nicht nur auf die jungen Künstler und Denker oder auf dem mit dem Nietzsche-Archiv in enger Verbindung stehenden Oswald Spengler aus, sondern erfaßte auch das Gemüt Werner Sombarts, der trotz seines Alters sich der Herausgabe seiner Zeitschrift *Morgen* hingab. Sogar der Soziologe Ferdinand Tönnies, der vor der wachsenden Beliebtheit Nietzsches unter der Jugend gewarnt hatte, konnte sich seinem Einfluß nicht entziehen, und die Beschreibung seiner organischen *Gemeinschaft* erinnert nur allzu leicht an die vorsokratische Gemeinschaft, die Nietzsche in *Die Geburt der Tragödie* entworfen hatte.

Überraschenderweise nahm José Ortega y Gasset von „Nietzsches heißer Zone" (Ortega y Gasset 1908, 91) Abstand. Der Einfluß des Marburger Neukantianismus auf sein Denken war noch spürbar und bewegte ihn dazu, seinem Lehrer Hermann Cohen in der Festschrift von 1912 Tribut zu zollen (vgl. Hartmann/Heimsoeth 1978, 81, 121; Holzhey 1986, 393). Aber seine Distanzierung von der Philosophie Nietzsches hatte tieferliegende Gründe. Zum einem wollte er sich intellektuell von der spanischen Generation von 1898 in polemischer Auseinandersetzung trennen, zum anderen machten sich in Spanien die ersten Zeichen einer wirtschaftlichen Modernisierung bemerkbar, die, seiner Meinung nach, nicht die von Nietzsche inspirierte zersetzende Kritik einzelner, sondern des konstruktiven Schaffens aller bedurfte. So wetterte er gegen die „romantische Bestie" (Ortega y Gasset 1907b, 75), die seiner Meinung nach das geistige Klima Spaniens beherrschte und den Hang zum Individualismus und „Afrikanismus" Raum verschaffte. In Spanien, argumentierte er öffentlich gegen seinen älteren Jugendfreund Ramiro de Maeztu, fehle es nicht an Männern, sondern an Ideen. Es war kein Zufall, daß Ortega y Gasset die Distanzierung von Nietzsches Werk zu einem Zeitpunkt nahelegt, in dem das Baskenland und Asturien industrialisiert wurden. Zwar hatte er schon lange den Wunsch gehegt, daß die Wissenschaft und Technik Spaniens dem Konkurrenzkampf Nordeuropas standhalten könnten, aber sein Aufenthalt in Deutschland hatte ihm andere, nicht erwünschte Folgen der Industrialisierung deutlich vor Augen geführt. Um die „Amerikanisierung" der spanischen Heimat zu verhindern, müsse man sich der von der Kultur geschmiedeten Waffen bedienen, schrieb er, denn nur mit der Errichtung kultureller Ideale gelinge es, die engen und hermetisch verschlossenen Horizonte des dem Utilitarismus verfallenen *homo oeconomicus* zu erweitern und ihn in eine wahre Arbeitsgemeinschaft einzuordnen, die „Gemeinschaft im Glauben sein" müsse und „jedem ihrer Mitglieder ein tiefempfundenes Ziel" (Ortega y Gasset 1910b, 519) voranstelle. Daß es *Zarathustra* möglich war, das kulturelle Schaffen mittels der Wissenschaft zu fördern, dies hatte er bei seinem Lehrer Alois Riehl gelesen. Georg Simmel seinerseits deutete Nietzsche als einen allen subjektivistischen Auffassungen fern stehenden und nach einer allgemeingültigen Norm suchenden Philosophen. Mit diesen Waffen ausgerüstet, versuchte Ortega zum ersten Mal das Unversöhnliche zu versöhnen und in Einklang zu bringen: die Natorpsche Auslegungen der Philosophie Kants und die sich den Kantschen Errungenschaften so mißtrauisch zeigenden Schriften Nietzsches.

Die Entdeckung der Werke Jakob von Uexexternal, besonders die 1913 veröffentlichten *Bausteine zu einer biologischen Weltanschauung,* übten einen entscheidenden Einfluß auf José Ortega y Gasset aus und machten ihn von Neuem dem heroischen Ethos Nietzsches zugänglich. Der Umbruch, der sich in seinem Denken vollzog, läßt sich durch den Vergleich der 1910 in Bilbao gehaltenen Rede über Sozialpädagogik mit dem Vortrag *Vieja y nueva política* (Alte und neue Politik) veranschaulichen. Beide Reden geben der Absicht des *magister hispanium* Ausdruck, einen dynamischen, auf Nietzsches Begriff „Kinderland" basierenden Patriotismus in Bewegung und der spanischen Dekadenz ein Ende zu setzen. Aber während er 1910 das Vorhandensein einer spanischen Nation im eigentlichen Sinne verneinte, sprach er 1914 im Namen eines „sprießenden Spaniens" dem „offiziellen Spanien", das eh dem Tode nahe stehe, jedes Recht auf Leben ab. Während Ortega sich 1910 der Hegelschen Geschichtsauffassung bediente und von einem Fortschritt im Bewußtsein der menschlichen Ideale reden konnte, kündigte er 1914 einen geschichtlichen Wandel an, der sich in Zeitsprüngen vollziehen würde und dem „eine Anzahl vom Unterbewußtsein akkumulierten Variationen" (Ortega y Gasset 1914a, 273) zugrunde lägen. Die 1910 zu Gunsten der Arbeitsgemeinschaft geforderte politische Bildung des Staatsbürgers mußte 1914 dem nationalen Lebenspuls, den es zu beschleunigen gelte, weichen. Das 1910 sich im utopischen Rahmen befindende „ideale Spanien" wurde 1914 von einem „neuen Spanien der Zukunft" ersetzt, einem anregenden und der Zukunft zugewandten Projekt, das die Gemüter der Jugend entflammen und ihnen den Willen einflößen sollte, „ihre entscheidensten Energien in den Dienst" (Ortega y Gasset 1914a, 270) dieses Unternehmens zu stellen. Das „vitale Spanien" wurde zu einem politischen Mythos, und nur der Mythos sei im Stande, sprach er Jahre später, „die den Lebenspuls speisenden Gefühlsströme" (Ortega y Gasset 1920, 295) anzutreiben. Die 1910 verfochtene Sozialpädagogik, die in den Menschen mehr als nur biologische Existenz sah, mußte weichen und wurde in den *Meditaciones del Quijote* (Betrachtungen zum Quijote) vom Helden abgelöst, der sich seiner persönlichen Beschaffenheit bewußt war und sich ihr treu zeigte, und der der ihn umgebenden Wirklichkeit, die sich 1914 voll von den „bürgerlichen, seit einem halben Jahrhundert über Europa schwebenden Ideale" (Ortega y Gasset 1914b, 396) zeigte, nicht nur widerstehe, sondern sie auch zu verändern wußte. Und mit den Helden hielt auch die von Nietzsche proklamierte „große Politik" ihren Einzug; eine Politik, die *Jenseits von Gut und Böse* die radikalen und reaktionären Formeln sprenge, sich selbst als eine geschichtliche Haltung definiere, die ohne Umschweife das Wollen und Fühlen einer neuen Generation verkünde, welche sich zur Aufgabe gesetzt habe, der Nation zu ihrem „aufsteigendem Leben" zu verhelfen.

Die vitalistischen Prägungen, die José Ortega y Gasset der in der spanischen Kultur verwurzelten Idee von dem Vorhandensein zweier Spanien verlieh, und das erneute Interesse an der Philosophie Nietzsches, dessen Spuren sich besonders in den *Meditaciones del Quijote* (Betrachtungen zum Quijote) nachweisen lassen, müssen vor dem Hintergrund der politischen Situation der spanischen Restauration interpretiert werden. 1912 trat Ortega in die von Melquiades Álvarez gegründete Reformistische Partei ein. 1913 empfing der König Alfonso XIII wichtige Persönlichkeiten, die in engem Kontakt mit der *Institución Libre de Enseñanza* standen; 1914 vereinten sich unter Ortegas Führung die jungen spanischen Intellektuellen in der *Liga de Educación Política*, die durch seinen am 8. März im Teatro de la Comedia gehaltenen Vortrag politisches Aufsehen erregte. Dank der *Junta de Ampliación de Estudios* wuchs die Zahl der Spanier, die Teile ihrer Studienzeit an den europäischen Universitäten verbrachten. Der lang gehegte Wunsch des Philosophen nach einer kompetenten, von einer leitenden Minderheit geführten Demokratie schien sich zu verwirklichen. Das Scheitern der von Ortega y Gasset geforderten Politik der Intellektuellen machte ihm die Kritik an der Moderne nur noch zugänglicher. Auch wenn der Einfluß Nietzsches besonders in seinem 1923 erschienenen Werk *El tema de nuestro tiempo* (Die Aufgabe unserer Zeit) erkennbar ist, hatte José Ortega y Gasset schon 1914 in den Schützengräben des Ersten Weltkrieges die *Götzen-Dämmerung* erblickt.

## José Ortega y Gasset und der Erste Weltkrieg

Der Kriegsausbruch von 1914 hatte eine seismische Wirkung auf das spanische Geistesleben und entzweite ihre intellektuellen Vertreter, die der staatlich erklärten Neutralität Trotz boten und streitlustig ihre Sympathien für die im Krieg stehenden Mächte öffentlich kund gaben. Die 1915 von José Ortega y Gasset geleitete Zeitschrift *España*, die das Sprachrohr der ein Jahr zuvor gegründeten *Liga de Educación Política* war, stellte sich klar auf die Seite der Alliierten und ihre polemische Auseinandersetzung mit den deutschfreundlichen Intellektuellen enthüllte ihren Wunsch nach der Demokratisierung des politischen Systems Spaniens. Nur José Ortega y Gasset, der sich durch seinen Vortrag *Vieja y nueva política* (Alte und neue Politik) zum geistigen Führer der spanischen Generation von 1914 erhoben hatte, zeigte sich zurückhaltend. Zwar hegte er durchaus Sympathien für die individualistische Demokratie Englands, unterzeichnete auch das *Manifesto de adhesión a las naciones aliadas*, aber er weigerte sich strikt den Ersten Weltkrieg als einen Kampf zu betrachten, der zwischen zwei Kulturen, einer demokratischen und einer reaktionären, ausgefochten wurde. Dies sei nichts weiter als eine Vereinfachung des Kriegsgeschehens, meinte er, eine typische Simplifikation der Kaffeehausbesucher, Stammtischler und Lesern von Epitomen, die, vor dem Beispiel des „Germanen Brennus"[13] gestellt, die „unersägliche Freude" ans Licht stellen würden, „die der Niedrigste verspürt, wenn er glaubt, eine Person von Rang beim Unterlaufen eines Fehlers erwischt zu haben" (Ortega y Gasset 1915a). Zwar sei die Invasion Belgiens rechtswidrig gewesen, aber die durch dieses Ereignis entfachte Leidenschaft ganz und gar unangebracht. „Ein Schwacher ist zu fallen gebracht worden", notierte er kurz nach dem Kriegsausbruch. „Seitdem ich Verstandeskraft habe, sind es nur die Schwachen, für die sich die Spanier leidenschaftlich einsetzen" (Ortega y Gasset 1914c, 253). Diese Worte belegen, daß sich Ortega der Idee einer auf den Kopf gestellten Werteskala nicht nur polemisch bediente, um seiner Kritik an dem „offiziellen Spanien" besonderen Nachklang zu verleihen. Im Gegenteil, dieses Urteil über die spanische Kultur war in ihm tief verankert. Seiner Meinung nach schrumpfe Belgien zu einer wertlosen Kleinigkeit herab, wenn man dieses Ereignis mit dem authentischen Sinn des Krieges vergleiche. „Das, was begonnen hat, wie es begonnen hat, ist die erste Regung einer allumfassenden neuen Ordnung, in der die bisher gültigen Normen ihre Kraft verlieren: die Geschichte bebt in ihren Wurzeln, ihre Flanken reißen sich mit krampfartiger Gewalt auseinander, da eine neue Wirklichkeit geboren wird" (Ortega y Gasset 1914c, 251).

Wie seine europäischen Zeitgenossen sah José Ortega y Gasset im Ersten Weltkrieg den Untergang einer aller Vitalität ledigen Welt und den Aufstieg eines neuen verheißungsvollen *Atlantis*. Alles, was alt und zermürbt schien, sei in den Schützengräben zusammengefallen und nur „das, was rein ist, was jung ist, was möglich ist" (Ortega y Gasset 1918, 224), bleibe bestehen. Es gab in Spanien schwerlich einen anderen Intellektuellen, der in solch einem geistigen Kontakt mit der europäischen Jugend stand, und der 1924 gepriesene intellektuelle *Cosmopolitismo* (Kosmopolitismus), der die aus dem politischen Geschehen zurückgezogene geistige Elite aller Nationen vereine, kann als natürliche Konsequenz seines Generationsbewußtseins betrachtet werden. Wie seine Zeitgenossen nahm er sich die von Friedrich Nietzsche verlangte „Umwertung der Werte" sehr zu Herzen und sah seine Aufgabe in der kulturellen Erneuerung Europas. Hermann Graf Keyserling befand sich wohl in einem großen Irrtum, als er in der 1920 von ihm gegründeten Zeitschrift *Weg zur Vollendung* hervorhob, daß José Ortega y Gasset nicht aktiv am Kriege teilgenommen habe (Keyserling 1926, 36), denn die geistige Nähe zur Frontgeneration läßt sich auch in seinem Wertedenken spüren, in dem der Instinkt und die Spontaneität, das Abenteuer und der männliche Heroismus, die Emotionen und die dem reinen Verstand fernstehenden kosmischen Kräfte ihren Rang finden. Auch die Kriegsliteratur, die nach 1918 den europäischen Büchermarkt überschwemmte, wurde von Ortega eifrig gelesen und in seinen Auslegungen über die Moral

---

13  Brennus: Gallischer Feldherr, der im 4. Jahrhundert Rom eroberte. Ihm wird das geflügelte Wort „Wehe den Besiegten!" (*Vae victis*) zugerechnet. Die Gallier werden zum Stamm der Kelten gerechnet. – Ortega y Gasset hatte Brennus stattdessen in einem vorhergehenden Artikel als „Germanen" bezeichnet. Für Ortega y Gasset scheint die deutsche Invasion Belgiens eine ähnliche Lappalie wie die Verwechselung von Kelten und Germanen zu sein und kanzelt in beiden Fällen die Kritiker als Kleingeister ab.

des Ressentiments griff er bereitwillig auf sie zurück. „Alles Falsche, das sich mit herabwürdigenden und erniedrigenden Gebärden Platz schafft, wird heute ohne Überlegung für wahr gehalten. So hat man, um den eigentlichen Sinn des Krieges zu entdecken, den Gesichtspunkt eines engstirnigen Bauern gewählt, der sich seines Ackers entrissen sah und sich in einer Ecke des Schützengrabens eingebettet wiederfand" (Ortega y Gasset 1921a, 134). Vorausgesetzt, daß das wahre Wesen des Krieges nur durch eine Kombination von „Gefühl und Gedanke" erfaßt werden konnte, hielt Ortega sicher die *Unter Stahlgewittern* beschriebene Welt Ernst Jüngers, in der sich auf eigentümlicher Weise der entzückende Rausch und die nüchternde Kühle, die tapfere Wagnis und die strikte Planung die Hand gaben, für eine der Realität des Krieges angemessenere Sicht.

Aber es waren nicht nur die zerstörerischen und erneuernden Elemente des Krieges allein, die José Ortega y Gasset faszinierten. Die Gefühle nationaler Gemeinschaft und Solidarität, die er in den sich bekämpfenden Ländern beobachtet hatte, übten einen nachhaltigen Einfluß auf ihn aus. „Die erste Folge des Krieges war hier wie in den anderen Ländern das Erwecken des nationalen Instinktes (dessen Wesen sich vom Nationalismus streng unterscheidet). Man hätte uns zur Mitarbeit an einem gemeinsamen und enthusiastischen Unternehmen aufrufen können, das alle Spanier, die sich von dem, was man politische Ideen nennt, so leicht zerteilen lassen, vorübergehend zu einer Einheit zusammengeschmolzen hätte. Die Stunde war und ist günstig: wohin wir auch blicken, überall stoßen wir nur auf Beispiele von Heldentum und Opferbereitschaft" (Ortega y Gasset 1915b, 286). Im Ersten Weltkrieg hatte José Ortega y Gasset die von ihm gehegte Idee der Nation verwirklicht gesehen und in seiner 1921 erscheinenden Schrift *España invertebrada* (Spanien ohne Rückgrat) feierte er den Krieg als eine geistige Macht, die Strukturen bilde und Hierarchien schaffe, und dessen Wichtigkeit für die nationale Organisation sich nur mit jenen Unternehmen vergleichen lasse, die dem sozialen Leben einen Gemeinschaftssinn verleihen und die Tendenzen zum Partikularismus und zum Hermetismus der sozialen Klassen unterdrücken würden.

José Ortega y Gasset begann sich in seinen Schriften der Metapher des Schützengrabens zu bedienen, was den nachhaltigen Einfluß, den der Erste Weltkrieg auf seine intellektuelle Entwicklung ausgeübt hat, veranschaulicht. Er war sich dem „traurigen Heroismus" (Ortega y Gasset 1916, 29) und der Grausamkeit der Gefechte durchaus bewußt und übte auch Kritik an der patriotischen Begeisterung, die Max Scheler und Hermann Cohen an den Tag legten. Aber er sah auch den Aufstieg eines in den Schützengräben geschmiedeten Helden, den er als Protagonisten der neuen sozialen Wirklichkeit freudig begrüßte: der zu einer Einheit verschmolzene Arbeiter und Soldat. Der Arbeiter-Soldat personifizierte die später von ihm verfochtenen Prinzipien der Arbeit und der Nation, symbolisierte die selbstlose Hingabe an die Gemeinschaft und die nachzuahmende Vorbildlichkeit der Minderheit und verkörperte seine Forderung nach 'Demokratie und Kompetenz', die wie ein Leitmotiv sich durch sein Werk zieht. Wenn man schließlich berücksichtigt, daß José Ortega y Gasset im Ersten Weltkrieg die Zeichen einer neuen, das rationalistische und fortschrittsgläubige 19. Jahrhundert ablösenden Zeitwende wahrgenommen hat, überrascht es nicht, ihn unter der Fahne der „Konservativen Revolution" intellektuell mobilisiert zu sehen.

## Die Forderung nach einer männlichen Politik

Zwischen 1914 und 1918 konnte José Ortega y Gasset nicht nur die dem Kriege innewohnende Fähigkeit zur Schaffung von nationalen Einheitsgefühlen beobachten. Wie es seine Kritik am „patriotischen Utilitarismus" Max Schelers ans Licht bringt, verachtete er die absorbierende Kraft des Staates, dem es gelang, sogar die hellsten Köpfe in seinem Bann zu ziehen und sie in den Dienst des öffentlichen Räderwerks zu stellen. Außerdem hegte er die Hoffnung, daß der Erste Weltkrieg den demokratischen Tendenzen Einhalt geben und sie zur Umkehr zwingen würde. Die spanische Staatskrise von 1917, die sich deutlich in dem Werk *España invertebrada* (Spanien ohne Rückgrat) widerspiegelte, verdüsterte sein Panorama und verstärkte mehr denn je seine aristokratisch-elitäre Grundeinstellung. Er begann, Spanien der Herrschaft der Massen ausgeliefert zu sehen und fand sich bereit, seinen Liberalismus von den demokratischen Grundsätzen zu trennen, um so *La libertad, divino tesoro* (Der göttliche Schatz der Freiheit) vor dem Plebejertum der *Democracia morbosa* (Krankhafte Demokratie) zu retten. Die von der französischen Revolution eroberte Freiheit habe zwar die Verkörperung des „Pathos der Distanz", mit der Nietzsche die Herrenmoral charakterisiert hatte, bedeutet, der Sturm auf die Bastille sei aber eine der „traurigsten und vielleicht nutzlosesten Tatsachen der modernen Geschichte" (Ortega y Gasset 1922a, 15). Auch der Begriff der Freiheit wurde für Ortega problematisch und mehrdeutig. Die Freiheit habe sich zu einem bloßen *Abstractum* entwickelt und könne den Vergleich mit jener „erhabenen sportlichen Geste, mit der der Mensch sein Leben von sich wirft" (Ortega y Gasset 1923, 203) nicht Stand halten. Die Freiheit, schrieb er, habe ihren einstigen Wert verloren. Sie vermögen es nicht mehr, die Herzen anschwellen zu lassen und die Gesellschaft im Sinne des Schmittschen *Begriff des Politischen* polemisch zu polarisieren. Man stehe vor dem Anbruch einer neuen antirevolutionären Epoche, sprach Ortega zu den von Ramón Goméz de la Serna im Café Pombo versammelten Künstlern der Avantgarde, und die letzte Barrikade sei das alte schäbige Café Pombo selbst, „innerster Kern des Bürgerlichen" und Treffpunkt der „letzten liberalen Generation", die den Puls des aufsteigenden nationalen Lebens verspürt habe und mit ihrem künstlerischen Schaffen auf dem Weg sei, eine auf männlichen Werten fußende „Bastille der Zukunft" (Ortega y Gasset 1922b, 226-229) zu errichten.

Unter dem Titel „Gruppenbild ohne Dame" hat Stefan Breuer die Generationsmentalität der „Konservativen Revolution" analysiert. Das „Geheime Deutschland" des George-Kreises, die ansteigende Zahl an Männerverbänden oder die Schriften Hans Blühers, die den erotischen Gefühlen der Jugendbewegung der Wandervögel Ausdruck gab, sind Beispiele, die das in der Wilhelminischen Welt tief verspürte Verlangen nach Männlichkeit und mannhafter Heldentat erläutern. Es war kein Zufall, daß José Ortega y Gasset in Marburg weilte, als er den baskischen Schriftsteller Pío Baroja über den wesentlich männlichen Charakter der Politik aufklärte. Das Kriegserlebnis gab den Empfindungen männlicher Gemeinschaft Nachdruck, die sich so mit aller Gewalt gegen die pazifistische und unter den Befehlen der Alliierten stehende Weimarer Republik richteten. Die Demokratie wurde als eine vom weiblichen Instinkt geprägte politische Form betrachtet, der es gelang, den Staat, Sitz der männlichen Autorität, auszuhöhlen. In seinem Werk *Politische Romantik* zeigte Carl Schmitt, wie das Bürgertum sich unter dem Schutz der Damen entwickelte. Leo Frobenius wandte die Ergebnisse seiner Studie über die afrikanischen Volksstämme auf die europäische Kultur an und grenzte die dem deutschen Wesen gemäße hamitische Hochzeitssitte der Brautentführung, die die soziale Vorherrschaft der Männer ausdrücke, streng von dem „westlichen" Brauch der freien Ehewahl ab. Ernst Jünger schließlich war von dem Niedergang jeder an „männlichen Nerven" mangelnder Kultur überzeugt. Auch José Ortega y Gasset verglich einmal die Vorzeichen der Dekadenz mit einer „romantischen, fast weiblichen Sanftmut, die nur in einem Volk auftreten kann, das den Spätherbst erreicht hat" (Ortega y Gasset 1924b, 327). Der Spenglersche Nachhall dieser Worte ist kein Zufall. Ziel und Grund der politischen Aktivität Ortegas war die Errichtung einer organisch aufgebauten Nation. Wie die deutschen Vertreter der „Konservativen Revolution" suchte er die in seinem Gruppenbild fehlende Dame. Als Ortega im zweiten Teil des *Untergangs des Abendlandes* den Unterschied zwischen der weiblichen *res privata* und der männlichen *res publica* gezogen fand, zwischen der Nation, die eine Staatsidee hat, und der anfänglichen Kriegsgemeinschaft, die „in Verfassung" bringe, was einst die Nation „in Form"[14] war, fand er seine Theorie von dem sportlichen Ursprung des Staates bestätigt. Der Staat sei das Ergebnis „der Jugend, die sich um die Frauen bewarb und die zum Kampf entschlossen war" (Ortega y Gasset 1924c, 619). Auf diese Weise setzte er sein Staatsdenken von dem Modell des Gesellschaftsvertrages ab, das für ihn eh nur Ausdruck der bürgerlichen Unsicherheit war.

Die entscheidenden Zutaten für seine Auffassung eines männlichen Staates und einer weiblichen Nation hatte José Ortega y Gasset allerdings schon 1919 entdeckt, als er über die von der Frau gespielten Rolle im geschichtlichen Geschehen schrieb und dabei die Sombartsche Theorie vom weiblichen Ursprung des Kapitalismus übernahm und sie in die Herkunft des Prinzips der Nation übertrug. Indem die Hofdamen die Perfektion des Mannes, Keim des staatlichen Elementes verlangen, ermöglichen sie den nationalen Fortschritt und leiteten so „die Geschichte der von den Frauen erfundenen männlichen Ideale" (Ortega y Gasset 1924b, 327) ein. Diese ritterlichen und hierarchischen Ideale würden zwar das rohe Verhalten der Kriegsgemeinschaft zähmen und besänftigen, auch der Allgegenwart der Öffentlichkeit, die eines der charakteristischen Hauptmerkmale der Psychologie des Mannes sei, Grenzen setzen. Aber so wie in der Sombartschen Analyse der aristokratische Luxus zum bürgerlichen Prunk entarten konnte, so könnte der von den Frauen geforderte Formalismus der Gespräche das Maß überschreiten und die Männer von der Verrichtung ihrer eigentlichen Aufgabe abhalten: die auf den Fora, Schlachtfeldern und in den Betrieben auszuführende Organisation der Nation. Hoffnungsvoll nahm José Ortega y Gasset 1925 im europäischen Klima die Zeichen des Aufströmens einer männlichen Jugend wahr, die zum von ihm gewünschten Formverlust der Welt beitrugen. 1927 berief der Diktator Miguel Primo de Rivera die korporativ zusammengesetzte *Asamblea Nacional Consultiva* ein, die

---

14  In seinen Erläuterungen über das Staatswesen bediente sich Oswald Spengler explizit des sportlichen Motivs „In Form sein", um die optimale Beschaffenheit der Lebensströmungen, aus denen der Staat stammt, hervorzuheben, und die sich später zu Formeln entwickeln.

u.a. mit der Erarbeitung einer neuen Verfassung beauftragt wurde. José Ortega y Gasset seinerseits hielt den Moment für günstig. Spaniens Masse sei so weich geworden, schrieb er, daß sie von einer großen Staatspolitik gestaltet werden könne. Der Staat solle den Weg für die nationale Selbstbestimmung, für das *fare da se* der Nation, bahnen. Es habe die Stunde Mirabeaus geschlagen, die des einzigen Mannes in der Nationalversammlung der französischen Revolution, Archetyp des großen Politikers, der sich dem Sinn der wahren Politik bewußt war. „Politik bedeutet eine klare Idee von dem zu haben, was man vom Staate aus in einer Nation machen muß" (Ortega y Gasset 1927, 630).

In seinem Aufsatz *Mirabeau o la política* (Mirabeau oder die Politik) zog José Ortega y Gasset zwischen dem Intellektuellen und dem Politiker, zwischen dem betrachtenden und dem handelndem Menschen einen Unterschied, der seiner Auffassung von Politik klar erkennbare voluntaristische Züge verlieh, die die Berücksichtigung von ethischen Grundsätzen ausschließt. „In der Politik gibt es keine sittlichen Prinzipien", antwortete er 1925 dem spanischen Politiker Romanones, „in Politik sind es nur die konkreten Taten, die sittlich sind" (Ortega y Gasset 1925a, 65). Der berufene Politiker lasse sich nicht mit dem Maßstab messen, den man auf diejenigen anwendet, die die „Kunst" erlernt haben, „an die Regierung zu kommen und in der Regierung zu bleiben", er bedürfe auch weder des Gewohnheitsrechtes noch der Legalität, um seine Autorität zu stützen. Wie Alejandro Lerroux, „der großartige Architekt der kollektiven Leidenschaften", genüge dem großen Politiker eine feuernde Rede, um das Volk zu organisieren und die Herzen der Jugend so in Flammen zu setzen, wie er es 1910 getan hatte, als er die jungen, in der „Verachtung des Liberalismus der Unwirksamen" (Ortega y Gasset 1910a, 155) aufgewachsenen Intellektuellen in die Reihen seiner Radikalen Partei gezogen hatte. Wie Antonio Maura, der geborene Staatsmann, vermeide der berufene Politiker keine polemischen Entscheidungen. Im Gegenteil, er errege „willentlich Konflikte, um sie wie Talsperren auszunutzen" (Ortega y Gasset 1924/25, 73). Wie es in den Darstellungen Fichtes zu entnehmen sei, beruhe der Erfolg DES POLITIKERS – in Großbuchstaben – auf seinem „hellseherischen Blick", mit welchem er den eigentlichen Willen der Öffentlichkeit entdecken und ausdrücken würde. Der große Politiker sei sich der unübertragbaren Beschaffenheit des Volkes bewußt und fechte für eine seinem Wesen gemäße politische Organisation, für das „Da-Sein" der Nation.

Während Max Weber die Mäßigung, Verantwortungsethik und die Sachlichkeit des Berufspolitikers hervorhob, betonte José Ortega y Gasset das Organisationstalent, die polemische Entscheidung und die Eigentlichkeit des berufenen Politikers; Eigenschaften, die er alle in seiner eigenen Person versammelt fand. Er sah sich nicht mehr als einen großen Politiker, „dem man schöpferische Geisteskraft zufügen" müsse, sondern als einen genialen Politiker, der wie Julius Cäsar über „geschichtliche Intuition" und über die Fähigkeit verfüge, „das Tote in dem noch lebendig Erscheinendem zu erkennen" (Ortega y Gasset 1927, 625, 634). So sah der spanische Philosoph auch die liberal-demokratischen Institutionen dem Tode geweiht. In seiner Analyse des italienischen Faschismus betonte er dessen bewußt illegitimes Handeln, welches die Unzulänglichkeit der Legalität, die den Rahmen der alten Politik *more geometrico* gestaltet hatte, deutlich machen würde. Auch sein über die Diktaturen gefälltes Urteil hatte sich radikal geändert und während diese 1919 Ausdruck eines anarchischen und unerträglichen Zustands waren, wurden sie 1924 als eine „vortreffliche pädagogische Erfahrung" (Ortega y Gasset 1924a, 35) begrüßt, die die nötige Reform des Parlamentes, dem sie ihre Herkunft verdankten, ausdrücken würde. Die repräsentative Institution habe man mit „Würden" auszustatten, so daß sie im Stande sei, sich bewußt den Herausforderungen einer neuen Zeit zu stellen; einer Epoche, in der die Arbeit dem Sport weichen müsse, in der die Freiheit und die Demokratie sich den Geboten der Hierarchie und der Disziplin unterzuordnen hätten, in der die armselige kleinbürgerliche Landschaft von den strahlenden Gestalten des Kriegers und Jägers erhellt würde und in der die Frauen sich erneut von dem germanischen Barbaren, „Meißler und Bildhauer der westlichen Nationen" (Ortega y Gasset 1921c, 117), rauben lassen würden.

Die Proklamation der Zweiten Republik am 14. April 1931 stellte zweifellos die günstigste Gelegenheit für den nationalen Wiederaufbau dar. Auch wenn in den Gemeindewahlen, die zwei Tage vorher stattgefunden hatten, die Republikaner nur etwa 40 % der Stimmen erhalten hatten, wurde der Wahlerfolg als ein Votum gegen die Monarchie gedeutet und in den Städten gefeiert. Auch José Ortega y Gasset ließ sich von der entfachten Begeisterung mitreißen und sah die sonst so entzweite spanische Gesellschaft in einem Block verschmolzen, der sich einstimmig für die legale Etablierung der Republik geäußert habe. Die spanische Nation habe so einen souveränen Akt vollendet, der ihren „radikalen und uneingeschränkten Willen zu der Bildung einer im geschichtlichen Schicksal vereinte Gemeinschaft" kundgebe, ihre „unzerbrechlichen Entschlossenheit, alles zu Entscheidende in letzter Instanz gemeinsam zu entscheiden" (Ortega y Gasset 1932, 464). Diese Grenzsituation könne nicht von dem gewöhnlichen Politiker gemeistert werden, sondern bedürfe der Führerschaft eines echten Staatsmannes, der wie Mirabeau eine alle Gegensätze integrierende Politik durch und den Weg für eine „Konservative Revolution" freisetzen sollte, um so die Einmündigkeit, mit der die spanische Nation die Monarchie zu Fall gebracht hatte, zu wahren.

## Der Abgeordnete der „Konservativen Revolution"

Nur wenige Male widmete sich José Ortega y Gasset der Politik seines Landes mit solch einer Vorfreude und mit solchen Erwartungen, wie er es am Anfang der Zweiten Republik tat[15]. Einen flüchtigen Augenblick lang hatte er beobachtet, wie das spanische Volk seine natürliche Trägheit und seinem unauslöschbaren Hang zum Partikularismus Trotz bot, einheitlich die Last seiner langen Geschichte abschüttelte und seine Bereitschaft zeigte, sich von den Anregungen des Philosophen gestalten zu lassen. Jedoch war der Abgrund, der ihn von den anderen Abgeordneten der Verfassungsgebenden Versammlung trennte, unüberschreitbar. Noch nie habe er seine Worte an eine Zuhörerschaft gewandt, gestand er, die wie das Parlament „solch ein granites Verhalten" (Ortega y Gasset 1932b, 498) an

---

15   1931 gründete José Ortega y Gasset zusammen mit Gregorio Marañón und Ramón Pérez de Ayala die *Agrupación al Servicio de la República*, die wie die *Liga de Educación Política* von 1914 viele Intellektuelle zusammenschloß. Als Abgeordneter der Provinz Leon nahm er an den Debatten der Verfassungsgebenden Versammlung teil.

den Tag lege. Seine Versuche, die Gemüter seiner Hörer so zu entflammen, wie er es 1914 im Madrider Teatro de la Comedía getan hatte, waren zum Scheitern verurteilt. Die Tatsache, daß seine *Rectificación de la República* (Berichtigung der Republik) nicht den Widerhall fand, den sein Vortrag *Vieja y nueva política* (Alte und neue Politik) einst ausgelöst hatte, verdeutlicht den Wandel, der sich in der Perspektive des Philosophen vollzogen hatte. Er galt nicht mehr als intellektueller Mentor eines sozialen Liberalismus, sondern er entwikkelte sich zu dem Vorkämpfer der einzigen und wahren Revolution: „die der Technik, die des wirtschaftlichen Aufbaus und die fruchtbare Ordnung einer in Arbeiterkörperschaften organisierte Gesellschaft" (Ortega y Gasset 1931b, 311). Diese kategorische Behauptung belegt, wie nahe José Ortega y Gasset dem Denken der „Konservativen Revolution" stand. Die wirtschaftliche Modernisierung und die Konkurrenzfähigkeit Spaniens wurde für ihn von so brennender Wichtigkeit, daß die gesamte politische Organisation des Staates sich in den Diensten des Prinzips der Nation und der Arbeit zu stellen hätten, mit Hilfe derer der Philosoph den Massenmenschen zu zähmen beabsichtigte.

Beide Prinzipien erlangten ihre volle Bedeutung in der Verteidigung der Sombartschen Idee einer organisierten Wirtschaft, die den Zeiten der *Zukunft des Kapitalismus* entsprechen würde. Die autoritären und kooperativen Züge, die Ortegas Sozialismus durch die Prinzipien der Nation und der Arbeit gewann, erinnern nur zu leicht an den von Spengler verfochtenen preußischen Sozialismus oder an die Gestalt des *Arbeiters*, die Ernst Jünger, von dem Werk des Untergangspropheten inspiriert, in seiner metaphorischen und lebendigen Sprache entworfen hat. Aber die Anwendung der Prinzipien der Nation und der Arbeit wurde nicht nur im wirtschaftlichen Bereich verfochten, sondern sie spiegelte sich in fast allen Äußerungen Ortegas wider. Als ob sie der Schmittschen Analyse der Totalisierung folgen würde, entwickelte sich die Politik zu „einer geheimnisvollen und instinktiven Macht", die sich „in jedem Moment den Nuancen der Zeit entsprechend tarnen" (Ortega y Gasset 1931c, 381) und in letzter Instanz den Lauf der Geschichte bestimmen würde.

Im Namen des Prinzips der Arbeit forderte José Ortega y Gasset ein „nüchternes", aus technisch kompetenten Kommissionen bestehendes Parlament, das seine Entscheidungsfähigkeit nicht durch die leeren Worte der Abgeordneten beschränkt sehe. Schon 1924, als Ortega seine Artikelserie *Ideas Políticas* (Politische Ideen) schrieb, hatte er sich für eine klare Trennung der Funktionen des *deliberare* und des *agere*, der Ausübung der Souveränität und der Kunst des Regierens, ausgesprochen und folgte so den Geboten einer *Politischen Theologie*, die Carl Schmitt es ermöglichte, die Idee der auf einer exakten Definition des Feindes beruhenden Entscheidung zu entwickeln. Anders als Schmitt verband Ortega Souveränität mit Deliberation, Kritik und Ausdruck der öffentlichen Meinung, während das Regieren Entscheidung, Konstruktivität und Herrschaftlichkeit sei. Die Ergebnisse aber ähneln sich sehr. „Der Regierungschef ist der effektive und unmittelbare Repräsentant des Staatslebens, und der Staat hat sich nicht der Unvorhersehbarkeit der oratorischen Beweglichkeit zu unterwerfen" (Ortega y Gasset 1932b, 497). Diese Zeilen erläutern die dezisionistische Haltung Ortegas, der sich auch sehr gewandt in der Kunst des Aufstellens von Gegensätzen zeigte, die die Feindbestimmung nur erleichtern. So stellte er die neue Politik gegen die alte Politik, die Jugend gegen das Alter, die Beispielhaftigkeit der Minderheit gegen den Starrsinn der Massen, die kampflustige männliche Gemeinschaft gegen die höfisch-verweiblichte Gesellschaft oder die kriegerische Ethik des Helden gegen das utilitaristische Wollen des Kleinbürgers.

Unter dem Banner des Prinzips der Arbeit sprach José Ortega y Gasset dem Parlament die Wirksamkeit seiner Leistungen ab. Das Prinzip der Nation forderte eine strenge Abgrenzung des den politischen Parteien zustehenden Raumes. Diese würden nicht nur zur Konsolidierung der gesellschaftlichen Teilungen beitragen, sondern auch eine Bedrohung für den Staat darstellen, den sie sich zu Gunsten ihrer eigenen Interessen zu ermächtigen suchten und den sie durch ihre partikularistischen Erpressungen korrumpierten. Die spanische Nation und „das höhere Recht dieser Schicksalsgemeinschaft" (Ortega y Gasset 1932c, 426) benötige keine politischen Parteien, die mit ihren veralteten rechten und linken Kampfliedern die Tonalität der Republik verfälschen würden, sondern es sei eine große nationale Bewegung zu errichten, die die Einheit der spanischen Gesellschaft wiedergewinne und die öffentliche Meinung zu dem authentischen, „für alle Spanier" (Ortega y Gasset 1930b, 288) geltenden Willen des Staates organisiere. Nur an diesen vom Staat organisierten Willen dürfe man seine Appelle richten und mittels Volksabstimmungen, so wie er es kurz nach den Gemeindewahlen vorgeschlagen hatte, den politischen Beschluß verabschieden, wenn nicht akklamieren. Den Ausdrucksformen einer inorganischen Demokratie Raum zu geben, auf dieses „losgelöste Volk" zurückzugreifen, führe notwendigerweise zu dem von Spengler prophezeiten Cäsarismus.

Ein aus einer begrenzten Zahl an Abgeordneten zusammengesetztes, technisches und effizientes Parlament, in welchem die von den Parteien vertretenen Interessen auf ein Minimum beschränkt werden sollten, eine der parlamentarischen Kontrolle entzogene Regierung, die eine großmütige Politik verfolgen und die sich der von den Parteien geförderten Interessenpolitik fern zu halten habe, eine große nationale Bewegung, die die vielfältigen und diffusen Meinungen in einem einheitlichen und ehernen Willen zur Erfüllung eines gemeinsamen Schicksals zusammenschmelzen solle, und schließlich die korporative Organisation der Gesellschaft und des Staates gemäß der Prinzipien der Nation und der Arbeit; dies waren die Regeln der „höheren Algebra der Demokratie" (Ortega y Gasset 1931a, 344), die der Republikaner José Ortega y Gasset lehrte. Indem er sich bereit fand, den Liberalismus zu Gunsten der nationalen Gemeinschaft zu opfern, nahm er zweifellos an dem Denken der „Konservativen Revolution" teil.

## Die deutschen Lehren

„Deswegen kehren wir alle zurück in dieses politisch und wirtschaftlich gebrochene Deutschland, in seine Städte, dessen Fenster ganz und gar zerbrochen sind. Weswegen? Um zu lernen, natürlich" (Ortega y Gasset 1949, 301/302). Diese Worte, mit denen sich José Ortega y Gasset 1949 an seine Berliner Zuhörerschaft wandte, können nicht nur als eine großmütige Geste, mit der der Spanier den Deutschen nach dem Zweiten Weltkrieg Trost spenden und aufmuntern wollte, betrachtet werden, sondern sie geben auch seiner Bereitschaft Ausdruck, sich von den Lehren seiner philosophischen Heimat „mit neuer Begeisterung hinreißen" (Ortega y Gasset 1935, 190) zu lassen. Schon als Student hatte er in *Las fuentecitas de Nuremberga* (Die Nürnberger Brünnchen) ein nachzuahmendes Beispiel für die Modernisierung gefunden und die Organisation des kollektiven Lebens Deutschlands bewundert. 1949 bekannte er, daß er in der deutschen Tradition „einen wahrhaften und substantiellen Begriff der Nation" (Ortega y Gasset 1949, 302) entdeckt habe. Stets hatte er seine Sympathien für die sprichwörtliche deutsche Gründlichkeit kundgegeben, die der von ihm oft bemängelten gehaltlosen Rhetorik Spaniens so fern stand. Bedenken hegte er, so schrieb er 1935, allein gegen die Maßlosigkeit, den die Mehrseitigkeit des Lebens nicht beachtenden *furor teutonicus*, dessen Folgen er 1934 bei einem erneuten Deutschland-Besuch zur Kenntnis hätte nehmen können.

> „Bei meiner Rückkehr nach Spanien" – schrieb er aber – „fragte mich jedermann, was es denn mit dem Nationalsozialismus auf sich habe. Vollkommen naiv griff ich tief in meinen Reiseschatz, suchte die Eindrücke, die ich vom Nationalsozialismus gewonnen hatte und fand zu meiner allergrößten Überraschung, daß diese so kärglich, so nebensächlich und anekdotisch und, im Vergleich zu meinem wirklichen Eindruck, vor allem so unwesentlich waren, daß sie der Bedeutung, die meine Fragesteller dem Nationalsozialismus beimaßen, überhaupt nicht entsprachen. Es ist wirklich erstaunlich, aber trotz allem klar und unvermeidlich. Auch wenn ich mich keinem willentlichen Einschreiten in der Fokussierung meiner Aufmerksamkeit bezichtigen kann, ist und bleibt es Tatsache, daß ich kaum etwas von dem wahrnehmen konnte, was sich *jetzt* in Deutschland ereignet. Ganz spontan hat meine Netzhaut die Gegenwart, das, was es am Hier und Heute trägt, abgelehnt. Wie läßt sich diese Blindheit für das Unmittelbare, für das, was mir offensichtlich sein sollte, erklären?" (Ortega y Gasset 1935, 185/186).

Wie man es dieser Artikelreihe *Un rasgo de vida alemana* (Ein Zug deutschen Lebens), die er für die argentinische Zeitung *La Nación* schrieb, entnehmen kann, bot ihm sogar das nationalsozialistische Deutschland genügend Lernstoff an, handelte es sich doch um einen „riesigen, mit aller Gründlichkeit vollzogenen Versuch eine ganze Nation in einem einheitlichen Sinn zu mobilisieren", um ein „Laborexperiment" (Ortega y Gasset 1935, 204), dem man Rechnung tragen müsse. Obwohl José Ortega y Gasset einige positive Eigenschaften im italienischen Faschismus wahrgenommen hatte, hatte er sich 1926 nicht gescheut, die *Destinos diferentes* (Unterschiedliche Schicksale) der spanischen und italienischen Nation zu betonen. Die Eindrücke, die er von dem nationalsozialistischen Deutschland gewonnen hatte, gab er jedoch nicht kund. Im Gegenteil, er antwortete auf die ihn gestellten Fragen mit einem beharrlichen Schweigen. Es ist offensichtlich, daß er nicht allein aus Dankbarkeit, Respekt oder Treue so handelte. Um die Schwachstellen der nationalen Organisation Deutschlands wahrnehmen zu können, schrieb er in *La Nación*, müsse man „von Grund auf an dieser Lebenserfahrung" (Ortega y Gasset 1935, 190) teilgenommen haben. Es ist anzunehmen, daß der spanische Philosoph diese Erfahrung teilte, hatte er sich doch von der turbulenten politischen Situation der spanischen Zweiten Republik so radikalisieren lassen, wie es das deutsche Bürgertum durch den Versailler Friedensvertrag getan hatte. Stets war sein Denken an zwei Polen orientiert, an der Vernunft und an dem Leben, und unter diesen Kategorien ordnen sich alle Gegensätze, die sich in seinem Werk wiederfinden. Die Vernunft, die Klassik, der Liberalismus, der Staat, der Mann standen in antithetischer Spannung dem Leben, der Romantik, der Demokratie, der Nation und der Frau gegenüber, und das Dilemma, welches sich aus seiner dem Staat gegenüber angenommenen liberalen Haltung und seiner Auffassung von einer organischen und gemeinschaftlichen Nation ergab, löste sich 1931 zu Gunsten der Nation. Auch wenn José Ortega y Gasset sich nie gänzlich von den irrationalen Strömungen der Lebensphilosophie erfassen ließ, auch wenn er nie eine totalitäre Lösung der politischen und sozialen Probleme ins Auge gefaßt hatte, hat man die Zweideutigkeit seiner Analyse des italienischen Faschismus, sein gegenüber der politischen Radikalisierung seiner Schüler praktiziertes Schweigen und seine Bereitschaft, seine Aufsätze weiterhin in Zeitschriften wie *Das Reich* oder der *Europäische Revue* zu veröffentlichen, in gebührender Weise zu beachten.

Als José Ortega y Gasset nach dem Zweiten Weltkrieg erneut nach Deutschland kam, hatte sich das intellektuelle Panorama seiner einstigen philosophischen Heimat gewandelt. Anstatt erneut aus deren Lehren zu schöpfen, rief sein öffentliches Auftreten vielmehr die griechische Sagenfigur Kassandra in Erinnerung, da in allen seiner Reden und Vorträge Anspielungen auf sein weltberühmtes Werk *La rebelión de las masas* (Der Aufstand der Massen) enthalten sind. José Ortega y Gasset selbst, der freudig um die Gunst des deutschen Publikums warb, schien sich wenig geändert zu haben. Die mit persönlichen Widmungen geschmückten Werke Ernst Jüngers oder Carl Schmitts belegen, daß der Spanier den Kontakt zu seinen Zeitgenossen der „Konservativen Revolution" nicht verloren hatte. Obwohl er schon 1933 den „Irrtum Spenglers" wahrgenommen hatte, schätzte er das Werk des Untergangsphilosophen mehr denn je[16]. Wie Martin Heidegger oder Carl Schmitt vermied er es, die dunklen Seiten der deutschen Geschichte direkt anzusprechen, sprach von einer „Krise" oder einer „Katastrophe", und trostspendend betrachtete er Deutschland als das „Land, das wie kein anderes den Nationalismus in Maßen" (Ortega y Gasset 1949, 301) gehalten habe und daß sich nur mit „bedachter Nachahmung" (Ortega y Gasset 1949, 291) der anderen europäischen Nationen verhalten habe. Das deutsche Publikum spendete ihm dankbar Beifall. Nur wenige Male konnte man in Deutschland den spanischen Philosophen unzufrieden sehen: Wenn man den damaligen deutschen Zeitungen Glauben schenkt, schwand sein Optimismus in dem 1953 stattgefunden habenden Darmstädter Gespräch, in dem er seine Meinungen über *Individuum und Organisation* mit einem Intellektuellen wie Adorno austauschen mußte.

## Literatur

### A. Schriften von José Ortega y Gasset

1902: *Carta a sus padres* [Brief an seine Eltern vom 4. August 1902], in: ders. 1991, 92-96.

1905a: *Carta a Francisco Navarro Ledesma* [Brief an Francisco Navarro Ledesma vom 28./30. Mai 1905], in: ders. 1991, 609-620.

1905b: *Carta a Francisco Navarro Ledesma* [Brief an Francisco Navarro Ledesma vom 8./9. August 1905], in: ders. 1991, 648-657.

---

16 Brief von José Ortega y Gasset an H. Kornhardt, 3-V-1949; in: Bayrische Staatsbibliothek München, Spengleriana, Ana 533. Der „Irrtum Spenglers" stammt aus einer Randbemerkung Ortegas zum Werk *Jahre der Entscheidung*.

1906a: *La Universidad española y la Universidad alemana* [Die spanische und die deutsche Universität], in: ders. 1991, 711-746.

1906b: *Carta a Rosa Spottorno* [Brief an Rosa Spottorno vom 28. Mai 1906], in: ders. 1991, 461-463.

1906c: *Las fuentecitas de Nuremberga* [Die Nürnberger Brünnlein], in: ders. 1963[6] ≙ 1983 (jew. Bd.1), 425-429.

1907a: *Carta a Miguel de Unamuno* [Brief an Miguel de Unamuno vom 27. Januar 1907], in: ders. 1987, 65-69.

1907b: *Teoría del clasicisimo* [Theorie der Klassik], in: ders. 1963[6] ≙ 1983 (jew. Bd. I), 68-75.

1908a: *La cuestión moral* [Die Frage der Moral] in: ders. 1969[1] ≙ 1983 (jew. Bd. X), 73-78.

1908b: El *sobrehombre* [Der Übermensch], in: ders. 1963[6] ≙ 1983 (jew. Bd. I), 91-95.

1908c: *¿Hombres o ideas?* [Männer oder Ideen?], in: ders. 1963[6] ≙ 1983 (jew. Bd. I), 439-442.

1910a: *Lerroux, o la eficacia* [Lerroux oder die Effektivität], in: ders. 1969[1] ≙ 1983 (jew. Bd. X), 155-158.

1910b: *La pedagogía social como programa político* [Die Sozialpädagogik als politisches Programm], in: ders. 1963[6] ≙ 1983 (jew. Bd. I), 503-521.

1911: *Una respuesta a una pregunta* [Eine Antwort auf eine Frage] in: ders. 1966[7] ≙ 1983 (Bd. I), 211-215.

1913: *Competencia* [Kompetenz], in: ders. 1969[1] ≙ 1983 (jew. Bd. X), 226-231.

1914a: *Vieja y nueva política* [Alte und neue Politik], in: ders. 1966[7] ≙ 1983 (jew. Bd. I), 265-307.

1914b: *Meditaciones del Quijote* [Betrachtungen zum Quijote], in: ders. 1963[6] ≙ 1983 (jew. Bd.I), 309-400.

1914c: *Antotaciones sobre la guerra en forma de diario* [Anmerkungen zum Krieg in Tagebuchform], in: ders. 1969[1] ≙ 1983 (jew. Bd. X), 250-255 ≙ dt. 1978 (Bd. V), 100-106 (*Anmerkungen über den Krieg in Tagebuchform*).

1915a: *El germano Breno, como ejemplo* [Der Germane Brennus, zum Beispiel], *España. Semanario de la vida nacional* Nr. 4, 19.02.1915, S. 10.

1915b: *Política de neutralidad* [Neutralitätspolitik], in: ders. 1969[1] ≙ 1983 (jew. Bd. X), 284-292.

1915c: *¡Libertad, divino tesoro!* [Göttlicher Schatz der Freiheit!], in: ders. 1969[1] ≙ 1983 (jew. Bd. X), 327-332.

1916: *Horizontes incendiados* [Entflammte Horizonte], in: ders. 1963[6] ≙ 1983 (jew. Bd. II), 29-31.

1917: *Democracia morbosa* [Krankhafte Demokratie], in: ders. 1963[6] ≙ 1983 (jew. Bd. II), 135-139.

1918: *En la fiesta de armisticio de 1918* [Zur Feier des Waffenstillstands von 1918], in: ders. 1961[5] ≙ 1983 ≙ 1997 (jew. Bd. VI), 221-225.

1919: *En 1919, „dictadura" es sinónimo de „anarquía"* [Im Jahr 1919 ist „Diktatur" gleichbedeutend mit „Anarchie"], in: ders. 1969[1] ≙ 1983 (jew.Bd. X), 508-511 ≙ dt. 1978 (Bd. V), 162-165 (*Im Jahr 1919 ist „Diktatur" gleichbedeutend mit „Anarchie"*).

1920: El *„Quijote" en la escuela* [„Don Quijote" in der Schule], in: ders. 1963[6] ≙ 1983 (jew. Bd. II), 273-306.

1921a: *Introducción a „Don Juan"* [Einführung zu „Don Juan"], in: ders. 1961[5] ≙ 1983 ≙ 1997 (jew. Bd. VI), 121-137 ≙ dt. 1978 (Bd. IV), 447-468 (*Einführung zu einem „Don Juan"-Buch*).

1921b: *Musicalia*, in: ders. 1963[6] ≙ 1983 (jew. Bd. II), 235-244.

1921c: *España invertebrada* [Spanien ohne Rückgrat], in: ders. 1962[5] ≙ 1983 (jew. Bd. III), 35-128.

1921d: *Apatía artística* [Künstlerische Apathie], in: ders. 1963[6] ≙ 1983 (jew. Bd.II), 334-339 ≙ dt. 1978 (Bd. I), 236-243 (*Apathie vor der Kunst*).

1922a: *Ideas políticas* [Politische Ideen], in: 1969[1] ≙ 1983 (jew. Bd.XI), 14-25.

1922b: *En un banquete a su honor en „Pombo"* [Im Café Pombo ihm zu ehren], in: 1961[5] ≙ 1983 ≙ 1997 (jew. Bd.VI), 226-229.

1923: *El tema de nuestro tiempo* [Die Aufgabe unserer Zeit], in: ders. 1962[5] ≙ 1983 (jew. Bd.III), 141-203 ≙ dt. 1978 (Bd. II), 79-141 (*Die Aufgabe unserer Zeit*).

1924a: *Ideas Políticas* [Politische Ideen], in: ders. 1969[1] ≙ 1983 (jew. Bd. XI), 32-49.

1924b: *Epílogo al libro „De Francesca a Beatrice"* [Epilog zu „Von Francesca bis Beatrice"], in: ders. 1962[5] ≙ 1983 (jew. Bd. III), 317-336.

1924c: *El origen deportivo de Estado* [Der sportliche Ursprung des Staates], in: ders. 1963[6] ≙ 1983 (jew. Bd. II), 607-623 ≙ dt. 1978 (Bd. I), 428-449 (*Der sportliche Ursprung des Staates*).

1924d: *Las Atlántidas* [Atlantiden], in: ders. 1962[5] ≙ 1983 (jew. Bd. III), 281-316 ≙ dt. 1978 (Bd. II), 173-209 (*Atlantiden*).

1924e: *Cosmopolitismo* [Kosmopolitismus], in: ders. 1966 ≙ 1983 (jew. Bd.IV), 485-491 ≙ dt. 1978 (Bd. 3), 343-350.

1925a: *Entreacto polémico* [Polemischer Zwischenakt], in: ders. 1969[1] ≙ 1983 (jew. Bd. XI), 58-70 ≙ dt. 1978 (Bd. V), 212-226 (*Polemischer Zwischenakt*).

1925b: *Para una psicología del hombre interesante* [Zur Psychologie des interessanten Mannes], in: ders. 1966[6] ≙ 1983 (jew. Bd. IV), 467-480 ≙ dt. 1978 (Bd. II), 210-228 (*Zur Psychologie des interessanten Mannes*).

1925c. *Sobre el fascismo* [Über den Faschismus], in: ders. 1963[6] ≙ 1983 (jew. Bd. II), 497-505.

1925/26: *Maura o la política* [Maura oder die Politik], in: ders. 1969[1] ≙ 1983 (jew. Bd. XI), 71-91.

1926a: *Dislocación y restauración de España* [Zerlegung und Wiederaufbau Spaniens], in: ders. 1969[1] ≙ 1983 (jew. Bd.XI), 92-98.

1926b: *Destinos diferentes* [Unterschiedliche Schicksale], in: ders. 1963[6] ≙ 1983 (jew. Bd. II), 506-509.

1927: *Mirabeau o el político* [Mirabeau oder der Politiker], in: ders. 1962[5] ≙ 1983 (jew. Bd. III), 601-637 ≙ dt. 1978 (Bd. II) 372-413 (*Mirabeau oder der Politiker*).

1930a: *Misión de la Universidad* [Die Aufgabe der Universität], in: ders. 1966[6] ≙ 1983 (jew. Bd. IV), 311-353 ≙ dt. 1978 (Bd. III), 196-247 (*Die Aufgabe der Universität*).

1930b: *Un proyecto* [Ein Projekt], in: ders. 1969[1] ≙ 1983 (jew. Bd. XI), 280-290.

1931a: *Las provincias deben rebelarse contra toda candidatura de indeseables* [Die Provinzen sollen sich gegen jede Kanditatur von Unerwünschten auflehnen], in: ders. 1969[1] ≙ 1983 (jew. Bd. XI), 341-347.

1931b: *Discurso en León* [Rede in León], in: ders. 1969[1] ≙ 1983 (jew. Bd. XI), 301-311 ≙ dt. 1978 (Bd. V), 260-272 (*Rede in Leon*).

1931c: *Proyecto de Constitución* [Verfassungsprojekt], in: ders. 1969[1] ≙ 1983 (jew. Bd. XI), 367-384.

1931d: *Rectificación de la República* [Berichtigung der Republik], in: ders. 1969[1] ≙ 1983 (jew. Bd. XI), 398-417.

1932a: *Discurso sobre el Estatuto de Cataluña* [Rede über die Statuten Kataloniens], in: ders. 1969[1] ≙ 1983 (jew. Bd. XI), 455-474.

1932b: *Sensaciones parlamentarias* [Parlamentarische Sensationen], in: ders. 1969[1] ≙ 1983 (jew. Bd. XI), 496-500 ≙ dt. 1978 (Bd. V), 293-297 (Parlamentarische Sensationen).

1932c: *Circular* [Rundschreiben], in: ders. 1969[1] ≙ 1983 (jew. Bd. XI), 425-431.

1934: *Prólogo para alemanes* [Prolog für deutsche Leser] in: ders. 1970[3] ≙ 1983 (Bd. VIII), 11-58.

1935: *Un rasgo de vida alemana* [Ein Zug deutschen Lebens], in: ders. 1964[6] ≙ 1983 (jew. Bd. V), 184-206.

1949: *De Europa meditatio quaedam*, in: ders. 1962[1] ≙ 1983 (jew. Bd. IX), 247-313.

1961 ff.: *Obras Completas* [Gesammelte Werke], Revista de Occidente: Madrid, 1946 ff. (die ersten Auflagen der späteren Bände sind teilweise nach den Folgeauflagen der ersten Bände erschienen).

1978: *Gesammelte Werke*, Bd. I – VI, Stuttgart, 1978.

1983: *Obras Completas* [Gesammelte Werke] hrsg. v. Paulino Garagorri, Alianza/Revista de Occidente, Madrid, 1983 (zumindest von Bd. VI ist 1989 eine revidierte Auflage erschienen, die 1997 erneut gedruckt wurde; im Text stammen alle Zitate aus der Ausgabe von 1983; in einer Vorbemerkung von Paulino Garagorri, die jedem Band der Ausgabe von 1983 vorangestellt ist, wird diese als – um einen zwölften Band erweiterter – Nachdruck [*reimpresión*] der hier unter „1961 ff." verzeichneten Ausgabe bezeichnet).

1987: *Epistolario completo Ortega – Unamuno* [Vollständiger Briefwechsel zwischen Ortega und Unamuno], Madrid, 1987.

1991: *Cartas de un Joven Español* [Briefe eines jungen Spaniers], Madrid, 1991.

1997: siehe 1983.

## B. Weitere Literatur

Aschheim, Steven: *The Nietzsche-Legacy in Germany.1890-1990*, Berkeley, 1992.

Breuer, Stephan: *Anantomie der Konservativen Revolution*, Darmstadt, 1993.

Castillejo, José: *Un curso de Stammler*, in: BILE (Boletín de la Institución Libre de Enseñanza), 1904, Nr. 536, 321-329 und Nr. 537, 372-379.

ders.: *Sobre la enseñanza en la Universidad de Berlin*, in: BILE 1904, Nr. 534, 267-271.

ders.: *Un curso de pedagogía del profesor Paulsen*, in: BILE 1905, Nr. 548, 326-330.

ders.: *Notas sobre la enseñanza del derecho en la Universidad de Berlin*, in: BILE 1908, Nr. 576, 65-69 und Nr. 577, 97-102.

Elorza, Antonio: *La razón y la sombra: una lectura política de Ortega y Gasset*, Barcelona, 1984.

Freyer, Hans: *Revolution von rechts*, Jena, 1931.

Frobenius, Leo: *Schicksalskunde im Sinne des Kulturwerdens*, Leipzig, 1932.

Gay, Peter: *Le suicide d'un République. Weimar 1918-33*, Paris, 1993.

Gil Villegas, Francisco: *Los profetas y el mesias. Lukács und Ortega como precursores de Heidegger en el Zeitgeist de la modernidad*, Mexiko, 1996.

Hartmann, Nicolai/Heimsoeth, Heinz: *Nicolai Hartmann und Heinz Heimsoeth im Briefwechsel*, Bonn, 1978.

Heidegger, Martin: *Conceptos fundamentales*, Barcelona, 1994.

Hofmannsthal, Hugo von: *Das Schrifttum als geistiger Raum der Nation*, München, 1927; im internet unter der Adresse: http://www.ub.uni-bielefeld.de/diglib/2006/hofm_schrifttum/.

Holzhey, Helmut: *Cohen und Natorp*, 2 Bde., Basel, 1986.

Jünger, Ernst: *Sämtliche Werke*, Bd. 7, Stuttgart, 1980.

Keyserling, Hermann Graf: *Weg zur Vollendung*, Nr. 12, 1926.

Klages, Ludwig: *Der Geist als Widersacher der Seele*, 3 Bde., Leipzig, 1929-32.

Kondylis, Panajotis: *Konservativismus. Geschichtlicher Gehalt und Untergang*, Stuttgart, 1986.

Mann, Thomas: *Gedanken im Kriege* (1914), in: ders. 1968a (Bd. II), 7-20.

ders.: *Betrachtungen eines Unpolitischen* (1918), in: ders. 1968a (Bd. I), 5-439.

ders.: *Russische Anthologie* (1922), in: ders. 1968b (Bd. I), 110-120.

ders.: *Von deutscher Republik* (1922), in: ders. 1968a (Bd. II), 98-130.

ders.: *Deutsche Ansprache* (1930), in: ders. 1968a (Bd. II), 185-200.

ders.: *Kultur und Politik* (1939), in: ders. 1968a (Bd. III), 59-85.

ders.: *Politische Reden und Schriften*, 3 Bde., Frankfurt/Main, 1968 (= a).

ders., *Schriften und Reden zur Literatur, Kunst und Philosophie*, 3 Bde., Frankfurt/Main, 1968 (= b).

Mohler, Armin: *Die konservative Revolution in Deutschland*, Darmstadt, 1994.

López-Campillo, Evelyn: *La Revista de Occidente y la formación de minorías. 1923-1936*, Madrid, 1972.

Radl, Emanuel: *Geschichte der biologischen Theorien der Neuzeit*, Leipzig/Berlin, 1913.

Regalado García, Antonio: *El labertinto de la razón: Ortega y Heidegger*, Madrid, 1996.

Riehl, Alois: *Friedrich Nietzsche: Der Künstler und der Denker*, Stuttgart, o.J.

Ringer, Fritz: *El ocaso de los mandarines alemanes. Catedráticos, profesores y la comunidad académica alemana*, Barcelona, 1995.

Schmitt, Carl: *Das Zeitalter der Neutralisierungen und Entpolitisierungen* (1929), in ders., *Der Begriff des Politischen. Text von 1932 mit einem Vorwort und drei Corollarien*, Berlin, 1996, 79-95.

ders.: *Politische Romantik*, Berlin, 1998[6] (1919[1]).

ders.: *Politische Theologie. Vier Kapitel zur Lehre von der Souveränität*, Berlin, 1990[5] (unveränderter Nachdruck der Ausgabe: 1934[2]).

ders.: *Positionen und Begriffe im Kampf mit Weimar – Genf- Versailles 1923-1939*, Berlin, 1988 (unveränderter Nachdruck der Ausgabe: Hamburg-Wandsbeck, 1940).

Sieg, Ulrich: *Aufstieg und Niedergang des Marburger Neukantianismus. Die Geschichte einer philosophischen Schulgemeinschaft*, Würzburg, 1994.

Simmel, Georg: *Schopenhauer und Nietzsche*, Leipzig, 1907.

ders.: *Philosophie des Geldes*, Leipzig, 1990.

Sobejano, Gonzalo: *Nietzsche en España*, Madrid, 1967.

Sombart, Werner: *Liebe, Luxus und Kapitalismus*, Berlin, 1992.

Sontheimer, Kurt: *Antidemokratisches Denken in der Weimarer Republik*, München, 1994.

Spann, Othmar: *Der wahre Staat*, Leipzig, 1921.

Spengler, Oswald: *Der Untergang des Abendlandes*, München, 1922.

ders.: *Preußentum und Sozialismus*, München, 1920.

ders.: *Jahre der Entscheidung*, München, 1933.

Stern, Fritz: *Politique et désespoir. Les ressentiments contre la modernité dans l'Allemagne préhitlérienne*, Paris, 1990.

Uexküll, Jakob von: *Bausteine zur einer biologischen Weltanschaung*, München, 1913.

Varela, Javier: *La novela de España. Los intelectuales y el problema español*, Madrid, 1999.

Weber, Max: *Gesammelte politische Schriften*, Tübingen, 1988.

Willey, Thomas E.: *Back to Kant. The revival of Kantianism in German Social and Historical Thought. 1860-1914*, Detroit, 1978.

Wohl, Robert: *The Generation of 1914*, London, 1980.

Zamora Bonilla, Javier: *Ortega y Gasset*, Barcelona, 2002.

*Dietrich Briesemeister*

## Marginalien zum Vergleich Spanien – Deutschland

Ein gemeinsamer Nenner für die Beiträge in der Sektion Sprach- und Philosophiegeschichtliches zu den Wegen nordatlantischer Entwicklung läßt sich schwerlich ausmachen, um daraus deutsch-spanische Sonderentwicklungen im europäischen Vergleich in einem weit gespannten zeitlichen Rahmen unter komplexen historisch-politischen wie gesellschaftlichen Bedingungen genauer bestimmen zu können. Zwei deutschen „Erfolgsautoren", Heinrich Ahrens und Carl Christian Friedrich Krause, die in ihrer Heimat im 19. Jahrhundert wenig reüssierten, dafür aber in Spanien und Hispanoamerika über ihren Einfluß auf die Gründer der Institución Libre de Enseñanza (1876) umwälzende Reformveränderungen auslösten, steht mit José Ortega y Gasset in der ersten Hälfte des 20. Jahrhunderts ein Spanier gegenüber, den zwar das Studium der Philosophie in Marburg tief geprägt hat und der in Deutschland wie auch in der hispanischen Welt zunächst eine ungewöhnliche Breitenwirkung erzielte, später aber hierzulande kaum noch als Philosoph wahrgenommen wird. Nachschlagewerke (Hirschberger 1980; Stegmüller 1989) erwähnen seinen Namen nicht.

Krause und Ortega haben für nordatlantische Entwicklungen keine Bedeutung. Die heute geläufige und zugleich irreführende Bezeichnung Lateinamerika drückt die bereits um die Mitte des 19. Jahrhunderts wachsende kulturell-politische Abgrenzung aus zwischen dem protestantischen, germanischen Angloamerika im Norden des Doppelkontinents von den römisch-katholischen und romanischsprachigen Ländern von Mexiko bis Feuerland. Der Verbindung mit Spanien als „Mutter einer großen Völkerfamilie" diente aus eurozentrischer Sicht die Idee der Hispanidad bis in die späte Francozeit.

Der Staats- und Völkerrechtslehrer Carl Schmitt, über den Teresa Orozco in einer anderen Sektion referierte (Der katholische Ordnungsgedanke und der Preis für seine Säkularisierung), nimmt eine merkwürdige Mittlerstellung ein. Er befaßte sich nach dem Ende des Wilhelminischen Kaiserreichs zuerst in seiner Abhandlung über *Die Staatsphilosophie der Gegenrevolution* (1922) mit dem Politiker, Diplomaten und Essayisten Juan Donoso Cortés, Marqués de Valdegamas (1809-1853), einem Freund des Fürsten Metternich. Die Reden und Schriften des auf Seiten der Restauration stehenden militanten Antiliberalen hatten in deutscher Übersetzung bereits vor dem Kulturkampf der Bismarckzeit Aufsehen erregt und erschienen erneut 1920 in einer Auswahl. Nach 1945 (bis in die Gegenwart) kam es ebenfalls zu Neuauflagen der Werke, insbesondere der Reden über die Diktatur, über Europa und über die Lage Spaniens, der geschichtsphilosophischen Abhandlung *Der Staat Gottes* sowie von Dokumenten unter dem bezeichnenden Titel *Der Abfall vom Abendland*. Aus der nach dem Versailler Vertrag vor allem gegen Frankreich und England gerichteten Spanienbegeisterung der Weimarer Zeit (Briesemeister/de Salas 2000; Briesemeister 2004) übertrug Carl Schmitt die Analysen, prophetischen Visionen und Remeduren – die Diktaturtheorie

– des Spaniers für die Zeit nach der 48er Revolution auf die Zustände nach 1918, in seine *Politische Theologie* und Vorstellung von der Rechtsordnung (Beneyto 1983; Sepasgosarian 1993; López García 1996; Hernández Arias 1998; Pöppinghaus 2000; Schwaiger 2001). 1929 reiste Carl Schmitt nach Spanien, sprach über *Donoso Cortés: su posición en la historia de la Filosofía del Estado europea* und veröffentlichte mehrere Aufsätze in Ortega y Gassets *Revista de Occidente* (im Heft Mai 1931 etwa *Hacia el Estado total*). In Barcelona erschien 1931, im Jahr der Ausrufung der II. Republik und Verkündung der neuen Verfassung, *La defensa de la Constitución. Estudio acerca de las diversas especies y posibilidades de la salvaguardia de la Constitución*. Ein Jahr nach der Gründung der Falange (1933) und dem Sieg der Rechtsparteien folgt, übersetzt von Francisco Ayala, der in Deutschland studiert hatte und in Madrid Politische Wissenschaft lehrte, im Jahr der spanischen Oktoberrevolution, die *Teoría de la Constitución* (1934).

Die Übersetzungen von Schriften Carl Schmitts stehen in engem Zusammenhang mit der Rezeption deutscher Rechtslehre, Rechtsstaatskonzeption und Rechtsphilosophie im Spanien jener Jahre, die noch nicht genauer untersucht wurde. An den juristischen Fakultäten bekam seit dem späten 18. Jahrhundert deutsche Rechtsgelehrsamkeit einen festen Platz, etwa bei der Behandlung des Naturrecht- und Völkerrechts. Das Handbuch des Johann Gottlieb Heinecke (1641 – 1741) (Heineccius), erschien umgearbeitet und spanischen Bedürfnissen angepaßt, noch 1933/1934 in Barcelona (*Tratado de derecho civil*). Zwischen 1920 und dem Ausbruch des Bürgerkriegs kamen zahlreiche juristische Hand- und Lehrbücher von deutschen Gelehrten in Übersetzung auf den spanischen Markt (u.a. von Rudolf Ihering, Franz von Liszt, Gustav Radbruch, Rudolf Stammler mit *La génesis del derecho* und *Manual de filosofía del derecho*), ferner Werke Werner Sombarts, Walther Rathenaus, Oswald Spenglers *La decadencia de occidente* sowie Alfred Webers *La crisis de la idea moderna del Estado en Europa* und Hegels. Ernst Wilhelm Eschmanns frühe Darstellung *El estado fascista en Italia* erschien 1931 und Hermann Josef Hüffers *La idea imperial española* 1933. Auffällig ist außer dem Schrifttum zur Linken (Heinrich Herrfahrdt, *Revolución y ciencia del derecho. Investigación acerca del alcance jurídico de los procesos revolucionarios y su significación práctica para la teoría general del derecho*, Madrid 1932) die Beschäftigung mit der germanischen Rechtsüberlieferung in Spanien (Heinrich Brunner, Claudius von Schwerin, Eugen Wohlhaupter und Karl Zeumer). Der Gotenmythos hatte jahrhundertelang die Begründung geliefert sowohl für die Habsburgerherrschaft im spanischen Weltreich als auch für die seit der Romantik so oft beschworene deutsch-spanische Bruderschaft (beziehungsweise der Waffenbrüderschaft in der Hitlerzeit). Alois Dempf veröffentlichte sein Buch über die *Christliche Staatsphilosophie in Spanien* 1937 in Salzburg, an das der Theologe Joseph Höffner (1976 – 1987 Erzbischof und Kardinal von Köln) 1947 mit dem Werk *Christentum und Menschenwürde. Das Anliegen der spanischen Kolonialethik im Goldenen Zeitalter* anknüpft.

Mehrere bekannte spanische Rechts- und Politikwissenschaftler haben Ende der zwanziger Jahre in Deutschland studiert, neben Francisco Ayala etwa Francisco Javier Conde (in den sechziger Jahren Botschafter in Bonn) und Luis Legaz y Lacambra, der mit einer Dissertation über Hans Kelsen promoviert wurde und Ernst Mayer (*Filosofía del derecho*, 1937) sowie Wilhelm Sauer (*Filosofía jurídica y social*, 1933) übersetzte.

Neben den aus der Zeit der Weimarer Republik auf die Rechtswissenschaft und Staats-
auffassung in Spanien nachwirkenden Verbindungen und möglichen Einflüssen erscheint
es notwendig, auch die nach dem Sieg der Nationalen verbreiteten theoretischen Ansätze
und rechtsphilosophischen Abhandlungen zu überprüfen, von denen zum Beispiel Legaz
y Lacambras *Filosofía del Derecho* auch in deutscher Übersetzung (*Rechtsphilosophie,* 1965)
vorliegt. In diesem Zusammenhang sind etwa Veröffentlichungen von Leopoldo Eulogio
Palacios (*La prudencia política,* 1945); José Corts Grau (*Ideario político de Balmes,* 1934;
*Historia de la filosofía jurídica,* 1942, *Filosofía del Derecho,* 1943; *Principios de Derecho Natural,* 1944; *Motivos de la España eterna,* 1946) und von Luis Recasens Siches, einem Schüler
Ortega y Gassets, zu nennen, der nach Mexiko emigrierte.

Diese Lehrmeinungen und Voraussetzungen sind für das Verständnis der nach Francos
Tod in der Transición einsetzenden rechts-, staats- und verfassungspolitischen Diskussionen
zu berücksichtigen, in die wiederum Positionen deutscher Fachleute und politischer Berater
eingebracht wurden (López-Pina 1993).

Ein grundsätzliches Problem wirft Frieder O. Wolf auf mit dem ursprünglichen Untertitel
für seinen Beitrag mit der Formulierung „Eine radikale Intervention in nationale Kulturen
des Philosophierens" auf. Die Druckfassung geht dagegen auf „laufende Orientierungsprozesse" ein. Der Ausdruck 'nationale Kulturen des Philosophierens' wäre im Hinblick auf
die Thematik der Tagung wenig förderlich für die ideengeschichtliche Erkenntnis gewesen
in der Diskussion, die sich dem Vortrag anschloß.

Es ist bedauerlich, daß die Philosophie des spanischen Kulturbereichs in ihrer geschicht-
lichen Entwicklung bis heute hierzulande kaum zur Kenntnis genommen wird und die
Forschung ihr nur eine geringe Bedeutung beimißt. Die Ursachen dafür sind vielfältig:
alte Vorurteile, fehlende Sprachkenntnis, Definitionen des Kanons der Philosophen und
Philosophien. Seit der Humanistenzeit und Reformation ist die Bewertung der spanischen
Philosophie außerhalb Spaniens gespalten. „Mein teurer Freund, ich rat Euch drum/Zuerst
Collegium Logicum./Da wird der Geist Euch wohl dressiert,/In spanische Stiefeln einge-
schnürt", spricht Mephistopheles zu Faust unter Anspielung auf ein berüchtigtes Folterin-
strument und den Verruf der Spanier als sophistische Haarspalter und unverbesserliche Scholastiker. Aber was kann an der spanischen Philosophie philosophisch sein, oder umgekehrt:
was macht das Spanische an der Philosophie in Spanien aus? Die Versuche, den spanischen
Nationalcharakter zu bestimmen, haben über Jahrhunderte hinweg die merkwürdigsten
Selbst- und Fremdbilder hervorgebracht, denen eine verderbliche Langzeitwirkung anhaftet. Die Frage, ob es überhaupt eine spanische Philosophie (oder Philosophie in Spanien)
und damit einen eigenständigen Beitrag zur Philosophie der Spanier gibt, bewegt in der
Neuzeit sowohl die europäische Spanienkritik als auch die Auseinandersetzungen um das
Selbstverständnis der Spanier (Abellán 1988). Die Wertung spanischer Philosophie bildet
ein Kapitel der spannungsreichen Geschichte des europäischen Spanienbildes („Que doit-on
à l'Espagne?" lautete 1782 die verächtliche Frage eines französischen Aufklärers) und zugleich
der innerspanischen Identitätskonstruktion zwischen Apologetik und Reform: *España como
problema* und *El problema de España.* Nicht zufällig beginnt die Aufarbeitung der eigenen
Philosophiegeschichte in der Zeit der Gründung der Institución Libre de Enseñanza mit

Luis Vidart (*La filosofía española. Indicaciones bibliográficas*, Madrid, 1866), dem Streit um die *Ciencia española* und den historiographischen Bemühungen, die über Adolfo Bonilla y San Martín *(Historia de la filosofía española desde los tiempos primitivos hasta el siglo XII*, Madrid 1908 – 1911) zur großen, unvollendeten *Historia de la filosofía española* der Brüder Carreras Artau und Marcial Solanas führen (Madrid 1939 – 1943).

Eine weitere Schwierigkeit, die hier nicht näher erörtert werden kann, liegt in dem Problem einer nationalen Philosophiegeschichte: wie läßt sich heute eine *nationale Kultur des Philosophierens* darstellen? Ivo Höllhuber beantwortete diese Frage in seiner *Geschichte der Philosophie im spanischen Kulturbereich* (München, 1967) noch ganz im apologetischen Stil eines Marcelino Menéndez Pelayo in *La ciencia española*, einem erstmals 1876, dem Gründungsjahr der Institución Libre de Enseñanza veröffentlichten und mehrfach erweiterten Repertorium der spanischen Leistungen in allen wissenschaftlichen Bereichen. Höllhuber griff die untaugliche Formel von Manuel Mindán Manero auf: „La filosofía española busca la utilidad del espíritu" (Die spanische Philosophie sucht die Nützlichkeit des Geistes), also eine handlungsorientierte, pragmatische Philosophie? Er behauptet, es werde „verständlich, daß dieser praktische Realismus [gibt es wohl einen 'unpraktischen' Realismus?] mit bevorzugter Hinwendung zur Nützlichkeit des Geistes die spanischen Gelehrten Theologie, Ontologie, Metaphysik, Ethik, Jurisprudenz, Psychologie und Medizin (meist Psychiatrie [!]) bevorzugen ließ, und zwar nicht selten in Personalunion bei einem und demselben Philosophen" (227).

Anstelle der substantivierten Infinitivform Philosophieren verwenden spanische Autoren wie Elías Díaz und José Luis Abellán bevorzugt das Substantiv *pensamiento*, das Denken. Die derzeit umfangreichste Darstellung der spanischen Ideengeschichte trägt den programmatischen Titel *Historia crítica del pensamiento español* (Abellán, 1979). Mit dem Konzept der Geistes-/Ideengeschichte werden die Veränderungen von Bewegungen und Traditionen, Begriffen, Motiven und Haltungen vor dem Hintergrund der historisch-politischen, gesellschaftlichen und kulturellen Entwicklungen in Spanien untersucht. Abellán folgt nicht dem systematischen Aufbau mit der Einteilung Metaphysik, Logik, Erkenntnislehre, Ethik usw., schließt aber andererseits Mystik, theologische Fragestellungen, bestimmte Dichter (Cervantes) und literarische Werke (Don Quijote) oder Autoren wie Unamuno und Gracián ein. Ein vergleichbares Handbuch gibt es in Deutschland nicht und wenn es denn geschrieben würde, trüge es wohl nicht den Titel Geschichte des Denkens oder Deutsche Ideengeschichte.

Im Blick auf die Schlüsselbegriffe Idee, Projekt, Initiative in Frieder O. Wolfs Entwurf einer Philosophie des „begegnenden Handelns" ließen sich Beispiele und Vergleiche aus dem spanischen Bereich anführen. Wenn Oskar Negt die Erinnerungs- und Utopiefähigkeit als eine Schlüsselqualifikation bei der Herausbildung von Identität bezeichnet (Negt 1998, 43), so fällt auf, daß aus Spanien kaum Utopien bekannt sind. Ortega y Gasset beklagte in *El tema de nuestro tiempo* (die deutsche Übersetzung von 1931 trägt in der Neuauflage 1952 den Titel *Signale unserer Zeit*) in dem Essay *El ocaso de las revoluciones* das Fehlen utopischen Denkens. Thomas Morus war in Spanien und Spanischamerika nicht unbekannt geblieben und wurde auch übersetzt (Carrasco Monsalve 2002). Die *Sinapia* (ein leicht zu entschlüsselndes Anagramm für Hispania) aus dem späten 17. Jahrhundert zeichnet einen auf Wissenschaft und Technik gegründeten idealen Inselstaat als Gegenbild des dekadenten Bireia (Iberia). Über eine Antwort auf die Frage, warum die Spanier keine Utopien, aber dafür einen Don Quijote haben, ließe sich trefflich spekulieren.

*El oráculo manual y arte de prudencia* (1647), eine Sammlung von schwer verständlichen Sinnsprüchen mit Anweisungen und Regeln für weltkluges Verhalten des Jesuiten Baltasar Gracián, erfreut sich bis heute – in Arthur Schopenhauers Übertragung – einer ungebrochenen Beliebtheit in Rhetorikseminaren zur verhandlungstaktischen Schulung von Geschäftsleuten. Das Konzept des Weltweisen (bereits in der ersten deutschen Fassung 1686 erscheint der umschreibende Ausdruck Staats- und Weltweiser) spielt in der aufklärerischen Staats- und politisch-sittlichen Verhaltenslehre eine wichtige Rolle. Klugheit – Staatsklugheit – ist Politik im weitesten Sinn. Das *Handorakel* bietet Strategien für Verhalten und Handeln ganz anderer Art als Carl von Clausewitz mit seinem Traktat *Vom Kriege,* der 1922 in spanischer Übersetzung wohl nicht zufällig in der „Bibliothek des Offiziers" erschien.

Ein Symptom für den Niedergang der politischen und wirtschaftlichen Handlungsfähigkeit der spanischen Regierungen im 17. und 18. Jahrhundert sind die *arbitristas* und *proyectistas* (oder *dibujantes de proyectos*, Projektmacher), die behaupten, die „males de la patria" beseitigen zu können mit ihren zahllosen Denkschriften, unsinnigen Plänen und Maßnahmen, aber damit die Verwirrung und Planlosigkeit nur noch verstärken.

Ein letztes Beispiel für Initiativen und Entwürfe bietet die Bewegung von Intellektuellen und Schriftstellern gegen die *abulia* (Willenlosigkeit) in der Spanienkritik der sogenannten Generation von 1898, die die Krise nach dem verlorenen Krieg gegen die USA überwinden wollte. Ortega y Gasset steht mit seinem 'Buch der Unruhe' *España invertebrada: bosquejo de algunos pensamientos históricos* (1921) in der Nachfolge dieses Aufbruchs eines „Jungen Spaniens".

Der Beitrag von Isabel Aguirre Siemer über *Die Entgegensetzung von Recht und Gesetz – ein „Sonderweg" der deutschen Sprachgeschichte?* geht von der Annahme aus, daß sich mit Wortfelduntersuchungen der Wortschatz von Sprachen in Bedeutungs- und Begriffsfeldern sichten und vergleichen läßt. Dieser sprachwissenschaftliche Ansatz kann einen Beitrag zum Nachweis und Verständnis etymologischer und semantischer Beziehungen unter sinnverwandten Wörtern leisten, der sowohl für die Geschichte der Rechtsterminologie als auch für die Begriffsgeschichte aufschlußreich ist. Zu diesem Zweck werden die Wörter für die Kernbegriffe Recht, Gesetz, Gerechtigkeit aus der griechischen und lateinischen sowie aus romanischen und germanischen Sprachen herangezogen. Die etymologische Untersuchung eröffnet den Einblick in die komplexen Zusammenhänge und Bedeutungsentwicklungen im Verlauf von über zwei Jahrtausenden. Die Aufarbeitung von „Geschichtlichen Grundbegriffen" bleibt die Aufgabe künftiger Forschungen. Die Schwierigkeit bei Vergleichen oder Gegenüberstellungen von Begriffsbezeichnungen besteht darin, die Bedeutungsbreite alter griechischer oder lateinischer Wörter mit jüngeren Weiterentwicklungen, (Lehn-)Übersetzungen oder Ableitungen zu erfassen. Δίκη wird personifiziert zur Göttin der Gerechtigkeit, δίκη bedeutet aber nicht allein Recht, Gerechtigkeit, sondern auch Gerichtsverfahren, Rechtsstreit, die von Rechts wegen erkannte Strafe, Rechtsspruch (δίκη hängt sprachgeschichtlich mit dicere/sagen, δείκνυμι/zeigen, zeihen, weisen zusammen), Ausübung der Gerichtsbarkeit, Brauch und Sitte. δικαιοσύνη ist Gerechtigkeit, aber auch Rechtlichkeit und Tätigkeit des Richters als 'Rechtspflegers'. δίκαιος drückt, auf Personen bezogen, rechtmäßig handelnd, rechtschaffen, tauglich, tüchtig, gesittet aus; auf Zustände oder Sachen bezogen: richtig, (recht und) billig, gebührend – und bei Zahlen gerade. Bei der Gegenüberstellung von *derecho* und *justicia* im Spanischen sind Redewendungen aufschlußreich wie *hacer justicia a alguien*, jemandem zu seinem Recht verhelfen; *hallar justicia*, zu seinem Recht kommen, *administrar justicia*, Recht sprechen; *de justicia* von Rechts wegen, aber *tener derecho a*, ein Recht auf etwas haben. *Derecho* bedeutet sowohl Recht(sanspruch) als auch Gesamtheit der Gesetze, daher *Facultad de Derecho, cursar derecho*: Jura studieren, aber auch *estudiar leyes*. *Derechos* bezeichnen gewisse Abgaben oder Gebühren, entsprechend dem älteren deutschen Ausdruck Gerechtsame für bestimmte Nutzungsrechte. Hier fallen unterschiedliche Verwendungen im Deutschen und Spanischen auf: *estar en su derecho* gegenüber *estar sujeto a la ley*; *según las leyes vigentes*, nach geltendem Recht, jedoch *a toda ley*, sorgfältig, gehörig, nach allen Regeln der Kunst, und *ser de ley*, es gehört sich, recht und billig sein, wofür auch die Redewendung *es de justicia* steht.

Für *Common Law* – das 'gemeine Recht' oder Gewohnheitsrecht, wie es in Großbritannien durch Gerichtsgebrauch gewahrt wird – im Unterschied zum *Statute Law* (Gesetzesrecht) definiert *The Oxford English Dictionary* (sub verbo, vol. 8, 1989, 2. Aufl.): „Law is the usual English rendering of Latin lex and to some extent of Latin ius and of Greek nomos". Terminologie und Bedeutungsentwicklung werden dadurch kompliziert, daß einerseits über die Hälfte des englischen Wortschatzes aus dem Lateinischen und Französischen abgeleitet wird, aber andererseits die Rechtstraditionen des römischen *Corpus Iuris Civilis* auf den Britischen Inseln kaum wirksam wurden und mittelalterliche angelsächsische Rechtsverhältnisse lange nachwirken. Der *Court of Chancery* fällt Urteile aufgrund der Billigkeit (*Equity*). Daraus entwickelte sich ein eigenständiges Rechtssystem, das in den Streitfällen beschied, für die das *Common Law* keine Rechtsmittel bieten konnte. Die Verwendung des lateinischen Begriffs *aequitas*, Billigkeit, als Rechtsgrundsatz und Teil des Rechtsverfahrens – *give law and equity* lautet eine Redewendung – kennzeichnet die Struktur der juristischen Terminologie in England zwischen germanischem und romanischem Wortgut, das beim Vergleich mit den Traditionen auf dem Kontinent ins Spiel kommt. Der Blick in englisch-deutsche Wörterbücher zeigt, daß *justice* nicht nur Gerechtigkeit bedeutet, sondern auch Recht(mäßigkeit) und natürlich Justiz; *administer justice*, Recht sprechen, *bring to justice*, vor Gericht bringen. Die förmliche Anrede für einen Richter lautet *Mr. Justice X.*; *justice of peace* ist der Friedensrichter. *Right* steht nicht synonym für *law*: *right* bedeutet Recht, Anrecht oder die Berechtigung eines Individuums (*to give s.o. his rights, Bill of Rights, Human Rights, rights and duties* Rechte und Pflichten. Nur *righteous* und *just* – rechtschaffen, gerecht – sind gleichbedeutend. *Law* ist das objektive Recht, die Gesetze insgesamt (*by law, law and order*). Interessant ist im Bereich der Adjektive das Wortpaar *lawful – legal*; beide bedeuten gesetzlich, rechtmäßig, gesetzlich anerkannt, sind aber dennoch nicht miteinander austauschbar: *lawful son* ehelicher Sohn, *lawful age* Volljährigkeit gegenüber *legal adviser* Rechtsberater, *legal force* Rechtskraft, *legal decision, legal entity* juristische Person. Ein weiteres Paar bildet *legal* mit *loyal*.

Im Französischen bedeutet *droit* Recht, Berechtigung und Rechtsanspruch (*j'ai le droit*), sowie andererseits Gesamtheit der Gesetze (*droit civil*), Rechtsordnung. Die Gerechtsame entspricht im Französischen *droits de chaussée, droit d'entrée*. Die Déclaration des *droits de l'homme et du citoyen* in der Französischen Revolution 1789 schreibt u.a. „*l'obligation imposée à chaque homme d'obéir à la loi*" fest und dokumentiert damit Verknüpfung und Unterschied von *droit* und *loi*.

Im Zusammenhang mit *aequitas* ist die Bedeutung von griechisch μέσος/μεσότης zu überprüfen. Die Mitte, – das Mittelmaß, sozusagen die richtige Richtigkeit –, ist ein Kernbegriff griechisch-aristotelischen Denkens, der weder mit der Kategorie „moralisch gut" oder schlichtweg mit „dem Gerechten" besetzt noch auf die heute geläufige Bedeutung von Mittelmaß oder Durchschnitt eingeschränkt werden darf. Die *Aurea mediocritas* ist allerdings auch nicht mit der Goldenen Regel gleichzusetzen. Die Waage auf allegorischen Darstellungen der Justitia mit verbundenen Augen spielt symbolisch auf die 'ausgewogene', gerechte Mitte an.

Die „Entgegensetzung Rechtsstaaten vs. Gesetzesstaaten" bedarf bei der sprachgeschichtlichen Analyse der genauen semantischen Differenzierung der Wortfelder, damit die Begriffs- bzw. Ideengeschichte die mit wissenschaftlichen und institutionellen, politischen und gesellschaftlichen Entwicklungen zusammenhängenden Deutungen und den sprachlichen Bedeutungswandel angemessen beschreiben kann.

## Literatur

Abellán , José Luis (Hg.): *¿Existe una filosofía española?* , Sevilla, 1988.

Abellán, José Luis: *Historia crítica del pensamiento español*. tomo 1 ff., Madrid 1979 ff.

Beneyto Pérez, José María: *Politische Theologie als politische Theorie. Eine Untersuchung zur Rechts- und Staatstheorie Carl Schmitts und zu ihrer Wirkungsgeschichte in Spanien*, Berlin, 1983.

ders.: *Apokalypse der Moderne. Die Diktaturtheorie von Donoso Cortés*, Stuttgart, 1988.

Briesemeister, Dietrich, diverse Beiträge in: Harald Wentzlaff-Eggebert (Hg.): *Spanien aus deutscher Sicht. Deutsch-spanische Kulturbeziehungen gestern und heute*, Tübingen, 2004.

Briesemeister, Dietrich/Jaime de Salas (Hg.): *Las influencias de las culturas académicas alemana y española desde 1898 hasta 1936*, Frankfurt/Madrid, 2000, 61-110.

Carrasco Monsalve, Rolando: *El discurso utópico en la crítica hispano-americana colonial, Bibliografía selecta*. Ibero-Amerikanisches Institut: Berlin, 2002.

Díaz, Elías: *Pensamiento español en la era de Franco 1936 – 1975*, Madrid, 1992².

Hernández Arias, Rafael: *Donoso Cortés und Carl Schmitt. Eine Untersuchung über die staats- und rechtsphilosophische Bedeutung von Donoso Cortés im Werk Carl Schmitts*, Paderborn, 1998.

Hirschberger, Johannes: *Geschichte der Philosophie*, Freiburg/Breisgau, Bd. 2: Neuzeit und Gegenwart, 1980[11].

López García, José A.: *La presencia de Carl Schmitt en España*, in: *Revista de Estudios Políticos*, Nr. 91, 1996, 139-168.

López Pina, Antonio (Hg.): *Spanisches Verfassungsrecht. Ein Handbuch*, Heidelberg, 1993.

Negro Pavón, Dalmacio (Hg.): *Estudios sobre Carl Schmitt*, Madrid, 1996.

Negt, Oskar: *Lernen in einer Welt gesellschaftlicher Umbrüche*, in: Heinrich Dieckmann; Bernhard Schachtsiek (Hg.): *Lernkonzepte im Wandel*, Stuttgart 1998, 21-44.

Pöppinghaus, Ernst-Wolfgang: *„Moralische Eroberungen"? Kultur und Politik in den deutsch-spanischen Beziehungen der Jahre 1919 bis 1933*, Frankfurt, 1999.

Sespasgosarian, Ramin Alexander: *Eine ungetrübte Freundschaft? Deutschland und Spanien 1918 – 1933*, Saarbrücken, 1993.

Schwaiger, Axel: *Christliche Geschichtsdeutung in der Moderne. Eine Untersuchung zum Geschichtsdenken von José Donoso Cortés, Ernst von Lassaulx und Vladimir Solov'ev*, Berlin 2001.

Stegmüller, Wolfgang: *Hauptströmungen der Gegenwartsphilosophie*. Bd. 1, Stuttgart: 1989[7].

# Abkürzungsverzeichnis

Abgekürzte Eigennamen (Verlagsnamen, zweite und dritte Vornamen, Städtenamen [z.B. a.M. = am Main]), sofern es sich nicht um Staatsorgane, Parteien und ähnliches handelt, werden hier nicht hier erläutert. Im übrigen ist die vollständige Auflistung der im Buch verwendeten Abkürzungen angestrebt, es sei denn, die Abkürzung wird an Ort und Stelle erklärt und danach nur noch im selben Absatz verwendet.

Weitere Erklärungen finden sich im Glossar am Ende des zweiten Bandes der vorliegenden Veröffentlichung. Die Kurzzeichen der AutorInnen und HerausgeberInnen, soweit in dem Buch verwendet, sind bei den biographischen Hinweisen, ebenfalls am Ende des zweiten Bandes, genannt.

Im Kast. werden Abkürzungen von im Plural stehenden Begriffen i.d.R. durch Verdoppelung des oder der Anfangsbuchstaben gebildet, z.B. CC.OO. für *Comisiones Obreras* (Arbeiterkommissionen) und SSTS für *Sentencias del Tribunal Supremo* (Urteile des Obersten Gerichtshofes) oder EE.UU. für *Estados Unidos* (Vereinigte Staaten [von Amerika]).

| | |
|---|---|
| a. | auch |
| a.A. | anderer Ansicht |
| a.a.O. | am angegebenen Ort |
| *ABC* | S. den entsprechenden Eintrag im Glossar |
| AAN | *Auto de la Audiencia Nacional*; Verfügung des Zentralgerichtes für politische Strafsachen |
| Abs. | Absatz [in der Regel: einer juristischen Norm, d.h.: eines Artikels oder Paragraphen] |
| AFAPP | *Asociación de Familiares y Amigos de los Presos Políticos*; Vereinigung von Familienangehörigen und Freunden von politischen Gefangenen |
| AJCVP | *Auto del Juzgado Central de Vigilancia Penitenciaria*; Verfügung des Zentralgerichts für Strafvollzugsaufsicht. |
| AK-GG | Alternativkommentar zum Grundgesetz; s. im übrigen die Erläuterungen im Stichwort „Kommentar, juristischer" im Glossar dieser Veröffentlichung (Bd. 2, S. 896) sowie die näheren Angaben (unter dem jeweiligen Verfasser-Namen) im Literaturverzeichnis des jeweiligen Aufsatzes. |
| ARD | Arbeitsgemeinschaft der öffentlich-rechtlichen Rundfunkanstalten der Bundesrepublik Deutschland [mit Ausnahme des *Zweiten Deutschen Fernsehens* und des *Deutschlandradios*] |
| Aufl. | Auflage |
| Az. | Aktenzeichen |
| BayEUG | Bayerisches Gesetz über das Erziehungs- und Unterrichtswesen |
| BayVerfGH | Bayerischer Verfassungsgerichtshof |
| BRRG | Beamtenrechtsrahmengesetz [der BRD] |
| Bd., Bde. | Band, Bände |
| BDM | [nationalsozialistischer] Bund Deutscher Mädel |

| | |
|---|---|
| bearb. | bearbeitete [Auflage] |
| bes. | besonders |
| BGB | [deutsches] Bürgerliches Gesetzbuch |
| BGBl. | Bundesgesetzblatt |
| BRD | Bundesrepublik Deutschland |
| bspw. | beispielsweise |
| BVerfG | Bundesverfassungsgericht |
| BVerfGE | [Sammlung der] Entscheidungen des Bundesverfassungsgerichts (hrsg. von den Mitgliedern des Bundesverfassungsgerichts, Bd. 1 ff., J.C.B. Mohr [Paul Siebeck]: Tübingen, 1953 ff.) |
| BVerwG | Bundesverwaltungsgericht |
| C2 | S. das entsprechende Stichwort im Glossar, Bd. 2 |
| CC.OO | *Comisiones Obreras*; Arbeiterkommissionen [mit gewerkschaftsähnlicher Funktion s. S. 785 im Beitrag von Capella] |
| CE | *Constitución Española*; spanische Verfassung |
| CESID | *Centro Superior de Información de la Defensa*; Oberste Zentrale für Verteidigungsinformationen |
| cf. | *confer*; vergleiche |
| chs. | *chapters*; Kapitel |
| cl. | *clause*; Satz |
| Co. | eigentlich: ital. *compagnia* ([Handels]gesellschaft) zu mittellat. *companio* (Brotgenosse; vgl. dt. Kumpan) |
| CP | *Codigo Penal*; spanisches Strafgesetzbuch |
| CSU | Christlich Soziale Union [mit der Christlich-Demokratischen Union im übrigen Gebiet der Bundesrepublik verbundene Partei in Bayern] |
| d. | der/des |
| d.i. | das ist |
| d. Vf.In | des/r/die VerfasserIn(nen) |
| d. Übs. | des Übersetzers/der ÜbersetzerInnen |
| DDP | Deutsche Demokratische Partei [der Weimarer Republik] |
| DDR | Deutsche Demokratische Republik |
| Dec. | *December*; Dezember |
| demggü. | demgegenüber |
| DFG | Deutsche Forschungsgemeinschaft |
| DKP | Deutsche Kommunistische Partei |
| diesbzgl. | diesbezüglich |
| Dipl. Pol. | Diplom-Politologe |
| Diss. Uni | Dissertation [an der] Universität |
| DNVP | Deutschnationale Volkspartei [der Weimarer Republik] |
| Dr. habil. | *doctor habilitatus*; habilitierter Doktor |
| Dr. iur. | *doctor iuris*; Doktor der Rechtswissenschaft |
| Dr. phil. | *doctor philosophiae*; Doktor der Philosophie [vgl. Dr. rer. pol.] |

| | |
|---|---|
| Dr. rer. pol. | *doctor rerum politicarum*; Doktor der Staatswissenschaften [vgl. Dr. phil.]. |
| dt. | deutsch(e) |
| DVBl. | Deutsches Verwaltungsblatt |
| e.g. | *exempli gratiā*; zum Beispiel (wörtl.: *des Beispiels zugunsten; um des Beispiels willen*; gemeint: *um des Beispiel-***Gebens** *willen*, d.h.: *um ein Beispiel zu geben* [wie *honoris gratiā = der Ehre zum Gefallen*; d.h.: *zu Ehren; um zu ehren* etc.; *grātia* im Nominativ Singular: *Angenehmlichkeit, Wohlgefälligkeit, Gunst, Dank* etc. < *gratus = angenehm*]) |
| ebd. | ebenda |
| ed., eds. | *editor(s)*; Herausgeber |
| EDG | Enzyklopädie deutscher Geschichte |
| EG | zunächst: Europäische Gemeinschaf*ten*; seit 1993 (s. die Erläuterungen im Glossar, Bd. 2) |
| EGV | Vertrag über die Europäische Wirtschaftsgemeinschaft |
| eigtl. | eigentlich |
| Einf. | Einfügung |
| Einl. | Einleitung |
| einschl. | einschließlich |
| EMRK | Europäische Menschenrechtskonvention |
| Engl., engl. | Englisch(en) (Substantiv), englisch(e) (Adjektiv) |
| Erstveröff. | Erstveröffentlichung |
| erw. | erweitert(e Fassung, Auflage) |
| ESA | *European Space Agency*; Europäische Weltraumagentur |
| ETA | *Euskadi Ta Askatasuna*; Euskadi ('Baskenland') und Freiheit |
| et al. | et alii = und andere |
| etc. | *et cetera*; und so weiter |
| EU | Europäische Union (s. die Erläuterungen im Glossar, Bd. 2) |
| EUV | Vertrag über die Europäische Union |
| evtl. | eventuell |
| f. | folgende [Seite, Fußnote, Endnote, Randnummer, Spalte] |
| FAZ | *Frankfurter Allgemeine Zeitung* |
| FDP | Freie Demokratische Partei |
| ff. | folgende [Seiten, Fußnoten, Endnoten, Randnummer, Spalten] |
| FJ | *Fundamento Jurídic*; Urteilsgründe [vgl. die Erläuterung in Bd. 2] |
| FN | Fußnote |
| Frz., frz. | Französisch(en), französisch(e) |
| FS, Fs. | Festschrift |
| GAL | *Grupos Antiterrorista de Liberación*; Antiterroristische Befreiungsgruppen |
| gem. | gemäß |
| GG | Grundgesetz |
| ggf. | gegebenenfalls |
| ggü. | gegenüber |

| | |
|---|---|
| GRAPO | *Grupos de Resistencia Antifascista Primero de Octubre*; Antifaschistische Widerstandsgruppen des 1. Oktobers |
| griech. | Griechisch(en), griechisch |
| H. | Heft |
| h.L. | herrschende Lehre (die in der rechtswissenschaftlichen Lehre [zu einer bestimmten Frage oder generellen Methode] dominierende Ansicht) |
| Habil. Uni. | Habilitationsschrift [an der] Universität |
| h.c. | *honoris causa*; ehrenhalber |
| HessStGH | Hessischer Staatsgerichtshof |
| Hg., Hg.Innen | Herausgeber(Innen) |
| HbdStR 1 | *Handbuch des Staatsrechts* hrsg. von Gerhard Anschütz und Richard Thoma (Mohr: Tübingen, 1930) |
| hrsg. | herausgegeben |
| Hv. | Hervorhebung(en) |
| ibid. | *ibidem*; ebenda |
| i.d.R. | in der Regel |
| i.d.S. | in dem Sinne |
| i.e. | *id est*; das heißt (wörtlich: ist) |
| i.E. | im Erscheinen |
| i.e.S. | im engeren Sinne |
| i. Ggs. | im Gegensatz |
| i.O. | im Original |
| i.S. | im Sinne |
| i.S.d. | im Sinne des/der |
| i.S.v. | im Sinne von |
| i.U. | im Unterschied |
| i.w.S. | im weiteren Sinne |
| insb., insbes. | insbesondere |
| introd. | *introduced*; eingeleitet |
| IRA | *Irish Republican Army*; Irisch-Republikanische Armee |
| Ital., ital. | Italienisch(en), italienisch(e) |
| Iss. | *issue*; Heft |
| jew. | jeweils |
| Jh. | Jahrhundert(s) |
| JMH | *Journal of Modern History* |
| JONS | *Juntas de Ofensiva Nacional Sindicalista*; Zusammenschlüsse der Nationalsyndikalistischen Offensive |
| JZ | *Juristenzeitung* |
| K-Gruppen | Kommunistische Gruppen [der Begriffe wird *teils speziell* für kommunistische, insb. maoistische, Gruppierungen (in der BRD) *mit Ausnahme der DKP, teils allgemein*, d.h.: *unter Einschluß der DKP*, verwendet; vgl. http://de.wikipedia.org/wiki/K-Gruppen] |

| | |
|---|---|
| Kap. | Kapitel |
| Kast., kast. | Kastilisch(en), kastilisch(en) ['spanisch(en)'] |
| kg | Kilogramm |
| KOM | Abkürzung für „Kommission" im Rahmen der Numerierung der Dokumente der Europäischen Kommission |
| KP | Kommunistische Partei |
| KPD | Kommunistische Partei Deutschland [gemeint ist jeweils die 1919 gegründete, während der Herrschaft des Nationalsozialismus verbotene, nach Ende des II. Weltkrieges wiederzugelassene und 1956 in der BRD erneut verbotene KPD, die 1968 als Deutsche Kommunistische Partei (DKP) neugegründet wurde; nicht andere seit 1968 unter diesem oder ähnlichen Namen existierende Gruppierungen] |
| krit. | kritisch |
| Lat., lat. | Latein(ischen), lateinisch |
| Lfg. | Lieferung [von Loseblattsammlungen] |
| lit. | lat. *littera* = Buchstabe |
| LO | *Ley orgánica*; s. das entsprechende Stichwort im Glossar (Bd. 2) |
| LOGP | *Ley Orgánica General Penitenciaria*; Allgemeines Grundlagengesetz über den Strafvollzug |
| lt. | laut (i.S.v.: gemäß, nach) |
| m | *meter*; Meter |
| M.A. | *Magister(a) Artium* [geisteswissenschaftlicher Studienabschluß] |
| m.E. | meines Erachtens |
| m.N. | mit Nachweisen; vgl. m.w.n. |
| m.w.N. | mit weiteren Nachweisen; mit weiterem Nachweis (= in der juristischen Literatur üblicher Hinweis darauf, daß der fragliche Literaturhinweis seinerseits [einen] weitere[n] Literaturhinweis[e] enthält) |
| MAK | Mitarbeiterkommentar (= juristischer Kommentar von [ehemaligen] Wissenschaftlichen MitarbeiterInnen des BVerfG zu einem Gesetz) |
| MEGA | Karl Marx/Friedrich Engels, [wechselnde Verlag:] Dietz/Internationales Institut für Sozialgeschichte/Akademie: Berlin/[teilw. auch:] Amsterdam, 1975 ff. |
| MEW | Karl Marx/Friedrich Engels, *Werke* (bisher sind 43 Bände + 2 Verzeichnis- und ein Sachregister-Band [zu Bd. 1-39] im Dietz-Verlag: Berlin/DDR) |
| Ms. | Manuskript [bzw. vielmehr: Typoskript] |
| NATO | *North Atlantic Treaty Organization*; Nordatlantische Vertragsorganisation |
| ND. | Neudruck, Nachdruck |
| neubearb. | neubearbeitete [Auflage] |
| No. | *Number*; Nummer |
| NPL | *Neue Politische Literatur* |
| Nr., nr. | Nummer |
| NRW | Nordrhein-Westfalen |
| NS | Nationalsozialismus |

| | |
|---|---|
| NSDAP | Nationalsozialistische Deutsche Arbeiterpartei |
| NZZ | *Neue Zürcher Zeitung* |
| o. | oben |
| o. O. | ohne Ort |
| o. Prof. | ordentlicheR ProfessorIn [i.U. zum status-niedrigeren Rang des/r außerordentlichen ProfessorsIn] |
| o. Verf. | ohne [Nennung des Namens des/der] VerfasserIn |
| o.ä. | oder ähnliches |
| o.g. | oben genannte |
| od. | oder |
| OECD | *Organization for Economic Co-operation and Development*; Organisation für wirtschaftliche Zusammenarbeit und Entwicklung |
| OMLE | *Organización de Marxistas Leninistas de España*; Organisation der Marxisten-Leninisten Spaniens |
| OVG | Oberverwaltungsgericht |
| PCE | *Partido Comunista de España;* Kommunistische Partei Spaniens |
| PCE(r) | *Partido Comunista de España Reconstituido*; Wiederaufgebaute Spanische Kommunistische Partei |
| PD | Privatdozent(in) |
| PMLA | *Publications of the Modern Language Association of America* [literaturwissenschaftliche Zeitschrift] |
| post-WWII | *post-World War II*; nach dem II. Weltkrieg |
| Prof. (em.) | *professor (emeritus)*; (emeritierter) Professor |
| PSOE | *Partido Socialista Obrero Español*; Spanische sozialistische Arbeiterpartei |
| RAF | Rote Armee Fraktion |
| RKzlrn, RKzlrs | Reichskanzlern, Reichskanzlers |
| RMinistern | Reichsministern |
| RN | Randnummer. S. Stichwort „Kommentar, juristischer" im Glossar dieser Veröffentlichung. |
| RPräs | Reichspräsident |
| Rs. | Rechtssache [Bezeichnung für die Fälle der EuGH] |
| RT | Reichstag [der Weimarer Republik] |
| RUMASA | *Ruíz Mateos Sociedad Anónima* [Name einer span. Holding-Gesellschaft, die 1983 von der PSOE-Regierung verstaatlicht wurde] |
| russ. | russisch |
| RVerf | Reichsverfassung, vgl. WRV. |
| S. | Seite(n) *oder – bei Zitierung von juristischen Normen* – Satz; am Satzanfang auch: Siehe. |
| s. | siehe |
| s.a. | siehe auch |
| s.o. | siehe oben od. – je nach Kontext – *someone*; jemand |

478

| s.v. | *sub verbo*; unter dem (Stich)wort(-Eintrag eines Wörterbuchs) |
|---|---|
| SA | [nationalsozialistische] Sturmabteilung |
| SAN | *Sentencia de la Audiencia Nacional*; Urteil des Zentralgerichtes für politische Strafsachen |
| SchulG | Schulgesetz |
| scil. | lat. *scilicet* = lies [als] |
| SFB | Sonderforschungsbereich |
| SGB | Sozialgesetzbuch [es existieren z.Z. XII SGB, z.B. zur Arbeitslosen-, Renten- und Krankversicherung, zum sozialrechtlichen Verwaltungsverfahren und zur Sozialhilfe) |
| SH | Sonderheft |
| Slg. | Sammlung (der Entscheidung des Europäischen Gerichtshofes) |
| sog. | sogenannte |
| Sp. | Spalte |
| span. | spanische |
| spez.; [im] Spez. | speziell; [im] Speziellen |
| SPD | Sozialdemokratische Partei Deutschlands |
| SS | [nationalsozialistische] Schutzstaffel |
| SSTS, STS | *Sentencia(s) del Tribunal Supremo*; Urteil(e) des Obersten Gerichtshofs |
| STC | *Sentencia del Tribunal Constitucional*; Entscheidung des Verfassungsgerichts |
| StGB | [deutsches] Strafgesetzbuch |
| StPO | [deutsche] Strafprozeßordnung |
| SU | Sowjetunion |

| u. | und |
|---|---|
| U. v. | Urteil vom |
| u.d.T. | unter dem Titel |
| u.s.w., usw. | und so weiter |
| u.U. | unter Umständen |
| Übs. | Übersetzer(in/-innen); Übersetzung |
| UGT | *Unión General de Trabajadores*/Allgemeine Arbeitervereinigung |
| umgearb. | umgearbeitete [Auflage] |
| unveröff. | unveröffentlicht(e) |
| UN | *United Nations*; Vereinte Nationen |
| UNAM | *Universidad Nacional Autónoma de México*; Nationale Autonome Universität Mexikos |
| UNO | *United Nations Organization*; Organisation der Vereinten Nationen |
| us-amerik. | us-amerikanisch(e) |
| US, U.S. | *United States*; (auf die) Vereinigten Staaten (von Amerika bezogen); in der Schreibweise US, je nach Kontext, auch: *Unidad Socialista*; Sozialistische Einheit |
| USA | *United States of America*; Vereinigte Staaten von Amerika |
| usf. | und so fort [gleichbedeutend wie „usw."] |

| | |
|---|---|
| USSR | *Union of Soviet Socialist Republics*; Union der Sozialistischen Sowjetrepubliken |
| v. | vom, von |
| V-Leute, V-Männer | Verbindungs- oder Vertrauens-Leute/-Männer [von Polizei- und anderen Sicherheitsbehörden, die diese mit Informationen versorgen, ohne diesen selbst anzugehören] |
| Verf. 1871 | Verfassung des Deutschen Reichs von 1871 |
| Veröff. | Veröffentlichung(en) |
| Vf., Vf.In. Vf.Innen | Verfasser, VerfasserIn, VerfasserInnen |
| VG | Verwaltungsgericht |
| VGH | Verwaltungsgerichtshof |
| vs. | *versus*; gegen, im Gegensatz zu |
| Vol. | *volume*; Band, Jahrgang |
| VwGO | Verwaltungsgerichtsordnung |
| WRV | Weimarer Reichsverfassung (= Verfassung der aus der November-Revolution von 1918 hervorgegangenen, sich weiterhin „Deutsches Reich" nennenden Republik) |
| WWI | *World War I*; I. Weltkrieg |
| WWII | *World War II*; II. Weltkrieg |
| z.T. | zum Teil |
| z.Z. | zur Zeit |
| zit. | zitiert |
| zit. n. | zitiert nach |
| ZPO | [deutsche] Zivilprozeßordnung |
| zus. (m). | zusammen (mit) |
| zw. | zwischen |

Jürgen Hoffmann

## Politisches Handeln und gesellschaftliche Struktur

Politische Soziologie der europäischen
und der deutschen Geschichte
3. erweiterte und
völlig überarbeitete Auflage
2009 – 643 Seiten – € 49,90
ISBN 978-3-929586-72-5

Tobias ten Brink

## Geopolitik

Geschichte und Gegenwart
kapitalistischer Staatenkonkurrenz
Mit einem Vorwort von Bob Jessop
(Theorie und Geschichte der bürgerlichen
Gesellschaft Band 23)
2008 – 307 Seiten – € 27,90
ISBN 978-3-89691-123-0

Benno Teschke

## Mythos 1648

Klassen, Geopolitik und die Entstehung
des europäischen Staatensystems
aus dem Englischen übersetzt
von Reinhart Kößler
(Theorie und Geschichte der bürgerlichen
Gesellschaft Band 22)
2007 – 307 Seiten – € 39,90
ISBN 978-3-89691-122-3

Heide Gerstenberger

## Die subjektlose Gewalt

Theorie der Entstehung bürgerlicher
Staatsgewalt
(Theorie und Geschichte der bürgerlichen
Gesellschaft Band 1)
2. überarbeitete Auflage
2006 – 665 Seiten – € 40,00
ISBN 978-3-89691-116-2